CODE

DES DOUANES.

—◆◆◆—

TOME PREMIER.

PARIS.—IMPRIMERIE LE NORMANT,
Rue de Seine, 8.

CODE

DES DOUANES,

ou

RECUEIL

DES LOIS ET RÈGLEMENS SUR LES DOUANES

EN VIGUEUR AU 1ᵉʳ JANVIER 1842.

PAR M. BOURGAT,

CHEF DE BUREAU A L'ADMINISTRATION DES DOUANES.

PARIS.

A LA LIBRAIRIE DU COMMERCE, DE RENARD,

RUE SAINTE-ANNE, Nº 71.

A

MONSIEUR GRÉTERIN,

CONSEILLER D'ÉTAT,

COMMANDEUR DE L'ORDRE ROYAL DE LA LÉGION-D'HONNEUR,

DIRECTEUR GÉNÉRAL DES DOUANES.

MONSIEUR LE DIRECTEUR GÉNÉRAL,

L'Administration ayant renoncé à la pensée de présenter dans un Code officiel les lois et règlemens de douane en vigueur, vous avez bien voulu me faire connaître (1) que vous approuviez, ainsi que le Conseil, l'intention que je vous avais exprimée de m'occuper personnellement, à titre privé, d'un ouvrage qui suppléât, du moins en partie, à cette publication.

Je me suis voué à cette tâche avec tout le zèle que l'accomplissement d'autres devoirs pouvait me permettre d'y apporter. Parvenu au terme de mon travail, il me reste à désirer que vous ne le jugiez pas trop imparfait, et qu'il soit destiné à prendre rang parmi les documens utiles qui ont été publiés sous votre administration. Ce vœu est d'autant plus vif, que vous m'avez accordé,

---

(1)   LETTRE DE M. LE DIRECTEUR GÉNÉRAL A L'AUTEUR.

Le projet qu'avait eu l'Administration, Monsieur, de résumer et de publier, sous la forme d'un Code, les lois et règlemens actuellement en vigueur, a dû

Monsieur le Directeur général, la récompense anticipée de mes efforts, en me permettant de vous offrir publiquement un ouvrage qui, par cela même, sera reçu avec confiance. Puissé-je être assez heureux pour que votre attente, ainsi que celle des agens de l'Administration et du public ne soit pas trompée.

Je suis avec respect,

Monsieur le Directeur général,

Votre très-humble
et très-obéissant serviteur,
BOURGAT.

Paris, le 1er février 1842.

être abandonné par elle, mais non sans regrets. De sérieuses considérations ont pu seules l'y déterminer.

Informé du parti auquel elle s'est arrêtée à cet égard, vous avez conçu la pensée de continuer et d'achever en votre nom le travail commencé au sein de l'Administration, en mettant à profit tous les matériaux qui s'y trouvent déjà réunis. Vous demandez à cet effet mon autorisation.

J'ai entretenu le Conseil d'administration de votre intention.

Nous y avons unanimement applaudi et l'avons trouvée digne d'être encouragée.

La part laborieuse que vous avez prise aux travaux déjà préparés, votre instruction, votre expérience, votre zèle infatigable, semblaient vous destiner à l'œuvre que vous voulez entreprendre, et sont des garanties certaines des soins éclairés que vous apporterez à son accomplissement.

Mettre à votre disposition, pour l'exécution de ce grand et important travail, tous les documens que renferment les archives de l'Administration, c'est vous témoigner hautement le désir que j'ai que vous ne manquiez d'aucun moyen de lui donner le degré d'utilité et de perfection auquel tendront certainement vos efforts. Mais là doit nécessairement s'arrêter l'adhésion de l'Administration; les mêmes considérations qui l'ont empêchée de donner suite au travail qu'elle avait projeté, devant, à plus forte raison, lui interdire d'attacher au vôtre l'autorité de sa sanction. Il sera, je n'en doute pas, un ouvrage utile, et le plus souvent un bon guide; mais il n'aura et ne pourra avoir que le caractère d'une publication privée.

Je suis bien aise de vous renouveler dans cette circonstance l'expression de mes sentimens d'attachement.

Le Conseiller d'État Directeur de l'Administration,
Th. GRÉTERIN.

TABLE DES MATIÈRES.

CODE
DES DOUANES.

LIVRE PREMIER.

ORGANISATION ET ÉTABLISSEMENS DES DOUANES.

CHAPITRE PREMIER.

PERSONNEL.

SECTION PREMIÈRE.

ORGANISATION.

Administration centrale.

1. L'administration des douanes est dirigée par un directeur général, assisté de quatre sous-directeurs formant avec lui le conseil d'administration qu'il préside. (*Ord. du 5 janv.* 1831, *art.* 2.)

En cas d'empêchement, le directeur général délègue la présidence à l'un des sous-directeurs (*Ord. du 30 janvier 1822, art. 4.*) (1).

---

(1) TABLEAU DES ATTRIBUTIONS DES BUREAUX DE L'ADMINISTRATION CENTRALE.

Bureau du personnel, sous les ordres immédiats du directeur général.

ᴼNomination aux emplois supérieurs, emplois de bureaux ou d'officiers dans la partie active.

Admission au surnumérariat.

Signalemens moraux.

Décorations.

Cautionnemens.

Retenues pour dettes sur le traitement des employés.

2. Le directeur général est nommé par le Roi. (*Ord. du 5 janvier 1831, art. 5.*)

Réception et expédition des dépêches.

Iro DIVISION.

1er *Bureau.* — *Contentieux.*

Suite des saisies, y compris celles opérées en vertu du titre VI de la loi du 28 avril 1816, et autres contraventions de toute nature ; répartition de leur produit.

Affaires concernant les crédits en souffrance.

.Autorisation de mise en jugement des employés.

Toutes questions relatives à l'application des lois en matière judiciaire.

2e *Bureau.* — *Primes.*

Primes à l'exportation en remboursement des droits de douanes, et de la taxe de consommation du sel sur les viandes et beurres salés et le sel ammoniac.

2e DIVISION.

1er *Bureau.* — *Colonies et entrepôts.*

Application de l'acte de navigation ; francisations ; droits de navigation ; règlemens sur le mobilier et l'avitaillement des navires.

Police des manifestes et livres de bord.

Cabotage des marchandises et des grains.

Entrepôts ; dépôts ; admission temporaire d'objets destinés à recevoir une main-d'œuvre.

Transit général et transits spéciaux.

Emprunt du territoire étranger.

Police des bestiaux dans le rayon ; pacages de toute sorte ; passage temporaire des chevaux et bêtes de somme de France à l'étranger, *et vice versâ.*

Régime des Colonies et de l'Algérie ; application du privilége colonial.

Régime des drilles (cabotage, circulation et dépôts).

Prises maritimes ; navires neutres et neutralisations.

Retour des marchandises invendues aux Colonies françaises.

Marchandises déposées, laissées ou abandonnées en douane.

Régime de circulation sur le littoral.

Remboursement des droits de navigation, de transit, de magasinage et de réexportation.

Courtiers.

Régime des marchandises provenant de sauvetages et épaves.

Transbordemens.

Expéditions mixtes.

Mouture des grains étrangers.

2e *Bureau.* — *Sels et pêches.*

Production du sel ; découverte et exploitation des sources d'eau salée ; établissement de marais salans ; fabrication de sel ignigène ; fabriques de soude et de sulfate de soude ; raffineries de sel ; nitreries.

Application du droit de consommation sur les sels.

Importations ; exportations ; extraction ; cabotage ; police du rayon ; transports en rivière.

Il dirige et surveille, sous les ordres du ministre des finances, toutes les opérations relatives au service des douanes ;

Entrepôts généraux, spéciaux ou de l'intérieur.

Grande pêche, et primes ou immunités qui s'y rattachent ; petite pêche et salaisons ; immunités et règles relatives à la préparation du poisson, soit en mer, soit à terre ; troque ; avaries.

Distribution annuelle du fonds spécial de 350,000 francs.

Et en général tout ce qui se rattache au service des sels, à l'exception des primes accordées à l'exportation des beurres et viandes salés et du sel ammoniac.

3e Bureau. — *Topographie, impressions, etc.*

Topographie des lieux soumis à la surveillance des douanes.

Documens géographiques généraux à l'usage du service.

Confection et envoi des registres et impressions ; comptes ouverts avec l'Imprimerie royale et les directions.

Impression et distribution des circulaires ; rédaction des tables qui s'y rapportent.

Confection et envoi des instrumens de plombage, de jaugeage, et des autres instrumens de vérification.

3e DIVISION.

1er Bureau. — *Service général ; frontières de terre.*

2e Bureau. — *Service général ; ports et côtes.*

Les attributions suivantes appartiennent au 1er bureau, lorsque les affaires concernent les directions de terre, ou les inspections de Paris et Lyon, et au 2e, lorsqu'elles se rapportent aux directions maritimes, à l'inspection d'Orléans, aux Colonies et à l'Algérie.

Création, suppression et organisation des bureaux et brigades ; frais de régie fixes pour appointemens, frais de loyer, etc. ; formation du budget.

Exécution du service par les chefs et employés de la partie sédentaire et de la partie active ; attributions respectives.

Conduite des employés ; traits de dévouement ; médailles d'honneur ; récompenses et indemnités pécuniaires ; plombage et autres émolumens autorisés.

Congés.

Révocation et dégradation des employés à la nomination de l'administration.

Répression de la contrebande.

Examen des rapports généraux de service, des rapports de tournée des directeurs ; suites à donner aux rapports de l'inspection générale des finances.

Concours des douanes aux autres services publics.

Conflits administratifs.

Affaires politiques ; police générale.

Organisation militaire des douanes.

Régime de circulation dans le rayon, à l'exception de la police des bestiaux et des pacages de toute sorte.

Régime de circulation sur le littoral de la Corse.

Établissement des fabriques.

Il travaille seul avec le ministre des finances ;

Il correspond seul avec les autorités militaires, administratives et judiciaires et avec le commerce ;

Il a seul le droit de recevoir et d'ouvrir la correspondance ;

Il signe seul les ordres généraux de service. (*Ord. du 30 janvier 1822, art. 2.*)

5. Le directeur général présente à l'approbation du ministre

3e *Bureau.* — *Retraites et masses.*

Retraites : traitemens de non-activité.

Contrôle général des brigades ; recrutement ; promotion, destitution et
dégradation des employés à la nomination des directeurs.

Secours aux veuves ; frais de pansement des employés blessés dans l'exercice
de leurs fonctions.

Archives des directions supprimées en 1814.

Comptabilité des masses ; règlemens sur les masses d'équipement et de santé.

4e *Bureau.* — *Ordonnancement et matériel.*

Liquidation et ordonnancement des dépenses.

Comptes spéciaux.

Demandes d'allocation de crédits et de fonds de subvention.

Viremens de comptes.

Crédits et escompte des droits de douane et de la taxe de consommation
du sel.

Révision annuelle des états de frais de régie ;

Et généralement tout ce qui se rattache à la comptabilité.

Matériel : construction et réparation d'immeubles et d'embarcations. —
Achat et entretien d'ustensiles. — Transport de fonds, paquets, etc. —
Dépenses imprévues. — Inventaires d'immeubles et de mobilier, etc.

Construction, réparation et location des casernes sur le boni des masses.
— Retenues pour le casernement. — Fourniture et entretien du mobilier.

4e DIVISION.

1er *Bureau.* — *Tarif.*

Application du tarif et examen des questions y relatives.

Changemens dans la quotité des droits.

Restrictions d'entrée et de sortie.

Expertises, sauf celles qui concernent le transit et les primes.

Tares.

Réfaction de droits pour cause d'avaries.

Admission en franchise et autres immunités en matière de tarif.

Traités et conventions de commerce et de navigation.

Provenances privilégiées, sauf les Colonies françaises.

Approvisionnement des services publics.

Remboursement des droits d'entrée et de sortie indûment perçus, et restitution des sommes provisoirement consignées.

Régimes spéciaux relatifs aux objets suivans : — Armes. — Librairie. —
Ouvrages d'or et d'argent et horlogerie. — Voitures de voyageurs. — Machines

des finances l'état de composition des bureaux de l'administration centrale, à Paris, avec l'indication des traitemens accordés à chaque grade;

---

et mécaniques. — Propriétés limitrophes. — Ile de Corse, à l'exception de la circulation sur le littoral. — Autres îles voisines du littoral. —Pays de Gex, etc.

Application des règlemens sur les préemptions.

Bulletins de commerce.

Réunion des documens relatifs à la législation et aux tarifs des douanes dans les pays étrangers.

Rédaction et publication du tarif officiel.

2° Bureau. — Exceptions.

Application des immunités résultant des priviléges d'ambassade et des facilités accordées aux courriers de cabinet.

Régime des marchandises invendues à l'étranger dont on demande le retour.

Admission, à des conditions de faveur, des objets hors de commerce, ainsi que de l'argenterie et autres effets mobiliers appartenant soit à des étrangers qui viennent s'établir en France, soit à des Français qui rentrent dans leur patrie.

Expéditions sur la douane de Paris, et autres expéditions exceptionnelles.

Transports rétrogrades.

Retenues provisoires, dans les bureaux frontières, des objets apportés par des voyageurs.

Admission des provisions de tabac de santé ou d'habitude.

5° Bureau. — Archives commerciales.

Dépouillement, classement et analyse des faits de commerce et de navigation constatés par les douanes.

Etats d'importation et d'exportation, de transit, de situation des entrepôts, de mutation d'entrepôt, des grains, de cabotage et de tous mouvemens de la navigation.

Effectif de la marine marchande (bulletins d'accroissement, de changement et d'extinction).

Formation et publication de l'état annuel du commerce de la France et du tableau général des mouvemens du cabotage.

Réunion de tous les documens statistiques, tant français qu'étrangers, sur le commerce et la navigation.

Toute dépêche adressée à l'administration doit mentionner exactement en marge la division et le bureau auxquels elle ressortit, ainsi que la nature de l'affaire qu'elle concerne; il importe de ne pas cumuler dans une même lettre les objets de nature à être suivis dans plusieurs bureaux, ou même classés dans des dossiers différens. Les objets qui ne se trouvent pas dénommés dans ce tableau seront traités sous le timbre du bureau avec les attributions duquel ils Présenteront le plus d'analogie. (Circ. du 30 avril 1841, n° 1848.)

Il lui soumet, chaque année, le budget général des dépenses de l'administration, revêtu de l'avis motivé du conseil ;

Il soumet à son approbation les délibérations du conseil d'administration, dans tous les cas où cette approbation est nécessaire pour leur exécution ; il lui soumet les questions douteuses en fait d'application des lois, ordonnances et règlemens, et prend ses décisions sur tous les cas non prévus ou non suffisamment définis par lesdites lois, ordonnances ou règlemens. Il lui rend compte périodiquement de tous les résultats de son administration. (*Ord. du* 30 *janvier* 1822, *art.* 7.)

4. Sur la présentation du directeur général, le ministre des finances nomme aux places d'inspecteurs divisionnaires et sédentaires et à celles de receveurs principaux de 1re, 2e et 3e classes.

Le directeur général nomme à tous les autres emplois, en se conformant à l'ordre hiérarchique des grades et aux règles d'avancement, et sauf la délégation donnée aux directeurs des départemens, de nommer aux emplois de brigades, jusqu'au grade de brigadier inclusivement. (*Ord. des* 30 *janvier* 1822, *art.* 8, *et* 30 *déc.* 1829, *art.* 17.)

5. Le directeur général révoque, destitue et met à la retraite les employés dont la nomination lui est attribuée, après avoir pris l'avis du conseil d'administration.

Il peut aussi suspendre les autres employés, sauf à rendre compte immédiatement au ministre des finances, qui statue. (*Ord. du* 30 *janvier* 1822, *art.* 9.)

6. En cas d'absence du directeur général, le ministre règle le mode selon lequel il est suppléé dans ses fonctions. (*Même Ord.*, *art.* 4.)

7. Le ministre des finances nomme aux places de sous-directeurs. (*Ord. du* 5 *janvier* 1831, *art.* 5.)

8. Il détermine les parties de service dont la suite est attribuée à chaque sous-directeur, et les objets y relatifs sur lesquels chacun d'eux peut correspondre avec les directeurs, après avoir pris, dans les cas qui en sont jugés susceptibles, les décisions du directeur général. (*Ord. du* 30 *janvier* 1822, *art.* 3.)

9. Le conseil d'administration délibère, d'après le rapport qui lui en est fait par l'un des sous-directeurs :

1º Sur la formation du budget général des dépenses de l'administration ;

2º Sur toutes les affaires résultant de procès-verbaux de saisie et de contravention (1) ;

3º Sur le contentieux de la comptabilité, débets des receveurs, contraintes à exercer contre les redevables ;

4º Sur les demandes en remboursement de droits de toute nature ;

5º Sur les demandes en réduction de droits pour cause d'avaries;

6º Sur les demandes et allocations de primes ;

7º Sur la liquidation des pensions de retraite des employés de tout grade ;

8º Sur les révocations, destitutions et mises à la retraite des employés ;

9º Sur les questions relatives à la création ou à la suppression d'un bureau de douanes, sur l'extension ou la restriction de ses attributions, et sur les suppressions ou créations d'emplois, à partir des recettes principales et des sous-inspections ; la délibération du conseil, ainsi que l'avis du directeur général sur ces questions sont déférés au ministre ;

10º Sur les autres affaires qui lui sont renvoyées par le directeur général, ou sur lesquelles le ministre des finances juge convenable qu'il donne son avis. (*Ord. des 30 janvier* 1822, *art.* 5, *et* 30 *décembre* 1829, *art.* 18.)

10. Les délibérations du conseil sont prises à la majorité des voix : en cas de partage d'opinions, la voix du directeur général est prépondérante. Il peut suspendre l'effet d'une délibération du conseil, pour en référer au ministre des finances, qui statue. (*Ord. du 30 janvier* 1822, *art.* 6.)

11. Le ministre des finances appelle près de lui, dans les occasions où il le juge convenable, le conseil d'administration. (*Même Ord.*, *art.* 4.)

---

(1) *Voir* au livre XI, le chapitre v, *Transactions.*

Service dans les départemens (1).

Employés supérieurs. — *Directeurs.*

12. Les directeurs des douanes, au nombre de 26 (2), sont divisés en quatre classes. Le nombre et le traitement des directeurs de chaque classe sont réglés comme il suit :

6 Directeurs de 1re classe à. . . . . 12,000 fr.

5   —   de 2e classe à. . . . . : 10,000

8   —   de 3e classe à. 9,000

7   —   de 4e classe à. 8,000

(*Ord. des* 30 *décembre* 1829, *art.* 4, *et* 4 *février* 1831.)

13. Le ministre des finances propose à l'approbation du Roi

---

(1) Le contrôle supérieur du service des douanes dans les départemens est attribué à l'inspection des finances placée sous la direction immédiate du ministre. (*Ord. du* 10 *mars* 1831.)

Le droit de vérification attribué à l'inspection des finances s'étend à toutes les parties du service ; il ne souffre aucune exception ; en un mot, il est illimité. (*Circ. du* 29 *mai* 1831 , *n°* 1265.)

D'après les instructions du ministre, les inspecteurs des finances sont tenus de communiquer aux agens qu'ils vérifient les remarques critiques faites sur leur gestion, afin que ceux-ci puissent produire leurs observations. Les rapports, remis ensuite par chaque inspecteur vérificateur à l'inspecteur général, sont communiqués par ce dernier au chef du service qu'ils concernent, et ce chef y consigne lui-même ses propres observations. « Cette seconde communication, « porte la circulaire ministérielle du 28 mars 1841, est le complément obligé « du mode de travail établi. En effet, ou les faits constatés dans la gestion « des subordonnés étaient déjà connus des chefs, et tolérés ou même autorisés « par eux, et alors ils doivent être admis à leur tour à fournir des explications ; « ou bien ils en ignoraient l'existence, et, dans ce cas, il importe de les « mettre à portée de donner immédiatement, s'il y a lieu, des ordres pour le « redressement des irrégularités signalées. »

Tous les renseignemens et observations convenables pour apprécier chaque objet étant donnés par les directeurs sur les rapports mêmes de vérification, l'administration n'aura à recevoir d'eux des communications directes que dans quelques cas extraordinaires, ou lorsque des vérifications supplémentaires faites par les chefs locaux, après le départ de l'inspection générale, mettraient les directeurs dans le cas d'ajouter quelque chose d'essentiel à ce qui aurait été exposé d'abord. (*Circ. du* 27 *mai* 1834, *n°* 1441.)

(2) Les chefs-lieux des directions sont : Bayonne, Bordeaux, La Rochelle, Nantes, Lorient, Brest, Saint-Malo, Cherbourg, Rouen, Abbeville, Boulogne, Dunkerque, Valenciennes, Charleville, Metz, Strasbourg, Besançon, Nantua, Grenoble, Digne, Toulon, Marseille, Montpellier, Perpignan, Toulouse et Bastia.

A Paris, Orléans et Lyon, il existe un inspecteur chef du service qui correspond directement avec l'administration.

la nomination aux places de directeurs. (*Ord. du 30 janv.* 1822, *art.* 8.)

14. Le directeur régit tout le service de sa direction , et rend compte à l'administration des ordres qu'il donne ainsi que de leurs résultats (1). (*Loi du* 1ᵉʳ *mai* 1791, *art.* 7.)

---

(1) Le DIRECTEUR règle tout le service de sa direction , et en répond dans ce sens qu'il doit être informé très-exactement de tous les ordres donnés par les différens chefs, et de leur exécution. Il examine leurs résultats, les apprécie et en rend compte à l'administration : tout employé sous ses ordres est admis à correspondre avec lui; ses rapports obligés se bornent toutefois aux inspecteurs, sous-inspecteurs, receveurs principaux et capitaines de brigades. La hiérarchie des pouvoirs, qui détermine le genre et la mesure de responsabilité attachée à chaque grade , indique même que l'influence du directeur sur le service s'exerce particulièrement par ses communications avec les inspecteurs. Le directeur doit donc exiger qu'ils lui rendent rigoureusement compte de tout ce qui intéresse le service , sous le double rapport du travail des préposés de tous grades et de leur conduite. Il doit ensuite s'assurer de la vérité de ces rapports, et , lorsqu'il n'a pas de motifs pour les révoquer en doute , prescrire lui-même ou approuver les mesures qu'ils indiquent. (*Circ. du* 30 *janv.* 1817, *n°* 247.)

Dans les rapports ou les propositions que les directeurs adressent à l'administration , ils sont obligés de prendre des conclusions motivées et positives. C'est une responsabilité qu'ils ne doivent jamais décliner. (*Déc. adm. du* 5 *février* 1839.)

En cas de maladie, et pendant le temps de leurs tournées, les directeurs peuvent déléguer leur signature au premier commis de leurs bureaux. (*Déc. adm. du* 23 *février* 1841.)

Chaque mois, les directeurs rendent compte à l'administration de la situation du service dans leur direction , et lui adressent , à l'appui de leur rapport général , une expédition des rapports des inspecteurs et sous-inspecteurs.

Le rapport général du directeur se divise en quatre sections :

1° Observations sur le travail personnel des inspecteurs, sous-inspecteurs et capitaines de brigades ;

2° Service des bureaux ;

3° Service des brigades ;

4° Résultats et situation du service. (*Circ. du* 30 *janvier* 1817.)

La *première section* des rapports généraux est uniquement destinée à présenter l'exposé sommaire, mais raisonné, du travail des chefs du service. Cet exposé se réduit généralement à indiquer le nombre des tournées faites par les inspecteurs, sous-inspecteurs et capitaines , et l'opinion motivée du directeur sur ces mêmes tournées. La surveillance du service de nuit des brigades étant l'une des obligations essentielles des capitaines , il est nécessaire de bien faire connaître le soin qu'ils y ont apporté et le temps qu'ils y ont employé. Il faut donc désigner particulièrement les tournées de jour, celles de nuit, et les tournées de jour et de nuit; le nombre et la durée de chacune d'elles doivent être indiqués séparément. (*Circ. du* 13 *janvier* 1826, *et Déc. adm. du* 7 *mars* 1839.)

Quelques indications doivent aussi être données sur le compte des lieutenans.

15. Il nomme, par délégation, aux emplois de préposé, sous-brigadier et brigadier, de mousse, matelot, sous-patron et patron

---

Les directeurs citent ceux de ces employés qui se sont fait remarquer, soit en bien, soit en mal. (*Circ. du 13 janvier* 1826.)

La *deuxième section* des rapports généraux doit présenter les notions propres à faire apprécier la situation du travail des bureaux de recette et l'influence générale du service sur les produits. Un tableau des recettes opérées dans chaque principalité sur les douanes et sur les sels, donne la comparaison de ces produits avec ceux du mois correspondant de l'exercice antérieur, et la récapitulation générale des résultats de cette comparaison pour l'ensemble de la direction. A la suite du tableau des recettes se placent naturellement des observations sur les causes réelles ou probables des variations qu'elles ont éprouvées. (*Même Circ.*)

Le détail des recettes par bureau avec le total par principalité est fourni par les inspecteurs; les directeurs les donnent par principalité seulement. (*Déc. adm. du 7 mars* 1839.)

Les différentes branches du service des bureaux sont passées en revue, non par bureau, mais cumulativement par principalité ou par inspection, selon l'importance relative des localités. On y fait aussi mention des fautes commises par les employés et des témoignages de satisfaction qu'ils ont mérités. (*Circ. du 13 janvier* 1826.)

La *troisième section* des rapports est destinée à présenter la situation du service des brigades. On doit donc y réunir l'exposé des faits propres à faire apprécier : 1° comment le travail des brigades a été ordonné, exécuté, surveillé et vérifié; 2° le plus ou le moins de succès avec lequel la fraude a été combattue. (*Circ. du 13 janvier* 1826.)

La *quatrième et dernière section* a pour but de faire connaître les résultats et la situation du service dans son ensemble. Elle doit, à cet effet, offrir pour toute la direction une récapitulation générale des saisies opérées, des passages de fraude reconnus et du nombre de fraudeurs arrêtés. Un tableau des marchandises saisies, classées par espèces et quantités, termine cette récapitulation. (*Même Circ.*)

Les renseignemens qu'on doit toujours fournir sur le taux de l'assurance et ses variations; ceux qu'on peut avoir à produire sur les projets présumés des fraudeurs et sur les mesures à prendre pour les déjouer, appartiennent à cette quatrième section. Enfin les directeurs doivent y résumer leur opinion sur l'état du service dans toutes ses parties. (*Même Circ.*)

Il est recommandé aux directeurs comme aux inspecteurs de consigner, dans la partie de leur rapport consacrée à la contrebande, les renseignemens qu'ils sont à portée de se procurer auprès des agens des contributions indirectes sur les variations que peut avoir éprouvées la vente des tabacs de la régie, comme sur les causes de ces variations. (*Déc. adm. du 7 mars* 1839.)

Observations générales. Les directeurs ne perdront pas de vue que leurs rapports de service doivent avoir toute la concision que comporte la clarté, et qu'ils ne sont nullement destinés à tenir lieu de leur correspondance habituelle et journalière avec l'administration; celle-ci embrasse naturellement tous les faits importans, de quelque espèce qu'ils soient. Ainsi les saisies notables, les entreprises de contrebande, les incidens remarquables dans le travail ou la

d'embarcation, de concierge, peseur ou emballeur (1). (*Ord. du 30 janvier 1822, art. 8, et Circ. du 26 août 1834, n° 1454.*)

conduite des employés de tous grades; les faits compliqués, litigieux et qui exigent discussion; les mesures spéciales à prendre pour l'organisation du service et son exécution; en un mot, tout ce qui, par sa nature ou sa gravité, doit être porté de suite à la connaissance de l'administration, tout cela appartient nécessairement à la correspondance de tous les jours. Les directeurs se borneront à le rappeler sommairement dans leurs rapports. (*Circ. du 13 janvier* 1826.)

Après avoir examiné les rapports des inspecteurs et sous-inspecteurs, et les journaux de travail des capitaines et lieutenans, le directeur adresse à chaque inspecteur et sous-inspecteur divisionnaire une réponse analogue aux observations qu'il transmet à l'administration sur leur travail personnel et celui de leurs subordonnés; et lorsque l'administration a répondu à son rapport, il fait extraire de cette réponse les articles qui concernent les mêmes chefs, et les informe de l'opinion qu'elle a prise de leur travail, de celui de leurs subordonnés, et des mesures de service ordonnées ou proposées par eux. Toutefois, si cette opinion n'était pas d'accord avec celle du directeur, cet agent supérieur pourrait différer de transmettre l'éloge ou le blâme, sauf à faire connaître immédiatement ses motifs à l'administration. (*Circ. du 26 juillet* 1818, *n° 414.*)

Les directeurs font connaître particulièrement aux employés l'opinion que l'administration a conçue de leur travail, et transmettent aux inspecteurs et sous-inspecteurs copie de ce qui concerne leurs subordonnés. (*Déc. adm. du 9 mai 1834.*)

Les rapports des sous-inspecteurs sédentaires sont transmis à l'inspecteur divisionnaire, soit directement, soit par l'intermédiaire de l'inspecteur sédentaire dans les douanes où il existe un chef de ce grade. L'inspecteur sédentaire adresse son rapport au directeur. (*Déc. adm. du 23 octobre* 1839.)

Les sous-inspecteurs divisionnaires envoient leurs rapports au directeur sans y joindre aucune pièce; mais le lendemain, au plus tard, ils adressent à l'inspecteur copie de ces rapports avec les doubles des journaux des capitaines et les journaux des lieutenans. (*Circ. du 30 janvier* 1817.)

Chaque inspecteur divisionnaire adresse son rapport au directeur et joint à l'appui ceux des sous-inspecteurs, capitaines et lieutenans, après les avoir visés et apostillés selon ses observations personnelles. (*Circ. du 30 janvier* 1817.)

Les inspecteurs adressent leurs journaux au directeur, au plus tard, le 18 de chaque mois; les directeurs peuvent n'expédier leur rapport général à l'administration que le 30. (*Circ. du 29 janvier* 1839.)

Les directeurs sont tenus de faire, au moins une fois tous les ans, une tournée générale dans les bureaux et brigades de leur direction. (*Arrêté du 3 floréal, an 3, et Circ. du 29 mai* 1831, *n° 1265.*)

(1) Les candidatures pour le grade de brigadier et pour celui de sous-brigadier sont établies par les capitaines dans leurs états semestriels de signalemens, et c'est parmi ces candidats que les inspecteurs choisissent ceux qu'ils présentent au directeur. Celui-ci ne nomme aux places vacantes que les sujets qui lui ont été ainsi présentés; mais s'il remarque dans les propositions l'omission de quelque employé méritant, il provoque des explications et statue définitivement. (*Circ. du 22 février* 1839, *n° 1740.*)

Sur les rapports motivés des capitaine, sous-inspecteur et inspecteur, le

16. Tous les hommes de peine employés par le commerce dans les douanes, et qui continueront à être salariés par lui, seront commissionnés par le directeur, et révocables à sa volonté (1). (*Déc. min. du 24 novembre 1807; Circ. du 3 décembre suivant.*)

Inspecteurs et sous-inspecteurs.

17. Les inspecteurs sont rangés en quatre classes, dont les traitemens sont fixés :

Pour la 1re classe, à. . . . . 6,000 fr.

Pour la 2e   —   à. 5,000

Pour la 3e   —   à. 4,500

Pour la 4e   —   à. 4,000

Les sous-inspecteurs forment trois classes, dont les traitemens sont fixés :

Pour la 1re classe, à. . . . . 3,500 fr.

Pour la 2e   —   à. 3,000

Pour la 3e   —   à. 2,500

(*Ord. du 30 décembre 1829, art. 6 ; Déc. adm. des 14 nov. 1839 et 14 janvier 1840.*) (2).

---

directeur peut dégrader ou destituer les employés à sa nomination, et il en adresse chaque mois l'état à l'administration. (*Circ. du 15 février 1817.*)

(1) Il ne s'agit pas d'établir une classe privilégiée de travailleurs, ni de restreindre la liberté de choisir que l'article 15 du titre II de la loi du 22 août 1791 (*n° 134*), laisse à cet égard au commerce. Seulement les hommes de peine qui veulent être admis en douane doivent se pourvoir, auprès du directeur, d'une commission spéciale qu'il leur délivre sans difficulté et sur leur seule demande, mais qui leur est retirée, tant dans l'intérêt du commerce que de celui de la douane, s'il est reconnu qu'ils en abusent. (*Déc. adm. des 14 juin 1829 et 10 novembre 1835.*)

(2) SOUS-INSPECTEUR SÉDENTAIRE. Il est indépendant du receveur principal, mais il n'est pas son supérieur; il a seulement le droit de vérifier toutes ses écritures et ses registres de recette; et de viser ses bordereaux et pièces de dépense. Il a également le droit de surveillance sur tous les employés de la douane; il est le chef direct et immédiat des visiteurs, et, à ce titre, il distribue et partage à son gré leur travail. (*Circ. du 30 janvier 1817.*)

Il désigne le visiteur qui doit être chargé de la vérification; il s'assure que dans l'espace d'un ou deux mois, chaque employé vérifie un nombre à peu près égal de bâtimens ou de voitures; et il prend les précautions nécessaires pour empêcher qu'on ne puisse connaitre à l'avance quel sera l'employé vérificateur. Il assiste, autant que possible, aux visites. Aussitôt l'arrivée d'un bâtiment, il se fait représenter le manifeste et les autres papiers de mer, pour les comparer; il s'assure que le manifeste est signé du capitaine. Il veille à ce que les navires

18. Auront droit aux recettes principales, dans la proportion des traitemens et des classes relatives, les inspecteurs et sous-

---

soient mis en décharge suivant l'ordre des numéros indiqués par la déclaration. (*Arrêté du 4ᵉ jour complémentaire an 8.*)

Les sous-inspecteurs sédentaires n'ont pas le droit de faire seuls une opération de visite. Ils ne peuvent y procéder que concurremment avec un vérificateur, dont ils partagent en ce cas la responsabilité. (*Déc. adm. du 15 octobre 1835*), et s'ils procèdent à des contre-visites, ils les constatent sur le portatif du vérificateur dont ils contrôlent les opérations. (*Déc. adm. du 8 janvier 1835.*)

Le sous-inspecteur sédentaire a la surveillance du service des brigades de sa résidence ; il se concerte spécialement avec le capitaine pour régler le concours des préposés du service actif avec ceux de la visite. Il a dans sa résidence le même rang et les mêmes attributions que le sous-inspecteur divisionnaire dans son arrondissement. (*Circ. du 30 janvier 1817.*)

Sous-inspecteur actif. Il combine avec les capitaines l'ensemble du service des brigades et en vérifie l'exécution. Il le renforce et l'éclaire en même temps, tantôt sur un point, tantôt sur un autre, au moyen des brigades à cheval ou ambulantes qui se trouvent dans sa résidence, et, dans ce cas, il en dirige seul les opérations ; mais il doit s'abstenir, plus encore que le capitaine, de diriger et de commander le travail des brigades de ligne, à l'exclusion des capitaines, lieutenans et brigadiers, sauf dans des cas particuliers, dont il doit rendre compte sur-le-champ à l'inspecteur. Le sous-inspecteur vérifie aussi toutes les opérations des bureaux de son arrondissement. (*Circ. du 30 janvier 1817.*)

Il remplace l'inspecteur dans la vérification des caisses des receveurs principaux, et y procède au même titre et de la même manière que l'inspecteur. (*Circ. du 17 mars 1830, n° 1204.*)

Les directeurs doivent adresser directement aux sous-inspecteurs divisionnaires les instructions qui concernent le service, et non les leur transmettre par l'intermédiaire des inspecteurs. La correspondance courante et habituelle des sous-inspecteurs divisionnaires aura lieu directement avec les directeurs, sauf les exceptions que peuvent déterminer les inspecteurs ou qui sont prescrites par les instructions générales. (*Circ. n° 1204.*)

Inspecteur. Son influence et son action personnelle sur le service de son arrondissement particulier, sont les mêmes que celles du sous-inspecteur dans le sien. Mais sa surveillance s'étendant à toute l'inspection, il dirige le sous-inspecteur d'après les comptes que celui-ci doit lui rendre exactement, et ses propres vérifications. L'inspecteur contrôle le service de tous les bureaux, et arrête la comptabilité des receveurs principaux et subordonnés dont il est tenu de vérifier les caisses. Il peut examiner les registres de correspondance ainsi que les lettres classées dans les dossiers. Il doit, dans ses tournées, comme dans sa correspondance avec les différens employés, rappeler à toute occasion, prescrire et assurer l'exécution des ordres de l'administration. Il ne pourrait adresser lui-même une instruction circulaire dans son arrondissement, sans l'avoir préalablement soumise à l'approbation du directeur. (*Circ. du 30 janvier 1817, et Déc. adm. du 27 janvier 1841.*)

Lorsqu'un receveur est appelé à d'autres fonctions, ou qu'il est admis à la retraite, l'inspecteur arrête ses registres, constate sa situation par un borde-

inspecteurs auxquels l'âge et les infirmités ne permettront pas de continuer leurs fonctions actives. (*Ord. du 30 décembre 1829, art. 15.*)

---

reau qu'il signe conjointement avec lui, et s'assure que les deniers en caisse, les pièces de dépenses reconnues admissibles, le mobilier, etc., sont remis, après inventaire, au successeur de ce comptable. (*Circ. des 24 fructidor an 12 et 22 février 1821, n° 639.*)

Dans quelques grands ports, où il existe un inspecteur sédentaire en même temps qu'un inspecteur principal, le premier a sur les brigades du port à peu près les mêmes attributions que le sous-inspecteur divisionnaire dans son arrondissement. Cependant il surveille ordinairement de préférence tout le détail des opérations de la grande douane près de laquelle il est placé. L'inspecteur sédentaire est sous la surveillance de l'inspecteur principal ; mais il lui doit plutôt déférence que soumission, parce que ces deux chefs étant l'un et l'autre placés près du directeur, c'est à celui-ci que l'inspecteur sédentaire rend compte journellement du service et s'adresse immédiatement pour prendre ses instructions. (*Circ. du 30 janvier 1817, n° 247.*)

Cette distinction n'exclut pas, pour l'inspecteur principal, le droit d'étendre ses vérifications sur toutes les parties du service de la douane à laquelle est attaché un inspecteur sédentaire. Au contraire, son intervention est même indispensable toutes les fois qu'il s'agit d'un règlement à changer, ou d'une modification à introduire dans la marche générale et habituelle du service. (*Déc. adm. des 23 octobre 1839 et 8 août 1840.*)

Inspecteurs et sous-inspecteurs. Les inspecteurs et sous-inspecteurs fournissent tous les mois des rapports ayant pour titre ; *Rapport du travail fait personnellement par l'inspecteur (ou le sous-inspecteur) de..... dans sa résidence ou dans ses tournées, et de l'état du service dans sa division pendant le mois de...* (*Circ. du 30 janvier 1817.*)

Ces rapports sont divisés en deux sections :

L'une, destinée à rendre compte du travail personnel, doit présenter, sommairement et par ordre de dates l'indication précise des parties du service de la résidence qui ont été vérifiées, et l'énumération des tournées, avec la désignation des postes visités chaque jour.

Les inspecteurs et sous-inspecteurs étant tenus de voir chaque mois tous les bureaux et toutes les brigades de leur division, ils doivent faire connaître les motifs qui les auraient empêchés de se rendre sur tous ces points.

Dans la seconde section, destinée à rendre compte de leurs vérifications, les inspecteurs et sous-inspecteurs doivent s'attacher à présenter l'exposé succinct de leurs investigations, du degré d'étendue qu'ils y ont donné, et des faits qu'elles les ont mis à même de constater. Etant obligés de voir successivement et d'une manière complète toutes les parties du service, ils doivent déclarer s'ils en ont laissé quelqu'une en dehors de leur examen. Ce que veut l'administration, c'est que les journaux de travail permettent de juger, par leur énoncé même, quelle a été la mesure de l'action personnelle des chefs sur le service. (*Circ. du 29 janvier 1839.*)

Contrebande. Au précis des passages ou versemens constatés par le service, il faut ajouter l'énumération de ceux qui lui ont échappé. Les inspecteurs et sous-inspecteurs doivent être bien informés sur ce point, et tout passage ou

Composition des bureaux.

19. Les bureaux seront, suivant leur importance, composés de receveurs principaux ou particuliers (1), de contrôleurs, de com-

---

versement de quelque importance sera de leur part l'objet d'une vérification sur le terrain. (*Même Circ.*)

Observation générale. Dans le cas où un inspecteur craindrait de s'expliquer entièrement avec son directeur sur quelque partie du service, il peut ou écrire directement à l'administration, ou lui adresser un rapport supplémentaire dans lequel il présente les faits qu'il a cru devoir taire à son chef. (*Circ. du 30 janvier 1817.*)

Les inspecteurs et sous-inspecteurs doivent enregistrer successivement leur travail personnel, leurs tournées et leurs observations sur le service de leur division. (*Même Circ.*)

Voir dans les instructions relatives aux rapports généraux des directeurs quelques dispositions communes aux rapports des inspecteurs et sous-inspecteurs.

(1) Les RECETTES PRINCIPALES sont divisées en six classes, et les traitemens établis,

Pour la 1re classe, à	....	6,000 fr.
Pour la 2e,	à..........................	5,000
Pour la 3e,	à..........................	4,000
Pour la 4e,	à..........................	3,500
Pour la 5e,	à..........................	3,000
Pour la 6e,	à..........................	2,500

(*Ord. du 30 décembre 1829, art. 9, et Déc. adm. du 14 janvier 1840.*)

Les attributions des receveurs principaux varient suivant les localités. Dans les douanes de première classe où il se trouve un inspecteur sédentaire, le receveur principal, entièrement livré au travail de la recette, ne prend aucune part aux autres opérations du bureau que l'inspecteur dirige et surveille à sa place. Dans les autres douanes, tout le travail, à l'exception de celui de la visite, est sous sa surveillance, et il peut le distribuer à toutes les classes d'employés, sans égard à la nature spéciale de leurs fonctions. Les attributions du receveur principal sont essentiellement de centraliser les recettes et les états de tous les bureaux de sa principalité; d'en payer toutes les dépenses; de faire les versemens de fonds; de suivre les affaires contentieuses. Il a la direction et la suite du service relatif aux crédits, aux soumissions d'entrepôt, d'acquits-à-caution et autres, et il correspond avec le directeur sur tous les faits qui s'y rattachent. Son premier chef est l'inspecteur, qui le vérifie et ne peut lui donner des ordres que pour assurer l'exécution des instructions données par l'administration ou par le directeur. (*Circ. du 30 janv. 1817, no 247.*)

Dans les bureaux où il n'existe ni inspecteur ni sous-inspecteur sédentaire, le receveur principal n'a pas, comme ces chefs, le droit de disposer, pour le service de la visite, des employés de la brigade. Lorsque leur concours lui paraît nécessaire, il est tenu de le réclamer au capitaine, ou, à son défaut, au lieutenant de sa résidence. (*Déc. adm. du 3 avril 1840.*)

A moins de circonstances tout à fait exceptionnelles, le receveur principal

mis principaux, de vérificateurs, de visiteurs et de commis (1).
(*Loi du 1er mai* 1791, *art.* 8; *Déc. min. du* 3 *septembre* 1839,
Circ. n° 1773.)

20. On ne pourra obtenir un emploi de bureau dans l'administration des douanes qu'après y avoir fait un surnumérariat (2),

---

ne doit pas se déplacer pour aller faire une vérification dans un bureau subordonné. (*Déc. adm. du* 23 *juin* 1835.)

Le Receveur subordonné, surveillé par le sous-inspecteur, l'inspecteur, et
même, quant à la tenue des registres, par le capitaine de brigades, est placé
sous les ordres du receveur principal, avec lequel il correspond exclusivement,
et dans la caisse duquel il doit verser la totalité de ses recettes. (*Circ. du*
30 *janvier* 1817.)

Dans les bureaux subordonnés où il existe un sous-inspecteur sédentaire, le
receveur est indépendant de ce chef pour les actes de sa gestion personnelle
qui entraînent à sa charge une responsabilité positive. (*Déc. adm. du* 4 *juillet* 1827.)

(1) Les Contrôleurs sont placés, autant que possible, à la tête d'une section
du travail des bureaux. Tout en demeurant chargés de la principale branche
des opérations suivies dans leur section, ils en dirigent l'ensemble sous leur
responsabilité. Tout changement d'attributions entre les contrôleurs qui aurait
pour résultat de les priver des avantages attachés à leurs fonctions ne pourrait avoir lieu sans l'attache de l'administration. Les contrôleurs peuvent lever
les difficultés qui se présentent dans le courant des opérations. Ils partagent le
travail de leur section entre les commis principaux ou autres qui leur ont été
désignés par l'inspecteur sédentaire, ou, à son défaut, par le receveur. Partout
où l'importance du personnel le permet, ces chefs font passer alternativement
les commis d'une section dans une autre. (*Circ. du* 25 *septembre* 1839,
n° 1773.)

Le Vérificateur ou Visiteur est chargé de la vérification des marchandises,
d'en liquider les droits et de délivrer un certificat de visite. (*Circ. du* 30 *janvier* 1817.)

(2) Nul n'est reçu surnuméraire s'il n'est âgé de dix-huit ans au moins, ou
s'il en a plus de vingt-quatre, et s'il ne justifie :

1° Qu'il a fait ses premières études;

2° Qu'il connaît et applique parfaitement les règles de sa langue;

3° Qu'il a une bonne écriture;

4° Qu'il sait toutes les règles de l'arithmétique et calcule avec facilité.

Ces conditions sont indispensables; mais l'administration préférera toujours
aux jeunes gens qui possèdent ces connaissances élémentaires, ceux qui ont
fait leur droit, ceux qui savent des langues étrangères, les mathématiques,
le dessin, etc.

Pour obtenir l'attestation de capacité indiquée ci-dessus, l'aspirant au surnumérariat doit, après en avoir obtenu l'autorisation du directeur général, se
présenter devant un conseil d'examen qui se compose,

A Paris, de trois chefs de bureaux désignés par le directeur général;

sauf les exceptions qui seront prononcées en faveur d'anciens employés du service actif. (*Circ. du 9 sept.* 1824, *no* 875.)

21. Nul ne pourra être admis à travailler dans les bureaux, à quelque titre que ce soit, s'il n'est employé ou surnuméraire (1). (*Même Circ.*)

Composition des brigades.

22. Les brigades seront composées de capitaines, lieutenans, brigadiers, sous-brigadiers et préposés (*Loi du* 1er *mai* 1791, *art.* 9; *Circ. des* 19 *déc.* 1833, *no* 1415, *et* 18 *fév.* 1839, *no* 1737.) (2).

Dans les départemens, du directeur, de l'inspecteur et du receveur principal de la résidence;

Et dans les siéges de direction où il n'existe pas d'agens de ces deux derniers grades, du directeur et de deux employés qu'il désigne.

Le conseil d'examen dresse procès-verbal des épreuves qu'il a fait subir au postulant, savoir :

Questions sur les premières études et sur la grammaire;

Écriture sous la dictée;

Questions sur toutes les parties de l'arithmétique, et calculs posés et faits sous ses yeux.

Le directeur transmet à l'administration, avec les élémens originaux de l'examen, le procès-verbal qui constate si les connaissances de l'aspirant s'étendent au-delà de ce qui est rigoureusement prescrit. Le directeur général prononce ensuite sur l'admission au surnumérariat. Dans le cours de leur surnumérariat, les surnuméraires seront, autant que possible, attachés successivement, aux bureaux de la direction, aux bureaux principaux, et aux écritures des inspecteurs qui les envoient au bureau de leur résidence, quand ils ne peuvent les occuper. (*Circ. du 4 juin* 1830, *no* 1214.)

(1) Les réglemens défendent de laisser libeller tout ou partie des expéditions par des personnes étrangères à l'administration; les employés doivent donc transcrire les marques et le poids détaillé des colis sur les acquits-à-caution de transit ou de mutation d'entrepôt, ainsi que sur les feuilles supplémentaires qui sont annexées à ces expéditions. (*Déc. adm. du 10 mai* 1841.)

(2) CAPITAINE. Il s'assure que le service ordonné par les brigadiers, de concert avec les lieutenans, est bien conçu. Il en règle l'ensemble d'après la connaissance qu'il doit avoir des manœuvres des contrebandiers, et il en vérifie fréquemment l'exécution sur *le terrain même*, soit de jour, soit de nuit. Il ne doit jamais affaiblir partiellement le service de ligne, ni en ordonner les détails à l'exclusion des lieutenans et brigadiers, à moins de motifs particuliers dont il a soin d'informer immédiatement, et autant que possible à l'avance, le sous-inspecteur ou l'inspecteur. (*Circ. du 30 janvier* 1817.)

Les capitaines surveillent les fabriques de soude comprises dans leurs arrondissemens respectifs. Ils ont le droit de contrôler le mélange du sel avec le sulfate de soude; de s'assurer que les fabriques sont suffisamment pourvues de sulfate pour les mélanges à faire ultérieurement; de reconnaître les produits

Des *préposés d'ordonnance* seront placés près des inspecteurs
et des sous-inspecteurs divisionnaires pour les accompagner dans

---

et de prescrire au besoin la levée des échantillons à soumettre au directeur dans
les cas prévus par les règlemens. Ils sont d'ailleurs autorisés à se faire remettre
par les receveurs des bureaux subordonnés dans leur arrondissement des bulletins d'extraction des sels expédiés sur les fabriques de soude. (*Déc. adm. du
6 juillet* 1836.)

Les capitaines de brigades sont chargés de préparer les rôles d'appointemens, de les faire émarger dans les derniers jours de chaque mois, d'en toucher le montant à la recette principale, et, dans leur première tournée, de
distribuer à chaque préposé la somme qui lui est due, déduction faite des
diverses retenues qu'il a dû supporter. Les receveurs principaux remettent
aux capitaines de brigades, pour les faire émarger, les états de répartition ou
de gratification, et leur en soldent ensuite le montant pour être distribué entre
les divers préposés qui figurent sur ces états. Il y a dans chaque brigade un
registre spécial où les capitaines établissent le décompte des préposés, et où
ceux-ci reconnaissent, par leur émargement, le payement de toutes les sommes
réellement touchées par eux. Aucuns fonds ne pouvant régulièrement rester
dans les mains des capitaines de brigades, ceux-ci doivent chaque mois, dès
qu'ils ont soldé les appointemens, rédiger un bordereau de toutes les retenues
opérées par eux, à l'exception de celles relatives à l'armement et à l'équipement, régies par des dispositions spéciales, et en verser le montant entre les
mains des receveurs principaux, qui s'en chargent en recette. Le bordereau
dont il s'agit doit indiquer le nom des personnes au profit desquelles les retenues ont été exercées. Les capitaines ne peuvent se dispenser d'y faire figurer
toutes les sommes retenues par eux, qu'autant qu'une partie de ces sommes
est comptée, au moment même du payement des appointemens, aux créanciers des préposés ; mais, dans ce cas, les quittances de ces créanciers doivent
être remises de suite aux préposés débiteurs, qui certifient cette remise par une
annotation signée d'eux, et apposée dans la colonne d'observations de ce registre. (*Circ. du* 8 *juin* 1827, *n°* 1049.)

Les capitaines fournissent tous les mois des journaux de travail.

Ces journaux sont divisés en sept parties :

1re *partie. Payement des brigades.* Le capitaine de brigades certifie qu'il a
lui-même compté à chaque brigade, à chaque préposé, ses appointemens, et il
désigne les jours. Dans ce chapitre, il parle des réclamations qu'il a reçues
pour dettes, et des moyens d'acquittement qui seront employés.

2e *partie. Tournées.* Le capitaine de brigades entre dans tous les détails
propres à faire juger de l'exactitude et du soin de ses vérifications ; il désigne
les jours et heures de chaque tournée ou *rebat* ; il signale les mouvemens de la
fraude et rappelle les ordres de service qu'il a donnés ; il émet son opinion sur
les lieutenans, et fait connaître tout ce qui a rapport à l'armement et à l'habillement des brigades, au casernement, à la police, etc.

3e *partie.* Le capitaine de brigades justifie de l'emploi du temps passé à sa
résidence.

4e *partie. Vérifications dans les bureaux subordonnés.* Ces vérifications se
réduisent aux registres de recette, d'acquits-à-caution et de passavans ; elles
ont été établies dans le seul but de procurer aux capitaines, par la connais-

leurs tournées (1) (*Déc. min. du* 18 *oct.* 1839 ; *Circ. du* 3 *août* 1840 , *n*º 1825.) (2).

---

sance des opérations du commerce, des notions qui peuvent leur donner la facilité de déjouer les tentatives des fraudeurs. Mais les capitaines élèveraient une prétention mal fondée s'ils s'érigeaient en chefs des receveurs subordonnés, et si, au lieu de remarques officieuses sur des opérations qui leur sembleraient irrégulières, ils se permettaient de donner des ordres ou de faire des reproches.

La 5ᵉ *partie* présente les admissions ; la 6ᵉ, les vacances, congés et interdictions ; et la 7ᵉ est consacrée aux saisies, rébellions, etc. (*Circ. du* 3 *fév.* 1815.)

Les capitaines inscrivent jour par jour leur travail sur un registre spécial dont ils font tous les cinq jours l'extrait sur leurs journaux. (*Circ. du* 30 *janvier* 1817.)

Les journaux des capitaines doivent parvenir aux inspecteurs ou sous-inspecteur le 2 ou au plus tard le 3 de chaque mois. Ces journaux sont fournis en double à l'inspecteur. Ils doivent être accompagnés de ceux des lieutenans visés par les capitaines. (*Même Circ.*)

Lieutenant. Il surveille le service des brigades de son arrondissement, surtout la nuit, et le dirige de concert avec les brigadiers. Son devoir est aussi de partager souvent le travail de nuit des préposés. (*Même Circ.*)

Comme les capitaines, les lieutenans inscrivent chaque jour leur travail sur un registre particulier, et chaque jour aussi ils en forment un journal qu'ils adressent, en simple expédition, à leur capitaine le 1ᵉʳ du mois. (*Même Circ.*)

Brigadier. Il dirige tout le service de la brigade, sous la surveillance du lieutenant ; il participe au travail des préposés, et répond de son exécution. (*Même Circ.*)

Sous-brigadier. Il commande une division de la brigade, et surveille les préposés, en faisant avec eux le service qu'il leur a ordonné lui-même, ou qui a été prescrit par le brigadier, auquel il est en tout subordonné. Il est responsable de l'exécution du service de la division qu'il commande. (*Même Circ.*)

Préposé, matelot, cavalier. Ils sont tous trois de simples agens d'exécution, et dès lors irréprochables quand ils ont exécuté ponctuellement le service qui leur a été ordonné par le sous-brigadier ou le brigadier. (*Même Circ.*)

Les militaires et jeunes soldats faisant partie de la réserve de l'armée, et qui sont employés dans les douanes, doivent obéir aux ordres de l'autorité militaire. (*Circ. du* 6 *décembre* 1856, nº 1583.)

(1) Les préposés d'ordonnance reçoivent, sous le titre d'*indemnité de nourriture et d'entretien du cheval*, un supplément de solde qui fait l'objet d'un rôle spécial. (*Circ. du* 3 *août* 1840, *n*º 1825.)

Les inspecteurs et sous-inspecteurs, qui d'habitude ne font pas leur tournée à cheval, n'ont qu'un préposé à pied pour les accompagner. (*Circ. du* 17 *mars* 1830, *n*º 1204.)

(2) *Service des brigades et dispositions générales.*

Service des brigades. Il doit être exclusivement dirigé vers le seul but d'empêcher la contrebande. On ne peut donner des règles fixes et positives sur le travail des brigades. Son application varie suivant les localités. Dans les unes, il doit consister presque uniquement en observations et patrouilles continues

25. Les capitaines et les lieutenans qui seront reconnus hors d'état de supporter les fatigues du service actif seront admis de

---

et liées ; dans d'autres, le service secret d'embuscade peut prévaloir sur les observations. Généralement le travail des brigades est ordonné pour vingt-quatre heures et exécuté par la moitié de la brigade, dont deux sections alternent ainsi tous les deux jours. Ce service est d'ailleurs inscrit par le brigadier ou le sous-brigadier sur le registre de travail avant son exécution, et signé au retour par tous les préposés qui y ont pris part, après que le chef du service en a constaté les résultats. (*Circ. du 30 janvier* 1817.)

Rebats, contre-rebats, rapports de pistes. Chaque matin, à la pointe du jour, un ou deux préposés, désignés par le chef de la brigade, doivent en parcourir la penthière dans toute sa longueur, afin de reconnaître si elle a été traversée la nuit par des bandes de fraudeurs ; c'est ce que l'on appelle *rebat*. Le *contre-rebat* se fait par les chefs de postes, qui vont eux-mêmes chercher les pistes sur tout le front de chaque penthière, et s'assurer ainsi de l'exactitude des rebats.

Les rebatteurs, lorsqu'ils n'ont pas leur brigadier avec eux, et qu'il se trouve à proximité, l'informent, en toute hâte, des traces de passage qu'ils découvrent. Celui-ci suit immédiatement la piste avec le nombre de préposés nécessaire, et la fait remonter jusqu'au point de départ des fraudeurs sur la ligne. Si la piste conduit les rebatteurs à la portée d'un poste de ligne intermédiaire, ils en informent le brigadier de ce poste, qui la suit jusqu'en seconde ligne, où il la signale également au chef de poste sur la penthière duquel la bande a passé. Enfin ce dernier la reprend, et la suit à son tour jusqu'à l'extrémité de sa penthière, et même plus loin s'il existe une brigade de ligne spéciale à laquelle il puisse la signaler.

Quand une piste se perd sur une penthière, il faut également la signaler à la brigade suivante, pour qu'elle continue les recherches.

Le brigadier de première ligne, de retour sur sa penthière, prend connaissance du résultat des recherches que les préposés ont faites après son départ, et remonte la piste jusqu'à l'extrême frontière.

Si les rebatteurs qui découvrent une piste, à la pointe du jour, n'ont pas de brigadier avec eux, et que, trop éloignés de leur poste, ils se trouvent plus à proximité d'une brigade intermédiaire, ils doivent suivre la piste, aller prévenir le chef de cette brigade, et rentrer immédiatement après à leur poste pour faire leur rapport à leur brigadier.

Chaque brigadier sur la penthière duquel une bande a passé doit adresser, dans le jour, un rapport à son capitaine par l'intermédiaire de son lieutenant, à moins qu'il ne soit plus près du capitaine. Dans ce cas, il doit le lui remettre directement et prévenir en même temps le lieutenant de la découverte de la piste.

Le devoir des lieutenans est de se transporter de suite sur les lieux, aussitôt que ces avis leur parviennent, et de vérifier de quelle manière le service a été exécuté ; mais c'est aussi l'une des principales obligations des capitaines de brigades. Ceux-ci, après avoir pris sur le terrain tous les renseignemens nécessaires, adressent leur rapport au sous-inspecteur ou à l'inspecteur de la division.

Suivant qu'il s'agit, sur la frontière de terre, d'une introduction ou d'une

préférence à remplir les emplois vacans dans les bureaux, lorsqu'ils auront l'aptitude nécessaire (1).

Les capitaines qui se distingueront par leurs bons services et leur instruction, continueront d'être admis à concourir pour les sous-inspections. (*Ord. du* 30 *décembre* 1829, *art.* 16.)

24. L'administration ne pourra avoir aucun préposé qui ne soit âgé au moins de vingt ans (2); et il n'en sera point admis qui aient plus de trente ans, s'ils n'ont été précédemment employés dans d'autres parties de régie ou d'administration, à l'exception

---

exportation, le capitaine de première ou de seconde ligne, après avoir inscrit sur le rapport les détails qui concernent sa division, le fait passer à son collègue, pour que celui-ci puisse le compléter à son tour, et l'adresser ensuite au sous-inspecteur ou à l'inspecteur, qui, après y avoir consigné ses observations, le transmet au directeur. (*Circ. du* 10 *mars* 1819.)

Si les pistes sont de moins de trois pas, on se dispense de fournir les rapports dont il s'agit (*Déc. adm. du* 23 *octobre* 1834.)

Dispositions générales. — Registres de correspondance. Les registres d'ordre partout en usage pour la transcription textuelle des circulaires manuscrites et des lettres portant instructions, doivent être tenus avec exactitude par tous les chefs de service sans distinction, jusques et y compris les chefs de poste.

Indépendamment de ce registre, chaque chef de service, jusques et y compris les receveurs subordonnés, dans la partie sédentaire, et les capitaines, dans la partie active, tiendra deux registres distincts pour l'enregistrement par extrait, l'un des lettres reçues, dit d'*arrivée*, l'autre des lettres expédiées, dit de *départ.*

Chaque chef de service doit garder *minute* de sa correspondance et conserver soigneusement ces minutes, ainsi que toutes les lettres reçues, pour être remises, comme archives, à son successeur, avec les registres de correspondance, sans exception des minutes des rapports mensuels de service, des rapports de tournée des directeurs, et des bulletins de commerce, qui sont, comme toute autre partie de la correspondance, la propriété des places et non celle des titulaires. A chaque mutation, l'état et la consistance des archives sont constatés par un procès-verbal de récolement, dressé contradictoirement par le titulaire sortant et son successeur ou l'intérimaire (*Circ. du* 3 *octobre* 1840, *n°* 1836.)

(1) Les états que les inspecteurs établissent à cet effet, comprendront non seulement les capitaines et les lieutenans, mais aussi les brigadiers. C'est surtout à ceux qui se sont usés dans la partie active, avant d'être parvenus à l'époque de leur retraite, que l'administration entend réserver cet avantage. Les autres doivent, tant qu'ils sont valides, ne chercher les moyens d'améliorer leur sort qu'en méritant de l'avancement. Aussi est-il arrêté à l'égard des brigadiers, que, sauf des circonstances tout-à-fait exceptionnelles, ils ne peuvent prétendre à entrer dans les bureaux qu'après dix années consécutives de grade. (*Circ. du* 22 *février* 1839, *n°* 1740.)

(2) Les fils de préposés peuvent être placés dès l'âge de dix-huit ans; mais ils ont que demi-solde jusqu'à vingt ans. (*Circ. du* 23 *mai* 1817, *n°* 279.)

des hommes qui auront servi huit ans dans les troupes de terre ou de mer (1), et se présentent dans l'année de leur congé, lesquels pourront y être admis jusqu'à l'âge de quarante ans.

Les postulans seront tenus de représenter des certificats de bonnes mœurs donnés, soit par les officiers municipaux du lieu de leur résidence ordinaire, soit par les officiers des régimens où ils auront servi (2). (*Loi du 22 août* 1791, *tit.* 13, *art.* 12.)

25. Les équipages des embarcations attachées au service des douanes seront composés de capitaines, lieutenans, patrons, sous-patrons, matelots et mousses. (*Loi du* 1ᵉʳ *mai* 1791, *art* 9, *et Circ. du* 26 *août* 1834, *n*° 1454.)

26. Les équipages des chaloupes, canots et toutes embarcations attachées au service des douanes, et qui naviguent à la rame ou à la voile, sans manœuvres hautes (3), seront composés d'hommes non compris dans l'inscription maritime. (*Décret du* 2 *messidor an* 12, *art.* 1ᵉʳ.)

27. Pourront cependant les patrons des embarcations désignées à l'article précédent, être pris dans la classe des marins âgés

---

(1) Les marins ne peuvent être admis dans les brigades de douanes qui font le service de terre que sur la production d'un *acte de déclassement* en bonne forme. (*Circ. du* 1ᵉʳ *avril* 1824, *n*° 859.)

(2) Dans les directions où les postulans sont nombreux, il doit être facile de ne pas dépasser, pour les sujets qui n'ont pas été militaires, l'âge de vingt-cinq ans, et pour ceux qui sortent de l'armée, l'âge de vingt-huit ou vingt-neuf ans. Dans tous les cas, l'aspirant est soumis à la visite d'un médecin, en présence d'un capitaine des douanes, et il est justifié de cette visite par la production d'une feuille individuelle sur laquelle le capitaine et l'inspecteur de la division donnent leur avis personnel sur la complexion apparente du postulant, sur le degré d'intelligence qu'il annonce, et, autant que possible, sur les garanties de moralité qu'on peut trouver dans ses relations, ses habitudes et sa position antérieures. Ces informations peuvent être faciles à recueillir à l'égard des individus domiciliés dans le rayon des douanes. Pour les autres, il faut s'en rapporter aux certificats dont ils doivent être porteurs. L'administration recommande aux directeurs dont les moyens de recrutement sont insuffisans, de s'adresser, pour obtenir les hommes dont ils ont besoin, à ceux de leurs collègues qui trouvent dans leurs divisions des ressources surabondantes. Pour faciliter ce mode de recrutement, il convient de ménager aux candidats, appelés ainsi loin de leur pays, la faculté d'y rentrer lorsqu'ils compteront au moins cinq ans d'exercice. (*Circ. du* 22 *février* 1839, *n*° 1740.)

(3) *Voir* au numéro 85, en note, ce qu'on doit entendre par *manœuvres hautes*.

de cinquante ans et au-dessus, et qui, à raison de cet âge, sont exempts d'être levés pour le service. (*Même Décret, art. 2.*)

28. Les équipages des pataches, felouques et chebecks attachés au service des douanes, et qui naviguent en mer à la voile et avec des manœuvres hautes, seront composés de marins de diverses classes dans les proportions suivantes, savoir :

Un quart en officiers mariniers ou matelots de 1re classe ;

Un quart en matelots de 2e classe ;

Un quart en matelots de 3e et 4e classe ;

Un quart en novices.

Conformément à l'art. 2 de l'ordonnance du 4 juillet 1784, il continuera d'être embarqué un mousse par dix hommes d'équipage. (*Même Décret, art. 4.*)

29. Chaque année, il pourra, selon les besoins du service, être levé sur les pataches, felouques et chebecks, jusqu'à concurrence du tiers de leurs équipages, qui sera remplacé par un nombre égal de matelots de 4e classe ou novices. (*Même Décret, art. 6.*)

Signalemens moraux.

30. Les directeurs, les inspecteurs, les sous-inspecteurs et les receveurs principaux adresseront tous les six mois au chef de l'administration les signalemens moraux des employés nommés par lui ou par le ministre (1).

Ces signalemens, rédigés sur des feuilles volantes, porteront sur le zèle, l'activité, l'aptitude au travail, la subordination, le degré d'instruction et la conduite de chaque employé (2). (*Circ. des 24 avril 1812 et 9 décembre 1831, n° 1290.*)

31. Les directeurs adresseront, en outre, au commencement de chaque année, à l'administration un état général comprenant,

---

(1) Ces signalemens ne sont connus que du chef de l'administration.

(2) Quand il s'agit d'un chef ou d'un employé destiné à le devenir, on indique, en outre, s'il a reçu une éducation libérale ; s'il a de la fermeté, de la mesure ; s'il jouit de l'estime des autorités locales ; s'il honore l'administration par sa vie privée ; s'il se fait aimer et respecter de ses subordonnés ; enfin s'il a pour ses supérieurs les égards qu'il leur doit. (*Circ. du 24 avril 1812.*)

indépendamment des employés ci-dessus désignés, les surnuméraires et les brigadiers susceptibles d'être promus au grade de lieutenant. (*Circ. des 22 août 1817 et 9 décembre 1831, no 1290.*)

On ne peut détourner les préposés de leur service.

32. Les préposés des douanes ne pourront être détournés (1), par les autorités constituées, du service constamment actif pour lequel ils sont commissionnés et salariés par le gouvernement (*Arrêté du 12 floréal an 2.*) (2).

Garde nationale.

33. Les préposés du service actif des douanes ne seront pas

---

(1) Cependant les préposés des douanes concourent à la répression des délits dont la poursuite appartient plus spécialement à d'autres administrations, telles que les contributions indirectes et les postes. *Voir* au livre *Régimes spéciaux*, les chapitres concernant les boissons, les tabacs, les cartes, les ouvrages d'or et d'argent, la librairie, les armes, la poudre, les lettres et journaux, les naufrages et la police sanitaire.

Les préposés concourent également à l'arrestation des échappés des bagnes et des prisons, des déserteurs, brigands et autres individus frappés de mandats d'arrêt. (*Circ. du 7 messidor an 7.*)

Ils peuvent, en vertu de l'art. 4 de la loi du 29 juillet 1792, se faire représenter les passeports par les individus qui se rapprochent de la frontière ou se trouvent sur les lieux où le service des douanes s'exerce, à moins qu'ils ne soient connus pour appartenir au département dans l'étendue duquel ils circulent. (*Circ. du 27 février 1808.*)

Ils conduisent devant les autorités locales les individus frappés de mandats d'arrêt, ainsi que ceux qui, soumis à la formalité du passeport, n'en sont point munis. (*Circ. des 7 messidor an 7 et 27 février 1808.*)

Ils doivent aussi conduire devant l'autorité de police la plus voisine les individus suspects qui débarquent furtivement sur nos côtes, sans y être contraints par des circonstances de force majeure. (*Circ. du 26 août 1817.*)

Ils surveillent les établissemens maritimes, et donnent connaissance aux autorités locales de tous les délits dont ces établissemens peuvent être l'objet. (*Circ. du 10 octobre 1818.*)

Ils peuvent suppléer la marine pour les infractions aux règlemens sur la pêche. (*Déc. adm. du 11 juin 1841.*)

Mais, dans tous les cas, le concours des préposés demeure subordonné aux besoins du service des douanes, et n'a lieu que lorsqu'il n'en peut résulter aucun préjudice pour ce service. (*Circ. des 7 messidor an 7 et 27 février 1808.*)

Les chefs locaux sont juges de la possibilité d'accorder le concours de la douane, et c'est à eux seuls que la demande doit en être adressée. (*Déc. adm. du 12 août 1839.*)

(2) *Préposés appelés en justice.* Lorsque des préposés sont cités devant les tribunaux, le ministère public est tenu d'en informer leur directeur. (*Circ. du 9 mars 1836, no 1552.*)

appelés au service de la garde nationale (1). (*Loi du 22 mars 1831*, *art. 12.*)

Signal d'alarme.

54. Tous les secrétaires et commis attachés aux bureaux des ministres et des *administrations publiques*, seront tenus, dans les dangers de la patrie et aux signaux d'alarme, de se rendre sur-le-champ dans leurs bureaux, qui deviennent pour eux le poste du citoyen. (*Loi du 2 septembre* 1792.)

Douanes coloniales.

55. Le service des douanes, dans les colonies de la Martinique, de la Guadeloupe et de l'Ile-Bourbon, continuera à être dirigé par un directeur, qui recevra de l'administration générale des douanes, par l'intermédiaire du département de la marine, les instructions relatives aux détails du service. (*Ord. des 25 octobre* 1829 *et* 16 *avril* 1837.)

Les chefs et employés des douanes de tous grades, dans ces Colonies, feront partie du personnel des douanes de France; mais ils seront sous les ordres du ministre de la marine. (*Mêmes Ord.*)

Les employés des douanes destinés à servir aux Colonies dans un grade ou un emploi auquel il est nommé en France par le ministre des finances ou par le directeur général des douanes, seront porteurs de commissions délivrées conformément aux mêmes règles; mais leur nomination n'aura lieu qu'après avoir été agréée par le ministre de la marine, qui visera lesdites commissions. (*Mêmes Ord.*)

Les fonctionnaires des douanes coloniales n'auront droit à prendre rang dans les douanes de France, avec le grade dont ils auront été pourvus, soit à leur départ de France, soit aux Colonies, qu'autant qu'ils auront été employés cinq ans au moins dans ce grade. (*Mêmes Ord.*)

Nul ne peut exercer un emploi dans les administrations financières en Algérie qu'en vertu d'une lettre de service délivrée

---

(1) Les brigades armées de l'administration des douanes peuvent être affectées au service militaire dans le cas d'invasion du territoire.
Voir pour leur organisation militaire, les ordonnances des 31 mai 1831, 11 mai et 9 septembre 1832.

par le ministre de la guerre ou en son nom. (*Ord. du 21 août 1839, art.* 149.)

Le personnel est composé,

1o. . . . . .

2o Des employés détachés des administrations continentales. (*Même Ord., art.* 150.)

Ces employés prennent le nom d'*employés commissionnés*. (*Même Ord., art.* 154.)

Aucun employé commissionné attaché aux services financiers ne peut être porté à un nouveau grade que par le ministre des finances, sur la proposition du ministre de la guerre. (*Même Ord., art.* 156.)

Les employés commissionnés sont aptes à rentrer en France avec le grade indiqué sur la dernière commission qui leur aura été donnée par le ministre des finances, pourvu qu'ils aient au moins cinq ans de service en Algérie, dont une année dans l'exercice du dernier grade obtenu, si c'est un emploi inférieur, et deux années, si c'est un emploi supérieur. Avant l'expiration de ces délais, les employés qui rentreraient en France, pour quelque cause que ce fût, ne pourront être réadmis dans leur administration qu'avec le grade et le traitement dont ils étaient pourvus avant leur dernière nomination, sauf examen des droits qu'à l'époque de leur retour ils pourraient avoir à l'avancement. (*Même Ord., art.* 158.)

SECTION II.

GARANTIES, ATTRIBUTIONS ET IMMUNITÉS DES EMPLOYÉS DES DOUANES.

Sauvegarde des préposés.

56. Les préposés des douanes sont sous la sauvegarde spéciale de la loi; il est défendu à toute personne de les injurier ou maltraiter, et même de les troubler dans l'exercice de leurs fonctions, à peine de 500 francs d'amende, et sous telle autre peine qu'il appartiendra, suivant la nature du délit (1). Les comman-

---

(1) Cette disposition a été reproduite par l'article 2 du titre 4 de la loi du 4 germinal an 2. Le voir au no 1204.

dans militaires dans les départemens, les *préfets*, *sous-préfets*
et les municipalités, seront tenus de leur faire prêter main-forte,
et les gardes nationales, troupes de ligne ou gendarmerie (1),
de leur donner ladite main-forte à la première réquisition, sous
peine de désobéissance. (*Loi du* 22 *août* 1791, *tit.* 13, *art.* 14.)

57. Lorsque, par suite de rassemblemens ou attroupemens,
un individu préposé aux douanes ou autre, domicilié ou non sur
une commune, y a été pillé, maltraité ou homicidé, tous les habitans sont tenus de lui payer, ou, en cas de mort, à sa veuve et
à ses enfans, des dommages-intérêts (2). (*Loi du* 10 *vendémiaire
an* 4, *titre* 4, *art.* 6, *et arrêté du* 4e *jour compl. an* 11, *art.* 14.)

Mise en jugement.

58. Les agens du gouvernement ne pourront être poursuivis
pour des faits relatifs à leurs fonctions qu'en vertu d'une décision du Conseil d'État. (*Acte du gouvernement du* 22 *frimaire
an* 8, *art.* 75.)

Les rapports sur la mise en jugement des fonctionnaires publics seront faits au comité du contentieux du Conseil d'État,
qui, sous l'approbation du Roi, statuera sur ces affaires ainsi
qu'il appartiendra, et dans les formes voulues. (*Ord. du* 21 *septembre* 1815, *art.* 1er.)

Le directeur général des douanes pourra désormais autoriser
la mise en jugement des préposés qui lui sont subordonnés (3).
(*Arrêté du* 29 *thermidor an* 11.)

---

(1) Les réquisitions doivent énoncer la loi qui les autorise, le motif, l'ordre,
le jugement ou l'acte administratif en vertu duquel la gendarmerie est requise.
(*Ord. du* 29 *octobre* 1820, *art.* 56.)

Les réquisitions sont faites par écrit, signées et datées. (*Même Ord., art.* 58.)

(2) *Voir* le n° 84, et pour les poursuites le n° 1246.

(3) Cette autorisation est nécessaire, même lorsque l'employé inculpé a été
révoqué postérieurement au fait de ses fonctions pour lequel il est poursuivi.
(*Déc. du min. de la just. du* 15 *juin* 1839.)

Les demandes d'autorisation de mise en jugement des préposés en matière
criminelle et correctionnelle doivent être faites par l'entremise des procureurs
du Roi et des procureurs généraux, qui les transmettent eux-mêmes au garde
des sceaux. Ce n'est qu'en matière civile que l'administration peut être saisie
directement par les parties. (*Déc. adm. du* 3 *septembre* 1841.)

La chambre du conseil ne peut être saisie qu'après l'autorisation administrative. (*Déc. adm. du* 10 *décembre* 1840.)

Quand un employé est cité en justice pour un fait de ses fonctions, sans qu'il

Port d'armes.

39. Les préposés des douanes auront, pour l'exercice de leurs fonctions, le port d'armes à feu et autres (1). (*Loi du 22 août 1791, tit. 13, art. 15.*)

Uniforme.

40. Les employés des douanes porteront un uniforme dont le modèle sera déterminé par des règlemens (2). (*Arrêté du 7 frimaire an 10.*)

---

y ait eu à son égard autorisation administrative de poursuites, il doit comparaître pour décliner la compétence du tribunal en l'état de l'affaire, sauf à se retirer et à faire défaut s'il était passé outre au jugement du fond. (*Déc. adm. du 11. août 1841.*)

D'après l'art. 186 du Code pénal, le préposé qui aurait, sans motif légitime, usé ou fait user de violence envers les personnes, dans l'exercice ou à l'occasion de l'exercice de ses fonctions, serait puni selon la nature et la gravité de ces violences. Il résulte nécessairement de cette disposition que la condamnation du préposé ne peut être prononcée qu'autant qu'il est formellement et expressément déclaré par le jury qu'il s'est porté aux violences dont on l'accuse *sans motif légitime*. On doit donc veiller avec la plus rigoureuse attention à ce que le pourvoi soit émis en temps utile, toutes les fois qu'un préposé qui aurait commis des violences serait condamné à une peine quelconque sans que cette question, qu'on peut dire ici sacramentelle : « *Y a-t-il eu motif légitime ?* » ait été soumise au jury. Il convient aussi de provoquer, lorsqu'il y a lieu, la position subsidiaire de cette autre question : « *Y a-t-il eu provocation ?* » afin qu'en cas de criminalité résultante de l'absence reconnue par le jury de motif légitime, cette criminalité s'atténue toujours de manière à ne plus rendre applicables à l'accusé que les dispositions de l'art. 326 du Code pénal, si le jury donne une déclaration affirmative à cette deuxième question. (*A. de C. du 5 décembre* 1822; *Circ. nº 783.*)

(1) L'armement des préposés, fourni par les manufactures royales, est conforme aux modèles adoptés pour l'armée. (*Circ. du 14 décemb.* 1852, *nº 1360.*)

Il se compose d'un fusil, d'un sabre dit *briquet*, et d'une giberne sans ornement; les buffleteries sont sans piqûre. (*Ord. du 30 juin* 1835, *art. 1ᵉʳ.*)

(2) L'uniforme des directeurs, inspecteurs, sous-inspecteurs et employés du service actif des douanes est réglé ainsi qu'il suit :

Pour tous, habit droit ou frac en drap vert; boutons de métal blanc, avec le mot *douanes*.

L'habit des employés du service actif, depuis et y compris le grade de capitaine de brigades, est liséré d'un passe-poil en drap garance, et semblable, pour la coupe, à l'habit de l'infanterie de ligne, à l'exception des paremens, qui sont taillés en pointe comme dans l'habit de l'infanterie légère. Les retroussis sont garnis d'étoiles en argent pour les chefs, et en drap garance pour les brigadiers, sous-brigadiers et préposés.

Les patrons, sous-patrons et marins portent la veste ronde en drap vert, et le gilet en drap garance.

Le drap bleu céleste, piqué de six pour cent de blanc, est substitué au drap

Masse d'équipement.

41. Il sera pourvu à l'équipement des préposés au moyen d'une masse (1). (*Règl. minist. du 25 février 1815 , art. 3.*)

---

vert pour la confection du pantalon. Ce vêtement est liséré de drap garance pour les employés du service actif.

Les directeurs, inspecteurs et sous-inspecteurs portent le chapeau français, avec ganse en torsade d'argent.

Les capitaines de brigades, lieutenans, brigadiers, sous-brigadiers et préposés portent le shako, qui est garni, pour les chefs, d'un galon semblable à celui en usage dans l'infanterie légère.

Les patrons, sous-patrons et marins portent le chapeau vernissé.

Les directeurs, inspecteurs et sous-inspecteurs ont pour arme l'épée à poignée dorée; les capitaines de brigades et lieutenans, le sabre d'officier d'infanterie. (*Ord. du 30 juin 1835, art. 1er.*)

Insignes.

Pour les directeurs, broderies au collet, aux paremens, aux pattes des poches, et en écusson aux boutons de la taille, telles qu'elles ont été déterminées par l'arrêté du 28 novembre 1801 ;

Pour les inspecteurs, broderies semblables au collet, aux paremens, et en écusson aux boutons de la taille ;

Pour les sous-inspecteurs, au collet, broderie semblable à celle des directeurs; au parement, broderie de même dessin, prenant le quart du parement, qui est entouré d'un galon brodé sur l'étoffe;

Pour les capitaines de brigades, broderie du même dessin, prenant le quart du collet, qui est entouré d'un galon brodé sur l'étoffe;

Pour les lieutenans de 1re classe, double galon brodé sur l'étoffe, au collet;

Pour les lieutenans de 2e classe, galon brodé sur l'étoffe, au collet;

Pour les brigadiers, double galon de vingt-deux millimètres de largeur, placé en chevron au-dessus des paremens;

Pour les sous-brigadiers, un galon simple de vingt-deux millimètres de largeur, placé en chevron au-dessus des paremens. (*Même Ord.*, art. 2.)

(1) *Règlement sur l'équipement et la masse des préposés , du 25 février* 1815.

Art. 3. Il est pourvu dans chaque direction à l'équipement des préposés, au moyen d'une masse à laquelle ils concourrent tous par des retenues mensuelles sur leur paye.

4. Les capitaines, lieutenans et emballeurs ne sont pas sujets à la retenue.

5. La retenue à faire aux préposés, *dans le mois qui suit celui dont le traitement a été versé en totalité à la caisse des retraites*, est :

De 10 fr. pour les cavaliers et les préposés à pied ;

De 8 fr. pour les marins.

Ces retenues ont lieu, lors même que le préposé quitterait à la fin du *second* mois de service.

6. La retenue continue d'être, pour chacun des mois suivans, jusqu'à parfait équipement, de 10 fr. pour les cavaliers et les préposés à pied;

Et de 8 fr. pour les marins.

7. Lorsque les préposés sont complétement habillés, armés et équipés, la retenue est réduite *à la moitié* de celle déterminée par l'article précédent, jusqu'à ce que l'actif de masse ait atteint, pour les cavaliers, 100 fr.;

Pour les préposés à pied, 80 fr.;

Et pour les marins, 60 fr.

8. La retenue ne cesse pas d'avoir lieu lorsque les préposés ont atteint le *maximum* ci-dessus déterminé; mais elle est réduite alors *au quart*, c'est-à-dire à 2 fr. 50 c. pour les cavaliers et les préposés à pied;

Et à 2 fr. pour les marins.

9. Lorsque, par de nouvelles fournitures, l'actif de masse d'un préposé est tombé au-dessous du *maximum*, la retenue recommence à avoir lieu, ainsi qu'elle est fixée par l'article 7, jusqu'à ce que le *maximum* soit atteint de nouveau, après quoi elle n'est plus que du quart, conformément à l'art. 8.

10. Les brigadiers et sous-brigadiers subissent la retenue suivant le mode et dans les proportions indiquées pour les cavaliers.

Il en est de même pour les préposés d'ordonnance des inspecteurs et sous-inspecteurs.

11. La retenue porte également sur les gratifications ou parts de saisies des préposés qui ne sont pas complétement habillés et armés, ou dont l'actif de masse n'est pas encore porté au *maximum*; dans l'un et l'autre cas, elle ne peut excéder le sixième des gratifications et parts de saisies : le *maximum* étant atteint, la retenue n'a plus lieu que sur les appointemens, et dans les proportions déterminées par l'article 8.

12. Il n'est pas nécessaire que la masse des cavaliers, préposés à pied et marins, soit portée au *maximum* de 100 fr., 80 fr. ou 60 fr., pour que les capitaines commencent à leur distribuer des effets d'habillement ou armement; ils peuvent leur en fournir à mesure et dans la proportion des retenues effectuées; les retenues continuent, dans ce cas, d'avoir lieu, jusqu'à parfait équipement, au taux fixé par l'article 6.

14. Les préposés nouvellement admis ne peuvent prétendre à être équipés de suite, à moins qu'ils ne demandent à faire les fonds de leur uniforme; et de même on ne peut exiger d'eux, sous prétexte de les habiller et armer plus promptement, de plus fortes retenues que celles ci-dessus fixées.

15. Si, par suite de la confiance particulière dont quelques préposés peuvent se rendre dignes, les capitaines jugent convenable de leur faire, par avance, la fourniture de quelques parties d'armement ou d'habillement, cette avance, qui ne peut excéder le montant d'un demi-mois de traitement, est, dans tous les cas, sous la responsabilité des capitaines.

En cas de débet, la retenue a lieu de droit dans les proportions fixées pour ceux qui ne sont pas encore complétement équipés.

Les débets dont il s'agit ne peuvent provenir que de fournitures d'effets d'armement ou d'habillement; le capitaine ne peut imputer sur les fonds de masse aucune avance faite en argent, ou dette contractée pour autre objet.

16. Les capitaines de brigades rédigent, le 28 de chaque mois, l'état des retenues de ce même mois, et ils en laissent le montant entre les mains du receveur principal chargé de subvenir aux appointemens de leur capitainerie.

17. Les marchés sont passés, *en conseil d'équipement avec publicité et concurrence*, par le directeur, qui dispose seul des fonds d'équipement. Les fournitures sont payées à terme ou au comptant, selon l'état de la caisse; si elles sont payées comptant, les fournisseurs font une remise.

18. Les fonds de masse ne peuvent, sous aucun prétexte, même sous celui de les faire bénéficier par des prêts à intérêt, être détournés de leur destination.

19. Il ne peut être souscrit à l'ordre des fournisseurs aucuns billets, traites ou bons exigibles à terme ou échéance; ils sont payés en espèces, ou, s'ils ne sont pas sur les lieux, en mandats sur un receveur principal des douanes.

21. Le directeur désigne, pour suivre la comptabilité de la masse et le détail de l'équipement, un des employés de bureau attachés à l'administration, et en qui il a confiance; cet employé rend tous les ans le compte détaillé de sa gestion au conseil d'équipement établi à cet effet.

22. Le conseil d'équipement, mentionné dans l'article précédent, se compose du directeur, des inspecteurs et sous-inspecteurs divisionnaires, de l'inspecteur particulier et du plus ancien capitaine de brigades de chaque inspection : le directeur le convoque une fois au moins chaque année.

Le compte d'équipement est signé de chacun des membres du conseil, et *soumis*, ainsi que les pièces à l'appui, *à l'examen de la Cour des comptes*. Il est en outre rédigé procès-verbal de la séance, et chaque membre du conseil y peut consigner ses observations. Copie de ce procès-verbal et du compte est envoyée tous les ans à l'administration.

Confection et distribution des uniformes et autres objets d'équipement.

23. *Généralement* les directeurs traitent avec un entrepreneur qui se charge de faire toutes les avances de fournitures et de confection, d'après des prix arrêtés. Le directeur fait déposer, afin d'assurer la bonne qualité des étoffes et de la confection, des échantillons de chaque pièce d'habillement, auxquels les fournitures sont comparées avec le plus grand soin lors des livraisons.

24. *Au lieu d'être faits sur trois tailles différentes, les uniformes doivent, autant que possible, être confectionnés d'après la mesure prise* à chaque homme, par un tailleur qui parcourt les brigades une fois l'année. Les frais de voyage sont à la charge de l'entrepreneur des fournitures; il en est fait une clause expresse dans les marchés à passer avec lui.

26. Une plus-value, destinée à couvrir les frais de gestion, peut être ajoutée au prix d'achat de chaque objet d'équipement; elle ne doit pas excéder 1 fr. pour les objets dont le prix est au-dessous de 18 fr., et 2 fr. pour ceux d'un prix plus élevé.

27. Dans le cas où, par augmentation ou diminution, les objets nouvellement achetés seraient d'une valeur plus ou moins élevée que celle des objets semblables antérieurement achetés et existant en magasin, le conseil d'équipement décide si les prix doivent rester différens pour les objets anciens et nouveaux, ou s'il doit être établi un prix moyen d'après celui des divers achats et le nombre des objets restant en magasin.

28. Tous les marchés pour fournitures doivent contenir, autant qu'il est possible, l'obligation de rendre les objets sans frais au bureau de la direction.

29. Les capitaines de brigades reçoivent du chef-lieu de la direction les objets d'armement et d'habillement nécessaires pour les préposés de leur division. Ils doivent en faire la demande au directeur par des états indiquant le nombre et l'espèce des objets, les noms et grades des préposés à qui ils sont destinés, et l'avoir en masse de chacun d'eux.

30. Chaque préposé a un livret, sur lequel est inscrit son signalement, avec l'époque de son admission dans les brigades; les capitaines y portent, par forme de compte ouvert, le montant de chaque retenue, ainsi que le prix de chaque fourniture. Ce livret est arrêté le premier jour de chaque année. Les articles 3,

5, 6, 7, 8, 9, 10, 11, 50, 51, 53, 54, 35, 36, 37, 58, 39, 41, 45, 56 et
57 du présent règlement y sont portés en tête. ·

31. Par le fait seul de l'acceptation du livret, le préposé est censé se soumettre à toutes les conditions du présent règlement qui lui sont applicables.

Remboursement des masses et prélèvemens au profit du bon de masse.

33. Les préposés démissionnaires, quelles que soient les causes de leur démission, et les préposés révoqués ou destitués, ont droit au remboursement de
leur actif de masse, sauf les prélèvemens suivans.

34. Ces prélèvemens sont :

	POUR LES CAVALIERS ET LES PRÉPOSÉS.	POUR LES MARINS.
S'ils quittent dans la 1re année de service ...	50 fr. 00 c.	40 fr. 00 c.
dans la 2^e	40 00	52 00
dans la 3^e	50 00	24 00 °
dans la 4^e	20 00	16 00
dans la 5e année et les suiv....	10 00	8 00

Il est fait mention de ce prélèvement sur les livrets des préposés démissionnaires ou destitués.

35. Si l'actif du préposé quittant le service se trouve au-dessous de la
somme à prélever en exécution de l'article précédent, il ne lui est pas fait sur
le dernier mois de son traitement une retenue plus forte que celle dont il peut
être susceptible, aux termes des articles 6 ou 7 ; on ne verse, dans ce cas, au
profit du bon de masse, que l'avoir tel qu'il existe, sauf à compléter le montant
du prélèvement par une retenue sur les parts de saisies ou gratifications dont
la répartition aurait ultérieurement lieu.

36. Si le préposé démissionnaire ou destitué est débiteur à la masse, on re-
tient sur son traitement le montant du débet, outre la retenue prescrite par
l'article 6.

37. Les fusils et briquets faisant partie de l'armement uniforme des préposés ne peuvent être emportés par eux, lorsqu'ils quitteront l'emploi, à moins
que ce ne soit pour être employés dans une autre direction : ces armes sont
retenues par les capitaines de brigades, qui en remboursent la valeur au préposé, d'après l'estimation, lors même que son actif de masse se trouverait au-
dessous de la somme à prélever aux termes de l'article 34. Si le préposé est en
débet, le prix des armes est retenu et imputé en déduction. Le directeur détermine les bases à suivre pour l'estimation.

Le mode de comptabilité relatif à la reprise de ces armes et à leur revente
aux préposés est également fixé par le directeur. Le prix de vente ne peut
excéder le prix de rachat que d'un franc, sauf le cas où ces armes seraient
réparées et remises à neuf.

38. L'actif de masse est remboursé en entier aux préposés et marins appelés
pour le service militaire ou par suite d'inscription maritime, aux héritiers de
ceux qui meurent, ainsi qu'aux retraités.

39. Les préposés qui s'enrôlent volontairement subissent les prélèvemens
déterminés pour les démissionnaires ou destitués.

40. Si un préposé, ayant à sa masse au-delà de la somme à prélever en cas de démission, se trouve, lui, sa femme ou ses enfans, atteint d'une maladie grave, exigeant une dépense extraordinaire, et de même s'il éprouve quelque perte ou accident notable, le directeur peut venir à son secours, en lui faisant remettre, en une ou plusieurs fois, partie ou le tout de la portion excédant le montant du prélèvement, et même, s'il y a lieu, suspendre la retenue pendant le temps que durent les besoins constatés.

41. Si le préposé démissionnaire ou destitué a un actif de masse plus élevé que celui qu'il doit abandonner, aux termes de l'article 34, et qu'il ait contracté des dettes pour logement ou nourriture, le capitaine de brigade peut les acquitter jusqu'à concurrence de la somme excédant le montant du prélèvement.

42. Les créanciers des préposés démissionnaires ou destitués ne peuvent réclamer leur actif de masse que déduction faite des sommes à prélever au profit du bon de masse.

Préposés qui changent de direction.

43. Les préposés ne peuvent changer de direction sans y être autorisés par le directeur sous lequel ils sont actuellement placés, à peine d'être réputés démissionnaires, et, comme tels, sujets aux prélèvemens déterminés par l'article 34 ci-dessus. Cette autorisation, dont il est fait mention sur les livrets, ne peut être refusée aux préposés qui la demandent un mois d'avance, et qui justifient du consentement du directeur sous lequel ils désirent servir. Les directeurs, en adressant à leurs collègues les signalemens des préposés qui doivent passer sous leurs ordres, leur transmettent également, s'il y a lieu, des notes ou observations sur la conduite de ces préposés.

44. Les préposés qui ont appartenu à une direction, et qui se présentent, après une interruption de service, pour être employés dans une autre, ne peuvent y être admis sans l'autorisation de l'administration.

45. Lorsqu'un préposé change de direction avec l'autorisation de son directeur, son actif de masse lui appartient en entier, mais il ne lui est pas remboursé ; le capitaine arrête le livret de ce préposé, et le directeur fait remettre l'actif qui y est repris au directeur sous lequel passe l'employé changé, lorsqu'il a avis de son arrivée à sa nouvelle résidence.

46. Si cependant le préposé a à la masse au-delà de la somme à prélever en cas de démission, le directeur peut autoriser le capitaine à lui remettre, pour l'aider à subvenir aux frais du voyage, partie ou le tout de la portion excédant le montant du prélèvement.

Bon de masse.

48. Le bon de masse est l'excédant de l'actif sur le passif, constaté par le compte rendu à l'expiration de chaque exercice : sa comptabilité n'est pas distincte de celle de la masse.

49. Il se compose des prélèvemens faits sur l'actif de masse des préposés destitués ou démissionnaires, et des remise et plus-value, déduction faite des frais indiqués en l'article suivant.

50. Le bon de masse est destiné à couvrir les frais de gestion, comme indemnité du commis comptable, frais de transport, papiers, registres et impressions, et dépenses extraordinaires.

51. L'indemnité annuelle accordée sur le bon de masse à l'employé chargé des détails de l'équipement est calculée à raison de 100 fr. pour chaque cent

préposés sujets à la retenue, sans néanmoins pouvoir être au-dessous de 600 fr., ni au-dessus de 1,200 fr.

52. Le directeur veille à ce que l'employé à qui il a confié cette gestion, s'en occupe par lui-même, et ne la délègue point à un subordonné; l'indemnité allouée par l'article précédent, ne devant appartenir qu'à celui qui s'est livré effectivement au travail dont elle est le prix.

Le travail et l'indemnité peuvent néanmoins être partagés entre deux employés, si le directeur le juge plus convenable au bien du service.

53. Il n'est alloué, pour le travail des masses, aucune autre indemnité ou rétribution que celle ci-dessus déterminée.

55. Les dépenses extraordinaires et imprévues doivent être approuvées par le directeur général. *Toutefois les directeurs peuvent autoriser les dépenses de cette nature qui n'excèdent pas 50 francs.*

56. Dans le cas où le bon de masse se trouverait, à la fin de l'année, assez considérable pour qu'il pût en être employé une partie au profit des préposés, le conseil d'équipement peut en proposer l'emploi pour l'achat de capotes de factionnaires, ou autres objets mobiliers utiles à tous les préposés, lesquels objets demeurent communs et sont attachés aux corps de garde ou embarcations.

La délibération du conseil est préalablement soumise à l'approbation du directeur général.

Le montant de ces achats est porté, comme dépense extraordinaire, au compte de l'année suivante.

57. Il ne doit être fait aux dépens de la masse aucune distribution gratuite d'effets d'habillement ou armement, pour raison d'ancienneté de service ou autre motif : les objets fournis sont à la charge de chaque préposé.

Comptabilité.

58. L'état des retenues à fournir chaque mois par les capitaines de brigades, aux termes de l'article 16, doit comprendre tous les préposés inscrits sur le rôle d'appointemens, et sujets à la retenue.

Les capitaines justifient de la quotité de la retenue faite à chaque préposé, en insérant dans la colonne d'OBSERVATIONS l'une ou l'autre de ces mentions, *équipement non complet; au-dessous du* maximum, ou *au-dessus du* maximum.

Si le préposé a été dispensé de la retenue par le directeur, suivant l'autorisation accordée par l'art. 40, il en est fait mention en la colonne d'*observations*.

59. Les remboursemens à faire aux préposés qui quittent le service, et tous autres prévus par les art. 55 et suivans, sont faits par les capitaines de brigades, d'après l'autorisation spéciale des directeurs : il en est fait mensuellement un état particulier, lequel indique en même temps le montant des prélèvemens faits au profit du bon de masse.

Cet état comprend tous les préposés qui ont quitté le service dans le mois, même ceux pour lesquels il n'y a aucun prélèvement ou remboursement à faire.

Les capitaines de brigades retiennent chaque mois le montant des remboursemens qu'ils ont faits sur celui des retenues effectuées, et versent l'excédant, aux termes de l'article 16 ci-dessus, en la caisse du receveur principal, qui en donne quittance au pied de l'état des retenues.

60. Les capitaines de brigades justifient de la distribution des objets d'habillement ou d'armement qu'ils ont reçus de la direction, par un état dûment émargé, qu'ils dressent à la fin du mois.

61. Chaque préposé a un compte ouvert dont son livret doit toujours offrir la copie textuelle; ce compte ouvert se tient par feuilles volantes, rangées par

ordre alphabétique ; le capitaine de brigades y inscrit les retenues et les fournitures à mesure qu'elles s'effectuent. Lorsqu'un préposé quitte le service ou
la direction , le capitaine arrête son compte et son livret, retire sa feuillle de
la chemise *des préposés en activité* dans sa division , et la classe dans une chemise particulière, sous le titre *préposés ne faisant plus partie de la capi-*
tainerie.

Si le préposé, sans passer dans une autre direction , change seulement de
capitainerie, son compte et son livret sont également arrêtés, et le capitaine
de la division où il passe ouvre un nouveau compte d'après son livret, qu'il se
fait représenter.

62. Le capitaine rédige chaque année un état général présentant la situation individuelle de masse, c'est-à-dire l'actif ou le passif de chacun des préposés sujets à la retenue et en activité au 31 décembre.

Cet état ne contient que le résultat des comptes ouverts qui , ainsi que les
livrets, doivent être arrêtés dans les premiers jours de janvier.

63. Les états que les capitaines de brigades ont à fournir, aux termes des articles précédens, doivent être rédigés par ordre alphabétique , et parvenir à la
direction, au plus tard, ceux de chaque mois, le 5 du mois suivant, et l'état de
situation individuelle de masse, le 15 janvier de chaque année.

64. L'employé désigné pour le travail des masses, aux termes de l'article 21,
doit surveiller le détail de l'habillement et équipement avec la plus sévère attention , et rendre compte de toutes les opérations au directeur.

Il l'informe également des infractions qui pourraient être faites aux dispositions du règlement.

65. Il tient pour chaque préposé, sur feuilles volantes , un compte ouvert
où il inscrit, à mesure de la réception des états mensuels, les *retenues*, les *rem-*
boursemens et les *fournitures* effectués pour chacun des préposés pendant le
mois précédent.

Ces comptes sont classés , par ordre alphabétique, dans autant de chemises
que la direction a de capitaineries. Les feuilles des préposés qui ont quitté le service , la direction ou la capitainerie, sont soigneusement retirées des capitaineries respectives , en sorte que chaque chemise présente toujours l'état exact de
la composition de la capitainerie qu'elle concerne.

Il vérifie et arrête, d'après les états mensuels des capitaines, les comptes des
préposés qui ont cessé de faire partie des brigades, et les classe dans des chemises intitulées *préposés qui ont quitté.*

Les comptes ouverts tenus par l'employé comptable, ceux des capitaines,
et les livrets, doivent offrir les mêmes résultats et se contrôler respectivement.

66. Le commis chargé de la masse doit tenir, pour chaque capitainerie, un
état sur lequel il inscrit chaque mois le relevé des états fournis par le capitaine de brigades , toutefois après en avoir fait la vérification.

Cet état , rédigé de manière à présenter à la fin de chaque mois le montant
des retenues , des remboursemens et des prélèvemens , ainsi que les objets distribués depuis le commencement de l'exercice , sert à dresser l'état du compte
annuel.

67. Le comptable doit tenir un registre de recette et dépense en deniers; il
y porte chaque mois en *recette*, non le montant des retenues effectives , mais
seulement le net versé par les capitaines, déduction faite des remboursemens,
d'après les reconnaissances des receveurs principaux données au pied de l'état
des retenues.

Il porte en *dépense* , jour par jour, les sommes payées d'après les ordres du

Droit en matière de procédure.

42. Les préposés des douanes pourront faire, pour raison des droits de douanes, tous exploits et autres actes de justice que les huissiers ont accoutumé de faire. (*Loi du 22 août* 1791, *tit.* 13, *art.* 18.)

Arrestation de déserteurs.

43. Les préposés des douanes recevront, à titre de gratification, 25 fr. pour chaque arrestation de réfractaire ou de déserteur (*Décret du 12 janvier* 1811.) (1).

───────────

directeur, pour les achats, façons, faux frais et dépenses imprévues.

Les ordres ou mandats de payement du directeur portent des numéros qui sont indiqués sur le registre.

Les dépenses faites pour payement de fournitures sont tirées au net et déduction faite des escomptes ou remises, lesquels sont seulement indiqués dans la colonne *motifs des payemens*, en telle sorte qu'il ne figure en dépense que les sommes effectivement payées par la caisse; à ce moyen, il n'est pas fait recette particulière de ces remises ou escomptes.

68. Le commis comptable doit tenir également un registre d'entrée et de sortie du magasin de tous les effets achetés, confectionnés et distribués aux préposés; ce registre est arrêté à la fin de chaque année, et la situation du magasin constatée par un inventaire, lequel est fait par mesurage et compte effectif de tous les objets existant en magasin, et certifié par le chargé de la masse et tels autres employés que le directeur désigne pour l'assister.

Les étoffes et objets confectionnés y sont portés aux prix d'achat ou de confection, suivant les factures et mémoires, sans déduction des remises ou escomptes, mais sans addition de plus-value, ce bénéfice ne pouvant tomber en bon de masse qu'à mesure de la distribution ou vente aux *préposés.*

───────────

En reproduisant le règlement du 25 février 1815, on a indiqué par des caractères *italiques* les changemens qu'il a successivement éprouvés. On a eu égard particulièrement aux circulaires nos 1554 et 1845, concernant les dépenses sur le bon de masse qui n'excèdent pas 50 fr., et les retenues des cavaliers et des préposés d'ordonnance.

Les sommes délaissées aux fonds de masse par les employés décédés sans héritiers connus, ou abandonnées par des préposés révoqués ou démissionnaires, doivent être versées à la caisse des dépôts et consignations, par l'entremise des receveurs généraux des finances, dont les récipissés sont produits à l'appui de la dépense portée au compte de masse. Toutefois ce versement n'a lieu qu'un an et un jour après le décès, la révocation ou la démission du préposé. (*Circ. du 27 mai* 1840, *no* 1812.)

(1) Le droit des capteurs à la gratification ne leur est acquis que lorsque

Droit de requérir escorte.

44. Les receveurs des douanes, lorsqu'ils auront à effectuer des transports de fonds qui exigeront l'escorte de la gendarmerie, pourront réclamer cette escorte auprès des préfets, sous-préfets ou maires, qui feront les réquisitions aux commandans de la gendarmerie, ou *viseront* celles que les receveurs auront eux-mêmes rédigées et signées. (*Déc. minist. du 26 mai* 1825; *Circ. n*º 918.)

Saisies-arrêts sur les traitemens.

45. Les traitemens des employés des douanes seront saisissables jusqu'à concurrence du cinquième sur les premiers mille francs et *toutes les sommes au-dessous*; du quart sur les cinq mille francs suivans, et du tiers sur la portion excédant six mille francs, à quelque somme qu'elle s'élève; et ce, jusqu'à l'entier acquittement des créances (1). (*Loi du 21 ventôse an 9.*)

Les gratifications et émolumens des préposés de la régie ne pourront être saisis, à la requête de leurs créanciers, sinon pour leurs alimens où logement pendant la dernière année, sauf auxdits créanciers à se pourvoir pour toute autre cause sur les biens desdits préposés (2). (*Loi du 22 août* 1791, *titre* 13, *art.* 17.)

---

la capture a eu lieu quarante-huit heures après l'absence illégale d'un militaire. (*Déc. du minist. de la guerre du* 16 *mars* 1827, *et Déc. adm. du* 16 *nov.* 1831.)

Les individus arrêtés sont conduits à la brigade de gendarmerie la plus voisine par les préposés, qui demandent une copie du procès-verbal que le commandant doit rédiger en leur présence. Le directeur adresse ensuite ce procès-verbal au préfet du département, qui, après l'avoir fait viser par le capitaine de gendarmerie, ordonne le payement de la gratification. (*Circ. du* 20 *fév.* 1811.)

(1) On peut satisfaire aux dettes contractées par les employés au moyen d'un prélèvement mensuel volontairement consenti au profit du créancier, pourvu qu'*il n'existe aucune saisie-arrêt juridique à la charge de l'employé*, et que le comptable retire du titulaire du traitement une quittance entière, comme s'il ne faisait aucune retenue. (*Circ. du* 4 *août* 1838.)

(2) Les *traitemens* des employés sont saisissables, à la requête de leurs créanciers, dans les proportions déterminées par la loi du 21 ventôse an 9; mais les *émolumens* et *gratifications* restent soumis aux prescriptions de l'article 17 du titre 13 de la loi du 22 août 1791, qui n'en autorise la retenue que pour alimens ou logement du préposé débiteur pendant la dernière année. (*Déc. adm. du* 21 *février* 1833.)

Voir, pour les formalités de la saisie-arrêt, les nᵒˢ 1240 et suiv.

Retraites.

46. Les employés des douanes, leurs veuves et leurs enfans, pourront obtenir une pension de retraite (1). (*Loi du 2 flor. an 5.*)

Ces pensions sont incessibles et insaisissables. (*Ord. du 27 août 1817.*)

SECTION III.

CONDITIONS DE GESTION.

Cautionnement.

47. Les agens des douanes assujettis au cautionnement ne pourront être admis à prêter serment, ni être installés dans les fonctions auxquelles ils seront nommés, s'ils ne justifient préalablement de la quittance de leur cautionnement (2). (*Loi du 28 avril 1816, art. 96.*)

---

(1) Les conditions de la retraite ont été déterminées par l'ordonnance du 12 janvier 1825, qu'on se dispense de reproduire ici, parce que, selon toute probabilité, le projet de loi préparé sur cet objet, et déjà présenté à la Chambre des Députés, sera adopté dans le cours de la session prochaine.

Voir d'ailleurs l'ordonnance du 8 juin 1834, pour la retraite des employés des Colonies.

(2) A l'avenir, les cautionnemens fournis par les préposés des administrations ou régies ressortissant au ministère des finances, serviront de garantie pour tous les faits résultant des diverses gestions dont ils pourront être chargés par la même administration, quel que soit le lieu où ils exerceront ou auront exercé leurs fonctions. (*Ord. du 25 juin 1835, art. 1er.*)

Seront appliquées aux cautionnemens des préposés des douanes, des postes, de l'enregistrement et des domaines, les dispositions des art. 1er et 3 de l'ordonnance royale du 25 septembre 1816, relatives à l'inscription desdits cautionnemens sur les livres du Trésor, sans affectation de résidence, et aux formalités à remplir tant par les titulaires que par leurs bailleurs de fonds.

Les créanciers conservent néanmoins le droit qui leur est accordé par les lois des 25 nivôse et 6 ventôse an 13, de former opposition aux greffes des Cours et tribunaux civils de la résidence des comptables, leurs débiteurs. (*Même Ord., art. 2.*)

Lorsqu'un préposé des douanes, des postes, de l'enregistrement et des domaines sera appelé à de nouvelles fonctions ou à une nouvelle résidence, il ne pourra entrer en exercice qu'après avoir présenté au chef de service chargé de l'installer :

1° Le certificat d'inscription de son dernier cautionnement;

2° Le récépissé à talon constatant le versement du supplément auquel il aura pu être assujetti ;

3° Le certificat de non-opposition délivré, en exécution des lois des 25 nivôse

L'intérêt du cautionnement sera fixé à 4 pour 100. (*Même Loi,
art.* 94.)

Serment.

48. Tous les employés des douanes prêteront serment. (*Loi
du* 1er *juin* 1791, *art.* 6.)

La prestation de serment sera inscrite à la suite de leur com-

---

(15 janvier) et 6 ventôse an 13 (25 février 1805), par le greffier du tribunal dans
le ressort duquel il a exercé ses fonctions précédentes.

Lors de la demande en remboursement de son cautionnement, après cessation de fonctions, chaque titulaire continuera de produire, avec les pièces justificatives constatant qu'il est libéré, le certificat de non-opposition du greffier
du tribunal dans le ressort duquel se trouve sa dernière résidence. (*Même Ord.,
art.* 3.)

Voici les art. 1 *et* 3 *de l'ordonnance royale du* 25 *septembre* 1816, *cités par
l'ordonnance ci-dessus :*

« Art. 1er. *Les cautionnemens des préposés de l'administration des contribu-
*« tions indirectes seront affectés à la garantie de la gestion des titulaires, quel que
*« soit le lieu où ils exerceront ou auront exercé leurs fonctions. En conséquence,
*« à dater de ce jour, les cautionnemens qu'ils verseront au Trésor seront inscrits
*« sans résidence, d'après le mode déjà établi à l'égard de ceux des receveurs
*« ambulans par le décret du 28 août 1808.

« Art. 3. Pour que les cautionnemens déjà versés et inscrits à résidence au
*« Trésor puissent suivre à l'avenir les préposés, et servir de garantie de leur
*« gestion dans le cas où ils viendraient à être nommés à de nouveaux emplois,
*« ces préposés devront adresser *au directeur de la dette inscrite*, chargé du ser-
*« vice des cautionnemens au Trésor :

« 1° *Le certificat d'inscription qu'ils ont reçu ;

« 2° Le certificat de non-opposition du greffier du tribunal de première instance
*porté sur l'inscription;

« 3° Le consentement du bailleur de fonds (s'il y en a un). Ce consentement
*« devra être conforme au modèle annexé à la présente ordonnance, et ne sera
*« passible que du droit fixe de deux francs. »

Modèle *du consentement à fournir par les bailleurs de fonds des cautionnemens des préposés des contributions indirectes, en exécution de l'article* 3
de l'ordonnance du Roi du 25 *septembre* 1816.

(*Modèle à suivre pour tous les préposés des administrations financières, d'après l'ordonnance royale
du* 25 *juin* 1835.)

Par-devant M⁰   , notaire, fut présent
              , lequel, en exécution de l'article 2 de l'ordonnance
du Roi du 25 juin 1835, a, par ces présentes, déclaré consentir que la somme
de   , dont il est propriétaire comme bailleur de fonds
de (*la totalité ou partie*) du cautionnement auquel est maintenant assujetti le
sieur   , en sa qualité de   , serve et
soit employée à la garantie de la gestion du sieur   .   partout
où l'administration d   jugera convenable de l'employer,

mission et enregistrée au greffe du tribunal, le tout sans frais. (*Loi du 22 août* 1791, *tit.* 13, *art.* 12.)

Les agens des douanes de tout grade prêteront ce serment devant le tribunal de première instance de l'arrondissement dans lequel se trouve le chef-lieu de la direction où ils entrent pour exercer.

L'acte du serment sera enregistré dans les cinq jours (1).

Il sera valable pour tout le temps où l'employé restera en exercice (2).

Lorsque l'employé passera dans une autre direction des douanes, il fera transcrire et viser ledit acte au greffe du tribunal de première instance auquel ressortit le chef-lieu de la nouvelle direction. (*Loi du* 21 *avril* 1818, *art.* 65.)

Accréditation.

49. Les directeurs, inspecteurs, sous-inspecteurs et receveurs

---

et n'importe le grade où il viendrait à être appelé, sous la condition que le privilége qui lui était acquis sur le premier cautionnement (jusqu'à concurrence de   ), sera transféré (jusqu'à la même concurrence) sur le cautionnement que doit fournir le sieur

Au moyen de quoi il déclare reconnaître que le Trésor a le droit d'exercer son premier privilége, tant pour la gestion ancienne que pour toutes les autres gestions qui pourraient être confiées audit sieur

Fait et passé, etc.

Vu pour la légalisation, etc.

Enregistré le

Une ordonnance du 24 août 1841 porte que les ordonnances d'intérêts de capitaux de cautionnemens seront exclusivement délivrées sur la caisse du payeur du département dans lequel les titulaires exerceront leurs fonctions, et que les remboursemens des capitaux de cautionnemens ne pourront être autorisés que dans les départemens où les titulaires auront exercé en dernier lieu.

(1) Ce délai se rapporte à l'enregistrement qui doit être fait au greffe du tribunal; quant au payement du droit d'enregistrement, le délai ordinaire de vingt jours demeure accordé. (*Circ. du* 13 *février* 1827, *n*° 1034.) Ce droit est de 5 fr. pour les employés de brigades à la nomination des directeurs dans les départemens, et de 15 fr. pour les agens des autres grades. (*Circ. du* 3 *novembre* 1817.)

(2) Le changement de grade n'exige pas le renouvellement du serment. (*Déc. min. du* 18 *janvier* 1833; *Circ. n*° 1372.) Mais l'employé qui a quitté l'administration pour quelque motif que ce soit, même pour satisfaire à la loi du recrutement, et pour un intervalle de temps quelconque, ne peut être réadmis sans être assujetti à prêter un nouveau serment. (*Circ. du* 8 *février* 1833, *n*° 1372.)

Les chefs de service ne doivent installer aucun employé avant de s'être assurés qu'il a prêté le serment imposé par la loi. (*Même Circ.*)

principaux devront se présenter au préfet dans le ressort duquel ils se trouveront placés, pour faire à ce magistrat la déclaration de leur titre et être officiellement accrédités avant d'entrer en fonctions. (*Déc. minist. du* 14 *août* 1828; *Circ. n*⁰ 1121.)

Commissions.

50. Les préposés des douanes seront toujours munis de leurs commissions dans l'exercice de leurs fonctions, et ils seront tenus de les exhiber à la première réquisition. (*Loi des* 22 *août* 1791, *tit.* 13, *art.* 16, *et* 4 *germinal an* 2, *tit.* 4, *art.* 1ᵉʳ.)

Interdiction de commerce.

51. Il sera interdit aux.préposés des douanes de se livrer, soit par eux-mêmes, soit par leur femme, à quelque genre de commerce que ce soit. (*Circ. des* 21 *nivôse et* 16 *prairial an* 8.)

Congés.

52. Aucun employé des douanes ne pourra s'absenter de sa résidence pour une cause étrangère au service dont il est chargé, ni interrompre l'exercice de ses fonctions, pour quelque motif que ce soit dépendant de sa volonté, s'il n'en a préalablement reçu l'autorisation spéciale (1). (*Arrêté du minist. des fin. du* 10 *avril* 1829, *art.* 1ᵉʳ.)

53. Cette autorisation, qui cessera d'être valable s'il n'en a pas été fait usage dans les quinze jours de sa notification, entraînera la retenue, au profit de la caisse des retraites, de la moitié du traitement de l'agent qui l'aura obtenue, pour tout le temps de la durée du congé. (*Même Arrêté, art.* 2.)

Néanmoins il pourra être accordé un congé sans retenue dans le cas où l'absence aurait pour cause l'accomplissement d'un des devoirs imposés par les lois (2). (*Arrêté du minist. des fin. du* 21 *mai* 1833, *art.* 1ᵉʳ.)

---

(1) Les demandes de congés ou de prolongations de congés pour tous les employés à la nomination du Roi, du ministre ou du directeur général, sont adressées à l'administration par l'intermédiaire des directeurs. Les directeurs délivrent aux employés à leur nomination les congés qui leur sont nécessaires. (*Circ. des* 26 *juin* 1829, *n*⁰ 1171, *et* 31 *décembre* 1831, *n*⁰ 1297.)

(2) Les congés de moins de dix jours, accordés aux employés de brigades à la nomination des directeurs, ne donnent lieu à aucune retenue d'appointe-

54. L'employé qui quittera son poste sans congé, ou qui n'y rentrera pas à l'expiration de son congé, sera, selon le cas, réputé démissionnaire, et comme tel rayé des cadres ou privé de son traitement pour un temps double de celui pendant lequel il se sera absenté.

Néanmoins l'administration pourra modifier les peines à appliquer, ou même les remettre, si l'absence est ultérieurement justifiée par des motifs légitimes. (*Arrêté du minist. des fin. du 10 avril* 1829, *art.* 8.)

SECTION IV.

RESPONSABILITÉ DES COMPTABLES ET PRIVILÉGES DE L'ADMINISTRATION ENVERS EUX.

Recouvrement de droits.

55. Tous les comptables ressortissant au ministère des finances sont responsables du recouvrement des droits liquidés sur les redevables et dont la perception leur est confiée ; en conséquence, ils demeurent chargés, dans leurs écritures et leurs comptes annuels, de la totalité des rôles ou des états de produits qui constatent le montant de ces droits, et ils doivent justifier de leur entière réalisation avant l'expiration de l'année qui suit celle à laquelle les droits se rapportent. (*Ord. du* 8 *déc.* 1832, *art.* 1er.)

Les comptables peuvent obtenir la décharge de leur responsabilité, en justifiant qu'ils ont pris toutes les mesures et fait en temps utile toutes les poursuites et diligences nécessaires contre les redevables et débiteurs (1). (*Même Ord. art.* 2.)

---

mens. (*Déc. min. des* 12 *décembre* 1829 ; *Circ. n^o* 1196 ; *et* 24 *juin* 1833 ; *Circ. n^o* 1389.)

L'employé qui ne rentre pas à l'expiration du neuvième jour, perd la moitié de son traitement pendant toute la durée de son absence. (*Déc. adm. du* 12 *mai* 1830.)

Les employés de brigades qui se font transporter dans un hôpital, ou qui se rendent aux eaux thermales, reçoivent la totalité de leur traitement pendant le temps jugé nécessaire pour s'y rendre, y séjourner et pour en revenir. (*Déc. min. des* 19 *août* 1833 *et* 19 *août* 1839 ; *Circ. n^{os}* 1395 *et* 1764.)

(1) Lorsque des comptables ont soldé de leurs deniers personnels les droits dus par les redevables ou débiteurs, ils demeurent subrogés dans tous les droits du Trésor public, conformément aux dispositions du Code civil. (*Ord. du* 8 *décembre* 1832, *art.* 6.)

Voir, pour les crédits, le n° 181.

Soumissions et cautions.

56. Les receveurs seront responsables du montant des soumissions et des cautionnemens qui ne seront point acquittés, quand il sera notoire que les personnes qui auront passé ces actes étaient ou sans facultés, ou sans domicile fixe, ou sans crédit à l'époque où ils les ont souscrits (1). (*Circ. du* 14 *frimaire an* 9.)

Vols de caisse.

57. Tout receveur, caissier, dépositaire, percepteur ou préposé quelconque, chargé de deniers publics, ne pourra obtenir décharge d'aucun vol, s'il n'est justifié qu'il est l'effet d'une force majeure, et que le dépositaire, outre les précautions ordinaires, avait eu celle de coucher ou de faire coucher un homme sûr dans les lieux où il tenait ses fonds, et en outre, si c'est au rez-de-chaussée, de le tenir solidement grillé. (*Arrêté du* 1er *prairial an* 10.)

Comptables en fuite, décédés ou en débet.

58. Lorsqu'un comptable sera en fuite, ou décédé, ou suspendu de fonctions, le scellé sera apposé immédiatement par le juge de paix sur tous ses papiers et effets, à la requête du directeur, en présence de l'inspecteur (2). (*Circ. du* 22 *fév.* 1821, no 639.)

Dans ces cas, les registres de recette et autres de l'année courante ne seront pas renfermés sous les scellés. Lesdits registres

---

(1) Il est nécessaire que les receveurs apportent la plus scrupuleuse attention pour s'assurer de la solvabilité des individus qu'ils reçoivent pour cautions, dans tous les cas où la loi les y autorise. (*Circ. du* 26 *décembre* 1816, no 254.) *Voir*, pour les crédits, le no 174.

(2) Lors de la levée des scellés, les héritiers du décédé ou les parens du fugitif doivent être appelés; leur refus d'y assister ou leur absence est constaté régulièrement. L'inspecteur établit alors la situation du comptable; il rédige un procès-verbal constatant le résultat de sa vérification, et y joint un bordereau offrant séparément la nature de chacune des recettes dont le receveur avait à rendre compte à l'époque de son décès ou de sa fuite; les dépenses acquittées jusque là y sont classées dans un ordre semblable, et il y est fait mention des fonds existant en caisse.

Si l'on a constaté un débet, et s'il s'agit d'un receveur décédé, ses héritiers, qui doivent à ce titre signer le procès-verbal, sont sommés de l'acquitter, et s'ils ne le font pas sur-le-champ, une contrainte, en tête de laquelle on trans-

seront seulement arrêtés et paraphés par le juge, qui les remettra au préposé chargé de l'intérim, lequel en demeurera garant comme dépositaire de justice, et il en sera fait mention dans le procès-verbal d'apposition des scellés. (*Loi du 22 août 1791, tit. 13, art. 21.*)

Priviléges du Trésor envers les comptables.

59. Le privilége et l'hypothèque maintenus par les art. 2098 et 2121 du Code civil, au profit du Trésor, sur les biens meubles et immeubles de tous les comptables chargés de la recette ou du payement de ses deniers, sont réglés ainsi qu'il suit (*Loi du 5 septembre 1807, art. 1er.*) :

Le privilége du Trésor public a lieu sur tous les biens meubles des comptables, même à l'égard des femmes séparées de

---

crit le procès-verbal, est décernée, et des poursuites sont dirigées contre eux en vertu de cet acte.

Dans le cas où les héritiers déclarent ne vouloir agir que comme bénéficiaires, on exige qu'ils donnent caution bonne et solvable de la valeur du mobilier compris dans l'inventaire, et de la portion du prix des immeubles non délégués à des créanciers hypothécaires, conformément à l'art. 807 du Code civil.

Lorsque le comptable est fugitif, on doit faire toutes les recherches nécessaires pour s'assurer de sa personne, en employant les voies de droit. Quand le receveur en débet possède des immeubles, il est pris une hypothèque au nom de l'administration, et l'on procède de suite à leur expropriation.

Quant aux effets mobiliers, il en est dressé un inventaire lors de la levée des scellés. La saisie en est déclarée et la vente en est faite juridiquement. Les mêmes mesures de précaution seront prises à l'égard des comptables dans la caisse desquels un déficit serait reconnu. (*Circ. du 22 fév.* 1821, *n*o 639.)

Les rapports contenant les demandes en allocation de non-valeur des sommes non-recouvrables sur les débets des comptables des administrations des finances, doivent indiquer l'origine et les causes de ces débets, les mesures qui ont été prises au moment où le débet a été reconnu, tant pour la conservation des droits du Trésor que pour s'assurer de la personne et des biens du comptable. Ils relatent la date de ces divers actes, et désignent les agens supérieurs chargés de la surveillance des comptables lorsque le débet a éclaté, ainsi que la nature de la responsabilité qui peut les atteindre. (*Arrêté min. du* 29 *janvier* 1821, *art.* 1er; *Circ. n*o 639.)

A ces rapports sont joints la copie des procès-verbaux ou de tout autre document constatant les débets, les divers degrés de poursuites et l'insolvabilité des comptables, ainsi que toutes pièces propres à éclairer le ministre sur la marche et la conduite de chaque affaire en particulier. (*Même Arrêté, art.* 2.)

Les administrations financières remettent chaque mois au ministre un état des contraintes qui ont été décernées contre les comptables en débet pendant le cours du mois précédent. (*Même Arrêté, art.* 7.)

biens, pour les meubles trouvés dans la maison d'habitation du mari, à moins qu'elles ne justifient légalement que lesdits meubles leur sont échus de leur chef, ou que les deniers employés à l'acquisition leur appartenaient. Ce privilége ne s'exerce néanmoins qu'après les priviléges généraux et particuliers énoncés aux art. 2101 et 2102 du Code civil. (*Même Loi*, *art.* 2.)

Le privilége du Trésor public sur les fonds de cautionnement des comptables continuera à être régi par les lois existantes (1). (*Même Loi*, *art.* 3.)

Le privilége du Trésor public a lieu :

1o Sur les immeubles acquis à titre onéreux par les comptables, postérieurement à leur nomination ;

2o Sur ceux acquis au même titre, et depuis cette nomination, par leurs femmes, même séparées de biens. Sont exceptées néanmoins les acquisitions à titre onéreux faites par les femmes, lorsqu'il sera légalement justifié que les deniers employés à l'acquisition leur appartenaient. (*Même Loi*, *art.* 4.)

Le privilége du Trésor public, mentionné en l'art. 4 ci-dessus, a lieu conformément aux art. 2106 et 2113 du Code civil, à la charge d'une inscription qui doit être faite dans les deux mois de l'enregistrement de l'acte translatif de propriété.

En aucun cas il ne peut préjudicier,

1o Aux créanciers privilégiés désignés dans l'art. 2103 du Code civil, lorsqu'ils ont rempli les conditions prescrites pour obtenir privilége ;

2o Aux créanciers désignés aux art. 2101, 2104 et 2105 du Code civil, dans les cas prévus par le dernier de ces articles;

3o Aux créanciers du précédent propriétaire, qui auraient, sur le bien acquis, des hypothèques légales, existantes, indépendamment de l'inscription, ou toute autre hypothèque valablement inscrite. (*Même Loi*, *art.* 5.)

A l'égard des immeubles des comptables qui leur appartenaient avant leur nomination, le Trésor public a une hypothèque légale, à la charge de l'inscription, conformément aux art. 2121 et 2134 du Code civil.

Le Trésor public a une hypothèque semblable, et à la même

---

(1) Ce privilége n'est soumis à aucune réserve.

charge, sur les biens acquis par le comptable autrement qu'à titre onéreux postérieurement à sa nomination. (*Loi du 5 septembre 1807, art. 6.*)

En cas d'aliénation, par tout comptable, de biens affectés aux droits du Trésor public par privilége ou par hypothèque, les agens du gouvernement poursuivront, par voie de droit, le recouvrement des sommes dont le comptable aura été constitué redevable. (*Même Loi, art. 8.*)

SECTION V.

CESSATION DE FONCTIONS ET FORFAITURE.

Cessation de fonctions.

60. Tout préposé, destitué de son emploi ou qui le quittera, sera tenu de remettre à l'instant à l'administration, ou à son fondé de procuration, sa commission, les registres et autres effets dont il sera chargé pour elle, et de rendre ses comptes, sinon et à faute de ce faire, il sera décerné contrainte par ledit fondé de procuration, et la contrainte, visée par l'un des juges du tribunal de première instance, sera exécutée par toutes voies, même par corps (1). (*Loi du 22 août 1791, tit. 13, art. 24.*)

Soumission de quitter le rayon.

61. Les préposés des brigades des douanes souscriront l'engagement de quitter, pendant cinq années, le rayon frontière, dans le cas où ils viendraient à être révoqués, à moins qu'ils ne retournent au domicile qu'ils auraient eu dans le même rayon avant d'entrer au service. Ceux qui, étant révoqués, n'obtempéreraient pas, dans le mois, à la sommation d'accomplir leur engagement de quitter le rayon frontière, seront poursuivis par le procureur du Roi près le tribunal correctionnel, arrêtés et condamnés aux mêmes peines que celles déterminées par les art. 271 et 272 du Code pénal (2). (*Loi du 21 avril 1818, art. 40.*)

---

(1) Il est prescrit aux chefs de retirer les armes, boutons, schakos, etc., au moment où les préposés cessent leurs fonctions. (*Circ. du 8 mai 1817, n° 277.*) Pour les comptables en débet, *voir* le n° 58.

(2) En principe, la loi peut être invoquée contre tous les préposés révoqués pour quelque cause que ce soit; mais il ne s'ensuit pas qu'il y ait toujours nécessité, et par suite obligation de l'appliquer à tous, sans distinction. Il

Corruption.

62. Si les préposés des douanes reçoivent directement ou indirectement quelque récompense, gratification ou présent, ils seront condamnés aux peines portées dans le Code pénal contre les fonctionnaires publics qui se laissent corrompre (1). (*Loi du 4 germinal an 2, tit. 4, art. 3.*)

Si un des coupables dénonce la corruption, il sera absous des peines, amendes et confiscation. (*Même Loi, même tit., art. 4.*)

Détournement de fonds.

63. Tout comptable convaincu d'avoir omis ou retardé de se charger en recette sur les journaux et bordereaux de situation des sommes qui lui auront été versées pour le service public, sera destitué et poursuivi comme coupable de détournement des deniers publics. (*Arrêté du 27 prairial an 10, art. 4.*)

---

dépend de l'administration de faire ou de ne pas faire la sommation nécessaire pour qu'elle ait son effet; et les directeurs peuvent, dans certains cas, s'abstenir de notifier cette sommation, par exemple lorsqu'il s'agit d'un préposé qui, père de famille, ou devant, sous d'autres rapports, inspirer de l'intérêt, peut justifier qu'il se procure dans le rayon frontière des moyens d'existence honnêtes, légitimes, et qui lui manqueraient ailleurs. (*Circ. du 14 octobre 1822, n° 759.*)

La loi de 1818 est applicable aux préposés qui, révoqués et mis en jugement comme prévenus de forfaiture, ont été acquittés par une Cour d'assises. Il en est de même du préposé qui, ayant encouru sa révocation, donne sa démission au moment de la voir prononcer. (*Même Circ.*)

Les sommations faites aux préposés de quitter le rayon doivent être sur papier timbré et enregistrées. (*Déc. adm. du 20 février 1834.*)

Les directeurs signalent au procureur du Roi les préposés révoqués qui laissent écouler le délai d'un mois sans obtempérer à la sommation qui leur a été faite de s'éloigner du rayon. (*Circ. du 10 mai 1818, n° 392.*)

Les préposés révoqués qui se refusent à quitter le rayon frontière doivent être renvoyés par les tribunaux sous la surveillance de la haute police, lors même qu'il existe en leur faveur des circonstances atténuantes. (*A. de C. du 25 juin 1835; Circ. n° 1499.*)

(1) Aux termes de l'article 179 du Code pénal, les peines prononcées contre l'agent corrompu sont applicables à quiconque corrompt ou tente de corrompre un fonctionnaire ou préposé pour obtenir soit une opinion favorable, soit tout autre acte de son ministère. Un arrêt de la Cour royale de Colmar, du 15 février 1839, a décidé que la tentative de corruption d'un préposé des douanes, à l'effet d'obtenir de lui l'*abstention* d'un acte de ses fonctions, était punissable des mêmes peines encourues pour les démarches qui auraient pour bu d'obtenir la *consommation* d'un acte de cette nature.

Préposés contrebandiers.

64. Tous préposés des douanes, et toutes personnes chargées de leur prêter main-forte, qui seraient convaincus d'avoir favorisé les importations ou exportations d'objets de contrebande, même sans attroupement et port d'armes, seront punis de la peine des fers, qui ne pourra être prononcée pour moins de cinq ans ni pour plus de quinze. Ils seront punis de mort, si la contrebande qu'ils auront favorisée a été faite avec attroupement et port d'armes (1). (*Loi du* 13 *floréal an* 11, *art.* 6.)

Les peines prononcées par l'art. 6 de la loi du 13 floréal an 11, contre les préposés des douanes qui favorisent la contrebande, sont communes à ceux qui, avant d'avoir été rayés des contrôles, seraient surpris portant eux-mêmes de la contrebande. (*Loi du* 21 *avril* 1818, *art.* 39.)

CHAPITRE II.

MATÉRIEL.

SECTION PREMIÈRE.

INSTITUTION ET TENUE DES BUREAUX (2).

Bureaux établis ou supprimés.

65. Toutes les fois qu'il s'agira de la création ou de la suppression d'un bureau des douanes (3), il en sera délibéré en conseil d'administration, et la délibération, ainsi que l'avis du directeur général, seront déférés au ministre des finances. (*Ord. du* 30 *décembre* 1829, *art.* 18.)

66. Dans le cas de nouvel établissement ou de suppression, l'arrêté qui aura été rendu sera publié dans les quatre paroisses les plus prochaines et qui seront sur la route du bureau nouvellement établi ou de celui qui aura été supprimé, et il sera mis

---

(1) Cette pénalité est toujours applicable. (*Déc. adm. du* 4 *janvier* 1838.)

(2) *Voir*, pour les lieux soumis à l'action des douanes, le livre IV.

(3) *Voir*, pour les bureaux qui peuvent être établis dans les villes de l'intérieur, le livre III, n° 306, et le livre VI, n° 457.

des affiches à l'entrée du lieu où le bureau sera établi (*Loi du 22 août* 1791, *tit.* 13, *art.* 1er.) (1).

Délai avant de pouvoir saisir.

67. Dans le cas de nouvel établissement d'un bureau, les marchandises ne seront sujettes à confiscation, pour n'y avoir pas été conduites ou déclarées, que deux mois après la publication ordonnée par l'article ci-dessus (2). (*Même Loi, même tit., art.* 2.)

Tableaux indicatifs.

68. L'administration sera tenue de faire mettre au-dessus de la porte de chaque bureau, ou en un lieu apparent près ladite porte, un tableau portant ces mots : *Bureau des droits d'entrée et de sortie des douanes* (3). Toute saisie de marchandises qui auraient dépassé un bureau à l'égard duquel l'apposition dudit tableau n'aurait pas eu lieu, serait nulle et de nul effet (4). (*Loi du 22 août* 1791, *tit.* 13, *art.* 3.)

---

(1) Cet article commençait par ces mots : *Il ne pourra être établi ou supprimé aucun bureau sans un décret du Corps-Législatif.* Par là on avait en vue d'empêcher toute dérogation à la loi du 5 novembre 1790, qui venait d'abolir les anciens droits de traites dans l'intérieur. Cette cause ayant cessé, la disposition qui s'y rapportait était déjà tombée en désuétude lorsque la loi du 28 avril 1816 l'a implicitement rapportée par son article 56. D'ailleurs l'ordonnance du 30 décembre 1829 concilie et garantit tous les intérêts.

Les agens des douanes, après s'être entendus à cet effet avec les maires, peuvent apposer eux-mêmes les affiches prescrites par l'article 1er du titre 15 de la loi du 22 août 1791. (*Déc. adm. du 5 avril* 1841.)

(2) La défense de saisir avant le délai de deux mois ne s'applique qu'au cas particulier où un bureau est établi par supplément à ceux qui existent déjà, et non à celui de l'établissement d'une nouvelle ligne de douanes. (*Circ. du 27 juin* 1814.) La disposition qui exempte de la saisie les marchandises qui ne seraient pas présentées à la douane dans les deux mois qui suivent l'établissement d'un bureau, ne s'applique point aux objets prohibés. (*A. de C. du 18 décembre* 1811.) Elle suppose d'ailleurs un transport effectué de bonne foi, et on ne saurait l'invoquer pour des marchandises qu'on chercherait à introduire par des chemins détournés.

(3) Le vœu de l'article 5 du titre 15 de la loi du 22 août 1791 est suffisamment rempli lorsque la présence d'un bureau de douane est clairement indiquée par l'inscription portée au tableau, bien que cette inscription ne soit pas textuellement conforme à la formule insérée dans ladite loi. (*A. de C. du 6 décembre* 1859.)

(4) Une saisie de marchandises, introduites sans déclaration préalable au bureau, est nulle, si ce bureau est dépourvu du tableau qui doit en révéler l'existence. (*A. de C. du 16 février* 1818.)

Heures de bureau.

69. Les bureaux de l'administration seront ouverts, du 1er avril au 30 septembre, depuis sept heures du matin jusqu'à midi, et depuis deux heures après midi jusqu'à sept heures; et, du 1er octobre au 31 mars, depuis huit heures du matin jusqu'à midi, et depuis deux heures jusqu'à six du soir (1). Les commis seront tenus de s'y trouver pendant lesdites heures, à peine de répondre des dommages-intérêts des redevables qu'ils auront retardés (2). (*Loi du 22 août 1791, tit. 13, art. 5.*)

SECTION II.

BATIMENS, TERRAINS NÉCESSAIRES AU SERVICE DES DOUANES.

Terrains et maisons nécessaires au service.

70. Les barrières, bureaux, postes et clôtures destinés à la garde et surveillance des frontières, pourront être établis sur le terrain qui sera nécessaire, en payant par la nation aux propriétaires la valeur dudit terrain de gré à gré; et, en cas de difficulté, sur le pied qui sera réglé par le *préfet* du département, sur l'avis d'experts convenus entre l'administration des douanes et lesdits propriétaires, sinon nommés d'office. Les bureaux de recette pourront être placés dans les maisons qui seront les plus convenables au service public et à celui de ladite administration. (*Loi du 22 août 1791, tit. 13, art. 4.*)

Leur désignation.

71. Les administrations municipales, et, à leur défaut, celles de département, seront tenues, lors des réquisitions qui leur

---

(1) Dans quelques localités, les heures de bureau sont autrement réglées, d'accord avec le commerce.

(2) Le repos des fonctionnaires publics est fixé au dimanche. (*Loi du 18 germinal an 10, art. 57.*)

L'administration a toujours entendu que le droit de tenir les bureaux fermés les jours fériés ne devait être rigoureusement invoqué qu'à l'égard des opérations de commerce proprement dites, et qu'il devait céder, à titre de bon office, devant des exigences légitimes, telles que le passage des voyageurs et les besoins agricoles et urgens. (*Déc. adm. du 3 septembre 1838.*)

Voir d'ailleurs au n° 111 pour les cas de changement de tarif.

seront faites par les chefs du service des douânes (1), de désigner les maisons et emplacemens propres à l'établissement des
buréaux et au logement des préposés (2). (*Arrêté du 29 frimaire
an 6, art. 1er.*)

72. La désignation ne portera que sur les maisons ou emplacemens qui ne sont point occupés par les propriétaires, à moins
qu'il n'y ait impossibilité absolue de s'en procurer qui soient
vacans ou loués; et, dans ce cas, une partie du local tenu par
les propriétaires sera provisoirement affecté au service des bureaux et au logement des préposés des douanes. (*Arrêté du
29 frimaire an 6, art. 2.*)

73. Les administrations municipales et celles de département prendront, sans délai, les mesures nécessaires pour que
lesdites maisons et emplacemens soient mis à la disposition des
préposés des douanes dans un délai de dix jours. (*Même Arrêté,
art. 3; Arrêté du 9 prairial an 6, art. 1er.*)

Prix du loyer.

74. Le loyer des maisons et emplacemens sera réglé sur le
prix des derniers baux, et l'administration des douanes fera
payer les dédommagemens d'usage aux locataires qui seront déplacés avant la fin de leur jouissance. S'il n'y a point de baux,
et si le prix du loyer ne peut pas être fixé de gré à gré, il sera
réglé par experts convenus devant l'administration de département, sinon par elle nommés d'office (*Arrêté du 29 frimaire an 6,
art. 4.*) (3).

---

(1) Ces réquisitions sont faites par les directeurs, inspecteurs, receveurs et
capitaines, et les municipalités sont tenues d'y déférer dans les trois jours.
(*Arrêté du 9 prairial an 6, art. 1er.*)

(2) Cet arrêté s'applique nécessairement aux préposés de toutes classes, soit
qu'ils aient des fonctions sédentaires, soit qu'ils appartiennent au service
actif. (*Circ. du 18 nivôse an 6.*)

(3) Les baux à loyer passés dans l'intérêt de l'administration des douanes
doivent être enregistrés *gratis.* (*Déc. min. du 17 septembre 1823; Circ.
no 820.*)
Les préposés des douanes que le déplacement des lignes force à changer de
résidence ne sont tenus de payer le loyer des maisons qu'ils occupent que
jusqu'au moment où ils les quittent, sauf à accorder aux propriétaires, s'il y a
lieu, une indemnité que l'administration des douanes est autorisée à faire
régler. (*Arrêté du 9 prairial an 6, art. 2.*)

Acquisitions.

75. Lorsque, sur la proposition d'une des administrations dépendantes du ministère des finances, le ministre aura reconnu l'utilité et autorisé l'acquisition d'immeubles, toutes les opérations relatives à l'achat, à la passation du contrat et à la prise de possession, seront faites par les soins et à la diligence de la régie des domaines, de concert avec l'administration intéressée, qui en acquittera le prix. L'immeuble sera acquis au nom de l'État (*Arrêté du ministre des finances du 11 octobre 1824, article 1er.*) (1).

---

(1) Le matériel des douanes est considérable. On peut le subdiviser ainsi qu'il suit :

1° Immeubles appartenant à l'État, et dont l'administration a la jouissance, à charge d'entretien ;

2° Immeubles appartenant à des particuliers et tenus à bail, à charge de faire toutes les réparations locatives ;

3° Embarcations ;

4° Meubles et ustensiles affectés au service des bureaux, à celui des corps de garde et au casernement des brigades.

L'administration a besoin de connaître, relativement à toutes ces propriétés immobilières et mobilières, leur nature ; celle du titre en vertu duquel on en jouit, et sa date ; le prix de construction, d'achat ou de loyer ; l'étendue et la distribution des immeubles (au moyen d'un plan au simple trait) ; l'état où se trouvent les objets, leur valeur approximative, l'usage auquel ils sont employés, etc.

Pour cet effet, des feuilles d'inventaire qui se rapportent à chacune des espèces d'immeubles ou meubles désignées ci-dessus ont été imprimées.

Toutes les embarcations doivent porter un numéro dont la série est égale au nombre des embarcations de chaque direction. Il convient de donner, autant que possible, des noms aux embarcations, même à celles de petite dimension.

Les immeubles paraissent suffisamment désignés par le nom de la localité où ils sont situés et l'indication de la destination qu'ils ont reçue.

Lorsque l'administration est mise en possession d'une nouvelle propriété immobilière appartenant à l'État ou obtenue par voie d'acquisition ou de construction, comme aussi quand elle fait construire une embarcation nouvelle en sus du nombre de celles qui existent ou en remplacement d'un bâtiment réformé, les directeurs lui transmettent, pour chacun de ces immeubles ou embarcations, une feuille du modèle convenable, avec toutes les indications et les pièces nécessaires.

Dans le cas de construction d'une embarcation en remplacement d'un bâtiment réformé, il ne faut pas lui conserver son nom, mais elle doit être inscrite sous le même numéro.

Les modèles relatifs aux meubles et ustensiles des bureaux, des corps de garde et des casernes, doivent présenter, dans leur première partie, l'inven-

Frais d'entretien et contributions.

76. Les frais d'entretien, d'amélioration ou de réparation, ainsi que les contributions de toute nature (1), seront à la charge de l'administration qui en aura la jouissance. (*Arrêté du minist. des fin. du 11 octobre 1824, art. 2.*)

Immeubles inutiles.

77. Aussitôt qu'un immeuble sera devenu inutile au service auquel il était affecté, la remise en sera faite à l'administration des domaines (2). (*Même Arrêté, art. 3.*)

taire complet et exact de tous les objets, ainsi que le prix d'achat de chacun. Ces meubles et ustensiles étant placés sous la garde des receveurs ou des capitaines de brigades, chaque fois qu'il y a mutation parmi ces employés, il doit être fait en leur présence, ou, en cas d'absence, en présence de l'inspecteur ou du sous-inspecteur, un récolement général de l'inventaire ; et une copie du procès-verbal qui en constate les résultats est immédiatement adressée à l'administration.

Les six modèles présentent dans leur deuxième partie un cadre destiné à indiquer le détail des dépenses auxquelles donnent successivement lieu l'entretien des bâtimens appartenant à l'État et les réparations locatives de ceux tenus à bail, les radoubs et constructions d'embarcations, l'entretien et le renouvellement des objets mobiliers, etc.

Chacun des six modèles est rempli en triple expédition ; l'une pour les employés chargés de la conservation des immeubles, meubles et embarcations ; la seconde pour le bureau de la direction, et la troisième pour l'administration. Ces feuilles doivent être tenues au courant par l'inscription des changemens, augmentations, réductions, dépenses, etc., qui ont successivement lieu, de manière à ce qu'elles puissent servir à se contrôler réciproquement. (*Circ. du 18 septembre 1838, n° 1709.*)

(1) Les bâtimens employés à un service public ne sont pas soumis à la contribution des portes et fenêtres. (*Loi du 4 frimaire an 7, art. 5.*)

Mais cette exemption ne s'applique qu'aux bâtimens qui, servant de bureaux, de magasins, etc., sont affectés au service public des douanes. Les receveurs, ou tous autres employés des douanes, sont imposés nominativement pour les portes et fenêtres des bâtimens servant à leur habitation personnelle, soit que ces bâtimens appartiennent à l'État, soit qu'ils aient été loués par l'administration. Dans ce dernier cas, le bail à loyer mentionne la clause suivante : « Il « est entendu que le propriétaire n'aura rien à payer pour contributions des « portes et fenêtres. » (*Loi du 21 avril 1832, art. 27, et Circ. du 22 oct. 1835, n° 1511.*)

(2) Les agens des douanes délégués pour faire cette remise retirent et envoyent à leur directeur, qui le transmet à l'administration, le procès-verbal de décharge dressé par les agens des domaines. (*Circ. du 12 nov. 1824, n° 888.*)

Titres de propriété.

78. Le dépôt de tous les titres de propriété des immeubles affectés au service des administrations financières devra être fait entre les mains de l'administration des domaines, qui restera chargée de la suite de toutes les contestations auxquelles la propriété de ces immeubles pourrait donner lieu. (*Arrêté du minist. des fin. du 11 octobre 1824, art. 4.*)

SECTION III.

PROTECTION DUE AUX ÉTABLISSEMENS DE DOUANES.

Devoirs des maires et responsabilité des communes.

79. Les officiers municipaux emploieront tous les moyens à leur disposition pour la protection efficace des propriétés publiques. (*Loi du 26 février 1790, art. 3.*)

80. Chaque commune est responsable des délits commis à force ouverte ou par violence sur son territoire, par attroupemens ou rassemblemens armés ou non armés, soit envers les personnes, soit contre les propriétés nationales ou privées, ainsi que des dommages-intérêts auxquels ils donneront lieu. (*Loi du 10 vendémiaire an 4, tit. 4, art. 1er.*)

En conséquence de l'article 1er du titre 4 de la loi du 10 vendémiaire an 4, relative aux délits dont les communnes sont responsables, les communes sur le territoire desquelles des attroupemens ou rassemblemens armés ou non armés, spécifiés par ladite loi, se seraient portés au pillage des bureaux, des dépôts de douanes, et auraient exercé quelque violence contre les propriétés nationales ou privées, seront responsables de ces délits et des dommages-intérêts auxquels ils donneront lieu (*Arrêté du 4e jour complém. an 11, art. 13.*) (1).

81. Dans le cas où les habitans de la commune auraient pris part aux délits commis sur son territoire par des attroupemens et rassemblemens, cette commune sera tenue de payer à l'État une amende égale au montant de la réparation principale. (*Loi du 10 vendémiaire an 4, tit. 4, art. 2.*)

_____

(1) *Voir* les nos 36 et 37, pour les actes de violence exercés contre les préposés.

82. Si les attroupemens ou rassemblemens ont été formés d'habitans de plusieurs communes, toutes seront responsables des délits qu'ils auront commis, et contribuables tant à la réparation et dommages-intérêts qu'au payement de l'amende. (*Même Loi, tit. 4, art. 3.*)

83. Dans les cas où les rassemblemens auraient été formés d'individus étrangers à la commune sur le territoire de laquelle les délits ont été commis, et où la commune aurait pris toutes les mesures qui étaient en son pouvoir à l'effet de les prévenir et d'en faire connaître les auteurs, elle demeurera déchargée de toute responsablilité (*Loi du 10 vendémiaire an 4, tit. 4, art. 5., et Arrêté du 4e jour compl. an 11, art. 15.*) (1).

84. Lorsqu'un délit de la nature de ceux exprimés aux articles précédens aura été commis sur une commune, les officiers municipaux ou l'agent municipal seront tenus de le faire constater sommairement dans les vingt-quatre heures. (*Loi du 10 vendémiaire an 4, tit. 5, art. 2.*)

SECTION IV.

OBJETS MOBILIERS NÉCESSAIRES AU SERVICE DES DOUANES (2).

Embarcations.

85. L'administration pourra tenir en mer ou sur les rivières des vaisseaux, pataches et chaloupes armées (3). (*Loi du 22 août 1791, tit. 13, art. 6.*)

---

(1) La responsabilité des communes ne cesse que lorsque les deux conditions mentionnées dans l'article 5 du titre 4 de la loi du 10 vendémiaire an 4 se trouvent réunies; à savoir : quand les rassemblemens se composent exclusivement d'individus étrangers à la commune, et qu'en outre celle-ci a fait tout son possible pour empêcher les désordres. (*A. de C. du 24 juillet 1837.*)

Voir, pour le mode de poursuite, le n° 1246.

(2) Sont réputés objets mobiliers, les embarcations, les bureaux et corps de garde roulans, les guérites, et en général tous les ustensiles et effets qui peuvent se transporter d'un lieu à un autre. (*Circ. du 12 nov. 1824, n° 888.*)

Pour les formalités en cas de renouvellement ou de réparations, *voir* le n° 75, note.

(3) Les embarcations sont à manœuvres hautes ou à manœuvres basses. On entend par manœuvres hautes celles que l'on fait agir de dessus les hunes et dont le gréement ne tombe pas jusqu'en bas; par manœuvres basses, celles que

Objets mobiliers à acquérir ou à réparer.

- 86. Lorsqu'il s'agira d'acquérir ou de réparer des objets mobiliers pour le compte de l'administration, la nécessité des travaux ou fournitures devra être constatée, ainsi que la modération du prix : un devis estimatif, contenant l'engagement du fournisseur, spécifiera les objets par article, et, selon la destination des travaux ou fournitures, le receveur principal, ou le capitaine de brigade, attestera que les prix demandés n'excèdent pas ceux du cours, et présentera ensuite ce devis à l'inspecteur

---

l'on fait agir de dessus le pont et le gaillard, et tout ce qui est au-dessous des hunes. (*Circ. du 19 janvier* 1825, *n*° 898.)

Les embarcations des douanes ont, comme les bâtimens de l'État, le droit de battre la flamme au grand mât; mais les canots ne peuvent, dans aucun cas, déferler le pavillon à l'arrière : ce signe est une distinction essentiellement militaire réservée à MM. les officiers généraux de la marine ou capitaines de vaisseau commandans. (*Circ. du* 31 *août* 1817, *n*° 314.)

Toutes les fois que, soit par suite d'un abordage, soit par toute autre cause provenant du fait d'un tiers et rentrant dans les conditions exigées par l'art. 408 du Code de commerce, une embarcation affectée au service des douanes a été endommagée, le receveur, agissant au nom de l'administration, doit, dans les vingt-quatre heures de l'événement, faire signifier à l'auteur du dommage une demande en indemnité. Si le bâtiment qui a causé l'avarie est encore dans le port, l'exploit est laissé *à bord* à la personne même du capitaine, ou, en cas d'absence, à l'officier ou à celui des hommes de l'équipage qui est alors censé avoir momentanément la garde ou la responsabilité du navire. Si le navire a déjà repris la mer, la signification est faite au domicile du capitaine, si ce domicile est connu, ou, dans le cas contraire, comme aussi dans celui où le capitaine habiterait une autre ville, à la mairie du lieu où s'est passé l'événement. Si le lieu où l'équipage de l'embarcation abordée a été mis en demeure de faire signifier sa demande, se trouve trop éloigné de la résidence d'un receveur de douanes pour qu'on en puisse requérir l'intervention dans le délai fixé, il convient que le commandant de l'embarcation fasse lui-même la protestation, dans les vingt-quatre heures, au nom de l'administration.

Les armateurs étant responsables du payement des indemnités, on doit faire des réserves contre eux dans la notification qui est faite au capitaine. L'action judiciaire est ensuite dirigée simultanément contre les armateurs et contre le capitaine, *dans le mois* au plus tard. Si ces armateurs ne sont pas connus, ou si la douane n'a pu agir contre eux, elle a soin de renouveler ses réserves dans l'assignation qu'elle fait donner au capitaine, d'en demander acte au tribunal, et, dans le cas enfin où ces mêmes réserves ont été omises, d'exercer son action en responsabilité civile, aussi *dans le mois* à partir du jour où elle est légalement réputée connaître le propriétaire. Dans tous les cas, les assignations et les citations en justice doivent réserver ou requérir la condamnation *solidaire* de l'armateur et du capitaine. (*Circ. du* 26 *décembre* 1835, *n*° 1520.)

divisionnaire, qui, après l'avoir visé et approuvé, le soumettra au directeur. (*Circ. du 17 janvier* 1825, *n*° 897.)

87. Si la dépense n'excède pas 50 fr., le directeur pourra l'autoriser sous sa responsabilité. (*Circ. du 14 mai* 1832, *n*° 1318.)

Dans le cas contraire, il adressera le devis à l'administration, et attendra qu'elle ait autorisé les travaux ou fournitures (1). (*Circ. du 17 janvier* 1825, *n*° 897.)

88. Le mémoire (2) produit par le fournisseur devra constater non-seulement la réception des objets y détaillés, mais aussi leur bonne confection. Cette attestation sera donnée par les chefs qui auront proposé la dépense. (*Même Circ.*)

Objets mobiliers à vendre ou à échanger.

89. Lorsque des objets mobiliers seront susceptibles d'être vendus, la vente ne pourra en être faite qu'avec le concours de la régie de l'enregistrement. (*Ord. du 14 septembre* 1822, *art.* 3.)

Il sera dressé procès-verbal de toutes les opérations de la vente par les fonctionnaires délégués à cet effet. Les procès-verbaux relateront la nature et l'état des objets vendus, le prix auquel ils auront été adjugés, les noms, les qualités et demeures des adjudicataires (3). (*Arrêté du minist. des fin. du 25 décembre* 1822, *art.* 4 *et* 5.)

90. Les dispositions concernant les ventes ne sont point applicables aux échanges, ni aux cessions d'objets dont la valeur

---

(1) Cette disposition s'applique également aux dépenses relatives au mobilier des casernes. (*Circ. du* 18 *septembre* 1838, *n*° 1709.)

Le devis approuvé ne doit subir aucune modification. Les changemens qui peuvent survenir, soit dans le montant de la dépense, soit dans la nature des travaux, sont relatés et expliqués sur le mémoire du fournisseur. (*Déc. adm. du* 16 *avril* 1834.)

(2) Ces mémoires doivent, conformément à la loi du 13 brumaire an 7, être sur papier timbré, lorsqu'ils s'élèvent à plus de 10 fr.

(3) La régie des domaines est à la fois chargée de prendre toutes les dispositions relatives à l'adjudication, d'en recouvrer le produit et de le verser au Trésor. Ainsi les directeurs des douanes, après s'être concertés avec les directeurs des domaines pour la remise des objets dont la vente a été spécialement autorisée, n'ont plus qu'à faire connaître à l'administration le montant de l'adjudication. (*Circ. du* 20 *octobre* 1823, *n*° 823.)

serait imputable sur le montant d'un service fait ou à faire (1).
(*Arrêté du minist. des fin. du 25 décembre 1822, art. 7.*)

---

(1) L'intervention des domaines n'est pas nécessaire pour ces sortes d'échanges. Les directeurs des douanes peuvent traiter de la cession des objets réformés en même temps que de leur remplacement, et la somme représentant la valeur de ces objets est portée distinctement sur le devis de la dépense. Les inspecteurs et sous-inspecteurs s'assurent que le prix fixé pour les objets cédés n'est pas au-dessous de leur valeur réelle, et ils en donnent un certificat motivé. (*Circ. du 20 octobre 1823, n° 823.*)

La valeur des objets échangés sera ensuite portée exactement et simultanément *en recette et en dépense* au budget de l'État. (*Déc. minist. transmise par la Circ. du 30 juin 1837, n° 1654.*)

LIVRE II.

CHAPITRE PREMIER.

FORMATION ET EXÉCUTION DES LOIS.

Présentation des lois.

91. La présentation des lois de douanes appartiendra au ministre du commerce. (*Ord. du 15 avril 1837.*)

Pouvoirs donnés aux ordonnances.

92. Des ordonnances du Roi pourront, provisoirement et en cas d'urgence,

1º Prohiber l'entrée des marchandises de fabrication étrangère, ou augmenter, à leur importation, les droits de douanes; et néanmoins, en cas de prohibition, les denrées et marchandises qui seront justifiées avoir été expédiées avant la promulgation desdites ordonnances seront admises moyennant l'acquit des droits antérieurs à la prohibition;

2º Diminuer les droits sur les matières premières nécessaires aux manufactures (1);

3º Permettre ou suspendre l'exportation des produits du sol et de l'industrie nationale, et déterminer les droits auxquels ils seront assujettis;

4º Limiter à certains bureaux de douanes l'importation ou l'exportation de certaines marchandises permises à l'entrée et à la

---

(1) Le gouvernement peut suspendre ou modifier le tarif des laines, en présentant à la session suivante les motifs de cette mesure. (*Loi du 25 novembre 1814, art.* 6.)

Les débris de vieux ouvrages en fer (ferrailles) sont admis aux mêmes droits que la fonte, pour ce qui s'importe à la demande du ministre du commerce. (*Loi du 5 juillet 1836.*)

sortie du royaume, en telle sorte que ladite importation ou exportation ne puisse s'en effectuer par aucun autre bureau (1).

Toutes les dispositions ordonnées ou exécutées en vertu du présent article seront présentées, en forme de projet de loi, aux Chambres avant la fin de leur session, si elles sont assemblées, ou à la session la plus prochaine, si elles ne le sont pas. (*Loi du 17 décembre* 1814, *art.* 34.)

93. Les ordonnances du Roi qui seront rendues en vertu de l'article 34 de la loi du 17 décembre 1814 détermineront, suivant les provenances, l'époque à laquelle devront commencer à être appliquées les augmentations ou diminutions de droits, ainsi que les prohibitions qu'elles auront prononcées. (*Loi du 7 juin* 1820, *art.* 2.)

94. Le tarif des droits établis à l'importation des sucres des Colonies françaises ne pourra être modifié que par une loi. (*Loi du 3 juillet* 1840, *art.* 2.)

Mais les surtaxes établies sur les sucres étrangers et le classement des qualités inférieures dites *moscouades* pourront être modifiés par des ordonnances royales, dont les dispositions devront être soumises aux Chambres dans leur plus prochaine session. (*Même Loi, art.* 4.)

95. Des ordonnances du Roi, en maintenant les dispositions de la loi du 22 août 1791, et de celle du 19 vendémiaire an 6, qui exemptent de la formalité du passavant, pour la circulation dans le rayon des frontières, les bestiaux, poissons, pain, vin, cidre ou poiré, bière, viande fraîche ou salée, volaille, gibier, fruits, légumes, laitage, beurre, fromage et objets de jardinage, lorsqu'ils ne font pas route vers l'étranger, et, dans tous les cas, lorsqu'ils sont transportés aux jours de foires et marchés dans les villes de la frontière, pourront :

1º Renouveler ou modifier toute autre disposition des règlemens actuellement en vigueur qui aurait pour objet de régler les formes et l'emploi des passavans, ou d'exiger, avant la délivrance de ces expéditions, la justification de l'origine des mar-

_____

(1) D'après l'article 4 de la loi du 5 juillet 1836 (nº 96), les ordonnances du Roi, qui déterminent les bureaux d'importation ou d'exportation de certaines marchandises, ne doivent plus être présentées à la sanction législative.

chandises de la classe de celles qui sont prohibées à l'entrée, ou dont l'admission est réservée à certains bureaux par l'article 20 de la présente loi;

2º Déterminer, suivant la population des communes comprises dans le rayon des frontières, celles où il sera permis de recevoir en magasin et de réexpédier, pour le commerce en gros ou en détail, les marchandises désignées par le paragraphe précédent, en soumettant à la vérification des préposés des douanes les magasins où seront reçues lesdites marchandises, et les pièces justificatives de leur extraction légale, soit de l'étranger, soit de l'intérieur;

3º Régler le mode d'exécution des articles 41 du titre 13 de la loi du 22 août 1791, 1 et 2 de la loi du 21 ventôse an 11, et 75 de la loi du 30 avril 1806, relatif à l'établissement des fabriques dans le rayon des frontières, et étendre sur les magasins où seront reçus les produits de ces fabriques la surveillance nécessaire pour qu'elles ne puissent mettre en circulation, avec des passavans, aucune marchandise importée frauduleusement dans le royaume (*Loi du 28 avril 1816, art. 37.*) (1).

96. Des ordonnances du Roi pourront déterminer les bureaux de douanes qui seront ouverts au transit ou à l'importation et à l'exportation de certaines marchandises. Il ne sera pas dérogé toutefois à ce qui a été prescrit par l'article 22 de la loi du 28 avril 1816. (*Loi du 5 juillet 1836, art. 4.*)

Des ordonnances du Roi détermineront les bureaux de douanes par lesquels il sera permis d'introduire les bestiaux au *minimum* des droits, lorsque les droits sont différens pour une même espèce. (*Loi du 27 juillet 1822, art. 10.*)

97. Des ordonnances royales pourront autoriser, sauf révocation en cas d'abus, l'importation temporaire de produits étran-

---

(1) Le Roi n'a pas encore usé de la faculté que lui accorde l'article 37 ci-dessus. Un arrêt de la Cour de cassation, du 14 juin 1839, a décidé que, jusqu'à ce que les ordonnances dont il est question dans cet article aient été rendues, les règles précédemment établies doivent continuer de recevoir leur exécution. Ces règles sont rapportées au livre IV.

Voir d'ailleurs au nº 833 l'article 10 de la loi du 27 juillet 1822, qui permet de prescrire par des ordonnances royales les mesures de police jugées nécessaires pour empêcher la fraude des bestiaux.

gers destinés à être fabriqués ou à recevoir en France un complément de main-d'œuvre, et que l'on s'engagera à réexporter ou à rétablir en entrepôt dans un délai qui ne pourra excéder six mois, et en remplissant les formalités et les conditions qui seront déterminées. (*Loi du 5 juillet* 1836, *art.* 5.)

98. Le gouvernement pourra suspendre, pour certaines localités, la prohibition de sortie des perches, du charbon de bois et des écorces à tan (1). (*Loi du 7 juin* 1820, *art.* 3.)

99. Des ordonnances du Roi pourront modifier les tares légales accordées aux marchandises qui acquittent les droits sur le poids net, lorsque les déclarans n'ont pas usé de la faculté qui leur est réservée par l'article 7 de la loi du 27 mars 1817. (*Loi du 6 mai* 1841, *art.* 19.)

Promulgation des lois et ordonnances.

100. La promulgation des lois et des ordonnances royales résultera de leur insertion au Bulletin officiel. (*Ord. du 27 novembre* 1816, *art.* 1er.)

101. Elle sera réputée connue, conformément à l'art. 1er du Code civil, un jour (2) après que le Bulletin des Lois aura été reçu de l'Imprimerie royale par le ministre de la justice, lequel constatera sur un registre l'époque de la réception. (*Même Ord.*, *art.* 2.)

102. Les lois et ordonnances seront exécutoires dans chacun des autres départemens du royaume après l'expiration du même délai, augmenté d'autant de jours qu'il y aura de fois dix myriamètres (3) entre la ville où la promulgation en aura été faite et

---

(1) Le ministre des finances, d'après l'avis des ministres de l'intérieur et de la marine, et après avoir entendu l'administration des forêts, peut autoriser la sortie temporaire et locale du bois de sapin. (*Loi du 7 juin* 1820, *art.* 3.)

(2) Les lois et ordonnances ne sont exécutoires *qu'un jour entier* après celui de la publication du Bulletin qui les renferme : par conséquent le 5, si le Bulletin porte la date du 1er; le 6, s'il porte la date du 4. (*Avis du Conseil d'État*; *Déc. min. du 24 février* 1817, *et Circ. du 11 mars suiv.*, n° 255.)

(3) Les nombres intermédiaires ou fractions entre dix, vingt, trente, etc., doivent obtenir un jour de plus : en sorte que douze, quinze, soient comptés pour vingt, et ainsi de suite. (*Mêmes Avis*, *Déc. et Circ.*)

le chef-lieu de chaque département, suivant le tableau annexé à l'arrêté du 25 thermidor an 11 (1). (*Même Ord.*, *art.* 3.)

(1) TABLEAU *des époques respectives auxquelles une loi serait exécutoire en chaque direction de douanes, dans la supposition où elle aurait été promulguée à Paris, le 1er du mois, par le fait de son insertion en un Bulletin transmis de l'Imprimerie royale à M. le garde des sceaux, et enregistré le même jour.*

DIRECTIONS.	DÉPARTEMENS.	DISTANCES de Paris au chef-lieu de chaque département.		JOUR à partir duquel on doit, dès l'ouverture des bureaux, appliquer la loi en question.
		myr.	kil.	
Paris............	Seine...............	»	»	Le 3.
Dunkerque.......	Nord.................	23	6	Le 6.
	Pas-de-Calais..........	19	3	Le 5.
Valenciennes.....	Nord................	23	6	Le 6.
	Aisne................	12	7	Le 5.
Charleville.......	Ardennes.............	23	4	Le 6.
	Meuse	25	1	Le 6.
	Meuse	25	1	Le 6.
Metz............	Moselle..............	30	8	Le 7.
	Bas-Rhin.............	46	4	Le 8.
Strasbourg.......	Bas-Rhin.............	46	4	Le 8.
	Haut-Rhin...........	48	1	Le 8.
	Haute-Saône..........	33	4	Le 7.
Besançon	Doubs...............	39	6	Le 7.
	Jura................	41	1	Le 8.
Nantua..........	Ain.................	43	2	Le 8.
	Isère...............	56	8	Le 9.
Grenoble.........	Isère...............	56	8	Le 9.
	Hautes-Alpes..........	66	5	Le 10.
Digne...........	Basses-Alpes..........	75	5	Le 11.
	Var	89	»	Le 12.
Toulon..........	Var	89	»	Le 12.
Marseille........	Bouches-du-Rhône......	81	3	Le 12.
Montpellier......	Gard................	70	2	Le 11.
	Hérault	75	2	Le 11.
Perpignan.	Aude................	76	5	Le 11.
	Pyrénées-Orientales	88	8	Le 12.
Toulouse........	Ariége..............	75	2	Le 11.
	Haute-Garonne........	66	9	Le 10.
	Hautes-Pyrénées.......	81	5	Le 12.
Bayonne	Basses-Pyrénées.......	78	1	Le 11.
	Landes..............	70	2	Le 11.
Bordeaux........	Landes..............	70	2	Le 11.
	Gironde.............	57	3	Le 9.
	Charente-Inférieure....	48	4	Le 8.
La Rochelle......	Charente-Inférieure.....	48	4	Le 8.
	Vendée.............	44	7	Le 8.
Nantes..........	Vendée.............	44	7	Le 8.
	Loire-Inférieure.......	38	9	Le 7.
	Morbihan	50	»	Le 8.
Lorient..........	Morbihan............	50	»	Le 8.
	Finistère.............	62	3	Le 10.

Suite

103. Néanmoins, dans les cas et les lieux où le gouvernement jugerait convenable de hâter l'exécution, les lois et ordonnances seront censées publiées et seront exécutoires du jour où elles seront parvenues au préfet, qui en constatera la réception sur un registre. (*Ord. du 27 novembre* 1816, *art.* 4.)

104. Dans les cas prévus par l'article 4 de l'ordonnance du 27 novembre 1816, lorsqu'il sera convenable de hâter l'exécution des lois ou ordonnances en les faisant parvenir extraordinairement sur les lieux, les préfets prendront incontinent un arrêté par lequel ils ordonneront que lesdites lois et ordonnances seront imprimées et affichées partout où besoin sera (*Ord. du 18 janvier* 1817, *art.* 1er.) (1).

105. Lesdites lois et ordonnances seront exécutées à compter du jour de la publication faite dans la forme prescrite par l'article ci-dessus. (*Même Ord., art.* 2.)

Suite du Tableau des époques, etc.

DIRECTIONS.	DÉPARTEMENS.	DISTANCES de Paris au chef-lieu de chaque département.		JOUR à partir duquel on doit, dès l'ouverture des bureaux, appliquer la loi en question.
		myr.	kil.	
Brest	Finistère.	62	5	Le 10.
	Côtes-du-Nord.	44	6	Le 8.
Saint-Malo	Côtes-du-Nord........	44	6	Le 8.
	Ille-et-Vilaine.	54	6	Le 7.
Cherbourg	Manche.	52	6	Le 7.
	Calvados.	26	5	Le 6.
	Calvados.............	26	5	Le 6.
Rouen...........	Eure..............	10	4	Le 5.
	Seine-Inférieure........	15	7	Le 5.
Abbeville........	Seine-Inférieure........	15	7	Le 5.
	Somme................	12	8	Le 5.
Boulogne........	Pas-de-Calais..........	19	5	Le 5.
Bastia...........	Corse.	145	5	Le 18.
Lyon...........	Rhône...............	46	6	Le 8.
Orléans	Loiret...............	12	5	Le 5.

(*Circ. du* 11 *mars* 1817, no 255, *et Ord. du* 7 *juillet* 1824.)

Voir au chapitre suivant les règles applicables aux déclarations, lorsque des changemens sont apportés au tarif.

(1) L'exécution anticipée des lois et ordonnances en matière de douanes, prescrite dans les formes de droit par les préfets, ne peut donner ouverture à aucune demande en indemnité contre l'administration. (*Jug. du* 3 *sept.* 1840.)

Généralité d'application des lois.

106. Dans tous les ports et lieux de France, on se conformera aux mêmes lois, décrets et tarifs. (*Loi du 4 germinal an 2, tit. 1er, art. 3.*)

Exécution des lois et ordonnances.

107. L'exécution des lois et des arrêtés du gouvernement sur les douanes est exclusivement attribuée au ministre des finances, ainsi que la perception des droits de tonnage, des droits de bassin et autres droits établis dans les ports de mer. (*Arrêté du 28 ventôse an 12.*)

108. Les agens du gouvernement (préfets ou autres) ne pourront, sous quelque prétexte que ce soit, prendre des arrêtés ni accorder aucune permission contraire aux lois et tarifs de douanes. (*Arrêté du 9 germinal an 4.*)

109. Défenses sont faites aux tribunaux de connaître des actes d'administration, de quelque espèce qu'ils soient (*Loi du 16 fructidor an 3.*) (1).

Les conflits entre l'autorité administrative et l'autorité judiciaire doivent être renvoyés au Conseil d'État. (*Avis du Conseil d'État du 22 janvier 1813.*)

CHAPITRE II.

DÉCLARATIONS (2).

110. Toutes les marchandises entrant en France ou en sortant

---

(1) Il est défendu aux tribunaux de justice de connaître des actes administratifs. (*A. de C. du 15 frimaire an 10.*)

Les tribunaux ne peuvent improuver un acte de l'autorité administrative. (*A. de C. du 17 brumaire an 14.*)

(2) Dans tous les cas de changement de tarif, soit à l'entrée, soit à la sortie, ce qui détermine l'application du droit, c'est la date de l'inscription régulière des déclarations en détail présentées en douane pour des marchandises déjà arrivées dans le port ou au premier bureau, et qui, par conséquent, peuvent être immédiatement présentées à la visite; parce qu'en effet cette déclaration équivaut à l'engagement irrévocable d'acquitter les droits en vigueur, à l'instant où elle a été reçue. Ainsi les marchandises dont la déclaration de mise en consommation a été remise et enregistrée avant que la promulgation

devront être déclarées à la douane. (*Lois des 22 août 1791 et 4 germinal an 2.*)

---

d'un nouveau tarif soit consommée, ne sont sujettes qu'à l'ancien droit, quoique le déchargement et la vérification soient postérieurs à cette promulgation. (*Circ. des 3 août 1822, nº 745, et 24 mai 1859, nº 1755.*)

Lorsque le dernier jour valable pour appliquer un tarif est un dimanche ou un autre jour férié, les bureaux de douane doivent rester ouverts pour recevoir et enregistrer les déclarations relatives à l'application de ce tarif, et ce, pendant les heures indiquées par l'article 5 du titre 15 de la loi du 22 août 1791. (*Déc. min. du 11 avril 1859; Circ. nº 1755.*)

La veille d'un changement de tarification, les bureaux doivent rester ouverts pendant les heures fixées par la loi, quels que soient d'ailleurs les usages contraires adoptés dans certaines localités. (*Déc. adm. du 19 août 1856.*)

Chaque fois qu'il y a lieu de mettre en vigueur un changement quelconque dans les taxes établies, les receveurs sont tenus, sous leur propre responsabilité, d'arrêter les registres de déclarations et de perceptions à la clôture de la séance de la veille du jour où le nouveau tarif doit être appliqué. Dans les bureaux où il existe des inspecteurs ou sous-inspecteurs sédentaires, ces chefs viseront l'arrêté des registres. Ailleurs, l'employé le plus élevé en grade après le receveur, ou le chef du service actif lorsque le receveur est seul, signera cet arrêté conjointement avec lui. (*Circ. du 24 mai 1859, nº 1755.*)

La loi ne permet, dans aucun cas, de recevoir en douane des déclarations anticipées. Elle veut qu'elles ne soient faites que pour les marchandises qu'on présente immédiatement à la vérification, et qui, immédiatement aussi, sont importées ou exportées, suivant le cas. (*Déc. adm. du 12 août 1840.*)

Cette règle est des plus essentielles à maintenir, surtout à l'égard des grains, dont la taxe peut varier d'un moment à l'autre. (*Déc. adm. du 22 avril 1841.*)

Les déclarations ne sont reçues que lorsque le navire est *entré* dans le port, et que le manifeste a été déposé au bureau. Quand un navire n'a pas été admis à la libre pratique, on ne peut le considérer comme *étant entré dans le port.* (*Déc. adm. des 25 sept. 1852 et 19 août 1856.*)

La règle qui veut que la date de l'enregistrement de la déclaration en détail serve de base pour l'application du tarif, est applicable aux marchandises qui ont été déposées en douane, conformément à l'art. 9 du titre 2 de la loi du 4 germinal an 2. (*Déc. adm. du 2 juillet 1856.*)

Les marchandises d'entrepôt, déclarées pour la consommation, sont passibles des taxes applicables au moment où cette déclaration est remise et enregistrée à la douane : à cet égard, elles sont soumises aux règlemens généraux qui régissent les marchandises venant directement de l'étranger. (*A. de C. du 3 oct. 1810, et Déc. adm. du 2 juill. 1840.*)

En cas de changement de tarification, le commerce sera prévenu que, faute par lui de donner suite à ses déclarations de sortie d'entrepôt pour la consommation, les droits exigibles seront liquidés d'office. (*Déc. adm. du 1er juillet 1841.*)

Tout chargement de grains, déclaré en entier avant l'époque fixée pour la prohibition, doit pouvoir être exporté en totalité, si l'expéditeur est en mesure, dans le moment qui précède le rétablissement de la prohibition, de

111. Les déclarations contiendront la qualité, le poids (1), la mesure, ou le nombre des marchandises qui devront les droits au poids, à la mesure ou au nombre, et la valeur lorsque les marchandises devront les 'droits suivant leur valeur (2). Elles énonceront également le lieu du chargement, celui de la desti-

---

faire à la douane la représentation de ses grains dans le lieu affecté aux visites. A défaut de cette représentation, la déclaration est sans valeur et ne confère aucun droit. La douane doit donc, à l'instant du rétablissement de la prohibition, s'assurer de l'existence dans le port des grains déclarés pour l'exportation. (*Circ. man. du 24 mars* 1829.) — Ces règles s'appliquent également aux changemens de taxes de sortie.

Indépendamment des règles générales qui font l'objet du présent chapitre, les déclarations sont soumises, suivant qu'il s'agit d'importations par mer ou par terre, d'exportations, de transit, de cabotage, etc., à des règles particulières qui sont rapportées dans les livres suivans.

(1) *Voir* le n° 151 pour les marchandises qui ne doivent les droits qu'à raison du poids *net*.

(2) Les dénominations adoptées dans le tarif officiel sont seules admissibles dans les déclarations1 pour les marchandises qu'il désigne; celles 'qui y sont omises doivent être déclarées sous la dénomination usitée dans le commerce.

·Toute déclaration doit être sérieuse et sincère; elle doit contenir, comme le veut la loi, l'énonciation de la qualité, du poids, du nombre, de la mesure ou de la valeur; en un mot, renfermer toutes les indications nécessaires pour fixer la quotité du droit à percevoir. Cette règle est essentielle : on ne doit jamais en affranchir le commerce, alors même qu'il renoncerait à contester le résultat de la vérification. (*Circ. du* 17 *sept.* 1841.)

Les déclarations indiqueront : les n°s des cotons filés importés pour la consommation (*Circ. du* 5 *juin* 1834.); pour les laines, la valeur propre à chaque balle. (*Ord. du* 26 *juillet* 1826, *art.* 3.)

Quand il s'agit de machines et mécaniques, l'importateur est tenu de remettre une déclaration *descriptive*, et d'y joindre des dessins sur échelle. Ces dessins sont confrontés avec les pièces présentées, et permettent de s'assurer de leur nécessité dans l'ensemble, et même de la place qu'elles y occupent. (*Circ. du* 21 *nov.* 1826, *n°* 1021.)

On ne reçoit que des déclarations où se trouvent suffisamment indiqués l'usage des 'machines, leur composition, leur poids, leur valeur, et qui indiquent exactement toutes les parties divisées par matières, telles que bois, fonte, fer, fer-blanc, acier, cuivre, plomb, étain, etc. (*Tarif. génér. de* 1822, *note* 458.)

On exige également, s'il s'agit de pompes à vapeur, qu'on indique de quelle fabrique elles proviennent, le nombre de chevaux qu'elles remplacent, et le diamètre de leurs cylindres. (*Circ. du* 28 *janvier* 1820, *n°* 540.)

Le droit d'entrée des machines et mécaniques est dû sur la valeur déterminée par le comité des arts et fabriques. (*Loi du* 21 *avril* 1818.)

Provisoirement il se perçoit d'après les déclarations dûment vérifiées; mais

nation, et, dans les ports, le nom du navire et celui du capitaine ; les marques et numéros des ballots, caisses, tonneaux et futailles seront mis en marge des déclarations (*Loi du 22 août 1791, tit. 2, art. 9.*) (1).

Marchandises sujettes à coulage.

112. La déclaration du poids et de la mesure ne sera point exigée pour les marchandises sujettes à coulage ; les capitaines ou maîtres de bàtimens et voituriers (*ou tout autre déclarant*) devront énoncer seulement dans leur déclaration le nombre de futailles, leurs marques et numéros, les représenter en même

---

on exige une soumission cautionnée de payer tel supplément qui pourrait résulter du jugement du comité consultatif des arts et manufactures. A cet effet, les directeurs adressent, par trimestre, au directeur général, un état des machines et mécaniques importées, avec les descriptions et les dessins, ou, s'il s'agit de planches gravées, une épreuve de chaque planche. (*Circ. des* 28 *mars* 1817 , *n°* 265 , *et* 28 *janvier* 1820 , *n°* 540.)

(1) Le chef de la douane peut accorder au commerce la facilité d'examiner les marchandises avant la déclaration en détail, de les décharger même, et d'en prélever des échantillons, afin de se mettre en état de remplir, sans aucun risque de surprise, l'obligation de faire une déclaration complète, pourvu que jusque-là les agens des douanes demeurent étrahgers à toute opération, et que, selon le vœu de la loi, les déclarations, telles qu'elles ont été fournies, subissent, de toute nécessité, l'épreuve de la visite. (*Circ. du* 17 *décembre* 1817 , *n°* 353.)

Cette facilité n'est accordée que pour l'*espèce ou la qualité*, et non pour le poids des marchandises. (*Déc. adm. du 8 août* 1833.)

Elle peut être étendue aux fers en barre, lorsque le déclarant a des doutes sur leur dimension. (*Déc adm. du* 22 *avril* 1835.)

La reconnaissance préalable a lieu au moyen d'un permis de débarquement délivré en vertu d une déclaration provisoire, indiquant, d'après les termes du manifeste, les marques, les numéros et l'espèce des colis, ainsi que la *nature* de leur contenu. Mais la déclaration n'est *provisoire* qu'en ce qui concerne la *qualité* des marchandises : quant à leur *nature*, elle est définitive ; elle oblige réellement celui qui l'a faite, et si l'on découvre des objets *différens* de ceux qui ont été déclarés, il y a lieu de poursuivre l'application des peines encourues pour fausse déclaration. Si le permis provisoire a été délivré sur la demande du capitaine et sans qu'aucun acte, fait et signé en douane, oblige le consignataire, le capitaine doit être recherché et puni conformément aux lois sur les manifestes, car il a eu le tort de ne pas porter sur cet acte l'objet qui a été découvert avant la visite. Si, au contraire, le consignataire est intervenu ; si c'est en vertu de sa déclaration provisoire que le débarquement et la reconnaissance des colis ont eu lieu, il devient seul responsable, et c'est contre lui que doivent être dirigées les poursuites. (*Déc. adm. des* 18 *juillet* 1833 *et* 25 *mai* 1837.)

quàntité que celles portées aux déclarations, lettres de voitures, connaissemens et autres expéditions relatives au chargement, et la perception des droits ne sera faite que sur le poids et la contenance effective (1). (*Loi du 22 août* 1791, *tit.* 2, *art.* 19.)

Réunion de colis.

113. Il est défendu de présenter comme unité dans les déclarations plusieurs ballots ou autres colis, fermés, réunis, de quelque manière que ce soit, à peine de confiscation et d'une amende de cent francs, conformément à l'art. 20, tit. 2 de la loi du 22 août 1791 (*Loi du 27 juillet* 1822, *art.* 16.) (2).

Timbre des déclarations.

114. Les déclarations des marchandises qui doivent être fournies aux douanes, sont affranchies du timbre. (*Loi du 2 juillet* 1836, *art.* 7.)

Enregistrement.

115. Les déclarations faites dans les bureaux, sur les côtes et frontières, seront enregistrées par les préposés et signées par les déclarans; si le conducteur ne sait pas signer, il en sera fait mention. (*Loi du 4 germinal an* 2, *tit.* 3, *art.* 6.)

Changemens dans les déclarations.

116. Ceux qui auront fait leurs déclarations, n'y pourront plus augmenter ni diminuer, sous quelque prétexte que ce puisse être,

---

(1) Sont considérés comme sujets à coulage les fluides et liquides renfermés *dans des futailles*, et les sucres bruts, sans exception de ceux qui sont en *balles* ou *sacs*. (*Circ. du* 30 juin 1825, *n°* 924.)

(2) Cet article 16 s'applique aux marchandises prohibées aussi bien qu'à celles qui ne le sont point. La confiscation qu'il prononce ne porte pas seulement sur les colis qui excèdent l'unité, mais sur la totalité des marchandises contenues dans le colis multiple. (*Déc. adm. du* 23 *juillet* 1839.)

Il y a violation de l'article 16 de la loi du 27 juillet 1822 lorsque, au lieu du nombre des boites de vanille, la déclaration indique seulement celui des caisses qui les contiennent. (*Déc. adm. du* 8 oct. 1835.)

L'art. 16 de la loi du 27 juillet 1822 est applicable sur les frontières de terre aussi bien que dans les ports de mer; mais comme l'abus que le législateur a voulu prévenir est moins à craindre sur ces frontières, il convient d'user de tolérance à cet égard, et de ne rien changer aux usages préexistans sans en avoir préalablement référé à l'administration. (*Circ. du* 28 *juillet* 1822, *et* *Déc. adm. du* 9 *décembre* 1839.)

et la vérité ou fausseté des déclarations sera jugée sur ce qui aura été premièrement déclaré. Néanmoins si, dans le jour de la déclaration (1) et avant la visite, les propriétaires ou conducteurs de marchandises reconnaissaient quelque erreur dans les déclarations, quant au poids, au nombre, à la mesure ou à la valeur, ils pourraient rectifier lesdites déclarations, en représentant toutefois les balles, caisses ou tonneaux en même nombre, marques et numéros que ceux énoncés aux déclarations, ainsi que les mêmes espèces de marchandises ; après ce délai, ils n'y seront plus reçus (2). (*Loi du 22 août* 1791, *tit.* 2. *art.* 12.)

Retenue des marchandises.

117. Si les déclarations en détail (*à l'entrée*) ne sont pas présentées, les marchandises seront retenues et déposées dans les magasins de la douane (3). (*Loi du 4 germinal an* 2, *tit.* 2, *art.* 9.)

---

(1) Par le mot *jour* on doit entendre la journée même, et non pas un délai de vingt-quatre heures. (*Déc. adm. du* 28 *nov.* 1837.)

(2) Un arrêt de la Cour de cassation du 12 vendémiaire an 9 a consacré de nouveau cette règle que, les déclarations en douane une fois faites, on ne peut plus rien y ajouter ni en retrancher.

Toutefois, à l'égard des laines, lorsque la vérification n'a pas été faite dans les *trois jours* de la déclaration, le déclarant peut, en vertu de la loi du 2 juillet 1836 (n° 150), modifier sa déclaration, quant à la *valeur*. On doit donc, quand la visite n'a pu avoir lieu dans les *soixante-douze heures* qui ont suivi la déclaration, ne procéder à cette visite qu'après avoir invité le déclarant à faire connaître par écrit s'il entend ou non maintenir la valeur déclarée. S'il profite du bénéfice de la loi, sa nouvelle déclaration sert de base à la vérification. Dans le cas contraire, sa première déclaration est irrévocable. Dès lors il importe de constater l'heure à laquelle elle a été déposée en douane, et d'inviter le déclarant à parapher la mention de ce dépôt. (*Circ. du* 16 *juillet* 1836, *n°* 1550.)

La faculté de modifier les déclarations, en ce qui concerne la valeur des laines, n'est accordée que dans le seul cas où, *par le fait de la douane*, la vérification a été retardée au-delà de soixante-douze heures. (*Déc. adm. du* 28 *nov.* 1837.)

(3) *Voir*, pour la constitution du dépôt et les suites dont il est susceptible, le livre X, chapitre xix, où l'art. 9 de la loi du 4 germinal an 2 est reproduit textuellement.

CHAPITRE III.

COURTIERS.

118. Aucun capitaine français, aucun capitaine ou marchand étranger, parlant français, ne sera tenu de se servir d'un courtier, ni pour ses affrétemens, ni pour fournir ses déclarations à la douane, ni pour aucune autre formalité, s'il agit en personne (1). (*Circ. du 12 nov.* 1817, *n*° 340.)

119. Tout capitaine qui ne parlera pas français ou qui n'agira pas par lui-même, devra se faire assister d'un courtier (2). (*Même Circ.*)

Les courtiers-interprètes et conducteurs de navires (3) font

---

(1) Le capitaine doit être considéré comme agissant par lui-même, toutes les fois qu'il est représenté ou assisté soit par l'armateur, soit par le propriétaire ou consignataire de la marchandise, pourvu que, dans ce dernier cas, la cargaison soit adressée à une *seule* personne, et que le consignataire ne soit pas un simple commanditaire. (*Circ. n*° 340, *et Déc. du min. du comm. du* 8 *mars* 1837.)

La déclaration d'un capitaine parlant français, écrite d'une autre main que la sienne, mais signée de lui, est recevable sans l'assistance d'un courtier, lorsqu'il l'apporte lui-même et vient l'affirmer en douane. (*Circ. du* 6 *oct.* 1819, *n*° 522.)

(2) Les courtiers agissant pour les capitaines, et en leur absence, n'ont pas besoin d'un pouvoir spécial. Il leur suffit d'être porteurs des pièces, telles que connaissement, facture, etc. (*Déc. min. du* 13 *mars* 1812.)

(3) Quoique le titre commun des courtiers maritimes soit celui de *courtiers-interprètes*, *conducteurs* de navires, chacun des titulaires n'est autorisé à interpréter et à traduire que dans les langues mentionnées sur *sa commission.* Si donc aucun des courtiers d'un port n'est commissionné pour l'interprétation de l'idiome de la nation à laquelle appartient le capitaine, celui-ci reste libre de se faire assister et de faire traduire les pièces de bord par qui bon lui semble, pourvu que, dans ses déclarations orales ou écrites, il ne se serve pas d'une langue pour laquelle il y aurait des courtiers commissionnés, et que, dans le cas où il ferait usage de la langue française, il n'emprunte d'autre assistance que celle du propriétaire ou consignataire unique de la cargaison. (*Circ. n*° 340, *et Déc. du min. du comm. du* 8 *mars* 1837.)

Dans le cas où il existe sur une place un ou plusieurs courtiers-commissionnés pour l'interprétation d'une langue, *eux seuls* peuvent servir d'intermédiaires aux capitaines de navires qui, dans leurs relations avec la douane, font usage de cette langue. Ces courtiers ne sauraient se faire suppléer par leurs commis. (*Déc. du min. du comm. du* 14 *décembre* 1840.)

Lorsqu'il existe sur une place des courtiers commissionnés pour l'interpré-

le courtage des affrétemens : ils ont, en outre, seuls le droit de traduire, en cas de contestations portées devant les tribunaux, les déclarations, chartes-parties, connaissememens, contrats, et tous autres actes de commerce dont la traduction serait nécessaire. Dans les affaires contentieuses de commerce et pour le service des douanes, ils serviront seuls de truchement à tous étrangers, maîtres de navires, marchands, équipages de vaisseau et autres personnes de mer. (*Code de commerce, art.* 80.)

120. Tout courtier qui sait l'une des langues familières au capitaine, pourra devenir son interprète pour les déclarations en douane ; mais s'il s'agit de faire traduire légalement les papiers de bord (manifeste ou autres), on ne pourra employer que les courtiers institués pour traduire la langue dans laquelle ces papiers seront écrits. (*Déc. min. du* 6 *juin* 1818; *Circ. du* 13, *no* 400) (1).

---

tation d'une langue, la douane doit refuser toute traduction de pièces écrites dans cette langue, qui n'est pas certifiée par un courtier compétent, et poursuivre le capitaine qui ne remet pas son manifeste dans le délai prescrit, sauf à celui-ci à exercer son recours contre le courtier, s'il refuse de traduire cet acte ou s'il ne le traduit pas en temps utile. (*Déc. du min. du comm. du* 14 *décembre* 1840.)

L'ensemble des formalités qui constituent la conduite des navires ne saurait être scindé, et l'on ne peut charger un courtier des traductions et un autre courtier des formalités qui s'accomplissent verbalement. En conséquence, les douanes ne doivent admettre comme truchement d'un capitaine que le courtier auquel il a confié la traduction de ses papiers de bord. (*Même Déc.*)

Dans les villes où le gouvernement n'a pas institué de courtier, l'on n'a aucune justification à demander aux individus qui veulent prendre une patente de courtier. Le courtage est un acte de commerce permis à l'étranger régnicole comme au Français, là où un caractère public n'y est pas attaché. (*Déc. du min. du comm. du* 27 *juillet* 1837.)

Toutefois la patente ne confère pas à celui qui en est pourvu le droit exclusif de conduire les capitaines étrangers qui ne *parlent pas français,* ni de traduire les pièces, manifestes ou autres, qu'ils ont à déposer à la douane. Dans les ports où il n'existe point de courtiers, personne ne peut avoir le privilége d'intervenir pour interpréter ou traduire les langues étrangères. A cet égard, les capitaines restent libres dans leur choix. Seulement, le traducteur étant privé de tout caractère public, la traduction n'a rien d'obligatoire pour la douane, qui serait fondée à en contester l'exactitude. (*Déc. adm. du* 2 *septembre* 1841.)

(1) L'ordonnance du 14 novembre 1835, relative aux droits de courtage, porte, article 3, que, dans aucun cas, ces droits ne pourront être perçus contrairement à l'exécution des traités.

Les consuls espagnols ont seuls le droit d'exercer les fonctions de courtiers. (*Circ. du* 27 *février* 1840, *no* 1798.)

Voir au livre X le chap. XII.

CHAPITRE IV.

DÉBARQUEMENS ET EMBARQUEMENS.

121. Il ne pourra être chargé sur les navires ou autres bâtimens, ni en être déchargé aucunes marchandises, sans le congé ou la permission par écrit des préposés de la régie (*permis*) (1), et qu'en leur présence, à peine de confiscation des marchandises et de 100 fr. d'amende (2). (*Loi du 22 août 1791 , tit. 2 , art. 13.*)

122. Les chargemens et déchargemens des navires ne pourront avoir lieu que dans l'enceinte des ports où les bureaux des droits d'entrée et de sortie seront établis, sauf le cas de force majeure justifié par un rapport fait dans les formes qui seront prescrites (3). Lesdits chargemens et déchargemens ne pourront se faire, du 1er avril au 30 septembre, que depuis cinq heures du matin jusqu'à huit heures du soir ; et du 1er octobre au 31 mars, que depuis sept heures du matin jusqu'à cinq heures du soir, quand même les marchandises seraient accompagnées de permis, à peine de confiscation desdites marchandises (*Loi du 22 août 1791, tit. 13, art. 9.*) (4).

---

(1) Chaque déclaration donne lieu à la délivrance d'un permis que la douane remet en échange , sans attendre que toutes les marchandises composant la même cargaison aient été déclarées et les déclarations déposées. (*Déc. adm. des 16 ventôse an 4 et 16 août 1823.*)

(2) Si les marchandises dont on effectuerait le débarquement ou l'embarquement sans permis étaient prohibées, l'amende serait de 500 fr., indépendamment de la confiscation des moyens de transport. (*Art. 1 et 3, tit. 5 de la loi du 22 août 1791 , et art. 10, tit. 2 de la loi du 4 germinal an 2.*) — *Voir* les nos 312 et 315 ; *voir* aussi le no 327 , pour les marchandises dont la prohibition aurait été levée depuis 1836 , et le no 238 , pour les marchandises dont le droit ne s'élèverait pas à 3 fr.

(3) Les chargemens et déchargemens ne peuvent , hors le cas de force majeure dûment justifié, s'opérer dans un lieu où il n'y a pas de bureau de douane. (*A. de C. du 29 janvier 1834; Circ. no 1430.*)

(4) Aucune marchandise ne peut être embarquée ou déchargée qu'en plein jour, entre le lever et le coucher du soleil, et après un permis des préposés des douanes. (*Loi du 4 germinal, an 2, tit. 6, art. 1er.*)
Le capitaine de brigades remet au sous-inspecteur sédentaire la liste des préposés qui réunissent les qualités nécessaires pour être cotés aux chargemens

Tour de rôle.

123. Hors les cas d'urgente nécessité, relatifs à la sûreté du bâtiment, les navires seront mis en déchargement à tour de rôle, suivant la date de leur déclaration, et en aussi grand nombre que le local et le nombre des préposés attachés au bureau pourront le permettre. Les commis nommés pour assister au débarquement ou embarquement, seront tenus de se transporter au lieu de chargement ou déchargement, à la première réquisition, à peine de répondre des événemens résultant de leur refus. (*Loi du 22 août 1791, tit. 2, art. 13.*)

Alléges.

124. Les parties de marchandises qui seront transportées du port dans les navires, ou des navires dans le port, par le moyen d'alléges, devront être accompagnées d'un permis du bureau, lequel énoncera les quantités et qualités dont chaque allége sera chargée. Quant aux marchandises dont la sortie est défendue ou assujettie à des droits, et qui seront également transportées par alléges d'un lieu où il y aura un bureau dans un autre lieu où il y aura également un bureau, elles seront déclarées et expédiées par acquit-à-caution pour en assurer la destination. Dans l'un ou l'autre cas, les versemens de bord à bord, ainsi que les déchargemens à terre, ne pourront avoir lieu qu'en présence des commis, à peine de la saisie et de la confiscation des marchandises, et de 100 fr. d'amende contre les conducteurs (1). (*Même Loi, tit. 13, art. 11.*)

---

et déchargemens. C'est sur cette liste que le sous-inspecteur prend l'employé qu'il juge à propos d'affecter à chaque bâtiment mis en charge ou en décharge. Le préposé coté ne peut être distrait de son travail jusqu'à son complément. Il est, pendant ce travail, soumis à la surveillance du capitaine. (*Arrêté du 4e jour complémentaire an 8, art. 7.*)

(1) La sanction pénale introduite dans cet article s'applique également au cas de simple transport sans permis. (*Déc. adm. du 26 juillet 1841.*)

CHAPITRE V.

TRANSBORDEMENS.

125. Les transbordemens des marchandises étrangères des-.tinées à être réexportées immédiatement sous tous pavillons, ou à être expédiées pour un autre port du royaume sur navire français, pourront être autorisés dans tous les ports d'entrepôt. Cette faculté s'appliquera, s'il s'agit de réexportations immédiates, aux marchandises admissibles dans les entrepôts réels ou fictifs du port où le transbordement s'effectuera ; et, s'il s'agit d'expéditions sur un second port de France, aux marchandises admissibles à la fois au port de prime-abord et à celui de destination. (*Circ. du 20 avril* 1841, *n⁰* 1846.)

126. Les transbordemens seront autorisés sur la demande du consignataire ou du capitaine, lequel sera tenu de remettre à cet effet une déclaration en détail (1). (*Même Circ.*)

127. Le transbordement aura lieu, autant que possible, soit directement de bord à bord, soit au moyen d'alléges, et, dans l'un ou l'autre cas, les marchandises seront reconnues sur le pont du navire à bord duquel elles seront embarquées pour la réexportation ou pour un autre port du royaume. Cette reconnaissance s'effectuera sur le quai, partout où la disposition des lieux exigera la mise à terre des colis (2). (*Même Circ.*)

. (1) Cependant, lorsque le consignataire ou le capitaine justifie, soit par sa correspondance, soit par les papiers de bord, de l'impossibilité de satisfaire complétement à cette obligation autrement que par la reconnaissance préalable des marchandises, l'inspecteur ou le sous-inspecteur sédentaire peut admettre exceptionnellement comme suffisante une déclaration indiquant seulement, mais avec exactitude, le nombre, l'espèce, les marques et les numéros des colis, ainsi que la nature de leur contenu. (*Circ. n⁰* 1846.)

Dans ce cas, les indications d'*espèce*, de *qualité*, de *poids* ou de *valeur* nécessaires pour compléter les écritures de la douane, pourront être fournies officieusement et à titre de simple renseignement, sans que le déclarant soit 'exposé aux conséquences d'une déclaration inexacte. (*Déc. adm. du 8 mai* 1841.)

(2) Dans tous les cas, il convient que ces vérifications ne soient pas prolongées sans nécessité. Les employés doivent donc, à moins de motifs particuliers, se borner à reconnaître l'identité des colis, et à constater la nature des marchandises en en faisant ouvrir ou sonder un petit nombre, le dixième par

128. Les marchandises transbordées ne seront pas inscrites sur les sommiers d'entrepôt au port de prime-abord (1).

En cas de renvoi immédiat à l'étranger, elles demeureront soumises aux conditions générales des réexportations (2). Seulement elles ne seront point assujetties au droit de réexportation (3).

Lorsque les marchandises seront destinées pour un autre port de France, elles seront plombées comme si elles étaient extraites d'entrepôt, et le *permis* qui, dans ce cas, tiendra lieu d'acquit-à-caution (4), devra les accompagner jusqu'à ce port, où le consignataire sera tenu de produire, dans les trois jours, sa déclaration en détail, conformément à la loi.

Les contrevenans seront passibles, suivant le cas, des peines prononcées par l'art. 61 de la loi du 21 avril 1818 ou par l'article 21 de la loi du 17 mai 1826. (*Circ. du 20 avril* 1841, *n*o 1846.)

---

exemple ; ils peuvent même ne pas exiger l'ouverture des boîtes en fer-blanc soudées qui renferment des étoffes de prix. Ces opérations seront surveillées, suivant l'importance des marchandises, soit par un vérificateur, soit par des préposés, au nombre desquels doit, autant que possible, se trouver un chef ; soit par les employés des deux services agissant simultanément. (*Circ. n*o 1846.)

Le commerce est libre de constater le poids effectif des marchandises ; mais si la douane n'a aucun intérêt à les faire peser, elle se borne à suivre l'opération pour prévenir tout détournement de colis. (*Déc. adm. du* 26 *juillet* 1841.)

(1) On les reprendra seulement dans les états du commerce général, sauf à en faire état au port de destination, au commerce spécial, si elles y sont mises en consommation, ou au commerce général, à la sortie, si elles y sont chargées en réexportation. Les marchandises ainsi réexpédiées d'un port sur un autre de France doivent faire l'objet d'un état particulier, série E, n° 54. (*Circ. n*o 1846.)

(2) Il y a lieu dès lors de ne permettre les transbordemens que sur des navires du tonnage requis en pareil cas, et d'exiger le plombage des colis dans tous les ports où cette formalité est prescrite par les règlemens. (*Circ. n*o 1846.)

(3) Ce droit n'est exigible qu'à l'égard des marchandises réellement extraites d'entrepôt. (*Circ. n*o 1846.)

(4) Il est dès lors nécessaire que ces permis mentionnent si les justifications de provenance et de transport direct ont été produites et admises au port de prime-abord, et qu'ils contiennent à cet égard tous les renseignemens consignés habituellement sur les acquits-à-caution de mutation d'entrepôt qu'ils remplacent. Après avoir été régularisés, suivant les résultats de la visite à l'arrivée, ils sont renvoyés au bureau d'où ils émanent par l'intermédiaire de l'administration. (*Circ. n*o 1846.)

CHAPITRE VI.

·VISITES.

129. Les marchandises seront conduites au bureau ou à tel autre endroit qui sera convenu entre la régie et le commerce, pour y être vérifiées (1). (*Loi du 22 août 1791, tit. 2, art. 6.*)

Visites.

130. Les déclarations faites, les marchandises seront visitées, pesées, mesurées ou nombrées, si les préposés de la douane l'exigent, et ensuite les droits seront perçus. (*Même Loi, tit. 2, art. 14.*)

Les droits seront perçus suivant le poids, le nombre et la mesure énoncés dans la déclaration ; mais, dans le cas où les préposés de l'administration ne s'en rapporteraient point au poids, au nombre, à la mesure énoncés dans la déclaration, ils procéderont à la vérification (2) ; et si elle présentait des quantités inférieures aux déclarations, les droits ne seraient acquittés que sur les quantités constatées par la vérification (3). (*Même Loi, même tit., art. 17.*)

---

(1) Cet article, textuellement rapporté sous le n° 294, ne semble concerner que les marchandises sortant par mer. Son application aux autres marchandises résulte des lois générales des douanes, et particulièrement des articles 1 et 15 du titre 2 de la loi du 22 août 1791.

(2) Les marchandises doivent être vérifiées en douane de manière à ce que les employés opèrent toujours sous la surveillance de leurs chefs. (*Déc. adm. du 27 novembre* 1810.)

(3) A l'égard des houilles, on peut déterminer la quantité importée par un navire en multipliant le nombre de tonneaux qu'il jauge par 1,500 kilog. Mais ce mode de vérification ne s'applique qu'aux *chargemens entiers*, et le commerce et la douane conservent respectivement la faculté de faire procéder à la pesée effective, toutes les fois que la forme particulière des navires paraît devoir produire des résultats qui s'écarteraient trop de la moyenne de 1,500 kilog. par tonneau. (*Loi du 1er août 1792, art. 6, et Circ. du 28 septembre* 1858, *n°* 1711.)

Lorsque les employés, en constatant le poids effectif, reconnaissent un excédant de plus du 10e, ils ne sont pas fondés à exiger le double droit sur cet excédant, si la déclaration a été faite sur le pied de 1,500 kilog. par tonneau, et si d'ailleurs le tonnage du navire a été exactement indiqué. (*Déc. adm. du* 26 octobre 1858.)

Les droits ne seront payés que sur les quantités constatées par la vérification (1). (*Loi du 4 germinal an 2, tit. 3, art. 10.*)

Poids net effectif.

131. Le poids net effectif s'établira par la vérification des agens des douanes (2), lorsqu'il aura été énoncé en la déclaration pri-

---

(1) Aux termes de l'article 14 du titre 2 de la loi du 22 août 1791, les marchandises ne sont visitées et pesées qu'autant que la douane l'exige. L'article 17 du même titre lui laisse également la faculté de s'en rapporter à la déclaration. Mais cet article ajoute que lorsqu'on procédera à la vérification, les droits seront payés ou garantis pour les *quantités constatées* par cette vérification. Cette dernière disposition a été reproduite et confirmée par l'article 10 du titre 3 de la loi du 4 germinal an 2. Il résulte de ces dispositions que la douane a incontestablement le droit de s'en rapporter à la déclaration qui lui est remise. Ce droit est absolu et ne peut avoir d'autres limites que celles que prescrivent les intérêts du service. Lorsque la déclaration présente séparément le poids de chaque colis, et que des vérifications partielles paraissent devoir suffire, la douane, qui pourrait s'en rapporter, pour la totalité des marchandises, aux indications de cette déclaration, peut, à plus forte raison, l'admettre comme exacte pour la partie de colis qu'elle ne visite pas. Elle doit, dans ce cas, pour les colis qu'elle a visités, percevoir ou garantir les droits d'après les poids effectifs qu'elle a constatés, et reproduire les quantités énoncées dans la déclaration pour les colis à l'égard desquels elle a jugé devoir l'admettre comme exacte. (*Déc. adm. des 30 juillet et 17 sept. 1841.*)

Quand des marchandises de même espèce sont présentées en colis semblables, mais dont le poids partiel n'est pas indiqué par la déclaration, on peut se contenter de peser quelques-uns des colis, et déterminer ensuite proportionnellement le poids de la totalité. Si, dans le cas d'excédant passible du simple ou du double droit, le déclarant conteste l'exactitude de l'opération, il y a lieu de procéder à la pesée du tout. (*Circ. du 3 mai 1793.*)

Trait ou tombée. Les marchandises visitées par la douane ne sont pas toujours pesées avec une rigoureuse exactitude. Certaines fractions de poids, connues sous la dénomination de *trait* ou *tombée*, sont accordées au commerce. Il a été réglé par l'administration qu'on se servirait de l'hectogramme lorsqu'il s'agirait de marchandises précieuses taxées au kilogramme, pour les pesées de 10 kilogrammes ou plus, et du décagramme pour les poids moindres; que pour les denrées coloniales et autres marchandises taxées au quintal, on doit se servir du demi-kilogramme quand il s'agit de colis de moins de 100 kilog. présentés isolément, ou d'un kilog. pour les pesées plus fortes, soit qu'il s'agisse de grands colis ou de petits colis réunis. (*Déc. adm. du 15 février 1840.*)

(2) Le poids net effectif s'établit par la soustraction matérielle des emballages. L'*emballage* est l'enveloppe extérieure de la marchandise. On ne peut considérer comme tels les papiers, épingles ou autres objets qui sont indispensables au pliage, à la séparation ou à l'arrangement de certaines fabrications. Toutefois, en ce qui concerne les rubans de velours, on a égard au poids des planchettes qui leur servent de support. (*Circ. du 15 juin 1829, n° 1169.*)

Les boîtes de plomb formant le premier emballage du thé doivent être dé-

mitive (1). Lorsqu'il n'aura pas été énoncé, ou l'aura été tardivement, la tare se règlera, pour les marchandises déjà taxées au net, sur le tarif actuel, et, pour celles qui seront admises au même régime, sur l'art, 3, tit. 1er, de la loi du 22 août 1791 (2). (*Loi du 27 mars* 1817; *art.* 7.)

Fermeture des écoutilles.

132. Les préposés pour la vérification des bâtimens et cargaisons pourront, au coucher du soleil, fermer les écoutilles, pour n'être ouvertes qu'en leur présence. Les rapports faits par èux seront comparés avec les manifestes et les déclarations des capitaines, propriétaires ou consignataires : la différence ou non-différence sera mentionnée sur le registre. (*Loi du 4 germinal an* 2, *tit.* 2, *art.* 5.)

---

falquées pour la constatation du poids net effectif. (*Déc. adm. du* 30 *avril* 1840.)

Lorsque la déclaration énonce le poids net effectif avec assez d'exactitude et de précision pour qu'il n'y ait aucun doute sur la bonne foi du déclarant, la soustraction matérielle des emballages ne doit porter que sur un certain nombre de colis, s'ils sont tous de même forme et de même poids; par exemple, un colis sur 5, 2 sur 10, 3 sur 20, 4 sur 30, et ainsi de suite. (*Circ. du* 10 oct. 1822, *n*o 758.)

Le redevable n'est tenu, par sa déclaration primitive, que de spécifier, à son choix, le poids brut ou le poids net, sans qu'on puisse jamais le forcer à déclarer cumulativement l'un et l'autre. (*Déc. adm. du* 11 *août* 1817.) — Cette règle n'est pas applicable aux marchandises prohibées, déclarées pour l'entrepôt ou le transit. *Voir* le livre VII.

(1) Par déclaration primitive, on entend la déclaration en détail faite au bureau de prime-abord.

Quand cette déclaration énonce le poids *net effectif*, on peut différer de le reconnaître jusqu'au moment de la mise en consommation dans les cas ci-après :

1o Si les marchandises sont destinées pour un entrepôt *réel* légalement constitué ;

2o Si à la sortie de cet entrepôt elles sont dirigées par *mer* sur un autre entrepôt ;

3o Si étant expédiées par *terre* sous les formalités du transit, elles sont de la nature de celles soumises par les règlemens au double emballage et au double plombage.

Dans ces deux derniers cas, les acquits-à-caution qui accompagnent les marchandises rappellent le poids net énoncé dans la déclaration primitive, et la réserve de le faire ultérieurement constater. (*Circ. du* 30 oct. 1838, *n*o 1717.)

(2) *Voir* le tarif des tares au chapitre VIII ci-après.

Enlèvement des marchandises.

133. Les objets qui doivent être pesés ou jaugés ne pourront être déplacés du quai et autre lieu de décharge qu'après avoir été pesés ou jaugés avec le permis des préposés (1). (*Loi du 4 germinal an 2, tit. 6, art. 3.*)

Frais de manipulation.

134. Le transport des marchandises aux douanes, leur déballage et remballage pour la visite, seront aux frais des propriétaires; ils pourront, ainsi que les préposés à la conduite, employer les portefaix et les emballeurs attachés aux douanes, ou telles autres personnes qu'ils jugeront devoir choisir (2). (*Loi du 22 août 1791, tit. 2, art. 15.*)

Présence des déclarans.

135. La visite ne pourra être faite qu'en présence des maîtres des bâtimens ou voituriers, des propriétaires des marchandises ou de leurs facteurs; en cas de refus de leur part d'y assister, les marchandises resteront en dépôt au bureau, et il en sera usé à leur égard comme pour celles qui restent dans les douanes sans être réclamées (3). (*Loi du 22 août 1791, tit. 2, art. 16.*)

Portatif.

136. Les détails de la visite seront inscrits sur un *portatif* au moment même où elle aura lieu (4). Le certificat qui sera en-

---

(1) Les marchandises qui ne peuvent pas être visitées sur le quai sont transportées à la douane ou à tout autre endroit consacré aux vérifications.

(2) Cette disposition a été confirmée par l'article 9, titre 3, de la loi du 4 germinal an 2, ainsi conçu : « Les transports, déballage, remballage et pesage, seront aux frais des propriétaires. »
Les préposés emballeurs, salariés par l'État, ne peuvent être employés pour le compte du commerce qu'à titre d'exception, et là seulement où il y a nécessité réelle; il ne faut pas d'ailleurs que le service puisse en souffrir. (*Déc. adm. du 7 avril* 1840.)
Voir le n° 16 pour les commissions dont les hommes de peine, employés par le commerce, doivent être pourvus.

(3) *Voir* le livre X, chapitre xix.

(4) L'usage du portatif est restreint aux bureaux de la classe de ceux désignés en l'article 20 de la loi du 28 avril 1816. (*Circ. du 7 sept.* 1818, *et Déc. adm. du* 10 *fév.* 1835.)
Le préposé qui concourt à une opération de visite pour seconder et com-

suite remis au receveur devra être signé par l'employé qui aura procédé à la visite (1). (*Circ. du 7 septembre* 1818, *et Déc. adm. du* 3 *décembre* 1835.)

Excédans.

157. Tout excédant, quant au nombre de balles, ballots, caisses, tonneaux et futailles déclarés, sera saisi, pour la confiscation en être prononcée avec amende de 100 fr. (2). (*Loi du 22 août* 1791, *tit.* 2, *art.* 20.)

158. Si les marchandises représentées excèdent le poids, le nombre ou la mesure déclarés, l'excédant sera assujetti au payement du double droit, ce qui cependant n'aura pas lieu si l'excédant n'est que du vingtième pour les métaux et du dixième pour les autres marchandises ou denrées (3). L'excédant, dans ces cas, ainsi que les quantités déclarées, n'acquitteront ensemble que le simple droit. (*Même Loi, même tit., art.* 18.)

Déficit.

159. Dans le cas où, lors de la visite, les balles, ballots, caisses et futailles se trouveraient en moindre nombre que celui porté en la déclaration, les maîtres des bâtimens, voituriers et ceux qui auront fait les déclarations, seront condamnés solidairement en 300 fr. d'amende pour chaque ballot, balle, caisse ou futaille manquant, pour sûreté de laquelle amende les bâtimens de mer, bateaux, voitures et chevaux servant au transport, seront retenus,

---

pléter au besoin la surveillance du vérificateur, n'est pas tenu d'avoir un portatif ou carnet. (*Déc. adm. du* 1er déc. 1835.)

(1) Quand deux employés concourent à la visite, ils doivent signer tous deux le certificat qui en constate les résultats. (*Déc. adm. du 7 avril* 1836.)

Dans les bureaux composés d'un seul agent, le préposé-planton doit concourir aux visites, et apposer sa signature sur les expéditions. (*Déc. adm. du* 20 *fév.* 1841.)

(2) Si les colis trouvés en plus contenaient des marchandises prohibées, l'amende serait de 500 francs, et de plus il y aurait confiscation des moyens de transport. (*Loi du 22 août* 1791, *tit.* 5, *art.* 1er *et* 3, *et loi du 4 germinal an* 2, *tit.* 2, *art.* 10.) *Voir* le n° 327, en note, pour certaines marchandises qui ont cessé d'être prohibées.

(3) Lorsque l'excédant, au-dessus du dixième, a par lui-même peu d'importance, le premier chef de la localité peut, selon les circonstances, dispenser de la rédaction d'un procès-verbal. (*Déc. adm. du* 16 *mars* 1840.)

sauf le recours, s'il y a lieu, des capitaines et maîtres des bâtimens ou voituriers contre ceux qui auront fait les déclarations.
Dans le cas de naufrage, après la déclaration donnée, ou de vol
de marchandises, il ne sera fait aucune poursuite sur le défaut
de représentation de balles, ballots, caisses, tonneaux ou futailles, en rapportant, à l'égard du naufrage, le procès-verbal
des juges qui remplaceront ceux de l'amirauté (1), et, quant au
vol, la preuve du vol. (*Loi du 22 août 1791, tit. 2, art. 22.*)

Autres différences.

140. Si la déclaration se trouve fausse dans la qualité ou l'espèce des marchandises, et si le droit auquel on se soustrairait par
cette fausse déclaration s'élève à 12 fr. et au-dessus, les marchandises faussement déclarées seront confisquées, et celui qui
aura fait la fausse déclaration sera condamné à une amende de
100 fr. (2). Si le droit est au-dessous de 12 fr., il n'y aura pas lieu
à la confiscation, mais seulement à la condamnation en ladite
amende de 100 fr., pour sûreté de laquelle la marchandise sera
retenue. Lesdites peines n'auront pas lieu en cas de vol ou de
substitution juridiquement prouvée (3). (*Loi du 22 août 1791,
tit. 2, art. 21.*)

Préemption.

141. Les marchandises dont les droits sont perceptibles sur
la valeur pourront être retenues, en payant par les préposés de
l'administration l'objet de la valeur déclarée et le dixième en sus,
sans qu'il puisse être rien exigé de plus par les propriétaires des

---

(1) Ils ont été remplacés, à cet égard, par les tribunaux de commerce.

(2) D'après les articles 1er et 3 du titre 5 de la loi du 22 août 1791, et l'article 10, titre 2, de la loi du 4 germinal an 2, l'amende serait de 500 francs,
outre la confiscation des moyens de transport, si des marchandises prohibées
étaient présentées à la place des marchandises non prohibées, énoncées dans la
déclaration. *Voir*, pour l'application de l'article 1er, titre 5, de la loi du 22 août
1791 à certaines marchandises dont la prohibition a été levée, le n° 327.
S'il était question de différences reconnues sur des marchandises prohibées,
déclarées pour le transit ou les entrepôts, il faudrait recourir à l'article 4 de
la loi du 9 février 1832 (n° 516).

(3) Si l'inexactitude de la déclaration ne doit entraîner aucune perte quelconque pour les perceptions, le caractère de fausseté disparaît, et il n'y a lieu
à aucune peine. (*Circ. du 4 fructidor an 11.*)

marchandises ou préposés à la conduite, pour frais de transport et autres (1). (*Même Loi, même tit., art. 23.*)

Objets prohibés exactement déclarés.

142. Les marchandises prohibées à l'entrée ou à la sortie, qui auront été déclarées sous leur propre dénomination, ne seront point saisies; celles destinées à l'importation seront renvoyées à l'étranger; celles dont on demanderait la sortie resteront dans le royaume (2). (*Même Loi, tit. 5, art. 4.*)

CHAPITRE VII.

EXERCICE DU DROIT DE PRÉEMPTION.

Règles générales.

145. Les marchandises dont les droits sont perçus sur la valeur (3) pourront être retenues (4) par les préposés des douanes, en payant la valeur déclarée et le dixième en sus, dans les quinze

---

(1) *Voir*, pour les formalités à remplir, le chapitre suivant.

(2) *Voir*, pour les formalités relatives au manifeste et au dépôt des marchandises prohibées arrivant par mer, les nᵒˢ 232 et suivans.

(3) La valeur à déclarer est celle qu'ont les marchandises au moment et à l'endroit où on les présente en douane, puisque c'est alors que les préposés ont à juger s'il leur convient de les prendre à un dixième en sus du prix déclaré. (*Arrêté du min. des fin. du 25 juin 1827, art. 1ᵉʳ, en note.*)

La facture faite au lieu de l'exportation doit être jointe à l'évaluation donnée au lieu de l'importation. (*Loi du 4 germinal an 2, tit. 6, art. 5.*)

Ces factures, qui ne doivent être consultées qu'avec défiance, servent en général à supputer la valeur actuelle des objets, en ce qu'on ajoute à leur montant les frais ultérieurs de transport, les droits de douanes à l'étranger, l'assurance, etc. (*Circ. du 28 juillet 1822, nᵒ 740.*)

Les factures seront reçues telles qu'elles sont; on n'a pas le droit d'exiger qu'elles soient traduites, ni d'en faire convertir les énonciations en mesures, poids ou monnaies de France. (*Arrêté du min. des fin. du 25 juin 1827, art. 1ᵉʳ, en note.*)

(4) Ne sont pas sujets à cette retenue : 1ᵒ les objets dont la perception définitive est, aux termes de la loi, subordonnée à la décision du comité consultatif des arts et manufactures ; 2ᵒ les grands miroirs dont la valeur est fixée par le tarif de la manufacture royale ; 5ᵒ les marchandises qui ne paient qu'un quart pour cent de la valeur ou moins. Si, dans ce dernier cas, on reconnaît que toute la valeur n'a pas été déclarée, il suffit de la porter d'office à ce qu'elle doit être. (*Arrêté du min. des fin. du 25 juin 1827, art. 5.*)

Le droit de préemption ne doit être appliqué qu'avec modération et réserve;

jours qui suivront la notification du procès-verbal (1). (*Loi du 4 floréal an 4, art.* 1er,)

144. La retenue ne sera soumise à aucune autre formalité qu'à celle de l'offre souscrite par le receveur du bureau, et signifiée au propriétaire ou à son fondé de pouvoir. (*Même Loi, art.* 2.)

145. Le procès-verbal à signifier sera rédigé par deux employés au moins et au moment où ils reconnaîtront que la valeur déclarée est insuffisante. Il devra être affirmé devant le juge de paix, comme ceux de saisie, dans les vingt-quatre heures de sa rédaction, et il sera enregistré dans les quatre jours (2). (*Arrêté du min. des fin. du 25 juin* 1827, *art.* 5.)

Les préposés des douanes sont autorisés, par l'article 18 du titre 13 de la loi du 22 août 1791, à faire la signification du procès-verbal. Elle doit être faite à celui qui expédie les marchandises et qui signe la déclaration; on ne peut en reconnaître d'autre. (*Même Arrêté, art.* 6.)

146. La préemption ne pourra être déclarée par les vérificateurs ou autres employés qu'après qu'ils auront pris l'avis et réclamé le concours du receveur (3), qui doit avancer les fonds de sa caisse, et qui répond de la bonté de l'opération (4). (*Même Arrêté, art.* 7.)

---

il convient de n'en faire usage qu'à l'égard des marchandises proprement dites, c'est-à-dire de celles qui sont importées à titre d'opération de commerce. Quand il s'agira d'objets d'une très faible valeur mésestimée par le déclarant, on l'invitera à élever ses évaluations à un taux convenable, en l'avertissant qu'à défaut on exercera le droit de préemption. A l'égard des effets supportés ou des objets mobiliers, si les propriétaires ne consentaient pas à en élever eux-mêmes la valeur, ou à payer le droit d'après celle qui aurait été fixée d'office, l'entrée en serait refusée. (*Déc. adm. des 5 août et 2 septembre* 1859.)

. (1) Cette disposition est également applicable aux marchandises déclarées pour les entrepôts ou le transit. (*Déc. adm. du 24 octobre* 1834, et *A. de C. du 30 août* 1836; *Circ.* n° 1574.)

(2) Le droit d'enregistrement est de 1 fr. (*Arrêté du min. des fin. du 25 juin* 1827, *art.* 5.)

(3) Ils doivent aussi consulter le sous-inspecteur sédentaire; si ce dernier juge convenable de rester étranger à la préemption, les vérificateurs peuvent la déclarer sans lui; mais dans aucun cas il ne leur est permis de l'opérer si ce chef et le receveur principal émettent un avis contraire. (*Déc. adm. des 23 juin* 1836 *et* 19 *novembre* 1841.)

(4) Si le receveur n'est pas d'avis de la préemption, il ne délivre les fonds

147. En cas de préemption, les employés devront compte des droits de douanes sur la valeur déclarée et le dixième en sus; après quoi ils pourront garder les marchandises pour leur compte, ou les vendre de telle manière qu'ils jugeront convenable. (*Arrêté du min. des fin. du 25 juin 1827, art. 8.*)

En cas de vente publique, un droit d'enregistrement de 2 pour 100 de la valeur est dû, conformément à l'art. 69, § 5, n° 1er de la loi du 22 frimaire an 7 (1). (*Même Arrêté, art. 9.*)

148. Les marchandises préemptées devront acquitter immédiatement les droits d'entrée (2), soit qu'elles aient été déclarées pour la consommation, le transit ou l'entrepôt (3). (*Déc. des 29 octobre 1834 et 28 mai 1839.*)

149. Le bénéfice résultant du droit de préemption appartiendra en entier aux employés qui auront retenu la marchandise pour leur compte, ainsi qu'au receveur qui aura souscrit l'engagement de payer la valeur déclarée et le dixième en sus; il sera divisible entre eux par égales portions et sans distinction de grade (*Arrêté du min. des fin. du 25 juin 1827, art. 10.*) (4).

Dispositions spéciales aux laines (5).

150. La préemption sur les laines s'exercera au compte de

---

nécessaires qu'au moyen de garanties produites par les employés; et, dans ce cas, il ne participe pas au bénéfice qui peut en résulter. (*Même Arrêté, art. 7.*)

Les fonds qu'il a ainsi avancés lui seront remboursés dans un délai de trois mois, qui pourra être prolongé par l'administration. (*Déc. adm. du 28 mai 1839.*)

(1) Les actes de rétrocession ou d'adjudication sur offres écrites sont affranchis de la formalité de l'enregistrement. (*Déc. adm. du 18 janvier 1838.*)

(2) L'acquittement des droits n'est obligatoire pour les préempteurs que lorsque, libérés envers le préempté, il leur est permis de disposer de la marchandise. Dans tous les cas, ils ont la faculté de les payer en effets de crédit, ainsi que le porte l'art. 16 du règlement du 25 juin 1827, dont les dispositions, quoique spéciales aux laines, peuvent être appliquées dans tous les cas de préemption. (*Déc. adm. du 7 mars 1857.*)

Les receveurs ne doivent pas avancer les fonds nécessaires à l'acquittement des droits des marchandises préemptées. (*Même Décision.*)

(3) Les marchandises préemptées pour le compte des employés ne peuvent être ni entreposées ni expédiées en transit. (*Déc. adm. du 28 mai 1839.*)

(4) Les bénéfices réalisés doivent être versés à la caisse du receveur, chargé d'établir immédiatement l'état de répartition. (*Déc. adm. du 5 janvier 1841.*)

(5) Toutes les dispositions générales rapportées dans la section précédente sont applicables aux laines.

l'administration ou des employés, conformément à la loi du 4 floréal an 4. Le délai accordé pour déclarer la préemption est réduit à trois jours (1).

Lorsque la vérification n'aura pu être faite dans les trois jours de la déclaration, le déclarant aura le droit de modifier sa déclaration quant à la valeur (2). (*Loi du 2 juillet* 1836.)

151. Toute déclaration d'entrée devra indiquer, pour chaque balle ou partie de laine qu'elle comprendra, sa valeur propre par kilogramme; de telle sorte que, dans le cas de réunion de plusieurs balles dans une même déclaration, les employés des douanes puissent user du droit de préemption sur telles balles qu'ils jugeront convenable, sans être tenus de préempter celles des balles appartenant à la même déclaration qu'ils trouveront bien évaluées (3). (*Ord. du 26 juillet* 1826, *art.* 3.)

152. Lorsque l'administration ou les chefs locaux auront été consultés pour savoir si une préemption doit être déclarée au compte du Trésor, et qu'il aura été répondu négativement, les employés pourront encore exercer la préemption à leur propres risques, comme il est établi en la section précédente (4). (*Arrêté du min. du 25 juin* 1827, *art.* 15.)

Les employés auront, pour acquitter les droits des laines préemptées par eux, les mêmes délais que le redevable aurait pu obtenir, s'ils fournissent au receveur les garanties voulues par les règlemens sur les crédits, et si le receveur les agrée sous sa responsabilité. (*Même Arrêté,* art. 16.)

153. Les laines préemptées pour le compte de l'État devront

---

(1) Ce délai ne devant courir qu'à partir du moment où la vérification est terminée, les employés auront une latitude suffisante pour s'éclairer sur la valeur des laines. (*Circ. du 16 juillet* 1836; *n°* 1550.)

(2) *Voir* le chapitre II du présent livre.

(3) Il est recommandé aux employés de n'user qu'avec réserve du droit de préempter *partiellement* les laines, surtout quand il s'agit d'un petit nombre de balles, et lorsque l'on a reconnu que la valeur de la partie entière a été exactement déclarée. (*Circ. manusc. du 2 novembre* 1835, *et Déc. adm. du* 18 *décembre* 1837.)

(4) La faculté de préempter les laines appartient d'abord aux employés, puis à l'administration, si ceux-ci jugent ne pas devoir courir les risques de l'opération. (*Déc. adm. du 26 février* 1839.)

être revendues sans retard, à la diligence du receveur des douanes, qui sera tenu d'obtenir l'agrément du directeur, ou, en cas d'urgence, de l'inspecteur local, sur le choix à faire entre la vente par criées, par courtage ou sur offres écrites (*Arrêté du min. du 25 juin 1827, art. 17.*) (1).

L'acquéreur, à quelque titre que ce soit, doit prendre immédiatement livraison des marchandises et en compter le prix au receveur des douanes. (*Même Arrêté, art. 18.*)

154. Si la vente des laines préemptées pour le compte de l'État offre, après le recouvrement des sommes avancées, des droits calculés sur *le montant de la déclaration*, augmenté d'un dixième et des frais, un net produit quelconque, le receveur et les employés de la douane qui auront effectué la retenue en recevront la moitié, pour être répartie entre eux par égales portions et sans distinction de grade. (*Même Arrêté, art. 19.*)

CHAPITRE VIII.

FORMATION ET APPLICATION DU TARIF.

SECTION PREMIÈRE.

RÈGLES GÉNÉRALES.

Tarif.

155. Il sera fait, sous la surveillance des comités d'agriculture, de commerce et des contributions publiques réunis (2), une édition du tarif des droits de douanes qui seront perçus à toutes les entrées et à toutes les sorties du royaume. (*Loi du 1er février 1791.*)

Surtaxe.

156. Les marchandises importées autrement que par navires

---

(1) La marchandise préemptée pour le compte de l'État peut être rétrocédée à son ancien propriétaire, s'il en offre un prix raisonnable, soit directement par écrit, soit par l'entremise d'un courtier, et si le chef du service de la localité juge cette offre de nature à être accueillie. (*Déc. adm. du 11 juill. 1857.*)

(2) *Voir* au n° 107 l'arrêté du 28 ventose an 12, qui attribue l'exécution des lois sur les douanes au ministre des finances. — *Voir* aussi au n° 111 les règles applicables en cas de changement de tarif.

français (1), à l'égard desquelles il n'est fait aucune distinction
d'origine, seront assujetties à un droit supplémentaire d'après
le tarif ci-après :

Le droit principal fixé au poids sera augmenté, savoir :

1° Jusques et y compris 50 fr., du dixième de ce même droit;

2° De 50 fr. jusques et y compris 300 fr., du vingtième de
cette seconde portion du droit.

Nulle augmentation n'affectera le surplus.

La surtaxe établie par le présent article sera réduite au tarif
des douanes, de manière à ce que les centimes de chaque droit
soient toujours en nombres décimaux (*Loi du 28 avril* 1816,
art. 7.) (2).

---

(1) En principe, les marchandises importées *autrement* que par *navires
français* acquittent toujours le maximum des droits établis. (*Déc. adm. du
26 juin* 1841.) Cette décision répondait à une question relative au droit d'entrée du zinc, que la loi du 6 mai 1841 a élevé à 1 fr. 50 c., lorsqu'il arrive par
navires étrangers, sans ajouter les mots *et par terre*, ordinairement employés
pour plus de précision.

Les marchandises importées par navires étrangers ne peuvent être exemptées des surtaxes de navigation sous le prétexte qu'à défaut de bâtimens français au port de départ, on a dû employer, pour leur transport, un navire
étranger. Toutefois, lorsqu'un navire français est arrêté dans le cours de sa
navigation par un événement de mer tel que naufrage ou échouement, les
marchandises provenant du sauvetage de sa cargaison sont admises, sans distinction de pavillon, à jouir du privilége réservé à la navigation nationale,
s'il est dûment constaté par un certificat du consul de France que c'est à défaut de navire français qu'on s'est servi, pour leur transport, d'un navire
étranger; et si d'ailleurs l'éloignement des lieux ne permet pas d'y faire arriver promptement un bâtiment français. (*Déc. adm. du* 31 *janvier* 1839.)

(2) Pour la plupart des marchandises exotiques, les droits varient selon
qu'elles arrivent *de l'Inde, d'ailleurs hors d'Europe* ou *d'Europe*.

Les mots *de l'Inde*, dont on se sert pour l'application de certains droits,
signifient *des pays situés à l'est du cap de Bonne-Espérance, et à l'ouest du
cap Horn.* (*Loi du* 28 *avril* 1816, *art.* 5, *en note.*)

En général, ces distinctions s'appliquant uniquement à la provenance et non
à l'origine des marchandises, on n'a pas à rechercher si tel objet est réellement une production du pays d'où il arrive. Cependant les marchandises
d'Amérique et des pays situés au-delà du Cap-de-Bonne-Espérance qui ne peuvent se trouver dans les ports de la mer Noire et de la Méditerrande, ou dans
les îles de Malte, de Madère, des Canaries et des Açores, que parce qu'elles
y ont été apportées par une navigation que le tarif tend à rendre directe pour
la France, ne sauraient être admises que comme celles qui proviennent des
entrepôts d'Europe. (*Tarif de* 1822, *page* 14.)

Le riz, les arachides et touloucouna, le millet, l'huile de palme, de coco et

L'art. 7 de la loi du 28 avril 1816 s'appliquera généralement à tous droits d'entrée sur les marchandises venant de l'étranger. (*Loi du 27 mars 1817, art. 2.*)

---

de touloucouna , le bois de santal rouge et les dents d'éléphant, jouissent d'une modération de droits, lorsqu'ils sont importés en droiture de la côte occidentale d'Afrique par navire français , et qu'il est d'ailleurs dûment justifié ou reconnu qu'ils sont des produits du pays même. (*Loi du 6 mai 1841, art. 1er, et Circ. du 8 , no 1830.*)

Aux termes de la loi du 2 juillet 1836, les produits naturels (le sucre excepté)'qui sont importés en droiture, par navires français, des îles de la Sonde, obtiennent une remise du cinquième des droits d'entrée, tels qu'ils sont établis pour les provenances les plus favorisées, autres que les Colonies françaises.

Cette disposition ne doit s'appliquer qu'aux produits naturels (le sucre excepté) des pays situés au-delà des passages des îles de la Sonde, soit au nord du 3e degré de latitude septentrionale, soit à l'est du 106e degré de longitude est, et qui en sont rapportés en droiture (*Loi du 6 mai 1841, art. 1er*), et non aux produits d'autres provenances non privilégiées qui seraient expédiés de ces mêmes lieux. (*A. de C. du 10 mai 1841.*)

L'administration se réserve de statuer, au vu de toutes les pièces produites par les intéressés, sur les cas d'application de la disposition ci-dessus ; seulement les directeurs pourront autoriser provisoirement, et sous caution, l'admission des marchandises au droit modéré, quand ils se seront assurés, par l'examen des livres et papiers de bord des navires, que ces marchandises proviennent réellement des pays désignés, et que l'importation en a été effectuée en droiture. (*Circ. des 31 décembre 1834, no 1472, et 13 septembre 1838, no 1708.*)

Les navires qui , à leur retour des îles de la Sonde , relâchent à l'île Bourbon, même pour y prendre un complément de cargaison, conservent le bénéfice de l'importation directe, pourvu que des pièces authentiques émanées de la douane de cette île fassent une mention distincte des marchandises composant la cargaison primitive et de celles chargées dans la Colonie. (*Circ. du 31 décembre 1834, no 1472.*)

L'application du droit de 2 fr. 50 c. par kilog. aux thés importés par navires français des ports de la Baltique et de la mer Noire (*Loi du 6 mai 1841*) est subordonnée à la condition qu'il sera dûment justifié qu'il s'agit de thés de caravane qui y sont arrivés par terre. Cette justification s'établit par des attestations des agens consulaires de France dans les ports d'embarquement, et de plus par la production des factures d'achat, lettres de voiture et autres pièces de même nature, constatant la provenance primitive de la marchandise. (*Circ. du 8 mai 1841, no 1850.*)

Toutes les fois qu'un navire français , venant d'un pays hors d'Europe , et même des Colonies françaises, n'aura fait qu'une simple relâche, soit en Angleterre, soit ailleurs , cette relâche ne sera point considérée comme une interruption du transport direct, lorsqu'il sera authentiquement justifié par un certificat du consul de France dans le port d'escale, et, à défaut d'agent consulaire dans ce port, par une attestation des douanes locales, qu'il n'y a été

Décime.

157. A compter du jour de la publication de la présente loi, il sera perçu au profit du gouvernement, à titre de subvention extraordinaire de guerre, un décime par franc en sus des amendes et condamnations pécuniaires, ainsi que sur les droits de douanes à l'importation, l'exportation et la navigation. (*Loi du 6 prairial an 7, art. 1er.*)

La subvention établie par la présente loi sera perçue en même temps que le principal, et par les mêmes préposés, sans donner lieu à aucune retenue pour ceux-ci : il en sera compté par un article séparé. (*Même loi, art. 2.*)

Le décime additionnel, tel qu'il a été établi par la loi du 6 prairial an 7, est maintenu, jusqu'à ce qu'il en soit autrement ordonné. (*Loi du 28 avril 1816, art. 17.*)

Communication du tarif.

158. La régie sera obligée de tenir dans les douanes tous les tarifs des droits dont la perception lui sera confiée, et les différentes lois rendues pour leur exécution, pour être commu-

---

opéré aucun débarquement ni embarquement de marchandises. (*Déc. min. du 7 avril 1840; Circ. du 15, n° 1807.*)

Les vice-consuls et agens consulaires doivent soumettre les pièces qu'ils délivrent au visa du consul, chef de l'arrondissement dans lequel ils sont placés. (*Ord. du 26 oct. 1833.*)

La loi du 6 mai 1841 distingue, en ce qui concerne les importations par terre, les graines oléagineuses *du crû des pays limitrophes* de celles provenant *d'ailleurs*. On ne considère, comme étant du crû des pays limitrophes, que les seules graines pour lesquelles il est produit des justifications d'origine, délivrées par les autorités du pays dont les frontières touchent à la France, et qui ont d'ailleurs acquitté, dans ces mêmes pays, les droits de sortie. On exige à cet effet, à l'appui des certificats d'origine, la production des quittances délivrées par les douanes locales. (*Circ. du 8 mai 1841, n° 1850.*)

Pour faciliter l'application du tarif des fils de lin et de chanvre, tel qu'il est établi par la loi du 6 mai 1841, il est déposé dans chaque bureau ouvert à leur importation des écheveaux des numéros formant le point de partage entre chaque classe. Ces écheveaux, qui sont placés sous le double cachet des départemens du commerce et des finances, servent de type pour la perception du droit, sauf le recours, en cas de contestation, aux experts institués par la loi du 27 juillet 1822. (*Loi du 6 mai 1841, art. 1er.*)

Dans l'application du droit sur les toiles, tout fil qui apparaît plus ou moins à découvert, dans l'espace de cinq millimètres, doit être compté comme fil entier. (*Loi du 6 mai 1841, art. 1er.*)

niqués à ceux qui voudront en prendre connaissance (1). (*Loi du 22 août* 1791, *tit.* 13, *art.* 3.)

Généralité d'application (2).

159. Dans tous les ports et lieux de France, on se conformera aux mêmes tarifs (3). (*Loi du 4 germinal an* 2, *tit.* 1er, *art.* 3.)

Les droits seront payés comptant et sans délai à toutes les entrées et sorties du royaume, et les marchandises ne pourront être retirées des douanes ou bureaux qu'après le payement desdits droits. (*Loi des 22 août* 1791, *tit.* 13, *art.* 30, *et 4 germinal an* 2, *tit.* 3, *art.* 11.) (4).

160. Les droits de douanes fixés par les tarifs seront acquittés à toutes les entrées et sorties du royaume, nonobstant tous passeports, lesquels demeurent supprimés ; il est défendu aux préposés de la régie d'avoir égard à ceux qui pourraient être expédiés, ni aux ordres particuliers qui seraient donnés dans le même objet. Demeurent pareillement supprimés tous privilèges, exemptions ou modérations desdits droits dont jouissent quelques ports, villes, hôpitaux et communautés du royaume, à tel titre que ce soit, sauf les exceptions déjà décrétées, et sauf aussi à convenir avec les puissances étrangères des mesures de réciprocité, relativement aux passeports qui étaient donnés

---

(1) Si les redevables jugent que le tarif n'est pas conforme à la loi, ils ont leur recours contre l'administration des douanes. (*Arrêté du min. des fin. du* 1er *oct.* 1822.)

(2) Il est de principe, en matière de tarif, que pour tout mélange de marchandises dans un même colis, c'est le droit dont est passible la marchandise la plus imposée qui est applicable à la totalité. (*Déc. adm. du 4 fév.* 1840.) *Voir* au livre III, chapitre III, des dispositions particulières aux fils de lin et de chanvre.

(3) *Voir* le chapitre XXVI du livre X pour les vins d'Alicante et de Bénicarlo, admissibles, dans certains cas, à des droits réduits.

(4) Par application de la décision ministerielle du 8 ventôse an 9, le consignataire ou propriétaire des marchandises est admis, dans les grands ports, à les faire enlever, après la visite, en passant une soumission cautionnée d'acquitter les droits dans un délai fixé, dans chaque localité, d'après les habitudes du commerce, mais qui, dans aucun cas, ne peut dépasser un mois. (*Déc. adm. du 22 juillet* 1834.)

Il est bien entendu que le payement des droits peut avoir lieu soit en argent, soit en effets de crédit, suivant ce qui est réglé ci-après.

aux ambassadeurs respectifs (1). (*Loi du 22 août* 1791, *tit.* 1er,
art. 1er.)

161. Toutes les marchandises étrangères qui seront importées (2) pour les approvisionnemens de la marine, de la guerre et
autres départemens, sont et demeurent assujetties, sans exception, au payement effectif des droits à l'introduction en France,
sur le pied réglé par le tarif des douanes. (*Décret du 6 juin* 1807,
art. 1er.)

162. Les fournisseurs ou agens du gouvernement sont tenus
de payer provisoirement lesdits droits d'entrée dont ils obtiendront le remboursement sur les fonds de la marine, de la guerre
ou du Trésor public, sur la représentation des acquits de payement, et lorqu'il aura été reconnu que lesdits acquits sont
applicables à des marchandises réellement employées pour le
compte du gouvernement. (*Même Décret, art.* 2.)

Bureaux où les droits doivent être payés.

163. Les bureaux placés sur les côtes du royaume serviront
en même temps à la perception des droits d'entrée et de sortie;
à l'égard des frontières de terre, les droits d'entrée seront acquittés dans les bureaux les plus voisins de l'étranger (3), et
les droits de sortie dans ceux placés sur la ligne intérieure, à
moins que ces derniers ne soient plus éloignés du lieu du
chargement que les bureaux d'entrée, auquel cas les droits de
sortie seront payés dans ceux-ci (4); ces deux lignes de bu-

---

(1) *Voir*, pour les immunités accordées aux ambassadeurs, le livre X, chapitre XIII.

(2) Bien que ce décret ne parle que des droits d'entrée, les droits de sortie
sont également exigibles, ne fût-ce qu'en vertu de l'article 1er du titre 1er de
la loi du 22 août 1791. (*Déc. min. du* 1er *octobre* 1832.)
Les objets prohibés que le département du commerce fait importer pour
servir de modèles à l'industrie française, sont remis, en exemption de toute
taxe, aux personnes chargées par le ministre de ce département de les retirer
de la douane. Ces échantillons, soit qu'ils se composent ou non de pièces entières, doivent être revêtus, à chacune de leurs extrémités, du cachet ou du
timbre de la douane. (*Déc. du min. des finances du* 29 *mai* 1841.)
Voir le chapitre 1er du livre X pour les marchandises que les départemens
de la guerre et de la marine expédient en Algérie.

(3) *Voir*, pour certains cas d'exception, le livre III, chapitres II et III.

(4) *Voir*, pour les marchandises expédiées des bureaux de l'intérieur, le
livre III, chapitre VI.

reaux se contrôleront, et surveilleront leurs opérations respec-tives. (*Loi du* 22 *août* 1791, *tit.* 1er, *art.* 2.)

Dans les lieux où il y aura deux lignes de bureaux sur les côtes ou frontières, les droits d'entrée seront acquittés dans les bureaux extérieurs, et ceux de sortie dans les bureaux intérieurs. (*Loi du* 4 *germinal an* 2, *tit.* 3, *art.* 1er.)

Quittances.

164. Les payemens et versemens effectués aux receveurs des douanes et sels donneront lieu à la délivrance immédiate d'une quittance détachée d'un registre à souche (1). (*Ord. du* 8 *décembre* 1832, *art.* 8.)

---

(1) Pour assurer l'exécution de cette disposition, le ministre des finances a décidé, le 8 juin 1835, que la série des registres officiels de comptabilité, à l'usage des douanes, serait arrêtée ainsi :

1° Les registres de visite et de liquidation ;

2° Les registres à souche de recette, d'où l'on détachera les acquits de paye-ment, et où les perceptions seront inscrites par nature de valeurs et dans des colonnes additionnées et totalisées par journée ;

3° Le livre-journal de caisse et de portefeuille, où seront reportés les totaux des perceptions de chaque journée, inscrites en détail sur le registre à souche et à quittances ;

4° Le sommier de dépouillement ou grand livre, où sont relevées et classées toutes les opérations inscrites au journal.

Les registres séparés de visite et liquidation ne sont tenus que pour les im-portations par mer, ou par les bureaux des frontières de terre ouverts aux marchandises payant plus de 20 fr. par 100 kilog.

Pour les importations par mer, il a été établi un registre de *recette à quit-tance*. (*Série M, n*° 40.)

A l'égard des marchandises importées par terre, les bureaux ouverts aux marchandises payant plus de 20 fr., ont aussi un registre de recette à quit-tance. (*Série T, n*° 5.)

Dans les autres bureaux, gérés pour la plupart par un receveur seulement, toutes les opérations relatives à la perception figurent sur un seul registre (*sé-rie T, n*° 6) qui comprend ainsi la déclaration, le résultat de la visite, la liquidation, la recette et la quittance. Un même registre (*n*° 12), commun à tous les bureaux, sert pour les exportations qui s'effectuent par terre.

Une seule difficulté pourrait se présenter dans l'emploi de ces registres, c'est qu'après avoir transcrit la déclaration, la quittance ne fût pas levée le même jour ; ce qui empêcherait d'en comprendre le montant dans l'addition de la journée. Mais à la sortie par terre, comme dans les petits bureaux à l'entrée, les marchandises ne sont présentées à la douane qu'au moment même de leur départ, de sorte que la déclaration, la visite et la recette s'effectuent dans l'in-tervalle de quelques instans. Cependant, comme il ne serait pas impossible qu'il en fût autrement, on pourrait, dans ce cas, annuler la déclaration pri-

165. Les préposés à la perception des droits énonceront, dans les acquits de payement, le titre en vertu duquel ils auront perçu lesdits droits (1), et ils en justifieront s'ils en sont requis; à l'effet de quoi les règlemens arrêtés par le Corps-Législatif seront imprimés et publiés aussitôt qu'ils seront intervenus. Il leur est défendu de percevoir d'autres et plus forts droits que ceux fixés, à peine de concussion. (*Loi du 22 août* 1791, *tit.* 13, *art.* 29.)

Départ des marchandises.

166. Les marchandises sujettes aux droits, et qui devront

---

mitive, la reporter à la journée où la perception s'effectuerait, et indiquer par une note le motif de cette transposition.

Des difficultés de cette nature pouvant être fréquentes dans les ports, on a jugé convenable de maintenir, pour les exportations par mer, la séparation du registre de déclarations d'avec celui de recette à quittance. Mais ce dernier registre (*n*° 45, *série M*) mentionne également le résultat de la visite et la liquidation des droits.

Les perceptions doivent être portées sur le registre de recette par nature de valeurs.

L'escompte devant être présenté séparément pour chaque payement, il pourra arriver, particulièrement sur les frontières de terre, qu'après avoir levé une quittance de moins de 600 fr., la même personne soit dans le cas d'en lever le même jour une ou plusieurs autres qui, réunies à la première, excèdent cette somme, et qu'usant de la faculté accordée par les règlemens, elle réclame le bénéfice de l'escompte sur l'ensemble des droits énoncés dans ces diverses quittances. Dans ce cas, on prélève la totalité de l'escompte sur la dernière perception, et une note mise à la souche du registre rappelle les numéros des autres quittances auxquelles s'applique aussi cet escompte. (*Circ. du 25 septembre* 1833.)

Minuties. Dans les bureaux ouverts aux marchandises imposées à plus de 20 fr., l'accomplissement des formalités prescrites par les règlemens généraux entraîne des retards qu'il a paru désirable de prévenir pour les petites quantités de marchandises introduites ordinairement par des voyageurs. A leur égard, la perception immédiate des droits a lieu sous la seule formalité d'une déclaration verbale, suivie de la délivrance, après visite, d'une quittance détachée du registre de déclaration et de recette à quittance (*série T, n*° 6). Cette mesure exceptionnelle s'applique à toutes les perceptions qui n'excèdent pas 10 fr., et cela sans égard à la quotité du droit dont les marchandises sont passibles. (*Déc. adm. des 24 janvier et 8 mars* 1834, 9 *février et 15 juillet* 1841.)

(1) Cette disposition peut être suivie avec plus de facilité, aujourd'hui que tous les droits des douanes, sans exception, s'appliquent en vertu de la loi de finances de chaque année. Ainsi l'on peut citer dans toutes les quittances la seule date de la dernière loi qui a maintenu les tarifs, sauf aux redevables à chercher au tarif officiel le titre spécial qu'ils ont à vérifier. Cette méthode évitera aux employés des recherches que la promptitude des opérations ne comporte pas. (*Tarif de* 1822, *page* 6.)

sortir par mer ou par terre, seront, à l'égard des premières, transportées, immédiatement après le payement de ces droits, sur les bâtimens destinés à les recevoir (1), et les autres conduites aussi immédiatement à l'étranger, sans qu'elles puissent, hors le cas d'avarie, de naufrage et autres semblables, rentrer dans les magasins des marchands, à peine de confiscation et d'amende de 100 fr. (*Loi du 22 août 1791, tit. 2, art. 26.*)

Les marchandises seront, après le permis, transportées à bord des bâtimens, ou conduites par terre à l'étranger, ou introduites dans l'intérieur, immédiatement et sans délai, sans emmagasinage, ni transport rétrograde (*Loi du 4 germinal an 2, tit. 3, art. 2.*) (2).

Remboursemens.

167. Les demandes en restitution des droits mal à propos perçus seront recevables dans les deux années du payement desdits droits (3). (*Loi du 22 août 1791, tit. 13, art. 25.*)

---

(1) A toute époque, et avant sa mise à la voile, un bâtiment peut recevoir des marchandises à son bord, avec l'expédition prescrite par la loi, quoiqu'il ait déjà reçu ses papiers de navigation pour la sortie. (*Déc. adm. du 9 décembre* 1816). — Si le manifeste de sortie avait déjà été visé par la douane, il faudrait y ajouter les marchandises, et le soumettre de nouveau à son contrôle.

(2) Cependant, l'expéditeur pourrait garder à l'intérieur la marchandise dont il aurait payé les droits de sortie, pourvu qu'elle se trouvât encore sous la main de la douane; mais si elle était déjà en cours de transport pour l'étranger, l'exportation serait consommée, sauf à demander à l'administration l'autorisation de la faire réimporter. (*Déc. adm. du 17 janvier* 1839.)

Lorsque les marchandises ont été *déclarées* pour la consommation, la douane n'en doit pas permettre le transport rétrograde à l'étranger. (*Déc. adm. du 6 avril* 1840.)

Mais si les marchandises importées ont été mises en dépôt, à défaut de déclaration en détail, le propriétaire qui les réclame conserve la faculté de les renvoyer à l'étranger. (*Déc. adm. du 6 mars* 1840.)

On peut permettre le renvoi à l'étranger des petites parties de marchandises apportées par des voyageurs, lorsque ceux-ci se refusent à en acquitter les droits. (*Déc. adm. du 25 mars* 1839.)

(3) L'administration n'ordonne le remboursement des droits que sur la production des quittances revêtues d'une nouvelle liquidation régulière.

Dans les demandes en remboursement de droits à raison desquels on se trouverait dans l'impossibilité de représenter les acquits originaux de payement, l'administration des douanes demeure autorisée, si le remboursement est accordé, à le faire effectuer trois mois après sur les duplicata qui seront délivrés, à la charge par les réclamataires de fournir caution solidaire pour la

SECTION II.

MODE DE PAYEMENT DES DROITS.

Payemens en numéraire.

168. Les pièces d'argent qui n'auront aucune empreinte légale, ou qui n'auront conservé aucune trace de celle qu'elles ont pu avoir, et dont par cette raison le titre est inconnu, ne seront pas reçues au Trésor public (1).

Il ne sera reçu aux caisses du Trésor aucune division d'écus en paquets ; toutes les pièces seront comptées, et ceux qui les recevront seront tenus de s'assurer qu'elles ont l'empreinte des monnaies ayant cours en France (2). (*Déc. min. du 26 messidor an 11 ; Circ. du 4 thermidor suivant.*)

---

somme qui aura été remboursée, s'il arrivait que, dans l'espace de deux années de la date de la perception, le porteur de l'acquit original de payement réclamât le remboursement des droits portés audit acquit. (*Déc. min. du 24 novembre* 1791 ; *Circ. du* 29.)

Les remboursemens des droits de navigation peuvent être liquidés soit au nom du capitaine qui les a acquittés, soit au profit de l'armateur du navire pour lequel ils ont été payés, lorsque celui-ci en fait la demande, et qu'il rapporte à l'appui, outre la quittance délivrée au capitaine, la preuve de sa qualité d'armateur. (*Déc. min. du 11 juin* 1840.)

· *Voir* au n° 211 le texte de l'article 25, ci-dessus cité.

· (1) Aux termes de la loi du 30 mars 1834, les écus de 6 livres, 3 livres, les pièces de 24 sous, 12 sous et 6 sous tournois, ainsi que les pièces d'or de 48 livres, de 24 livres et 12 livres, ont cessé d'avoir leur cours forcé au 1er octobre de la même année. Toutefois elles ont pu être admises pour leur valeur nominale dans les caisses publiques, jusqu'au 30 novembre suivant. Après cette époque, il a été interdit aux receveurs de les recevoir, sous aucun prétexte. (*Circ. n°* 1465.)

Les pièces de 20 fr. à l'effigie de Louis XVIII, sans nom de graveur, portant au revers de la pièce le millésime de 1815, la fleur de lis et la lettre R, ne peuvent être données et reçues en payement dans les caisses publiques. (*Arrêté du min. des fin. du 7 décembre* 1815, art. 1er.)

Les pièces rognées, ne pouvant être considérées que comme lingots, ne sont susceptibles d'être admises comme monnaie qu'après la vérification de leur poids. (*Circ. du 29 germinal an* 9.)

Les receveurs qui ont reçu de ces pièces en payement des droits doivent les verser aux caisses des receveurs généraux ou particuliers, en les accompagnant d'un bordereau indiquant la valeur pour laquelle il les ont prises. (*Circ. du* 7 *prairial an* 11.)

(2) Le mode de payement en sac et au poids ne prive pas celui qui reçoit de la faculté d'ouvrir les sacs, de vérifier et compter les espèces en présence du payeur. (*Décret du 1er juillet* 1809.)

Il ne peut être exigé de passe de sacs que pour les payemens effectués en

169. La monnaie de cuivre et de billon, de fabrication française, ne pourra être employée dans les payemens, si ce n'est de gré à gré, que pour l'appoint de la pièce de 5 fr. (1). (*Décret du 18 août 1810, art. 2.*)

Les monnaies de cuivre et de billon, de fabrique étrangère, ne pourront être admises dans les caisses publiques en payement de droits et contributions, de quelque nature qu'ils soient, payables en numéraire. (*Décret du 11 mai 1807, art. 2.*)

Escompte.

170. Les redevables de droits de douanes à l'entrée sont admis à jouir, pour les droits qu'ils acquitteront au comptant, lorsqu'il s'agira de déclarations donnant ouverture à une perception au-dessus de 600 fr. (2), d'un escompte calculé pour quatre mois à partir du jour de la liquidation, et réglé à raison de 4 pour 100 par an. (*Arrêté du min. des fin. du 11 janvier 1831, art. 1er.*)

Lorsqu'il y aura lieu de réduire le taux de l'escompte fixé par l'article précédent, ce changement sera annoncé au commerce six mois à l'avance. (*Même Arrêté, art. 2.*)

---

argent. Dans les payemens des sommes de 500 francs et au-dessus, le débiteur est tenu de fournir un sac et la ficelle. Les sacs doivent pouvoir contenir au moins 1,000 fr.; ils doivent être en bon état et faits avec de la toile propre à cet usage. La valeur des sacs est payée par celui qui reçoit, ou la retenue en est faite, par celui qui paie, sur le pied de 15 centimes par sac. (*Décret du 1er juillet 1809.*)

(1) Si on entendait que toute somme qui n'excède pas 5 francs peut être payée en monnaie de cuivre et de billon, il en résulterait que, dans certains cas, le Trésor public recevrait plus du quarantième de cette monnaie. Mais il existe d'autres monnaies d'argent qui sont des fractions de la pièce de 5 francs, telles que le franc, les 2 francs, la pièce de 50 centimes et celle de 25 centimes. Ce n'est donc que pour ce qui ne peut être payé avec ces monnaies que l'on a la faculté d'acquitter avec celles de cuivre et de billon. (*Circ. du 31 août 1810.*)

D'après un décret du 21 février 1808, la pièce de 10 centimes ne peut être donnée et reçue qu'à découvert, et seulement pour les appoints d'un franc et au-dessous.

(2) L'escompte et le crédit sont applicables aux redevables qui, par la remise de plusieurs déclarations dans la même journée, ont donné ouverture à une perception de plus de 600 francs. (*Circ. du 12 octobre 1839, no 1778.*)

Plusieurs liquidations du *même jour*, quoique se rapportant à des marchandises déclarées à des dates différentes, peuvent aussi se cumuler pour donner ouverture au crédit ou à l'escompte. (*Circ. du 26 janvier 1840, no 1792.*)

Crédits (1).

171. L'administration pourra, lorsque la déclaration donnera ouverture à un droit de plus de 600 fr. (2), recevoir, en payement du droit, des obligations (3) suffisamment cautionnées (4). (*Loi du 24 avril* 1806 , *art.* 53.)

Durée des crédits.

172. La durée du crédit pour le payement des droits de douanes sera limitée à quatre mois (5). (*Déc. min. du* 18 *juin* 1816 ; *Circ. n°* 174.)

Elle partira de la date de la liquidation des droits (6). (*Circ. du 8 mars* 1838 , *n°* 1675.)

Forme des effets.

173. Les effets ou papiers de crédit admissibles en payement de droits de douanes ou de sel sont de deux sortes : les uns consistent en obligations directes créées spécialement par les re-

---

(1) Le crédit est accordé par les receveurs, qui en demeurent responsables dans les cas prévus par les règlemens.

(2) *Voir* la note du n° 170 pour le cumul des déclarations faites dans la même journée.

(3) On reçoit aussi des traites ou lettres de change commerciales. *Voir* le n° 173.

(4) Cette disposition, en ce qui concerne la quotité de la somme donnant ouverture au crédit, ne s'appliquait qu'à la taxe sur le sel. Depuis elle a été étendue aux droits de douane proprement dits, mais seulement aux droits d'*entrée*. Aucun crédit n'est accordé pour les droits de sortie. (*Circ. du 27 mai* 1820 , *n°* 570 , *et Arrêté du min. des finances du 9 décembre* 1822 , *art.* 8.)

Voir au n° 607 le texte complet de l'article 53 de la loi de 1806.

(5) Cette décision accordait un crédit de six mois pour les sucres destinés à être raffinés; mais un arrêté du ministre des finances, du 30 novembre 1824, a réduit ce délai à quatre mois; limite qui avait déjà été fixée par l'article .25 de la loi du 22 ventôse an 12. (*Circ. du 17 décembre* 1824 , *n°* 893.)

Le crédit est de six mois pour le plomb destiné aux fabriques de céruse, litharge, minium, etc. Mais pour l'obtenir, le redevable est tenu de justifier, par un certificat du maire, visé par le sous-préfet du lieu de destination, de l'activité de la fabrique sur laquelle on expédie le plomb. (*Déc. min. du 26 février* 1819 ; *Circ. n°* 479.)

Pour les sels, *voir* le livre IX , n° 607.

(6) Lorsqu'on admet la réunion d'acquits de dates différentes en une seule traite, le délai du crédit doit partir de la date de la première liquidation, le commerce restant d'ailleurs libre de fournir autant de traites qu'il y a de liquidations sous leurs dates respectives. (*Circ. du 8 mars* 1838.)

devables eux-mêmes; les autres sont des traites ou lettres de change commerciales.

Les premières sont souscrites par le principal obligé, qui est le redevable du droit crédité, et par une ou plusieurs cautions, s'engageant au même titre que le principal obligé (1).

Les secondes doivent offrir les signatures du tireur, d'un ou de plusieurs endosseurs, et être de plus acceptées (2).

Toutes doivent être

Libellées sur papier timbré;

Sans fraction de franc (3);

A terme fixe et toujours renfermé dans les limites des règlemens;

---

(1) *Modèle d'obligation pour les droits de douane et de consommation du sel.*

A   le   Bon pour   Le

184   , Nous soussignés (*les prénoms et le nom du principal obligé*), négociant, demeurant à   principal obligé, et   (*les prénoms et le nom de la caution*) caution dudit (*rappeler les prénoms et le nom du principal obligé*), demeurant à   payerons solidairement à M. receveur à   ou à son ordre, dans le lieu de la résidence du (*Les obligations ne pouvant être payables que dans le lieu où réside soit un receveur général, soit un receveur particulier des finances, indiquer le lieu de cette résidence.*) au domicile de   (*Les débiteurs des obligations ayant la faculté de les acquitter, soit à leur domicile, s'ils résident dans le même lieu que le receveur général ou particulier, soit à celui de ces receveurs, soit à tout autre, pourvu qu'il soit également dans ce lieu, on expliquera quel est, parmi ces domiciles, celui qu'ils auront choisi.*) la somme de   valeur en droits de (*Douanes ou consommation de sel.*) suivant la déclaration de l'un de nous, faite en ce bureau, le   n°   . (*Circ. du 7 décembre 1820, n° 621.*)

La *solidarité* doit toujours être stipulée dans l'engagement des cautions pour crédits de droits de douanes et de la taxe de consommation des sels. (*Déc. min. du 15 oct. 1840.*)

(2) Le receveur doit exiger que le redevable, qui lui donne en payement une lettre de change, ajoute, après le *passé à l'ordre*, ces mots : *Valeur en droits de douanes*, ou *de consommation du sel*. (*Circ. du 27 mai 1820.*)

Les billets à ordre ne sont admis qu'autant qu'ils sont libellés suivant l'article 187 du Code de commerce, afin qu'aucun signataire n'échappe à la solidarité. (*Déc. du 1er juillet 1820.*)

(3) La suppression des centimes n'est de rigueur que pour les obligations spéciales créées pour le paiement des droits. Les effets de portefeuille, dits *papier fait*, peuvent être reçus, quoiqu'ils comprennent des centimes et des fractions de centimes, sauf à ne pas faire mention dans les écritures des *fractions de centimes*, dont il n'est d'ailleurs pas tenu compte à celui qui fournit les traites. (*Circ. du 17 octobre 1826, n° 1011.*)

Transmissibles par la voie de l'endossement;

Payables au domicile du receveur général ou du receveur d'arrondissement du département (1), à moins qu'il ne s'agisse de traites payables à Paris (2). (*Circ. du 27 mai 1820, n° 570; et Arrêté du min. des fin. du 9 décembre 1822, art. 8.*)

Solvabilité des engagés.

174. Le receveur des douanes ne peut admettre comme principal obligé, endosseur ou caution des effets de crédits, que des personnes d'une solvabilité notoire au moment où il accepte leurs signatures. Il ne doit pas admettre pour caution des personnes dont la fortune serait commune avec celle du principal obligé ou d'une première caution (3). (*Circ. du 27 mai 1820, n° 570; et Arrêté du min. des fin. du 9 déc. 1822, art. 8.*)

175. Aucun effet de crédit, de quelque espèce qu'il soit, ne peut être accepté par le receveur des douanes, s'il ne porte la

---

(1) L'obligation peut aussi être payable à tout autre domicile, pourvu qu'il soit dans le lieu de la résidence du receveur général ou du receveur de l'arrondissement. Dans le cas où les débiteurs préfèrent, pour le payement, le domicile de l'un ou l'autre de ces receveurs, ce choix ne les oblige à acquitter aucuns frais ni commission. (*Déc. min. transmise par la Circ. du 7 décembre* 1820, n° 621.)

(2) Afin de faciliter l'emploi des effets, les receveurs des douanes n'admettent pas de coupures au-dessus de 10,000 francs. (*Circ. du 29 décembre* 1820, n° 627.)

(3) C'est-à-dire des associés, s'il s'agit de négocians; ou des parens communs en biens, si ce sont des personnes étrangères au commerce. Pour ces dernières, si leur fortune consiste en biens-fonds, le receveur, avant de les admettre soit comme principaux obligés, soit comme cautions, doit s'assurer que leurs biens sont libres de toute hypothèque pour une somme notablement supérieure au montant des droits dont ils garantissent le crédit. (*Circ. du 27 mai* 1820.)

Les négocians étant admis à se cautionner mutuellement, il importe beaucoup de rester constamment au-dessous de la fortune présumée de chacun, non pour chaque crédit partiel, ce qui serait illusoire si les mêmes individus répondaient de plusieurs crédits, mais pour l'ensemble des crédits garantis par eux, soit à titre de premier obligé, soit comme caution. (*Même Circ.*)

En cas de faillite d'une caution solidaire, le débiteur principal doit fournir une nouvelle caution, ou payer immédiatement les droits. Si les effets donnés en paiement sont des traites commerciales ordinaires, et que l'un des deux engagés vienne à suspendre ses paiemens, le comptable exige de nouvelles garanties, en se fondant sur l'article 444 révisé du Code de commerce. (*Déc. adm. du 30 octob.* 1840.)

signature au moins de deux personnes habitant le lieu de sa résidence (1). (*Circ. du 27 mai* 1820, *n°* 570 ; *et Arrêté du min. des
fin. du 9 déc.* 1822, *art.* 8.)

Crédits prévus et limités.

176. Le directeur général des douanes arrêtera le tableau des
bureaux dans lesquels, à raison de la nature des opérations commerciales ou de la moindre importance des taxes qui s'y perçoi-
vent, les crédits individuels peuvent sans inconvénient être prévus et limités à l'avance.

Dans ces bureaux, les receveurs formeront et soumettront aux
inspecteurs et directeurs dont ils dépendent la liste des redevables qu'ils croiront pouvoir admettre au crédit, et de leurs cautions, avec l'indication des sommes auxquelles ils estimeront
que le crédit peut s'élever pour chacun d'après ses facultés notoirement connues. Le directeur, d'après les observations de
l'inspecteur et ses propres notions, statuera sur les propositions
du receveur, soit quant à l'admissibilité des redevables et des
cautions au crédit, soit quant à la quotité des crédits qu'il jugera
pouvoir être accordés. Les receveurs seront toujours libres d'accorder ou de refuser les crédits, même ainsi autorisés; mais ils
ne pourront faire d'autres crédits que ceux approuvés, ni pour
de plus fortes sommes que celles qui auront été limitées par
les directeurs, sous peine d'encourir, pour ce seul fait, la responsabilité absolue: Il est entendu que les listes indiquées au
présent article n'excluront pas les propositions que, dans l'intervalle de leur approbation, les receveurs pourraient avoir à
faire pour être autorisés à admettre au crédit des redevables
non encore portés sur ces listes; sauf, pour lesdites propositions, à procéder, soit par le receveur, soit par l'inspecteur et

---

(1) Ainsi, dans le cas où le principal obligé habite la même résidence que
le receveur, il suffit que la caution, ou l'une des cautions, ou l'un des tiers-
porteur, accepteur ou endosseur, y réside aussi. S'il n'habite pas ce lieu, il
est indispensable qu'au moins deux des autres engagés y soient domiciliés de
fait. (*Circ. du 27 mai* 1820.)

On considère comme habitant le lieu où réside le receveur principal qui dispense un crédit, les personnes dont le domicile réel est à la résidence du receveur subordonné qui a liquidé les droits, et qui peut encaisser les traites
avec autorisation de son chef. (*Déc. adm. des* 10 *août* 1822 *et* 21 *mai* 1823.)

Voir le n° 208 pour les personnes exclues de tout crédit de droits.

le directeur, comme il vient d'être réglé (1). (*Arrêté du min. des fin. du 9 décembre* 1822, *art.* 5.)

Registres de crédits.

177. Les obligations cautionnées, traites, lettres de change, et généralement tous les effets de crédit que les receveurs des douanes sont autorisés à recevoir, seront enregistrés et décrits, d'abord, par ordre de date, sur un sommier particulier, puis sur un registre de compte ouvert pour chaque redevable (2). (*Même Arrêté, art.* 1er.)

178. Il sera tenu dans les bureaux de l'administration centrale des douanes un grand-livre des crédits : sur ce grand-livre seront reportés et tenus constamment au courant les comptes ouverts dans les bureaux de douanes à chacun des redevables admis au crédit; de sorte qu'à toute époque l'administration des douanes puisse donner au Trésor le tableau exact de la situation de chacun de ses comptables pour chaque crédit, tant en ce qui concerne le principal obligé que ses cautions. (*Arrêté du min. des fin. du 9 décembre* 1822, *art.* 2.)

Envoi des effets au Trésor.

179. Toutes les traites et obligations de crédit reçues en payement de droits de douanes et de sels seront transmises directement tous les dix jours, c'est-à-dire les 1, 11, 21 de chaque mois, par les receveurs principaux, au caissier général du Trésor. (*Arrêté du min. des fin. du 15 avril* 1822; *Circ. du* 19, *no* 719.)

Ces traites et obligations seront accompagnées, pour chaque envoi, d'un bordereau descriptif. Ce bordereau sera en double expédition (3), dont l'une sera transmise par le caissier du Tré-

---

(1) Les dispositions de cet article ne s'appliquent qu'aux douanes de second ordre, désignées par l'administration, et les listes dont il prescrit la formation sont renouvelées tous les trois mois. (*Circ. du* 16 *décembre* 1822, *no* 771.)

(2) L'extinction des effets inscrits sur les comptes ouverts s'établit au fur et à mesure des échéances, pour former la balance et constater la situation de chaque engagé.

(3) Une troisième expédition de ce bordereau est transmise par le même courrier à l'administration. La minute, qui reste entre les mains du comptable, justifie provisoirement de la dépense, en cas de vérification. (*Circ. du* 7 *mai* 1822, *no* 723.)

sor, après qu'il l'aura vérifiée et certifiée, à l'administration des douanes, afin de servir à la tenue du grand-livre des crédits prescrit par l'article précédent (1). (*Arrêté du min. des fin. du 9 décembre* 1822, *art.* 3.)

Tableau des crédits.

180. A la fin de chaque mois, les receveurs formeront, d'après le livre des comptes ouverts, un tableau général présentant par ordre alphabétique toutes les personnes admises par eux au crédit, soit comme redevables directs, soit comme cautions, et indiquant les sommes dont chacune d'elles répond sous l'un et l'autre titre (2). (*Circ. du 27 mai* 1820, *n*° 570; *Arrêté du min. des fin. du 9 décembre* 1822, *art.* 8.)

Responsabilité des receveurs.

181. Les receveurs qui auront dispensé des crédits à des personnes dont la solvabilité n'aurait pas été préalablement constatée, ou qui auront omis ou enfreint une seule des règles établies ci-dessus, seront responsables (3) envers le Trésor des

---

(1) Les receveurs qui sont dans le cas d'adresser au caissier général du Trésor des traites ou autres effets remis en paiement de droits, doivent en donner immédiatement avis au directeur du mouvement général des fonds. (*Circ. du 2 février* 1825, *n*° 905.)

(2) Ces tableaux, dont les receveurs certifient l'exactitude, sont remis, au plus tard le 5 du mois suivant, à l'inspecteur, qui, après en avoir fait usage pour ses vérifications, les transmet au directeur avec ses observations. Ce chef y inscrit à son tour les notes qu'il juge convenables, et les adresse sans retard à l'administration. (*Circ. du* 27 *mai* 1820.)

Pour les douanes où la quotité des crédits a été appréciée et fixée à l'avance, les observations de l'inspecteur et du directeur se bornent nécessairement à certifier que les crédits sont *conformes aux instructions* données aux receveurs. A l'égard des principales douanes, où la multiplicité et l'importance des opérations ne permettent pas que les crédits soient ainsi spécifiés et limités d'avance, il est du devoir des inspecteurs et du directeur de mettre tous leurs soins à reconnaître si, pour chacun des crédits portés au tableau, le receveur a donné, à l'appréciation de la solvabilité des redevables et de leurs cautions, l'attention dont les ordres de l'administration et le sentiment de sa responsabilité lui imposent l'obligation. (*Circ. du* 16 *déc.* 1822, *n*° 771.)

(3) La responsabilité pèse exclusivement sur les receveurs principaux, les receveurs subordonnés ne pouvant faire crédit des droits qu'avec leur autorisation et en leur soumettant à l'avance les effets qui leur sont présentés en garantie. (*Déc. adm. du* 27 *mai* 1820.)

Voir pour la responsabilité des comptables, relativement au recouvrement des fonds, l'ordonnance du 8 décembre 1832 (n° 55).

sommes dont il aura été privé par leur faute (1). (*Circ. du 27 mai 1820, n° 570 ; Arrêté du min. des fin. du 9 décembre 1822, art. 8.*)

Remise.

182. La remise attribuée aux receveurs des douanes, en raison des crédits qu'ils sont autorisés à accorder au commerce, est fixée à un tiers pour cent (2). (*Ord. du 30 déc. 1829, art. 1er.*)

---

(1) En cas de faillite, la question de responsabilité du receveur doit être examinée et résolue aussitôt que la faillite est déclarée ou seulement connue. En conséquence, les directeurs transmettront à l'administration, dans les huit jours qui suivront celui où ils ont rendu compte d'une faillite, tous les renseignemens propres à l'éclairer sur la marche suivie par le receveur dans la dispensation du crédit. (*Déc. min. du 12 février 1831 ; Circ. n° 1248.*)

Ils examinent et discutent principalement :

1°. En quoi consistent les obligations remises en nantissement des droits crédités ?

2°. Les effets établissent-ils explicitement la solidarité des redevables, et le dernier endossement est-il libellé de manière à conserver le privilége du Trésor ?

3°. Les *immeubles* appartenant aux principaux obligés et à leurs cautions, étaient-ils libres d'hypothèques lors de l'acceptation des traites ?

4°. Les signataires étaient-ils associés, communs en biens, ou unis d'intérêts ?

5°. Dans le cas où le failli aurait été admis à cautionner d'autres négocians, présentait-il une garantie suffisante pour le double engagement accepté dans sa personne ?

6°. Il est indispensable d'indiquer la date de la souscription des effets et celle de leur échéance.

7°. On indique également la date de la suspension de paiement, du premier effet protesté, et la date du jugement déclaratif de la faillite.

8°. Enfin l'on produit, autant que possible, des états détaillés indiquant la date, l'échéance et le montant des obligations que, soit comme principaux obligés, soit comme cautions, les redevables auraient été admis à souscrire au lieu de leur résidence habituelle ou ailleurs. (*Circ. du 7 juillet 1837, n° 1658.*)

L'administration doit être informée non-seulement des faillites et suspensions de payement qui ont pour effet immédiat de compromettre les intérêts du Trésor, mais encore de toutes les circonstances qui peuvent affecter ces intérêts ou modifier les conditions primitives des crédits ; et ce n'est que dans le cas de faillite ou de protêt à l'échéance que les directeurs lui adressent leur rapport et leurs conclusions spéciales touchant la question de responsabilité des comptables. (*Circ. du 28 juin 1839, n° 1758.*)

(2) Défense est faite aux receveurs d'exiger ou de recevoir une plus forte remise, à peine d'encourir : 1° la destitution ; 2° la responsabilité absolue des crédits, lors même qu'ils auraient rempli les autres conditions voulues ; 3° toutes autres peines prononcées par les lois générales. (*Circ. des 25 juin 1816 et 27 mai 1820.*)

ₒ **Protêt.**

185. En cas de protêt des traites et obligations non acquittées à l'échéance, le renvoi en sera fait par le caissier du Trésor, dans les délais de rigueur, au receveur général du département d'où elles sont provenues, lequel en fournira récépissé au caissier général, et sera chargé d'en réclamer le remboursement immédiat auprès du receveur du bureau principal des douanes où elles auront été admises; ce remboursement sera fait sur la représentation du protêt (1). Le comptable fera ensuite les poursuites nécessaires contre les souscripteurs, accepteurs et endosseurs, pour assurer les droits du Trésor et en recouvrer le montant (2). (*Déc. du min. des fin., transmise par la Circ. du 19 avril 1822, n° 719.*)

SECTION III.

RÉFACTION DES TARES.

184. Toutes les marchandises payeront les droits au poids brut, sauf les exceptions ci-après (*Loi du 22 août 1791, tit.* 1er, *art. 3.*) (3) :

Tout produit taxé, soit à l'entrée, soit à la sortie, à plus de 40 fr. par 100 kilog. (4), ne payera qu'au poids net (5).

---

(1) Le receveur prélève le montant de ce remboursement sur ses recettes courantes, et s'en constitue provisoirement en débet. Il en informe, dans les vingt-quatre heures, son directeur, qui doit de son côté en rendre compte à l'administration par le même courrier, en attendant qu'il ait fait ou ordonné les vérifications nécessaires pour juger si la responsabilité du receveur est engagée au point qu'il doive couvrir immédiatement de ses deniers le débet provenant des effets protestés. (*Circ. du* 27 *mai* 1820.) — *Voir* le n° 181, en note.

(2) Pour les poursuites à exercer, *voir* le livre XI, n°s 1236 et 1245.

(3) *Voir*, au chapitre 1er du présent livre, l'article 19 de la loi du 6 mai 1841, qui permet de modifier par des ordonnances royales la quotité des tares légales.

(4) Ce droit est celui qui est dû pour les importations faites par *navires français.* Si pour celles-ci il y a plusieurs quotités, en raison des provenances, on se règle sur la plus élevée, et le reste suit le même régime. (*Tarif général, p.* 11.)

(5) Les sucres bruts de nos Colonies, quel que soit le droit qui leur est propre, ne payent qu'au poids net. (*Circ. du* 20 *décembre* 1814.)

Le poids net effectif s'établira par la vérification des agens des douanes, lorsqu'il aura été énoncé en la déclaration primitive (1). (*Loi du 27 mars 1817, art. 7.*)

185. Lorsque le poids net effectif n'aura pas été énoncé, ou l'aura été tardivement, la tare se règlera conformément au tableau suivant (2). (*Même article.*)

DÉSIGNATION des MARCHANDISES.	ESPÈCES DE COLIS.		TAUX de la tare à déduire du poids brut.	TITRES.
Sucres { brut... {	Caisses ou futailles.........		15 p. 0/0.	{ 8 floréal an 11. { 17 déc. 1814.
	Balles ou sacs {	renfermant la marchandise à nu (simple emballage)....	2 p. 0/0.	22 août 1791.
		revêtus de plusieurs enveloppes (3).....	5 p. 0/0.	{ Déc. min. du { 3 fév. 1835 ; { Circ. n° 1480.
terré.. {	Caisses et futailles.........		12 p. 0/0.	{ 8 floréal an 11. { 17 déc. 1814.
	Balles ou sacs.............		2 p. 0/0.	22 août 1791.
Café......... Cacao........ Poivre........ }	Caisses ou futailles.........		12 p. 0/0.	} 8 floréal an 11.
	Balles, ballots ou sacs.......		3 p. 0/0.	} 17 déc. 1814.

(1) *Voir,* pour la manière de procéder à cette vérification , le n° 131.

Quand la douane se trouve dans l'obligation de constater le poids net d'une marchandise , les droits doivent nécessairement être liquidés sur ce poids net. (*Déc. adm. du 9 mars* 1840.)

Lorsqu'un colis renferme séparément des marchandises tarifées au net, mais à des droits différens, le droit doit porter sur le résultat de la vérification du poids net effectif de chaque marchandise. (*Déc. adm. du 25 juillet* 1837.)

(2) Cette règle n'est pas applicable aux marchandises sujettes à coulage. Ainsi la tare légale ne s'applique au sucre brut que dans le cas où il convient au commerce de s'en contenter, pour obvier au retard et aux frais qu'entraine la séparation matérielle de l'emballage d'avec la marchandise. (*Circ. du 23 juin* 1818.) — *Voir* au n° 113 ce qu'on doit entendre par marchandises sujettes à coulage.

(3) Les importateurs ne jouissent de la tare de 5 pour 100 qu'à charge de ne rien soustraire des emballages. D'ailleurs ils conservent le droit, soit de faire reconnaître le poids net effectif s'ils en ont exprimé l'intention dans leur déclaration primitive , soit d'enlever la seconde enveloppe avant la pesée , en se contentant alors de la tare de 2 pour 100. (*Circ. du 13 février* 1835 , n° 1480.)

DÉSIGNATION des MARCHANDISES.	ESPÈCES DE COLIS.	TAUX de la tare à déduire du poids brut.	TITRES.
Indigo	Caisses ou futailles renfermant un sac de peau.	21 p. 0/0.	17 juill. 1791, art. 25; 27 mars 1817, art. 7. Lois combinées des 17 juill. 1791, 22 août 1791, 27 mars 1817.
	de toile.	14 p. 0/0.	
	la marchandise à nu	12 p. 0/0.	
	Surons ou sacs de peau......	9 p. 0/0.	
	Sacs de toile...............	2 p. 0/0.	
Cotons { de Turquie..	Balles ou ballots revêtus de deux emballages.........	10 p. 0/0.	Déc. min. des 30 mai et 23 juil. 1812.
d'ailleurs..	Ballottins au-dessous de 50 kil.	8 p. 0/0.	Déc. min. du 9 avril 1806.
	En balles de 50 kil. et au-dessus.	6 p. 0/0.	
Anchois.......	Barils de 5 kil..............	16 ²/₃ p. 0/0.	Circ. du 5 déc. 1817.
Soies écrues, fleuret et bourre de soie cardée.	Balles (1)................	5 p. 0/0.	Déc. des 2 sept. 1816 et 11 janvier 1826.
Toute autre marchandise.....	Caisses ou futailles..........	12 p. 0/0.	22 août 1791.
	Balles, ballots, sacs, paniers ou colis à claire-voie......	2 p. 0/0.	

Enveloppes.

186. Toute marchandise qui, étant tarifée au brut, sera dans une double futaille, ne paiera le droit que déduction faite du poids de la futaille qui lui sert d'une seconde enveloppe. (*Loi du 1er août 1792, art. 9.*)

Les doubles emballages seront également déduits du poids total pour les marchandises tarifées au brut, et en sus de la tare légale pour les marchandises tarifées au net (2). (*Déc. min. du 8 septembre 1813.*)

187. Dans le cas où une balle ou futaille contiendrait des marchandises assujetties à des droits différens, le brut de la balle ou de la futaille sera réparti sur chacune des espèces qui y seront contenues dans la proportion de leurs quantités respectives. (*Loi du 1er août 1792, art. 9.*)

Lorsque des marchandises qui doivent les droits au poids net ou à la valeur se trouveront dans les mêmes balles, caisses ou

(1) La tare est de 6 pour 100 lorsque les balles ont deux emballages en toile simple et deux cordes. (*Déc. adm. des 6 février 1828 et 4 avril 1833.*)

(2) On considère comme premier emballage les vases contenant des liquides taxés au brut, et comme second emballage les caisses et futailles qui renferment ces vases pour les préserver de la casse. (*Déc. adm. du 9 octobre 1822.*)

futailles avec d'autres marchandises qui doivent les droits au poids brut, la totalité desdites caisses, balles ou futailles acquittera les droits au poids brut (1). (*Loi du* 22 *août* 1791, *tit.* 1er, *art.* 3.)

188. Les marchandises en vrac, lors même qu'elles sont taxées au brut, ne payeront aucun droit sur les emballages ou récipiens quelconques dont on ferait usage pour faciliter la pesée en douane, si ces emballages ou récipiens sont tirés de l'intérieur. (*Déc. min., transmise par la Circ. du* 26 *oct.* 1836, *no* 1575.)

189. Les caisses, vases ou futailles qui renferment les marchandises que l'on présente en douane, et en général tous les emballages qui les recouvrent, ne seront pas soumis à des droits indépendans de ceux qui affectent le contenu (2). (*Circ. du* 12 *juin* 1818, *no* 399.)

---

(1) Lorsqu'un colis renferme des marchandises tarifées au net, mais à des droits différens, il faut exiger que le net effectif de chaque partie de marchandise soit déclaré, ou, faute de quoi, refuser toute espèce de réfaction. (*Tarif général*, *p.* 15.)

(2) Toutefois les vases en verre, cristal, poterie, et ceux en métaux ; les outres, les coffres à charnière, suivent le régime qui leur est propre, lorsqu'ils contiennent des objets tarifés au poids net, à la mesure, au nombre ou à la valeur, ou lorsque le droit des objets taxés au brut qu'ils contiennent est inférieur à celui qui leur serait appliqué s'ils étaient importés ou exportés séparément. (*Déc. adm. du* 10 *août* 1823.)

Les caisses de fer-blanc dans lesquelles on importe certaines marchandises, et particulièrement la vanille, ne doivent être admises en exemption de droits qu'autant qu'elles ne peuvent, à raison de leur état d'oxidation, être employées à aucun usage. (*Déc. adm. du* 5 *mai* 1837.)

Les fers importés comme ligamens des balles de laine et de coton sont dans le cas d'être assujettis au droit. Mais quand le nombre des cercles n'excède pas ce qui est nécessaire pour serrer les balles, et que ces cercles brisés ou oxidés sont d'ailleurs reconnus impropres à tout autre emploi qu'à la refonte, on peut les considérer comme partie intégrante de l'emballage, et en faire la remise pure et simple. (*Déc. adm. du* 18 *mai* 1836.)

Les sacs servant à l'importation des grains ne sont passibles d'aucun droit. (*Déc. adm. du* 1er *juillet* 1836.)

Cependant cette règle n'est pas absolue. Si des grains ou autres marchandises étaient importés dans des sacs absolumént neufs, on serait fondé à supposer que c'est pour éluder le droit de la toile, et alors on pourrait exiger ou le payement de ce droit ou la réexportation de l'emballage. (*Déc. adm. du* 12 *mars* 1840.)

Les boîtes en bois exotiques importées avec des armes de luxe ou de chasse, qu'elles sont destinées à renfermer, suivent le régime des armes dont elles ne sont qu'un accessoire, et payent le même droit. (*Déc. adm. du* 27 *août* 1841.)

CHAPITRE IX.

COMPTABILITÉ (1).

Dispositions générales.

190. La comptabilité des préposés de l'administration des douanes sera, à partir du 1er janvier 1825, réunie aux travaux de même nature actuellement suivis au ministère des finances. (*Ord. du 4 novembre* 1824, *art.* 2.)

En conséquence de la disposition qui précède, les comptables adresseront directement les pièces et les élémens (2) de leur comptabilité au ministre des finances (3), qui, après en avoir fait vérifier et constater les résultats matériels, transmettra à la Cour des comptes les comptes individuels, accompagnés des pièces et des résumés généraux prescrits par les règlemens. (*Même Ord., art.* 2.)

Les préposés des administrations financières continueront d'envoyer à leur administration tous les documens relatifs au contrôle et à la vérification des produits. (*Même Ord., même art.*)

---

(1) Le cadre de cet ouvrage ne permettant pas d'y insérer un traité complet de comptabilité, on a dû se borner à reproduire ici les dispositions qui ont paru le plus généralement utiles.

Les instructions rapportées au présent chapitre émanent de la comptabilité générale.

(2).Une nomenclature, jointe à la circulaire du 1er janvier 1839 (*comptabilité*), détermine l'espèce ainsi que le nombre des documens exigés pour le règlement des comptes de gestion, et fixe la date de leur transmission.

Les receveurs doivent également se reporter aux circulaires des douanes, nos 698, 712, 773 et 898. (*No* 1, 15 *décembre* 1824.)

Chemises. Les chemises renfermant les pièces de dépense doivent indiquer les nos des chapitres et des articles du compte annuel. (*Circ. lith. du* 25 *octobre* 1839.)

(3) Le directeur de la comptabilité générale est chargé de recueillir les diverses pièces et d'en vérifier les résultats ; il fait part de ses observations aux directeurs des douanes, qui sont tenus de s'y conformer. (*Arr. min. du* 6 *novembre* 1824; *Circ. no* 90 *du* 30 *du même mois.*)

Les lettres et paquets doivent être timbrés : *Comptabilité générale des finances*, et porter pour suscription :

« A Monsieur le ministre secrétaire d'État des finances. » (*No* 1, 15 *déc.* 1824.)

Les lettres doivent présenter en marge les indications suivantes : *Direction de la comptabilité générale des finances.*

Comptabilité des receveurs des douanes. (*No* 1, 15 *décembre* 1824.)

Ventes faites d'office.

191. Le produit (1) des marchandises vendues d'office par les agens des douanes sera versé immédiatement, savoir :

Dans les caisses du Trésor,

1º En cas d'abandon volontaire de la marchandise par le propriétaire ;

2º Quand la déclaration en détail à l'entrée en douane n'a pas eu lieu dans les délais déterminés ;

Dans la caisse des dépôts et consignations, pour y être tenu pendant un an à la disposition des ayans droit,

1º Quand l'entrepôt réel n'est pas vidé dans le délai de rigueur ;

2º Quand les objets prohibés reçus en dépôt ne sont pas réexportés dans le délai voulu ;

3º Lorsqu'il y a abandon de fait dans des circonstances non déterminées spécialement.

Dans les deux premiers cas, le produit figurera aux recettes accidentelles.

Dans les trois derniers, il sera inscrit à l'article des fonds reçus de divers sous le titre de *Produit net des marchandises vendues en douane sous réserve du droit des tiers* (2). (*Nº* 12, *31 janvier* 1828.)

Pièces justificatives.

192. Les pièces justificatives de recette et de dépense ne devront présenter aucune altération qui ne soit approuvée.

Cette approbation est donnée au moyen de renvois mis en marge dans la forme suivante :

Ratures. Approuvé la rature de (*le nombre en toutes lettres*) mots.

---

(1) Le produit net, c'est-à-dire non compris les frais de vente ni les droits dus sur les marchandises pour importation , magasinage, etc.

(2) Les sommes destinées à la caisse des dépôts et consignations sont versées immédiatement entre les mains du receveur des finances , qui délivre un récépissé dont le montant figure en dépense au compte de divers, sous le titre : *Versemens à la caisse des dépôts et consignations.* (*Nº* 12, *31 janvier* 1828.)

Les dispositions ci-dessus s'appliquent aux produits de saisie et de préemption non réclamés en temps utile, et dont le *net* est porté à son article respectif. (*Même Circ.*)

Altération de sommes en toutes lettres. Bon pour la somme de
(*la répéter et la souligner*).

Mots altérés ou surchargés. Approuvé les mots (*les écrire*)
altérés ou surchargés.

Ces renvois seront signés par ceux qui auront arrêté les mémoires ou états, par les souscripteurs de quittances, et par
l'agent administratif qui aura visé les pièces pour contrôle.

Il en sera de même de tout renvoi ayant pour objet d'ajouter
des énonciations omises. (*N*o 27, 26 *décembre* 1833.)

Les pièces justificatives des recettes et des dépenses seront
revêtues des formalités nécessaires pour en assurer l'authenticité. (*N*o 9, 30 *décembre* 1826.)

Procuration.

193. Les émargemens, acquits ou quittances, donnés par des
tiers au nom des ayans droit, seront appuyés d'une procuration
qui sera jointe au premier émargement, quittance ou acquit
pour lequel il en sera fait usage ; il suffira d'y renvoyer pour les
payemens ultérieurs, en indiquant la pièce à laquelle a été annexé le pouvoir, et dans la comptabilité de quel mois figure
l'article de dépense à l'appui duquel il a été produit. (*N*o 9,
30 *décembre* 1826.)

Les procurations seront timbrées et enregistrées. (*N*o 9,
30 *décembre* 1826.)

Toutefois les pouvoirs que donneront les employés seront
dispensés du timbre et de l'enregistrement. (*N*o 9, 30 *décembre* 1826.)

Mandats de payement.

194. Ils mentionneront les pièces dont ils devront être accompagnés. (*N*o 9, 30 *décembre* 1826.)

Timbres.

195. Les devis, mémoires et quittances devront être sur papier timbré pour toute somme qui excèdera 10 fr. (1). (*N*o 9,
30 *décembre* 1826.)

Les quittances d'escompte au-dessous de 10 fr. seront au timbre de 5 centimes. (*N*o 25, 31 *mai* 1833.)

---

(1) Toutefois les quittances sont affranchies du timbre, lorsqu'on les délivre

Seront exemptées du droit et de la formalité du timbre les quittances des traitemens et émolumens des fonctionnaires et employés salariés par l'État. (*Loi du* 13 *brumaire an* 7, *tit.* 3, *art.* 16.)

Acquits.

196. Tout acquit devra être donné par l'ayant droit ou son fondé de pouvoir, *relater la somme en toutes lettres, et être daté.*

Les payemens faits à des parties illettrées (qui ne peuvent signer) devront être certifiés par actes notariés, pour les sommes au-dessus de 150 fr. ; mais pour les sommes moindres ils pourront l'être par deux témoins dont on indiquera les *noms, qualités* et *demeures.*

Les quittances et tous autres acquits seront toujours délivrés, à la décharge du receveur qui en fera emploi dans son compte, sauf à indiquer le préposé qui aura effectué le payement (*N°* 9, 30 *décembre* 1826.) (1).

Bordereaux récapitulatifs.

197. Les comptables joindront aux liquidations concernant les dépenses variables, les indemnités aux employés blessés, les frais de saisies non recouvrables, etc., un bordereau récapitulant (2), par nature de dépense, le montant des pièces qui sont annexées à ces liquidations. (*N°* 9, 30 *décembre* 1826.)

États collectifs.

198. Les sommes comprises dans des états collectifs et, qui, n'ayant pu être payées dans le mois pendant lequel il a été fait emploi en dépense de ces états, seront ultérieurement payées

---

soit sur les lettres d'avis ou les liquidations des primes d'exportation et des remboursemens de droits, soit sur les reconnaissances de consignation relatives aux chevaux et voitures de voyageurs. (*N°* 9, 30 *décembre* 1826.)

L'émargement donné par toute partie étrangère à l'administration sur un état collectif pour une somme au-dessus de 10 fr., n'opérerait pas la libération du comptable.

(1) Pour le timbre des quittances, *voir* le n° 195.

(2) Ce bordereau a pour objet de réunir les sommes partielles dont se compose une somme présentée en compte, afin que l'exactitude du chiffre de celle-ci soit facilement reconnue par le vérificateur.

jusqu'au terme de la prescription sur l'ordre des directeurs, devront être appuyées, savoir :

D'un mandat de payement et d'un certificat avec émargement, ou quittance si elles concernent les dépenses publiques ;

D'un certificat avec émargement, ou quittance si elles concernent les opérations de trésorerie (*No* 28, *25 août 1834.*) (1).

Saisies-arrêts ou oppositions.

199. En cas de saisie-arrêt ou opposition sur les sommes dues par l'État pour appointemens, ou à d'autres titres, ces sommes seront versées aux receveurs des finances qui en délivreront récépissés. Ces récépissés, qui tiennent lieu d'émargement ou de quittance pour la somme versée, seront joints aux autres pièces justificatives de la dépense (*No* 33, *21 décemb.* 1837.) (2).

Comptables en débet.

200. Les sommes qui leur reviendront seront versées aux receveurs des finances dont les récépissés tiendront lieu d'émargement ou de quittance. (*No* 25, *31 mai 1833.*)

Titres.

201. Les comptables ne pouvant se créer eux-mêmes leurs propres justifications, les titres qu'ils produiront ne seront valables que par le certificat de l'inspecteur ou du directeur, sauf les extraits ou copies dont les originaux auront été antérieurement produits et auxquels il serait renvoyé (3). (*No* 35, *31 décembre* 1838.)

---

(1) Toute dépense, acquittée dans le mois de la production d'un état collectif, doit figurer dans ce même mois, de sorte qu'il ne peut être présenté comme *payemens ultérieurs* que ceux qui ont été effectués après l'expiration du mois pour lequel l'état collectif est fourni. (*No* 34, *1er septembre* 1838.)

(2) *Voir* d'ailleurs, pour les *saisies-arrêts* ou *oppositions*, le chapitre VI, section 3 du livre XI.

(3) Pour les indications à donner en cas de renvoi, *voir : Procurations,* n° 193.

202. *CONTRIBUTIONS ET REVENUS PUBLICS.*

NATURE DES RECETTES.	JUSTIFICATIONS A PRODUIRE.
	EXERCICE PRÉCÉDENT.
Produits d'amendes et confiscations.	États nᵒˢ 7 et 103.
	EXERCICE COURANT.
Douanes, entrée et sortie.	États (nᵒˢ 8 et 9 ou 10) affirmés par le receveur, certifiés par l'inspecteur et visés par le directeur. (*Nᵒ 9, 30 décembre* 1826.) État nᵒ 48 (1). (*Nᵒ 20, 22 novembre* 1831.)
Navigation.	Les états ci-dessus (nᵒˢ 8 et 10) (2). (*Même Circ.*)
Recettes accessoires.	Mêmes justifications ; et de plus, *Pour les timbres :* 1ᵒ (*A la main.*) État mensuel des timbres de commissions d'emplois à joindre à l'état nᵒ 8. (*Nᵒ 28, 25 août* 1834, *et nᵒ* 31, 15 *décembre* 1836.) 2ᵒ Un bordereau récapitulatif de ces mêmes états (*Nomenclature jointe à la Circ. du* 1ᵉʳ *janv.* 1839.);

---

(1) Cet état est produit en même temps que le compte nᵒ 1, et ses résultats doivent concorder avec ceux du compte. (*Nᵒ 16, 25 juillet* 1830, *et nᵒ* 20, *22 novembre* 1831.)

En cas de réfaction de droits, on doit expliquer les différences et fournir, avec les actes de vente de marchandises avariées, le bulletin officiel du prix courant, ou des certificats qui tiennent lieu de ce bulletin. (*Nᵒ 37, 22 janv.* 1841.)

(2) Les états nᵒˢ 8 et 10 présenteront distinctement chaque taxe différentielle. (*Nᵒ 20, 22 novembre* 1831.)

NATURE DES RECETTES.	JUSTIFICATIONS A PRODUIRE.
	Pour les marchandises vendues en douane (1) (recettes accidentelles.) : les procès-verbaux de vente et les pièces justificatives des frais et du décompte du produit net des objets vendus (2). (*N*o 37, 22 *janv.* 1841.)
	Pour les intérêts payés par les débiteurs de traites en souffrance : fournir avec le premier bordereau qui présente l'extinction de la créance, le décompte de ces intérêts, ou copie de la décision qui en fait remise, ou des actes de carence. (*N*o 27, 26 *décembre* 1833.)
Amendes et confiscations.	Mêmes états nos 8 et 9 ou 10, plus : état no 103 annexé à l'état no 8. (*N*° 34, 1er *septembre* 1838.)
Vieux plombs.	Actes de vente (3) annexés aux états mensuels de répartition. (*N*o 34, 1er *septembre* 1838.)
Reprises sur les dépenses publiques.	*Reversement pour rejet de dépenses.* Cette recette, qui a lieu pour prévenir les injonctions de la Cour des comptes ou y satisfaire, et qui opère la décharge du comptable, n'est susceptible d'aucune justification (4).

(1) *Voir : Vente d'office* , no 191.

(2) Ces justifications sont produites par mois. (*Déc. du* 2 *octobre* 1840.)

(3) *Voir*, pour les formalités de la vente, le livre II, chapitre x.

(4) Il serait plus exact de dire que la justification consiste dans la prescription administrative ou dans l'injonction qui rejette la dépense.

203.   *DÉPENSES PUBLIQUES* (1).

NATURE DES DÉPENSES.	JUSTIFICATIONS A PRODUIRE.
Traitemens de non-acti-vité. (Chemise n° 23.)	États émargés (ou appuyés de quittances) dûment arrêtés et visés par les chefs de service compétens et accompagnés du certificat d'existence des anciens employés y dénommés (2). (*N° 9*, 30 *décembre* 1826.)
Traitemens d'activité. (Chemise n° 18.)	États émargés (ou appuyés de quittances) dûment arrêtés, présentant le nom, le grade ou l'emploi de la partie prenante, sa position de présence ou d'absence, le service fait, la durée du service et le décompte de la somme due (3). (*N° 9*, 30 *décembre* 1826.)

---

(1) Toutes les dépenses publiques devant être appuyées d'un mandat de payement, cette pièce n'est pas mentionnée parmi les justifications particulières à chacune des dépenses de l'espèce.

(2) Les états d'émargement doivent contenir la déclaration de non–cumul. (*Circ. lith. du* 8 *novembre* 1840.)

Les traitemens de non-activité peuvent être payés avant ordonnancement ministériel. (*N°* 11, 1er *décembre* 1827.)

(3) **En cas d'erreur** dans le décompte des appointemens, la rectification s'opère au moyen d'un état n° 100. (*N°* 27, 26 *décembre* 1833.)

Il n'est fait emploi des traitemens d'activité que dans le mois qui suit celui pour lequel ils sont payés. (*N°* 21, 26 *avril* 1832.)

Ils sont portés en dépense, y compris les prélèvemens opérés pour la caisse des retraites. Ceux–ci sont repris en recette aux opérations de trésorerie. (*N°* 33, 21 *décembre* 1837.)

Les rôles ne doivent pas présenter de fractions de centimes. (*N°* 21, 26 *avril* 1832.)

Pour le traitement brut et pour la portion tombée en vacance, on néglige les fractions. Pour les prélèvemens en faveur de la caisse des retraites, la fraction de centime compte pour un centime. (*N°* 36, 15 *février* 1840)

La retenue pour premier douzième d'augmentation n'a pas lieu pour l'employé qui, après être passé à un traitement inférieur, reçoit ensuite une augmentation, pourvu qu'elle ne lui fasse pas dépasser le taux du traitement le

NATURE DES DÉPENSES.	JUSTIFICATIONS A PRODUIRE.
Indemnités et gratifications. (Chemise n° 19.)	États émargés (ou appuyés de quittances) indiquant le nom, le grade ou l'emploi de l'ayant droit, la durée du service et le décompte de la somme due (1). (*N*° 9, 30 *déc.* 1826.)
Dépenses variables. (Chemise n° 21.)	Liquidations appuyées de devis, procès-verbaux d'adjudications ou de marchés, mémoires ou factures, quittances ou états de menus frais ; le tout revêtu, suivant la nature de la dépense, soit de l'attestation de l'exécution du service, soit du certificat de réception des matières livrées ou des travaux confectionnés, soit enfin du certificat portant que les dépenses concernent un service public (2). (*N*° 9, 30 *déc.* 1826.)

plus élevé dont il jouissait avant de descendre au traitement inférieur. (*Déc. min. du* 21 *mai* 1838.)

En cas de replacement, soit après révocation, soit après démission, il y a lieu de retenir le premier mois de traitement. (*Déc. min. du* 26 *sept.* 1828.)

Lorsqu'il n'y a pas de parties prenantes, les états indiquent si c'est par vacance à défaut du titulaire, ou pour absence par congé. (*N*° 13, 3 *juin* 1828.)

Les traitemens d'emplois vacans ne supportent pas la retenue de 5 pour 100. (*N*° 13, 3 *juin* 1828.)

En cas de décès, si le mandat est délivré au nom des héritiers, outre cette pièce revêtue d'acquit, il faut l'acte de décès et les titres d'hérédité ou dispense motivée de ces titres délivrée par le directeur. (*N*° 9, 30 *décembre* 1826.)

Le dernier mois d'appointemens d'un préposé de brigades décédé peut être payé à sa veuve ou à ses enfans sur leur simple quittance, certifiée par le capitaine de brigades, et visée par le directeur. (*N*° 9, 30 *décembre* 1826.)

Les quittances données par des héritiers doivent énoncer la qualité des parties prenantes, c'est-à-dire celle de veuve, de fils ou de fille du défunt, ainsi que la date du décès. Les capitaines de brigades certifient sur les quittances l'exactitude de ces déclarations. (*N*° 22, 12 *novembre* 1832.)

(1) La dépense comprend les prélèvemens pour la caisse des retraites dont le montant est repris en recette aux opérations de trésorerie. (*N*° 23, 21 *décembre* 1837.)

(2) Les mémoires et quittances doivent indiquer la date des fournitures des

NATURE DES DÉPENSES.	JUSTIFICATIONS A PRODUIRE.
Loyer, chauffage, éclairage, etc. (Chemise n° 20.)	États collectifs arrêtés et visés par les chefs compétens, avec quittances des bailleurs et copies des baux, ou, à défaut de ces titres, un certificat du directeur énonçant la quotité du loyer. (*N°* 9, 30 *décembre* 1826, et *n°* 25, 31 *mai* 1833.)
Indemnité de tournées des inspecteurs et sous-inspecteurs. (Chemise n° 22.)	Liquidation, quittance ou états collectifs. (*N°* 9, 30 *décembre* 1826.)
Indemnités aux employés blessés, secours aux veuves. (Chemise n° 22.)	Même justification, avec copie certifiée de la décision qui alloue le secours ou l'indemnité, et qui établit l'individualité et le droit de la partie prenante. (*N°* 22, 12 *nov.* 1822.)
Frais de saisies non-recouvrables. (Chemise n° 22.)	Liquidation; original ou copie du rapport de saisie; états de frais avec pièces à l'appui; procès-verbal de vente des objets saisis dont le prix a été appliqué au payement d'une partie des frais, ou l'acte constatant la remise ou la destruction de ces objets; pièces constatant l'absence ou l'insolvabilité des prévenus, et

travaux ou des services faits. Cette date est d'autant plus essentielle qu'elle détermine l'exercice sur lequel les dépenses seront imputées. (*N°* 27, 26 *décembre* 1833.)

Les dépenses de 50 fr. et au-dessous, et celles qui sont payées par urgence, sont portées aux dépenses publiques avant liquidation. Les autres justifications sont adressées à la comptabilité générale, avec un état, n° 100 *bis*, comprenant toutes les dépenses de l'espèce qui appartiennent au même exercice. (*N°* 11, 1er *décembre* 1827.)

Lorsque ces dépenses sont acquittées, partie en espèces, partie en valeur d'objets réformés cédés par l'administration, il est passé écriture du prix intégral de la dépense, et l'on porte en recette le prix des objets cédés aux fournisseurs. (*N°* 52, 15 *juillet* 1837.)

NATURE DES DÉPENSES.	JUSTIFICATIONS A PRODUIRE.
	décision administrative par laquelle l'affaire est terminée. (*No 9, 30 décembre* 1826.)
Primes d'arrestation de fraudeurs (1). (Chemise n° 22.)	Liquidation ; rapports de saisies ; copie ou extrait du jugement de condamnation ; état de répartition arrêté et émargé. (*No 9, 30 déc.* 1826.)
Remboursemens de droits indûment perçus. (Chemise n° 26 pour chaque espèce de droit, et chemise récapitulative n° 105.)	Liquidation et acquits ou quittances (*No 9, 30 décembre* 1826.) (2).
Remboursement de droits de transit. (Chemises n° 26.)	*Remboursement intégral :* quittance du droit de transit suivant le modèle joint à la Circ. n° 28 du 25 août 1834. *Remboursement partiel :* quittance suivant le modèle joint à la même Circ.
Créances irrecouvrables admises en non-valeur. (Chemise n° 53.)	Ampliation de la décision ministérielle qui autorise le comptable à faire dépense à titre de non-valeur (*n° 9, 30 décembre* 1826); état de

(1) Pour les primes payées par les prévenus, *voir : Opérations de trésorerie,* *n°* 204.

(2) Les remboursemens peuvent avoir lieu avant ordonnancement, mais non avant liquidation. (*No* 11, 1er *décembre* 1827.)

L'ayant droit peut donner procuration par forme d'endossement sur la lettre d'avis. (*No 9, 30 décembre* 1826.)

Les acquits peuvent être donnés sur la lettre d'avis ou sur la liquidation (*quelle que soit la somme*) ; mais lorsqu'ils font l'objet de quittances particulières, ces quittances doivent être sur papier timbré, si la somme dépasse 10 fr. (*Même Circ.*)

Les lettres d'avis sont sujettes au *timbre proportionnel,* lorsque les titulaires en transmettent la propriété *par endossement ;* au *timbre de dimension* seulement, quand on remplace le *Passé à l'ordre* par une autorisation de toucher au

NATURE DES DÉPENSES.	JUSTIFICATIONS A PRODUIRE.
	situation de la créance présentant distinctement le principal et les frais ainsi que la date, la provenance et le montant des recouvremens (1). (*N⁰ 27 , 26 déc.* 1833.)
Prélèvemens sur le produit du plombage et de l'estampillage. (Chemise n⁰ 98.)	États de répartition, pièces justificatives des frais d'achat et d'entretien des instrumens, du prix des flans et de la corde (2). (*N⁰* 25, 31 *mai* 1833.)
Amendes et confiscations, répartition. (Chemises n⁰ˢ 34 et 60.)	États de répartitions. — Rapport ou copie du rapport de saisie.—Jugement ou extrait du jugement et signification. — Acte de transaction ou copie de cet acte. — Acte d'abandon des objets saisis. — Décision administrative ou ordre de poursuivre l'exécution du jugement. — Ordonnance sur requête portant autorisation de vendre par provision. —Procès-verbal de vente ou acte constatant soit la remise, soit la destruction des objets saisis. — Acte

---

nom et pour le compte de l'ayant droit. Ces lettres peuvent être visées pour *timbre* dans tous les bureaux d'enregistrement. Les comptables sont responsables du prix du timbre. (*N⁰ 34, 1ᵉʳ septembre* 1838 *combinée avec celle des douanes du* 28 *août, même année*, *n⁰* 1706.)

(1) Cet état, auquel sont annexées les pièces justificatives des frais, doit être certifié par le comptable et visé, après vérification, par l'inspecteur et le directeur. (*N⁰* 27, 26 *décembre* 1833.)

L'admission en non-valeur d'une créance du Trésor contre un redevable de droits de douanes n'équivaut point à la remise de la dette. Elle n'a pour objet que de dégager les écritures de la comptabilité d'un titre que l'administration juge actuellement irrecouvrable. (*Déc. de l'adm. des douanes, du* 2 *avril* 1830.)

(2) Les états doivent être arrêtés par le receveur et visés par l'inspecteur. (*N⁰* 25, 31 *mai* 1833.)

Lorsque le prélèvement du prix des flans ne s'effectue que partiellement de

NATURE DES DÉPENSES.	JUSTIFICATIONS A PRODUIRE.
	constatant l'absence ou l'insolvabilité des prévenus. — État des frais avec pièces à l'appui. — Autorisation *formelle* de répartir le produit et de comprendre l'indicateur dans la répartition (1). (*N*o 9, 30 *déc.* 1826.)
Payemens sur les fonds de saisie réservés en vertu du tit. 6 *de la loi du* 28 *avril* 1816. (Chemise n° 106.)	Ordre de payement ou d'emploi en dépense délivré par l'administration et appuyé des acquits des parties prenantes (2). (*N*o 9, 30 *déc.* 1826, *p.* 9.)
Application de produits au remboursement des frais. (Chemise n° 36.)	*Lorsque le produit est égal aux frais :* État du produit arrêté par le comptable et revêtu du certificat de l'inspecteur. — État détaillé des frais avec quittances et autres pièces indiquées selon le cas par la chemise n° 60. — Décision administrative ou copie certifiée de cette décision. (*N*o 31, 15 *décembre* 1836.) *Lorsque les frais excèdent le produit :* Certificat de renvoi aux liquidations des frais tombés à la charge du Trésor. (*N*o 31, 15 *déc.* 1836.)

_____

mois en mois, la quittance du fournisseur est rapportée à l'appui du premier prélèvement, et l'on rappelle sur les états des mois suivans, jusqu'au recouvrement total, le coût de la fourniture, le mois de la production de la quittance et le montant de chaque prélèvement partiel. (*N*o 29, 12 *décembre* 1834.)

(1) La dépense doit comprendre les prélèvemens au profit de la caisse des retraites, dont le montant est repris aux opérations de trésorerie. (*N*o 33, 31 *décembre* 1837.)

Pour l'ordonnancement et la liquidation, *voir : Remboursemens de droits*.

(2) Ces payemens ne sont présentés en compte que par le receveur de la douane de Paris. (*N*o 10, 18 *avril* 1827.)

Les payemens de l'espèce que d'autres receveurs effectuent font l'objet de viremens de comptes. (*Même Circ.*)

NATURE DES DÉPENSES.

Restitutions.
(Chemise n° 37.)

JUSTIFICATIONS A PRODUIRE.

Copie de la décision administrative, quittance de la partie prenante ou récépissé du versement fait à la caisse des dépôts et consignations. (*N*° 30, 15 *décembre* 1835, *et n*° 31, 15 *décembre* 1836.)

Primes à l'exportation.
(Chemise n° 25 pour chaque espèce de prime, et chemise récapitulative n° 24.)

Liquidation, pièces déterminées pour chaque espèce de prime et acquits ou quittances (*N*° 9, 30 *décembre* 1826.) (1).

Escompte sur droits de douanes et de sels.
(Chemises n°ˢ 28 et 93.)

Quittances à *souche*, portant liquidation, visées par l'agent compétent (2). (*N*° 9, 30 *décembre* 1826, *et n*° 17, 4 *mars* 1831.)

Dépenses des exercices clos et des exercices périmés.
(Chemise n° 104.)

Liquidation, et de plus les mêmes justifications qui auraient été exigées pour chaque dépense si elle avait eu lieu avant la clôture de l'exercice auquel elle appartenait.

---

(1) Pour la procuration, le timbre, l'acquit, l'ordonnancement et la liquidation, *voir : Remboursemens de droits.*

(2) Les quittances au-dessous de 10 fr. sont au timbre de 5 cent. (*N*° 25, 31 *mai* 1833.)

L'escompte n'étant qu'une réfaction de droit, celui qui effectue le payement du droit peut signer la quittance d'escompte. (*N*° 9, 30 *décembre* 1826.)

Pour l'ordonnancement et la liquidation, *voir : Remboursemens de droits.*

204.   *OPÉRATIONS DE TRÉSORERIE.*

RECETTES.

NATURE DES RECETTES.	JUSTIFICATIONS A PRODUIRE.
Remboursemens faits par la caisse des dépôts et consignations.	Relevé des recettes, état n° 11. (N° 9, 30 *décembre* 1826.)
Service des retraites.	· Décompte des retenues établies sur les mandats de payement, les rôles d'appointemens, les états de gratifications et de répartition du produit des amendes et confiscations. (*N°* 9, 30 *décembre* 1826.)
Habillement, santé et casernement.	Les pièces jointes au compte spécial de ces services. (*N°* 21, 26 *avril* 1832.)
Primes de capture.	Relevé des recettes, état n° 11. (*N°* 9, 30 *décembre* 1826.)
Sommes afférentes aux douanes dans les saisies faites à la requête des autres administrations.	Même état n° 11 (*n°* 9, 30 *déc.* 1826) avec l'état n° 112. (*N°* 34, 1er *septembre* 1838.)
Consignations.	Relevé des recettes, état n° 11.
Fonds reçus de divers.	Même état n° 11 (1).
Fonds particuliers des comptables.	Même état n° 11.
Subventions reçues des receveurs des finances.	Talon des récépissés produits à l'appui de la dépense comprise dans les comptes des receveurs des finances sous le titre de : *Fonds de*

---

(1) *Voir : Ventes faites d'office* par les agens des douanes.

NATURE DES RECETTES.	JUSTIFICATIONS A PRODUIRE.
	subvention fournis aux receveurs des douanes. (*N*o 9, 30 *décembre* 1826.)
Subventions reçues des receveurs des douanes.	Talon détaché du récépissé des receveurs à qui les fonds ont été remis. (*N*o 15, 16 *décembre* 1829.)
Reprise des valeurs provenant de la gestion du prédécesseur du comptable.	Procès-verbal de clôture joint au compte de la gestion précédente. (*Formules du compte n*o 1.)
Viremens de comptes.	Bordereaux et récépissés (1). (*N*o 9, 30 *décembre* 1826.)

DÉPENSES.

NATURE DES DÉPENSES.	JUSTIFICATIONS A PRODUIRE.
Versemens à la caisse des dépôts et consignations.	Certificat de l'inspecteur dûment visé et délivré d'après les écritures du comptable et au vu des récépissés des dépôts. (*N*o 9, 30 *déc.* 1826.)
Habillement, santé, casernement.	Voir même article en recette.
Prime de capture, répartition. (Chemise n° 38.)	État collectif, arrêté et ordonnancé, dûment émargé ou appuyé de quittances. (*N*o 9, 30 *déc.* 1826.)
Restitutions. (Chemise n° 39.)	Ordre de remboursement, décision administrative et quittance. (*N*o 9, 30 *déc.* 1826.)
Sous-répartition de som-	États de sous-répartition et ordre

---

(1) Ces borderaux et ces récépissés sont récapitulés sur l'état n° 86, compris dans la nomenclature jointe à la circulaire du 1er janvier 1839.

Les bordereaux de virement ne doivent pas présenter de fractions de centime. (*N*o 7, 25 *novembre* 1826.)

NATURE DES DÉPENSES.	JUSTIFICATIONS A PRODUIRE.

mes afférentes aux douanes dans les saisies faites à la requête des autres administrations.
(Chemise n° 113.)

d'emploi en dépense. (N° 33, 21 décembre 1837.)

Consignations.

État n° 81 (comprenant la totalité des dépenses), certifié par l'inspecteur. (*N°* 9, 30 *déc.* 1826, *et n°* 22, 12 *nov.* 1832.)

Restitutions concernant :
1° *Les voitures de voyageurs, chevaux, bêtes de somme et l'argenterie;*
(Chemises n°ˢ 40 et 41.)

Même état n° 81 ; plus, les ordonnances de remboursement délivrées par les directeurs, les quittances et les expéditions de douanes revêtues du certificat prescrit par les règlemens. (*N°* 5, 20 *mai* 1826.)

2° *Les garanties de droits;*
(Chemise n° 95.)

Quittances. (*N°* 22, 12 *nov.* 1832.)

3° *Les cautionnemens pour assurer la destination des marchandises expédiées sous acquits-à-caution ;*
(Chemise n° 96.)

Ordres de restitution, acquits-à-caution déchargés et quittances des consignataires. (*N°* 22, 12 *nov.* 1832.)

4° *L'exécution des transactions ;*
(Chemise n° 114.)

Ordres de dépenses, décisions administratives, quittances des parties, et, en cas d'absence de celles-ci, les récépissés de versement à la caisse des dépôts et consignations. (*N°* 22, 12 *novembre* 1832, *et n°* 30, 21 *décembre* 1835.)

5° *Le versement du droit de garantie pour l'argenterie des étrangers.*
(Chemise n° 41.)

Récépissé de l'administration des contributions indirectes. (*N°* 5, 20 *mai* 1826.)

Fonds particuliers reçus de divers.

Certificat n° 84, dûment visé et délivré d'après les écritures courantes du comptable et les pièces repré-

NATURE DES DÉPENSES.	JUSTIFICATIONS A PRODUIRE.
	sentées. (No 9, 30 *décembre* 1826.)
Fonds particuliers des comptables.	Mêmes justifications.
Versemens (1) *aux comptables des finances.* (Chemise n° 42.)	Récépissés de ces comptables sur des formules à talon et visés dans les vingt-quatre heures par le préfet ou le sous-préfet, ou par leurs délégués accrédités (2). (No 9, 30 *déc.* 1826, *et n*° 25, 31 *mai* 1833.)
Fonds de subvention. (Chemise n° 44.)	Ordre de subvention revêtu du récépissé du receveur à qui les fonds ont été fournis. (No 15, 16 *déc.* 1829.)
Viremens de comptes : (Chemise n° 45.)	
1° *Payemens faits par le comptable;*	Récépissé du receveur pour le compte duquel le payement a été effectué (3). (No 9, 30 *déc.* 1826.)
2° *Application au service.*	Déclaration du comptable sur le

---

(1) Les comptables sont tenus de verser leurs recettes tous les dix jours et, dans tous les cas, lorsqu'elles excèdent 5,000 fr., sauf à retenir les fonds qui peuvent être nécessaires pour le payement des dépenses. (*Circ. des douanes des* 17 *frimaire et* 27 *floréal an* 7.)

Les versemens ont lieu en sommes rondes, c'est-à-dire sans fractions de francs. (*Circ. des douanes du* 10 *décembre* 1823.)

(2) Les récépissés du caissier du Trésor royal, à Paris, doivent être visés immédiatement par un contrôleur nommé par le ministre. Ces récépissés sont à talon et indiquent les formalités qui les rendent régulières. (*No* 25, 31 *mai* 1833.)

Les récépissés relatifs aux envois directs des effets de crédit sont renvoyés aux receveurs des douanes qui les comprennent sur leurs inventaires n° 17. Les chemises concernant ces récépissés énoncent tous ceux qui se rapportent aux envois du mois, lors même que les récépissés du troisième envoi ne pourraient pas être joints à l'inventaire. Dans ce cas, les receveurs les adressent partiellement à la comptabilité générale. (*No* 26, 10 *septembre* 1833.)

(3) Lorsque la partie prenante est dans une autre principalité que celle où le payement est assigné, les acquits doivent être revêtus du visa du directeur. (*No* 18, 25 *mars* 1831.) — *Voir* d'ailleurs le même article en recette.

NATURE DES DÉPENSES.	JUSTIFICATIONS A PRODUIRE.
	bordereau de virement. (*N*o 9, 30 *déc.* 1826.)
Avances à régulariser.	État no 5.
Traites et obligations de crédit en souffrance mises à la charge d'anciens comptables.	Autorisation de dépense appuyée de la décision ministérielle qui a rendu l'ex-receveur responsable. (*N*o 9, 30 *décembre* 1826.)
Déficit de caisse constaté à la charge d'ex-receveurs subordonnés.	Autorisation de dépense appuyée du procès-verbal constatant le déficit. (*N*o 9, 30 *décembre* 1826.)

CHAPITRE X.

GARANTIES RESPECTIVES DE L'ADMINISTRATION ET DES REDEVABLES.

Responsabilité de la régie.

205. La régie sera responsable du fait de ses préposés, dans l'exercice et pour raison de leurs fonctions seulement, sauf son recours contre eux ou leurs cautions (1). (*Loi du 22 août* 1791, *tit.* 13, *art.* 19.)

Responsabilité des redevables.

206. Les propriétaires des marchandises seront responsables civilement du fait de leurs facteurs, agens, serviteurs et domestiques, en ce qui concerne les droits, confiscations, amendes et dépens (2). (*Même Loi, même titre, art.* 20.)

Le père, et la mère après le décès du mari, sont responsables

---

(1) L'administration n'est pas responsable, à l'égard des tiers, de la soustraction des marchandises débarquées d'un navire, lors même que ses agens auraient constaté ce débarquement. (*A. de C. du* 22 *mars* 1831 ; *Circ. n*o 1262.)

Pour les frais de justice, *voir* le no 1222.

(2) En matière de douanes, les maîtres sont civilement responsables du dommage causé par leurs domestiques. (*A. de C. du* 22 *avril* 1820 ; *Circ. n*o 569.)

du dommage causé par leurs enfans mineurs habitant avec eux (1). (*Code civil*, art. 1384.)

207. Les soumissionnaires et cautions ne cesseront d'être garans de la fidélité du certificat de décharge, qu'après quatre mois pour le commerce en France, six en Europe, dix pour les Indes-Occidentales et d'Afrique, jusqu'au cap de Bonne-Espérance, et deux ans pour tous les lieux situés au-delà du cap de Bonne-Espérance, pour les îles de France et de la Réunion (Bourbon), et les Grandes-Indes (2). (*Loi du 4 germinal an 2, tit. 7 art. 3.*)

Déchéances des négocians.

208. Tous négocians et commissionnaires qui seront convaincus d'avoir importé ou exporté en France des denrées et marchandises, ou d'avoir, à la faveur de l'entrepôt et du transit, effectué des soustractions ou versemens dans l'intérieur, pourront, indépendamment des peines portées par les lois, être privés, par un arrêt spécial du gouvernement, de la faculté de l'entrepôt et du transit, ainsi que de tout crédit de droits (3).

Les négocians et commissionnaires qui prêteraient leur nom pour soustraire aux effets de cette disposition ceux qui en au-

---

(1) L'amende doit être prononcée contre les père et mère d'un mineur, comme civilement responsables du fait de leur enfant. (*A. de C. des 6 juin 1811 et 5 septembre* 1828.)

On doit toujours mettre en cause, afin de faire appliquer la responsabilité civile, les parens *solvables* des enfans mineurs, traduits devant les tribunaux pour infraction aux lois de douanes. (*Circ. manusc. du 12 janvier 1841, et Déc. adm. du 25 juin suivant.*)

Quand un prévenu mineur n'a plus son père, c'est sa mère qui doit être assignée, comme civilement responsable, et non le second mari de celle-ci. (*Déc. adm. du 24 mai* 1841.)

Voir le n° 1196 pour la responsabilité des maris, et le n° 1222 pour les frais de justice.

(2) Cette disposition a été modifiée, en ce qui concerne le commerce de l'île Bourbon, par les articles 24 et 26 de la loi du 21 avril 1818. — *Voir* le livre X, chapitre 1er, section 2e.

(3) Cet article est également applicable à ceux qui ont été condamnés pour soustractions ou délits qui sont commis dans les entrepôts de l'intérieur, ou dans les expéditions qui s'y rapportent. (*Loi du 27 février* 1832, *art.* 8.)

Voir d'ailleurs le n° 324 pour d'autres *incapacités* résultant de certains faits de contrebande.

raient été atteints, encourront les mêmes peines. (*Loi du 8 floréal an* 11, *art.* 83.)

Commissaires-experts.

209. Il y aura, près du ministère de l'intérieur (1), trois commissaires experts chargés de statuer sur les doutes et difficultés qui peuvent s'élever relativement à l'espèce, à l'origine ou à la qualité des produits, soit pour l'application des droits, des primes et des priviléges coloniaux, soit pour la suite des instances qui ne sont pas dévolues au jury créé par l'art. 59 de la loi du 28 avril 1816. Le ministre leur adjoindra, pour chaque affaire, et selon sa nature, au moins deux négocians ou fabricans qui auront voix consultative (2). (*Loi du 27 juillet* 1822, *art.* 19.)

Droits attachés aux créances de l'État.

210. Le gouvernement est préféré à tous créanciers, pour

---

(1) Aujourd'hui ces experts sont attachés au ministère du commerce.

(2) Ces commissaires experts sont seuls compétens pour lever les doutes et difficultés existant entre la douane et le commerce, relativement à l'espèce, à l'origine ou à la qualité des marchandises. (*A. de C. du* 30 *avril* 1838; *Circ. n*° 1693.)

Les tribunaux ne peuvent, dans aucun cas, substituer leur propre appréciation à celle de ces experts. (*A. de C. du* 30 *janvier* 1839; *Circ. n*° 1747.)

Lorsque les employés ne sont pas convaincus de l'inexactitude d'une déclaration, relativement à l'espèce ou qualité de la marchandise, ils doivent s'abstenir d'en opérer la saisie, et se borner à en constater la retenue par un acte portant réserve de la saisir ultérieurement, s'il y a lieu. Dans ce cas, ils provoquent sur-le-champ l'expertise prescrite par l'article 19 de la loi du 27 juillet 1822, en ayant soin, quand il ne s'agit pas de marchandises prohibées, d'en offrir, par le même acte, main-levée sous caution, afin d'empêcher que le déclarant ne puisse être fondé à réclamer le bénéfice de l'art. 16 de la loi du 9 floréal an 7. La rédaction d'un acte conservatoire n'est même pas nécessaire, lorsque des circonstances particulières ne permettent pas de douter de la bonne foi du déclarant, ou que les employés sont eux-mêmes incertains sur la véritable qualité des marchandises. Il suffira d'exiger des déclarans l'engagement d'acquitter le droit qui résultera de l'avis des experts. (*Déc. adm. du* 14 *mars* 1840.)

Lorsqu'on doit recourir à la décision de ces experts, les receveurs sont tenus d'envoyer au directeur-général, par l'intermédiaire de leur directeur, *deux échantillons pareils*; l'un ouvert, pour être d'abord examiné à l'administration; l'autre cacheté (par la douane et le déclarant), pour servir à l'opération officielle. (*Tarif gén. de* 1822, *page* 15.)

Les avis des commissaires-experts du gouvernement ne sont point assujettis à la formalité de l'enregistrement. (*Déc. du min. du com. du* 31 *mars* 1828.)

droits, confiscation, amende et restitution, et avec contrainte par corps (1). (*Loi du 4 germinal an 2, tit. 6, art. 4.*)

L'administration aura privilége et préférence à tous créanciers sur les meubles et effets mobiliers des redevables pour les droits, à l'exception des frais de justice et autres privilégiés (2), de ce qui sera dû pour six mois de loyer seulement, et sauf aussi la revendication dûment formée par les propriétaires de marchandises en nature qui seront encore sous balle et sous corde (3). (*Loi du 22 août 1791, tit. 13, art. 22.*)

Prescriptions.

211. Aucune personne ne sera recevable à former contre la régie des douanes des demandes en restitution de droits et de marchandises (4), payement de loyer et appointemens de préposés, deux ans après l'époque que les réclamateurs donneraient

---

(1) Le privilége de l'administration des douanes pour le recouvrement des condamnations pécuniaires adjugées à son profit est affranchi des formalités du droit commun en matière de distribution. (*Jugement du tribunal civil de Marseille du 30 juin* 1840.)

Le privilége de l'administration, sur des effets mobiliers des redevables de droits, ne peut être primé par celui d'un prêteur à la grosse qui a fourni des fonds pour l'armement d'un bâtiment. (*Arrêt de la Cour royale d'Aix du 13 janvier* 1823 ; *Circ. n° 791.*)

Voir au livre XI pour la contrainte même par corps et pour les poursuites contre les faillis.

(2) Il s'agit notamment de ceux énoncés aux articles 2101 et 2102 du Code civil.

(3) La disposition générale de l'article 581 du Code de commerce, sur la revendication applicable aux particuliers entre eux, n'est pas règle à l'égard du fisc. Ainsi, en ce qui concerne les douanes, celui qui déclare des marchandises pour la consommation, ou les met sous son nom personnel en entrepôt, en est censé propriétaire. L'administration peut poursuivre, sur ces marchandises, le payement de tout ce qui lui est dû, non seulement pour les droits qui leur seraient particulièrement applicables, mais encore pour toutes les créances qu'elle a à répéter contre le déclarant ou soumissionnaire propriétaire *légal* des marchandises. A leur égard, la saisie-arrêt, exercée par la douane, doit recevoir sa pleine et définitive exécution, nonobstant toute revendication des tiers. (*Arrêt de la Cour royale de Rouen du 7 juin* 1817 ; *Jugement du tribunal civil de Marseille du 2 août* 1837, *et Circ. nos 1635 et 1653.*)

(4) *Voir* le livre X, chapitre XIX, pour les marchandises retenues ou déposées en douane.

au payement des droits, dépôt des marchandises, échéances des loyers et appointemens. L'administration sera déchargée envers les redevables, trois ans après chaque année expirée, de la garde des registres de recette et autres de ladite année, sans pouvoir être tenue de les représenter s'il y avait des instances encore subsistantes pour les instructions et jugemens desquelles lesdits registres et pièces fussent nécessaires (1). L'administration

---

(1) Toutefois l'administration a décidé que l'on garderait en dépôt, soit dans les recettes, soit dans les bureaux de direction, les registres compris dans la nomenclature suivante :

Tous sommiers et journaux de recette, à quelque série qu'ils appartiennent et de quelque part qu'ils soient fournis.

<table>
<tr><td colspan="2" align="center">SÉRIE E.</td><td align="right">Nos</td></tr>
<tr><td>Enregistrement des crédits des droits de douanes et de consommation des sels</td><td></td><td>55</td></tr>
<tr><td>Comptes ouverts</td><td></td><td>56</td></tr>
<tr><td>Livret des crédits éventuels</td><td></td><td>57</td></tr>
<tr><td>Transcription des procès-verbaux de saisie et autres instances</td><td></td><td>69</td></tr>
<tr><td>Suite des affaires</td><td></td><td>70</td></tr>
<tr><td>Comptes ouverts à chaque saisie ou autre contravention aux lois de douanes</td><td></td><td>71</td></tr>
<tr><td>Sommiers de signalemens</td><td></td><td>77</td></tr>
<tr><td>Dito</td><td></td><td>85</td></tr>
<tr><td>Registre pour l'inscription des retenues et des payemens faits aux préposés</td><td></td><td>94 bis</td></tr>
<tr><td>Registre d'ordre</td><td></td><td>95</td></tr>
<tr><td>Registre des événemens de service</td><td></td><td>97 bis</td></tr>
</table>

SÉRIE M.

		Nos
Manifeste. — Transcription des manifestes des navires venant	de l'étranger	3
	des Colonies françaises	4
	des ports de France, par cabotage	5
Consignations en garantie des droits.	Mouvement	22 bis
	Recette et quittances	22 ter
Dépôt des marchandises retenues à défaut de déclaration en détail ou qui sont délaissées en douane		23
Reconnaissance de consignation en garantie de la réexportation	des voitures de voyageurs	23 A
	des chevaux et bêtes de somme	23 B
	de l'argenterie des voyageurs	23 C
Soumissions diverses		23 D
Déclarations de sortie pour aller à l'étranger et aux Colonies françaises.		24
Entrepôt réel.	Sommiers formant balance { sans soumissions pour les entrepôts où les magasins sont placés sous la main de la douane	33
	avec soumissions lorsque les magasins ne sont pas réunis	33 bis
	Compte ouvert d'entrepôt	33 ter
Entrep. fictif.	Sommier formant balance, avec soumission	37
	Compte ouvert d'entrepôt, même modèle que celui d'entrepôt réel no 33 ter.	
	Sommier formant balance pour l'entrepôt des grains	39 bis

sera pareillement non-recevable à former aucune demande en payement de droits, un an après que lesdits droits auront dû

Tous ces documens, mis en ordre par espèce et par année, de manière à ce qu'on puisse y recourir sans embarras, doivent être conservés avec soin, jusqu'à ce qu'une délibération du conseil d'administration autorise la vente de ce qui sera antérieur à l'époque qu'on déterminera.

Tout ce qui n'est pas compris dans la liste ci-dessus, et qui se rapporte à

être payés, le tout à moins qu'il n'y eût avant lesdits termes, soit pour l'administration, soit pour les parties, contrainte décernée et signifiée, demande formée en justice, condamnation, promesse, convention ou obligation particulières et spéciales relativement à l'objet qui serait répété. (*Loi du 22 août 1791, tit. 13, art. 25.*)

Timbre des expéditions.

212. Les expéditions des douanes seront timbrées.

Il ne sera payé aucun droit particulier pour les acquits et passavans; mais le prix du timbre de chaque expédition sera remboursé. (*Loi du 22 août 1791, tit. 1er, art. 7.*)

Les actes délivrés par les douanes porteront un timbre particulier, dont le droit est réglé comme suit, sans qu'il puisse y avoir addition du décime:

Pour les acquits-à-caution, les actes relatifs à la navigation et les commissions d'emploi. . . . . 75 c.

Pour les quittances de droits au-dessus de 10 fr.   25

Pour toutes les autres expéditions. . . . . 05 (1).

---

des opérations consommées depuis plus de trois ans, doit être mis à part en liasses ou ballots. On y comprend les impressions spéciales à quelques localités. Ces liasses ou ballots sont pesés et étiquetés, et les receveurs en adressent l'état à la direction, en indiquant le contenu de chaque colis. Les directeurs, ayant recueilli tous ces états, provoquent la vente des registres et papiers hors de service; ils s'entendent, à cet effet, avec les directeurs des domaines, chargés de faire procéder à l'adjudication, d'en recouvrer le produit et de le verser au Trésor. Ils leur remettent un tableau indicatif des liasses disponibles en chaque bureau de douane, de leur poids et de la nature des papiers qu'elles renferment. Les directeurs des Domaines en font prendre livraison, sur place, par leurs employés, et pourvoient, s'il y a lieu, au transport qui doit en être fait pour les réunir en un seul point. (*Circ. du 2 août 1827, n° 1057.*)

Les registres du travail exécuté par les brigades (série E, n° 95 *bis* et 96), les registres d'événemens du service (série E, n° 97 *bis*), et les feuilles de rebats et contre-rebats (série E, n° 98 *bis* et 98 *ter*) ne doivent être vendus qu'à charge d'être mis au pilon, en présence des préposés des douanes. (*Circ. manusc. du 5 septembre 1827.*)

Il doit en être de même des registres et impressions dont le commerce pourrait craindre la divulgation. (*Déc. adm. du 15 novembre 1827.*)

Les registres neufs, supprimés ou modifiés, doivent être remis à l'administration des Domaines. La date de cette remise est annotée sur le compte ouvert des impressions. (*Circ. manusc. du 15 août 1857.*)

(1) Les *permis de réexportations*, substitués à l'acquit-à-caution par l'ar-

L'administration des douanes fera elle-même appliquer ce timbre et comptera de son produit (1).

Les dispositions ci-dessus ne concernent pas les actes judiciaires dressés par les agens des douanes : ces actes seront assujettis au timbre ordinaire. (*Loi du 28 avril 1816, art. 19.*)

Registres.

243. Les registres de déclaration, payement des droits, soumissions des redevables et de leurs cautions, descentes des marchandises et décharges des acquits-à-caution, qui seront tenus dans chaque bureau, devront être sans aucune lacune ni interligne, et les sommes y seront inscrites sans chiffres ni abréviations, sauf, après qu'elles auront été écrites en toutes lettres, à les tirer en chiffres hors ligne. En cas de perte des expéditions, lesdits registres pourront seuls servir à la décharge des redevables, auxquels il sera délivré par les receveurs des copies certifiées desdites expéditions, toutes les fois qu'il pourra être pris les précautions suffisantes pour empêcher les doubles emplois et autres abus, et sans qu'au moyen desdites copies certifiées, on puisse prolonger les délais fixés par les expéditions pour les chargemens, déchargemens et transports de marchandises (2). (*Loi du 22 août 1791, tit. 13, art. 26.*)

---

ticle 61 de la loi du 21 avril 1818, sont soumis au timbre de 5 centimes. (*Déc. adm. du 17 juin 1841.*)

(1) Sont affranchis du timbre :

1º Les acquits-à-caution et les passavans, délivrés pour le cabotage et la circulation des grains et légumes (*Loi du 22 ventôse an 12, art. 24; Circ. du 21 juin 1816, n° 172, et Déc. adm. du 29 nov. 1836*);

2º Les acquits-à-caution et passavans pour la circulation des bêtes à cornes dans les deux kilomètres et demi de l'extrême frontière (*Ord. du 28 juillet 1822, art. 7, et Circ. du 3 déc. suivant, n° 768*);

3º Les acquits-à-caution ou passavans nécessaires pour la circulation des bêtes à laine dans les deux kilom. et demi de la frontière. (*Déc. min. du 28 juin 1828 ; Circ. du 31 juill. suivant, n° 1114.*)

Lorsque, par suite d'une erreur commise par les employés, on est dans le cas d'opérer une perception supplémentaire, il n'y a pas lieu de faire payer au redevable le timbre de la nouvelle quittance. (*Déc. adm. du 26 nov. 1839.*)

(2) Il en est des registres de douanes comme des actes dont parle l'art. 846 du Code de procédure ; ils sont authentiques, en ce sens qu'ils font foi des

214. Lesdits registres seront reliés, les feuillets cotés par premier et dernier, et paraphés sans frais par le juge de paix. (*Loi du 22 août 1791, titre 13, art. 27.*)

---

faits y mentionnés ; mais ils ne peuvent être communiqués au *public*. (*Déc. adm. du* 29 mars 1836.)

Il est de principe, au contraire, que les extraits, copies ou duplicata des actes de douanes ne doivent, à moins qu'un jugement n'en ordonne autrement, être délivrés qu'aux seuls individus désignés dans ces actes, (*Déc. adm. du* 30 *juin* 1828.)

Lorsque des particuliers, co-propriétaires d'un navire, réclament une *copie certifiée* de l'acte de francisation, le directeur peut en permettre la délivrance ; mais cette copie, faite sur papier sans impression par le courtier, et *visée seulement pour conforme* par la douane, doit porter la réserve que, dans aucun cas, elle ne pourra remplacer le brevet de francisation. (*Même Déc.*)

Si un négociant a besoin de justifier, à un de ses correspondans ou dans une affaire judiciaire, qu'il a payé à telle époque les droits pour certaines marchandises, et que les quittances qui le prouvent sont égarées, le directeur peut également, sans prendre l'attache de l'administration, autoriser la délivrance d'un certificat qui constate cet acquittement, en faisant indiquer dans la pièce l'emploi spécial auquel elle est destinée. Il en est de même quand des négocians, dans la nécessité de prouver aux parties intéressées qu'ils ont embarqué sur tel navire telle marchandise, à telle destination, réclament des *extraits des registres.*

Enfin, en ce qui concerne les acquits-à-caution de cabotage, les acquits-à-caution de transit, les acquits-à-caution de mutation d'entrepôt, les acquits-à-caution pour des marchandises à destination des possessions françaises d'outre-mer, dont on demande des duplicata, les directeurs doivent les adresser à l'administration, qui se charge de les faire régulariser, s'il y a lieu. (*Déc. du* 30 *juin* 1828.)

Dans tous les autres cas, les duplicata ou extraits des registres ne peuvent être délivrés qu'en vertu d'une autorisation de l'administration. (*Circ. des* 5 *prairial an* 6 *et* 17 *messidor an* 8.)

Les extraits ou duplicata des expéditions effectuées par un négociant tombé en faillite, peuvent être délivrés aux syndics légalement substitués à la personne du failli. (*Déc. adm. du* 28 *avril* 1838.)

Toutes les fois qu'on délivre un duplicata d'acquit-à-caution ou de passavant de cabotage, on doit faire souscrire à l'expéditeur l'engagement cautionné de payer, outre l'amende prononcée par la loi, la valeur des marchandises étrangères dont l'introduction frauduleuse pourrait avoir lieu à la faveur de ce duplicata. (*Déc. adm. du* 14 *mai* 1840.)

Les duplicata d'expéditions sont délivrés sur une feuille du registre courant, en ayant soin d'indiquer à la souche la destination donnée au volant. (*Déc. adm. du* 16 *mars* 1841.)

En tête de chaque expédition on écrit à la main le mot *duplicata*, et on certifie au bas que l'expédition est délivrée à ce titre. Le duplicata doit relater la date de l'autorisation en vertu de laquelle il est délivré. (*Déc. adm. du* 30 *juin* 1828.)

215. Les juges des tribunaux et leurs greffiers ne pourront expédier des acquits de payement ou à caution, congés, passavans, réceptions ou décharges de soumissions, ni rendre aucun jugement pour tenir lieu desdites expéditions; mais en cas de difficultés entre les marchands et voituriers et les préposés de la régie, les juges régleront les dommages et intérêts que lesdits marchands ou voituriers pourraient prétendre, à raison du refus qu'ils auraient éprouvé de la part desdits préposés de leur délivrer les acquits de payement ou à caution, congés ou passavans. (*Loi du* 22 *août* 1791, *tit.* 11, *art.* 2.)

Plombage des marchandises.

216. Dans les cas prévus par les règlemens, l'identité des marchandises sera garantie par le plombage des douanes (1).

Tout duplicata d'un acte soumis au timbre doit être timbré. (*Circ. du* 8 *brumaire an* 10, *et Déc. adm. du* 6 *mars* 1854.)

Les directeurs, les inspecteurs et les contrôleurs des contributions directes ont la faculté de se transporter dans les bureaux de douanes pour y recevoir, sur ceux qui sont admis à faire les déclarations, les explications verbales qui leur permettent de s'assurer que l'exécution des règlemens relatifs à la contribution des patentes n'est pas éludée. (*Circ. des* 3 *août* 1824, *n°* 872, *et* 14 *novembre* 1856, *n°* 1579.)

L'administration de l'enregistrement et des Domaines peut aussi rechercher si ses droits ne sont pas éludés à l'égard des mutations de propriété des navires. A cet effet, les douanes communiquent aux agens de cette administration, mais sans déplacement, les registres de francisations et de compte-ouvert, ainsi que tous les autres documens relatifs aux navires, à leurs propriétaires et aux transferts dont ils peuvent avoir été l'objet. (*Déc. min. du* 10 *juillet* 1857; *Circ. n°* 1639.)

Il est défendu aux commis aux expéditions de signer autrement qu'en second les passavans et autres expéditions. Il est interdit aux receveurs et autres commis des bureaux où il n'a été établi qu'un receveur et un visiteur, et même qu'un receveur, de délivrer seuls aucune expédition. Si le receveur ou le visiteur d'un bureau composé de deux employés est absent ou empêché par maladie, sa signature doit être suppléée par celle du préposé de brigade qui est de service près le bureau. Ce préposé signe en second les expéditions que délivrent les receveurs des bureaux où il n'existe pas d'autre employé. (*Circ. du* 28 *brumaire an* 11.)

La disposition de cette circulaire, qui prescrivait d'arrêter, à la fin de chaque journée, les registres d'acquits-à-caution, d'acquits-de-paiement et de passavans, est tombée en désuétude. (*Déc. adm. du* 18 *novembre* 1834.)

(1) Les marchandises assujetties au plombage ne peuvent pas être expédiées en *vrac*; elles doivent être emballées ou mises en futailles pour être

Le prix de chaque plomb appliqué dans les douanes, en vertu des lois et ordonnances, sera réduit à 25 centimes, dans les cas ci-après :

1º A la réexportation directe, par mer, des marchandises reçues en entrepôt ;

2º Pour le second plombage prescrit à l'égard de diverses marchandises admises au transit ;

3º Pour les marchandises de prime ou de transit qui, après avoir été vérifiées dans un port ou bureau de sortie qui ne touche pas immédiatement à l'étranger, doivent être remises sous le sceau des douanes pour en assurer le passage définitif, soit en haute mer, soit sur le territoire de la domination limitrophe (1);

4º Pour les marchandises expédiées sur les entrepôts créés en vertu de la loi du 27 février 1832, ou qui seront extraites de ces entrepôts, soit pour être réexportées, soit pour être dirigées sur d'autres entrepôts du royaume ;

5º Pour les céréales expédiées en transit.

Pour tous les autres cas, il reste fixé à 50 centimes. Ce prix comprendra la fourniture de la matière première, celle des cordes et ficelles, les frais de main-d'œuvre et d'application des plombs.

Toutefois, dans la douane de Paris, les frais de cordage et d'emballage continueront d'être à la charge des expéditeurs, conformément aux dispositions de l'ordonnance du 28 mars 1830 (*Loi du 2 juillet* 1836, *art.* 21.) (2).

---

plombées. (*Circ. du* 20 *vendémiaire an* 11.) — *Voir* au nº 383, des exceptions en faveur de certaines marchandises de cabotage.

Les expéditions doivent énoncer que les marchandises soumises au plombage ont réellement été plombées. (*Circ. du* 5 *prairial an* 10.)

(1) En parlant des bureaux qui *touchent* à l'étranger, la loi n'a pas entendu désigner seulement ceux qui se trouvent situés de fait sur l'extrême frontière, mais encore les bureaux qui, quoique plus ou moins éloignés de la ligne de démarcation des deux pays, communiquent directement avec l'étranger, sans l'intermédiaire d'aucun autre poste de douanes. (*Déc. adm. du* 16 *février* 1841.)

(2) Il n'est fait usage, pour plomber les colis, que d'instrumens pouvant à la fois empreindre les deux faces et la tranche de chaque plomb. (*Ord. du* 8 *janvier* 1817, *art.* 1er.)

L'administration fait fabriquer, sur un seul et même modèle, des flans

217. Défenses sont faites aux agens et préposés des douanes d'exiger ou de recevoir d'autres ni de plus fortes rétributions

---

d'une forme et d'une dimension telles qu'on ne puisse fermer l'instrument sans une pression qui produise des empreintes distinctes, et ne permette plus de dégager la ligature, qui est nouée dans le plomb même. (*Ord. du 8 janvier 1817, art. 2.*)

Défenses sont faites aux agens des douanes d'employer d'autres instrumens ni flans que ceux fournis par l'administration, et de démonter lesdits instrumens pour s'en servir d'une autre manière que celle prescrite; le tout à peine de destitution, et autres peines plus graves, si le cas y échéait. (*Même Ord., art. 3.*)

La principale garantie du plombage dépend du soin avec lequel on l'applique et du choix des cordes, qui doivent être parfaitement saines, fortement serrées et nouées de même. (*Circ. du 30 août 1816.*)

Lorsqu'il s'agit de plomber une futaille, on fait percer, à chaque bout, deux douves et deux fonds pour y passer la corde du plomb. Quant aux caisses, on exige qu'un des côtés, le dessus, le dessous et un bout soient traversés également par la corde. (*Arrêté du 4e jour compl. an 8, art. 5.*)

Les inspecteurs et sous-inspecteurs sédentaires s'assurent que le bureau est fourni des instrumens nécessaires pour le plombage, et qu'ils sont en bon état; ils veillent à ce qu'ils ne sortent jamais du bureau, ne soient point altérés, soient toujours, hors les heures du service, sous leur clef et celle du receveur. Ils s'opposent à ce que les plombs soient frappés hors de l'enceinte du bureau et sans la présence d'un visiteur, et ils s'assurent si le nombre des flans, remis chaque jour aux plombeurs, est bien en rapport avec celui des plombs réellement apposés. (*Arrêté du 4e jour complémentaire an 8.*)

Il est tenu, dans chaque bureau, un registre qui présente le détail des dépenses et recettes relatives aux plombs, marques, cachets, estampilles, etc., et le tableau de la répartition du produit net émargé par toutes les parties prenantes. (*Circ. des 14 juillet 1817 et 16 novembre 1838.*)

Le produit net des plombs appppartient, en totalité et exclusivement, aux receveurs principaux ou subordonnés, inspecteurs ou sous-inspecteurs sédentaires, contrôleurs, vérificateurs ou visiteurs, commis principaux ou commis et emballeurs. Les receveurs principaux ou subordonnés et les sous-inspecteurs sédentaires prennent une part entière. (*Circ. du 14 juillet 1817.*)

Les inspecteurs sédentaires y sont également compris pour une part entière. (*Circ. manusc. du 25 février 1823.*)

Les contrôleurs ont aussi part entière; même part est attribuée aux vérificateurs et visiteurs de toutes classes, excepté dans les douanes de Marseille, Bayonne, Bordeaux, Nantes, Rouen, le Havre et Dunkerque, où ceux de 2e classe n'ont que demi-part, et ceux de 3e classe qu'un tiers de part. Les commis principaux de 1re classe ont demi-part; ceux de 2e un tiers de part, et les commis de 1re classe un sixième de part. Les commis de 2e classe sont exclus de la répartition. (*Déc. min. du 3 septembre 1839; Circ. du 23 du même mois.*)

Les emballeurs ont un huitième de part chacun. (*Circ. du 14 juillet 1817.*)

pour le plombage, sous peine de destitution. (*Ord. du 30 décembre* 1829, *art.* 5.)

CHAPITRE XI.

STATISTIQUE COMMERCIALE.

218. L'administration des douanes fournira tous les ans,

1° Un état par provenance et par mode de transport de toutes les marchandises importées par terre ou débarquées dans les ports, sans égard à leur destination ultérieure, soit pour la consommation, soit pour le transit, soit pour la réexportation (*Commerce général*);

L'employé absent par congé conserve sa part de plombs intégralement, s'il n'a pas été remplacé;

Il la conserve par moitié, s'il a un intérimaire;

Mais il la perd entièrement, si, par circonstance spéciale, il a été privé de son traitement en totalité.

Par suite, l'intérimaire touche, soit la moitié, soit la totalité de la part de plombs.

Ces distinctions, relatives aux congés seulement, ne concernent pas les employés absens par changement de résidence. Ceux-ci conservent leur part entière de plombs, soit qu'il y ait ou non un intérimaire, tant qu'ils sont dans les délais qui leur ont été accordés pour joindre leur nouvelle destination. (*Circ. du 22 avril* 1830.)

Vieux plombs. Afin qu'on n'abuse pas des plombs détachés des colis pour les faire servir à la fraude, les sous-inspecteurs sédentaires, dans les lieux où ils sont établis, et, dans les autres bureaux, les visiteurs, doivent les remettre aux receveurs, qui en restent dépositaires jusqu'à ce qu'il s'en trouve une quantité suffisante pour les livrer à la fonte, opération qui a lieu en présence du sous-inspecteur ou du receveur. (*Circ. du 24 brumaire an* 11.)

La vente des vieux plombs doit avoir lieu conformément aux dispositions de l'art. 17 du règlement du 25 juin 1827, concernant la vente des laines préemptées pour le compte de l'État. (*Déc. min. du 11 août* 1838.) *Voir* le n° 153.

Estampillage. Le produit des estampilles est réuni en une même masse avec le produit des plombs, et la répartition du tout s'effectue entre tous les employés qui ont droit au partage des plombs, d'après les règles prescrites pour ce partage. (*Circ. du* 19 *décembre* 1832, n° 1362.)

Obs. gén. Les inspecteurs sont tenus de s'assurer, dans leurs tournées, de l'exacte application des règlemens relatifs au plombage; leurs rapports doivent faire connaitre qu'ils ont satisfait à cette obligation. (*Circ. du* 15 *février* 1832, *n°* 1304.)

2º Un état par destination et par mode de transport de toutes les marchandises exportées, soit qu'elles proviennent de l'intérieur, du transit ou des entrepôts (*Commerce général*);

3º Un état du commerce fait avec chaque puissance;

4º Un état des marchandises mises en consommation avec payement de droits, et de celles sorties du royaume autrement que par réexportation d'entrepôt ou transit (*Commerce spécial*) (1). (*Déc. minist. du 30 juin* 1825; *Circ. du 8 juillet suivant, nº* 925);

---

(1) Pour être en mesure de satisfaire aux dispositions ci-dessus, l'administration reçoit des receveurs principaux :

1º Un état des marchandises importées pendant les six premiers mois de l'année (*Commerce général et spécial*);

2º Un état de celles exportées pendant la même période (*Commerce général et spécial*);

3º Un état sommaire des droits perçus à l'entrée et à la sortie pendant le premier semestre;

4º Un état présentant les importations et les exportations effectuées pendant le premier et le deuxième semestre réunis; en d'autres termes, pendant l'année (*Commerce général et spécial*);

5º Un état des exportations effectuées durant la même période (*Commerce général et spécial*);

6º Un état sommaire des droits perçus à l'entrée et à la sortie pendant les deux semestres réunis. (*Circ. du 24 mars* 1831, *nº* 1254.)

Le tableau ci-après indique les puissances et contrées qui doivent être exclusivement désignées sur les états de commerce comme origines, provenances ou destinations des marchandises. Les expéditions, et notamment les acquits-à-caution de transit ou de mutation d'entrepôt, doivent indiquer aussi la puissance à laquelle appartient le lieu d'où les marchandises sont importées ou à destination duquel elles sont exportées. En cas de doute sur le classement de telle ou telle localité, il en est rendu compte aux directeurs, qui réfèrent au besoin, à l'administration, de la détermination qui a été prise à ce sujet. (*Circ. du 14 janvier* 1841, *nº* 1840.)

Tableau *des puissances et contrées dont le commerce avec la France doit être constaté séparément, et que les expéditions doivent désigner comme origine, provenance ou destination des marchandises.*

	Russie... { *Mer Noire*	1
	{ *Mer Baltique, etc*	2
Europe....	*Suède*	3
	Norwége	4
	Danemarck	5
	Association commerciale allemande	6
	Pays-Bas (y compris le grand-duché de Luxembourg)	7

5° Un état des marchandises nationales transportées d'un port

à l'autre du royaume (*Cabotage*) (1). (*Circ. du* 30 *décembre* 1836, *n*º 1595) ;

6º Un état de l'arrivage et du départ des navires qui effectuent le transport des marchandises, soit entre la France, ses Colonies et l'étranger (2), soit d'un port à un autre du royaume (3).

Voir le tableau qui termine la note 3 ci-après.

(1) A cet effet, les douanes *de départ* forment un état divisé en deux chapitres : le premier présente les marchandises expédiées à destination des ports situés dans la même mer ; le second, celles allant d'une mer dans l'autre. Les ports de destination y sont inscrits dans leur ordre géographique, en prenant par la gauche de chaque direction.

On fournit deux de ces états par année : l'un, qui présente les expéditions effectuées pendant le premier semestre, et l'autre, celles des premier et deuxième semestres réunis. Ils sont envoyés à l'administration, au plus tard, le 20 du mois qui suit immédiatement l'expiration du semestre ou de l'année. Les receveurs principaux réunissent en un seul envoi ce qui concerne leur principalité. Toutefois, dans les cinq grandes douanes, Marseille, Bordeaux, Nantes, le Havre et Rouen, il est accordé aux receveurs jusqu'au 30 pour l'envoi des états de leur propre bureau ; mais ils adressent les états des receveurs subordonnés de leur principalité à l'époque fixée ci-dessus pour les autres receveurs. (*Circ. du* 30 *décembre* 1836, *n*º 1595.)

Voir le tableau qui termine la note 3 ci-après.

(2) Deux états, l'un pour *l'entrée,* l'autre pour *la sortie,* comprennent la totalité des bâtimens, sans exception de ceux qui sont mus par la vapeur. Les bâtimens à vapeur sont repris sur un état spécial. Ces différens états sont adressés à l'administration tous les ans ; mais, comme elle a le plus grand intérêt à connaître les faits au fur et à mesure qu'ils s'accomplissent, on lui fournit tous les mois un *bulletin de navigation,* où l'on reprend successivement les mouvemens des mois précédens, de sorte que le bulletin du mois de décembre présente l'ensemble des opérations de l'année. (*Circ. du* 17 *juin* 1840, *n*º 1814.)

Voir d'ailleurs le tableau qui termine la note suivante.

(3) Il est formé à cet effet un état des bâtimens chargés ou sur lest partis de chaque port à destination des différens ports de France. Les navires à vapeur font l'objet d'un état particulier. Ces états ne sont fournis que tous les six mois ; mais ceux qu'on forme à l'expiration du deuxième semestre comprennent toutes les opérations de l'année ; ils sont réunis par principalités, et doivent

(Circ. du 10 avril 1823, n⁰ 793, et Circ. du 5 janvier 1837,
n⁰ 1597.)

parvenir à l'administration, au plus tard, le 20 du mois qui suit la période à laquelle ils se rapportent. (*Circ. du 5 janvier* 1837, *n⁰* 1597.)

Lorsqu'un navire charge des marchandises à destination de plusieurs ports,
les états ne désignent qu'un seul port, celui où il se rend directement en sortant du port d'expédition. Le port de première escale désigne à son tour le port
de seconde escale, devenu le premier par rapport à lui, et ainsi de suite jusqu'à ce que le navire ait terminé son déchargement. (*Circ. du 22 mars* 1837,
n⁰ 1611.)

Indépendamment des indications sommaires qui précèdent, on donne ici la
nomenclature générale des états de statistique commerciale qui sont fournis à
l'administration. Pour les détails et la formation des élémens qui doivent concourir à la composition de ces états, les employés pourront consulter les circulaires dont les dates et les numéros sont cités à la dernière colonne de la
nomenclature :

FONCTIONNAIRES qui doivent adresser les états.	PÉRIODES pour lesquelles les états sont fournis.	OBJET DES ÉTATS.	SÉRIE et numéros.	DATES des circulaires.
		MARCHANDISES.		
Rec. princ.	Quinzᵉ.	État des quantités de froment étranger impor-tées et réexportées, et des quantités de froment fran-çais exportées.	E, n⁰ 38 *bis.*	Circ. manusc. 10 janv. 1839, n⁰ 2296; 3 oct. 1839, n⁰ 2628.
Directeurs.	Mois.	État général des impor-tations, exportations et réexportations de grains, farines et légumes secs.— Situation des entrepôts. — Circulation des grains, farines et légumes secs, à l'extrême frontière, avec passavans et par voie de cabotage.	E, n⁰ 38.	Circ. manusc. 17 sept. 1839, n⁰ 656.
Idem.	*Idem.*	État des quantités de grains et farines exportées de France pour les Colo-nies françaises.	Manuscrit.	Circ. manusc. 10 mars 1831, n⁰ 653.
Rec. princ.	*Idem.*	État des principales mar-chandises étrangères im-portées en France.	E, n⁰ 38 A.	29 déc. 1837, n⁰ 1666.
Idem.	*Idem.*	État des principales mar-chandises exportées de France.	E, n⁰ 38 B.	2 févr. 1839, n⁰ 1734.

Bulletin de commerce.

219. Les directeurs adresseront chaque mois à l'adminis-

FONCTIONNAIRES qui doivent adresser les états.	PÉRIODES pour lesquelles les états sont fournis.	OBJET DES ÉTATS.	SÉRIE et numéros.	DATES des circulaires.
Rec. princ.	Semest. Année.	État des importations réelles pour la consommation de France (commerce spécial), et état des mêmes importations réunies à celles des marchandises destinées pour l'entrepôt ou le transit (commerce général) (douanes maritimes).	E, nº 44.	8 juill. 1825, nº 925; 14 septembre 1825, nº 940; 17 déc. 1826, nº 1022; 7 déc. 1827, nº 1075; 24 mars 1851, nº 1254.
Idem.	Idem.	État des exportations réelles de l'intérieur du royaume (commerce spécial), et état des mêmes exportations réunies à celles des marchandises d'entrepôt ou de transit (commerce général) (douanes maritimes).	E, nº 45.	Idem.
Idem.	Idem.	État des importations réelles pour la consommation de France (commerce spécial), et état des mêmes importations réunies à celles des marchandises destinées pour l'entrepôt ou le transit (commerce général) (douanes de terre).	E, nº 46.	Idem.
Idem.	Idem.	État des exportations réelles de l'intérieur du royaume (commerce spécial), et état des mêmes exportations réunies à celles des marchandises d'entrepôt ou de transit (comm. général) (douanes de terre).	E, nº 47.	Idem.
Idem.	Idem.	État sommaire des droits de douane perçus à l'entrée et à la sortie.	E, nº 49.	17 déc. 1826, nº 1022; 24 mars 1851, nº 1254.
Idem.	Idem.	État des marchandises françaises en retour de l'étranger ou des Colonies françaises réadmises.	Manuscrit.	30 févr. 1839, nº 1739.

tration un *bulletin de commerce.* (*Circ. du 29 janvier 1839, n° 1732.*)

FONCTIONNAIRES qui doivent adresser les états.	PÉRIODES pour lesquelles les états sont fournis.	OBJET DES ÉTATS.	SÉRIE et numéros.	DATES des circulaires.
Rec. princ.	Semest. Année.	Etat spécial du quart revenant au Trésor sur les sommes consignées pour assurer le retour à l'étranger des voitures de voyageurs et des sels provenant de saisies.	Manuscrit.	10 nov. 1831, n° 1284.
Idem.	*Idem.*	Etat des laines importées.	OC, n° 196.	Circ. lith. du 22 av. 1828.
Directeurs.	*Idem.*	Etat de situation des entrepôts.	E, n° 5.	2 nov. 1836, n° 1576.
Rec. princ.	*Idem.*	Etat des mutations d'entrepôt et des marchandises transbordées.	E, n° 54.	2 nov. 1836, n° 1576; 20 août 1841, n° 1846.
Idem.	*Idem.*	Etat de transit.—Sortie.	E, n° 53 *bis.*	2 nov. 1836, n° 1576.
Rec. princ. et subord.	*Idem.*	Etat des marchandises expédiées par cabotage.	E, n° 45 *bis.*	30 déc. 1836, n° 1595.
Idem.	*Idem.*	Etat des mouvemens du cabotage par bâtimens à vapeur.	E, n° 45 *ter.*	22 déc. 1838, n° 1725.
Rec. princ.	Par jour.	Bulletin des exportations qui ont eu lieu par le bureau d pendant la journée du avec expédition de la douane de Paris ou de Lyon.	E, n° 51.	17 déc. 1826, n° 1022.
Rec. princ. et subord.	Mois.	NAVIRES. Bulletin par pavillons du mouvement de la navigation à la voile et à la vapeur.	E, n° 2 B.	
	Année.	Etat par puissance des navires français et étrangers à voile et à vapeur. (Entrée.) Colonies et pêche de la morue et de la baleine.	E, n° 1.	17 juin 1840, n° 1814.
	Idem.	Etat par puissances *idem.* (Sortie.)	E, n° 1 *bis.*	
	Idem.	Etat par puissance des bâtimens à vapeur. (Entrée.)	E, n° 1 *ter.*	

Les bulletins de commerce présenteront les subdivisions suivantes : *Navigation*, *Importations*, *Exportations*, *Transit*, *Entrepôts*, *Sels*. Les directeurs qui ont dans leur ressort quelque centre important d'industrie, quelque branche particulière de commerce, en feront l'objet d'articles spéciaux (*Circ. du 29 janv.* 1839.) (1).

FONCTIONNAIRES qui doivent adresser les états.	PÉRIODES pour lesquelles les états sont fournis.	OBJET DES ÉTATS.	SÉRIE et numéros.	DATES des circulaires.
Receveurs principaux et subordonnés.	Année.	Etat par puissance des bâtimens à vapeur. (Sortie.)	E, n° 1 *quat.*	17 juin 1840, n° 1814.
	Idem.	Etat des navires expédiés par cabotage et petite pêche.	E, n° 2.	5 janv. 1837, n° 1597 ; 22 mars 1837, n° 1611.
	Idem.	Etat des bâtimens à vapeur expédiés par cabotage.	E, n° 2 A.	
	Idem.	Etat des navires qui ont effectué des opérations de commerce dans différens ports étrangers.	E, n° 2 C.	17 juin 1840, n° 1814.
	Idem.	Etat des navires qui ont effectué des opérations de commerce dans différens ports français.	Manuscrit.	

(1) C'est par la comparaison des résultats du mois courant, et cumulativement des mois écoulés avec les périodes correspondantes de l'année ou des années précédentes , que doivent être mises en lumière les variations survenues d'une période à l'autre, tant dans la quotité des recouvremens effectués que dans la quantité ou la valeur des produits importés ou exportés. A côté des chiffres se place nécessairement l'appréciation raisonnée des causes réelles ou probables qui ont amené ces variations. (*Circ. du 29 janvier* 1839, *n°* 1732.)

Les directeurs chargés de la rédaction des bulletins puisent, en dehors de l'administration comme au dedans, à toutes les sources qu'ils jugent propres à faire jaillir quelque lumière, et mettent sous les yeux de l'administration, à l'appui de leurs bulletins, ceux des documens fournis par leurs principaux collaborateurs qui leur paraissent avoir de l'importance. (*Même Circ.*)

Les *bulletins de commerce* ne dispensent pas les chefs de service de présenter dans leurs rapports mensuels le tableau de comparaison des recettes, et de discuter *sommairement* les causes des variations survenues. (*Circ.* du 17 *janvier* 1840, *n°* 1790.)

Ces bulletins sont adressés à l'administration sous le timbre de la quatrième division (*Circ. n°* 1790), et dans la quinzaine qui suit le mois auquel ils se rapportent. (*Circ. n°* 1732.)

LIVRE III.

CHAPITRE PREMIER.

IMPORTATIONS PAR MER.

SECTION PREMIÈRE,

DU MANIFESTE ET DE L'ENTRÉE DES NAVIRES DANS LES PORTS.

Manifeste.

220. Aucune marchandise ne sera importée par mer, soit d'un port étranger, soit d'un port français, sans un manifeste signé du capitaine, qui exprimera la nature de la cargaison, avec les marques et numéros, en toutes lettres, des caisses, balles, barils, boucauts, etc. (1). (*Loi du 4 germinal an 2, tit. 2, art.* 1er.)

221. Il est défendu de présenter comme unité dans les manifestes plusieurs ballots ou autres colis, fermés, réunis, de quelque manière que ce soit, à peine de confiscation et d'une amende

---

(1) En temps de guerre, les navires neutres restent soumis aux lois générales sur les manifestes. (*Arrêté du 27 thermidor an 5.*)

On ne peut tolérer que, pour éluder les lois d'un pays ami, certaines marchandises ne soient point comprises sur le manifeste. (*Déc. adm. du 12 janvier* 1857.)

Il y a lieu de verbaliser contre un capitaine dont le manifeste n'indique ni les marques ni les numéros des colis. (*Déc. adm. du 21 mai* 1839.)

Aux termes des conventions conclues avec l'Espagne, et particulièrement des articles 4 et 8 de celles de 1768 et de 1786, les dispositions générales des articles 1, 2 et 3 du titre 2 de la loi du 4 germinal an 2 ne sont point applicables aux navires espagnols. (*Déc. adm. du 12 septembre* 1840.)

Voir le n° 223 pour la remise du manifeste à la douane;

Les n°s 232 et suivans pour le manifeste des marchandises prohibées;

Et le livre V pour le cabotage.

de 100 fr., conformément à l'article 20, titre 2, de la loi du 22 août 1791 (1). (*Loi du 27 juillet* 1822, *art.* 16.)

Les manifestes des navires qui doivent être fournis aux douanes sont affranchis du timbre. (*Loi du 2 juillet* 1836, *art.* 7.)

222. Le capitaine, arrivé dans les quatre lieues de la côte, remettra, lorsqu'il en sera requis, une copie du manifeste au préposé qui viendra à son bord, et qui en visera l'original (*Loi du 4 germinal an 2, tit. 2, art. 3.*) (2).

Port de destination.

223. Les capitaines et maîtres de bâtimens, étant rendus au port de leur destination, seront tenus, sous peine d'amende de 500 fr., de donner, dans les vingt-quatre heures de leur arrivée, la déclaration de leur chargement (3), laquelle demeurera au bu-

---

(1) La disposition ci-dessus s'applique non seulement aux colis réunis en fardeaux au moyen d'une ligature, mais encore aux balles, ballots, caisses, ou autres colis, renfermés sous une enveloppe commune. (*Déc. adm. du 27 février* 1840.)

L'article 16 de la loi du 27 juillet 1822 concerne les marchandises prohibées aussi bien que celles qui ne le sont point. La confiscation qu'il prononce ne porte pas seulement sur les colis qui excèdent l'unité, mais sur la totalité des marchandises contenues dans le colis multiple. (*Déc. adm. du 23 juillet* 1839.)

(2) Cet article a été reproduit au livre IV, chapitre Ier, *Police des côtes*, n° 335, où se trouvent diverses dispositions qu'il est utile de consulter.

(3) C'est le manifeste *original*, celui que le capitaine avait en mer et qui a pu être visé par les préposés (n° 222) qui doit être remis à la douane, à titre de déclaration du chargement, sauf à l'accompagner d'une traduction authentique, s'il n'est pas écrit en français. (*Déc. adm. du 29 janvier* 1838.)

On ne peut exiger, en outre, que le capitaine dépose une copie de ce manifeste, à titre de déclaration *sommaire ou de gros*. (*Déc. adm. du 30 décembre* 1840.)

Le capitaine doit mettre son manifeste d'accord avec sa cargaison, à son départ du dernier port qu'il a fréquenté, ou, au plus tard, pendant la traversée, mais toujours avant d'entrer dans les quatre lieues des côtes; car une copie de cet acte pouvant lui être réclamée dans ce rayon, il ne saurait avoir la faculté de le modifier à son arrivée dans le port, ni de remettre à la douane un autre manifeste que celui qu'il avait en mer, et que les préposés ont visé ou pu viser. (*Déc. adm. du 15 mars* 1838.)

Pour les navires mis en quarantaine, le dépôt du manifeste à la douane n'est exigible que dans les vingt-quatre heures qui suivent leur admission à la libre pratique. (*Déc. adm. du 16 décembre* 1828.)

Quand la quarantaine a lieu dans l'enceinte du port, il convient de récla-

reau, sera transcrite sur le registre et signée d'eux ; et dans le cas où ils ne sauraient pas signer, il en sera fait mention sur le registre (1). La déclaration des bâtimens devra être faite, quand même ils seraient sur lest. (*Loi du* 22 *août* 1791, *tit.* 2, *art.* 5.)

Dépôts des papiers de bord.

224. Les actes de francisation et congés seront, dans les vingt-quatre heures de l'arrivée du bâtiment, déposés au bureau, et y

---

mer l'exhibition du manifeste par l'intermédiaire des agens de la santé. (*Déc. adm. du* 16 *décembre* 1828.)

Les capitaines français, venant de l'étranger, peuvent remettre à la douane un manifeste écrit en langue étrangère, pourvu qu'il soit accompagné d'une traduction authentique. (*Déc. adm. du* 3 *septembre* 1840.)

Le capitaine étranger qui, parlant et écrivant en français, peut agir par lui-même, sans l'intervention d'un courtier, est autorisé à remettre un manifeste original écrit en français, ou un manifeste étranger appuyé d'une traduction qu'il signe et dont il affirme l'exactitude. (*Déc. adm. du* 15 *mars* 1838.)

Voir le n° 220 de la présente section, et le livre IV, chapitre 1er, *Police des côtes.*

(1) Lorsqu'un navire arrive au port de sa destination avec un chargement, il y a toujours lieu de faire à la douane deux déclarations distinctes : l'une, dite déclaration *en gros*, doit être faite dans les vingt-quatre heures, et n'est autre chose que la transcription du manifeste dont le capitaine du navire est toujours porteur ; l'autre est la déclaration *en détail*, qui doit être faite dans les trois jours de l'entrée du navire par chacun des intéressés à la cargaison.

Ces deux déclarations donnent lieu à deux sortes de visites.

La première, celle qui se fait d'après le manifeste et sur le navire même, est purement sommaire : elle n'a pour objet que de s'assurer si les colis sont en même nombre, et si leur contenu est de même nature que ceux indiqués au manifeste. Le soin de procéder à cette visite concerne uniquement les préposés du service actif qui prennent la surveillance du navire dès le moment de son entrée dans le port, et sont même placés à bord toutes les fois qu'il y a possibilité.

La vérification du poids, de l'espèce des marchandises, etc., à laquelle il est procédé d'après la déclaration en détail, est une opération intérieure de douane, et appartient essentiellement aux employés de bureau; ceux de brigades n'y concourent, dans certains cas, que pour constater plus sûrement l'exactitude des pesées. (*Circ. du* 7 *novembre* 1822, *n°* 763.)

Ainsi la visite des bâtimens est entièrement du ressort des employés du service actif, avant, pendant et après le déchargement. Les vérificateurs ou autres employés de bureau n'auraient à y prendre part que par exception, ou s'ils avaient reçu quelque avis de fraude; mais, dans ce cas, le droit de visiter le navire concurremment avec eux existerait toujours pour les chefs et préposés de brigades commis à sa garde. (*Déc. adm. du* 4 *juin* 1829.)

Dans les petits ports où la brigade n'est sous les yeux d'aucun chef, l'ins-

resteront jusqu'au départ. (*Loi du 27 vendémiaire an 2, art.* 28.)

Le registre pour entrée et sortie des bâtimens (1) contiendra la date d'arrivée ou de départ; l'espèce, le nom du bâtiment, le nom du capitaine, le nombre des officiers et matelots, la nation dont ils sont, le lieu d'arrivée ou de destination; la date et le numéro du manifeste général des cargaisons, qui 'sera signé et déposé par les capitaines dans les vingt-quatre heures de l'arrivée et avant le départ, distinctement, et outre les déclarations à faire par les consignataires et parties intéressées à la cargaison, pour acquitter les droits. (*Loi du 27 vendémiaire an 2, art.* 38.)

Infractions au manifeste.

225. Si le manifeste n'est pas exhibé, si quelques marchandises n'y sont pas comprises, ou s'il y a différence entre les marchandises et le manifeste, le capitaine sera personnellement condamné à une amende égale à la valeur des marchandises omises ou différentes, et à une amende de 1,000 fr. (2). (*Loi du 4 germinal an 2, tit. 2, art. 2.*)

226. Dans le cas où les balles, ballots, caisses et futailles se

---

pecteur, ou le sous-inspecteur divisionnaire, peut adjoindre le receveur aux préposés, afin de prévenir les erreurs que ceux-ci pourraient commettre dans la visite des bâtimens. (*Circ. n°* 763.)

A moins de circonstances particulières qui feraient présumer l'existence de la fraude, la visite ou reconnaissance sommaire du chargement n'a lieu qu'après la remise du manifeste à la douane. (*Déc. adm. du 4 février* 1828.)

(1) Toute communication étant interdite aux navires qui sont en quarantaine, la douane ne doit les considérer comme définitivement entrés dans le port, et les inscrire sur ses registres, que lorsque, admis à la libre pratique, elle peut communiquer avec eux, et s'assurer, si elle le juge nécessaire, de l'exactitude des déclarations prescrites par la loi. (*Déc. adm. du* 31 *mars* 1840.)

(2) Les marchandises omises ou différentes peuvent être retenues, ainsi que le bâtiment, pour sûreté des condamnations encourues, attendu que l'article 4 du titre 2 de la loi du 22 août 1791, qui autorise cette retenue, ne contient rien de contraire à l'article 2 du titre 2 de la loi du 4 germinal an 2. (*A. de C. du* 11 *floréal an* 9, *et Déc. adm. des* 14 *floréal an* 10 *et* 14 *août* 1857.)

Quand l'omission au manifeste porte à la fois sur des marchandises prohibées et sur des marchandises tarifées, il faut requérir simultanément dans le procès-verbal l'application des pénalités édictées par les articles 2 et 10 (n° 1312) du titre 2 de la loi du 4 germinal an 2. (*Déc. adm. du* 20 *février* 1841.)

trouveraient en moindre nombre que celui porté au *manifeste* (1), les maîtres des bâtimens seront condamnés en 300 fr. d'amende pour chaque ballot, balle, caisse ou futaille manquant; pour sûreté de laquelle amende les bâtimens de mer seront retenus (*Loi du 22 août* 1791, *tit.* 2, *art.* 22.) (2).

Livre de bord.

227. Les capitaines de navires seront tenus, à leur entrée dans les ports, de présenter aux employés des douanes, dès que ceux-ci aborderont le navire, le journal de bord, lequel sera visé au bas de la dernière ligne d'écriture par le chef ou l'un des préposés des douanes (3). (*Loi du 2 juillet* 1836, *art.* 7.)

Les livres de bord seront affranchis du timbre. (*Loi du 20 juillet* 1837, *art.* 4.)

Marine royale.

228. Les capitaines et commandans des vaisseaux de guerre et de tous autres bâtimens employés au service de la marine

---

(1) C'est le mot *déclaration* qu'on lit dans l'article 22 de la loi de 1791, dont le texte complet est reproduit sous le nº 139 ; mais la loi du 4 germinal an 2 ayant substitué le *manifeste* à la déclaration précédemment exigée du capitaine, il est évident que l'article 22 précité reste applicable à l'acte qui tient lieu de la déclaration.

(2) Les agens des douanes vérifient, soit à bord du navire, avant ou pendant le déchargement, soit à terre, lors du débarquement des colis, si l'énoncé du manifeste est vrai dans toutes ses parties ; et toute contravention, soit réunion de colis présentée comme unité, soit excédant ou déficit de colis, soit différence dans la nature des marchandises, est à la charge du capitaine.

Les planches de bois, mâts, barres de fer et autres objets de même nature ne peuvent être assimilés à autant de *colis*, et le déficit reconnu sur le nombre de ces objets ne saurait donner lieu à l'amende édictée par l'article 22 du titre 2 de la loi du 22 août 1791. Il en serait autrement, à l'égard des barres de fer, si, réunies en plus ou moins grande quantité sous une ligature, le *nombre* de ces fardeaux avait été porté sur le manifeste. (*Déc. adm. du* 15 *juin* 1841.)

(3) Si les capitaines négligent de faire viser le journal du bord ou refusent de l'exhiber au préposé qui aborde le navire, la douane, à défaut de moyens coercitifs, se borne à les signaler à la chambre de commerce de l'arrondissement. (*Déc. adm. du* 21 *septembre* 1856.)

L'obligation d'avoir à bord un registre coté et paraphé est imposée aux capitaines par l'art. 224 du Code de commerce. Beaucoup d'entre eux, et principalement ceux qui font le cabotage, ne se conforment pas toujours à cette disposition ; mais il n'appartient pas à la douane d'en surveiller l'exécution. (*Déc. adm. du* 29 *janvier* 1838.)

royale seront tenus de remplir, soit à l'entrée, soit à la sortie, toutes les formalités auxquelles sont assujettis les capitaines ou maîtres de navires marchands, et ce, sous les mêmes peines, sans néanmoins que les bâtimens appartenant à l'État puissent être retenus sous aucun prétexte (*Loi du 22 août* 1791, *tit.* 2, *art.* 7.) (1).

Paquebots à vapeur appartenant à l'État.

229. Les paquebots à vapeur seront construits de manière à porter au besoin de l'artillerie et à recevoir des marchandises. Dans ce dernier cas, le gouvernement pourra les faire commander, soit par des officiers de la marine royale, soit par des capitaines au long cours. (*Loi du 14 juin* 1841, *art.* 3.)

Lorsque le commandement sera exercé par des officiers de la marine royale, il sera placé à bord de chacun de ces bâtimens un agent commissionné par l'administration, et qui sera spécialement chargé de tous les détails du service en ce qui concerne le transport des passagers, des marchandises, des matières d'or et d'argent, et des correspondances. (*Lois des* 16 *juillet* 1840, *art.* 4, *et* 14 *juin* 1841, *art.* 5.)

Des ordonnances royales règleront la nomenclature des marchandises qui pourront être reçues à bord des paquebots à vapeur régis au compte de l'État. (*Loi du 14 juin* 1841, *art.* 7.)

Ces paquebots seront assimilés aux bâtimens de la marine royale. (*Même Loi, art.* 8.)

Restriction de tonnage.

230. Les marchandises prohibées à l'entrée, celles dont la prohibition a été levée par la loi du 2 juillet 1836, ou qui cesseraient d'être prohibées à l'avenir, ainsi que les marchandises désignées par l'article 22 de la loi du 28 avril 1816, pourront arriver dans les ports qui leur sont ouverts (2) par des navires de 40 tonneaux ou plus (3). (*Loi du 5 juillet* 1836, *art.* 7.)

---

(1) Cette disposition générale n'est appliquée aux navires de l'État qu'autant qu'ils servent à un transport de marchandises. (*Déc. adm. du 3 octobre* 1838.) — *Voir* d'ailleurs le n° 341.

(2) *Voir*, pour les marchandises désignées par l'art. 22 de la loi de 1816, le n° 280.

(3) Les marchandises prohibées peuvent être importées à Bayonne par des

231. Les maîtres et capitaines des bâtimens de mer au-dessous de ce tonnage, qui aborderaient, hors le cas de relâche forcée, avec les marchandises ci-dessus désignées, même dans les ports ouverts à leur importation, encourront l'amende prononcée par l'article 23 de la loi du 9 février 1832 (1), ou, s'il s'agit de marchandises comprises dans l'article 22 de la loi du 28 avril 1816, l'amende portée par l'article 36 de la loi du 21 avril 1818 (2). (*Même Loi, article 7.*)

Manifeste du prohibé.

232. Les marchandises prohibées arrivant par mer devront être portées au manifeste sous leur véritable dénomination par *nature, espèce* et *qualité* (*Loi du 9 février 1832, art. 4.*) (3).

---

navires de 50 tonneaux, et les marchandises dénommées en l'article 22 de la loi du 28 avril 1816 y sont admissibles par des navires de 20 tonneaux, lorsqu'elles proviennent du littoral situé entre cette ville et le cap Finistère. (*Circ. du 14 avril* 1838, *n°* 1679.)

Dans les ports de la Méditerranée, des navires de 50 tonneaux suffisent pour les marchandises comprises dans l'article 22 de la loi du 28 avril 1816; on peut même se servir de navires de 20 tonneaux, lorsque ces marchandises sont importées des côtes méditerranées d'Espagne. (*Même Circ.*)

Le tonnage de rigueur est réduit de deux cinquièmes en faveur des bateaux à vapeur. (*Déc. min. du 4 août* 1841.)

Ainsi, dans les différens cas prévus par la loi de 1836 et par la circulaire n° 1679, le tonnage des bâtimens à vapeur se trouve réduit de 40 tonneaux à 24, de 30 à 18 et de 20 à 12. (*Circ. du 16 août* 1841, *n°* 1866.)

Le tonnage d'un bâtiment s'établit pour les navires français par l'acte de francisation, en tant qu'il n'y a pas lieu de s'inscrire contre l'exactitude du jaugeage qui lui a servi de base; et pour les navires étrangers, par le jaugeage qui a lieu au port d'arrivée, si déjà le navire n'est muni d'un passeport relatant une jauge constatée par la douane, et contre la certitude de laquelle il ne s'élève aucun soupçon. (*Circ. du 14 mars* 1817, *n°* 257.)

La condition de tonnage n'est pas de rigueur pour les objets que les passagers ont avec eux comme provisions de voyage ou échantillons.

(1) *Voir* cet article 23 au n° 234 ci-après.

(2) C'est-à-dire une amende de 500 fr., pour sûreté de laquelle le navire et les marchandises peuvent être retenus.

(3) Toutefois on peut considérer comme réguliers les manifestes qui désignent la *nature* des marchandises, lorsque cette désignation suffit pour indiquer qu'il s'agit d'objets prohibés, comme, par exemple, *draperies, draps, étoffes* ou *tissus de laine; percales, calicots, cotonnades; étoffes, toiles, piquées* ou *tissus de coton; ouvrages en fer,* etc. (*Circ. du 28 septembre* 1839, *n°* 1776.)

Voir au n° 516 le texte entier de l'article 4 cité ci-dessus et les pénalités applicables en cas d'infraction.

Importations accidentelles du prohibé.

233. Lorsque des marchandises prohibées inscrites au manifeste seront accidentellement importées dans les ports qui ne sont pas ouverts à leur importation, on observera à leur égard les règles ci-après :

DANS LES PORTS D'ENTREPÔT RÉEL.

N° 1er. Si le bâtiment est de 100 tonneaux et au-dessus (1), si les marchandises prohibées chargées à bord sont portées au manifeste sous leur véritable dénomination, par *nature*, *espèce* et *qualité*, et si elles n'excèdent pas le dixième de la valeur du chargement, elles seront mises en dépôt sous la seule clef de la douane, à charge par le capitaine ou le consignataire de les réexporter dans le délai de quatre mois.

N° 2. Si, n'excédant pas le dixième, elles ne sont indiquées au manifeste que par *nature*, elles devront être déposées en douane pour être réexportées par le même navire, s'il retourne à l'étranger, ou, s'il n'y retourne pas, par le premier bâtiment du tonnage requis sortant du port; et ce, dans un délai qui ne pourra excéder un mois.

N° 3. La disposition du n° 2 sera appliquée aux bâtimens au-dessous de 100 tonneaux qui auront moins du dixième de leur chargement en marchandises prohibées, même lorsque ces marchandises auront été portées au manifeste par *nature*, *espèce* et *qualité* (2).

N° 4. Quelque soit le tonnage du navire, et de quelque manière que les marchandises aient été déclarées, si elles excèdent

---

(1) Cette disposition n'a pas été modifiée par l'article 7 de la loi du 5 juillet 1836 (n° 230), qui, en réduisant à 40 tonneaux le tonnage de rigueur, n'a statué qu'à l'égard des *ports ouverts* aux marchandises prohibées. (*Déc. adm. du 9 décembre* 1840.)

(2) Cet article n'est pas *littéralement* applicable dans les ports ouverts aux marchandises prohibées. Mais comme le renvoi immédiat à l'étranger des marchandises incomplètement décrites au manifeste ou importées par des navires de moins de *quarante* tonneaux pourrait, dans certains cas, occasionner de graves dommages au commerce, l'administration a décidé, le 18 février 1837, que les dispositions plus favorables des *nombres* 2 et 3 seraient étendues aux ports d'entrepôt du prohibé.

le dixième, le bâtiment sera contraint à reprendre la mer immédiatement et sans avoir fait aucune opération.

DANS LES PORTS OU IL N'Y A PAS D'ENTREPÔTS.

N° 5. La disposition qui précède (n° 4) sera appliquée, sauf le cas de relâche forcée valablement établie, aux bâtimens de tout tonnage, et quelle que soit la proportion des marchandises prohibées qu'ils auront à bord. (*Loi du 9 février* 1832, *art.* 22.)

234. Dans tous les cas prévus par l'article précédent, le capitaine ou conducteur d'un navire au-dessous de 100 tonneaux, qui sera entré dans un port quelconque avec des marchandises prohibées, sauf le cas de relâche forcée valablement établi, sera passible d'une amende de 1,000 fr., pour sûreté de laquelle ledit navire et toute sa cargaison pourront être retenus. (*Même Loi, art.* 23.)

235. Dans les cas où l'article 22 de la loi du 8 février 1832 autorise le dépôt, il y aura lieu à la perception d'un droit de magasinage de 1 pour 100 de la valeur des marchandises; et si lesdites marchandises ne sont pas réexportées ainsi qu'il est prescrit, il en sera disposé conformément à l'article 14 de la loi du 17 mai 1826 (1). (*Loi du 9 février* 1832, *art.* 24.)

Escales volontaires.

236. Les capitaines ou maîtres de vaisseaux, bateaux et autres bâtimens qui abordent dans un port de mer avec destination pour un autre port du royaume (2), seront tenus de représenter aux préposés de la police du commerce extérieur, lorsqu'ils se rendront à bord, le manifeste ou état général de leur chargement. Ils devront encore, dans les vingt-quatre heures de leur arrivée (3), faire au bureau de la régie une déclaration som-

---

(1) *Voir*, pour les suites du dépôt, le livre X, chapitre xix.

(2) Bien que l'article 4 ci-dessus suppose que le navire est destiné pour un autre port de France, il s'applique néanmoins à tous les bâtimens, quelle que soit leur destination ultérieure; règle conforme d'ailleurs à l'article 6 du titre 1er de la même loi, rapporté au numéro suivant. (*Déc. adm. du* 1er *juillet* 1854.)

(5) Si la relâche dure moins de vingt-quatre heures, les capitaines sont tenus, d'après l'article 38 de la loi du 27 vendémiaire an 2 (n° 224), d'effectuer

maire, contenant le nombre des caisses, balles, ballots et tonneaux de leur chargement (1); représenter leurs chartes-parties, connaissemens ou polices de chargement; indiquer le port de leur destination ultérierre, et prendre certificat du tout des préposés de l'administration, à peine de 500 fr. d'amende, pour sûreté de laquelle les bâtimens et marchandises seront retenus (2). Le délai de vingt-quatre heures fixé ci-dessus ne courra point les jours de dimanche et fêtes. (*Loi du 22 août 1791, tit. 2, art. 4.*)

Marchandises restant à bord.

237. Seront exemptes des droits d'entrée et de sortie (3), les marchandises et denrées apportées de l'étranger dans un port du royaume, lorsqu'étant destinées pour l'étranger ou pour un autre port de France, elles seront déclarées devoir rester à bord, et qu'elles ne seront pas déchargées des navires; à la charge de justifier de leur destination ultérieure (4). (*Loi du 22 août 1791, tit. 1ᵉʳ, art. 6.*)

Disposition générale.

238. Lorsque l'exécution des formalités prescrites par les

---

la remise de la déclaration sommaire avant leur départ. Cet article 38 n'a fait, au surplus, que consacrer une interprétation déjà suivie pour l'exécution de l'ordonnance de la marine de 1681. Le commentaire de Valin sur l'article 6, titre 10, du livre Iᵉʳ de cette ordonnance, relatif aux bâtimens en relâche, porte en effet que *la déclaration est due par le seul fait de l'entrée et de l'ancre jetée dans le port, quelque peu de temps que le navire y reste.* (*Déc. adm. du 1ᵉʳ juillet* 1834.)

(1) La déclaration sommaire n'est autre chose qu'une copie du manifeste prescrit par la loi du 4 germinal an 2. (*Même Déc.*)

Cette copie est signée par le capitaine ; mais rien ne l'oblige à attendre qu'elle soit enregistrée, et, dès qu'il l'a remise et qu'il en a reçu certificat, il peut reprendre la mer. (*Même Déc.*)

(2) *Voir* le nᵒ 238 pour le cas où les droits de la marchandise ne s'élèvent pas à 3 fr.

(3) Cet article s'applique aux marchandises prohibées comme à celles qui ne le sont point. (*Déc. adm. du* 19 *octobre* 1838.)

(4) *Cette justification résulte des papiers de bord, tels que connaissemens, chartes-parties, etc. (Même Déc.)*

La douane désigne sur ces papiers la partie du chargement mise à terre au port de prime-abord. (*Déc. adm. du 16 mars* 1841.)

articles 4, 5, 6 et 13 du présent titre (1), ne concernera que des marchandises et denrées exemptes de droits, ou dont les droits ne s'élèveraient pas à 3 francs, les contrevenans seront seulement condamnés à l'amende de 50 francs, pour sûreté de laquelle, partie des marchandises, pourra être retenue jusqu'à ce que ladite amende ait été consignée, ou qu'il ait été fourni caution solvable de la payer. (*Loi du 22 août* 1791 *tit.* 2, *art.* 30.)

SECTION II.

RAPPORT DE MER.

239. Les *capitaines et maîtres des navires seront tenus*, dans les vingt-quatre heures de leur arrivée, de faire leur rapport à la douane dans les cas ci-après (2). (*Loi du 22 août* 1791, *tit.* 6, *art.* 1er, *et Déc. adm. du 21 janvier* 1834.) (3) :

---

(1) L'article 30 ci-dessus désignait en outre les articles 1, 2 et 3 du même titre, relatifs aux opérations par la fontière de terre; mais un arrêt de la Cour de cassation du 20 janvier 1841, confirmatif de la jurisprudence constamment suivie par l'administration, a décidé que la disposition de cet article, qui réduit, en certains cas, à 50 fr. d'amende sans confiscation la pénalité applicable aux contraventions dans lesquelles le droit fraudé ne s'élève pas à 3 fr., avait été abrogée, dans tous les cas d'importation et d'exportation par terre, par l'article 4 du titre 3 de la loi du 4 germinal an 2.

(2) Indépendamment du rapport exigé par les lois spéciales de douanes, le capitaine est tenu, d'après les articles 242 et 243 du Code de commerce, de faire un rapport au greffe du tribunal du commerce, ou, s'il n'y a pas de tribunal, au juge de paix de l'arrondissement.

L'article 248 du même Code défend au capitaine, hors le cas de péril imminent, de décharger aucune marchandise avant d'avoir fait son rapport; et l'article 14 de la loi du 10 avril 1825 le condamne, en cas d'infraction avec intention frauduleuse, à la peine de la réclusion. Mais la douane, quand on s'est mis en règle à son égard, n'est pas autorisée à refuser le permis de débarquement au capitaine qui n'a pas rempli les formalités prescrites par les art. 242 et 243 du Code de commerce. (*Déc. min. du* 13 *mai* 1834.)

Les obligations résultant de ces articles 242 et 243 ne doivent point être imposées aux capitaines étrangers. (*Circ. du min. de la justice aux procureurs généraux, du* 12 *septembre* 1833.)

(3) Le rapport fait à la douane indique le nom du bâtiment et son tonnage, le port auquel il appartient, le nom du capitaine, la nature du chargement, le lieu du départ, la route suivie. Les faits y sont exposés suivant la déposi-

1º Pour établir les causes des relâches forcées, ou la nécessité de débarquer des marchandises ailleurs que dans l'enceinte du port (*Loi du 22 août 1791, tit. 6, art. 1er, et tit. 13, art. 9.*) ;

2º Pour justifier des retards ou fortunes de mer qui ont empêché de faire décharger les acquits-à-caution dans les délais prescrits (*Loi du 4 germinal an 2, tit. 7, art. 2.*) ;

3º Pour justifier des avaries éprouvées en mer et jouir des immunités qui peuvent en résulter (*Loi du 21 avril 1818, art. 51, relativement aux marchandises en général, et Décret du 11 juin 1806, art. 13, en ce qui concerne les sels.*) ;

4º Pour profiter des franchises attachées à la pêche nationale (*Ord. des 26 avril 1833 et 2 septembre 1836.*) ;

5º Pour établir la provenance en droiture des Colonies françaises ou de certaines contrées, en tant qu'on réclame l'application du privilége colonial et autres, ou les modérations de droits que présente le tarif selon les lieux de chargement (1) (*Déc. adm. du 10 janvier 1840.*) ;

6º Et généralement pour obtenir l'effet d'une disposition favorable subordonnée aux circonstances de la navigation. (*Même Déc.*)

240. Il sera alloué, pour les expéditions de rapports que réclameront les capitaines ou autres intéressés, 1 fr. 50 c. par

---

tion verbale du capitaine ou du principal déclarant ; on distingue ceux qu'il n'établit que par son témoignage de ceux qu'il justifie par des pièces. Il affirme ensuite et signe sa déclaration. Aussitôt après la rédaction du rapport, les principaux matelots de l'équipage sont appelés et interrogés sur les faits ; on leur en donne lecture, et l'on dresse l'acte de leur déposition qu'ils affirment et signent également. Les receveur et commis à la navigation qui dressent les rapports de mer doivent s'abstenir d'y exprimer leur opinion particulière. (*Circ. min. du 5 décembre* 1812.)

Le livre de bord, dont la douane peut réclamer la communication, doit être rendu au capitaine immédiatement après qu'il en a été fait usage.

Si des pièces annexées au rapport déposé au greffe du tribunal de commerce étaient jugées nécessaires par la douane, le greffier pourrait en délivrer des expéditions. (*Déc. du min. de l'intér. du 4 mars* 1808 ; *Circ. du 5 du même mois.*)

(1) Le privilége colonial est subordonné par les lois des 17 juillet 1791, 21 avril 1818 et 27 juillet 1822, à la preuve que le navire revient directement des Colonies, et n'a pas touché à l'étranger, ou qu'il n'y a fait ni débarquement ni embarquement de marchandises. Aux termes de la loi du 28 avril 1816, et autres rendues depuis, l'application des droits différentiels dépend également de la provenance en droiture de certaines contrées.

rôle de vingt-cinq lignes à la page et de quinze syllabes à la ligne (1). (*Circ. du 27 juillet* 1837, *n°* 1641.)

SECTION III.

DÉCLARATION, DÉBARQUEMENT ET VISITE.

241. Trois jours (2) après l'arrivée du bâtiment, l'armateur (3) ou consignataire donnera par écrit et signera l'état des marchandises qui lui appartiennent ou qui lui seront consignées, en spécifiant les marques, nombre et contenu des balles, caisses, etc., les quantités et qualités, avec évaluation des objets sur lesquels le droit est perceptible à la valeur. (*Loi du 4 germinal an 2, tit. 2, art. 4.*)

242. Les règles générales reproduites aux chapitres ii, iv et vi du IIe livre, et, auxquelles il importe de se reporter, peuvent se résumer de la manière suivante :

Déclaration.

1°. Indépendamment des indications ci-dessus, la déclaration

---

(1) On doit toujours donner quittance de la somme reçue, au bas de chaque expédition.

La répartition du produit de cette rétribution a été réglée ainsi qu'il suit:

Dans les bureaux subordonnés, où il ne se trouve qu'un receveur, cet employé conserve nécessairement l'émolument intégral ;

Dans les bureaux subordonnés, composés de plusieurs employés, demi-part au receveur qui collationne et signe l'expédition, et demi-part à l'employé qui fait cette expédition ;

Dans les bureaux principaux, où il n'existe pas de commis principal à la navigation, demi-part pour le receveur, et demi-part pour l'expéditionnaire ;

Dans les bureaux où il existe un commis principal qui fait à lui seul tout ce qui se rattache au travail de la navigation, la rétribution tout entière lui est dévolue;

Enfin, dans les bureaux principaux où il existe une section de navigation, composée de plusieurs employés, demi-part pour le commis principal à à la navigation, et demi-part à l'employé qui a fait l'expédition. (*Circ. du 27 juillet* 1837, *n°* 1641.)

(2) Si le troisième jour est férié, il ne compte pas.

(3) Le capitaine est de droit le représentant de l'armateur, et peut légalement produire en douane la déclaration de détail. (*Déc. adm. du 9 décembre* 1835.)

doit désigner les lieux de chargement et de destination ; le nom du navire et celui du capitaine. (*Loi du 22 août* 1791, *tit.* 2, *art.* 9.)

2º. La déclaration du poids n'est pas exigée pour les marchandises sujettes à coulage. (*Loi du 22 août* 1791, *tit.* 2, *art.* 19.)

3º. Il est défendu de déclarer comme unité plusieurs colis réunis. (*Loi du 27 juillet* 1822, *art.* 16.)

4º. Les déclarations sont affranchies du timbre. (*Loi du 2 juillet* 1836, *art.* 7.)

5º. Elles doivent être enregistrées. (*Loi du 4 germinal an 2, tit.* 3, *art.* 6.)

6º. Elles peuvent, à certains égards, être modifiées avant la visite. (*Loi du 22 août* 1791, *tit.* 2, *art.* 12.)

7º. A défaut de déclaration, les marchandises sont déposées en douane. (*Loi du 4 germinal an 2, tit.* 2, *art.* 9.)

Débarquement.

1º. Un permis est nécessaire pour effectuer le débarquement. (*Loi du 22 août* 1791, *tit.* 2, *art.* 13.)

2º. Il ne peut avoir lieu que dans l'enceinte d'un port et en plein jour. (*Loi du 22 août* 1791, *tit.* 13, *art.* 9.)

3º. Les navires sont mis en déchargement à tour de rôle. (*Loi du 22 août* 1791, *tit.* 2, *art.* 13.)

4º. Le débarquement peut se faire au moyen d'alléges. (*Loi du 22 août* 1791, *tit.* 13, *art.* 11.)

Visites.

1º. Les vérificateurs peuvent se dispenser de vérifier les marchandises. (*Loi du 22 août* 1791, *tit* 2, *art.* 14 *et* 17.)

2º. Ils constatent le poids net effectif quand il a été déclaré. (*Loi du 27 mars* 1817, *art.* 7.)

3º. Ils peuvent, au coucher du soleil, faire fermer les écoutilles des navires. (*Loi du 4 germinal an 2, tit.* 2, *art.* 5.)

4º. Les marchandises ne peuvent être déplacées des quais et autres lieux de décharge qu'avec le permis des préposés. (*Loi du 4 germinal an 2, tit.* 6, *art.* 3.)

5º. Les frais de manipulation des marchandises sont à la charge du propriétaire. (*Loi du 22 août* 1791, *tit.* 2, *art.* 15.)

6º. La visite ne peut être faite qu'en présence du déclarant. (*Loi du 22 août* 1791, *tit.* 2, *art.* 16.)

7°. Ses détails doivent être inscrits sur un portatif. (*Circul: du 7 septembre* 1818, *et Déc. adm. du 3 décembre* 1835.)

8°. Les colis trouvés en excédant sont saisis avec amende. (*Loi du 22 août* 1791, *tit.* 2, *art.* 20.)

9°. Les excédans dans le poids des marchandises sont passibles du double droit. (*Loi du 22 août* 1791, *tit.* 2, *art.* 18.)

10°. Tout déficit dans le nombre des colis donne lieu à une amende de 300 fr. par colis manquant. (*Loi du 22 août* 1791, *tit.* 2, *art.* 22.)

11°. Les marchandises différentes d'espèce ou qualité sont saisissables avec amende. (*Loi du 22 août* 1791, *tit.* 2, *art.* 21.)

12°. Les marchandises imposées à la valeur peuvent être préemptées. (*Loi du 22 août* 1791, *tit.* 2, *art.* 23.)

13°. Les marchandises prohibées exactement déclarées sont renvoyées à l'étranger. (*Loi du 22 août* 1791, *tit.* 5, *art.* 4.)

SECTION IV.

MARCHANDISES·AVARIÉES.

Réduction de droits.

243. Les marchandises avariées par suite d'événemens de mer (1), qui ne conservent plus la valeur fixée par le prix cou-

---

(1) De là se déduisent deux conditions essentielles :

1° Événemens de mer ;

2° Avarie produite par cet événement.

L'événement de mer, tel que voie d'eau, échouement ou naufrage, ou autre accident analogue survenu pendant la navigation, ou, comme le porte l'article 397 du Code de commerce, *depuis le chargement et le départ des marchandises jusqu'à leur débarquement dans le port d'arrivée*, doit être constaté par un rapport de mer. Ce rapport, fait et affirmé en douane par le capitaine, dans les vingt-quatre heures de son arrivée, est vérifié par l'interrogatoire, l'affirmation des gens de l'équipage, et au besoin par la reconnaissance de l'état du navire.

L'avarie doit faire l'objet d'une déclaration spéciale de la part du propriétaire ou consignataire, dans les trois jours de la visite et avant l'enlèvement des marchandises. Cette déclaration énonce distinctement par colis les parties altérées, et exprime l'intention de les mettre en vente publique.

La demande en réfaction de droits ainsi formée, il appartient aux agens des douanes de la juger. Ils doivent surtout s'appliquer à ne pas confondre avec les marchandises avariées celles de qualité inférieure, ou altérées par un vice qui leur est propre. Ils admettent ou rejettent la demande, selon que l'avarie

rant (1) des mêmes espèces (2) de marchandises, obtiendront
une réduction de droits proportionnelle à leur dépréciation lors-

est reconnue réelle ou insuffisante, et qu'elle leur paraît ou non provenir
de l'événement de mer. Mais si, après examen consciencieux, ils demeurent
incertains, ou si le négociant *intéressé* conteste une décision *négative*, des
échantillons prélevés de part et d'autre sont adressés à l'administration, pour
être soumis aux commissaires-experts du gouvernement, et il est sursis à la
vente autorisée par la loi. On pourra cependant y procéder immédiatement,
s'il est reconnu que, par un plus long séjour en magasin, la marchandise serait
dans le cas de se détériorer; on exige alors le dépôt de l'intégralité des droits,
et l'on fait insérer dans le cahier des charges que la douane aura la faculté de
prendre l'adjudication pour son compte, conformément à l'article 55 de la loi
du 21 avril 1818. (*Circ. du* 10 *novembre* 1829, *no* 1190, *et Déc. adm. du*
25 *juin* 1836.)
     La loi du 21 avril 1818 sur les réfactions de droits n'est applicable qu'au
seul cas d'avarie prévu par l'article 397 du Code de commerce. (*Déc. adm. du*
20 *mars* 1835.)
     C'est l'avarie que l'art. 403 du même Code définit par ces mots : *dommage
arrivé aux marchandises par tempête, naufrage, ou échouement.* (*Déc. adm.
du* 28 *mai* 1841.)
     Les fers ne sauraient, d'après leur nature, être admis à la modération de
droits que la loi du 21 avril 1818 a réglée. Cependant, si un long séjour dans
l'eau de mer les avait profondément oxydés, l'administration pourrait en autoriser la vente aux conditions de cette loi. (*Circ. manusc. du* 15 *avril* 1822.)
     La loi concernant les réductions de droits pour cause d'avarie n'est point ap-
plicable aux marchandises imposées à la *valeur,* puisque le droit est toujours
relatif à cette valeur, en quelque état qu'elles soient. (*Circ. du* 5 *therm. an* 10.)

     (1) La valeur déterminée par les prix courans de la date la plus rapprochée
de la vente doit être prise pour base des droits à percevoir, sans égard aux circonstances locales ou éventuelles, telles, par exemple, qu'un changement de
tarifs, qui auraient pu exercer de l'influence sur cette valeur. (*Déc. adm. du*
3 *août* 1840.)
     Si les prix courans imprimés n'existaient pas, ou s'ils ne présentaient pas
de cotes précises sur chacune des diverses espèces ou qualités de marchandises,
ou bien s'ils ne paraissaient pas offrir une garantie suffisante d'exactitude, le
receveur des douanes, au lieu de déterminer ces prix par comparaison avec ceux
des marchandises en entrepôt, s'adresserait à la chambre syndicale des courtiers, pour faire établir le cours réel *à l'acquitté;* et il y aurait lieu de recourir
à la chambre de commerce contre le certificat donné par la chambre syndicale,
si quelque doute pouvait se produire sur l'estimation énoncée en ce certificat.
.(*Circ. du* 10 *novembre* 1829, *et Déc. adm. du* 19 *avril* 1834.)

     (2) Il s'agit de déterminer, pour l'application du prix courant, l'origine,
l'espèce et la qualité de la marchandise. Pour du café, par exemple, on a
d'abord à reconnaître si c'est du Bourbon, du Martinique ou de tel autre *pays
de production,* et ensuite à en apprécier la nuance, afin d'établir quelle cote
ou prix courant doit servir de terme de comparaison. Quant au résultat de la

qu'elle résultera d'une vente publique (1). (*Loi du* 21 *avril* 1818, *art.* 51.)

244. Cette vente aura lieu par courtiers de commerce ou autres officiers publics (2), et sous la surveillance du receveur des douanes, sans le concours duquel il ne pourra être fait aucune opération ni passé aucun acte (3). (*Loi du* 21 *avril* 1818, *art.* 52.)

---

vente publique, l'opération est contradictoire entre la douane et le redevable. S'il y a dissidence, la contestation se vide, ou par la chambre syndicale des courtiers, sauf recours à la chambre de commerce, si l'avarie n'est que partielle, ou par les commissaires-experts du gouvernement, si l'avarie est entière. (*Circ. du* 10 *novembre* 1829, *n°* 1190.)

(1) On suppose que, d'après les conditions de la vente, les droits sont toujours à la charge du vendeur : ils se déterminent alors par la comparaison du prix de vente avec le prix de la marchandise à l'état sain. Si, par exemple, 100 kilog. d'une marchandise avariée, passible, à l'état sain, d'un droit de 45 francs, ont été vendus 100 francs, et que leur prix à l'intérieur soit de 150 francs, la proportion s'établit comme suit :

$$150 : 100 : : 45 : x = 30 \text{ fr.}$$

S'il arrivait, au contraire, que les droits fussent à la charge de l'acquéreur, le prix de la marchandise *saine* en *entrepôt*, ou déduction faite des droits, deviendrait le premier terme de la proportion qui s'établirait, en supposant 100 kilog. de même marchandise adjugés pour 70 francs :

$$103 \text{ (prix de la marchandise } saine \text{ moins les droits) : } 70 : : 45 : x = 30 \text{ fr.}$$

Le droit à percevoir sur les marchandises avariées, quand il survient une mutation de tarif, est toujours celui qui est en vigueur au moment où la vente s'effectue. (*Déc. adm. du* 17 *septembre* 1839.)

Lorsqu'une marchandise est vendue aux enchères publiques, et que la mise à prix a été couverte, le vendeur n'a pas la faculté de retirer cette marchandise des enchères; il faut qu'il y ait adjudication. Si donc c'est le vendeur lui-même qui couvre, soit la mise à prix, soit une offre déjà faite, la marchandise, à défaut d'autre enchérisseur, doit lui être adjugée. La vente est consommée, et la douane est fondée à exiger les droits d'entrée dont la marchandise est passible. (*Déc. adm. du* 31 *décembre* 1839.)

(2) Les agens de la marine procèdent, comme officiers publics, à la vente des marchandises dont le prix doit être versé à la caisse des invalides de la marine.

(3) Le receveur intervient dans tous les actes préparatoires de la vente; il en assure la publicité; il agrée les officiers qui doivent y procéder; il détermine le temps et l'endroit où les criées doivent se faire, et s'entend d'avance avec le directeur ou l'inspecteur pour user, s'il y a lieu, du droit réservé par l'article 53. Il doit en outre se faire représenter le cahier des charges, pour s'assurer que les conditions sont, en tous points, les mêmes que celles des ventes libres du commerce; qu'il y a, pour le payement, les facultés d'usage, crédit ou escompte; que les tares et traits, sauf pour la liquidation des droits, sont également réglés par l'usage, et que les acheteurs n'ont à payer,

245. L'administration des douanes pourra, dans les vingt-quatre heures, déclarer qu'elle prend l'adjudication à son compte, en payant 5 pour 100 au dernier enchérisseur (1). (*Loi du 21 avril* 1818, *art.* 53.)

246. Les marchandises avariées qu'il ne conviendrait pas aux consignataires de faire vendre aux conditions ci-dessus, pourront être réexportées, lors même qu'elles auraient été déclarées pour la consommation, nonobstant les dispositions de loi à ce contraires (2). (*Loi du* 21 *avril* 1818, *art.* 54.)

---

outre le prix d'adjudication, d'autres frais que ceux à leur charge dans les ventes publiques purement commerciales. Lorsqu'il s'agit de colis en vidange, le receveur fait ajouter à ces clauses celle que la livraison pour ces colis aura lieu au poids net réel, nonobstant même l'absence d'une déclaration préalable de ce poids. Le receveur doit enfin s'assurer que les ventes, dont on lui remet l'annonce à l'avance, reçoivent toute la publicité que réclame leur importance. Si elles sont considérables, il convient que la publication s'en fasse, non-seulement par les journaux ou feuilles d'annonces du lieu, mais encore par ceux des places de commerce avec lesquelles ce lieu est le plus en relation d'affaires. Si la vente de marchandises en quantité considérable peut donner lieu à un mouvement de baisse dans le cours de la place, on doit régler qu'elle se fera par parties à plusieurs jours de distance, afin que la baisse, constatée par les prix courans à la date des ventes subséquentes, ait l'influence qu'elle doit avoir pour la fixation du prix à l'état sain. (*Circ. du* 10 *novembre* 1829 , nᵒ 1190.)

Les marchandises doivent être pesées avant la mise en adjudication. (*Déc. adm. du* 23 *juillet* 1841.)

Quand les propriétaires de marchandises mélangées et avariées veulent les faire jouir du bénéfice de la réfaction des droits, ils doivent, avant tout, en faire opérer le triage sous la surveillance du service : il est procédé ensuite séparément pour chaque espèce de marchandise. (*Déc. adm. du* 2 *février* 1838.)

(1) *Voir*, pour les formalités, les nᵒˢ 251 et suiv.

(2) Pour laisser aux négocians le temps de reconnaître ce qui leur est le plus avantageux, de faire vendre ou de réexporter, la douane réserve à ceux qui font mettre en entrepôt réel la faculté de demander ultérieurement la vente, pourvu que cette demande soit formée, au plus tard, un mois après le débarquement des marchandises. Mais il faut toujours que la déclaration d'avarie soit faite dans les trois jours de la visite. (*Circ. du* 10 *novembre* 1829, nᵒ 1190.)

Le délai d'un mois accordé par la circulaire nᵒ 1190, pour la vente des marchandises, est de pure tolérance et ne saurait être prolongé dans aucuns cas ni sous aucun prétexte. (*Déc. adm. du* 8 *mai* 1840.)

Les marchandises vendues aux enchères publiques, par application des articles 51 et suivans de la loi du 24 avril 1818, peuvent être admises ou réintégrées en entrepôt réel après la vente, pourvu qu'il y ait de la part des acquéreurs renonciation à la réfaction des droits, de sorte qu'il ne leur reste plus que le choix ou de réexporter les marchandises, ou de les livrer à la con-

247. Les déclarans conserveront la faculté de séparer, dans une partie de marchandises qu'une même déclaration comprend, les colis qu'ils veulent réexporter, vendre à l'enchère ou soumettre au triage, ainsi qu'il va être dit, des colis qui sont en état de supporter l'application pure et simple du tarif.

Si, dans un même colis, l'on peut séparer les parties de marchandises avariées de celles restées intactes, la douane (dans le cas où le négociant ne consentirait pas à la vente publique) en permettra le triage, pour n'assujettir que ces dernières au droit intégral; le reste sera détruit en présence des préposés, qui en dresseront procès-verbal (1). (*Loi du* 21 *avril* 1818, *art.* 55.)

248. Les procès-verbaux de vente ou de destruction, dressés dans les cas ci-dessus, ne seront assujettis qu'au droit fixe d'un franc pour enregistrement. (*Loi du* 21 *avril* 1818, *art.* 56.)

249. Aucunes denrées comestibles ou substances médicinales, pour lesquelles on aura demandé une réduction de droits par suite d'avarie, ne pourront être vendues ni livrées que d'après une attestation délivrée par le magistrat chargé en chef de la police locale, portant que l'avarie des marchandises n'est pas de nature à nuire à la santé publique. (*Loi du* 21 *avril* 1818, *art.* 57.)

250. Nulle réduction de droits ne peut être accordée, à quelque titre que ce soit, ailleurs que dans les ports ouverts à l'en-

---

sommation en payant l'intégralité de la taxe. (*Déc. adm. du* 7 *septembre* 1839.)

Cette disposition est également applicable aux marchandises admissibles, d'après leur nature, en entrepôt fictif; seulement elles doivent être déposées dans l'entrepôt *réel*, l'entrepôt *fictif* ne pouvant recevoir que des denrées parfaitement saines. (*Déc. adm. du* 27 *mars* 1840.)

Les avaries survenues pendant le séjour des marchandises en entrepôt ne peuvent, dans aucun cas, motiver une réfaction de droits. (*Déc. adm. du* 19 *février* 1840.)

(1) Ces dispositions sont de rigueur, lorsque la perception se fait au sortir du bâtiment; mais quand il y a mise en entrepôt *réel*, l'administration autorise un bénéficiement qui permet au commerce de diviser un colis en trois parties : la première se compose de la marchandise intacte, et est passible du droit intégral; la deuxième comprend ce qui a peu souffert, et obtient réfaction sur la vente publique; la troisième, formée de ce qui est le plus avarié, est détruite, si décidément le propriétaire ne juge pas pouvoir la vendre, ou que la police s'oppose à la mise en consommation. (*Circ. du* 10 *nov.* 1829, *n°* 1190.)

trée des marchandises désignées par l'article 22 de la loi du
28 avril 1816 (1). (*Loi du 21 avril 1818 , art.* 58.)

Préemption exercée
en cas de vente publique de marchandises avariées.

251. Dans les cas prévus par les articles 51 et 52 de la loi du
21 avril 1818, l'administration des douanes pourra, dans les
vingt-quatre heures de l'adjudication, déclarer qu'elle prend
cette adjudication pour son compte, en payant 5 pour 100 au
dernier enchérisseur. (*Arrêté du min. des fin. du 25 juin* 1827 ,
art. 20.)

252. L'administration pourra n'exercer le droit de préemption que sur un ou plusieurs des lots vendus, lorsque le surplus
de l'adjudication ne lui paraîtra pas frustratoire. (*Même Arrêté*,
art. 21.)

255. Avant de déclarer qu'il prend tout ou partie de l'adjudication pour le compte de l'État aux conditions ci-dessus, le
receveur des douanes devra avoir reçu l'agrément du directeur,
ou de l'inspecteur si la direction est trop éloignée pour être
consultée dans les vingt-quatre heures. (*Même Arrêté, art.* 22.)

254. La déclaration de préemption devra être signifiée à l'officier public qui aura procédé à la vente, et à chacun des adjudicataires dépossédés (2). (*Circ. du 16 septembre* 1837, *n°* 1648.)

---

(1) La vente des marchandises naufragées peut se faire au bureau le plus voisin des lieux de sauvetage, quoique celui-ci ne soit pas au nombre de ceux dénommés en l'article 22 de la loi du 28 avril 1816 : ce qui n'empêche pas qu'on
n'applique en ce bureau toutes les dispositions qui , d'après la loi du 21 avril
1818, doivent régulariser la vente des marchandises avariées , et qu'on n'y accorde, dans la forme ordinaire, les réductions de droits proportionnelles à l'avarie.
Les directeurs sont d'avance informés de la vente. Ils doivent prendre les mesures nécessaires pour en assurer la régularité. (*Circ. du 18 août* 1818, *n°* 417.)

(2) Comme il pourrait arriver que des adjudicataires n'eussent pas de domicile connu où la déclaration pût être régulièrement signifiée, il conviendra
dra d'exiger, en vertu de l'article 52 de la loi du 21 avril 1818 (n° 244), que
toute personne qui se présente pour surenchérir, élise domicile dans le lieu
où se poursuit la vente, si elle n'y est pas domiciliée réellement. (*Circ. du*
16 septembre 1857.)

La signification judiciaire ne serait pas nécessaire si le dernier enchérisseur
souscrivait volontairement à la préemption. (*Arrêté du min. des fin. du*
25 juin 1827 , *art.* 23.)

Le receveur sollicitera dans le même jour un jugement de référé pour être autorisé à la revente. (*Arrêté du min. des fin. du 25 juin* 1827, *art.* 23.)

255. Le procès-verbal d'adjudication ¡ enregistré au droit d'un franc, et le récépissé du dernier enchérisseur auquel auront été payés les 5 pour 100 en sus, formeront le titre de dépense du receveur. (*Arrêté du min. des fin. du 25 juin* 1827, *art.* 24.)

256. Les marchandises devenues ainsi la propriété de l'État, resteront à la garde et charge du receveur des douanes, qui devra immédiatement pourvoir à leur conservation et prévenir, par tous les moyens en son pouvoir, l'aggravation de l'avarie. (*Même Arrêté , art.* 25.)

Il devra se concerter avec les chefs locaux sur la revente des marchandises et sur le mode de cette vente, qui devra être effectuée le plus promptement possible, et comme il est dit en la deuxième section, article 17 (N⁰ 153) (1). (*Même Arrêté, art.* 26.)

La vente, de quelque manière qu'elle soit opérée, devra être constatée par un acte signé de l'adjudicataire, du receveur et du premier chef de la localité (2). (*Même Arrêté , art.* 27.)

257. L'acquéreur, à quelque titre que ce soit, devra prendre immédiatement livraison des marchandises et en compter le prix au receveur des douanes. (*Même Arrêté , art.* 29.)

258. Si la revente offrait, après le recouvrement des sommes avancées, des droits calculés sur le montant de la première vente, augmenté d'un vingtième et des frais, un net produit quelconque, le receveur et les employés qui auront concouru à la préemption en recevront la moitié, pour être répartie entre eux,

---

(1) Si l'avarie des marchandises préemptées est *sèche* , c'est-à-dire non susceptible de s'accroître, et qu'il puisse y avoir avantage à les faire vendre ailleurs que dans le lieu du dépôt, il en est référé sans délai à l'administration, pour qu'elle décide du parti à prendre. (*Arrété du min. des fin. du* 25 *juin* 1827 , *art.* 30.)

(2) L'enregistrement de l'acte de revente ne donne ouverture qu'à la perception du droit fixe d'un franc ¡ établi par l'article 56 de la loi du 21 avril 1818. (*Même Arrêté, art.* 28.)

sans distinction de grade et par égales portions. (*Arrêté du min. des fin. du 25 juin 1827, art.* 31.)

SECTION V.

RELACHES FORCÉES.

259. Les capitaines et maîtres des navires, barques et autres bâtimens qui auront été forcés de relâcher par fortune de mer (1), poursuite d'ennemis ou autres cas fortuits, seront tenus, dans les vingt-quatre heures de leur abord, de justifier, par un rapport, des causes de la relâche, et de se conformer à ce qui est prescrit par l'article 4 du titre 2 de la loi du 22 août 1791, sous les peines y portées (*Loi du 22 août* 1791, *tit.* 6, *art.* 1er.) (2).

260. Si les navires en relâche forcée ont besoin d'être radoubés, ou de quelques fortes réparations qui exigent le débarquement (3) des marchandises, elles ne seront sujettes à aucun droit, sinon dans le cas où le capitaine serait obligé de vendre partie de son chargement; dans les autres cas, les marchan-

---

(1) Les faits articulés dans le rapport doivent, d'après l'article 11, titre 2, de la loi du 4 germinal an 2 (no 845), être reconnus réels par les préposés des douanes, qui peuvent, au besoin, les faire confirmer par l'interrogatoire des gens de l'équipage. Mais ils n'usent de cette faculté qu'en cas d'absolue nécessité, attendu qu'il est peu probable que les capitaines s'imposent des frais plus ou moins considérables pour se rendre volontairement dans un port où ils ne peuvent faire aucune opération de commerce sans rentrer aussitôt sous l'empire de la loi commune. (*Circ. du 4 juillet* 1858, *no* 1694.)

(2) Aux termes de l'article 4 du titre 2, et de l'article 1er du titre 6 de la loi du 22 août 1791, combinés avec les dispositions du titre 2 de la loi du 4 germinal an 2, les capitaines sont tenus de remettre au bureau, à titre de déclaration sommaire, une copie de leur manifeste. (*Déc. adm. du* 1er *juillet* 1834.)
Ils sont affranchis de toute déclaration ou dépôt de manifeste, si la relâche forcée a lieu hors de l'enceinte d'un port. (*Déc. adm. du* 1er *juillet* 1834.)
*V*oir d'ailleurs le no 236 pour les escales volontaires.

(3) Ce débarquement s'effectue en présence des préposés et au vu du manifeste, dont il fournit le moyen de reconnaître l'exactitude. (*Déc. adm. du* 6 *février* 1834.)

dises seront mises en dépôt aux frais des capitaines ou maîtres des bâtimens, sous leur clef et sous celle des préposés de la douane, jusqu'au départ desdits navires (1). Les capitaines ou maîtres de bâtimens pourront même les faire charger de bord à bord sur d'autres navires, en prenant le permis des préposés, après avoir déclaré les qualités et quantités de celles dont ils voudront faire ainsi le chargement (2). (*Même Loi, même titre, art.* 2.)

261. Les marchandises étant à bord des navires dont la relâche est valablement justifiée, devront être déclarées dans les vingt-quatre heures. A défaut de cette déclaration, lesdites marchandises seront saisies et confisquées, avec amende de 500 fr., pour sûreté de laquelle le bâtiment sera retenu jusqu'au payement de ladite amende, ou jusqu'à ce qu'il ait été donné bonne et suffisante caution (3). (*Même Loi, même titre, art.* 3.)

---

(1) L'article 6 du titre 2 de la loi du 4 germinal an 2 autorise aussi, dans le cas de détresse, le déchargement du navire, et la vente, sous le payement des droits du tarif, des objets périssables, ou qu'il est nécessaire de vendre pour payer les frais de radoub. D'après ce même article, les marchandises non vendues qu'on rembarque donnent ouverture à la perception d'un droit de magasinage d'un demi pour cent, si, au lieu d'avoir été placées dans un magasin loué aux frais du capitaine, elles ont été déposées dans un local appartenant à la douane.

Au départ du navire, les préposés s'assurent, au moyen du manifeste ou d'une copie authentique de cet acte, qu'on rembarque toutes les marchandises qu'il relate, sauf celles qui auraient été retenues pour la consommation; et, soit que le navire retourne à l'étranger, soit qu'il se rende dans un autre port du royaume, le capitaine reprend la mer, libre de toute autre formalité de douane. (*Déc. adm. du* 6 *février* 1834.)

(2) S'il s'agit de débarquer, pour la consommation, des marchandises de nature périssable, ou dont la vente est jugée nécssssaire, l'indication des *quantités* et *qualités*, c'est-à-dire la déclaration en détail, doit être exigée. (*Circ. du* 7 *février* 1829, *n°* 1145.) Dans le cas, au contraire, où l'on voudrait transborder des marchandises afin de les transporter à leur destination ultérieure, on devrait se conformer aux dispositions du chapitre v, livre II. Seulement le transbordement pourrait être autorisé; alors même que le port de relâche ne serait pas un port d'entrepôt; et, s'il s'agissait de marchandises pour la réexportation desquelles il existe un tonnage de rigueur, les chefs locaux pourraient permettre l'emploi de navires de 25 tonneaux. (*Circ. n°* 1145).

(3) Un arrêt de la Cour de cassation, du 4 germinal an 11, a décidé que le capitaine qui ne faisait pas, dans les vingt-quatre heures, la déclaration prescrite par cet article 3, était passible des peines qu'il édicte.

Le manifeste, lorsqu'il est remis, tient lieu de cette déclaration.

Voir, pour les navires caboteurs, le livre **V**, n°. 390.

CHAPITRE II.

IMPORTATIONS PAR TERRE.

SECTION PREMIÈRE.

TRANSPORT DES MARCHANDISES, DÉCLARATION ET VISITE.

Transport au bureau.

262. Toutes les marchandises et denrées importées dans le royaume devront être conduites directement au premier bureau d'entrée de la frontière, à peine de confiscation et d'amende (1). Les marchands et voituriers seront tenus de combiner leur marche de manière à prendre la route directe (2) du lieu où est situé le premier et le plus prochain bureau. Seront seulement exceptés de cette disposition, les fruits crus, les grains, graines, légumes et autres menues denrées qui seront importées par des routes sur lesquelles il ne se trouvera pas de bureau. Dans ce cas, les préposés à la police du commerce extérieur pourront vérifier sur lesdites routes si ces objets ne servent point à en cacher qui seraient sujets aux droits (3). (*Loi du 22 août* 1791, *tit.* 2, *art.* 1er.)

---

(1) *Voir*, pour les peines encourues, le chapitre VII du présent livre.

(2) Quand il existe plusieurs chemins conduisant directement au premier bureau, un arrêté de préfecture désigne celui qui sera réputé le plus direct. L'intention de l'administration est du reste qu'on n'use pas trop de rigueur à cet égard, et que lorsque les localités le rendent nécessaire, on tolère l'usage de deux chemins au lieu d'un. (*Déc. adm. du 14 juillet* 1840.)

Les préposés de service sur les routes conduisant directement de l'étranger au premier bureau d'entrée ne sont pas autorisés à visiter les individus qui se déclarent porteurs de marchandises soumises aux droits ; ils doivent se borner à s'assurer qu'ils se rendent réellement au bureau. (*Déc. adm. du 20 sept.* 1841.)

Un arrêt de la Cour de cassation du 19 juillet 1831 a déclaré valable la saisie d'un cheval faite sur un chemin qui ne conduisait pas directement au premier bureau, quoique le conducteur fût porteur d'un acquit-à-caution, cette expédition n'ayant pas été visée au bureau, comme elle en portait l'obligation. (*Circ. du 23 février* 1834, *n°* 1424.)

(3) On voit, par ces derniers termes, que ces produits ruraux étaient exempts de tous droits en 1791 ; cette exemption n'existant plus, ils rentrent dans la règle commune, et l'on ne saurait se prévaloir à leur égard de l'exception dont

Les mêmes peines seront encourues, lorsque les marchandises auront dépassé les bureaux, ou lorsque, avant d'y avoir été conduites, elles seront introduites dans quelque maison ou auberge. (*Même Loi, même titre, art.* 2.)

263. Les marchandises qui arriveront après le temps de la tenue des bureaux seront déposées dans les dépendances de ces bureaux, et sans frais, jusqu'au moment de leur ouverture, à l'effet de quoi l'administration aura, autant que faire se peut, des cours et hangars tenant auxdits bureaux (*Même article.*) (1).

Déclaration.

264. Les voituriers ou conducteurs de marchandises entrant par terre, seront tenus, sous les peines portées par l'art. 1er du *présent titre* (2), de faire, à leur arrivée dans les lieux où les bureaux sont établis, déclaration sur le registre du bureau, ou d'en présenter une signée des marchands ou propriétaires des marchandises, ou de leurs facteurs, laquelle déclaration demeurera au bureau, et sera transcrite sur le registre par les préposés de l'administration, et signée par lesdits voituriers ou conducteurs, et dans le cas où ils ne sauraient signer, il en sera fait mention sur le registre (3). (*Loi du 22 août* 1791, *tit.* 2, *art.* 8.)

---

ils avaient été l'objet. D'ailleurs elle n'a pas été reproduite par l'article 4, titre 3, de la loi du 4 germinal an 2 (n° 313), qui prescrit également de conduire au premier bureau toutes les marchandises importées par terre.

(1) Cet article implique l'autorisation d'importer les marchandises de nuit, pourvu qu'elles soient conduites directement au premier bureau d'entrée. (*Déc. adm. du* 23 *septembre* 1833.)

(2) La confiscation avec amende de 100 fr. Mais cette disposition, en contradiction elle-même avec l'article 10 du même titre, n'est pas applicable. Le défaut de déclaration à l'entrée n'entraîne d'autres peines que celles édictées par l'article 9, titre 2, de la loi du 4 germinal an 2. — *Voir* le chap. xix du livre X.

(3) Le conducteur a la faculté de faire verbalement sa déclaration; il suffit qu'il la signe ou que l'on mentionne sur le registre qu'il ne sait point signer. (*Déc. adm. du* 28 *novembre* 1835.)

Sur les frontières de terre, cette déclaration en détail doit être faite à l'arrivée même des marchandises. L'article 4 du titre 2 de la loi du 4 germinal an 2, qui accorde un délai de trois jours pour la remise de la déclaration, s'applique exclusivement aux importations par mer. (*Déc. adm. du* 22 *juin* 1841.)

265. Les négocians, voituriers et autres qui feront entrer des marchandises dans le royaume par les frontières de terre, seront tenus, en les déclarant au premier bureau d'entrée, d'ajouter aux détails que doit présenter leur déclaration, d'après l'article 9 du titre 2 de la loi du 22 août 1791, le nom, l'état ou profession et le domicile de la personne à qui les marchandises sont adressées. (*Loi du 28 avril 1816, art.* 25.)

266. L'article 9 du titre 2 de la loi du 22 août 1791, ainsi que les autres règles générales concernant les déclarations, ont été reproduites au chapitre II du livre II, et peuvent se résumer de la manière suivante :

1º. La déclaration doit contenir la qualité, le poids (1), la mesure, le nombre ou la valeur des marchandises, le lieu du chargement, les marques et les numéros des colis. (*Loi du* 22 août 1791, *tit.* 2, *art.* 9.)

2º. La déclaration du poids n'est point exigée pour les marchandises sujettes à coulage. (*Loi du 22 août* 1791, *tit.* 2, *art.* 19.)

3º. Il est défendu de déclarer comme unité plusieurs colis réunis. (*Loi du 27 juillet* 1822, *art.* 16.)

4º. Les déclarations sont affranchies du timbre. (*Loi du 2 juillet* 1836, *art.* 7.)

5º. Elles peuvent, à cerains égards, être modifiées avant la visite. (*Loi du 22 août* 1791, *tit.* 2, *art.* 12.)

Défaut de déclaration.

267. Les voituriers et conducteurs des marchandises, qui ne présenteront pas à leur arrivée des déclarations en détail, seront tenus de déclarer le nombre des ballots, leurs marques et numéros (2). (*Loi du 22 août* 1791, *tit.* 2, *art.* 10.)

---

(1) Les quantités doivent être déclarées en kilog. Cependant si les étrangers, voituriers ou conducteurs des marchandises ne connaissent pas le système décimal, on permet qu'ils indiquent, dans leurs déclarations écrites ou verbales, les quantités d'après les poids de leur pays, sauf au receveur à les inscrire en kilog. sur le registre, en mettant entre deux parenthèses les poids déclarés. (*Déc. adm. du 5 novembre* 1835.)

(2) C'est là la déclaration sommaire dont parle l'article 9 du titre 2 de la loi du 4 germinal an 2, déclaration qui n'est exigible que lorsqu'à défaut absolu de déclaration en détail, les marchandises doivent être retenues et déposées en douane. (*Déc. adm. du 22 juin* 1841.)

Les marchandises seront retenues et déposées dans les magasins de la douane (1). (*Loi du 4 germinal an 2, tit. 2, art. 9.*)

Dans le cas cependant où il ne s'agirait pas de plus de dix caisses ou ballots dont le conducteur ignorerait le contenu, il pourra en requérir l'ouverture en présence des commis, et les droits seront acquittés sur les objets reconnus (2). (*Loi du 22 août 1791, tit. 2, art. 10.*)

Visites.

268. Les règles générales reproduites au chapitre vi du livre II, et auxquelles il importe de se reporter, se résument ainsi qu'il suit :

1º. Les vérificateurs peuvent se dispenser de vérifier les marchandises (3). (*Loi du 22 août 1791, tit 2, art. 14 et 17.*)

2º. Ils constatent le poids net effectif quand il a été déclaré. (*Loi du 27 mars 1817, art. 7.*)

3º. Les frais de manipulation des marchandises sont à la charge du propriétaire. (*Loi du 22 août 1791, tit. 2, art. 15.*)

4º. La visite ne peut être faite qu'en présence du déclarant. (*Loi du 22 août 1791, tit. 2, art. 16.*)

5º. Ses détails doivent être inscrits sur un portatif. (*Circ. du 7 septembre 1818, et Déc. adm. du 3 décembre 1835.*)

6º. Les colis trouvés en excédant sont saisis avec amende. (*Loi du 22 août 1791, tit. 2, art. 20.*)

---

(1) *Voir*, pour les formalités et les conditions de ce dépôt, le chapitre xix du livre X.

(2) Cette disposition ne saurait être invoquée pour les importations par mer, car le capitaine, conducteur de la marchandise, devant être porteur d'un manifeste indiquant la nature des marchandises, ne pourrait pas être admis à déclarer à l'arrivée qu'il ignore le contenu d'une partie des colis. Mais en ce qui concerne les arrivages par terre, l'exception établie par la loi est demeurée en pleine vigueur. Il suffira, pour prévenir les tentatives d'abus qu'elle pourrait favoriser, de procéder avec la plus sévère exactitude à la vérification du contenu des colis pour lesquels on en réclamera l'application. Si cette vérification faisait découvrir des marchandises prohibées d'une manière absolue ou relative, elles ne devraient pas être saisies. Il faudrait, ainsi que le prescrit la Circulaire du 17 avril 1815, nº 11, les faire réexporter immédiatement, comme s'il s'agissait de marchandises non admissibles déclarées sous leur propre dénomination, et ce en vertu de l'article 4 du titre 5 de la loi du 22 août 1791. (*Déc. adm. du 22 juin 1841.*)

(3) *Voir* le nº 269.

7º. Les excédans dans le poids des marchandises sont passibles du double droit. (*Loi du 22 août 1791, tit. 2, art. 18.*)

8º. Tout déficit dans le nombre des colis donne lieu à une amende de 300 fr. par colis manquant. (*Loi du 22 août 1791, tit. 2, art. 22.*)

9º. Les marchandises différentes d'espèce ou de qualité sont saisissables avec amende. (*Loi du 22 août 1791, tit. 2, art. 21.*)

10º. Les marchandises imposées à la valeur peuvent être préemptées. (*Loi du 22 août 1791, tit. 2, art. 23.*)

11º. Les marchandises prohibées, exactement déclarées, sont renvoyées à l'étranger. (*Loi du 22 août 1791, tit. 5, art. 4.*)

Disposition générale.

269. Aucune marchandise ne pourra être retirée du premier bureau d'entrée qu'après qu'elle y aura été déclarée en détail (1); que la vérification en aura été faite, sous la responsabilité personnelle des employés chargés d'y procéder et des chefs du bureau (2); que les résultats de la visite auront été constatés en des registres spéciaux; que les droits auront été portés en recette, et que le conducteur sera muni de l'expédition nécessaire pour circuler. (*Loi du 28 avril 1816, art. 26.*)

Rechargement des marchandises.

270. Les marchandises que l'on voudra retirer des bureaux, après y avoir rempli les formalités prescrites pour leur introductions par terre dans le royaume, ne pourront être rechargées que dans l'emplacement affecté à cette opération, devant la douane ou dans les cours et dépendances du bureau, et sous la surveillance des préposés. Les acquits de payement ou autres expéditions ne seront remis aux intéressés qu'au moment du départ des marchandises, lequel sera constaté par un visa des préposés de service près du bureau (3). (*Loi du 28 avril 1816, art. 32.*)

---

(1) Sauf l'exception prévue par l'article 10, titre 2, de la loi de 1791 (nº 267.)

(2) Cet article n'a pas retiré aux employés la faculté qu'ils tiennent de la loi fondamentale du 22 août 1791, de s'en rapporter aux indications de la déclaration. Toutefois l'usage de cette faculté est laissé à l'appréciation des chefs, (*Déc. adm. du 29 septembre 1835.*)

(3) Relativement aux marchandises expédiées par eau, les préposés attestent

Libellé des acquits de payement et bureau de contrôle.

271. Les acquits de payement indiqueront l'espèce, la qualité et la quantité des marchandises d'après le résultat de la visite, et rappelleront en marge les marques et numéros des colis. Ils présenteront la liquidation des droits et en porteront quittance, sans que cette dernière condition puisse déranger le mode du crédit que les receveurs sont autorisés à accorder, ni nuire à l'effet des obligations à terme qu'ils auront acceptées.

Les acquits de payement indiqueront en outre le lieu où les marchandises auront été chargées hors de France, les nom et domicile de celui qui aura payé les droits, le lieu de la destination, avec le nom, l'état ou profession de la personne à qui elles sont adressées. (*Loi du* 28 *avril* 1816, *art.* 33.)

272. Lorsque les marchandises introduites par les frontières de terre seront destinées pour le lieu même de l'établissement du bureau où elles auront payé les droits, l'acquit de payement n'accordera que la faculté de les conduire immédiatement au domicile de celui à qui elles seront adressées, et ne pourra servir à aucun transport hors de la commune. (*Loi du* 28 *avril* 1816, *art.* 34.)

273. Si les marchandises ont une autre destination que le lieu où elles auront payé les droits d'entrée, l'acquit de payement servira à les transporter jusqu'à la destination déclarée. Il désignera la route à suivre et indiquera le bureau où les conducteurs seront tenus de faire reconnaître les marchandises et contrôler l'acquit de payement (2). Le délai dans lequel le chargement devra être présenté au bureau de contrôle, et celui qui sera nécessaire pour les faire arriver à leur destination, seront également fixés par les acquits. (*Loi du* 28 *avril* 1816, *art.* 35.)

---

dans le visa que l'embarquement s'est effectué en leur présence. (*Circ. du* 1er *mai* 1816, *n*o 149.)

(2) Les acquits de payement sont transcrits sur un registre particulier. (*Circ. du* 20 *juillet* 1818.)

L'obligation de présenter les marchandises à un bureau désigné ne détruit pas la faculté accordée par l'article 3 du titre 3 de la loi du 4 germinal an 2, ainsi conçu : « Les marchandises pourront être visitées dans chaque bureau d'entrée ou de sortie sur la route. »

274. Les marchandises seront, après le permis (acquit de payement), introduites dans l'intérieur, immédiatement et sans délai, sans emmagasinage ni transport rétrograde (*Loi du 4 germinal an 2, tit. 3, art. 2.*) (1).

SECTION II.

PARTAGE D'OPÉRATIONS ENTRE DEUX BUREAUX.

275. Seront seules exceptées de la déclaration en détail et d'une visite complète au premier bureau d'entrée, les marchandises qui, d'après les ordres particuliers de l'administration des douanes et les modifications qu'elle apportera à la marche de son service pour la facilité du commerce, devront être transférées à un second bureau pour être soumises à ces formalités (2). (*Loi du 28 avril 1816, art. 27.*)

Premier bureau.

276. Les négocians, voituriers et autres qui, dans le cas prévu par l'article précédent, présenteront les marchandises au premier bureau, seront tenus d'y faire au moins une déclaration du nombre des balles, caisses ou futailles destinées à être introduites, et de produire des lettres de voiture en bonne forme, délivrées dans le lieu du chargement ou de dernière expédition sur le pays étranger, lesquelles devront indiquer l'espèce (3) des marchandises et les marques, numéros et poids séparés de chaque colis. Les objets ainsi déclarés ne seront assujettis, au pre-

---

(1) Cet article a été littéralement reproduit au livre II, chapitre VIII, *Application du tarif.*

(2) Il faut, pour jouir de cette facilité que les marchandises soient en colis *quelconques.* Quant aux marchandises en *vrac*, l'administration se réserve la faculté d'en permettre l'expédition sous des conditions particulières, suivant les besoins du commerce dans chaque localité. (*Déc. adm. du* 26 *nov.* 1841.)

(3) Les lettres de voiture informes, ou qui ne contiendraient pas les renseignemens demandés par cet article, seraient inadmissibles, et les marchandises ne pourraient suivre leur route sans qu'on y eût suppléé par une déclaration en détail complète, qui ne serait susceptible d'aucune rectification au deuxième bureau. Il en serait de même des marchandises dépourvues de lettre de voiture. (*Circ. du* 1er *mai* 1816, n° 149.)

mier bureau, qu'à une vérification sommaire du nombre et du poids des colis, si les préposés l'exigent; ils pourront ensuite être expédiés, sous plomb et sous acquit-à-caution, pour le bureau auquel est attribuée la vérification en détail (1). (*Loi du 28 avril 1816, art. 28.*)

277. Les différences constatées au premier bureau sur le nombre, l'espèce ou le poids des colis déclarés, seront mentionnées dans l'acquit-à-caution, auquel on réunira les lettres de voiture par une ligature cachetée.

On n'exigera que le plombage par capacité des voitures dont le chargement sera enveloppé d'une toile qui puisse le renfermer en totalité par l'apposition de deux plombs. Il suffira également de plomber par capacité les bateaux où les marchandises pourront être renfermées sous planches ou par d'autres moyens qui permettront l'emploi de ce plombage.

Les marchandises devront en outre être escortées, dans le trajet du premier au deuxième bureau, par deux préposés. (*Loi du 28 avril 1816, art. 29.*)

Second bureau.

278. La déclaration sommaire faite au premier bureau d'entrée ne pourra être rectifiée par la déclaration en détail et définitive à fournir au deuxième bureau que pour la distinction des marchandises imposées à différens droits, suivant leur qualité, mais dont l'espèce aura été indiquée sans fraude dans les lettres de voiture; et pour l'indication du poids et des colis, dans le cas seulement où l'on n'aura pas constaté au premier

---

(1) Dans la déclaration à faire au premier bureau d'entrée, on distingue ce qui constitue la déclaration verbale ou écrite du voiturier ou marchand, et les détails résultant des lettres de voiture qu'il a déposées.

Ainsi, après avoir énoncé, par exemple, les nom et domicile du voiturier ou conducteur, le lieu où il a pris son chargement, le bureau auquel sont réservées la vérification en détail et la perception, le nombre des caisses, balles ou futailles et l'espèce des marchandises, on ajoute distinctement, par extrait et dépouillement des lettres de voiture, l'énumération des colis, avec le détail des marques et numéros, espèces et poids des marchandises. Enfin la déclaration doit constater le nombre des lettres de voiture, et, pour éviter toute substitution de ces pièces qui suivent le transport, elles sont numérotées et visées au premier bureau. (*Circ. du 1er mai 1816, n° 149.*)

bureau un excédant de poids au-dessus du vingtième pour les métaux, et du dixième pour les autres marchandises.

Le poids indiqué dans les lettres de voiture sera réputé être celui en usage dans les lieux où elles auront été délivrées, à moins qu'elles ne portent expressément que le poids est en kilogrammes.

Seront réputées introduites en fraude toutes marchandises prohibées à l'entrée du royaume qui n'auront pas été désignées et distinguées dans la déclaration sommaire au premier bureau d'entrée, et toutes celles qui se trouveront dans les colis non déclarés à ce bureau. (*Loi du 28 avril* 1816, *art.* 30.)

Pénalités.

279. Pour empêcher les abus auxquels les facilités accordées par les articles précédens pourraient donner lieu, s'il y a déficit de colis, ou s'il est constaté qu'une marchandise a été substituée à celle qui aura été déclarée, le voiturier ou le batelier sera condamné à 2,000 fr. d'amende par chaque colis manquant, ou dans lequel on aura mis une marchandise autre que celle déclarée (1), pour sûreté de laquelle amende les voitures, chevaux et bateaux seront saisis (2). S'il s'agit de colis qu'on aura vu décharger dans le transport, le colis sera saisi, et le voiturier ou batelier condamné à l'amende de 500 fr.; si c'est un colis qu'on a voulu échanger, le colis qui aura été vu déchargé et celui qui lui aura été substitué seront saisis avec pareille amende de 500 fr. (3) (*Loi du 8 floréal an* 11, *art.* 42.) (4).

---

(1) Indépendamment de l'amende de 2,000 fr., il y aurait lieu de saisir la marchandise si elle était prohibée à l'entrée. (3ᵉ § *de l'art.* 30 *de la loi du* 28 *avril* 1816, *et Circ. manusc. du* 22 *mars* 1834.)

(2) Les moyens de transport devenant, en cas de fraude, la principale garantie de l'amende, il importe de les retenir jusqu'après la visite, à moins que le propriétaire ou le consignataire des marchandises ne consente à souscrire l'engagement de payer, s'il y a lieu, les condamnations portées par la loi. (*Même Circ.*)

(3) Les autres contraventions que pourrait révéler la vérification faite au deuxième bureau, et qui ne sont pas nommément prévues par les dispositions spéciales rappelées ci-dessus, demeurent assujetties aux règles générales tracées par le titre 2 de la loi du 22 août 1791. (*Même Circ.*)

(4) Cet article, qui ne concernait que les marchandises dirigées sur Stras-

CHAPITRE III.

RESTRICTIONS D'ENTRÉE.

SECTION PREMIÈRE.

RESTRICTIONS PAR MER.

280. Les marchandises ci-après devront être importées exclusivement et sans exception des petites quantités, par les seuls ports d'entrepôt (1) :

Sucres bruts et terrés, — café, — cacao, — indigo, — thé, — poivre et piment, — girofle, — canelle et cassia lignéa, — muscade et macis, — cochenille (2) et orseille, — rocou, — bois exotiques de teinture et d'ébénisterie (3); — cotons en laine, — gommes et résines autres que d'Europe, — nankins des Indes (4). (*Loi du 28 avril 1816, art. 22.*)

281. Les fils de laine longue peignée, écrus, retors à un ou plusieurs bouts, dégraissés et grillés, ne seront admis que par les seuls ports de Calais, Boulogne et le Havre, pour être dirigés, sous plomb et par acquit-à-caution, sur la douane de Paris, qui percevra le droit après avoir vérifié l'existence de tous les caractères sus-indiqués (5). (*Loi du 6 mai 1841, art. 1er, et Ord. du 21 du même mois.*)

---

bourg, a été généralisé par l'article 31 de la loi du 28 avril 1816, ainsi conçu : « L'article 42 de la loi du 8 floréal an 11 sera appliqué à toutes les marchandi- « ses qui seront transférées, pour la visite en détail et le payement des droits, « d'un premier bureau d'entrée à un autre bureau. »

(1) *Voir* la nomenclature de ces ports au livre VI, chapitre 1er.

(2) La cochenille peut être importée par les bureaux de Bourg-Madame, Perthus, Béhobie et Ainhoa, situés sur la frontière de terre. (*Loi du 21 avril 1818, art. 50.*)

(3) Le *bois de buis* n'est pas compris dans cette catégorie. (*Circ. du 17 février 1838.*)

(4) Toutes ces marchandises peuvent entrer par les bureaux de Strasbourg et Sierck, en vertu d'un traité conclu avec la Hollande (livre X, chapitre xii).

(5) Ces fils doivent être revêtus, par la douane de Paris, de la marque distinctive en usage pour les cotons filés. (*Voir* le n° 876.)

282. Les cotons filés écrus du n° 143 (système métrique) et au-dessus ne pourront être importés que par les seuls bureaux du Havre, Calais, Boulogne et Dunkerque (1). (*Lois des 2 juillet 1836 et 6 mai 1841, art.* 15.)

La nacre de perle noire dite *bâtarde*, et les haliotides, ne pourront être importés, *aux droits réduits*, que par les ports de Marseille, Bordeaux, Nantes, le Havre, Rouen, Calais et Dunkerque. (*Loi du 2 juillet* 1836.)

SECTION II.

RESTRICTIONS PAR TERRE.

283. Les grandes peaux brutes sèches, d'origine européenne, importées par terre, ne seront admises au droit de 5 fr., établi par la loi du 5 juillet 1836, que par les seuls bureaux de Blancmisseron, Maubeuge, Givet, Longwy, Sierck, Forbach, Strasbourg, Saint-Louis, les Rousses, Bellegarde, Sarreguemines et Evrange (2). (*Ord. des* 31 *octobre* 1836, 7 *juillet* 1839, *et* 12 *avril* 1841.)

284. Les pierres calcaires à cristallisation confuse, dites *écossines*, importées brutes ou simplement équarries autrement que par le sciage, ne seront admises au droit de 10 cent. par 100 kilog. que par les bureaux de la frontière du nord situés entre la mer et Blancmisseron exclusivement. (*Loi du 6 mai* 1841, *art.* 1er, *et Ord. du* 21 *du même mois.*)

SECTION III.

RESTRICTIONS PAR MER ET PAR TERRE.

285. Les marchandises dont le droit d'entrée est fixé à plus de 20 fr. par 100 kilog., non compris le décime additionnel ni la

---

(1) *Voir* le n° 876 pour la marque particulière dont ces cotons doivent être revêtus.

(2) Les peaux dirigées en transit sur l'un des bureaux désignés ci-dessus doivent, en cas de mise en consommation, y acquitter le droit exigible au bureau par lequel elles ont été primitivement importées. (*Déc. adm. du* 26 *août* 1841.)

surtaxe relative au mode de navigation, ne pourront être importées en France que par les bureaux.... (1). (*Loi du* 28 *avril* 1816, *art.* 20.)

L'entrée des marchandises ci-après, en tant qu'elles sont tarifées, sera restreinte aux bureaux désignés par l'article 20 de la loi du 28 avril 1816, sauf les exceptions qu'autorise l'article 21 de ladite loi, et celles que les localités pourraient rendre nécessaires :

Boissons dont l'entrée n'est pas déjà restreinte aux ports d'entrepôt, — chapeaux, — cornes en feuillets, — cuivre de toute sorte, pur ou allié, — dentelles, — feutres, — fontes, fer en barres (2) et ouvré, — glaces, — gommes d'Europe, — horloges en bois, — huile d'olive, — instrumens de toute sorte, — médicamens composés, — métiers, machines et mécaniques pour l'industrie, — modes (ouvrages de), — objets de collection hors de commerce, — parapluies et parasols, — pelleteries, — planches gravées, — potasse, tartre brut, soudes, natrons, cendres de Sicile et tous autres sels, — poterie de toute espèce, — soies, — vanneries, — grandes peaux tannées pour semelles. (*Loi du* 27 *mars* 1817, *art.* 8, *et Ord. du* 31 *octobre* 1836.)

286. Les châles (3) de Cachemire fabriqués au fuseau dans les pays hors d'Europe, les montres (4) à boîtes d'or, d'argent ou de tout autre métal, les montres sans boîtes, les mouvemens

---

(1) *Voir* la nomenclature de ces bureaux au tableau n° 1, placé à la suite de ce chapitre.

(2) D'après la loi du 27 juillet 1822, les fers en barres, traités au charbon de bois et au marteau, ne peuvent être admis aux droits modérés établis par la loi du 21 décembre 1814 que par les bureaux désignés au tableau n° 2, placé à la suite du présent chapitre.

(3) Ainsi que les écharpes. (*Déc. min. du* 18 *août* 1841 ; *Circ. du* 1er *septembre, n°* 1869.)

(4) Les montres ainsi introduites sont dirigées, par acquit-à-caution et sous le plomb des douanes, sur l'un des cinq bureaux de garantie de Paris, Lyon, Besançon, Montbéliard et Lons-le-Saulnier, pour y être essayées et marquées, et y acquitter le droit de garantie. (*Loi du* 2 *juillet* 1836.)

Toutefois on affranchit de cette obligation, 1° les montres appartenant aux ambassadeurs et envoyés des puissances étrangères ; 2° les montres à l'usage personnel des voyageurs. (*Loi du* 19 *brumaire an* 6, *tit.* 2, *art.* 23, *et Circ. du* 5 *juin* 1834, *n°* 1442.)

d'horlogerie de toute sorte, et les carillons à musique, ne pourront être importés que par les bureaux ouverts au transit des marchandises prohibées (1). (*Loi du 2 juillet* 1836.)

287. Les laines étrangères ne pourront être importées que par les ports d'entrepôt réel, par les bureaux principaux de première ligne des frontières de terre, et par les autres bureaux spécialement désignés par des ordonnances royales (*Ord. du 26 juillet* 1826, *art.* 1er.) (2).

Les fabriques voisines de la frontière auxquelles leur éloignement de l'un des bureaux désignés dans l'article précédent ne permettrait de tirer de l'étranger leur approvisionnement qu'au moyen d'un circuit onéreux, pourront être temporairement autorisées à recevoir cet approvisionnement par le bureau de la route directe, conformément à l'article 21 de la loi du 28 avril 1816. (*Même Ord.*, *art.* 2.)

288. Le fer-blanc ne sera admis que par les bureaux principaux. (*Loi du 7 juin* 1820, *art.* 1er.)

289. Les fils de lin et de chanvre de toute sorte ne pourront être importés que par les ports d'entrepôt réel ou par les bureaux de la frontière de terre ci-après : Armentières, — Halluin, — Lille, — Baisieux, — Condé, — Blancmisseron, — Sierck, — Forbach, — Strasbourg, — Pont-de-Beauvoisin, — Entre-deux-Guiers, — Saint-Laurent-du-Var. (*Loi du 6 mai* 1841, *art.* 1er.)

290. Toute marchandise omise au tarif d'entrée ne pourra être importée que par un bureau principal de douanes, où le droit de l'article le plus analogue lui sera appliqué. (*Loi du 28 avril 1816*, *art.* 16.)

Restriction de colis.

291. Les outils et les toiles de toute sorte devront être pré-

---

(1) *Voir*, pour les bureaux ouverts au transit des marchandises prohibées, le tableau des ports d'entrepôt (livre VI, chapitre 1er), et le tableau n° 2, annexé au livre VII, *Transit*.

(2) Cette ordonnance a été rendue en vertu d'une disposition de l'article 1er de la loi du 17 mai 1826, ainsi conçu : « Des ordonnances du Roi détermineront « les bureaux de douanes par lesquels l'importation des laines sera permise. » — *Voir* le tableau n° 3, placé à la suite de ce chapitre.

sentés dans les bureaux de mer sans mélange des espèces désignées par le tarif ou soumises à des droits différens (1). (*Loi du 17 décembre* 1814, *art.* 1er.)

Les fils de lin et de chanvre seront présentés en paquets séparés, ne contenant chacun que du fil passible du même droit (2). A défaut de cette séparation, la douane percevra le droit du fil du numéro le plus élevé contenu dans le paquet. (*Loi du* 6 *mai* 1841, *art.* 1er.)

SECTION IV.

DISPOSITIONS GÉNÉRALES.

292. Il pourra être importé par tous les bureaux autres que ceux désignés ci-dessus, savoir :

1o Jusqu'à la concurrence de 5 kilog. de fil, de toute sorte de rubans ou d'ouvrages de passementerie ;

2o 25 kilog. de fil ou toile de lin, de chanvre ou d'étoupe, écrus (3) ;

3o 50 kilog. de fer, d'outils de fer, ou de fer rechargé d'acier.

Il sera d'ailleurs pourvu, quant aux matières à fabriquer, par des mesures administratives, aux exceptions qu'exigerait la position des fabriques. (*Loi du* 28 *avril* 1816, *art.* 21.)

Pénalités.

293. Les marchandises dont l'entrée et la sortie sont restreintes par des ports et bureaux désignés, et que l'on tenterait d'introduire ou d'exporter par d'autres passages, seront

---

(1) La loi de 1814 exigeait en outre que ces marchandises fussent présentées en colis d'un poids déterminé ; mais cette disposition a été abrogée par l'article 11 de la loi du 6 mai 1841.

(2) Cette disposition s'applique aux *paquets seulement*, et non aux *balles*, qui renferment généralement de 40 à 90 paquets dont les qualités ne sont pas toujours identiques. (*Déc. adm. du* 15 *mai* 1841.)

(3) Depuis l'augmentation des droits sur les cordages de chanvre, on admet aussi, pour les usages locaux, jusqu'à concurrence de 25 kilog. de cette marchandise. (*Déc. adm. des* 1er *septembre et* 5 *novembre* 1825.)

En ce qui concerne les fils de lin et de chanvre, cette exception doit être considérée comme abrogée. Ces fils, quelle qu'en soit la quantité, ne peuvent plus être importés que par les bureaux désignés par la loi du 6 mai 1841. (*Déc. adm. du* 15 *mai* 1841.)

confisquées avec amende de 100 fr.; ce qui n'aura cependant pas lieu à l'égard de celles qui auraient été présentées dans les douanes et déclarées sous leur véritable dénomination; dans ce cas, les marchandises importées seront renvoyées à l'étranger, et celles que l'on voudrait exporter resteront dans le royaume, sauf à être ensuite expédiées par les bureaux ouverts à la sortie (1). (*Loi du 22 août 1791, tit. 4, art. 8.*)

TABLEAU Nº 1. — *Bureaux ouverts à l'importation des marchandises taxées à plus de 20 fr. par 100 kilog., ou nommément désignées par l'article 8 de la loi du 27 mars 1817.*

Direction de Dunkerque. Dunkerque, — Dunkerque, par Zuydcoote, — Armentières, par la Lys, — Lille, par Halluin et Baisieux pour le commerce par terre, et par Bousbecque pour les transports par eau.

Direction de Valenciennes. Condé, — Blancmisseron, — Valenciennes, — Maubeuge.

Direction de Charleville. Rocroy, — Givet, — Charleville, — Sedan, par Saint-Menges ou par Givonne.

Direction de Metz. Longwy, — Évrange, — Thionville, par Sierck ou par Évrange, — Sierck, — Bouzonville, — Trois-Maisons, — Forbach, — Sarreguemines, par Gros-Bliederstroff et Frauenberg.

---

(1) Les peines édictées par l'article 8 ci-dessus ont été généralement modifiées par des lois ultérieures, rapportées au chapitre VII du présent livre.

Un arrêt de la Cour de cassation du 14 avril 1821 a consacré ce principe : que la loi n'a point établi, sous le rapport des effets de la prohibition, de distinction entre les marchandises prohibées d'une manière générale et celles dont l'admission ne peut avoir lieu que par certains ports ou certains bureaux. Il en résulte que, dans quelques cas, les saisies effectuées dans les bureaux, et qui sont de compétence civile, donnent lieu à l'application de l'article 1er du titre 5 de la loi du 22 août 1791 (nº 312), alors même qu'elles portent sur des marchandises tarifées, si ces marchandises ne sont pas admissibles par la douane où la contravention est constatée, ce qui doit les faire considérer comme prohibées là où elles sont présentées et saisies. (*Circ. du 15 mars 1839, nº 1748, et Déc. adm. du 6 septembre 1841.*)

Direction de Strasbourg. Wissembourg, — Lauterbourg, — Strasbourg, — l'Ile-de-Paille, — Saint-Louis, — Delle, — Huningue.

Direction de Besançon. Verrières-de-Joux, — Jougne, — les Pargots.

Direction de Nantua. Bellegarde, — Seyssel, — les Rousses, — Saint-Blaise.

Direction de Grenoble. Chapareillan, — Pont-de-Beauvoisin, — Entre-deux-Guiers.

Direction de Digne. L'Arche, — Mont-Genèvre.

Direction de Toulon. Saint-Laurent-du-Var, — Antibes, — Cannes, — Saint-Raphaël, — Toulon.

Direction de Marseille. Marseille, — Arles, — Port-de-Bouc.

Direction de Montpellier. Aigues-Mortes, — Cette, — Agde.

Direction de Perpignan. La Nouvelle, — Port-Vendres, — Perpignan, par Perthus, — Bourg-Madame.

Direction de Bayonne. Urdos, — Bedous, par Urdos, — Saint-Jean-Pied-de-Port, — Ainhoa, — Béhobie, — Saint-Jean-de-Luz, — Bayonne.

Direction de Bordeaux. Bordeaux.

Direction de La Rochelle. Charente, — Rochefort, — La Rochelle, — Saint-Martin (île de Rhé), — Marans, — les Sables.

Direction de Nantes. Nantes.

Direction de Lorient. Vannes, — Lorient.

Direction de Brest. Quimper, — Brest, — Roscoff, — Morlaix.

Direction de Saint-Malo. Saint-Brieuc, — Le Legué, — Saint-Servan, — Saint-Malo, — Granville.

Direction de Cherbourg. Cherbourg, — Caen.

Direction de Rouen. Honfleur, — Rouen, — le Havre, — Fécamp.

Direction d'Abbeville. Dieppe, — Abbeville, — Saint-Valery-sur-Somme.

Direction de Boulogne. Boulogne, — Calais. (*Lois des 28 avril 1816, 27 mars 1817, 21 avril 1818, 7 juin 1820, 27 juillet 1822, 17 mai 1826, 2 juillet 1836, et Ord. des 7 juillet, 17 septembre et 18 décembre 1839.*)

TABLEAU Nº 2. — *Bureaux par lesquels doivent être importés les fers traités au charbon de bois et au marteau pour jouir de la modération de droits accordée par la loi du 27 juillet 1822.*

Direction de Marseille. Marseille.

Direction de Montpellier. Cette.

Direction de Bayonne. Bayonne, — Béhobie, — Ainhoa.

Direction de Bordeaux. Bordeaux.

Direction de La Rochelle. La Rochelle, — Saint-Martin (île de Rhé).

Direction de Nantes. Nantes, — Paimbœuf.

Direction de Lorient. Redon, — Lorient.

Direction de Brest. Brest, — Morlaix.

Direction de Saint-Malo. Le Legué, — Saint-Malo, — Granville.

Direction de Cherbourg. Cherbourg, — Caen.

Direction de Rouen. Honfleur, — Rouen, — le Havre, — Fécamp.

Direction d'Abbeville. Dieppe, — Saint-Valery-sur-Somme.

Direction de Boulogne. Boulogne, — Calais.

Direction de Dunkerque. Dunkerque.

Direction de Metz. Thonne-la-Long, — Longwy, par la Malmaison et Tellancourt, ou par Mont-Saint-Martin, — Évrange. (*Lois des 27 juillet 1822, 17 mai 1826, 2 juillet 1836, et 6 mai 1841.*)

TABLEAU Nº 3. — *Bureaux ouverts à l'importation des laines.*

Direction de Dunkerque. Dunkerque, — Armentières, — Halluin, — Turcoing, par Risçontout, — Lille, par Bousbecque, Halluin ou Baisieux, — Baisieux.

Direction de Valenciennes Blancmisseron, — Valenciennes, par Blancmisseron, Marchipont ou Sébourg, — Maubeuge, par Bettignies, Vilers-sur-Nicole, Jeumont ou Coursolre, — Condé, par Bonsecours.

Direction de Charleville. Rocroy, — Givet, — Sedan, par Saint-Menges ou Givet.

Direction de Metz. Sierck, — Forbach, — Sarreguemines.

Direction de Strasbourg. Wissembourg, — Strasbourg, par la Wantzenau ou le pont du Rhin, — Saint-Louis, — Lauterbourg.

Direction de Nantua. Les Rousses, — Bellegarde.

Direction de Grenoble. Pont-de-Beauvoisin, — Chapareillan, — Pont-Charra.

Direction de Digne. Entrevaux.

Direction de Toulon. Saint-Laurent-du-Var, — Toulon.

Direction de Marseille. Marseille, — Arles.

Direction de Montpellier. Cette, — Agde.

Direction de Perpignan. Port-Vendres, — Perthus, — Céret, — Bourg-Madame, — La Nouvelle.

Direction de Toulouse. Bagnères.

Direction de Bayonne. Bedous, par Urdos, — Bayonne.

Direction de Bordeaux. Bordeaux.

Direction de La Rochelle. La Rochelle.

Direction de Nantes. Nantes.

Direction de Lorient. Lorient.

Direction de Brest. Morlaix.

Direction de Saint-Malo. Le Legué, — Saint-Malo, — Granville.

Direction de Cherbourg. Cherbourg, — Caen.

Direction de Rouen. Honfleur, — le Havre, — Rouen.

Direction d'Abbeville. Dieppe, — Saint-Valery-sur-Somme.

Direction de Boulogne. Boulogne, — Calais.

(*Ord. des 26 juillet* 1826, *3 mars* 1833, *et 7 juillet* 1839.)

CHAPITRE IV.

EXPORTATIONS PAR MER.

SECTION PREMIÈRE.

DÉCLARATIONS, VISITE ET EMBARQUEMENT.

294. Les marchands, négocians ou leurs facteurs, courtiers (1), capitaines et maîtres de navires, qui voudront faire sortir par mer des marchandises ou denrées, en donneront la déclaration dans la forme prescrite, et les feront conduire au bureau ou à tel autre endroit dont il sera convenu entre la régie

---

(1) Dans ce cas, les courtiers n'ont pas besoin d'être porteurs d'un pouvoir spécial du négociant au nom duquel ils agissent. (*Déc. adm. du 22 oct.* 1854.)

et le commerce, relativement'aux localités, pour y être vérifiées. S'il est reconnu qu'il y a impossibilité de faire conduire lesdites marchandises dans un local particulier, la vérification en sera faite au lieu de l'embarquement. (*Loi du 22 août 1791, tit. 2, art. 6.*)

295. Les règles générales reproduites aux chapitres II, IV et VI du livre II, et auxquelles il importe de se reporter, se résument de la manière suivante :

Déclarations (1).

1º. La déclaration doit contenir la qualité, le poids, la mesure, le nombre ou la valeur des marchandises, les lieux de chargement et de destination, le nom du navire et celui du capitaine, les marques et les numéros des colis. (*Loi du 22 août 1791, tit. 2, art. 9.*)

2º. La déclaration du poids n'est pas exigée pour les marchandises sujettes à coulage. (*Loi du 22 août 1791, tit. 2, art. 19.*)

3º. Il est défendu de déclarer comme unité plusieurs colis réunis. (*Loi du 27 juillet 1822, art. 16.*)

4º. Les déclarations sont affranchies du timbre. (*Loi du 2 juillet 1836, art. 7.*)

5º. Elles doivent être enregistrées. (*Loi du 4 germinal an 2, tit. 3, art. 6.*)

6º. Elles peuvent, à certains égards, être modifiées avant la visite. (*Loi du 22 août 1791, tit. 2, art. 12.*)

Visite.

1º. Les vérificateurs peuvent se dispenser de vérifier les marchandises. (*Loi du 22 août 1791, tit. 2, art. 14 et 17.*)

2º. Ils constatent le poids net effectif quand il est déclaré. (*Loi du 27 mars 1817, art. 7.*)

3º. Les frais de manipulation des marchandises sont à la charge du propriétaire. (*Loi du 22 août 1791, tit. 2, art. 15.*)

4º. La visite ne peut être faite qu'en présence du déclarant. (*Loi du 22 août 1791, tit. 2, art. 16.*)

---

(1) Si les marchandises présentées au bureau de sortie ne peuvent, à défaut de pièces, ou pour toute autre cause, être immédiatement déclarées, la douane n'a aucun motif de les retenir en dépôt, ni, par conséquent, d'exiger le droit de magasinage ; elles sont renvoyées à l'intérieur. (*Circ. du 15 août 1819, n° 313.*)

5º. Ses détails doivent être inscrits sur un portatif. (*Circ. du 7 septembre* 1818.)

6º. Les colis trouvés en excédant sont saisis avec amende. (*Loi du 22 août* 1791 , *tit.* 2 , *art.* 20.)

7º. Les excédans dans le poids des marchandises sont passibles du double droit. (*Loi du 22 août* 1791 , *tit.* 2, *art.* 18.)

8º. Tout déficit dans le nombre des colis donne lieu à une amende de 300 fr. par colis manquant. (*Loi du 22 août* 1791, *tit.* 2, *art.* 22.)

9º. Les marchandises différentes d'espèce ou de qualité sont saisissables avec amende. (*Loi du 22 août* 1791, *tit.* 2, *art.* 21.)

10º. Les marchandises imposées à la valeur peuvent être préemptées. (*Loi du 22 août* 1791, *tit.* 2, *art.* 23.)

11º. Les marchandises prohibées, exactement déclarées, ne sont point saisies. (*Loi du 22 août* 1791, *tit.* 5, *art.* 4.)

Embarquement.

1º. Un permis est nécessaire pour effectuer l'embarquement. (*Loi du* 22 *août* 1791, *tit.* 2, *art.* 13.)

2º. Il ne peut avoir lieu que dans l'enceinte d'un port et en plein jour. (*Loi du* 22 *août* 1791, *tit.* 13, *art.* 9.)

3º. Les navires sont mis en *chargement* (1) à tour de rôle. (*Loi du 22 août* 1791 , *tit.* 2 , *art.* 13.)

4º. L'embarquement peut s'effectuer au moyen d'alléges. (*Loi du 22 août* 1791, *tit.* 13, *art.* 11.)

5º. Les marchandises sont, après le permis, transportées à bord des bâtimens, immédiatement et sans délai, sans emmagasinage ni transport rétrograde (2). (*Loi du 4 germinal an* 2, *tit.* 3, *art.* 2.)

Futailles vides.

296. Les armateurs français qui font des expéditions pour les Colonies (françaises ou étrangères) pourront charger, en exemption des droits de sortie, le nombre de futailles vides ou en

---

(1) Le mot *chargement* ne se trouve pas dans cette partie de l'article 13 de la loi du 22 août 1791 ; mais il résulte évidemment de l'ensemble de son texte que la mesure d'ordre et de police dont il s'agit s'applique aux chargemens comme aux déchargemens.

(2) *Voir* cet article, ainsi que l'article 26 du titre 2 de la loi du 22 août 1791, relatif au même objet, sous le nº 166, livre II, chapitre VIII.

bottes qu'ils déclareront leur être nécessaires et qui sera reconnu en proportion avec la force du bâtiment et la nature des denrées qu'ils se proposeront de rapporter. (*Déc. minist. du 24 mars* 1817; *Circ. du 29, n*o 267.)

L'embarquement de ces futailles à destination des Colonies *étrangères*, sera assujetti à la formalité d'un acquit-à-caution, qui garantira éventuellement les droits de sortie. Quant aux futailles expédiées pour les Colonies *françaises*, il suffira que leur arrivée à cette destination privilégiée soit assurée dans la forme prescrite pour les autres marchandises (no 689). (*Circ. du 23 mai* 1832, *n*o 1323.)

Les futailles ayant déjà servi, dans lesquelles les navires français, expédiés pour les pays hors d'Europe, emportent la quantité d'eau nécessaire aux animaux vivans chargés à bord desdits navires, seront affranchies de tous droits de sortie, et la réimportation n'en sera que facultative (1). (*Déc. minist. du 8 mai* 1832; *Circ. du* 23 , *n*o 1323.)

L'exemption des droits de sortie sera également accordée pour les futailles vides destinées à aller prendre des huiles, des vins et des eaux-de-vie en Espagne, en Italie et dans le Levant, sauf à assurer la rentrée des futailles ou le payement des droits par des acquits-à-caution. (*Déc. min. du* 6 *août* 1833; *Circ. du* 23, *n*o 1394.)

Les futailles ayant servi à transporter des genièvres de Hollande ou des vins d'Espagne dans les entrepôts de France, pourront être réexportées vides en exemption de tous droits de sortie (2). (*Déc. minist. du* 13 *juillet* 1833 ; *Circ. du* 23 *août suiv., n*o 1394.)

---

(1) Il résulte de cette disposition que les vieilles futailles, embarquées pour l'usage dont il s'agit, ne doivent être l'objet d'aucune soumission au départ. La douane délivre un passavant, dont l'unique but est d'assurer à l'armateur le bénéfice de réimportation que la décision ministérielle lui réserve. Mais si les fûts mis à bord excédaient les besoins présumés, ou si, au lieu de vieilles futailles, il en était employé de neuves, on exigerait que la réimportation ou l'acquittement du droit de sortie fût garanti par une soumission cautionnée. (*Circ. n*o 1323.)

(2) Le retour de ces futailles ne doit pas être assuré par des acquits-à-cautions. (*Circ. n*o 1394.)

Voir le chapitre xxii du livre X, *Régimes spéciaux*, pour les futailles embarquées pour la pêche de la baleine ; le chapitre xviii du même livre, pour les futailles rapportées de l'étranger, et le chapitre v, 1re section, du livre VI, pour les futailles étrangères admises temporairement.

SECTION II.

MANIFESTE ET MISE EN MER.

297. Aucun navire français ou étranger, chargé ou sur lest, ne pourra sortir d'un port de France sans être muni d'un manifeste visé par la douane (1).

Le manifeste de chargement présentera séparément les marchandises de réexportation, suivant leur provenance étrangère ou des Colonies françaises.

Le capitaine sera tenu de représenter ce manifeste à toutes réquisitions des préposés, sous peine d'une amende de 500 fr., pour sûreté de laquelle le navire pourra être retenu. (*Loi du 5 juillet 1836, art. 2.*)

Les manifestes des navires qui doivent être fournis aux douanes sont affranchis du timbre: (*Loi du 2 juillet 1836, art. 7.*)

298. Il est défendu, sous peine de confiscation et de 100 fr. d'amende (2), aux capitaines et maîtres de bâtimens, de se mettre en mer ou sur les rivières affluentes sans être porteurs de l'acquit de payement des droits ou autres expéditions, suivant les circonstances (3), tout usage contraire étant formellement abrogé. (*Loi du 22 août 1791, tit. 2, art. 13.*)

Marine royale.

299. Les capitaines et commandans des vaisseaux de guerre et de tous autres bâtimens employés au service de la marine royale, seront tenus de remplir à la sortie toutes les formalités

---

(1) Le capitaine n'est pas tenu de remettre un double de son manifeste; il suffit qu'il le fasse viser par la douane. (*Déc. adm. du 30 décembre 1840.*)

(2) Si le chargement ne donnait pas lieu à une perception au-dessus de 5 fr., l'amende ne serait que de 50 fr., et les marchandises ne pourraient pas être saisies. (*Art. 30, tit. 2, de la Loi du 22 août 1791, n° 258.*)

(3) Si, d'après les lois du pays de destination, les capitaines sont tenus de produire des duplicata de leurs expéditions, ou des acquits généraux de sortie, comprenant toutes les marchandises chargées au port de départ, la douane les délivre immédiatement : dans ce cas, l'autorisation préalable de l'administration n'est pas nécessaire. (*Circ. du 21 décembre 1820, n° 625, et Circ. manusc. du 30 octobre 1837.*)

auxquelles sont assujettis les capitaines des navires marchands. (*Loi du* 22 *août* 1791 , *tit.* 2 , *art.* 7) (n⁰ 228).

Restrictions de sortie.

300. Les marchandises dont la sortie est restreinte par des ports désignés, et que l'on tenterait d'exporter par d'autres passages, seront confisquées, avec amende de 100 fr. (*Loi du* 22 *août* 1791, *tit.* 4 , *art.* 8) (n⁰ 293).

CHAPITRE V.

EXPORTATIONS PAR TERRE.

Présentation des marchandises.

301. Ceux qui voudront faire sortir du royaume des marchandises ou denrées, seront tenus, sous peine de confiscation et d'amende (1), de les conduire au premier bureau de sortie par la route la plus directe et la plus fréquentée ; il leur est défendu de prendre aucun chemin oblique tendant à contourner et éviter les bureaux. Il y aura pareilles peines lorsqu'ils auront dépassé ces bureaux et qu'ils se trouveront entre les deux lignes sur lesquelles ils seront établis sans les expéditions prescrites (2). (*Loi du* 22 *août* 1791, *tit.* 2, *art.* 3.)

Déclarations et visites.

302. Les voituriers ou conducteurs de marchandises sortant par terre, seront tenus, sous les peines portées par l'article 1er *du présent titre* (3), de faire, à leur arrivée dans les lieux où les

---

(1) D'après la loi de 1791, l'amende n'était que de 100 fr. ; elle a été portée à 200 fr. par l'article 4 du titre 3 de la loi du 4 germinal an 2 (n⁰ 316).

(2) Il ne s'agit ici que de marchandises nationales dont on tenterait l'exportation frauduleuse. Mais si les marchandises trouvées entre les deux lignes sans expédition, appartenaient à la classe de celles qui sont désignées au n⁰ 320, elles seraient réputées introduites en fraude, aux termes des dispositions rappelées au n⁰ 325, et passibles des peines édictées en pareil cas.

(3) On a déjà fait remarquer (n⁰ 264) que cette peine était en contradiction avec la disposition de l'article 10 du même titre, qui, à défaut de déclaration, proscrit seulement de déposer les marchandises en douane. A la sortie, ce dé-

bureaux sont établis, déclaration sur le registre du bureau, ou d'en présenter une signée des marchands ou propriétaires des marchandises, ou de leurs facteurs, laquelle déclaration demeurera au bureau et sera transcrite sur le registre par les préposés de la régie, et signée par lesdits voituriers ou conducteurs; et dans le cas où ils ne sauraient signer, il en sera fait mention sur le registre. (*Loi du 22 août* 1791, *tit.* 2, *art.* 8.)

303. Les règles générales relatives aux déclarations et aux visites ont été rapportées aux chapitres II et VI du livre II; elles peuvent se résumer de la manière suivante :

Déclaration.

1º. La déclaration doit contenir la qualité, le poids, la mesure, le nombre ou la valeur des marchandises; les lieux de chargement et de destination; les marques et les numéros des colis. (*Loi du 22 août* 1791, *tit.* 2, *art.* 9.)

2º. La déclaration du poids n'est pas exigée pour les marchandises sujettes à coulage. (*Loi du 22 août* 1791, *tit.* 2, *art.* 19.)

3º. Il est défendu de déclarer comme unité plusieurs colis réunis. (*Loi du 27 juillet* 1822, *art.* 16.)

4º. Les déclarations sont affranchies du timbre. (*Loi du 2 juillet* 1836, *art.* 7.)

5º. Elles peuvent, à certains égards, être modifiées avant la visite. (*Loi du 22 août* 1791, *tit.* 2, *art.* 12.)

Visites.

1º. Les vérificateurs peuvent se dispenser de vérifier les marchandises. (*Loi du 22 août* 1791, *tit.* 2, *art.* 14 *et* 17.)

2º. Ils constatent le poids net effectif quand il a été déclaré. (*Loi du 27 mars* 1817, *art.* 7.)

3º. Les frais de manipulation des marchandises sont à la charge des propriétaires. (*Loi du 22 août* 1791, *tit.* 2, *art.* 15.)

4º. La visite ne peut être faite qu'en présence du déclarant. (*Loi du 22 août* 1791, *tit.* 2, *art.* 16.)

---

pôt n'est même pas nécessaire; la douane n'a aucun motif de retenir les marchandises, qui peuvent être renvoyées à l'intérieur. (*Circ. du* 15 *août* 1819, nº 513.)

5º. Ses détails doivent être inscrits sur un portatif. (*Circ. du 7 septembre* 1818.)

6º. Les colis trouvés en excédant sont saisis avec amende. (*Loi du 22 août 1791, tit. 2, art. 20.*)

7º. Les excédans dans le poids des marchandises sont passibles du double droit. (*Loi du 22 août 1791, tit. 2, art. 18.*)

8º. Tout déficit dans le nombre des colis donne lieu à une amende de 300 fr. par colis manquant. (*Loi du 22 août 1791, tit, 2, art. 22.*)

9º. Les marchandises différentes d'espèce ou qualité sont saisissables avec amende. (*Loi du 22 août 1791, tit. 2, art. 21.*)

10º. Les marchandises imposées à la valeur peuvent être préemptées. (*Loi du 22 août 1791, tit. 2, art. 23.*)

11º. Les marchandises prohibées, exactement déclarées, ne sont point saisissables. (*Loi du 22 août 1791, tit. 5, art. 4.*)

Passage à l'étranger.

504. Les marchandises destinées à l'exportation seront, après le payement des droits, conduites à l'étranger immédiatement et sans délai, sans emmagasinage ni transport rétrograde, à peine de confiscation et de 100 fr. d'amende (1). (*Loi du 22 août 1791, tit. 2, art. 26.*)

Restriction de sortie.

505. Les marchandises dont la sortie est restreinte par des bureaux désignés, et que l'on tenterait d'exporter par d'autres passages, seront confisquées avec amende de 100 fr. (*Loi du 22 août 1791, tit. 4, art. 8.*) (2).

---

(1) *Voir* au nº 166 le texte de cet article et une Déc. adm. du 17 janvier 1839, qui permet, dans certain cas, de garder la marchandise à l'intérieur.

(2) *Voir* au nº 293 le texte de cet article et l'observation dont il a été l'objet.

CHAPITRE VI.

EXPÉDITIONS DE SORTIE PAR LES DOUANES DE L'INTÉRIEUR.

306. Il sera, dans les villes de commerce qui en seront jugées susceptibles, établi par l'administration des douanes, sous l'approbation du ministre des finances, des bureaux de douanes (1) où les citoyens auront la faculté de faire visiter et plomber les marchandises qu'ils expédieront pour l'étranger (2). (*Arrêté du 25 ventôse an 8, art.* 1er.)

307. Les droits ordinaires de sortie, fixés par le tarif des douanes, seront acquittés aux bureaux mentionnés en l'article 1er ci-dessus. (*Même Arrêté, art.* 4.)

308. Il ne pourra être exigé en sus que le prix du plombage. (*Même Arrêté, art.* 5.)

309. Le prix de chaque plomb reste fixé à 50 cent. Il comprendra la fourniture de la matière première, celle des cordes et ficelles, les frais de main-d'œuvre et d'application des plombs (3). (*Loi du 2 juillet* 1836, *art.* 21.)

---

(1) Des bureaux de cette nature ont été établis :

1º A Paris ; (*Arrêté du 25 ventôse an* 8, *art.* 6.)

2º A Lyon ; (*Arrêté du 21 pluviôse an* 11.)

3º A Rouen, pour les expéditions de sortie par terre; (*Circ. du 6 août* 1810.)

4º A Valenciennes, pour les *batistes, linons* et *gazes,* à l'égard desquels on remet à la douane des déclarations énonçant le nombre des pièces, l'espèce, les numéros, l'aunage, le poids et les autres détails nécessaires pour la délivrance des expéditions ; (*Déc. adm. du 11 août* 1814.)

5º A Metz; (*Déc. min. du 6 juin* 1833; *Circ.* nº 1390.)

6º A Toulouse; (*Déc. min. du 17 juin* 1834; *Circ.* nº 1448.)

7º A Oloron, pour les marchandises soumises à des droits de sortie et destinées pour l'Espagne ; (*Déc. min. du 24 février* 1837.)

8º A Orléans; (*Déc. adm. du 15 novembre* 1839.)

(2) La visite est toujours précédée de la déclaration, que l'expéditeur doit remettre à la douane dans la même forme, sous les mêmes conditions et les mêmes peines que pour les autres cas de perception (nºs 111 et suivans).

Les expéditions doivent toujours indiquer le délai accordé pour consommer l'exportation. (*Déc. adm. du 15 novembre* 1839.)

(3) Toutefois, à la douane de Paris, les frais de cordage et d'emballage con-

340. Les caisses ét ballots dont les plombs auront été vérifiés, et qui seront accompagnés de l'acquit-à-caution (1), ne pourront être ouverts aux bureaux de la frontière (2). (*Arrêté du 25 ventôse an 8 , art. 2.*)

Les fraudes et altérations de plombs seront poursuivies et punies conformément à la loi du 22 août 1791. (*Même Arrêté , art.* 3.)

CHAPITRE VII.

FRAUDE ET CONTREBANDE.

SECTION PREMIÈRE.

COMPÉTENCE DES JUSTICES DE PAIX.

§ 1er. IMPORTATIONS PAR MER.

Marchandises non prohibées.

311. Il ne pourra être introduit par mer aucunes marchandises sans le congé ou la permission par écrit des préposés des douanes, et qu'en leur présence, à peine de confiscation des marchandises et de 100 fr. d'amende. (*Loi du 22 août* 1791 , *tit.* 2, *art.* 13.)

Toutefois, lorsqu'il ne s'agira que de marchandises dont les droits ne s'élèveraient pas à 3 fr., les contrevenans seront seulement condamnés à l'amende de 50 fr., pour sûreté de laquelle

---

tinuent d'être à la charge des expéditeurs, conformément aux dispositions de l'ordonnance du 28 mars 1830. (*Loi du 2 juillet* 1836, *art.* 21.)

Voir le n° 216 pour les règles générales du plombage et la répartition du produit des plombs.

(1) Dans l'application, la douane se borne à délivrer un acquit de payement des droits de sortie.

(2) La parfaite intégrité du plombage est la condition indispensable de l'exemption de toute ouverture des colis dans les bureaux frontières. Ceux-ci doivent donc s'assurer toujours, et avec un soin scrupuleux, que le plomb et les cordes n'ont été en rien altérés, et procéder à la contre-visite, si le plombage ne leur paraît pas intact. (*Circ. du* 19 *septembre* 1825, n° 942.)

Dans tous les cas, les plombs doivent être détachés des colis. (*Circ. du* 6 *août* 1810.)

partie des marchandises pourra être retenue jusqu'à ce que ladite amende ait été consignée ou qu'il ait été fourni caution solvable de la payer (*Loi du 22 août* 1791, *tit.* 2, *art.* 30.) (1).

Marchandises prohibées.

312. Toutes marchandises prohibées à l'entrée, que l'on introduira par mer et par terre dans *l'étendue du royaume* (2), seront confisquées, ainsi que les bâtimens de mer, voitures, chevaux et équipages servant au transport (3). Les propriétaires desdites marchandises, maîtres de bâtimens, voituriers et autres préposés à la conduite, seront solidairement condamnés en l'amende de 500 fr., sauf leur recours contre les marchands et propriétaires lorsqu'ils auront été induits en erreur par l'énonciation des lettres de voiture, connaissemens et chartes-parties, et leurs dommages et intérêts. (*Loi du 22 août* 1791, *tit.* 5, *art.* 1er.)

Si des marchandises dont l'entrée est prohibée sont importées par mer, elles seront confisquées, ainsi que les bâtimens, voi-

---

(1) Ces dispositions s'appliquent, dans les ports de mer, à toutes les marchandises non prohibées qu'on cherche à introduire en fraude ; mais en dehors de l'enceinte des ports, elles ne doivent être invoquées qu'à l'égard des marchandises imposées à moins de 20 fr. par quintal. S'il s'agissait de marchandises payant plus de 20 fr., ou de marchandises dont la prohibition aurait été levée postérieurement à la loi du 24 mai 1834 (n° 327), il y aurait lieu de recourir aux peines plus fortes prononcées par les lois rapportées à la 2e section du présent chapitre.

(2) Dans l'état actuel de la législation, l'article 1er du titre 5 de la loi de 1791 ne doit être invoqué qu'à l'égard des saisies effectuées dans les bureaux ou dans l'enceinte des ports. Il s'applique *non seulement aux marchandises prohibées*, mais encore aux marchandises dont la prohibition a été levée depuis la loi du 24 mai 1834, ou qui cesseraient d'être prohibées à l'avenir. C'est ce qui résulte de l'article 35 de la loi du 21 avril 1818, et de l'article 3 de la loi du 5 juillet 1836.

Pour la contrebande tentée hors de l'enceinte des ports, *voir* la 2e section du présent chapitre.

(3) L'article 1er du titre 5 de la loi du 22 août 1791 ne confisquait que les bâtimens de mer de moins de 30 tonneaux ; mais l'article 10 du titre 2 de la loi du 4 germinal an 2, n'ayant fait aucune exception, toute embarcation, quel que soit son tonnage, doit être saisie et confisquée.

Voir la circulaire manuscrite du 24 mars 1838 (n° 318), qui autorise, dans certains cas, la remise des moyens de transport frappés de saisie.

tures et animaux servant au transport. (*Loi du 4 germinal an 2, tit. 2, art. 10.*)

§ 2. IMPORTATIONS PAR TERRE.

Marchandises non prohibées admissibles par tous les bureaux.

313. Toutes marchandises importées par terre en France seront conduites au premier bureau d'entrée, à peine de confiscation et de 200 fr. d'amende. (*Loi du 4 germinal an 2, tit. 3, art. 4.*)

Il y aura lieu aux mêmes condamnations pour les objets saisis après avoir dépassé le bureau sans permis (*Même Loi, même titre, art. 5.*) (1).

§ 3. EXPORTATIONS PAR MER.

Marchandises non prohibées.

314. Il ne pourra être exporté par mer aucunes marchandises sans le congé ou la permission par écrit des préposés des douanes, et qu'en leur présence, à peine de confiscation et de 100 fr. d'amende. (*Loi du 22 août 1791, tit. 2, art. 13.*)

Toutefois, lorsqu'il ne s'agira que de marchandises dont les droits ne s'élèveraient pas à 3 fr., les contrevenans seront seulement condamnés à l'amende de 50 fr., pour sûreté de laquelle partie des marchandises pourra être retenue jusqu'à ce que ladite amende ait été consignée ou qu'il ait été fourni caution solvable de la payer. (*Loi du 22 août 1791, tit. 2, art. 30.*)

Marchandises prohibées.

315. Toutes les marchandises prohibées à la sortie que l'on

---

(1) *Voir*, au nº 262, les articles 1ᵉʳ et 2 du titre 2 de la loi du 22 août 1791, qui ont imposé les mêmes obligations.

Mais ces diverses dispositions ne s'appliquent qu'aux marchandises non prohibées, et qui, imposées à moins de 20 fr. par 100 kilog., peuvent être importées par tous les bureaux indistinctement. S'il s'agissait de marchandises prohibées, de marchandises payant 20 fr. ou plus par quintal, ou de marchandises dont la prohibition aurait été levée postérieurement à la loi du 24 mai 1834, il y aurait lieu d'invoquer les peines prononcées par les lois rapportées à la section suivante.

exportera par mer seront confisquées, ainsi que les bâtimens de mer, voitures, chevaux et équipages servant au transport. Les propriétaires desdites marchandises, maîtres de bâtimens, voituriers et autres préposés à la conduite, seront solidairement condamnés à l'amende de 500 fr., sauf leur recours contre les marchands et propriétaires lorsqu'ils auront été induits en erreur par l'énonciation des lettres de voiture, connaissemens et chartes-parties, et leurs dommages-intérêts. (*Loi du* 22 *août* 1791, *tit.* 5, *art.* 1er *et* 3.)

Si des marchandises dont la sortie est prohibée sont exportées par mer, elles seront confisquées, ainsi que les bâtimens, voitures et animaux servant au transport (1). (*Loi du* 4 *germinal an* 2, *tit.* 2, *art.* 10.)

§ 4. EXPORTATIONS PAR TERRE.

Marchandises non prohibées.

516. Les marchandises qui doivent être exportées par terre seront conduites au premier bureau de sortie par la route la plus directe, à peine de confiscation et de 200 fr. d'amende. (*Loi du* 4 *germinal an* 2, *tit.* 3, *art.* 4.)

Il y aura lieu aux mêmes condamnations pour les objets saisis après avoir dépassé le bureau sans permis (*Même Loi, même titre, art.* 5.) (2).

Marchandises prohibées.

517. Toutes les marchandises prohibées à la sortie, que l'on exportera par terre, seront confisquées, ainsi que les voitures, chevaux et équipages servant au transport. Les propriétaires desdites marchandises, voituriers et autres préposés à la conduite, seront solidairement condamnés en l'amende de 500 fr., sauf leur recours contre les marchands et propriétaires lorsqu'ils auront été induits en erreur par l'énonciation des lettres

---

(1) *Voir* au n° 518 la Circulaire manuscrite du 24 mars 1838, qui autorise, dans certains cas, la remise pure et simple des moyens de transport frappés de saisie.

(2) L'article 5 du titre 2 de la loi du 22 août 1791, rapporté au n° 501, contient des dispositions semblables à celles des deux articles ci-dessus.

de voiture, connaissemens et chartes-parties, et leurs dommages et intérêts. (*Loi du 22 août 1791, tit. 5, art.* 1er *et 3.*)

Si des marchandises dont la sortie est prohibée sont exportées par terre, elles seront confisquées, ainsi que les bâtimens, voitures et animaux servant au transport. (*Loi du 4 germinal an 2, tit. 2, art.* 10.)

Seront réputées dans le cas des dispositions de l'article 1er du *présent titre,* les marchandises prohibées *à la sortie* qui auront passé au-delà du premier bureau de *seconde ligne,* ou qui auront pris un chemin différent (*Loi du 22 août* 1791, *tit.* 5, *art.* 2 *et* 3.) (1).

§ 5. DISPOSITION GÉNÉRALE.

Saisies faites dans les ports et bureaux (2).

318. Les saisies faites dans les bureaux des côtes ou frontières, par suite de déclarations, seront de la compétence des juges de paix ; lesdites saisies n'entraîneront que les condam-

---

(1) *Voir* au n° 320, en note, un arrêt de cassation relatif aux marchandises qui, après avoir été tarifées, sont replacées sous le régime de la prohibition.

(2) Les articles 15 de la loi du 27 mars 1817, et 55 de celle du 21 avril 1818, qui font l'objet de ce paragraphe, ne sont applicables que dans le cas où une visite, faite dans un bureau à la suite d'une *déclaration recevable,* a pour résultat la découverte et la constatation d'une tentative de fraude. Mais les marchandises arrivant de l'étranger, ou réputées en provenir, aux termes de l'article 38 de la loi du 28 avril 1816 (n° 325), ne pouvant être *valablement déclarées* qu'au bureau de première ligne, il y a lieu de procéder, en vertu des articles 41 et suivans de la même loi, à l'égard des marchandises prohibées ou *taxées* à plus de 20 fr., que l'on saisit dans les bureaux situés en-deçà de cette ligne. Toutefois l'administration recommande de n'appliquer ce principe qu'avec modération en ce qui concerne l'arrestation des prévenus et la capture des moyens de transport, lorsque les contrevenans ne sont pas des fraudeurs d'habitude, ou qu'on n'a à leur reprocher qu'un défaut de formalité. Dans ces derniers cas, il convient d'user de la latitude laissée aux chefs de service par la Circulaire manuscrite du 24 mars 1838, rappelée ci-après, note 1, page 201. (*Déc. adm. des* 22 *mai* 1827, 23 *juillet et* 6 *septembre* 1841.)

Les saisies faites après que des déclarations ont été remises pour obtenir des passavans de circulation, ainsi que celles motivées sur un défaut d'identité entre les marchandises présentées à la circulation par les conducteurs aux agens des bureaux situés sur leur route, et les expéditions produites pour légitimer le transport desdites marchandises, rentrent sous l'empire des lois de 1817 et

nations établies par les lois des 22 août 1791 et 4 germinal an 2. (*Loi du 27 mars 1817, art.* 15.)

Les juges de paix continueront à connaître des fraudes tentées, dans les ports de commerce, par des navires dont le manifeste a été fourni selon la loi, ainsi que de celles découvertes par suite des visites de douane. Ils appliqueront à ces fraudes les peines déterminées par les lois des 22 août 1791 et 4 germinal an 2 (*Loi du 21 avril* 1818, *art.* 35.) (1).

SECTION II.

COMPÉTENCE CORRECTIONNELLE (2).

§ 1er. IMPORTATIONS PAR MER.

349. La contrebande faite sur les côtes maritimes, hors de l'enceinte des ports de commerce, sera punie des mêmes peines que

---

1818, puisque, dans l'un et l'autre cas, il y a *déclaration*, et sont conséquemment de la compétence des justices de paix. (*A. de C. du 3 janvier* 1839, *et Déc. adm. du 6 septembre* 1841.)

Les saisies faites aux portes des villes sur des individus voyageant par les voitures publiques, doivent être considérées comme *saisies de bureau*, et recevoir les suites dont elles seraient susceptibles dans ce dernier cas, selon les circonstances. (*Déc. adm. des 17 avril* 1822 *et 6 septembre* 1841.)

(1) Lorsqu'il s'agit de marchandises prohibées, les lois citées par l'article 35 de la loi du 21 avril 1818, et particulièrement le titre 5 de la loi du 22 août 1791, et l'article 10 du titre 2 de la loi du 4 germinal an 2, prononcent la confiscation des bâtimens, voitures et animaux servant au transport. Cependant les directeurs peuvent, dans la limite des besoins réclamés par la disposition des localités ou la nature des opérations habituelles du service, déléguer, à ceux des chefs qu'ils jugent devoir en être investis, les pouvoirs nécessaires à l'effet de remettre purement et simplement les moyens de transport frappés de saisie, lorsque la fraude a très peu d'importance. Seulement ils doivent rendre compte à l'administration de tout ce qui se fait en vertu de cette délégation. (*Circ. manusc. du* 24 *mars* 1838.)

(2) Indépendamment des contraventions rapportées dans cette section, les tribunaux correctionnels connaissent de certains actes de *rébellion*, — des *saisies dans l'intérieur*, — des saisies de *tabac*, de *cartes à jouer*, — des contraventions sur les droits de garantie des *ouvrages d'or et d'argent*, — du transport illicite des *lettres*, — de certaines infractions aux lois concernant les *armes de guerre*, les *poudres et munitions de guerre*, les *grains*, les *sels*, etc. *Voir* au livre X les chapitres qui les concernent.

celle faite sur les frontières de terre (1). En conséquence, tout versement opéré sur les côtes ou dans les cales, anses, et généralement tous endroits autres que ceux destinés au commerce, de marchandises prohibées ou d'objets tarifés à 20 fr. et au-dessus par 100 kilog., donnera lieu contre les maîtres, capitaines et matelots qui auront apporté la fraude par mer, ainsi que contre les porteurs, agens et entrepreneurs sur le continent, aux poursuites et condamnations ordonnées par les articles 41, 42, 43, 44, 45, 46 et 47 du titre 5 de la loi du 28 avril 1816 (*Loi du 21 avril 1818, art. 34.*) (2).

§ 2. IMPORTATIONS PAR TERRE.

520. Toute importation par terre d'objets prohibés (3), et toute introduction frauduleuse d'objets tarifés dont le droit est de 20 fr. par quintal métrique et au-dessus (4), donneront lieu à l'arrestation des contrevenans (5), et à leur traduction devant le tribunal correctionnel, qui, indépendamment de la confisca-

---

(1) La contrebande effectuée sur les côtes maritimes *devant être punie des mêmes peines que celle faite sur les frontières de terre*, on lui appliquera, selon les cas, les articles 48 et suivans de la loi du 28 avril 1816. (*Voir* le § 2, n° 520 et suivans.)

(2) Cet article continue d'être applicable à certaines marchandises dont la prohibition a été levée, ou qui cesseraient d'être prohibées à l'avenir (n° 527).

(3) Les marchandises prohibées *conditionellement* sont assimilées, pour l'application des peines, à celles qui sont frappées de prohibition absolue. (*A. de C. du* 14 *avril* 1821; *Circ. du* 15 *mars* 1839, *n°* 1748; *Déc. adm. du* 6 *septembre* 1841.)
Lorsqu'une marchandise, dont l'entrée ou la sortie était permise, est replacée sous le régime de la prohibition, la saisie qui en est faite, en cas de contravention, entraîne de droit la confiscation des moyens de transport et l'amende, conformément aux lois générales, bien que la disposition en vertu de laquelle cette prohibition a été rétablie ne contienne pas la mention expresse de la pénalité applicable. (*A. de C. du* 4 *mars* 1839; *Circ. n°* 1751.)

(4) On comprend ici non seulement les marchandises tarifées *au poids*, mais encore tous les objets qui, imposés au nombre, à la mesure ou à la valeur, se trouvent en réalité frappés d'une taxe correspondant à 20 fr. ou plus par quintal métrique.

(5) Les individus qui servent d'éclaireurs aux contrebandiers sont, comme ceux-ci, passibles des peines que la loi prononce contre les introducteurs. (*Jugement du tribunal correct. de Vervins du* 13 *mars* 1839.)

tion de l'objet de contrebande et des moyens de transport (1), prononcera solidairement contre eux une amende de 500 fr., quand la valeur de l'objet de contrebande n'excèdera pas cette somme ; et, dans le cas contraire, une amende égale à la valeur de l'objet (2). (*Loi du* 28 *avril* 1816, *art.* 41.)

521. Les contrevenans seront en outre condamnés à la peine d'emprisonnement (3). (*Même Loi, art.* 42.)

_____

(1) Les moyens de transport qui ont servi à l'introduction de la contrebande sont saisissables, quand même ils n'auraient pas été indispensables. (*Circ. du* 23 *octobre* 1828, *n°* 1127.) — Ainsi un cheval servant de monture à un individu *porteur* de contrebande doit être saisi. (*Même Circ.*)

La confiscation des moyens de transport est de rigueur, nonobstant la bonne foi des prévenus. (*A. de C. du* 20 *juillet* 1831.)

Les marchandises employées à cacher la fraude sont assimilées aux *moyens de transport*, et deviennent saisissables dans les cas où la loi a prononcé la confiscation des équipages. (*Circ. du* 6 *novembre* 1857, *n°* 1661.)

C'est par analogie que les objets *servant à masquer* la contrebande sont assimilés aux moyens de *transport* proprement dits, et frappés, comme ceux-ci, de saisie et de confiscation ; mais, pour que l'analogie soit justifiable, il faut que, non-seulement aux yeux des verbalisans, mais encore aux yeux des juges, les objets dont on poursuit la confiscation aient incontestablement servi *à masquer la fraude.* (*Déc. adm. du* 20 *octobre* 1840.)

(2) C'est le prix courant, *en France*, des marchandises saisies ou de celles analogues en qualité qui doit servir de base à l'estimation. (*Circ. du* 21 *avril* 1815, *n°* 15.)

Des experts nommés par le délinquant et la douane peuvent procéder contradictoirement à cette estimation. Quand il y a lieu de provoquer l'expertise devant le tribunal, l'administration doit faire prendre à l'audience des conclusions *additionnelles* tendantes *à ce qu'il plaise aux juges :* 1° *lui donner acte de la nomination qu'elle fait, dès à présent au nom de la douane, du sieur N...,* expert, *à l'effet de procéder à l'estimation des marchandises saisies;* 2° *ordonner que, dans les trois jours, la partie adverse sera tenue d'en nommer un autre, sinon, et faute par elle de ce faire, qu'il sera passé outre à ladite estimation par l'expert de l'administration et par tel autre qu'il plaira au tribunal indiquer d'office par le jugement à intervenir.* (*Circ. des* 7 *mai* 1815, *n°* 22, *et* 23 *septembre* 1816, *n°* 208.)

Les juges peuvent arbitrer la valeur des marchandises qui sert de base à l'amende, d'après les élémens que leur présente l'instruction ; aucune loi ne leur impose à cet égard l'obligation de faire connaître les bases de leur estimation. (*A. de C. du* 4 *mars* 1841.)

Voir le n° 1201 pour les marchandises détruites par les fraudeurs.

(3) L'administration peut provoquer elle-même, soit seule, soit concurremment avec le ministère public, les punitions corporelles encourues pour les infractions aux lois dont elle a mission d'assurer l'exécution, et les receveurs poursuivans doivent toujours user de ce droit, quand le ministère public s'ab-

Si ces importations ou introductions ont été commises par moins de trois individus, l'emprisonnement sera d'un mois au plus, et pourra être réduit à trois jours, lorsque l'objet de fraude n'excèdera pas dix mètres, si ce sont des tissus, ou cinq kilog., si ce sont d'autres marchandises (1). (*Loi du* 28 *avril* 1816, *art.* 43.)

Dans le cas où elles auraient été commises par une réunion de trois individus et plus, jusqu'à six inclusivement, l'emprisonnement sera d'un an au plus, et de trois mois au moins. (*Même Loi, art.* 44.)

322. Seront également justiciables des tribunaux correctionnels les prévenus de toute importation prohibée ou frauduleuse, si, étant à cheval, ils sont au nombre de trois et plus, et si, étant à pied, ils sont en nombre supérieur à six (*Même Loi, art.* 48.) (2).

---

stient de prendre à ce sujet des conclusions parfaitement conformes à la loi. (*Déc. adm. du* 7 *septembre* 1841.)

Si la fraude a de la gravité ou de l'importance, si le prévenu est en récidive, s'il y a eu attroupement ou violences exercées contre les préposés, il faut tenir à l'application rigoureuse de la loi. Mais si aucune de ces circonstances n'existe, on peut se relâcher de sa sévérité. Les directeurs sont autorisés à donner des instructions propres à concilier tous les intérêts, sauf à rendre compte à l'administration de tous les cas où les prévenus auraient été laissés en liberté, quoique pouvant être légalement constitués en état d'arrestation. (*Circ. manusc. du* 24 *mars* 1838.)

(1) Le peu d'importance matérielle de l'objet saisi ne saurait être un motif pour les tribunaux de ne pas appliquer la loi pénale. A l'administration seule appartient le droit de modérer par transaction les peines encourues. (*A. de C. du* 31 *juillet* 1841 ; *Circ. n°* 1877.)

L'administration ne fait l'application rigoureuse de la loi répressive que dans les circonstances d'un délit intentionnel bien caractérisé ; dans tout autre cas, les objets sans importance, trouvés sur la personne d'individus venant de l'étranger, sont retenus et enregistrés en douane, conformément aux dispositions de la Circulaire du 5 novembre 1818 (n° 1203), sans qu'il soit spécialement verbalisé ni requis de pénalités pécuniaires ou corporelles contre les porteurs. (*Circ. du* 23 *septembre* 1841, *n°* 1877.)

(2) Les faits de contrebande prévus par cet article devaient être déférés aux Cours prévôtales alors existantes; mais ils ont été placés sous la juridiction correctionnelle par l'article 37 de la loi du 21 avril 1818, ainsi conçu :

« Les tribunaux correctionnels connaîtront des faits de contrebande dont la « connaissance était attribuée aux Cours prévôtales par l'article 48 de la loi du « 28 avril 1816, et appliqueront les peines prononcées par l'article 51, soit que

Dans ces cas, la contrebande entraînera, 1º la confiscation des marchandises et des moyens de transport; 2º une amende solidaire de 1,000 fr., si l'objet de la confiscation n'excède pas cette somme, ou du double de la valenr des objets confisqués, si cette valeur excède 1,000 fr.; 3º un emprisonnement qui ne pourra être moindre de six mois, ni excéder trois ans. (*Loi du 28 avril* 1816, *art.* 51.)

323. Le procureur du Roi (1) sera tenu de faire d'office toutes les poursuites nécessaires (2) pour découvrir les entrepreneurs, assureurs, et généralement tous les intéressés à ladite contrebande. (*Même Loi, art.* 52.)

324. Ceux qui, par l'effet de ces poursuites, seraient jugés coupables d'avoir participé *comme assureurs, comme ayant fait assurer, ou comme intéressés d'une manière quelconque* à un fait de contrebande, deviendront solidaires de l'amende (3), et passibles de l'emprisonnement prononcé.

« la contrebande ait été faite ou tentée par les frontières de terre ou sur les
« côtes maritimes.
    « Les procureurs du Roi près lesdits tribunaux correctionnels sont substitués
« aux prévôts pour exercer d'office les poursuites prescrites par l'article 52, et
« requérir, s'il y a lieu, l'application de l'article 53. »
    Voir les articles 51, 52 et 53 de la loi du 28 avril 1816 (nos 322, 323, 324).

    (1) Cet article désignait le prévôt auquel le procureur du Roi a été substitué
par l'article 37 de la loi du 21 avril 1818.

    (2) Pour faciliter aux procureurs du Roi la recherche et la découverte des
entrepreneurs, assureurs, directeurs, intéressés et complices de la fraude, il
est nécessaire que les préposés fassent d'exactes perquisitions sur la personne
des conducteurs de marchandises de contrebande; qu'ils saisissent tous les papiers, effets et autres objets qui peuvent favoriser la découverte des coupables,
et qu'ils en fassent un ou plusieurs paquets sur lesquels ils apposent leur cachet.
Ils doivent également sommer les prévenus d'y apposer les leurs ou leur para-
phe; et, en cas de refus, il en est fait mention dans le rapport, auquel les papiers ainsi saisis sont annexés. (*Circ. du* 22 *mai* 1811.)
    Si les préposés, en procédant à des visites domiciliaires, trouvaient des pa-
piers de nature à révéler une participation quelconque à des spéculations de
contrebande, ils devraient requérir l'officier public qui les assisterait de réunir
ces papiers sous son cachet et celui du chef des préposés, et de les adresser
immédiatement au procureur du Roi, pour en faire l'examen et en ordonner,
s'il y avait lieu, la saisie. (*Déc. adm. du* 23 *juillet* 1841.)

    (3) Indépendamment de l'amende, les tribunaux doivent prononcer le paye-

Ils seront en outre déclarés incapables de se présenter à la Bourse, d'exercer les fonctions d'agent de change ou de courtier, de voter dans les assemblées tenues pour l'élection des commerçans ou des prud'hommes, et d'être élus pour aucune de ces fonctions, tant et aussi longtemps qu'ils n'auront pas été relevés de cette incapacité par lettres de Sa Majesté (1).

A cet effet, le procureur du Roi enverra aux procureurs généraux près les Cours royales, ainsi qu'à tous les directeurs des douanes, des extraits des jugemens relatifs à ces individus, pour être affichés et rendus publics dans tous les auditoires, bourses et places de commerce, et pour être insérés dans les journaux, conformément à l'article 457 du Code de commerce.

Les dispositions des 2e et 3e paragraphes du présent article sont applicables à tous individus qui auraient été déclarés coupables d'avoir participé, soit comme assureurs, soit comme ayant fait assurer, soit comme intéressés d'une manière quelconque à des faits de contrebande dont la connaissance est attribuée aux tribunaux correctionnels (2); à l'effet de quoi les procureurs du Roi près lesdits tribunaux sont tenus de diriger les mêmes recherches et poursuites prescrites par l'article 52 (n° 323). (*Loi du 28 avril* 1816, *art.* 53.)

Cas assimilés aux importations frauduleuses.

325. Les marchandises de la classe de celles qui sont prohibées à l'entrée, ou dont l'admission est réservée à certains bureaux par l'article 20 de la présente loi (3), seront réputées

---

ment d'une somme égale à la valeur des marchandises dont l'introduction illicite a été consommée. (*Déc. adm. du 6 juillet* 1841.)

Les individus qui servent d'éclaireurs aux contrebandiers sont passibles des mêmes peines que ceux-ci. (*Jugement du 22 avril* 1840.)

(1) *Voir*, pour les incapacités qui peuvent être remises par l'administration, le chapitre des *Transactions*, n° 1235.

(2) Dès qu'il existe un fait de contrebande de compétence correctionnelle, les intéressés d'une manière quelconque à ce fait sont également soumis à l'application de la section 1re de l'article 53, c'est-à-dire solidaires de l'amende et passibles de l'emprisonnement. (*A. de C. du 22 octobre, et Circ. du 25 novembre* 1825, *n*° 954.)

(3) Il s'agit ici des marchandises imposées à 20 fr. ou plus par quintal (n° 285).

avoir été introduites en fraude, dans tous les cas de contravention ci-après indiqués :

1o Lorsqu'elles seront trouvées dans le rayon des frontières, sans être munies d'un acquit de payement, passavant, ou autre expédition valable pour la route qu'elles tiendront, et pour le temps dans lequel se fera le transport, à moins qu'elles ne viennent de l'intérieur par la route qui conduira directement au premier bureau de deuxième ligne ;

2o Lorque, même étant accompagnées d'une expédition portant l'obligation expresse de la faire viser à un bureau de passage, elles auront dépassé ce bureau sans que ladite obligation ait été remplie ;

3o Lorsqu'ayant été chargées sur le rayon des frontières et amenées au bureau ou représentées aux préposés pour être mises en circulation avec passavant, dans les circonstances où les règlemens permettent ce transport préalable, elles se trouveront dépourvues des pièces justificatives de leur extraction légale de l'étranger ou de l'intérieur, ou de leur fabrication dans le rayon des frontières ;

4o Lorsqu'elles auront été reçues en magasin ou en dépôt dans le rayon des frontières (1), en contravention aux ordonnances du Roi qui désigneront les communes où ces magasins et dépôts pourront être établis, suivant le deuxième paragraphe de l'article 37 de la présente loi (no 95), et caractériseront ceux qui sont interdits comme frauduleux (2). (*Même Loi, art.* 38.)

526. Les marchandises désignées à l'article précédent et réputées introduites en fraude, à défaut d'expédition qui en légitime le transport dans le rayon des frontières, ou sur laquelle on ait rempli les formalités obligatoires, seront saisissables, à quelque distance qu'elles puissent être arrêtées dans l'intérieur,

---

(1) L'arrestation immédiate des prévenus pour saisies à domicile n'est point autorisée par la loi. Ils ne peuvent donc être constitués prisonniers qu'en vertu d'un jugement définitif. (*Déc. adm. du* 15 *mars* 1825.)

(2) Les ordonnances dont il est parlé dans cet article n'ont pas encore été rendues. En attendant qu'elles le soient, les règles établies, en tant qu'elles ont eu pour objet de désigner les communes où les dépôts sont interdits, doivent continuer de recevoir leur exécution. (*A. de C. du* 14 *juin* 1839 ; *Circ.* no 1760.)

s'il est *constaté*, par *procès-verbal en bonne forme* rédigé par les préposés saisissans,

1° Qu'elles ont franchi la limite du rayon, et qu'ils les ont poursuivies, sans que leur transport ni leur poursuite aient été interrompus, jusqu'au moment où ils auront atteint et arrêté ce transport sur les routes ou en pleine campagne, ou jusqu'à celui de l'introduction des marchandises dans une maison ou autre bâtiment, dans le cas de poursuite prévu par l'article 36 du titre 13 de la loi du 22 août 1791 (1) ;

2° Que lesdites marchandises sont dépourvues, au moment de la saisie, de l'expédition qui était nécessaire pour les transporter ou faire circuler dans le rayon des frontières. (*Loi du 28 avril 1816, art. 39.*)

Marchandises dont la prohibition est levée.

527. Les marchandises à l'égard desquelles la prohibition est remplacée par des droits, continueront d'être soumises aux dispositions des articles 38, 39, 41, 42, 43, 44, 45, 46, 47, 48, 51, 52, 53 de la loi du 28 avril 1816, et 34, 35, 36 et 37 de la loi du 21 avril 1818. (*Loi du 5 juillet 1836, art. 3.*) (2).

---

(1) *Voir* aux n°s 372 et suivans du livre IV divers arrêts de cassation et des instructions administratives concernant la poursuite de la fraude.

(2) L'attribution de *compétence* et la *règle* de *pénalité* consacrées par l'article 3 ci-dessus doivent être appliquées aux saisies de marchandises dont la prohibition d'entrée a été levée depuis la loi du 24 mai 1834, ou qui cesseraient d'être prohibées à l'avenir. (*Déc. adm. du* 16 *mai* 1838.)

Voici la dénomination de ces marchandises :

Marchandises dont la prohibition a déjà été levée : — *Boutons* de toutes sortes, autres que ceux déjà taxés comme passementerie. — *Câbles* en fer pour la marine. — *Châles* de cachemire fabriqués au fuseau dans les pays hors d'Europe. — *Cuir* de veau dit de Russie. — *Cuivre* filé sur soie. — *Dentelles* de coton fabriquées à la main et au fuseau. — *Fils* de laine longue peignée, écrus, retors, dégraissés et grillés. — *Foulards.* — *Fils* de coton écrus du n° 143 et au-dessus. — *Horlogerie* montée. — *Ouvrages* en cuir ou en laiton simplement tournés. — *Ouvrages* en dentelle de fil appliqués sur tulle. — *Peaux* (*grandes*) tannées pour semelles. — *Poterie* d'étain. — *Praiss* ou sauce de tabac. — *Quinquina* (*extrait de*). — *Rack.* — *Rhum.* — *Tafia.* — *Tapis* de pied en laine simple sans canevas à l'envers, et à nœuds à chaine autre que de fil de lin ou de chanvre.

(*Lois des* 24 *mai* 1834, 2 *et* 5 *juillet* 1836 *et* 6 *mai* 1841.)

Marchandises prohibées. — *Armes* de guerre, blanches, à feu, et *Pistolets de poche.* — *Bismuth ouvré.* — *Bois de teinture* (*extrait de*). — *Boissons dis-*

SECTION III.

CRIMES DE FRAUDE OU DE CONTREBANDE DE LA COMPÉTENCE DES COURS D'ASSISES.

Contrebande avec rébellion et port d'armes.

528. Toute attaque, toute résistance avec violence et voies de fait envers les préposés des douanes, agissant pour l'exécution des lois, des ordres ou ordonnances de l'autorité publique (1),

---

tillées de grains, pommes de terre, bois d'arbousier, de gentiane, etc. — *Cartes* à jouer. — *Chicorée moulue.* — *Coutellerie.* — *Cristal de roche* ouvré. — *Cuivre* allié de zinc, filé, poli, autre que cordes d'instrumens, ou propre à la broderie — *Cuivre ouvré* et *Cuivre argenté ouvré.* — *Curcuma* en poudre. — *Embarcations* en état de servir (*bâtimens de mer*). — *Étain* ouvré autre que poterie. — *Fonte* de fer moulée et autre, sauf celle en masses de moins de 15 kil. — *Fer* forgé en massiaux ou prismes. — *Fer ouvré.* — *Acier ouvré, Ferraille* et *Mitraille.* — *Shakos* de feutre garnis en cuir. — *Fils* de coton autres que le fil écru des nᵒˢ 143 et au-dessus. — *Fils* de laine blanche et teinte autres que ceux de laine longue, peignée, écrus, retors, dégraissés et grillés. — *Fils* de *tous* autres *poils* autres que de chien, de chèvre, de ploc de vaches. — *Livres, Contrefaçons.* — *Médicamens* composés et extrait de *Quinquina*, sauf celui importé du Pérou par navires français. — *Mélasse* étrangère. — *Peaux* préparées (à l'exception des peaux d'agneau et de chevreau en poil, des parchemin et vélin, des peaux de cygne, d'oie ou d'agneau pour éventails, du cuir de Russie propre à la reliure, et des grandes peaux tannées pour semelles). — *Plaqués.* — *Plomb* en balles de calibre. — *Poterie de grès* fin. — *Poudre* à tirer. — *Produits chimiques* non dénommés (au tarif des douanes). — *Savons* ordinaires, blancs, rouges, marbrés ou noirs. — *Sellerie* en cuir et autre. — *Sel* de marais et de salines. — *Sucre* raffiné en pains, en poudre et candi. — *Tabac* en feuilles et fabriqué. — *Tabletterie* autre que les billes de billard en ivoire et les peignes d'ivoire et d'écaille. — *Tissus* de bourre de soie façon cachemire. — *Tissus* de coton. — *Tissus* de crin, sauf la toile à tamis, la passementerie et les chapeaux. — *Tissus* d'écorces purs ou mélangés autres que pagnes ou rabans de palmier. — *Tissus* de fleuret en étoffes mêlées d'or et d'argent faux. — *Tissus* de laine (à l'exception des couvertures, des tapis de pied, du burail et crépon de Zurich, de la toile à blutoir sans couture, de la passementerie et de la rubanerie). — *Tissus* de poils autres que châles et écharpes de cachemire, couvertures, tapis et bonneterie. — *Tissus* de soie en étoffes et gaze mêlées de fil d'or et d'argent faux. — *Tulle* de soie. — *Verrerie* de toute sorte et bouteilles vides. — *Voitures* à ressorts garnies ou peintes. — *Zinc* ouvré.

(1) Les articles 527 et 528 du Code pénal portent qu'il n'y a ni crime ni

des mandats de justice ou jugemens, est qualifiée, selon les circonstances, crime ou délit de rébellion (1). (*Code pén.*, *art.* 209.)

529. La contrebande est avec attroupement et port d'armes, lorsqu'elle est faite par trois personnes ou plus, et que dans ce nombre une ou plusieurs sont porteurs d'armes en évidence ou cachées, telles que fusils, pistolets et autres armes à feu, sabres, épées, poignards, massues, et généralement de tous instrumens tranchans, perçans ou contondans (2).

Ne sont réputés armes, ni les cannes ordinaires sans dards ni ferremens, ni les couteaux fermans et servant habituellement

---

délit lorsque les voies de fait sont commandées, soit par l'autorité légitime, soit par la nécessité actuelle de légitime défense de soi-même ou d'autrui. Les préposés doivent toujours, quand ils ont à verbaliser pour cause de rébellion, faire connaître tout ce qui, pour leur propre défense, les aurait obligés d'opposer la force à la force, et l'impossibilité où ils se seraient trouvés d'arrêter quelques-uns des coupables. Ils doivent aussi recueillir les armes, bâtons, etc., qu'ils auraient pu enlever aux rébellionnaires ou que ceux-ci auraient abandonnés. (*Circ. du 19 juin* 1821, *n°* 659.)

Voir le n° 38, en note, pour le cas où un préposé aurait usé de violence sans motif légitime.

(1) Il y a *délit*, et lieu par conséquent à saisir la juridiction correctionnelle, dans les deux cas suivans :

1° Lorsque la rébellion a été commise par une ou deux personnes; si elles étaient sans armes; les tribunaux leur appliquent la peine de six jours à six mois d'emprisonnement. Si l'une d'elles portait des armes, la peine encourue est un emprisonnement de six mois à deux ans. (*Code pén.*, *art.* 212.)

2° Si la rébellion a été commise à l'aide d'une réunion non armée de trois personnes au moins, ou de vingt au plus : la peine alors est de six mois à deux ans. (*Code pén.*, *art.* 211.)

La rébellion est qualifiée *crime*, et devient, comme telle, du ressort des Cours d'assises :

1° Lorsqu'elle a lieu à l'aide de trois personnes, ou plus, jusqu'à vingt inclusivement, et que plus de deux personnes portaient des armes : la peine encourue est alors celle de la réclusion. (*Code pén.*, *art.* 211 *et* 214.)

2° Lorsque la rébellion a été commise par plus de vingt personnes; la peine est alors celle de la réclusion, s'il n'y a pas eu de port d'armes, et des travaux forcés à temps, si plus de deux personnes étaient armées. (*Mêmes articles.*)

(*Circ. du* 16 *janvier* 1834, *n°* 1418.)

(2) La contrebande est avec attroupement et port d'armes si, dans une réunion de trois fraudeurs, il s'en trouve un ou deux portant des marchandises, et un armé d'un bâton à massue. (*A. de C. du* 15 *floréal an* 12.)

aux usages ordinaires de la vie (1) (*Loi du 13 floréal an 11, art. 3.*) (2).

Procédure.

350. S'il y a lieu à procédure criminelle, on suivra les règles prescrites par le Code pénal et les lois sur la justice criminelle (*Loi du 4 germinal an 2, tit. 6, art. 20.*) (3).

Condamnations civiles.

. **351.** L'administration des douanes demandera devant les tribunaux compétens la confiscation des marchandises saisies et l'amende encourue pour le fait de fraude (4). (*Circ. du 24 février 1832, n⁰ 1307.*)

---

(1) Les couteaux et ciseaux de poche, les cannes simples, sont réputées armes, quand on en fait usage pour tuer, blesser ou frapper. (*Code pén., art. 101.*)

Les bâtons sont réputés armes, lorsqu'ils sont de l'espèce des instrumens contondans. (*A. de C. du 3 octobre 1817.*)

(2) Les dispositions de la loi du 13 floréal an 11, qui déterminent les caractères de la contrebande avec attroupement et port d'armes, n'ont point cessé d'être en vigueur; mais il n'en est pas de même des dispositions pénales de cette loi, lesquelles ont été modifiées par les articles 209 et suivans du Code pénal. (*Déc. du min. de la justice, transmise par la Circ. du 21 novembre 1814.*)

(3) Une copie du procès-verbal, constatant la rébellion, est adressée, à titre de plainte, au ministère public, qui poursuit l'application des peines encourues. (*Circ. du 16 janvier 1834, n⁰ 1418.*)

Lorsque la rébellion n'entraîne que des peines correctionnelles, et que la solvabilité des prévenus est notoire, les receveurs interviennent dans l'instance pour réclamer, en faveur des préposés, l'amende de 500 fr. prononcée par les lois des 22 août 1791, titre 13, article 14, et 4 germinal an 2, titre 4, article 2 (n⁰ 36). Mais si l'affaire est de nature à être portée devant la Cour d'assises, les peines corporelles encourues étant plus graves, la réclamation de cette amende ne doit avoir lieu qu'en vertu d'une autorisation spéciale de l'administration, qui intervient, s'il y a lieu, comme partie civile. Quand les condamnés ne se libèrent pas de l'amende, et que l'on a intérêt à les retenir en prison, on les recommande sur l'écrou, suivant les formes de droit, et on prolonge leur détention pendant tout le temps déterminé par le jugement pour la contrainte. (*Circ. des 23 mars 1835, n⁰ 1481, et 16 février 1839, n⁰ 1736.*)

(4) Indépendamment des peines prononcées par le Code pénal, et dont le ministère public poursuit l'application, la douane, lorsque le crime de rébellion est accompagné d'un délit de contrebande, fait citer les prévenus devant

SECTION IV.

EMPRISONNEMENT DES FRAUDEURS ARRÊTÉS.

Arrestation et emprisonnement des fraudeurs.

552. Les prévenus en matière de douanes ne doivent jamais être arrêtés et conduits en prison que dans le cas où l'infraction commise donne lieu contre eux à la peine d'emprisonnement. (*Circ. du 18 novembre* 1811.)

Les prévenus seront conduits, à l'instant même de la capture (1), dans les prisons du lieu, pour être incontinent traduits devant le magistrat de sûreté ; et dans le cas où la capture aurait été effectuée par les préposés des douanes, les gendarmes, les troupes de ligne et les gardes nationales seront tenus de leur

---

le tribunal correctionnel, afin d'obtenir la confiscation des objets saisis, et l'amende encourue d'après les lois de douanes. (*A. de C. du 4 novembre* 1851 ; *Circ. n°* 1507.)

Lorsque des marchandises importées en fraude sont saisies par les employés, puis reprises de force par les fraudeurs, deux délits distincts sont commis : celui de rébellion, et celui d'importation frauduleuse. C'est au ministère public à poursuivre la répression du premier. La poursuite du délit de fraude appartient à l'administration des douanes. Elle doit donc citer les prévenus devant le tribunal correctionnel, et requérir le payement de la valeur approximative des marchandises spoliées et de l'amende encourue, selon les cas prévus par les articles 41 et suivans de la loi du 28 avril 1816. (*Circ. des 22 mars* 1828, *n°* 1092, *et* 24 *février* 1852, *n°.* 1507.)

La déclaration de *non-lieu*, à l'égard du fait qualifié crime par la loi, ne saurait former obstacle à la reprise des poursuites devant la juridiction correctionnelle, quant au *délit* de contrebande simple. (*A. de C. du 8 décembre* 1858 ; *Circ. n°* 1728.)

En matière criminelle, l'action civile se prescrit par *dix ans*, comme l'action publique, et la condamnation intervenue sur l'action publique ne proroge pas au-delà de dix années, à partir de sa date, l'action en réparation purement civile. (*A. de C. du 5 août* 1841.)

(1) Lorsque les préposés arrêtent des délinquans, ils doivent, aussitôt leur arrestation, les remettre au procureur du Roi. (*Circ. du 16 janvier* 1811.)

Si l'arrestation a lieu dans un endroit éloigné, les préposés conduisent les prévenus devant le juge de paix ou l'officier de gendarmerie le plus voisin. Ils lui laissent en même temps une copie de leur rapport, en l'invitant à donner, au bas de l'original, une reconnaissance de la remise qui lui a été

prêter main-forte à la première réquisition. (*Arrêté du 4e jour complém. an 11, art. 3.*)

533. Dans le cas où il n'y aurait pas de maison d'arrêt ou de détention dans le lieu de résidence d'une brigade (de gendarmerie), les prévenus ou condamnés sont déposés dans la chambre de sûreté de la caserne de gendarmerie (1). Ils y sont gardés par les gendarmes de la résidence jusqu'au départ du lendemain ou du jour fixé pour la correspondance (2); mais si les prisonniers sont de différens sexes, les femmes sont remises à la garde de l'autorité locale, qui pourvoit à leur logement. (*Ord. du 29 octobre* 1820, *art.* 203.)

SECTION V.

PRIMES D'ARRESTATION DES FRAUDEURS.

534. Une gratification sera allouée aux préposés pour chaque arrestation d'individus autorisée par la loi. (*Déc. min. du 2 janvier* 1815 ; *Circ. du* 18.)

---

faite, tant des prévenus que de la copie de ce rapport. Les juges de paix et les officiers de gendarmerie ne peuvent , sans manquer à l'article 49 du Code d'instruction criminelle, se refuser à décerner mandat d'amener contre les contrebandiers qui, arrêtés en flagrant délit, sont conduits devant eux, et à les faire traduire soit devant le procureur du Roi , soit devant le procureur-général. S'ils s'y refusaient , il en serait dressé procès-verbal, que le directeur ferait transmettre à M. le procureur-général de la Cour royale. (*Déc. du min. de la justice du* 9 juillet 1811 ; *Circ. du* 18.)

Le ministère public ne peut affranchir les fraudeurs arrêtés de la détention préventive, le fait de l'existence du procès-verbal ayant amené l'instruction du délit à l'état où le prévenu emprisonné doit être maintenu provisoirement sous les verrous, à moins qu'il n'obtienne sa mise en liberté sous caution. (*Déc. adm. du* 12 octobre 1841.)

Voir pour les Espagnols le livre X , chapitre XII.

(1) Les fonctions habituelles et ordinaires des brigades de la gendarmerie sont :

. . . .

De réprimer la contrebande; d'arrêter et de traduire devant les autorités compétentes les contrebandiers et autres délinquans de ce genre;

De conduire les prisonniers, prévenus ou condamnés.

(*Ord. du* 29 octobre 1820, *art.* 179.)

(2) Les brigades (de gendarmerie) correspondent entre elles à des jours et sur des points déterminés. Ce service a essentiellement pour objet le transfèrement des prisonniers. (*Ord. du* 29 octobre 1820, *art.* 195.)

Si l'objet de fraude excède la quantité de 10 mètres en tissus, ou de 5 kilog. d'autres marchandises, et qu'il soit porté par un seul individu, il sera alloué une gratification de 5 fr. pour l'arrestation de cet individu; s'il y a deux porteurs, il sera payé 10 fr. pour l'arrestation de chacun d'eux. Lorsque la fraude sera faite par une réunion de trois fraudeurs à pied et plus, jusqu'à six inclusivement, il sera payé 15 fr. pour chaque individu arrêté. Enfin il sera payé 30 fr. par individu arrêté, lorsque la bande attaquée sera composée de trois fraudeurs à cheval et plus, ou de plus de six fraudeurs à pied (1). (*Déc. min. du 12 juillet* 1816; *Circ. du* 23.)

---

(1) Le payement de ces gratifications ne peut être alloué en dépense qu'après que les fraudeurs ont été condamnés par jugemens passés en force de chose jugée, ou qu'il est intervenu un arrangement définitif. (*Circ. des 23 juillet* 1816 *et* 8 *octobre* 1833, *n°* 1403.)

Les pièces à produire à l'appui des demandes en allocation de ce genre, sont la copie du procès-verbal, la copie de l'extrait, soit du jugement de confiscation, soit de la décision approbative d'une transaction dans laquelle il aurait été positivement stipulé que la gratification serait payée, et enfin la quittance des préposés. Ces demandes doivent être formées aussitôt qu'il est possible de réunir les pièces exigées pour la justification du payement, sans qu'il soit nécessaire d'attendre la conclusion définitive de l'affaire. (*Circ. du* 8 *octobre* 1833, *n°* 1405.)

Chiens. Sur les frontières du nord et de l'est, des chiens de forte race sont employés à la contrebande. C'est en France qu'ils sont élevés et dressés à la fraude. Conduits à l'étranger, on les y maltraite, afin de les inciter à revenir, avec les objets de contrebande dont on les a chargés, aux lieux d'où ils sont partis. (*Circ. du 7 décembre* 1836.)

Dans les directions situées sur ces frontières, on accorde aux préposés, à titre de dédommagement des frais qu'ils font pour achat de poudre, de plomb et de lacs, et aussi à titre d'encouragement une somme de *trois francs* par chien chargé de fraude pris et abattu. (*Déc. adm. du 15 mai* 1820.)

Les chiens saisis comme employés à la fraude doivent être abattus. Cependant les inspecteurs peuvent laisser aux préposés capteurs les chiens susceptibles d'être utilisés dans l'intérêt du service. Dans ce cas, leur capture ne donne lieu à aucune prime; on les met de suite à l'essai, et ceux qui ne peuvent être utilement employés sont abattus. (*Déc. adm. du 15 juillet* 1841.)

Les préposés ne peuvent se défaire des chiens définitivement conservés qu'avec l'assentiment de leurs chefs. (*Même Déc.*)

Les préposés sont tenus de représenter, pour obtenir la prime, la charge et la patte gauche des chiens abattus à l'entrée. (*Déc. adm. du* 1er *juin* 1827.)

Toutefois la prime de 3 fr. est accordée pour les chiens dits de *corde ou de défense*, qui ne sont point chargés, et dont les fraudeurs se servent soit pour *éclairer* leur course, soit pour leur propre défense contre les attaques des préposés. (*Déc. adm. du 4 juin* 1836.)

Pour obtenir le payement de la prime, on adresse chaque mois à l'administration un état des chiens qui ont été abattus, avec l'indication des penthières où ils ont été capturés. (*Déc. adm. du 9 juin* 1820.)

Cette prime est allouée aux gardes champêtres et autres agens publics étrangers aux douanes, qui abattent des chiens employés à la fraude. (*Déc. adm. du* 28 *octobre* 1839.)

Les chiens que l'on cherche à exporter en fraude des droits, doivent aussi être saisis et abattus, et dans ce cas la prime de 5 fr. est également accordée aux préposés. (*Déc. adm. du* 25 *février* 1837.)

Voir : police du rayon, *circulation des chiens.*

LIVRE IV.

POLICE DES CÔTES ET FRONTIÈRES.

CHAPITRE PREMIER.

POLICE DES CÔTES.

SECTION PREMIÈRE.

POLICE EN MER.

Manifeste.

335. Le capitaine (de navire), arrivé dans les quatre lieues de la côte, remettra, lorsqu'il en sera requis, une copie du manifeste au préposé qui viendra à son bord, et qui en visera l'original (*Loi du 4 germinal an 2, tit. 2, art. 3.*) (1).

Visites.

336. Les capitaines et autres officiers et préposés sur les bâ-

---

(1) En pleine mer comme à l'entrée dans les rivières ou à l'arrivée dans le port, il suffit en général de viser et de parapher le manifeste original de manière à rendre impossible toute substitution ou addition frauduleuse. (*Déc. adm. des 11 décembre* 1829 *et 30 décembre* 1840.)

En pleine mer, les préposés qui en réclament l'exhibition n'ont pas à le comparer avec la cargaison. (*Déc. adm. du 3 septembre* 1840.)

Le capitaine étranger peut écrire dans sa langue la copie du manifeste qu'on lui réclame en vertu de l'article 3, titre 2, de la loi du 4 germinal an 2. (*Déc. adm. du 23 mai* 1858.)

Aux termes des articles combinés 1, 2 et 3 du titre 2 de la loi du 4 germinal an 2, tout capitaine, trouvé dans les quatre lieues des côtes sans manifeste, est passible de l'amende de 1,000 fr., et du payement d'une somme égale à la valeur de son chargement, que le point où il a chargé soit français ou étranger. (*Déc. adm. du 25 août* 1841.)

Il y a exception pour les navires espagnols, affranchis des règles générales concernant les manifestes. (*Déc. adm. du 12 septembre* 1840.)

timens du service des douanes, ceux du commerce ou de la marine militaire, pourront visiter tous bâtimens au-dessous de 100 tonneaux, étant à l'ancre ou louvoyant dans les quatre lieues des côtes de France, hors le cas de force majeure. Si ces bâtimens ont à bord des marchandises dont l'entrée ou la sortie est prohibée en France, ils seront confisqués, ainsi que les cargaisons, avec amende de 500 fr. contre les capitaines des bâtimens (*Loi du 4 germinal an 2, tit. 2 , art. 7.*) (1).

---

(1) Cet article a remplacé l'article 7 du titre 13 de la loi du 22 août 1791, qui permettait la visite en mer des navires de moins de 50 tonneaux.

Il s'applique, dans les cas qu'il détermine, à tous les bâtimens, sans exception des navires espagnols, que l'article 6 de la convention du 2 janvier 1768 laisse à cet égard sous l'empire du droit commun. (*Déc. adm. du 12 septembre* 1840.)

Les peines qu'il prononce sont encourues par le seul fait de l'existence des marchandises prohibées à bord des bâtimens, qu'elles soient ou non inscrites aux manifestes; mais en pareil cas il est essentiel d'établir par les procès-verbaux la présomption légale d'intention frauduleuse qui résulte de ce que les navires ont été trouvés, dans les deux myriamètres, à l'ancre sans qu'il y eût nécessité, ou faisant une navigation que ne justifiait ni leur destination, ni aucune force majeure, car c'est dans ce sens que le mot *louvoyant* a pu être employé dans l'article précité, et non sous son acception première, qui exprimerait la manœuvre d'un navire courant des bordées, pour n'être pas écarté, par un vent contraire, de la route qu'il doit tenir. (*Circ. du 13 février* 1832, *nº* 1304.)

L'exception de relâche forcée ne doit pas être appliquée à des bâtimens qui, quoique se trouvant par ce motif soit à l'ancre, soit louvoyant dans les quatre lieues des côtes, profiteraient de leur position pour opérer ou tenter un versement frauduleux. (*A. de C. du* 2 *décembre* 1824; *Circ. nº* 900.)

Les préposés qui donnent la chasse à une embarcation aperçue à l'ancre ou louvoyant dans les quatre lieues des côtes, peuvent la saisir valablement au-delà de ces quatre lieues. (*Circ. du* 29 *germinal an* 11.)

Lorsqu'une *patache* de la douane donne la chasse à un bâtiment, si ce dernier refuse de se laisser aborder, la patache hisse son pavillon et sa flamme, et les assure par un coup de canon à poudre. Alors il peut être fait usage des armes, mais à la dernière extrémité et en évitant, autant que possible, qu'il s'ensuive mort d'homme. (*Extrait d'un règlem. approuvé par l'administr. le* 12 *décembre* 1820.)

Ce règlement est fondé principalement sur les ordonnances des 16 août 1681 et 17 mars 1696, ainsi conçus :

« Tout vaisseau qui refusera d'amener ses voiles, après la *semonce* qui lui « en aura été faite par nos vaisseaux ou ceux de nos sujets armés en guerre, « pourra y être contraint par artillerie ou autrement, et, en cas de résistance « et de combat, il sera de bonne prise. » (*Ord. du* 16 *août* 1681, *liv. III*, *tit.* 9, *art.* 12.)

« Il est ordonné que tous les capitaines commandant les vaisseaux de guerre,

Pénalités.

557. Les peines prononcées par l'article 15 de la loi du 17 décembre 1814 (1) s'appliqueront, dans le cas prévu par l'article 7 du titre 2 de la loi du 4 germinal an 2, aux bâtimens au-dessous de 100 tonneaux surpris, hors le cas de force majeure, dans les deux myriamètres des côtes, ayant à bord des marchandises prohibées. (*Loi du 27 mars* 1817, *art.* 13.)

558. Le juge de paix dans l'arrondissement duquel l'objet saisi sera déposé, connaîtra en première instance de ces contraventions. (*Loi du 27 mars* 1817, *art.* 14.)

SECTION II.

POLICE DANS LES PORTS, RADES ET RIVIÈRES.

Visites.

559. Les préposés des douanes pourront aller à bord de tout

« ou ceux armés en course par les particuliers, seront tenus d'arborer pavillon « français avant de tirer le coup d'*assurance* ou de *semonce.* » (*Ord. du* 17 *mars* 1696 , *article unique.*)

La *semonce* se fait ou à la voix ou par un coup de canon tiré à poudre. Dès que la semonce est faite, il faut que le capitaine du navire qu'elle regarde amène ses voiles et qu'il se laisse approcher, sans quoi il peut y être contraint par le droit de la guerre, sans aucun dédommagement pour raison des avaries qui lui arriveraient par son refus si, après avoir enfin été reconnu, il était dans le cas d'être relâché. Le coup de semonce ou d'assurance ne peut être tiré que sous pavillon du Roi. (*Comment. de Valin sur l'art.* 12 *de l'Ord. de* 1681.)

(1) L'article 15 de la loi du 17 décembre 1814 est ainsi conçu :

«Toutes les marchandises prohibées à l'entrée, que l'on tenterait d'intro- « duire par mer, seront confisquées, ainsi que les bâtimens servant au trans- « port : les propriétaires desdites marchandises, maîtres de bâtimens et autres « préposés à la conduite, seront solidairement condamnés en une amende « de 500 fr., quand la valeur de l'objet de contrebande n'excèdera pas « cette somme, et, dans le cas contraire, en une amende égale à la valeur de « l'objet. »

Cet article 15 avait été abrogé par l'article 57 de la loi du 28 avril 1816 ; mais la loi de 1817, en le remettant en vigueur, ne l'a rendu applicable que dans le cas prévu par l'article 7 du titre 2 de la loi du 4 germinal an 2. Ainsi l'amende de 500 fr., que prononce ce dernier article contre les capitaines, peut être égale à la valeur des marchandises saisies lorsqu'elle excède cette somme.

S'il s'agissait de versemens frauduleux effectués sur la côte, il faudrait recourir aux dispositions rapportées au livre III, n° 349.

bâtiment, même de ceux de guerre, entrant dans les ports ou
rades, ou en sortant, montant ou descendant les rivières, y demeurer jusqu'au déchargement ou sortie, ouvrir les écoutilles,
chambres, armoires, caisses, balles, ballots, tonneaux et autres
enveloppes (1). (*Loi du 4 germinal an 2, tit. 2, art. 8.*)

Bâtimens marchands.

540. Il est enjoint aux capitaines et officiers des bâtimens, à
peine de déchéance de leur grade et de 500 fr. d'amende, de recevoir lesdits préposés et de leur ouvrir les chambres et armoires
desdits bâtimens, à l'effet d'y faire les visites nécessaires pour
prévenir la fraude; s'ils s'y refusent, lesdits préposés pourront
demander l'assistance d'un juge pour être fait ouverture en sa
présence desdites chambres et armoires, dont il sera dressé
procès-verbal aux frais desdits capitaines et maîtres des navires.
Dans le cas où il n'y aurait pas de juge sur le lieu, ou s'il refusait
de se transporter sur le bâtiment, le refus étant constaté par un
procès-verbal, lesdits préposés requerraient la présence de l'un
des officiers municipaux dudit lieu, qui sera tenu de les y accompagner (2). S'ils soupçonnent que des caisses, ballots et tonneaux
contiennent des marchandises prohibées ou non déclarées, ils
les feront transporter à l'instant au bureau pour être procédé
immédiatement à leur visite (3). (*Loi du 22 août 1791, tit. 13,
art. 8.*)

Bâtimens de guerre.

541. Les préposés des douanes pourront faire toutes visites
dans les vaisseaux et autres bâtimens de guerre (4), en requé-

---

(1) Les préposés peuvent se présenter, *la nuit même*, pour monter à bord
des *navires marchands*. Ce n'est qu'à l'égard des *bâtimens de guerre* que, par
une disposition spéciale, la loi a défendu la visite de nuit (n° 341).
Lorsque les navires sont dans le port, les préposés ont le droit de faire fermer les écoutilles (n° 152).

(2) Si l'officier municipal refuse d'accompagner les préposés, il suffit, pour
la régularité de leurs opérations, que le procès-verbal contienne mention de
la réquisition et du refus; c'est ce qu'a prescrit le décret du 20 septembre 1809
(n° 374).

(3) Il ne doit être usé de cette faculté qu'avec beaucoup de réserve, et après
assentiment du chef du service.

(4) Les bâtimens de guerre étrangers sont exempts de visite par principe de

rant les commandans de la marine dans les ports, les capitaines
desdits vaisseaux ou les officiers des états-majors de les accompagner, ce qu'ils ne pourront refuser, à peine de 500 fr. d'a-
mende; et en cas de contravention constatée sur lesdits bâtimens,
les capitaines et officiers seront soumis aux peines portées par
les lois (1). Lesdites visites ne pourront toutefois être faites après
le coucher du soleil. (*Loi du 22 août 1791, tit.* 13, *art.* 10.)

> Pour les manifestes d'*entrée* et de *sortie*, l'arrivée et le départ des
> navires, les débarquemens, les embarquemens, etc., *voir* les livres II
> et III.

SECTION III.

POLICE EN-DEÇA DES CÔTES.

342. Les étoffes de toute espèce, les toiles de coton blanches,
teintes ou peintes, les toiles de nankin, les mousselines, la bonneterie, la rubanerie, les sucres raffinés, bruts, têtes et terrés,
les cafés et autres denrées coloniales, les poissons salés (2), les
cotons filés, les tabacs en feuilles et fabriqués ne pourront, pendant la nuit, être transportés et circuler dans la distance d'un myriamètre (deux lieues anciennes) des côtes (3). Les mêmes objets
ne pourront également être transportés et circuler de nuit dans la

---

réciprocité. On doit se borner à leur égard à une surveillance tout extérieure.
Si quelque exception devait être faite à ce principe, elle serait l'objet d'ordres
spéciaux. (*Circ. du* 27 *mars* 1840.)

(1) L'administration des douanes, après avoir dressé procès-verbal des infractions reconnues sur les bâtimens de l'État, et requis jugement dans le délai légal, surseoit à toutes poursuites jusqu'à ce que l'autorité maritime ait
fait connaître le résultat de ses investigations. Le département de la marine
fait supporter les amendes par qui de droit. A l'égard des paquebots appartenant à l'État, le comité de direction est appelé à ordonner les investigations
nécessaires pour découvrir les auteurs de la fraude, et à faire exercer sur la
solde de l'équipage les retenues nécessaires pour acquitter les condamnations.
(*Déc. minist. du* 14 *janvier* 1840; *Circ. n°* 1793.)
Dans tous les cas de saisie opérée à bord d'un bâtiment de l'État, on met en
cause le commandant du navire comme civilement responsable, aux termes de
la loi. (*Déc. adm. du* 4 *mai* 1839.)

(2) *Voir* d'ailleurs le livre IX, n° 653.

(3) On ne doit réputer côtes maritimes que les endroits baignés par les
eaux de la mer à marée basse. (*A. de C. du* 9 *messidor an* 7.)

distance d'un myriamètre des rives des fleuves, rivières et canaux qui conduisent de la mer dans les ports intérieurs, mais seulement jusqu'au point où il existe des bureaux de douanes (1), à peine de la confiscation et de 500 fr. d'amende (*Loi du 8 floréal an 11, art.* 85.) (2).

343. Les préposés des douanes pourront, en cas de poursuite de la fraude, la saisir même en-deçà des deux lieues des côtes, pourvu qu'ils l'aient vue pénétrer et qu'ils l'aient suivie sans interruption. (*Loi du 22 août* 1791, *tit.* 13, *art.* 35.)

Lesdits préposés pourront, dans le même cas, faire leurs recherches dans les maisons situées dans l'étendue des deux lieues des côtes (*Même Loi, même titre, art.* 36.) (3).

---

(1) La limite voulue par la loi n'est point la perpendiculaire au cours de la rivière à la hauteur du dernier bureau, mais bien, vers l'intérieur et au-delà, la demi-circonférence décrite avec un rayon d'un myriamètre, et du dernier bureau comme centre. (*Circ. du* 17 *novembre* 1815.)

(2) L'article 5 de l'arrêté du 5 frimaire an 11 (art. 85 de la loi du 8 floréal) ne parle point des moyens de transport. Le silence de cet article s'explique nécessairement par les dispositions des lois anciennes auxquelles il convient de se conformer, et qui déclarent saisissables et passibles de confiscation les bâtimens, chevaux et voitures servant au transport d'objets prohibés. (*Circ. du* 5 *pluviôse an* 11.)

Police des rivières. Les mouvemens de marchandises entre l'embouchure des fleuves affluens à la mer et le dernier bureau vers l'intérieur, sont assujettis à la police des douanes; ainsi, sauf les exceptions qui peuvent être faites pour la facilité des rapports de voisinage entre les communes qui bordent les rives de ces fleuves, tout embarquement ou débarquement doit être précédé de la délivrance d'un permis, et aucune embarcation ne peut naviguer sans être pourvue d'une expédition, soit passavant, acquit-à-caution, acquit de payement, ou du manifeste qui en tient lieu dans les cas prévus par la loi. (*Circ. du* 10 *juin* 1829, *n*° 1168.)

(3) *Voir* aux nᵒˢ 372 et suivans le texte complet des articles 35 et 36 ci-dessus, ainsi que les autres dispositions générales ou particulières relatives à la poursuite de la fraude.

CHAPITRE II.

POLICE DES FRONTIÈRES DE TERRE.

SECTION PREMIÈRE.

TERRITOIRE SOUMIS A LA POLICE DES DOUANES.

344. Les lois et règlemens sur le transport et la circulation des denrées et marchandises dans l'étendue d'un myriamètre (deux lieues anciennes) des frontières de terre (1) seront exécutés dans les deux myriamètres (quatre lieues anciennes) desdites frontières. (*Loi du 8 floréal an 11, art. 84.*)

345. Pour faciliter la répression de la fraude sur toutes les parties des frontières de terre où la mesure fixe de deux myriamètres de rayon n'offre pas les positions les plus convenables au service des douanes, ce rayon pourra être étendu sur une mesure variable, jusqu'à la distance de deux myriamètres et demi de l'extrême frontière (2).

Dans toutes les localités où le gouvernement jugera à propos de faire ces changemens à la démarcation actuelle du rayon des frontières, ils seront déterminés par un tableau indicatif des villes, bourgs, villages et bâtimens isolés les plus voisins de la nouvelle ligne de démarcation et que cette ligne mettra dans le rayon, en suivant les limites de leur territoire (3).

L'exécution des lois et règlemens de douane deviendra obli-

---

(1) La loi du 22 août 1791 avait limité à deux lieues le rayon des frontières.

(2) Une disposition semblable, quoique moins générale, avait déjà fait l'objet d'un arrêté du Directoire exécutif du 17 thermidor an 4. Il portait :

« Les dispositions des articles 15 et 16 du titre 3 du règlement général sur « les douanes du mois d'août 1791, et celles des articles 6, 7 et 8 de la loi du « 12 pluviôse an 3, seront exécutées à l'égard de toutes denrées et marchan- « dises transportées sur le territoire situé entre les deux lignes de bureaux et « postes de service des douanes qui, par des difficultés de localité, sont à plus « de deux lieues de l'extrême frontière. »

(3) Le tableau dont il est parlé dans ce paragraphe est approuvé par le ministre des finances, sur la proposition de l'administration des douanes. (*Circ. du 1er mai 1816, n° 149.*)

gatoire sur toutes les parties de territoire ainsi ajoutées au rayon des frontières, à l'expiration d'un délai de quinze jours, après que ledit tableau, adressé officiellement aux préfets, aura été publié et affiché dans les chefs-lieux des arrondissemens et cantons que traversera la nouvelle ligne de démarcation. (*Loi du 28 avril 1816, art. 36.*)

346. L'étendue *du rayon* des frontières sera fixée par les directoires de département (préfets) (1), sans que, dans aucun cas, la distance puisse être moindre de *deux myriamètres*, ni excéder *deux myriamètres et demi* (2). La fixation des distances entre le territoire étranger et la ligne sera faite sans égard aux sinuosités des routes, en prenant la mesure la plus droite à vol d'oiseau (3). (*Loi du 22 août 1791, tit. 13, art. 42.*)

---

(1) Les préfets n'interviennent plus que pour faire publier les tableaux qui déterminent la ligne des douanes; c'est ce qui résulte de l'article 36 de la loi du 28 avril 1816, qui, sauf l'approbation du ministre, donne à l'administration des douanes le droit de désigner le territoire soumis à la police des douanes. Cette même disposition détruit nécessairement le premier paragraphe de l'article 43, titre 13, de la loi du 22 août 1791, qui disait :

« La ligne sera marquée par la désignation que chaque directoire de dépar-
« tement fera des territoires sur lesquels elle devra passer, et dont l'état sera
« imprimé et affiché dans tous les lieux de la frontière qu'enveloppe ladite
« ligne. »

Le second paragraphe de ce même article 43, portant que la ligne des douanes serait marquée par des poteaux plantés à la distance de 200 toises les uns des autres, avait déjà été abrogé par la loi du 28 pluviôse an 3, ainsi conçue :

« La Convention nationale, sur la proposition de son comité de commerce,
« suspend l'exécution de l'article 43 du titre 13 de la loi du 22 août 1791,
« relatif à la plantation de poteaux indicatifs du territoire des deux lieues li-
« mitrophes de l'étranger, sauf à la partie qui prétendrait qu'une saisie a été
« faite hors de ce territoire à demander, comme avant ladite loi, le toisé aux
« frais de qui il appartiendra. »

(2) Cette délimitation du rayon frontière résulte des articles 84 de la loi du 8 floréal an 11 et 36 de la loi du 28 avril 1816.

(3) La distance entre le lieu de la saisie et le territoire étranger doit se mesurer par la ligne droite prise sur un plan parfaitement horizontal. (*A. de C. du 28 juillet 1806.*)

Il résulte des considérans d'un arrêt de la Cour de cassation du 29 mai 1807, que la ville dans laquelle est établi un bureau de seconde ligne, fait dans toute son étendue, quelle que soit sa distance de l'extrême frontière, partie de la ligne qui circonscrit le territoire des douanes.

SECTION II.

RÉGIME DE CIRCULATION.

§ 1er. DISPOSITIONS GÉNÉRALES.

Déclarations et pénalités.

347. Les propriétaires ou conducteurs des marchandises et denrées qui passeront de l'intérieur du royaume sur le territoire des deux myriamètres limitrophes de l'étranger, seront tenus de les conduire au premier bureau de sortie (1) et d'en faire la déclaration dans la même forme que pour l'acquit des droits (2). A l'égard de celles qui devront être enlevées dans cette étendue du territoire des deux myriamètres limitrophes de l'étranger, pour y circuler ou être transportées dans l'intérieur du royaume, la déclaration devra en être faite au bureau, soit d'entrée, soit de sortie, le plus prochain du lieu de l'enlèvement et avant cet enlèvement (3), le tout à peine de confiscation desdites marchandises et denrées, et d'amende de 100 fr. (*Loi du 22 août 1791, tit. 3, art. 15.*)

Marchandises enlevées dans le rayon.

348. Les propriétaires ou conducteurs des marchandises et denrées qui devront être enlevées dans les deux myriamètres limitrophes de l'étranger, pour y circuler ou pour être transportées dans l'intérieur de la France, seront tenus d'ajouter à la déclaration prescrite par l'article 15 du titre 3 de la loi du 22 août 1791, l'indication précise de la maison où ces marchandises et denrées sont déposées, et le lieu de leur destination, ainsi que le

---

(1) Les marchandises destinées à être transportées de l'intérieur sur le territoire frontière doivent être déclarées au premier bureau de terre situé sur leur route, et ce n'est qu'à ce bureau qu'il appartient de délivrer les expéditions nécessaires pour la circulation entre les lignes de douanes. Les ports de mer et les bureaux de l'intérieur ne doivent pas délivrer de semblables expéditions. (*Circ. du 17 novembre 1815.*)

(2) *Voir* le livre III.

(3) Cette dernière disposition a été modifiée par l'arrêté du 22 thermidor an 10, qui exige dans certains cas que la marchandise soit présentée au bureau en même temps qu'on y souscrit la déclaration (n° 351).

jour et l'heure où elles devront être enlevées (1). Les préposés pourront, en cas de suspicion de fraude, se transporter, lors de de l'enlèvement, au lieu où lesdites marchandises et denrées sont déposées, et en exiger la représentation au fur et à mesure de leur sortie du lieu de dépôt, et avant leur départ dudit lieu. Si les propriétaires ou conducteurs refusent ou ne peuvent faire cette représentation, ils seront poursuivis et condamnés en une amende de 500 fr. (2). (*Loi du* 19 *vendémiaire an* 6, *art.* 2.)

Expéditions à délivrer.

349. Les propriétaires ou conducteurs, dans les cas énoncés par l'article 15 du titre 3 de la loi du 22 août 1791, ne seront point assujettis aux formalités de l'acquit-à-caution; ils seront seulement tenus, sous les peines portées par ledit article, de prendre aux bureaux des douanes des passavans de circulation (*Loi du* 22 *août* 1791, *tit.* 3, *art.* 16.) (3).

Justification d'origine.

350. Il ne pourra être délivré des passavans de circulation que

---

(1) Ces dispositions ne s'appliquent qu'aux marchandises dont la présentation préalable au bureau n'est pas exigée par l'arrêté du 22 thermidor an 10 (n° 351).

(2) Au moyen de cette disposition, les préposés qui soupçonnent une fausse déclaration, peuvent sommer le déclarant de les accompagner de suite au lieu indiqué pour le dépôt des marchandises, et de leur en faire la représentation. Dans le cas où il refuserait cette représentation, les préposés en rédigeraient rapport et poursuivraient le déclarant, pour le faire condamner en l'amende de 500 fr. (*Circ. du* 4 *brumaire an* 6.)

(3) L'article 18 du décret du 29 septembre 1793 prononçait la confiscation des marchandises prohibées à la sortie circulant dans le rayon sans acquit-à-caution de la *municipalité* du lieu du conducteur, et l'article 6 de la loi du 12 pluviôse an 5 portait que toutes denrées ou marchandises faisant route dans le rayon des frontières sans acquit-à-caution seraient confisquées. Ces dispositions ont été abrogées par l'article 1er de la loi du 19 vendémiaire an 6, ainsi conçu :

« Les marchandises et denrées circulant dans le *rayon* limitrophe de l'é-
« tranger ne sont assujetties qu'aux formalités prescrites par les articles 15
« et 16 du titre 3 de la loi du 22 août 1791 ; en conséquence, les lois des
« 29 septembre 1793 et 12 pluviôse an 5, en ce qui concerne les acquits-à-
« caution, sont abrogées. »

Le passavant nécessaire pour la circulation des marchandises ne peut être valablement délivré que dans les bureaux des douanes; les expéditions déli-

sur la représentation de l'acquit des droits d'entrée pour les objets qui auront été importés, ou de l'expédition du premier bureau de la ligne pour ceux provenant de l'intérieur de la France. (*Arrêté du 22 therm. an 10, art. 4 (1), et Ord. du 27 juin 1814, art. 7.*)

---

vrées par les administrations municipales ne peuvent être regardées comme valables. (*A. de C. du* 21 *messidor an* 7.)

(1) Cet arrêté, rendu pour la frontière depuis Versoix jusqu'à Anvers, et successivement étendu aux départemens de la Haute-Garonne, des Hautes-Pyrénées, de l'Ariége et des Pyrénées-Orientales, par les décrets des 28 août 1806 et 15 octobre 1808, est devenu d'une application générale, en vertu de l'article 7 de l'ordonnance du 27 juin 1814, ainsi conçu :

« Les lois et règlemens généraux de douanes, notamment l'arrêté du 22 ther-
« midor an 10, relatif aux frontières de terre, seront mis en vigueur sur les
« nouvelles frontières du royaume. »

L'arrêté de l'an 10 se borne à exiger le titre d'extraction, sans expliquer comment il y sera suppléé pour les *objets récoltés ou fabriqués dans le rayon.* La loi de 1816 (art. 38) répare en partie ce silence; elle impose, pour les fabrications locales, l'obligation de justifier de l'origine; elle ne dit pas, il est vrai, en quoi consistera cette justification; mais elle donne le droit d'en exiger une, et l'usage a fait admettre comme telle la représentation de certificats délivrés par les maires. (*Déc. adm. des* 20 *mars* 1830 *et* 17 *juin* 1836.)

En l'absence du maire et de l'adjoint, ces certificats peuvent être délivrés par un conseiller municipal. Mais, dans tous les cas, ils doivent être revêtus du cachet de la mairie. (*Déc. adm. du* 20 *avril* 1837.)

Si l'on avait lieu de soupçonner que ces titres sont délivrés d'une manière abusive, les chefs locaux devraient en référer à l'autorité supérieure. (*Déc. adm. du* 5 *mars* 1834.)

Quand le mode de justification d'origine des produits récoltés dans le rayon a été établi par un arrêté préfectorial, ce mode est obligatoire pour les habitans, et les saisies, opérées à défaut de la justification prescrite, sont régulières. (*A. de C. du* 20 *décembre* 1839; *Circ. n°* 1794.)

L'article 22 de la loi du 17 mai 1826, qui applique à la Corse les lois générales relatives à la circulation, et particulièrement l'arrêté du 22 thermidor an 10, portent que les expéditions de douanes, présentées comme justification d'origine, seront valables, pendant une année entière, à partir de leur date.

En comblant une lacune qui existe dans les lois dont il prescrit l'application, cet article, quoique spécial à l'île de Corse, peut, sous ce rapport, être considéré comme stipulant d'une manière générale, en ce qu'il sert à justifier l'usage suivi jusqu'à présent de refuser, pour titre d'origine des marchandises, des expéditions (acquits ou passavans) ayant plus d'une année de date. C'est ce qu'avait autrefois prescrit une circulaire du 9 fructidor an 12. Depuis, l'administration a fait connaître qu'il convenait de maintenir cette disposition, sauf à ne pas tenir à rigueur pour la date des expéditions, lorsqu'il ne s'élève d'ailleurs aucun soupçon de fraude. (*Déc. adm. des* 21 *octobre* 1835 *et* 15 *septembre* 1836.)

Dans les grandes villes de la frontière, et particulièrement à Strasbourg,

Seront exempts des formalités de l'article précédent (1) les consommateurs qui, pour leur usage, auront acheté dans les deux *myriamètres* de la frontière et transporteront à leur domicile, les jours de foire ou de marché, les coupons d'étoffes et autres objets de consommation qui n'excèderont pas 5 mètres en étoffes de de laine, 8 mètres en étoffes de soie et en toiles de coton et autres, et 3 kilog. de sucre ou de café. (*Arrêté du 22 thermidor an 10, art. 5, et Ord. du 27 juin 1814, art. 7.*)

Présentation préalable.

351. Indépendamment des formalités *prescrites* pour obtenir des passavans, les marchandises devront être préalablement présentées au plus prochain bureau, en même temps qu'on y souscrira la déclaration d'enlèvement. (*Même Arrêté, art. 6, et même Ord.*)

Cette présentation préalable ne sera de rigueur qu'à l'égard des marchandises appartenant à la classe de celles qui (2) sont prohibées ou assujetties à un droit de 20 fr. par quintal ou de 10 pour 100 de la valeur (*Même Arrêté, art. 1er; Circ. du 3 fructidor an 10, et même Ord.*) (3).

Valenciennes et Lille, où la consommation locale laisse disponible un grand nombre de preuves d'extraction suffisantes pour couvrir, et au-delà, toutes les introductions frauduleuses qui pourraient être effectuées, la douane peut se dispenser d'exiger les justifications d'origine, sauf en ce qui concerne les armes, pour lesquelles il y a toujours lieu de les réclamer. (*Déc. adm. du 13 mai* 1840.)

.Les titres produits doivent être retenus par les receveurs, quand le passavant demandé comprend la totalité des marchandises qu'ils énoncent. Dans le cas contraire, ils sont rendus après qu'on y a mentionné les quantités de marchandises pour lesquelles de nouvelles expéditions ont été délivrées. (*Déc. adm. du 3 septembre* 1834.)

(1) En dispensant les *consommateurs* de la justification d'origine, la loi a voulu que l'objet de *consommation*, destiné à l'usage personnel de celui qui obtient le passavant, fût transporté directement à son domicile et non ailleurs. Aussi l'administration a-t-elle décidé, le 20 décembre 1839, que les expéditions délivrées en vertu de l'article 5 ci-dessus ne pouvaient pas servir de titre pour la réexpédition des marchandises.

(2) Soit à l'entrée, soit à la sortie.

(3) Aux termes des articles 1er et 6 de l'arrêté du 22 thermidor an 10, la présentation préalable de toute marchandise de la classe de celles taxées au moins à 20 fr. par quintal ou à 10 pour 100 de la valeur, reste obligatoire, quelle

Vérification.

352. Si, à la vérification des objets présentés en douane pour obtenir un passavant de circulation, on découvre un manque d'identité en nature ou en espèce (1), les objets seront saisis en garantie de l'amende de 500 fr., qui, en cas d'insuffisance de valeur, sera recouvrée par voie de contrainte et après jugement. Si l'objet présenté n'était qu'un simple simulacre, sans valeur

---

qu'en soit la provenance, et sans exception conséquemment des productions et fabrications locales. Toutefois les inspecteurs peuvent accorder la dispense de cette formalité pour certaines marchandises et dans certaines localités où leur transport préalable au bureau entraînerait des retards et des frais trop considérables. Dans ce cas d'exception, on peut, comme pour les marchandises non désignées en l'article 1er de l'arrêté de l'an 10, recevoir la déclaration et délivrer le passavant sans voir en même temps la marchandise; mais alors on rentre dans l'application de la loi du 19 vendémiaire an 6 (n° 348), et il faut que la déclaration désigne le lieu où la marchandise est déposée, afin que les préposés puissent, en cas de suspicion de fraude, vérifier si elle s'y trouve réellement, et poursuivre, s'il y a lieu, le recouvrement de l'amende édictée par cette loi. (*Circ. du* 3 *fructidor an* 10, *et Déc. adm. des* 7 *octobre* 1834 *et* 17 *juin* 1836.)

Le transport préalable au plus prochain bureau s'effectue au moyen des expéditions des douanes (acquits des droits d'entrée ou passavans) et des certificats d'origine délivrés par les autorités municipales; à défaut de ces justifications, les marchandises seraient saisissables, conformément à la loi. (*Arrêté du* 22 *thermidor an* 10; *Circ. du* 3 *fructidor suivant, et Déc. adm. des* 20 *mars* 1830 *et* 17 *juin* 1836.)

Il résulte des instructions rappelées ci-dessus, que l'article 2 de la loi du 19 vendémiaire an 6 est demeuré en pleine vigueur pour les marchandises imposées à moins de 20 fr. par quintal ou de 10 pour 100 de la valeur, et qu'à leur égard les passavans doivent être délivrés avant l'enlèvement. Cependant, lorsque le bureau se trouve situé entre le point de départ et celui de destination, on peut, afin d'éviter des retards, présenter la marchandise à ce bureau en même temps qu'on y souscrit la déclaration. On agit alors comme dans le cas prévu par l'article 6 de l'arrêté de l'an 10, et le transport préalable des objets est justifié par des titres d'origine réguliers.

(1) Si la visite faisait découvrir un déficit dans la quantité déclarée, aucune peine ne serait applicable. (*Déc. adm. du* 22 *octobre* 1841.)

Il est peu probable que l'on fasse sciemment de fausses déclarations de cette nature; car, s'il y a visite, le passavant n'est délivré que pour la quantité reconnue; si au contraire il était conforme à la déclaration, la fraude ne pourrait être consommée que par une addition de marchandises prises dans un lieu plus ou moins éloigné du bureau. Or, pendant le trajet, le conducteur s'exposerait à une saisie que le défaut d'identité entre la marchandise et l'expédition motiverait suffisamment, ainsi que l'ont décidé plusieurs arrêts de la Cour de cassation (n° 354).

aucune, et que le déclarant n'eût pas de domicile connu, ou ne pût fournir caution, celui-ci serait traduit à l'instant même par-devant le procureur du Roi ou autre magistrat chargé de la police judiciaire, qui le ferait conduire devant le juge d'instruction, lequel aurait à décider si, pour garantie de l'amende encourue, il y a lieu de s'assurer de sa personne et de décerner contre lui un mandat de dépôt; et dans le cas où le mandat aurait été décerné, le déclarant sera traduit au tribunal correctionnel, et condamné en ladite amende de 500 fr., pour le payement de laquelle il pourra, comme en toute autre matière de délit, être retenu pendant le temps déterminé par la loi. (*Loi du 7 juin 1820, art. 15.*)

Certificats de besoin.

353. Les particuliers dont les habitations sont situées entre les bureaux des douanes et l'étranger, qui voudront y faire arriver, soit de l'intérieur de la France, soit de l'étendue du territoire soumis à la police des douanes, des bestiaux, chevaux, mules et mulets, cires, soies et autres objets dont la sortie est défendue ou soumise à des droits, n'obtiendront de passavans, pour ce transport, qu'autant qu'ils seront porteurs de certificats de la municipalité du lieu de la destination, constatant que ces bestiaux et marchandises sont pour leur usage et consommation (1). (*Arrêté du 25 messidor an 6, art. 1er.*)

Libellé des passavans.

354. Les passavans indiqueront le lieu du départ, celui de la destination (2), les qualités, quantités, poids, nombre et mesu-

---

(1) La circulaire du 17 juin 1815, n° 45, prescrivait de ne pas délivrer des passavans pour le transport des matières prohibées à la sortie, quand les endroits de destination indiqués, situés dans la demi-lieue de l'extrême frontière, étaient notoirement connus pour n'offrir à ces matières premières, par l'existence de fabriques analogues, aucun emploi légal; mais on a dû reconnaitre que, quelque fût le motif du transport, le service ne pouvait refuser un passavant moyennant l'accomplissement des formalités voulues. (*Déc. adm. du 12 décembre 1835.*)

(2) En vertu de l'article 15 du titre 3 de la loi du 22 août 1791 et de l'article 25 de celle du 28 avril 1816, les passavans doivent indiquer aussi le nom du destinataire. (*Déc. adm. du 12 juin 1834.*)

Rien n'oblige le conducteur des marchandises expédiées par simple passa-

res des marchandises ou denrées (1); ils fixeront, en toutes lettres, le temps nécessaire pour le transport (2), la route à parcourir (3) et la date du jour où ils seront délivrés (4) ; ils porteront
l'obligation de les représenter, ainsi que les marchandises, aux
préposés des bureaux qui se trouveront sur la route, pour y être
visés, et à toute réquisition, aux employés des différens postes,
qui pourront conduire les objets au plus prochain bureau pour
y être vérifiés, sauf les dommages et intérêts envers le conducteur ou le propriétaire, s'il n'y a ni fraude ni contravention (5).
(*Arrêté du 22 thermidor an* 10, *art.* 6, *et Ord. du 27 juin* 1814,
art. 7.)

Dans le cas prévu par l'article 2 de la loi du 19 vendémiaire

---

vant à leur faire suivre la destination primitivement indiquée; il peut toujours, en restant sur la route tracée par le passavant, les laisser en-deçà de
cette destination ; seulement le receveur du lieu où une partie de ces marchandises serait déposée doit l'indiquer au dos de l'expédition. (*Déc. adm. du*
23 *octobre* 1835.)

(1) Le défaut d'identité entre la qualité, le poids, etc., des marchandises
énoncées en un passavant, et la qualité, le poids, etc., de celles transportées,
annule le passavant et motive la saisie des objets circulans. (*A. de C. du*
24 *août* 1808.)

Un passavant est nul s'il n'est pas identique avec la marchandise. (*A. de C.
du* 5 *messidor an* 8.)

Les juges ne peuvent supposer que la non-identité des marchandises provient d'une erreur commise dans le passavant de la douane, lorsque surtout
cette expédition est conforme à la déclaration primitive du propriétaire ou
commissionnaire. (*A. de C. du* 14 *juin* 1809.)

Toute marchandise accompagnée d'un passavant suranné est saisissable. (*A.
de C. du* 19 *ventôse an* 12.)

Le passavant doit accompagner la marchandise; son exhibition tardive ne
peut couvrir la contravention. (*A. de C. des* 5 *messidor et* 8 *thermidor an* 8.)

(2) Les passavans sont nuls après l'expiration des délais y portés. (*Loi du*
22 *août* 1791, *tit.* 3, *art.* 16.)

(3) Si les objets s'écartent de la route à tenir, ils sont confisqués. (*Loi du*
19 *vendémiaire an* 6, *art.* 3.)

(4) Le passavant doit toujours être signé par deux employés de bureau, ou,
à défaut, par le receveur et le préposé de planton.

Il rappelle d'une manière précise la nature et la date du titre d'origine,
dans les cas où cette justification est exigée.

(5) D'après l'article 16 du titre 3 de la loi du 22 août 1791, qui impose
les mêmes obligations, les dommages-intérêts ne sont dus, à défaut de fraude
ou contravention, qu'autant que le bureau où les marchandises ont été conduites n'est pas situé sur la route à parcourir.

an 6 (n° 348), les passavans énonceront en outre le lieu du dépôt des marchandises et denrées, le jour et l'heure de l'enlèvement. (*Loi du 19 vendémiaire an 6, art. 3.*)

Colporteurs.

355. Les passavans délivrés aux colporteurs pour la circulation des marchandises dans le rayon des douanes, feront mention d'une destination *unique* et du délai nécessaire pour s'y rendre, en le calculant sur les distances à parcourir (1). (*Circ. du 14 octobre 1816.*)

Timbre.

356. Les passavans délivrés par la douane porteront un timbre particulier, dont le prix demeure fixé à 5 centimes (2). (*Loi du 28 avril 1816, art. 19.*)

Dispense de passavant.

357. Le transport dans le rayon limitrophe de l'étranger, des bestiaux (3), poissons, pain, vin, cidre ou poiré, bière, viande fraîche ou salée, volaille, gibier, fruits, légumes, laitage, beurre,

---

(1) Un marchand ambulant qui, par la nature de son commerce, s'arrête en tous les villages situés sur la route ou à proximité de la route qu'il parcourt, ne peut accomplir le transport de ses marchandises avec la même célérité qu'un voiturier. On doit donc, pour la fixation des délais, avoir égard aux distances à parcourir et aux difficultés que peuvent présenter les localités. Des règles absolues ne sauraient être déterminées sur cet objet; c'est aux directeurs à examiner quelle est la latitude qu'on peut, sans danger, accorder aux colporteurs pour le transport et la vente de leurs marchandises dans le rayon. (*Déc. adm. des 30 décembre 1814, 4 février 1819 et 30 octobre 1821.*)

On peut se borner à indiquer dans les passavans le poids ou la mesure des tissus destinés à être colportés dans le rayon. (*Déc. adm. du 7 juillet 1834.*)

(2) *Voir,* pour l'exemption du timbre, le livre II, n° 212.

(3) Les chevaux, autres que ceux servant à l'exploitation des terres, ne sont pas compris sous la dénomination générale de *bestiaux*; et il appartient aux tribunaux de juger en fait si un cheval saisi est ou non dans l'exception, et si cette exception peut entraîner l'affranchissement des formalités de douanes. (*A. de C. du 18 juin 1839.*)

Les chevaux, mules et mulets qui circulent en-deçà de la première ligne sont dispensés du passavant. S'ils franchissent cette ligne, on les assujettit à la formalité de l'acquit-à-caution. (*Déc. adm. du 17 octobre 1834.*)

Voir le livre X, chapitre VIII, 2ᵉ section.

fromages (1), et de tous objets de jardinage, lorsque lesdits objets ne feront pas route vers la frontière, ou lorsqu'ils se rendront, aux jours de foire et de marché, dans les villes sur la frontière, est excepté des formalités prescrites par les articles précédens (2) (*Arrêté du 22 thermidor an 10, art. 9, et Ord. du 27 juin 1814.*) (3).

Pénalités.

358. Toutes marchandises et denrées circulant dans le rayon

---

(1) *Voir*, pour les fromages, les dispositions spéciales rapportées ci-après, n° 363.

(2) Cet article a reproduit les dispositions des articles 17 du titre 3 de la loi du 22 août 1791 et 4 de la loi du 19 vendémiaire an 6, qui avaient également affranchi de la formalité du passavant les objets ci-dessus dénommés. Seulement l'arrêté du 22 thermidor an 10 n'a pas maintenu pour les grains l'exemption que les deux lois précédentes leur accordaient, lorsqu'ils n'étaient pas prohibés à la sortie. Cette exemption n'a pas été reproduite non plus dans l'article 37 de la loi du 28 avril 1816, relatif aux règles sur la circulation. Aussi la Cour de cassation a-t-elle décidé, le 20 janvier 1840, que les grains et graines étaient absolument soumis, dans le rayon des douanes, aux formalités établies par l'arrêté du 22 thermidor an 10, pour la police des circulations.

Après avoir désigné plusieurs espèces de denrées dispensées du passavant, l'article 17 de la loi du 22 août 1791 étendait l'exemption à *tous les autres comestibles*. Mais cette expression générique, n'ayant été reproduite ni dans l'article 4 de la loi du 19 vendémiaire an 6, ni dans l'art. 9 de l'arrêté du 22 thermidor an 10, qui ont successivement remplacé le premier, les huiles, comme les autres marchandises non dénommées par cet article 9 de l'arrêté de l'an 10, demeurent assujetties à la formalité du passavant! (*Déc. adm. du 12 fév.* 1856.)

Voir, pour les grains qui circulent dans le rayon, le livre X, n° 865.

Il résulte d'ailleurs des lois générales de douanes que les acquits de payement des droits d'entrée et de sortie, les acquits-à-caution de transit ou autres, les expéditions délivrées pour les objets exportés sous bénéfice de prime, tiennent lieu de passavant pour le transport des marchandises dans le rayon.

(3) *Chiens.* Sur les frontières de terre de Dunkerque aux Rousses exclusivement, les chiens de *forte race* sont imposés à un droit de sortie de 5 fr. par tête. Sont considérés comme chiens de forte race ceux qui ont 325 millimètres et plus de hauteur au milieu de l'échine. (*Ord. du 4 décembre* 1836, *et Loi du 6 mai* 1841, *art.* 2.)

Cette disposition emporte pour l'administration le droit de procéder à la saisie, et, par suite, à la destruction de tout chien de l'espèce désignée qu'on tenterait de faire sortir en fraude de la taxe. Les chefs du service tiendront la main à ce qu'on ne dépasse pas le but de la mesure dont il s'agit, en l'appliquant à des chiens autres que ceux évidemment destinés à servir aux spéculations de la fraude. On ne peut énumérer tous les cas où il y aura lieu d'accorder l'exemption de la taxe; mais elle doit porter sans aucun doute 1° sur tout

des frontières sans passavant, ou avec expédition contraire à l'une des obligations déterminées, seront saisies et confisquées, conformément à la loi (1). (*Arrêté du 22 thermidor an 10, art. 7, et Ord. du 27 juin 1814, art. 7.*)

359. Les mêmes peines seront encourues, lorsque le transport des marchandises dans l'étendue du rayon s'effectuera, même avec passavant, de nuit, entre le lever et le coucher du soleil, si le passavant n'en porte pas la permission expresse. (*Même Arrêté, art. 8, et même Ord.*)

---

chien accompagnant un voyageur; 2° sur tout chien actuellement employé à la chasse; 3° sur tout chien employé seul à la garde d'une voiture; 4° sur ceux qui gardent les bestiaux, pourvu qu'ils n'excèdent pas le nombre convenable, eu égard à la force des troupeaux. (*Circ. du 7 décembre 1836, n° 1584.*)

La circulation des chiens demeure libre dans le rayon des douanes. L'acquittement de la taxe ne doit être exigé que dans les bureaux de première ligne. *Seulement, comme sur plusieurs points de la frontière la première ligne se* confond avec l'extrême limite, tout chien de forte race, rencontré dans ces localités, hors de la route directe du bureau, à une demi-lieue environ de la frontière, peut être saisi et abattu, sans que les préposés aient à constater le fait autrement que par sa mention aux registres de la brigade; il peut en être de même d'un chien rencontré avec son maître, lorsque celui-ci l'abandonne volontairement aux employés. Mais s'il y a opposition de sa part, ou que les circonstances puissent faire prévoir une réclamation ultérieure, il importe de dresser procès-verbal de saisie et de destruction, et de porter immédiatement l'affaire à la connaissance du juge de paix, pour faire prononcer les condamnations édictées par la loi. (*Déc. adm. des 5 septembre et 21 novembre 1840.*)

Voir, pour la prime accordée pour les chiens saisis et abattus, le n° 334.

(1) Il résulte des termes de cet article qu'en toutes circonstances, en tous lieux du rayon où circuleraient sans expéditions des marchandises prohibées à l'entrée ou tarifées, elles doivent être saisies, comme elles l'auraient été à leur *importation* même; et ce, attendu que la présomption légale à leur égard *est* qu'elles ne se trouvent dans le rayon que par suite d'une introduction prohibée ou frauduleuse. Mais si tels sont les principes, il est cependant des cas où il serait beaucoup trop rigoureux d'en faire l'application. Il en est deux surtout: le premier se rapporte à un fort petit nombre de marchandises à l'égard desquelles, en examinant toutes les circonstances de la contravention, on se prononcerait plutôt pour la fraude à la sortie que pour la fraude à l'entrée. Le second est celui où il s'agirait de marchandises qui, analogues en qualité à celles imposées ou prohibées à l'entrée, seraient cependant reconnues pour être d'origine nationale. (*Circ. du 1er mai 1816, n° 150.*)

Voir, aux n°s 325 et suivans, les différens cas où les marchandises dépourvues d'expéditions régulières sont réputées avoir été introduites en fraude.

Voir aussi le n° 320, note 3e, pour les marchandises qui, après avoir été passibles de droits à l'entrée ou à la sortie, sont replacées sous le régime de la prohibition.

§ 2. DISPOSITIONS SPÉCIALES A CERTAINES MARCHANDISES
DANS LES DEUX KILOM. ET DEMI DE LA FRONTIÈRE.

360 Il sera ouvert dans tous les bureaux des douanes des communes au-dessous de 2,000 habitans (1), situées dans les deux kilomètres et demi (ou demi-lieue) des frontières de terre, des registres où chaque marchand sera tenu de faire inscrire, dans les dix jours de la publication du présent arrêté, et sauf vérification, les étoffes de laine, velours, piqués, basins, mousselines, bonneterie, rubanerie, quincaillerie, mercerie, et autres objets de la nature de ceux prohibés, ou qui sont assujettis à un droit de 20 fr. du quintal ou de 10 pour 100 de la valeur (2), qu'il a présentement en magasin ou boutique. (*Arrêté du 22 thermidor an 10, art. 1er, et Ord. du 27 juin 1814, art. 7.*)

361. La même inscription aura lieu pour les marchandises que les marchands tireront de l'intérieur ou de l'étranger (3); mais elle ne sera reçue qu'autant que le déclarant déposera les acquits de payement des droits d'entrée, ou les expéditions d'un bureau de douane, justificatives de leur extraction de l'intérieur, pour servir de preuve et de contrôle à sa déclaration.

S'il n'y a pas de bureau de douane dans la commune où les marchandises seront déposées, l'inscription et la représentation des acquits ou passavans seront faites au plus prochain bureau (4).

---

(1) Ce nombre doit se trouver dans la même enceinte (n° 339, note).

(2) Soit à l'entrée, soit à la sortie.

(3) La transcription des marchandises au compte ouvert a lieu le jour même de leur arrivée au lieu de destination. Pour celles qui arriveraient après la fermeture du bureau, c'est le lendemain qu'elles doivent être présentées à la douane et transcrites au registre. (*Déc. adm. du* 10 *février* 1840.)

A l'égard des boutiques qui ne débitent qu'au menu détail, et dont les ventes, faites pour la commune même, échappent forcément au contrôle de la douane, il y a lieu de s'abstenir du compte ouvert, sauf à exercer la surveillance nécessaire pour empêcher les approvisionnemens frauduleux. (*Déc. adm. du* 30 *juillet* 1840.)

(4) La douane tient le compte ouvert par *prise en charge* et par *décharge* : par *prise en charge* pour les marchandises dont l'origine a été justifiée; par *décharge* pour celles qui ont été régulièrement expédiées, ou qui ne sont pas représentées aux préposés lors des recensemens.

Les inspecteurs, capitaines et autres préposés délégués par les directeurs, procèderont à la vérification (1). (*Arrêté du 22 thermidor an 10, art. 2, et Ord. du 27 juin 1814, art. 7.*)

362. I ne sera accordé de passavant et expédition pour l'enlèvement des marchandises dans les communes des deux kilomètres et demi de la frontière, que pour les espèces et quantités à l'égard desquelles les dispositions prescrites par les articles précédens auront été remplies : tout excédant ou autres objets seront censés introduits en fraude. (*Même Arrêté, art. 3, même Ord.*)

§ 3. DISPOSITION RELATIVE A LA CIRCULATION DES FROMAGES.

363. La circulation des fromages de pâte dure sera assujettie à la formalité du passavant, suivant les articles 15 et 16 du titre 3 de la loi du 22 août 1791, dans la partie du rayon frontière qui s'étend sur les départemens du Doubs, du Jura, et l'arrondissement de Nantua, département de l'Ain (2). (*Ord. du 9 janvier 1818, art. 1er.*)

Les passavans nécessaires pour mettre en circulation les fromages provenant de chalets français situés entre la ligne de dé-

---

(1) Ces vérifications ont pour objet de s'assurer que les marchandises inscrites existent dans le dépôt. S'il y a déficit, les passavans ne sont délivrés que pour les quantités existantes ; en cas d'excédant ou de substitution, il est procédé à la saisie de l'excédant ou des marchandises différentes en qualité, qu'elles soient ou non emballées. (*Circ. du 3 fruct. an 10, et A. de C. du 14 juin 1859 ; Circ. nº 1760.*)

Les recensemens sont autorisés pendant le jour et ont lieu sans l'assistance d'un officier public ; il ne peut y être procédé que dans les lieux d'emmagasinement déclarés lors de l'inscription et sur l'ordre d'un employé supérieur, ou lorsque la nécessité en a été reconnue par le receveur, de concert avec un chef de la partie active ayant au moins le grade de lieutenant.

(2) Sur cette frontière les fromages de pâte dure doivent être soumis à la formalité du passavant dans toute l'étendue du rayon. Dans la partie de ce rayon qui est située entre les bureaux de la première ligne et l'extrême frontière, la mise en circulation est subordonnée aux conditions et formalités prescrites par les articles 2, 3 et 4 de l'ordonnance du 9 janvier 1818. Mais dans le surplus du rayon, rien ne s'oppose à ce que l'on substitue, pour la délivrance des passavans, les formalités générales réglées par l'article 6 de l'arrêté du 22 thermidor an 10, c'est-à-dire la représentation de la marchandise en même temps que la déclaration d'enlèvement, à celles que déterminent les articles 15 et 16 de la loi du 22 août 1791. (*Déc. adm. du 20 août 1840.*)

marcation de la frontière et les premiers bureaux de douanes dans les mêmes localités (1), ne seront accordés que sur la déclaration du propriétaire ou principal gérant de chaque chalet, qui justifiera, par les expéditions requises pour le pacage des bestiaux, du nombre de vaches qu'il entretient dans cet établissement, et fera connaître la quantité de fromages de pâte dure qu'il se propose d'expédier dans le courant de l'année (2). (*Même Ord.*, *art.* 2.)

Cette déclaration, dont le maire de la commune certifiera l'exactitude, sera soumise à l'approbation du sous-préfet de l'arrondissement, qui réglera la quantité de fromages à expédier, après avoir pris l'avis du receveur de la douane où les passavans de circulation devront être délivrés. (*Même Ord.*, *art.* 3.)

En cas de contestation sur la quantité de fromages accordée par le sous-préfet, elle sera définitivement fixée par le préfet du

---

(1) Les fromages fabriqués dans les maisons placées entre la frontière et le premier bureau, ainsi que dans un village où se trouverait un bureau de première ligne, sont soumis aux formalités de l'ordonnance du 9 janvier 1818, sans égard à la position de ce bureau. (*Déc. adm. des* 1er *fév.* 1819 *et* 8 *mars* 1827.)

(2) Dans la fixation du crédit pour chaque fromagerie, on doit tenir compte non seulement des vaches françaises paissant en France, mais encore des vaches françaises qui paissent toute l'année ou partie de l'année sur les biens-fonds dépendant de la fromagerie française, appartenant à des Français, et situés dans la lieue frontière de l'étranger, sauf à exiger la justification d'usage pour la consistance et la nature de ces biens-fonds. Il n'est pas nécessaire toutefois de justifier d'une possession antérieure aux traités qui ont séparé la propriété du territoire français. (*Déc. adm. des* 3 *sept.* 1829, 10 *mars* 1830 *et* 3 *oct.* 1839.)

Les crédits pour l'expédition des fromages doivent être réglés avant la délivrance des passavans. (*Déc. adm. du* 6 *septembre* 1826.)

Les fromages provenant de la fabrication du lait de vaches étrangères paissant à l'étranger doivent, s'ils sont livrés à la consommation, acquitter les droits d'entrée. (*Déc. adm. du* 28 *octobre* 1819.)

La faculté de recevoir ce lait étranger dans les chalets français ne peut être obtenue qu'autant que la déclaration, faite, en conformité de l'article 2 de l'ordonnance du 9 janvier, par le propriétaire ou principal gérant du chalet, contiendra la soumission d'expédier, soit sur l'intérieur, soit sur l'étranger, dans un délai déterminé, le fromage fabriqué au-delà des quantités admissibles en exemption des droits d'entrée; à peine d'encourir la saisie, comme formant entrepôt frauduleux, de tout excédant qui serait constaté après l'expiration de ce délai. (*Déc. adm. du* 17 *mai* 1821.)

département, qui prendra préalablement l'avis du directeur des douanes. (*Ord, du 9 janvier* 1818 , *art.* 4.)

SECTION III.

564. Tout magasin ou entrepôt de marchandises *prohibées à . l'entrée ou dont le droit d'entrée est fixé à plus de* 20 *francs par* 100 *kilog.* (1), ou enfin dont la sortie est prohibée ou assujettie à des droits, est défendu dans *le rayon des frontières de terre* (2), à l'exception des lieux dont la population sera au moins de 2,000 âmes (3). (*Loi du 22 août* 1791, *tit.* 13, *art.* 37.)

565. Seront réputées en entrepôt toutes celles desdites marchandises, autres cependant que du crû du pays (4), qui seront

---

(1) Ces termes sont tirés de l'article 58 de la loi du 28 avril 1816, lequel répute introduites en fraude, et conséquemment passibles des peines édictées par l'article 41 de la même loi, les marchandises prohibées ou imposées à plus de 20 fr. à l'entrée qui ont été frauduleusement déposées dans le rayon. La loi de 1791 désignait les marchandises *manufacturées ou dont le droit d'entrée excédait* 12 *fr. par quintal.*

(2) La loi de 1791 ne défendait les dépôts que dans les deux lieues de la frontière ; mais on a vu (n° 344) que la loi du 8 floréal an 11 avait doublé ce rayon, et un arrêt de la Cour de cassation du 8 thermidor an 13 a décidé que cette loi, en ordonnant l'exécution, dans les deux myriamètres frontières, des lois et arrêtés sur le transport et la circulation des marchandises, embrassait nécessairement par ses expressions les dispositions et les mêmes lois et arrêtés qui règlent la station et l'entrepôt de ces mêmes marchandises. Le quatrième paragraphe de l'article 58 de la loi du 28 avril 1816 a confirmé cette règle.

(3) La population des hameaux et écarts ne concourt pas à former le nombre de 2,000 âmes. Ce nombre au moins doit se trouver dans l'enceinte même du lieu où l'on prétend établir des magasins ou entrepôts. (*Loi du 1er vendém. an 4.*)

La circulation des marchandises est libre dans l'enceinte des communes frontières dont la population est d'au moins 2,000 habitans. C'est une conséquence de la faculté d'y former des dépôts. (*Déc. adm. du 10 février* 1841.)

Les faubourgs des villes de 2,000 âmes jouissent de la même immunité, qui ne cesse que là où les maisons sont écartées, et où commencent à s'établir au milieu des champs les fermes, métairies, hameaux, etc. (*Déc. adm. du 4 juin* 1817.)

Les lois générales sur la circulation ne doivent dès lors être appliquées qu'à l'égard des marchandises destinées à être transportées à l'extérieur des communes de plus de 2,000 habitans. (*Déc. adm. du 6 avril* 1837.)

(4) On doit entendre par marchandises autres que du crû du pays celles

en balles ou ballots (1), et pour lesquelles on ne pourra pas représenter d'expéditions d'un bureau de douane, délivrées dans le jour (2), pour le transport desdites marchandises. (*Loi du 22 août 1791, tit. 13, art. 38.*)

366. Les marchandises et denrées ainsi entreposées seront saisies et confisquées, avec amende de 100 fr. (3) contre ceux

---

que ne produit pas la commune où elles se trouvent entreposées. (*Déc. adm. du 7 juillet* 1834.)

(1) A l'occasion d'une saisie de liquides, dont la confiscation n'avait pas été prononcée par les premiers tribunaux, attendu, disaient-ils, que ne pouvant être renfermés que dans des vaisseaux ou futailles, les liquides échappaient à l'article 38, qui n'atteint que les objets en balles ou ballots, la Cour de cassation a rendu, le 18 novembre 1817, un arrêt ainsi conçu :
« L'article 38, titre 13, de la loi du 22 août 1791, n'est point limitatif de
« l'article 37, quand il déclare un des caractères auxquels on reconnaîtra l'en-
« trepôt. Les dispositions de l'article 37 sont générales et embrassent toutes
« les marchandises qu'il désigne. »
Par un autre arrêt du 14 juin 1839, la Cour de cassation a confirmé cette jurisprudence, en décidant que les termes de l'article 38 ne doivent pas être pris dans un sens tellement limitatif qu'on ne puisse considérer comme étant en entrepôt que les *seules* marchandises qui se trouvent en état d'emballage.

(2) L'administration a décidé, le 10 février 1840, qu'il suffisait que ces expéditions eussent été visées, dans les vingt-quatre heures de l'arrivée des marchandises à leur destination, au bureau des douanes le plus prochain du lieu du dépôt.
Il était difficile d'admettre, en effet, que les expéditions ne pouvaient justifier le dépôt que le *jour même de leur délivrance*. C'eût été interdire de fait tout commerce, tout établissement de boutiques ou magasins dans les communes des quatre lieues frontières ayant moins de 2,000 âmes de population, puisque l'objet déposé eût toujours été saisissable le lendemain du jour où les expéditions eussent été délivrées.
Au contraire, ces expéditions n'ont jamais cessé d'être considérées comme valables pendant une année entière, à partir de leur date. C'est d'ailleurs ce que porte l'article 22 de la loi du 17 mai 1826, qui a étendu l'article 38 ci-dessus au littoral de la Corse. On a vu (n° 350, note) que les expéditions de douanes, présentées comme justification d'origine afin d'obtenir des passavans de circulation, étaient aussi valables pour une année ; les mêmes règles ont paru applicables aux expéditions produites pour justifier les dépôts ; autrement il en serait résulté cette contradiction, que les marchandises saisissables au dépôt auraient cessé de l'être si on les eût mises en circulation, et que le titre, en vertu duquel on aurait obtenu un passavant pour les introduire dans l'intérieur, n'aurait pas suffi pour en justifier l'existence dans une maison.

(3) S'il s'agissait de marchandises prohibées à l'importation ou imposées à plus de 20 fr. par 100 kilogr., il faudrait invoquer l'article 38 de la loi du 28 avril 1816, et réclamer l'amende prononcée par l'article 41 de cette même loi (n° 320).

qui les auront reçues en entrepôt (1); à l'effet de quoi les préposés des douanes pourront faire leurs recherches dans les maisons où les entrepôts seront formés (2), en se faisant assister d'un officier municipal du lieu (3). Ces visites, dans aucun cas,

---

(1) Les entrepôts frauduleux sont saisissables chez le propriétaire, comme au domicile d'un commissionnaire ou détenteur provisoire des marchandises. (*A. de C. du 5 fructidor an* 11.)

La responsabilité des détenteurs d'objets prohibés est absolue, et entraine, dans tous les cas, leur condamnation aux peines portées par l'article 41 de la loi du 28 avril 1816. (*A. de C. du* 15 *novembre* 1833.)

Le propriétaire d'une forge dont les bâtimens sont ordinairement fermés est responsable des condamnations auxquelles donne lieu la saisie de marchandises opérée dans cette même forge, pour cause d'entrepôt prohibé. (*A. de C. du* 20 *août* 1818.)

(2) Les préposés sont autorisés d'une manière absolue à faire des recherches dans les maisons où les entrepôts sont formés, et la loi n'exige nullement que les marchandises soient ou circulantes ou introduites sans avoir été perdues de vue. (*A. de C. du* 18 *novembre* 1817.)

(3) Les préposés ne peuvent jamais s'introduire dans un domicile, pour y rechercher la fraude, sans être accompagnés d'un officier public, dans tous les cas où son assistance est ordonnée par les *lois de douanes. Les perquisitions* faites et la fraude découverte, les préposés peuvent rédiger leur procès-verbal de saisie en l'absence du fonctionnaire dont la présence aurait autorisé leur entrée dans la maison, si ce fonctionnaire refuse de *satisfaire à la réquisition* qui lui aurait été faite de rester présent, réquisition et refus que le procès-verbal doit expressément constater. Les préposés ont également la faculté de se retirer au bureau pour y verbaliser, s'ils ne peuvent le faire dans la maison même où ils auraient saisi sans compromettre leur sûreté, et leur procès-verbal doit contenir alors les motifs qui les auraient forcés à se retirer. Enfin, s'ils requéraient vainement l'assistance d'un officier public pour entrer dans une maison, ils doivent la tenir cernée, et recourir à *l'autorité supérieure* pour lui dénoncer l'officier qui aurait méconnu ses devoirs, et obtenir d'elle qu'elle en délègue immédiatement un autre. (*Circ. du* 27 *avril* 1822, *n*º 721.)

Cependant, dans les cas urgens et alors qu'un intérêt pressant de service réclamerait l'emploi d'une mesure prompte et efficace, les préposés devraient passer outre à leurs perquisitions, alors même que, par un motif non admissible, l'officier public aurait refusé son concours. (*Déc. adm. du* 22 *juillet* 1841.)

L'absence d'un officier public dans une visite à domicile est couverte par l'adhésion qu'a donnée le détenteur à l'entrée des préposés. (*Déc. adm. du* 19 *mai* 1840.)

La loi, en cas de saisie à domicile, ne commande l'assistance d'un officier public que s'il y a refus d'ouverture des portes. (*A. de la Cour royale de Metz du* 12 *novembre* 1840.)

L'adjoint du maire a qualité pour remplacer le maire dans une visite domiciliaire. (*A. de C. du* 9 *brumaire an* 13.)

En cas d'absence ou d'empêchement du maire et des adjoints, le maire est

ne pourront être faites pendant la nuit. (*Même Loi, même titre, art.* 39.)

367. S'il n'est point constaté qu'il y ait entrepôt ni motif de saisie, il sera payé la somme de 24 fr. à celui au domicile duquel les recherches auront été faites, sauf plus grands dommages et intérêts auxquels les circonstances de la visite pourraient donner lieu (1). (*Même Loi, même titre, art.* 40.)

SECTION IV.

FABRIQUES ET MOULINS.

368. Il ne pourra être formé dans l'étendue du rayon des douanes, à l'exception des villes (2), aucune nouvelle clouterie,

---

remplacé par le conseiller municipal, le premier dans l'ordre du tableau. (*Loi du 21 mars* 1831, *art.* 5.)

Lorsque des préposés sont dans le cas de réclamer l'assistance d'un officier municipal, ils doivent formuler par écrit une réquisition en tête de laquelle ils énoncent que le maire et les adjoints étant absents, ils se sont adressés à celui des magistrats appelés par la loi à les suppléer. Cette réquisition, visée à l'original par ce dernier magistrat, et dont copie doit être laissée entre ses mains, lui sert de titre légal pour justifier son intervention. Si le citoyen au domicile duquel on se présenterait ainsi refusait l'ouverture de ses portes, les préposés, toujours assistés de l'officier municipal requis par eux, devraient, en vertu de la faculté qui leur est attribuée à cet égard par l'article 36 du titre 13 de la loi du 22 août 1791, recourir au besoin à l'emploi de la force pour faire exécuter la loi. (*Déc. adm. du 22 juillet* 1841.)

Un commissaire de police peut, hors de son ressort, coopérer à une saisie à domicile, lorsqu'il n'agit que d'après l'ordre exprès du préfet de son département. (*A. de C. du* 17 *brumaire an* 14.)

En cas de refus des officiers civils, les préposés peuvent être assistés par un officier de gendarmerie. (*A. de C. du* 15 *frimaire an* 10.)

Voir d'ailleurs le n° 1197.

(1) Cet article n'est point applicable aux visites faites en exécution du titre 6 de la loi du 28 avril 1816. (*A. de C. du* 31 *juillet* 1826.)

Lorsque les perquisitions opérées dans le but de découvrir des objets de fraude sont demeurées sans résultat, les employés doivent déclarer qu'ils ont agi en vertu des articles 59 et 60 du titre 6 de la loi du 28 avril 1816, et se retirer purement et simplement *sans verbaliser*. (*Déc. adm. du* 16 *août* 1841.)

(2) On ne doit considérer comme villes que les communes dont la population est au moins de 2,000 âmes. (*A. de C. du* 14 *décembre* 1832.)

Ainsi aucune fabrique ne peut s'établir de plein droit dans une commune dont la population agglomérée n'est pas au moins de 2,000 âmes. (*Déc. adm. du* 12 *août* 1833.)

papeterie (1), ou autre grande manufacture ou fabrique (2), sans l'avis du *préfet du département*. (*Loi du* 22 *août* 1791, *tit.* 13, *art.* 41.)

369. L'autorisation nécessaire, d'après l'article 41 du titre 13 de la loi du 22 août 1791, et l'article 37 du même titre de la même loi, et d'après la loi du 21 ventôse an 11, pour établir des manufactures et construire des moulins, soit à vent, soit à eau, ou d'autres usines, ne sera accordée, dans l'étendue du territoire formant la ligne des douanes près de la frontière de terre, que sur le rapport des préfets et l'avis des directeurs des douanes, constatant que la position de ces établissemens ne peut favoriser la fraude (3). (*Loi du* 30 *avril* 1806, *art.* 75.)

---

(1) Les papeteries ne peuvent non plus s'établir dans les trois lieues des côtes. (*Déc. adm. du* 16 *juin* 1836.)

(2) Les simples ateliers de fabrication sont, tout aussi bien que les grandes manufactures ou fabriques, compris dans les termes des lois des 22 août 1791 et 30 avril 1806. (*A. de C. du* 14 *décembre* 1832; *Circ.* n° 1369.)

L'administration a le droit d'intervenir dans l'établissement des ateliers, même quand il ne s'agit que d'une industrie de famille. (*Déc. adm. du* 16 *octobre* 1835.)

L'établissement des boutiques ou magasins dans le rayon des douanes peut avoir lieu sans autorisation préalable. (*Déc. adm. des* 8 *février et* 7 *août* 1834.)

(3) Avant de donner leur avis aux préfets, les directeurs doivent le présenter à l'approbation de l'administration, avec tous les documens qu'ils ont recueillis sur l'objet de chaque demande.

L'administration, pour donner son consentement, doit être rassurée contre la fraude que l'établissement pourrait favoriser, soit par sa position près de la frontière, soit par la contrebande qui pourrait s'exercer sur les matières premières ou les produits de la fabrique. (*Déc. adm. du* 20 *septembre* 1833.)

Elle exige généralement :

1° La justification de l'origine des matières premières que l'on doit employer ;

2° L'établissement d'un compte ouvert au bureau le plus voisin ;

3° La faculté, pour les préposés des douanes, de procéder à des recensemens ou à des visites sans être tenus de se faire assister d'un officier municipal;

4° L'engagement de ne pas déplacer, sans autorisation préalable, l'usine du local qui lui a été primitivement affecté.

Une fabrique fondée avant l'établissement du rayon des douanes existe par son propre droit; mais si elle est située dans les deux kilomètres et demi de la frontière, elle est soumise au compte ouvert prescrit par l'arrêté du 22 thermidor an 10. (*Déc. adm. du* 12 *février* 1836.)

Les termes des lois des 22 août 1791 et 30 avril 1806 n'impliquent pas que les autorisations doivent être accordées par l'autorité supérieure; nulle part

370. Le déplacement des fabriques et manufactures qui se trouveront dans la ligne des douanes pourra être ordonné lorsqu'elles auront favorisé la contrebande et que le fait sera constaté par un jugement rendu par les tribunaux compétens (1). (*Loi du 21 ventôse an 11, art. 1er.*)

Il sera accordé, pour effectuer ce déplacement, un délai qui ne pourra être de moins d'un an. (*Même Loi, art. 2.*)

371. Les moulins situés à l'extrême frontière pourront être frappés d'interdiction par mesure administrative et par décision des préfets, lorsqu'il sera justifié qu'ils servent à la contrebande des grains et farines ; le tout sauf le pourvoi pardevant Sa Majesté en son Conseil d'État. (*Loi du 30 avril 1806, art. 76.*)

Ces faits devront être légalement constatés par procès-verbaux de saisie ou autres, dressés par les autorités locales ou par les préposés des douanes. (*Même Loi, art. 77.*)

SECTION V.

POURSUITE DE LA FRAUDE.

372. Les préposés des douanes pourront, en cas de poursuite de la fraude, la saisir même en-deçà du rayon des frontières de terre ou des deux lieues des côtes, pourvu qu'ils l'aient vue pénétrer et qu'ils l'aient suivie sans interruption (2). (*Loi du 22 août 1791, tit. 13, art. 35.*)

---

non plus il n'est écrit que ce soit aux préfets que soit dévolu ce pouvoir ; mais un usage de plus de trente ans leur donne pour cela un titre suffisant, et ce n'est que lorsqu'ils sont en désaccord avec l'administration des douanes qu'on en réfère à l'autorité supérieure. (*Déc. adm. du 28 mars* 1827.)

Il est de principe que les autorisations accordées pour établir des fabriques sont spéciales aux établissemens et non aux personnes. (*Déc. adm. du 21 août* 1839.)

(1) On peut poursuivre le déplacement des fabriques dont l'origine remonte plus haut que l'établissement des lignes de douanes, s'il est constaté qu'elles ont favorisé la fraude. (*Déc. adm. du 4 février* 1835.)

(2) Les préposés qui voient sortir de la deuxième ligne des individus se dirigeant vers l'intérieur, et qu'ils soupçonnent porteurs de fraude, peuvent les saisir en-deçà de cette même ligne. (*A. de C. du 29 mai* 1807.)

Si les préposés, en s'occupant de l'objet de leurs recherches pour s'en em-

375. Lesdits préposés pourront, dans le même cas, faire leurs recherches dans les maisons situées dans l'étendue du rayon des frontières de terre ou des deux lieues ·des côtes, pour y saisir les marchandises de contrebande et autres (1), mais seulement dans le cas où, n'ayant pas perdu de vue lesdites marchandises, ils seraient arrivés au moment même où on les aura introduites dans lesdites maisons (2). Si alors il y a refus d'ouverture des portes, ils pourront les faire ouvrir en présence d'un juge ou d'un officier municipal du lieu, qui, dans tous les cas, devra être appelé pour assister au procès-verbal. Toutes autres recherches leur sont interdites, si ce n'est au cas de l'article 39

---

parer, l'ont momentanément perdu de vue par une circonstance indépendante de leur volonté, la saisie qu'ils en font ensuite n'en est pas moins conforme à la loi. (*A. de C. du* 23 *octobre* 1807.)

Le fait légal de la poursuite *à vue* résulte suffisamment de la mention consignée dans un procès-verbal, non argué de faux, que les préposés, bien que placés en ambuscade sur un point situé hors du rayon, ont vu au loin les marchandises franchir la limite de ce même rayon, venant du côté de l'étranger vers l'intérieur. (*A de C. du* 11 *février* 1837; *Circ. n°* 1609.)

Lorsque deux préposés ont rencontré un contrebandier dans le rayon des douanes, qu'ils l'ont poursuivi sans interruption jusqu'en dehors de ce même rayon, et que là, l'un d'eux seulement l'a atteint et arrêté, la saisie est valable, si le second préposé, qui n'a perdu le fraudeur de vue que momentanément et par des circonstances indépendantes de sa volonté, vient, sans avoir diverti à d'autres actes, attester, par sa signature au procès-verbal, que l'individu arrêté est bien celui qu'il a vu et poursuivi dans le rayon. (*A. de C. du* 12 *août* 1833; *Circ. n°* 1401.)

La *poursuite à vue* peut être certifiée par un seul préposé; le concours de deux employés n'est exigé que pour constater la saisie. (*A. de C. du* 23 *août* 1836; *Circ. n°* 1575.)

(1) Lorsque des préposés ont vu débarquer d'un bateau et introduire dans une maison des marchandises que plusieurs d'entre eux ont poursuivies et saisies, pendant que d'autres ont suivi le bateau sans aucune interruption, la saisie qu'ils font ensuite de cette embarcation est valable. (*A. de C. du* 23 *octobre* 1807.)

(2) Le cas de poursuite prévu par cet article ne permettant de saisir qu'autant que la maison où la fraude est introduite se trouve *située dans le rayon,* c'est aussi dans cette limite que doit être restreinte l'application de l'article 39 de la loi du 28 avril 1816 (n° 326) en ce qui concerne les saisies à domicile. (*Déc. adm. du* 23 *novembre* 1828.)

Il y a toujours présomption d'identité entre les marchandises qu'on trouve dans une maison et celles qu'on y a vu introduire, et cette présomption légale ne peut être détruite que par la représentation *immédiate* d'une expédi-

du titre 13 de la loi du 22 août 1791 (1). (*Loi du 22 août 1791, tit. 13, art. 36.*)

374. L'article 36 du titre 13 de la loi du 22 août 1791 (ci-dessus) doit être entendu dans ce sens que, si le juge et l'officier municipal refusent d'assister au procès-verbal des préposés des douanes, sur la réquisition que ceux-ci leur auront faite, il suffit, pour la régularité de leurs opérations, que le procès-verbal contienne la mention de la réquisition et du refus. (*Décret du 20 septembre 1809, art. 2.*)

> Les saisies effectuées dans les cas de poursuite à *vue* donnent lieu à l'application des lois générales rapportées au chapitre VII du livre III.

---

tion des douanes qui justifie l'existence des marchandises dans le rayon. (*A. de C. du 12 août 1833; Circ. n° 1400.*)

La Cour de cassation a décidé, le 11 février 1837, que les marchandises de la classe de celles désignées au premier paragraphe de l'article 38 de la loi du 28 avril 1816, lorsqu'elles ont été suivies à vue sans interruption depuis leur sortie du rayon, peuvent être valablement saisies sur tel point de l'intérieur que ce soit, quand les préposés, après avoir cerné le lieu où les porteurs les auraient momentanément entreposées, s'en seraient emparés au moment de leur sortie de ce dépôt. (*Circ. du 18 mars 1837, n° 1609.*)

(1) *Voir* cet article 39 au n° 366, où se trouvent d'ailleurs rappelées des règles applicables aux visites domiciliaires.

LIVRE V.

CHAPITRE PREMIER.

CABOTAGE (1).

SECTION PREMIÈRE.

NAVIRES ADMIS AU CABOTAGE ET FRANCHISE DE DROITS.

Navires admis au cabotage.

375. Le cabotage est réservé aux navires français.

Les bâtimens étrangers ne peuvent transporter des marchandises d'un port français à un autre port français, à peine de

---

(1) BATEAUX A VAPEUR.

La navigation à la vapeur, procurant par la célérité et la régularité de ses opérations de grands avantages au commerce, a paru mériter, à ce titre, des encouragemens particuliers. Les facilités dont elle a été l'objet, en ce qui concerne le cabotage, peuvent se résumer de la manière suivante :

Au départ.

Les marchandises peuvent être déclarées en détail et visitées même avant l'arrivée du bateau qui doit les recevoir. En attendant leur embarquement, elles sont déposées, aux frais du commerce, soit dans un magasin particulier dont la douane a la clef, soit sous une tente, soit enfin sur une embarcation pontée et dont on puisse au besoin fermer les écoutilles.

Cette embarcation doit être amarrée sur un point du port où s'exerce habituellement la surveillance du service.

Le magasin et la tente doivent être situés sur le quai, et placés également de manière à pouvoir être facilement surveillés.

Dans tous les cas, les expéditions de cabotage ne doivent être délivrées qu'après l'embarquement définitif des marchandises, régulièrement constaté.

A l'arrivée.

Par dérogation aux dispositions de l'article 13 du titre 2 de la loi du 22 août

confiscation des bâtimens et cargaisons et de 3,000 fr. d'amende (1). (*Loi du 21 septembre* 1793, *art.* 4.)

Cette prohibition ne s'étend pas aux bâtimens frétés pour le compte du gouvernement. (*Loi du 27 vendémiaire an 2, art.* 3.)

Elle ne s'étend pas non plus aux navires espagnols (*Convention du 15 août 1761, art.* 24.) (2).

Franchise de droits.

376. Les marchandises (3) expédiées par mer d'un port pour un autre du royaume, ne seront sujettes à aucun droit d'entrée et de sortie; mais, dans ce cas, elles seront soumises aux formalités ci-après indiquées. (*Loi du 22 août* 1791, *tit.* 3, *art.* 1er.)

1791, les bateaux peuvent être mis en déchargement avant leur tour de rôle, lorsque la chambre de commerce de la localité a demandé cette exemption en vue d'un intérêt général.

A l'arrivée du bateau, et avant la remise de la déclaration en détail à la douane, les marchandises sont débarquées en présence des préposés et au vu du manifeste ou de l'expédition qui en tient lieu.

Elles sont directement transportées dans le magasin, sous la tente ou sur l'embarcation dont il a déjà été parlé. Ce lieu temporaire de dépôt est considéré comme le navire même, et les marchandises n'en peuvent sortir, pour être présentées à la visite, qu'en vertu d'une déclaration en détail et d'un permis régulièrement délivré. (*Déc. adm. des* 26 *mars,* 10 *mai et* 5 *octobre* 1839, 10 *janvier et* 15 *mai* 1840 *et* 21 *janvier* 1841.)

(1) Un bâtiment étranger, qui charge dans un port de France des barriques *vides* pour aller les remplir dans un autre port français, ne fait point une opération de cabotage, ce transport ne devant être regardé que comme un chargement commencé dans un port et consommé dans un autre. (*Déc. adm. du* 1er *ventôse an* 5.)

(2) *Voir*, pour les règles applicables à ces cas d'exception, le livre *Navigation*, nos 523 et 524, où les articles 4 de la loi du 21 septembre 1793 et 3 de celle du 27 vendémiaire an 2 ont été textuellement rapportés.

Pour l'article 24 de la convention avec l'Espagne, *voir* le n° 904.

Voir également le chapitre vi du livre X pour les *expéditions mixtes* que peuvent effectuer les navires caboteurs.

(3) Françaises ou nationalisées par le payement des droits d'entrée.

SECTION II.

DÉPART.

Déclarations.

377. Les négocians ou commissionnaires qui expédieront des marchandises d'un port français à destination d'un autre port français, seront tenus d'en déclarer la valeur au bureau de la douane du lieu d'enlèvement (1). (*Loi du 8 floréal an 11, art. 74.*)

378. L'indication de la valeur sera indépendante des mentions ordinaires de la quantité et de la qualité des marchandises et des autres formalités auxquelles les déclarations sont soumises, aux termes des règlemens généraux. (*Circ. des 14 nivôse an 11, 10 juillet 1833, n° 1392, et Déc. adm. du 22 août 1837.*)

Ces règlemens généraux, rapportés au chapitre II du livre II, peuvent se résumer de la manière suivante :

1° La déclaration doit contenir la qualité, le poids, la mesure ou le nombre des marchandises (2), les lieux de chargement et de destination, le nom du navire et celui du capitaine, les marques et les numéros des colis (3). (*Loi du 22 août 1791, tit. 2, art. 9.*)

2° La déclaration du poids n'est pas exigée pour les marchandises sujettes à coulage. (*Loi du 22 août 1791, tit. 2, art. 19.*)

---

(1) Les courtiers n'ont pas besion de produire un pouvoir spécial des commissionnaires ou négocians au nom desquels ils agissent. Les lois, et particulièrement l'article 6 du titre 2 de la loi du 22 août 1791, les autorisent, en ce qui concerne le cabotage, à procéder par eux-mêmes. (*Déc. adm. des 22 octobre 1854 et 2 août 1856.*)

(2) S'il s'agit d'eaux-de-vie, la déclaration doit indiquer l'espèce et le degré (*Circ. du 26 juillet 1814.*) ;

S'il s'agit de bois de teinture et d'ébénisterie, le nombre des pièces et la dimension. (*Circ. du 50 août 1816, n° 202.*)

Pour les pièces de toile, la déclaration désigne l'espèce des toiles (fines ou communes, blanches, écrues ou herbées), le nombre et le poids des pièces, ainsi que la valeur des colis, sans qu'il soit indispensable de spécifier le nombre des fils contenus en cinq millimètres. (*Circ. du 25 août 1818, n° 421.*)

(3) Ces marques et numéros doivent être exactement reproduits sur les expéditions de cabotage. (*Circ. manusc. du 27 juin 1858.*)

3º. Il est défendu de déclarer comme unité plusieurs colis réunis. (*Loi du 27 juillet* 1822, *art.* 16.)

4º. Les déclarations sont affranchies du timbre. (*Loi du 2 juillet* 1836, *art.* 7.)

5º. Elles doivent être enregistrées (1). (*Loi du 4 germinal an 2*, *tit.* 3, *art.* 6.)

6º. Elles peuvent, à certains égards, être modifiées avant la visite. (*Loi du 22 août* 1791, *tit.* 2, *art.* 12.)

Visites.

579. Les marchandises destinées à être *expédiées par cabotage* seront conduites au bureau ou à tel autre endroit convenu entre l'administration et le commerce pour y être vérifiées. (*Loi du 22 août* 1791, *tit.* 2, *art.* 6, *et tit.* 3, *art.* 2.)

580. Si, lors de la vérification au départ, les préposés reconnaissent que la quantité est inférieure à celle portée sur la déclaration, et que le déficit excède le vingtième des marchandises ou denrées déclarées, la valeur des quantités manquantes sera réglée suivant le prix courant du commerce au moment de l'expédition, et le déclarant obligé de payer, à titre de confiscation, la somme ainsi réglée, et, de plus, l'amende de 500 fr. (*Loi du 8 floréal an 11*, *art.* 74.) (2).

581. Si les marchandises se trouvent être d'espèces différentes à celles déclarées, elles seront saisies et confisquées, et le décla-

---

(1) La déclaration, écrite par l'expéditeur sur une formule imprimée qui lui est remise *gratis* par les employés, tient lieu de *permis d'embarquer*, après qu'elle a été enregistrée au bureau de la douane. (*Circ. du 20 octobre 1834*, *n°* 1460.)

(2) Aux termes de cet article, le déficit peut être constaté après la déclaration et avant l'embarquement des marchandises. Mais, d'après un arrêt de la Cour de cassation du 31 mai 1827, il y a également déficit au départ, et lieu à l'application des peines prononcées par la loi, quand la vérification est faite et la contravention constatée avant le départ du navire, mais après que le permis d'embarquement a été obtenu, que la soumission de l'acquit-à-caution a été faite et le volant de cet acquit préparé.

Les agens de la douane tiennent d'ailleurs de l'article 8, titre 2, de la loi du 4 germinal an 2 le droit de s'assurer si les marchandises embarquées sont restées à bord, et de constater les déficit aussi longtemps qu'un navire est dans le port.

rant condamné à payer, à titre de confiscation, une somme égale à la valeur des objets portés dans la déclaration, suivant le prix courant du commerce, et une amende de 500 fr. (*Loi du 8 floréal an 11, art. 75.*)

582. Dans les cas non prévus par la loi spéciale au cabotage, les fausses déclarations et les visites demeurent soumises aux règles générales de la loi du 22 août 1791. (*Circ. du 30 août 1816, n⁰ 202.*)

Ces règles sont rapportées au livre II, chapitre VI ; elles se résument ainsi qu'il suit :

1⁰. Les vérificateurs peuvent se dispenser de vérifier les marchandises (1). (*Loi du 22 août 1791, tit. 2, art. 14 et 17.*)

2⁰. Les frais de manipulation des marchandises sont à la charge des propriétaires. (*Loi du 22 août 1791, tit. 2, art. 15.*)

3⁰. La visite ne peut être faite qu'en présence du déclarant. (*Loi du 22 août 1791, tit. 2, art. 16.*)

4⁰. Ses résultats doivent être inscrits sur un portatif (2). (*Circ. du 20 octobre 1834, n⁰ 1460.*)

5⁰. Les colis trouvés en excédant sont saisis avec amende. (*Loi du 22 août 1791, tit. 2, art. 20.*)

6⁰. Les excédans dans le poids des marchandises sont passibles du double droit. (*Loi du 22 août 1791, tit. 2, art. 18.*)

---

(1) Cependant on procède généralement à des vérifications partielles. (*Circ. n⁰ 1460.*)

Pour les colis soumis à cette *épreuve*, c'est beaucoup plus à la reconnaissance du contenu qu'à la pesée effective qu'il importe de s'attacher, à moins qu'une différence entre le poids réel et le poids déclaré ne soit très-sensible à la vue. (*Déc. adm. du 7 août 1840.*)

Les goudrons et térébenthines, expédiés de Bayonne, sont affranchis de toute visite ; la douane délivre les expéditions d'après les quantités indiquées par la déclaration et le certificat d'embarquement des préposés de la brigade. (*Circ. du 19 novembre 1818.*)

(2) On ne doit porter sur ce portatif que les marchandises *réellement* visitées. (*Circ. n⁰ 1460.*)

Le vérificateur chargé de contrôler une déclaration est tenu de la transcrire sur son portatif. (*Déc. adm. du 12 juin 1840.*)

Il mentionne ensuite en regard les objets qu'il a matériellement reconnus ; et, s'il s'abstient de toute espèce de vérification, ce qui doit arriver rarement, il indique par ces mots : *admise comme conforme*, qu'il s'en est rapporté à la déclaration. (*Déc. adm. du 24 mars 1836.*)

7º. Tout déficit dans le nombre des colis donne lieu à une amende de 300 fr. par colis manquant. (*Loi du 22 août 1791, tit.* 2, *art.* 22.)

8º. Les marchandises imposées à la valeur peuvent être préemptées. (*Loi du 22 août 1791, tit.* 2, *art.* 23.)

Plombage.

383. L'identité des marchandises expédiées par cabotage, soit avec acquit-à-caution, soit avec passavant, ne sera garantie par le plombage des douanes que dans les cas ci-après :

1º Si les marchandises sont prohibées à l'entrée ou à la sortie ;

2º Pour les marchandises tarifées au poids, si elles sont passibles d'un droit qui, avec le décime, s'élève à plus de 20 fr. par 100 kilog.; *et pour les autres, si le droit d'entrée répond à plus du dixième de la valeur.*

Toutes autres marchandises restent affranchies du plombage pour les cas ci-dessus, ainsi que pour les réexportations et mutations d'entrepôt par mer.

Des ordonnances du Roi pourront en outre affranchir du plombage, sauf révocation en cas d'abus, celles des marchandises désignées par les nᵒˢ 1 et 2 ci-dessus, à l'égard desquelles l'exemption de cette formalité sera jugée être sans inconvénient (1). (*Loi du 2 juillet 1836, art.* 20.)

---

(1) Pour les marchandises de cabotage, le prix du plomb demeure fixé à 5o c. (*Loi du 2 juillet 1836, art.* 21.)

Voir au tableau nº 1, placé à la fin de ce chapitre, la nomenclature des marchandises qu'une ordonnance du 20 juillet 1836 a affranchies des formalités du plombage, et au tableau nº 2, les marchandises qui demeurent soumises à cette formalité.

En principe, toute marchandise assujettie au plombage doit être mise en balle, caisse ou futaille.

Toutefois il y a exception en faveur des *verres à vitre, cloches, bouteilles* et *dames-jeanne,* expédiés par cabotage, qui peuvent être embarqués en *vrac,* sauf à en garantir l'identité par des échantillons mis dans des caisses plombées. (*Circ. manusc. du 6 septembre* 1833.)

Dans les bureaux dépourvus d'instrumens de plombage, à cause de la rareté des expéditions, on supplée au plomb par un cachet à la cire qui se paye 25 c. (*Déc. adm. du* 7 *octobre* 1833.)

Voir, pour les règles générales du plombage, le nº 216.

Embarquement.

584. Il ne pourra être chargé sur les navires et autres bâtimens aucunes marchandises sans un *permis* (1) par écrit des préposés de la régie, et qu'en leur présence, à peine de confiscation des marchandises et de 100 fr. d'amende. (*Loi du 22 août 1791, tit. 2, art.* 13.)

Les marchandises seront transportées, immédiatement *après la visite*, sur les bâtimens destinés à les recevoir, à peine de confiscation et de 100 fr. d'amende. (*Loi du 22 août* 1791, *tit.* 2, *art.* 26.)

L'embarquement ne pourra avoir lieu que dans l'enceinte d'un port et en plein jour. (*Loi du 22 août 1791, tit.* 13, *art.* 9.)

Les navires seront mis en chargement à tour de rôle. (*Loi du 22 août* 1791, *tit.* 2, *art.* 13.)

---

(1) Ce *permis*, placé sur la déclaration écrite de la main de l'expéditeur, pourrait être altéré ou falsifié par lui-même. Ces falsifications auraient principalement pour objet la fraude à l'entrée. Il serait à craindre qu'après avoir obtenu le certificat d'embarquement, on n'ajoutât sur le permis des marchandises qui n'auraient point été embarquées; ou bien que, dans l'espoir que l'expédition serait libellée au seul vu de la déclaration déjà enregistrée, on ne retranchât du permis, avant de le remettre au vérificateur, les objets qu'on voudrait se dispenser de présenter en douane. Dans l'un et l'autre cas, on irait prendre à l'étranger, pour les débarquer comme nationales au port de destination, les marchandises dont on aurait ainsi éludé l'embarquement.

Les additions sur le permis, après la délivrance du *vu embarquer*, seront impraticables si, comme cela doit être, le permis, remis par le vérificateur aux préposés du service actif, est par eux directement rapporté au bureau.

On rendra d'ailleurs sans objet celles qui auraient été faites, en reproduisant exactement sur l'expédition, sauf bien entendu les modifications résultant de la visite, les marchandises enregistrées au *dormant*. On doit même en agir toujours ainsi, après toutefois qu'on se sera assuré avec le plus grand soin que le permis rapporté n'a été ni surchargé ni biffé, car autrement on s'exposerait à favoriser l'une des manœuvres frauduleuses dont il vient d'être parlé.

Il est également recommandé aux commis aux déclarations de rayer l'espace qui restera en blanc dans les déclarations, et de ne point admettre celles qui présenteront, dans l'espèce ou la quantité des marchandises, des surcharges ou des ratures dont il pourrait être abusé. Les vérificateurs, prévenus ainsi qu'on n'enregistre point de déclarations surchargées ou biffées, refuseront ou feront légaliser du moins par le commis aux déclarations celles où l'on remarquerait ces sortes d'altérations. (*Circ. du* 20 *octobre* 1834, *n°* 1460.)

L'embarquement pourra s'effectuer au moyen d'alléges (*Loi· du 22 août 1791, tit. 13, art. 11.*) (1).

585. L'embarquement des marchandises *expédiées par cabotage* ne pourra être commencé qu'après que tous les objets compris en un même permis d'embarquement auront été réunis sur le quai et comptés par les préposés des douanes chargés de constater la mise à bord (*Circ. du 28 juillet 1822, n° 740.*) (2).

Expéditions à délivrer.

586. Les expéditions par cabotage, d'un port du royaume à un autre, ne seront assujetties à l'acquit-à-caution que dans les cas ci-après :

---

(1) Toutes ces dispositions, qui consacrent des règles générales dont l'application au cabotage ne saurait être contestée, sont textuellement rapportées au livre II, chapitres IV et VIII.

(2) Cette disposition est fondée sur les articles 74, 75 de la loi du 8 floréal an 11, et 13 de la loi du 27 juillet 1822. (*Déc. adm. du 25 février 1856.*) Elle n'est cependant pas absolue, car on ne saurait, sans inconvénient, rassembler sur les quais ou à la douane certaines marchandises telles que les boissons, les bois, les céréales, les pommes de terre, les houilles, et généralement tous les objets qui, affranchis de la formalité du plombage, comme payant moins de 20 fr. à l'entrée, s'expédient en grenier ou en *vrac*. Ces marchandises sont embarquées ordinairement au fur et à mesure de leur arrivée de l'intérieur ou des magasins de l'expéditeur. En pareil cas, la vérification a lieu d'une manière successive, et un même permis peut avoir son effet pendant plusieurs jours. (*Circ. man. du 25 juin, et Déc. adm. des 7 janvier et 11 novembre 1840.*)

Lorsqu'un permis comprend plusieurs sortes de marchandises, il n'y a lieu, dans tous les cas, d'exiger la présentation, à la fois, que de la partie entière de chacune d'elles. (*Déc. adm. du 30 mars 1839.*)

C'est principalement en éludant l'embarquement des marchandises *déclarées* qu'on est parvenu à consommer des importations frauduleuses au port de destination. Les chefs de la visite doivent donc s'assurer que ces marchandises sont *exactement* embarquées en *même espèce* et *qualité*. Le certificat d'embarquement des préposés doit, autant que possible, être revêtu du visa d'un chef. (*Circ. du 24 fructidor an 10.*)

Les receveurs des bureaux où il n'y a pas de visiteur doivent vérifier *eux-mêmes* les marchandises, conjointement avec le chef du poste ou les préposés qui s'y trouvent. (*Circ. du 1er jour complém. an 10.*)

Les chefs de service exigent que les déclarations, formant permis et revêtues du certificat de visite, soient retenues par les préposés chargés de constater l'embarquement, et rapportées par eux directement au bureau de la douane. (*Circ. du 20 octobre 1854, n° 1460.*)

1º Si les marchandises expédiées sont prohibées à la sortie, ou si elles appartiennent à la classe des céréales;

2º Pour les marchandises tarifées au poids, si elles sont passibles, à la sortie, d'un droit de plus de 50 cent. par 100 kilog.; et pour les autres, si le droit de sortie répond à plus d'un quart pour cent de la valeur, décime compris (1).

Il ne sera délivré qu'un simple passavant (2) pour toutes les autres marchandises, et la douane pourra aussi affranchir de l'acquit-à-caution les marchandises désignées par le précédent paragraphe, lorsque la somme des droits dont elles seraient passibles à la sortie ne s'élèvera pas à plus de 3 fr. par espèce et par expéditeur. (*Loi du 2 juillet* 1836, *art.* 19.)

587. Les acquits-à-caution contiendront la soumission de rapporter, dans le délai qui sera fixé suivant la distance des lieux (3), un certificat de l'arrivée des marchandises au bureau désigné, ou de payer le double droit de sortie. Les expéditionnaires donneront caution solvable, qui s'obligera solidairement avec eux au rapport du certificat de décharge. Si les expéditionnaires préfèrent consigner le montant des droits de sortie, les registres des déclarations portant lesdites soumissions énonceront, ainsi que les acquits-à-caution, la reconnaissance des sommes consignées (4). (*Loi du 22 août* 1791, *tit.* 3, *art.* 2.)

---

(1) *Voir*, au tableau nº 2, placé à la fin de ce chapitre, les marchandises qui sont assujetties à l'acquit-à-caution et celles qui peuvent être expédiées par passavant.

(2) Lorsque l'expéditeur confond dans sa déclaration des marchandises dont la destination doit être assurée par un acquit-à-caution avec des marchandises qui, présentées séparément, auraient pu être expédiées par simple passavant, on peut, sur sa demande, les comprendre toutes dans l'acquit-à-caution; mais, dans ce cas, la soumission n'a d'effet qu'à l'égard de celles que la loi soumet à ce dernier mode d'expédition. (*Circ. du 22 juillet* 1836, *nº* 1553.)

(3) L'acquit-à-caution fixe, d'une part, le délai pour arriver au lieu de destination, et, de l'autre, celui qui est accordé pour rapporter le certificat de décharge. (*Circ. du 27 messidor an* 5.)

Le délai accordé pour le transport ne doit pas excéder le temps présumé nécessaire pour la navigation. (*Déc. adm. du 11 mars* 1841.)

(4) Les receveurs répondent de la régularité des expéditions (acquits-à-caution ou passavans); ils les signent, ou les font signer en leur absence par l'employé qu'ils ont choisi, après s'être assurés que toutes les formalités de la visite, de l'embarquement et de la soumission, lorsqu'il y a lieu, ont

388. Si les marchandises expédiées sont prohibées à la sortie du royaume, les expéditeurs et leurs cautions s'obligeront solidairement, par leurs soumissions, à payer la valeur des marchandises, avec amende de 500 fr. dans le cas où ils ne rapporteraient pas au bureau du départ, dans le délai fixé, l'acquit-à-caution valablement déchargé; à cet effet, l'estimation des marchandises sera énoncée dans les soumissions. (*Loi du 22 août 1791, tit. 3, art. 4.*)

Manifeste de sortie.

389. Aucun navire, chargé ou sur lest, ne pourra sortir d'un port de France sans être muni d'un manifeste visé par la douane (*Loi du 5 juillet 1836, art. 2.*) (1).

L'acquit à caution ou le passavant de cabotage pourra, quand il comprendra toute la cargaison, remplacer le manifeste de sortie prescrit par l'article 2 de la loi du 5 juillet 1836. Il devra, dans ce cas, porter cette mention : « *Le présent remis par moi,* « *capitaine soussigné, comme manifeste complet de mon char-* « *gement* » (2). (*Déc. adm. du 9 août 1836.*)

Relâche.

390. Les marchandises expédiées par cabotage ne pourront être réadmises qu'au port désigné par l'expédition qui les accompagne, à moins de force majeure dûment justifiée (3). (*Circ. du 9 floréal an 10.*)

été exactement remplies. Ils s'assurent aussi que les marques et numéros des colis y sont exactement indiqués, et qu'on y porte les marchandises d'après les désignations consacrées par le tarif. (*Circ. du 10 juillet 1833, n° 1592.*)

(1) *Voir* le texte complet de cet article au n° 297.

(2) Il y a dispense de manifeste en faveur des patrons de petites barques qui transportent. entre les lieux les plus rapprochés de la côte, ou entre le continent et les îles du littoral, des denrées de consommation. (*Circ. du 6 juin 1817, n° 282, et Déc. du 9 août 1836.*)

(3) Les règles générales relatives aux relâches forcées (livre III, chapitre Ier, section 5) sont applicables aux navires caboteurs; seulement, au lieu de faire déposer sous la clef de la douane les marchandises que le capitaine déclare vouloir laisser au port de relâche, elles peuvent être mises à sa disposition après avoir été vérifiées. Les expéditions sont régularisées suivant le résultat de cette vérification. (*Déc. adm. du 2 juillet 1838.*)

Lorsque des navires faisant le cabotage relâcheront, par quelque cause que ce soit, dans des ports intermédiaires, les expéditions dont ils seront munis devront être revêtues du visa de la douane ou du poste qui y est établi, tant à l'abord qu'au départ, afin de constater la relâche, ses motifs et sa durée (1). (*Circ. du 4 juin* 1811.)

SECTION III.

ARRIVÉE A DESTINATION.

Manifeste.

391. Aucune marchandise ne sera importée d'un port français sans un manifeste signé du capitaine (*Loi du 4 germinal an 2, tit. 2, art.* 1er.) (2).

L'acquit-à-caution ou le passavant de cabotage pourra, lorsqu'il comprendra toute la cargaison, remplacer le manifeste ; mais alors il devra porter cette mention : « Le présent remis par moi, « capitaine soussigne, comme manifeste complet de mon charge- « ment. » (*Circ. du 6 juin* 1817, *no* 282.)

Déclaration à l'arrivée.

392. Dans les trois jours qui suivront l'arrivée du bâtiment,

---

(1) Si le navire est chargé de *boissons*, les employés s'assurent qu'elles sont accompagnées des acquits-à-caution de la régie des contributions indirectes. (*Circ. du 30 janvier* 1815.)

Voir, pour les changemens de destination, le no 399, et pour les sels le livre IX, no 618.

(2) *Voir* au livre III, chapitre 1er, section 1re, toutes les dispositions concernant le manifeste d'entrée.

Le manifeste de *sortie*, prescrit par l'article 2 de la loi du 5 juillet 1836, peut tenir lieu de manifeste d'*entrée* au port de destination, pourvu qu'il soit parfaitement d'accord avec le chargement. (*Déc. adm. du 7 septembre* 1836.)

Mais les employés de la douane d'arrivée ne sont pas fondés à réclamer ce manifeste, uniquement destiné à assurer la police à *la sortie* : ils ne peuvent exiger que le manifeste d'*entrée*. (*Déc. adm. du 11 juillet* 1837.)

Les patrons de petites barques qui transportent, entre les lieux les plus rapprochés de la côte, ou entre le continent et les îles du littoral, des denrées de consommation, sont dispensés de la formalité du manifeste. (*Circ. du 6 juin* 1817, *no* 282.)

l'armateur ou le consignataire fournira une déclaration en détail (1). (*Loi du 4 germinal an 2, tit. 2, art. 4.*)

593. Les lois générales relatives aux déclarations (livre II, chapitre II) établissent les règles suivantes :

1º. La déclaration doit contenir la qualité, le poids, la mesure, le nombre ou la valeur des marchandises, les lieux de chargement et de destination, le nom du navire et celui du capitaine, les marques et les numéros des colis. (*Loi du 22 août 1791, tit. 2, art. 9.*)

2º. La déclaration du poids n'est pas exigée pour les marchandises sujettes à coulage. (*Loi du 22 août 1791, tit. 2, art. 19.*)

3º. Il est défendu de déclarer comme unité plusieurs colis réunis. (*Loi du 27 juillet 1822, art. 16.*)

4º. Les déclarations sont affranchies du timbre. (*Loi du 2 juillet 1836, art. 7.*)

5º. Elles doivent être enregistrées. (*Loi du 4 germinal an 2, tit. 3; art. 6.*)

6º. Elles peuvent, à certains égards, être modifiées avant la visite. (*Loi du 22 août 1791, tit 2, art. 12.*)

7º. A défaut de déclaration, les marchandises sont déposées en douane. (*Loi du 22 août 1791, tit. 9, art. 1ᵉʳ.*)

Débarquement.

594. Il ne peut s'effectuer sans un permis de la douane (2). (*Loi du 22 août 1791, tit. 2, art. 13.*)

---

(1) L'acquit-à-caution ou le passavant est reçu pour déclaration en détail, après que la véracité en a été certifiée par le déclarant. (*Circ. des 26 décembre 1817 et 20 octobre 1834, nº 1460.*)
La déclaration peut être faite par le capitaine du navire, ou par un courtier agissant comme propriétaire ou consignataire. Si toutes les marchandises ne sont pas débarquées simultanément, l'expédition, visée successivement par la douane, est laissée au déclarant jusqu'à l'entier débarquement des marchandises qu'elle comprend : le vérificateur qui appose le dernier visa, la rapporte à la douane où elle est définitivement régularisée. (*Déc. adm. du 2 août 1836.*)

(2) L'acquit-à-caution ou le passavant, après avoir été enregistré et visé, tient lieu de permis. L'emploi de l'expédition, comme *permis de débarquer*, pourrait faciliter la soustraction des expéditions fausses ou falsifiées dont on aurait fait usage. Il importe de prévenir cet abus. On y parviendra en empêchant qu'après le débarquement l'expédition ne passe de nouveau entre les

Le débarquement ne peut avoir lieu que dans l'enceinte d'un port et en plein jour. (*Loi du 22 août* 1791 , *tit.* 13, art. 9.)

Les navires sont mis en déchargement à tour de rôle (1). (*Loi du 22 août* 1791 , *tit.* 2 , *art.* 13.)

---

mains du consignataire. Mais comme cette mesure de service, possible partout, et que l'administration croit généralement observée, pourrait néanmoins être négligée dans certains ports, il devient nécessaire de pouvoir s'assurer de l'authenticité des expéditions qui, égarées ou soustraites, n'ont pas été rapportées au bureau. A cet effet, les receveurs principaux adressent, du 15 au 20 de chaque mois, à leur directeur, un état (série E, n° 26 A), par direction, des acquits-à-caution ou passavans qui, enregistrés dans le mois précédent sur le registre de déclarations, et remis pour tenir lieu de permis de débarquer, ont été soustraits ou perdus. Cet état est transmis directement et sans retard par le directeur à son collègue de la direction de départ, qui, de son côté, le communique immédiatement aux receveurs des bureaux où les expéditions ont été délivrées. Ceux-ci le rapprochent de la *souche;* ils en comparent attentivement les détails, et, après qu'il a été revêtu de leurs observations, on le renvoie de la même manière aux ports de débarquement.

S'il était reconnu que des altérations abusives ont eu lieu, le directeur du bureau d'arrivée, après toutefois avoir demandé des explications au consignataire des marchandises, adresserait à cet égard un rapport circonstancié à l'administration. Elle examinerait si ces altérations constituent le *crime de faux*, tel qu'il est défini par la loi, et, dans le cas de l'affirmative, non-seulement elle poursuivrait le payement des condamnations civiles encourues, mais encore elle déférerait les coupables à la justice, afin d'assurer l'application des peines afflictives et infamantes prononcées par la 5ᵉ section du chapitre III du Code pénal.

Il pourra arriver qu'après avoir été enregistrée à titre de déclaration, l'expédition s'égare avant le débarquement des marchandises. Dans ce cas, et après la certitude acquise qu'en effet il n'y a pas eu de débarquement, on délivrera un permis de débarquer, sur lequel on reproduira toutes les indications de la déclaration enregistrée, et qui, revêtu des annotations nécessaires, sera renvoyé au bureau de départ pour tenir lieu de l'expédition perdue. (*Circ. du* 20 *octobre* 1834 , *n°* 1460.)

Les acquits-à-caution, dont la perte a été signalée au moyen de l'état mensuel dont il vient d'être parlé, ne doivent pas figurer plus tard sur l'état série E, n° 27 A, relatif aux acquits-à-caution non rentrés deux mois après l'expiration des délais. Mais comme il importe que, dans tous les cas, les receveurs ne radient les soumissions qu'en vertu d'un titre authentique, les directeurs, en renvoyant au bureau de destination l'état série E, n° 26 A, revêtu des annotations de la douane de départ, doivent y faire joindre des duplica des acquits-à-caution qui y sont compris. Ces expéditions remplacent les acquits originaux; elles sont régularisées et renvoyées dans la forme ordinaire au bureau qui les a délivrées; alors seulement on annulle, s'il y a lieu, les soumissions y relatives. (*Circ. manusc. du* 26 *février* 1836.)

(1) Il y a exception pour les bateaux à vapeur. (Liv. V, chap. 1ᵉʳ, note.)

Le débarquement peut se faire au moyen d'alléges (*Loi du 22 août 1791, tit. 13, art. 11.*) (1).

Visites.

595. Les capitaines de bâtimens, consignataires ou propriétaires, seront tenus de présenter les marchandises au bureau de destination en même qualité et quantité que celles énoncées dans les expéditions dont ils seront porteurs (2). Ces expéditions ne pourront être régularisées par les préposés auxdits bureaux qu'après vérification faite de l'état des cordes et plombs (3), du nombre des ballots et des marchandises y contenues (*Même Loi, tit. 3, art. 6.*) (4).

596. Dans le cas où, lors de la visite au bureau du port de

---

(1) Les dispositions de la loi du 22 août 1791, rappelées au n° 594 ci-dessus, se trouvent textuellement au livre II, chapitre iv. Leur application au cabotage résulte du titre 3 de la même loi.

(2) Quand la douane a laissé introduire des marchandises de fraude au moyen de fausses expéditions, elle peut, le faux étant reconnu, poursuivre le payement avec amende d'une somme égale à la valeur de ces marchandises, bien qu'il n'y ait eu ni procès-verbal ni saisie. (*A. de C. du 19 décembre* 1806.)

(3) Ainsi le plombage doit toujours être examiné *dans toutes ses parties;* et, même lorsqu'il est reconnu intact, il ne dispense pas de la visite des marchandises. Il arrive souvent qu'afin de faciliter l'arrimage des marchandises, les capitaines séparent les colis mis en fardeaux Ce fait pourrait avoir de graves conséquences, car, à défaut du plomb, la douane peut contester l'identité de la marchandise, la saisir, ou la retenir du moins pour en faire reconnaître l'origine par les commissaires-experts du gouvernement; et si ces marchandises sont laissées à la disposition du consignataire, ce n'est qu'après lui avoir fait souscrire l'engagement cautionné de s'en rapporter à la décision de l'administration. Cette mesure ne s'applique pas aux fardeaux dont le plombage aurait été rompu par accident fortuit. Dans tous les cas, les marchandises dépourvues du plomb doivent, par cela seul, être vérifiées avec un soin tout particulier. (*Circ. manusc. du* 22 *mai* 1837.)

(4) Il est de principe, en matière de cabotage, que le transport doit s'effectuer immédiatement, directement, et sans aucune escale volontaire à l'étranger; telles sont les prescriptions du titre 3 de la loi du 22 août 1791. Le capitaine qui, faisant le cabotage, se rend dans un port étranger, usurpe de lui-même une faculté qui lui a été refusée au départ; il se prive par là des avantages d'une législation dont il n'a pas craint de violer les principales dispositions, et s'expose à voir traiter comme étrangères les marchandises qu'il vient débarquer ensuite dans un port de France. Dans le cas de force majeure, il suffit que le capitaine justifie de la nécessité où il s'est trouvé de relâcher à l'étranger. (*Déc. adm. du* 29 *mars* 1841.)

destination, les préposés reconnaîtraient une quantité plus considérable que celle énoncée sur l'expédition délivrée au bureau du lieu du départ, cet excédant sera saisi, et la confiscation en sera prononcée avec amende de 500 fr.

Cependant, si l'excédant n'est que du vingtième de la quantité portée sur l'expédition, il n'y aura lieu qu'à la perception des droits imposés sur les marchandises ou denrées de même nature, venant de l'étranger (1). (*Loi du 8 floréal an* 11, *art.* 76.)

397. Dans le cas où lors de la visite au bureau de destination les marchandises mentionnées dans l'expédition se trouveront différentes dans l'espèce (2), elles seront saisies, et la confiscation en sera prononcée contre les conducteurs, avec amende de 100 fr., sauf leur recours contre les expéditionnaires. Si la quantité est inférieure à celle portée dans l'acquit-à-caution, il ne sera déchargé que pour la quantité représentée (3). Si les marchandises différentes sont prohibées à l'entrée, elles seront confisquées avec amende de 500 fr., le tout indépendamment des condamnations qui seront poursuivies au bureau du départ contre

---

(1) Tout excédant saisissable est constaté par un rapport, et l'on procède dans la même forme que pour les autres cas de saisie. Si l'excédant porte sur des marchandises d'espèce semblable à celles prohibées à l'entrée, elles sont soumises à la réexportation. (*Circ. du* 14 *nivôse an* 11.)

Lorsque les chefs locaux jugent, par la nature des marchandises ou d'autres circonstances, qu'il peut être usé d'indulgence, ils suspendent la saisie ou la perception supplémentaire, et n'exigent qu'une soumission cautionnée de s'en rapporter à la décision de l'administration; en attendant, la marchandise est remise à la disposition des consignataires. Dans ce cas, l'affaire ne prend pas de caractère *contentieux*, et il n'en est rendu compte à l'administration que sous le timbre de la 2ᵉ division. (*Circ. du* 27 *janvier* 1820, *nº* 539, *et Déc. adm. du* 24 *décembre* 1840.)

Ces dispositions ne doivent pas être appliquées aux excédans qu'on juge sans importance. (*Circ. du* 10 *juillet* 1833, *nº* 1392.)

(2) La présentation d'une marchandise de même *espèce*, mais de *qualité* différente, constituerait une substitution dans le sens de la loi, car elle a voulu que la marchandise présentée au bureau de destination fût *la même* que celle qui a été vérifiée au bureau de départ, et qui est désignée par l'acquit-à-caution. (*Déc. adm. du* 8 *juillet* 1841.)

Voir aux mutations d'entrepôt, nº 439, un Arrêt de cassation du 10 mai 1841, qui a consacré ce principe, déjà sanctionné en matière de transit par un autre Arrêt du 19 novembre 1834.

(3) Les directeurs adressent chaque mois à l'administration, avec les expé-

les soumissionnaires et leurs cautions, et d'après leurs soumissions (*Loi du 22 août 1791, tit. 3, art. 9.*) (1).

598. Les règles générales relatives aux fausses déclarations et aux visites seront applicables dans tous les cas non prévus par les lois spéciales au cabotage. (*Circul. des 30 août 1816, n° 202, et 10 juillet 1833, n° 1392.*)

Ces règles générales, rapportées au livre II, chap. vi, se résument ainsi qu'il suit :

1°. Les vérificateurs peuvent se dispenser de vérifier les marchandises (2). (*Loi du 22 août 1791, tit. 2, art. 14 et 17.*)

2°. Ils peuvent, au coucher du soleil, faire fermer les écoutilles des navires. (*Loi du 4 germinal an 2, tit. 2, art. 5.*)

3°. Les marchandises ne peuvent être déplacées des quais et autres lieux de décharge qu'avec le permis des préposés. (*Loi du 4 germinal an 2, tit. 6, art. 3.*)

4°. Les frais de manipulation des marchandises sont à la charge du propriétaire. (*Loi du 22 août 1791, tit. 2, art. 15.*)

5°. La visite ne peut être faite qu'en présence du déclarant. (*Loi du 22 août 1791, tit. 2, art. 16.*)

6°. Ses résultats doivent être inscrits sur un portatif (*Circ. du 20 octobre 1834, n° 1460.*) (3).

7°. Les colis trouvés en excédant sont saisis avec amende. (*Loi du 22 août 1791, tit. 2, art. 20.*)

---

ditions qui en font l'objet, un état des déficit et des excédans reconnus à la vérification au port d'arrivée. (*Circ. du 20 octobre* 1834.)

Les déficit que présentent les expéditions par passavans, ne pouvant donner lieu à aucune répétition de la part de l'administration, ne sont pas compris sur cet état. (*Circ. du* 10 *juillet* 1833.)

(1) Les dispositions de cet article s'appliquent non-seulement au *cabotage*, mais encore à toutes les expéditions qui ne sont pas régies par des règles particulières. (*Déc. adm. du* 8 *juillet* 1841.)

(2) On procède généralement à des vérifications partielles. (*Circ. n°* 1460.)
Pour les colis soumis à cette épreuve, c'est beaucoup plus à la reconnaissance du contenu qu'à la pesée effective qu'il importe de s'attacher, à moins qu'une différence entre le poids réel et le poids déclaré ne soit très-sensible à la vue. (*Déc. adm. du* 7 *août* 1840.)

(3) On n'y porte que les marchandises *réellement* visitées. (*Circ. n°* 1460.)
Voir d'ailleurs la note du n° 582.

8º. Les marchandises imposées à la valeur peuvent être préemptées. (*Loi du 22 août 1791 , tit. 2 , art. 23.*)

Changement de destination et autres facilités.

599. Les receveurs et les inspecteurs ou sous-inspecteurs sédentaires, quand il s'agira d'objets d'approvisionnemens ou de matières servant de lest, et, dans tous les autres cas, les directeurs, pourront permettre les changemens de destination toutes les fois que la demande leur en paraîtra bien motivée et qu'ils auront d'ailleurs les moyens de faire surveiller l'opération de manière à prévenir les abus (1).

L'autorisation des mêmes chefs sera également suffisante pour que les marchandises conduites dans un port autre que celui de leur destination, par un navire qui ne devra point en consommer le transport, soient transbordées en présence du service sur des bâtimens en charge pour ce dernier port. L'opération et les noms des navires seront mentionnés dans le visa dont les expéditions doivent être revêtues.

Enfin ces chefs pourront permettre que les colis expédiés par cabotage, et qui, à leur arrivée dans le port désigné par les expéditions, devront être immédiatement réexpédiés pour un autre port, restent sous les plombs du premier bureau de départ, quand ceux-ci auront été reconnus sains et entiers. On se bornera à rappeler, sur la nouvelle expédition, que le plomb dont les marchandises sont recouvertes est celui du bureau de... (2). (*Circ. du 20 octobre 1834, nº 1460.*)

Péremption du délai.

400. Les préposés de la régie ne pourront délivrer de certi-

---

(1) Ainsi le navire qui est arrivé au port désigné par les expéditions n'est pas tenu d'y débarquer sa cargaison, et il peut relever, pour un autre port, avec ces mêmes expéditions, sauf au directeur dans l'arrondissement duquel se trouve le port où il se rend en dernier lieu, à lui accorder ou refuser le changement de destination. (*Déc. adm. du 15 avril 1840.*)

Il suffit, pour tenir l'administration informée de ces changemens de destination, d'en consigner succinctement les motifs dans la colonne d'observations de l'état qui lui est transmis mensuellement. (*Circ. nº 1460.*)

(2) Cette facilité n'affranchit pas les marchandises d'une visite partielle, qui doit toujours avoir lieu, et ne s'applique qu'aux colis qui n'ont pas été ouverts. (*Circ. nº 1460.*)

ficat de décharge pour les marchandises qui seront représentées au bureau de destination après le temps fixé par l'acquit-à-caution, et les marchandises (1) acquitteront au bureau où elles seront présentées après ledit délai, les droits d'entrée comme si elles venaient de l'étranger, sans préjudice du double droit de sortie dans le cas où il sera dû, et dont le payement sera poursuivi, au lieu du départ, contre les soumissionnaires. (*Loi du 22 août 1791, tit. 3, art. 7.*)

Les capitaines et maîtres de bâtimens seront admis à justifier qu'ils auront été retardés par des cas fortuits, comme fortune de mer, poursuite d'ennemis et autres accidens, et ce, par des procès-verbaux rédigés à bord et signés des principaux de l'équipage, ou par des rapports faits aux juges du tribunal qui remplacera celui d'amirauté (2) au lieu de destination, ou aux officiers de la municipalité, à défaut de ce tribunal; et les procès-verbaux ou rapports seront affirmés devant lesdits juges. Dans ce cas, les expéditions auront leur effet et seront régularisées par les préposés des douanes. Il ne pourra être suppléé par la preuve testimoniale au défaut desdits rapports ou procès-verbaux, qui ne pourront être admis qu'autant qu'ils auront été déposés au bureau de destination en même temps que les marchandises y auront été représentées (3). (*Loi du 22 août 1791, tit. 3, art. 8.*)

Décharge des acquits-à-caution.

401. Après la vérification des marchandises, des certificats de décharge devront être inscrits au dos des acquits-à-cautions (4), et signés au moins de deux préposés dans les bureaux où il y aura plusieurs commis (5). Il est défendu auxdits

---

(1) Sans exception de celles qui s'expédient par passavans.

(2) Les tribunaux de commerce ont remplacé ceux d'amirauté.

(3) L'article 2 du titre 7 de la loi du 4 germinal an 2 (n° 405) a confirmé cette disposition.

Pour les rapports de mer, *voir* la 2e section du chapitre Ier du IIIe livre.

(4) Il n'est rien payé pour les certificats de décharge. (*Loi du 22 août 1791, tit. 3, art. 6.*)

(5) Le receveur qui est seul dans son bureau doit s'adjoindre, pour la décharge des acquits, le chef de la brigade.

préposés, à peine de tous dépens, dommages et intérêts, de différer la remise desdits certificats, lorsque les formalités prescrites par les acquits-à-caution auront été remplies, ou qu'il sera rapporté des procès-verbaux dans la forme prescrite par l'article 8 du présent titre (n° 400); et, pour justifier du refus, le conducteur des marchandises sera tenu d'en faire rédiger acte, qui sera signifié sur-le-champ au receveur du bureau, et aucune preuve par témoins ne sera admise à cet égard (*Loi du 22 août 1791, tit. 3, art. 6.*) (1).

SECTION IV.

RAPPORT DES ACQUITS-A-CAUTION.

402. Les soumissionnaires qui rapporteront dans les délais les acquits-à-caution déchargés, certifieront, au dos desdites expéditions, la remise qu'ils en feront; ils sont tenus de décla-

---

La décharge d'un acquit-à-caution ne peut être remplacée par aucune pièce, ni même par un jugement. (*Arr. du* 30 *thermidor an* 10.)

(1) C'était pour les propriétaires ou consignataires du lieu de destination un surcroît de frais, quelquefois même une source d'inconvéniens, d'avoir à renvoyer au bureau de départ les acquits-à-caution déchargés. Pour satisfaire au vœu du commerce, l'administration a consenti à établir le mode suivant :

Les receveurs qui ont opéré la décharge des acquits-à-caution les adressent à leurs directeurs, et ceux-ci les transmettent, *sous bandes*, par la poste, aux directeurs des directions où ils ont été délivrés. Chaque directeur envoie ces acquits-à-caution aux différens bureaux de départ, avec l'expresse recommandation de ne procéder à l'annulation des soumissions qu'après reconnaissance de l'identité des expéditions.

Des états pour les acquits-à-caution non rentrés *deux mois* après l'expiration des délais accordés sont soumis tous les mois à l'administration, afin qu'elle s'assure si les marchandises ont ou non consommé leur destination. (*Circ. des* 7 *octobre* 1825, *n°* 946, *et* 20 *octobre* 1834, *n°* 1460.)

Ces dispositions s'appliquent aux passavans dont il importe également de constater l'authenticité; seulement l'état des passavans non rentrés *trois mois* après l'expiration des délais accordés n'est fourni que par trimestre. On se dispensera d'ailleurs d'y faire figurer les passavans dont l'emploi a été révélé par l'état des expéditions perdues, dressé au bureau d'arrivée (n° 394, note). Pour cela, les receveurs font mention, sur la *souche*, des expéditions de la communication qui leur a été faite de cet état. (*Circ. des* 10 *juillet* 1833, *n°* 1392, *et* 20 *octobre* 1834, *n°* 1460.)

Les passavans dont on a signalé le non-rapport ne doivent pas être compris sur de nouveaux états. (*Déc. adm. du* 15 *juin* 1839.)

rer le nom, la demeure et la profession de celui qui leur aura remis le certificat de décharge, pour être procédé, s'il y a lieu, comme à l'égard des falsifications ou altérations de tous genres d'expéditions, soit contre les soumissionnaires, soit contre les porteurs des expéditions. Dans ce dernier cas, lesdits soumissionnaires et leurs cautions ne seront tenus que des condamnations purement civiles, conformément à leurs soumissions (1). Le délai pour s'assurer de la vérité du certificat de décharge et pour intenter l'action, sera de quatre mois; et, après ledit délai, l'administration sera non-recevable à former aucune demande (2). (*Loi du 22 août* 1791, *tit.* 3, *art.* 10.)

403. Les droits consignés seront rendus aux marchands, et les soumissions qu'eux et leurs cautions auront faites seront annulées en leur présence, et sans frais, sur le registre, en rapportant par eux les acquits-à-caution revêtus des certificats de décharge en bonne forme, sauf le cas prévu par l'article précédent. (*Loi du 22 août* 1791, *tit.* 3, *art.* 11.)

Acquits-à-cautions non rapportés.

404. Si les certificats de décharge qui devront être délivrés dans les bureaux de la destination ne sont pas rapportés dans les délais fixés par les acquits-à-caution, et s'il n'y a pas eu consignation (3) du simple droit à l'égard des marchandises qui y sont soumises, les préposés à la perception dans les bureaux décerneront contrainte contre les soumissionnaires et leurs cautions pour le payement du double droit de sortie (4). (*Loi du 22 août* 1791, *tit.* 3, *art.* 12.)

Si les marchandises expédiées par acquit-à-caution sont dans la classe de celles prohibées à la sortie, les préposés à la perception pourront pareillement décerner contrainte pour le paye-

---

(1) Tant que l'administration se chargera du renvoi des certificats de décharge, la formalité prescrite par cet article restera sans objet.

(2) L'article 5 du titre 7 de la loi du 4 germinal an 2 a réglé cet objet d'une manière générale. *Voir* le n° 207.

(3) Si le simple droit a été consigné, il est porté définitivement en recette, au cas de non rapport de l'acquit-à-caution, et la soumission est annulée.

(4) La contrainte dûment visée devient exécutoire sans qu'il soit nécessaire de requérir un jugement. (*Circ. du* 21 *prairial an* 4.) *Voir* le livre XI, n° 1236.

ment de la valeur desdites marchandises et de l'amende de 500 fr., conformément aux soumissions. (*Loi du 22 août 1791, tit. 3 , art. 13.*)

405. Néanmoins si lesdits soumissionnaires rapportent, dans le terme de six mois après l'expiration du délai fixé par les acquits-à-caution, les certificats de décharge en bonne forme, et délivrés en temps utile, ou les procès-verbaux du refus des préposés, les droits, amendes, ou autres sommes qu'ils auront payés, leur seront remis ; ils seront toutefois tenus des frais faits par l'administration jusqu'au jour du rapport desdites pièces. Après ledit délai de six mois, aucune réclamation relative auxdites sommes consignées ou payées ne sera admise. (*Loi du 22 août 1791, tit. 3 , art. 14.*)

Le délai pour rapporter les acquits-à-caution déchargés ne sera pas fatal, si les capitaines des bâtimens justifient les causes forcées de ce retard ou fortune de mer par des rapports faits en mer, affirmés et déposés au bureau des douanes (1). (*Loi du 4 germinal an 2 , tit. 7 , art. 2.*)

TABLEAU N° 1 *des marchandises affranchies du plombage des douanes par l'Ordonnance du 20 juillet 1836, rendue en vertu de l'art. 20 de la Loi du 2 du même mois.*

Acides .... { citrique cristallisé, ou seulement concentré au-dessus de 35 degrés. / sulfurique, nitrique, muriatique, nitro-muriatique, phosphorique, tartarique, benzoïque, oxalique.

Argentan.
Bismuth ou étain de glace, battu ou laminé.
Bitumes asphalte et succin.
Bois à brûler.

Bois d'ébénisterie { en billes ou scié à plus de 3 décimètres d'épaisseur.......... } acajou et tous autres non dénommés / scié à 3 décimètres d'épaisseur ou moins, } gaïac, ébène, buis, acajou et tous autres non dénommés.

Boissons distillées et fermentées.
Champignons, morilles et mousserons secs ou marinés.
Charbon de bois et de chènevottes.
Cire non ouvrée blanche.
Confitures.
Cordages.

---

(1) Ces dispositions cessent d'être applicables tant que l'administration des douanes se charge elle-même du renvoi des certificats de décharge.

Cuivre .... { Minerai.
pur, battu, laminé ou filé.
allié de zinc, battu, laminé ou filé.

Ecorces à tan.

Embarcations .. { en état de servir.
Agrès, apparaux et voiles de navires.
Câbles en fer pour la marine.

Encre liquide à écrire ou à imprimer.

Étain battu ou laminé.

Fer .... { Minerai brut ou lavé, sulfuré ou non.
Fonte moulée.
forgé en massiaux ou prismes.
étiré en barres, platiné ou laminé de tréfilerie.
ouvré-carburé.
Ferraille et mitraille.

Fruits de table.. { frais, noix de coco.
confits.

Garance moulue ou en paille.

Graisses. ...... { de cheval, d'ours, et toutes autres non dénommées.
Dégras de peaux.

Graisses de poisson.

Huiles d'olive, de faine, de noix et de graines grasses.

Joncs et roseaux { exotiques.
d'Europe, des jardins, en brochettes, pour peignes à tisser.

Marbres en tranches de 5 centimètres ou moins.

Matériaux, ardoises, tuiles et carreaux de terre.

Mélasse.

Meubles ayant servi.

Meules........ { à moudre.
à aiguiser, de 920 millimètres de diamètre et au-dessus.

Miel.

Ouvrages en bois. { Futailles vides, montées et cerclées en fer et démontées.
Boites de bois blanc.
Manches d'outils.
non dénommés.

Peaux brutes fraiches et sèches } de béliers, brebis, moutons et agneaux, revêtues de leur laine.

Perches.

Perles fines.

Plomb allié d'antimoine, en balles de calibre, battu ou laminé.

Poissons. ...... { d'eau douce, préparés.
de mer.

Poudre à tirer.

Résines indigènes. { Térébenthine liquide.
Essence de térébenthine.

Sel marin, de marais ou de saline, gemme ou fossile.

Sirops.

Truffes.

Vesce ou jarosse.

Viandes........ { fraiches, de boucherie.
salées.

Voitures.

Zinc laminé.

Les animaux vivans qui, d'après les termes de la loi, demeureraient soumis à la formalité du plombage, en seront exemptés.

Tableau N° 2, *indiquant, par des signes particuliers, le mode d'expédition des marchandises de cabotage* (1). (Circ. des 27 oct. et 24 nov. 1838, nᵒˢ 1716 et 1720.)

Acides		P
Agaric.	Amadouvier, brut ou préparé	P
	de mélèse	P P
Agates.	brutes	P
	ouvrées, chiques et autres	P P
Albâtre	brut	P
	sculpté, moulé ou poli	AP
Alcalis	Potasses	P P
	Autres	P
Aloës		P P
Alpiste et Millet		P
Ambre gris		P P
Amidon		P P
Amurca, ou Marc d'olives		P
Anes et Anesses		A
Antale		P
Antimoine.	métallique	P P
	Autre	P
Argent.	brut, en masses, lingots, ouvrages détruits, etc.	P
	battu, tiré, laminé ou filé	P P
Armes	de guerre	AP
	de chasse, de luxe ou de traite	P P
Arsenic métallique		P P
Avelanèdes		P
Bablah		P
Baumes	Storax préparé liquide	P
	Tous autres	P P
Beurre		P
Bézoards		P P
Bijouterie d'or ou d'argent		P P
Bimbeloterie		P P
Bismuth, ou Étain de glace.	brut, battu et laminé	P
	ouvré	P P
Bitumes		P
Blanc de baleine ou de cachalot de toute sorte		P P
Bleu de Prusse ou de Berlin		P P
Bœufs		A

(1) Le signe AP indique qu'il faut délivrer un acquit-à-caution et plomber les marchandises;

La lettre A, que l'expédition doit être faite avec acquit-à-caution sans plomb;

Les lettres P P, qu'on doit délivrer un passavant et plomber;

Et la lettre P, qu'il n'y a lieu qu'à la délivrance d'un passavant.

Nota. Les marchandises affranchies du plombage jouissent de cette exemption, aussi bien dans le cas de réexportation et de mutation d'entrepôt par mer que lorsqu'elles sont expédiées par cabotage. (*Loi du 2 juillet* 1836, *art.* 20.)

Les marchandises réexportées ne sont soumises à la garantie du plomb que dans certains ports. *Voir* le n° 435.

Bois à brûler.. A
Bois   { de pin et de sapin................. .... P
à construire { Tous autres.. A
Bois d'ébénisterie.. P
Bois   { en bûches... P
de teinture { moulus.. P P
Bois en éclisses.. A
Bois feuillard.. A
Bois odorant... P P
Boissons   { Eau-de-vie.. P
distillées.   { Liqueurs.. A
Boissons   { Vins ordinaires et de liqueur. — Vinaigre de vin et de
fermentées.   { bois, et jus d'orange.............................. P
              { Autres.. A
Bonbons... P P
Boucs et Chèvres... A
Bougies de blanc de baleine et de cachalot............................ P P
Boules de bleu... P P
Boyaux frais ou salés.. P
Brôme... P P
Brou de noix.. P
Bruyères à vergettes.. P
Bulbes ou Oignons... P
Cacao... P P
Cachou brut (terre du Japon).. P P
Café.. P P
Calebasses vides.. P
Camphre... P P
Cannelle de toute sorte.. P P
Cantharides... P P
Caoutchouc.. P P
Caractères d'imprimerie... P P
Carbonate de plomb... P P
Carmin.. P P
Cartes......... { à jouer.. A P
              { Autres... P P
Carthame.. P
Carton......... { en feuilles.. A P
              { moulé, coupé et assemblé.......................... P P
Cassia-lignea... P P
Cassie (Gousse de).. P
Castoreum.. P P
Cendres bleues ou vertes.. P P
Cendres et Regrets d'orfévre.. P
Céréales, froment, épeautre et méteil, seigle, maïs, orge, sarrasin,
avoine et leurs farines... A
Champignons, Morilles et Mousserons frais, secs ou marinés.......... P
Chandelles.. P P
Chapeaux de paille, d'écorce, de sparterie et de fibres de palmier...... A
Charbon de bois et de chènevottes..................................... A
Chardons-Cardières.. A
Chevaux.. A
Cheveux.. P
Chevreaux.. A
Chicorée moulue ou faux café.. P P
Chiens de chasse et de forte race...................................... A
Chocolat et Cacao simplement broyé.................................... P P
Cire.......... { non ouvrée... P
             { Autre.. P P
Civette... P P
Cloportes (insectes desséchés).. P P

Cobalt .... { grillé — safre — minerai........................	P
{ Autre..	P P
Cochenille..	P P
Cochons de lait..	A
Colles de poisson ou fortes..............................	P P
Confitures...	P
Coques de coco..	P
Corail brut ou taillé.....................................	P P
Cordages et Filets.......................................	P
Cornes { brutes.....................................	A
de bétail . { préparées ou en feuillets....................	AP
Cornes de cerf et de snack...............................	P
Couleurs à dénommer....................................	P P
Coutellerie..	P P
Crayons. ...... { simples en pierre	P
{ composés.........................	P P
Crins..	P
Cristal de roche...	P P
Cuivre .... { doré, argenté, ouvré, ou autrement préparé qu'il n'est dit au tarif......................	P P
{ Autre	P
Curcuma...	P P
Dents { Défenses.........................	P P
d'éléphant. { Mâchelières.......................	P
Dents de loup...	P
Drilles et Chiffons	AP
Eaux minérales..	P
Ecailles d'ablette	P
Ecailles de tortue	P P
Echalas..	A
Ecorces ...... { de pin, moulues et non moulues, de grenade, d'aulne et de bourdaine............................	P
{ à tan........	A
Ecorces médicinales......................................	P P
Effets à usage (1)..	P P
Embarcations .. { Bâtimens et bateaux, agrès, apparaux et voiles de navire...........................	A
{ Ancres et câbles en fer......................	P l
Encre......... { à dessiner, en tablettes.....................	P P
{ liquide..	P
Engrais..	P
Épices préparées..	P P
Éponges...	P P
Étain .... { ouvré.	P P
{ Tout autre...............................	P
Extraits de bois de teinture	P P
Extraits d'avelanède et de noix de galle..................	P
Fanons de baleine	P P
Fer.......... { Minerai et fonte moulée pour projectiles de guerre ...	A
{ De toute autre sorte......................	P
Feuilles propres à la tannerie et aux teintures à dénommer..........	P
Feuilles { d'oranger et de lierre (tiges et branches comprises) ...	P
médicinales { Autres......................................	P P
Feutres ...... { Chapeaux et shakos.......................	AP
{ à doublage et autres ouvrages.................	P P
Filamens. ..... { Coton en laine, en feuilles-ouate................	P P
{ Tous autres..............................	P

(1) Ils sont dispensés du plombage lorsqu'ils accompagnent les voyageurs.

Fils.	de chanvre ou de lin.	simple, écru, bis ou herbé, de mulquinerie..........................	AP
		Mèches d'étoupes, *dites* lunement....	P
		Autres............................	P P
	de poil de chien, de ploc de vache, et autres........		P
	de coton, de laine, de poil de chèvre, de tous autres poils à dénommer...........................		P P
Fleurs médicinales	de lavande et d'oranger.......................		P
	à dénommer..........................		P P
Fourrages.....................................			P
Fromages.....................................			P
Fruits à distiller.	Anis vert............................		P P
	Baies de genièvre......................		P
Fruits à ensemencer............................			P
Fruits de table	secs ou tapés, pistaches (1).................		P P
	Autres............................		P
Fruits médicinaux.	Graine de moutarde....................		P
	Tous autres..........................		P P
Fruits oléagineux.	Amandes....	cassées..................	AP
		en coques................	A
	Autres............................		P
Garance en racine, moulue ou en paille..............			A
Garou (Racine de).............................			P
Gaude..			P
Genestrolle ou Genêt des teinturiers..............			P
Génisses.....................................			A
Gibier vivant.................................			A
Gingembre....................................			P P
Girofle......................................			P P
Glu...			P
Gomme copale................................			P
Gommes pures.	d'Europe........................		P
	exotiques.......................		P P
Graines d'amome..............................			P P
Grains durs à tailler, perlés ou mondés.............			P
Graisses.....................................			P
Graisses de poisson............................			P
Graphite.....................................			P
Gravures et Lithographies.......................			P P
Grignon (marc d'olive entièrement sec)............			P
Groisil ou Verre cassé..........................			P
Gruaux et Fécules.............................			P
Herbes médicinales.	Gui de chêne et absinthe................		P P
	A dénommer.........................		P
Homards.....................................			P P
Horlogerie.	Carillons à musique et fournitures d'horlogerie.......		P P
	Autres............................		AP
Houblon.....................................			P P
Huiles.	de graines grasses, de palme, d'olive, de faîne, de noix.		P
	Toutes autres......................		P P
Huîtres......................................			P

(1) Lorsqu'après les dénominations génériques consacrées par le tarif, on désigne nommément des marchandises qui rentrent dans ces catégories, les signes du tableau ne s'appliquent qu'aux objets dénommés : ainsi, parmi les fruits *secs ou tapés*, les pistaches seules sont assujetties au plombage. (*Circ*. du 24 *novembre* 1838, *n*° 1720.)

Inde-plate... P P
Indigo... P P
Indique.. P P

Instrumens .... { aratoires.................................... P P
de chimie et de chirurgie, d'optique, de calcul et d'observation.............................. AP
de musique .... { Fifres, flageolets et galoubets, flûtes, poches et triangles, sistres, mandolines, psaltérions, luths, tambours, tambourins, timbales, tympanons, cymbales et harpes...................... A
Tous autres .... AP

Joncs et Roseaux exotiques et d'Europe.......................... P
Joncs odorans.. P P
Jus de réglisse.. P P

Kermès .... { en grains............................... P
en poudre............................... P P

Laines........ { (Déchet de). — Lanice et tontisse .... P
Autres................................... P P

Laque......... { naturelle................................ P
Teinture de laque et en trochisques............ P P

Légumes verts, salés ou confits, secs et leurs farines........... P
Lichens .... P

Liége (1) ...... { ouvré................................... P P
Autre................................... P

Limes et Râpes... P P

Livres........ { en langues mortes ou étrangères.............. P
Tous autres............................. P P

Lycopode.. P P
Machines et Mécaniques (2) .... AP
Macis... P P
Manganèse... P
Manne... P P

Marbres....... { sculptés, moulés, polis, ou autrement préparés...... P P
Autres.................................. P

Marc de raisin, de rose .... P
Marne... P
Marrons, Châtaignes et leurs farines .... P

Matériaux..... { Ardoises, briques, tuiles et carreaux de terre........ A
Autres .... P

Maurelle .... P P
Médicamens composés... P P
Mélasse .... P
Mercerie.. P P
Mercure natif ou Vif-Argent.................................... P P
Merrains .... A

Meubles....... { neufs.................................... AP
ayant servi............................. A

Meules.. A
Miel.. P
Minerais non dénommés... P
Modes (Ouvrages de).. AP
Moelle de cerf.. P

(1) Loi du 6 mai 1841 et Déc. adm. du 12 du même mois.

(2) On dispense du plombage celles qui ne sont pas susceptibles d'être emballées. (*Circ. du* 27 *octobre* 1838, *n°* 1716.)

Monnaies d'or et d'argent, quel qu'en soit le type .... A
Mottes à brûler. .... A
Moules et autres coquillages pleins............................ P
Moutons de toute espèce. — Béliers, brebis, moutons et agneaux...... A
Mules et Mulets .... A
Musc. .... P P
Muscades .... P P
Musique gravée. .... P P
Myrobolans. .... P
Nacre   { Coquillages nacrés............................... P
de perle.   { Autres .... P P
Nattes   { de paille, d'écorce, de sparte, fines et de bois blanc .. P P
ou Tresses { Autres. .... P
Nerfs de bœufs et d'autres animaux .... P
Nerprun (Baies de). .... P
Nickel   { brut ou allié de plomb, de zinc et de cuivre (argentan)
métallique {   en masse. .... P
       { Autre. .... P P
Noir. ....{ à souliers et noir animal d'ivoire .... P P
      { Tout autre .... P
Noix de galle .... P
Objets de collection, hors de commerce........................ A
OEufs. ......{ de volaille et de gibier........................ A
     { de vers à soie. .... P
Opium. .... P P
Or brut, battu en feuilles, tiré, laminé ou filé sur soie .... AP
Orcanète .... P
Orfévrerie .... P P
Orseille. .... P P
Os de bétail. .... A
Os. ....{ de cœur de cerf. .... P P
    { de sèche .... P
Osier en bottes .... P
Outils. .... P P
Outremer. .... P P
Ouvrages { Boîtes de bois blanc, moules de boutons, sabots en bois
en bois.   {   non garnis de fourrure, boissellerie. .... P
      { Futailles vides, balais communs, avirons, rames,
      {   manches d'outils et autres ouvrages en bois non
      {   dénommés. .... A
Ouvrages en fer et en acier, susceptibles d'être emballés.............. P P
Ouvrages en poils autres que les tissus.......................... P P
Oxydes. ......{ de plomb .... P P
     { Autres. .... P
Pain d'épice .... P
Pain et Biscuit de mer. .... P
Papier. .... P P
Parapluies et { en soie. .... AP
Parasols { en toile cirée ou autre. .... A
Parfumerie. .... P P
Pastel (Feuilles et Tiges de). .... P
Pâte de pastel. .... P P
Pâtes d'Italie et autres pâtes granulées .... P P
Peaux brutes, fraîches ou sèches. .... A
Peaux { d'agneau et de chevreau en poil. .... A
préparées { Parchemin et vélin brut. .... P
ou ouvrées { Cuir de veau odorant, dit de Russie, propre à la
      {   reliure. .... AP
      { Autres. .... P P
Peaux de chien { fraîches. .... P
de mer brutes { sèches .... P P

Pelleteries..... { Peaux de phoques éjarrés ou autrement fabriquées, de renards teintes, de renards noirs ou argentés, croisés ou bleus; gorges de canard, de fouine, de marte, pingouin et renard; queue de carcajou, fouine, loup, marte, peskan et renard; morceaux cousus en peau d'agneau, dits *d'Astracan*, etc.............. AP

Toutes autres.................................. A

Pelleteries ouvrées.................................. AP

Perches.................................. A

Perles fines.................................. P

Pieds d'élan.................................. A

Pierres et Terres servant aux arts et métiers.................. P

Pierres calcaires { ouvrées en pierres pour la bâtisse et non polies; carreaux de pavage taillés dans des feuilles en lames schisteuse d'attraction naturelle.................. A
en cristallisation confuse, dites *Écossines*, { Autres.................................. P

Pierres........ { gemmes.................................. AP
ouvrées........ { Chiques.................................. P
{ Autres.................................. AP

Piment.................................. P P

Pinnes-Marines ou poil de nacre.................. P

Plantes alcalines.................................. P

Plants d'arbres.................................. P

Plaqués.................................. P P

Plomb........ { en balles de calibre.................................. A
{ autrement ouvré.................................. P P
{ Autre.................................. P

Plumes.................................. P P

Poils.......... { de porc, de sanglier et de blaireau, en bottes de longueurs assorties.................................. P P
propres à la chapellerie et à la filature, de lapin, de lièvre, de blaireau, de castor, de chien, de loutre, de chèvre et chevreau, y compris le duvet de cachemire brut.................................. A
duvet de cachemire peigné.................................. AP
Tous autres.................................. P

Poil de Messine.................................. P

Poissons.................................. P

Poivre.................................. P P

Pommes de terre.................................. P

Pommes et Poires écrasées.................................. P

Porcs.................................. A.

Poterie........ { de terre grossière et de grès commun.................. P
{ Autre.................................. P P

Poudre à tirer.................................. A

Praiss.................................. P

Présure.................................. P

Produits chimiques non dénommés.................. P P

Prussiate de potasse cristallisé.................. P P

Quercitron.................................. P

Racines à vergettes.................................. P

Racines de chicorée.................................. P

Racines médicinales. { Réglisse.................................. P
{ Autres.................................. P P

Râpures....... { de corne de cerf.................................. P
{ d'ivoire.................................. P P

Résines indigènes.................................. P

Résineux exotiques.................................. P P

Riz.................................. P

Rocou........ { de toute provenance.................................. P P
{ Graine de rocou.................................. P

Vermeil		P P
Vernis de toute sorte...		P P
Verres { Miroirs grands..		AP
et { Verres à lunettes ou à cadran, bruts.................		P
Cristaux. { Autres		P P
Vert de montagne..		P P
Vesce ou Jarosse		A
Vessies........ { natatoires de poisson simplement desséchées.........		P P
{ de cerf et autres.................................		P
Viandes....... { fraîches et salées..................................		P
{ (Extrait de) en pains		P P
Vipères		A
Voitures		A
Volailles vivantes..		A
Yeux d'écrevisse		P P
Zinc.......... { ouvré...		P P
{ Tout autre		P

CHAPITRE II.

EMPRUNT DU TERRITOIRE ÉTRANGER.

Franchise des droits.

406. Les marchandises qui ne pourront être transportées directement par terre d'un lieu à un autre du royaume qu'en empruntant le territoire étranger, ne seront sujettes à aucun droit d'entrée et de sortie (1); mais dans ce cas elles seront soumises aux formalités ci-après indiquées. (*Loi du* 22 *août* 1791, *tit.* 3, *art.* 1er.)

Formalités au départ.

407. Les marchandises seront déclarées, vérifiées (2) et expédiées par acquit-à-caution (3). Ces acquits-à-caution contien-

---

(1) L'emprunt du territoire étranger est interdit relativement aux objets dont le transport et la conduite peuvent s'effectuer directement sur les terres de France. (*Arrété du* 5 *prairial an* 5, *art.* 1er.)

(2) Les déclarations et visites ont lieu comme pour le cabotage. *Voir* les n° 577 et suivans.

Les peines encourues pour fausse déclaration au bureau de départ sont les mêmes que lorsqu'il s'agit de cabotage.

(3) Ces transports, soumis aux règles générales du cabotage par le titre 5 de la loi du 22 août 1791, s'effectuent par acquit-à-caution, ou par simple passavant, suivant l'espèce des marchandises et la quotité des droits de sortie. On se conforme, à cet égard, au tableau (n° 2) placé à la fin du chapitre précédent. (*Déc. adm. du* 2 *juillet* 1841.)

dront la soumission (1) de rapporter, dans un délai qui sera fixé suivant la distance des lieux (2), un certificat du passage des marchandises au bureau désigné (3). Les expéditionnaires donneront caution solvable, qui s'obligera solidairement avec eux au rapport du certificat de décharge; s'ils préfèrent consigner le montant des droits de sortie, les registres des déclarations portant lesdites soumissions énonceront, ainsi que les acquits-à-caution, la reconnaissance des sommes consignées (*Loi du 22 août 1791, tit. 3, art. 2.*) (4).

Bureaux de passage.

408. Les voituriers seront tenus de présenter aux bureaux de passage (5) les marchandises dont ils seront chargés, en mêmes qualité et quantité que celles énoncées dans l'acquit-à-caution dont ils seront porteurs. (*Même Loi, tit. 3, art. 6.*)

---

(1) Par la soumission, l'expéditeur et sa caution s'obligent à faire rentrer les marchandises par le bureau désigné, et dans les délais déterminés, à peine de payer le double des droits de sortie, s'il s'agit de marchandises dont l'exportation est permise, et la valeur avec amende de 500 fr., si les objets expédiés sont prohibés à la sortie; le tout conformément aux articles 2 et 4 du titre 3 de la loi du 22 août 1791 (n° 587), applicables aux objets expédiés par emprunt du territoire étranger.

(2) Il est fixé à raison d'un jour par six lieues en été, et cinq lieues en hiver. Lorsqu'il s'agit de petites distances, on donne seulement deux heures par lieue. (*Circ. du 27 messidor an 5.*)

(3) L'acquit-à-caution indique le bureau de douane auquel les objets qu'il énonce doivent, en suite de l'emprunt du territoire étranger, être représentés, et le certificat de décharge ne peut être expédié que dans ce bureau. (*Arrêté du 5 prairial an 5, art. 2.*)

(4) La plupart des dispositions du titre 3 de la loi du 22 août 1791, étant communes aux expéditions par cabotage et par emprunt de territoire étranger, on aurait pu croire, d'après le sens littéral des trois premiers articles de ce titre, qu'indépendamment de l'acquit-à-caution, les marchandises qui empruntent le territoire étranger devaient être plombées; mais, outre qu'il n'est pas probable que les douanes du pays limitrophe eussent respecté ce plombage, il est facile de s'apercevoir que l'article 3, qui le prescrivait, ne s'appliquait en effet qu'aux marchandises de cabotage. Aujourd'hui aucun doute ne peut s'élever à cet égard. L'article 3 de la loi de 1791 a été abrogé, et l'article 20 de la loi du 2 juillet 1836, qui lui a été substitué (n° 383), est explicite sur ce point.

(5) Le visa des préposés, dans les bureaux de passage, ne prouve pas qu'un colis, expédié par emprunt du territoire étranger sous acquit-à-caution, soit rentré intact sur le territoire français, et ne peut établir une preuve de non-contravention. (*A. de C. du 8 novembre* 1810.)

Certificats de décharge.

409. Les préposés des douanes ne pourront délivrer de certificats de décharge pour les marchandises qui seront représentées au bureau de destination après le temps fixé par l'acquit-à-caution; et ces marchandises acquitteront, au bureau où elles sont présentées après le délai, les droits d'entrée comme si elles venaient de l'étranger, sans préjudice du double droit de sortie dans le cas où il est dû, et dont le payement sera poursuivi au lieu du départ contre les soumissionnaires. (*Loi du 22 août* 1791, *tit. 3, art. 7.*)

Justification des retards.

410. Les marchands ou conducteurs seront admis à justifier des retards qu'ils auront éprouvés pendant la route, en rapportant à la douane des procès-verbaux en bonne forme, faits par les juges des lieux où ils ont été retenus, ou, à défaut, par les officiers municipaux desdits lieux, lesquels procès-verbaux feront mention des circonstances et des causes du retard (1); dans ce cas, *les acquits-à-caution auront leur effet, et les certificats de décharge seront délivrés par les receveurs.* Il ne pourra être suppléé par la preuve testimoniale au défaut desdits rapports ou procès-verbaux, qui ne seront admis qu'autant qu'ils auront été déposés au bureau de destination en même temps que les marchandises y auront été représentées. (*Loi du 22 août* 1791, *tit. 3, art. 8.*)

Visite au retour.

411. Dans le cas où, lors de la visite au bureau de destination ou de passage, les marchandises mentionnées dans l'acquit-à-caution se trouveront différentes dans l'espèce, elles seront saisies, et la confiscation en sera prononcée contre les conducteurs, avec amende de 100 fr., sauf leur recours contre les expéditionnaires. Si la quantité est inférieure à celle portée dans

---

(1) Les conducteurs ne peuvent justifier *que des causes de retard.* L'emprunt du territoire étranger est entièrement aux risques des soumissionnaires, sans qu'ils puissent être exemptés de l'exécution de leur soumission en alléguant la perte totale ou partielle des marchandises.

l'acquit-à-caution, il ne sera déchargé que pour la quantité représentée; en cas d'excédant, il sera soumis au double droit, en observant ce qui est réglé par l'article 18 du titre 2 de la loi du 22 août 1791 (n° 138). Si les marchandises représentées sont prohibées à l'entrée, elles seront confisquées avec amende de 500 fr., le tout indépendamment des condamnations qui seront poursuivies au bureau de départ contre les soumissionnaires et leurs cautions, et d'après leurs soumissions (1). (*Loi du* 22 *août* 1791, *tit.* 3, *art.* 9.)

---

(1) Ces dispositions, étant spéciales aux transports par emprunt du territoire étranger, n'ont point été modifiées par la loi du 8 floréal an 11. *Voir*, pour les autres dispositions qui sont communes au cabotage et à l'emprunt du territoire étranger, le chapitre 1er du présent livre.

LIVRE VI.

CHAPITRE PREMIER.

ENTREPÔT RÉEL.

Ports d'entrepôts.

412. Il y aura un entrepôt réel de marchandises et denrées
étrangères, coloniales et autres non prohibées (1) à l'entrée, dans
les ports.... (2), à la charge de les réexporter ou d'en payer les

---

(1) Il y a exception, 1° pour les marchandises prohibées dites de *traite*,
destinées pour le Sénégal et les côtes d'Afrique. (*Loi du 8 flor. an 11, art.* 24.)
Voir la nomenclature de ces marchandises au livre X, n° 715.

2° Pour les chaudières de cuivre à destination des Colonies françaises. (*Même
Loi*, art. 27.)
Voir, pour l'application de cette disposition, le livre X, n° 709.

3° Pour les tabacs exotiques en feuilles qui sont admissibles en entrepôt réel
dans certains ports.
Voir le livre X, chapitre xxvii.

(2) *Tableau alphabétique des ports d'entrepôt.*

Abbeville. (*Ord. du* 17 *sept.* 1839.)
Agde. (*Loi du* 2 *juillet* 1836.)
Arles. (*Loi du* 9 *février* 1832.)

    Les marchandises entreposées à Arles ne
peuvent pas être réexportées par mer.

* Bayonne. (*Lois des* 8 *floréal an* 11 *et*
9 *février* 1832.)
* Bordeaux. (*Mêmes Lois.*)
* Boulogne. (*Lois des* 27 *mars* 1817 *et*
26 *juin* 1835.)
Brest, F. (*Loi du* 8 *floréal an* 11.)
Caen. (*Loi du* 28 *avril* 1816.)

*Calais. (*Lois des* 17 *décembre* 1814
et 26 *juin* 1835.)
*Cette. (*Lois des* 8 *floréal an* 11 *et*
6 *mai* 1841.)
Cherbourg. (*Loi du* 8 *floréal an* 11.)
Dieppe. (*Loi du* 17 *décembre* 1814.)
*Dunkerque. (*Lois des* 8 *floréal an* 11
et 9 *février* 1832.)
Fécamp, F. (*Loi du* 8 *flor. an* 11.)
Granville. (*Loi du* 8 *floréal an* 11 *et*
Déc. du 6 *avril* 1825.)
Honfleur. (*Loi du* 8 *floréal an* 11.)

droits à l'expiration du délai d'entrepôt. (*Loi du 8 floréal an 11, art. 23.*)

Bâtiment à fournir par le commerce.

413. Les villes auxquelles l'entrepôt réel est accordé n'en jouiront qu'à la charge de fournir sur le port des magasins convenables, sûrs et réunis en un seul corps de bâtiment, pour y établir ledit entrepôt (1); à l'effet de quoi le plan du local est présenté au gouvernement, qui, après avoir fait examiner s'il est propre à sa destination, l'y affectera, s'il y a lieu, par un arrêté spécial. (*Loi du 8 floréal an 11, art. 25.*)

414. Tous les magasins servant d'entrepôt réel seront fermés à deux clefs, dont l'une restera entre les mains des préposés de l'administration des douanes, et l'autre dans les mains du commerce, qui fournira et entretiendra lesdits magasins. (*Loi du 8 floréal an 11, art. 26.*)

415. *Les viandes et poissons salés, huile de poisson et suif brut* destinés pour l'entrepôt réel, seront placés dans des magasins uniquement affectés à ce genre de marchandises, soit par une division et une nouvelle distribution des bâtimens d'entre-

---

*La Rochelle. (*Lois des 8 flor. an 11 et 6 mai 1841.*)
*Le Havre. (*Lois des 8 floréal an 11 et 9 février 1832.*)
Le Legué. (*Loi du 17 mai 1826.*)
Lorient. (*Loi du 8 floréal an 11.*)
*Marseille. (*Lois des 8 floréal an 11 et 9 février 1832.*)
Morlaix. (*Loi du 28 avril 1816.*)
*Nantes. (*Lois des 8 floréal an 11 et 9 février 1832.*)
Port-Vendres. (*Loi du 9 fév. 1852.*)
Rochefort, F. (*Loi du 8 flor. an 11.*)
Rouen. (*Même Loi.*)
Saint-Brieux, F. (*Loi du 28 av. 1816.*)
*Saint-Malo. (*Lois des 8 flor. an 11 et 6 mai 1841.*)

Saint-Martin de Ré. (*Déc. min. du 5 septembre 1831.*)

La durée de cet entrepôt est fixée à six mois; les marchandises dénommées en l'article 22 de la loi du 28 avril 1816 (n° 280) en sont exclues.

*Saint-Servan. (*Loi du 6 mai 1841.*)
*Saint-Valery-sur-Somme. (*Loi du 28 av. 1816 et Ord. du 17 sept. 1839.*)
Toulon (*Loi du 2 juillet 1836.*)
Vannes, F. (*Loi du 21 avril 1818.*)

Nota. L'astérisque désigne les ports où sont reçues les marchandises prohibées ;
La lettre F indique les ports d'entrepôt fictif.

(1) Là où l'entrepôt, même sous double clef, est encore, faute de bâtimens publics gardés par la douane, établi dans des magasins particuliers, l'entrepositaire est tenu de passer une soumission cautionnée comme pour l'entrepôt fictif. (*Circ. du 23 mai 1826, n° 987.*)

Voir, pour l'entrepôt de Marseille, le livre X, chapitre III.

pôt, acceptés en exécution des articles 25 et 26 de la loi du 8 floréal an 11, soit en laissant au commerce l'option de fournir un local séparé qui présente les sûretés requises par la loi. (*Ord. du 9 janvier* 1818, *art.* 1er.)

416. Dans les ports où l'insuffisance de l'emplacement de l'entrepôt réel l'exigera, les laines étrangères non filées ni teintes pourront être mises en entrepôt dans les magasins que fournira le propriétaire ou consignataire, pourvu qu'ils soient reconnus sûrs, convenables et fermés de deux clefs, dont l'une restera déposée à la douane. (*Ord. du 9 janvier* 1818, *art.* 2.)

Marchandises de transit.

417. Les marchandises expédiées en transit des frontières de terre sur les ports où il existe un entrepôt réel pourront y être admises comme si elles arrivaient par mer (1). Elles acquitteront, à la réexportation, le même droit que les marchandises venues à l'entrepôt par la voie de mer. Si on les déclare pour la consommation intérieure, le droit de transit perçu au premier bureau sera pris en déduction du droit d'entrée (2). (*Loi du 17 mai* 1826, *art.* 13.)

Déclaration et visite.

418. Les marchandises venant à destination de l'entrepôt ne pourront y être admises que sur une déclaration de détail (3) remise dans la forme et sous les mêmes peines que s'il s'agissait de marchandises déclarées pour la consommation immédiate (4). (*Circ. du 23 août* 1821, *no* 672.)

---

(1) Elles peuvent être réexpédiées de cet entrepôt soit en transit, soit par mutation d'entrepôt. (*Déc. adm. du 21 janvier* 1840.)

(2) *Voir*, pour le remboursement du droit de transit, le n° 507.

(3) Les marchandises entreposées sous le nom d'une maison de commerce et *par elle* sont réputées sa propriété, ce qui écarte toute revendication de tiers. (*Arrêt de la Cour de Rouen du* 7 *juin* 1817.)

(4) Cette règle, rappelée plutôt que prescrite par la Circulaire n° 672, ressort de la nature même des choses qui veulent que *toute* marchandise destinée pour l'entrepôt soit visitée, et que la visite soit précédée d'une déclaration. *Voir* au livre II les règlemens généraux sur cet objet.

Pour les marchandises qui arrivent par mutation d'entrepôt ou en transit, l'acquit-à-caution est remis à titre de déclaration. (*Circ. du* 11 *mars* 1836, *n°* 1534.)

419. Toute marchandise reçue en entrepôt sera préalablement soumise à la visite des agens des douanes (1). Si cette visite fait découvrir un excédant de poids à la déclaration, et que cet excédant soit de plus du vingtième pour les métaux et du dixième pour les autres marchandises, il sera immédiatement soumis, à titre d'amende, au payement du simple droit, après quoi l'excédant ainsi que les quantités déclarées seront reçues en entrepôt sous les mêmes conditions. (*Loi du 22 août 1791, tit. 2, art. 18, et Déc. adm. du 28 octobre 1836.*)

Sommier.

420. Les marchandises admises en entrepôt seront inscrites sur un registre (2) (*sommier ou compte-ouvert*), d'après les résultats de la visite. Ce registre mentionnera l'espèce, la qualité, la quantité et la provenance des marchandises, ainsi que le pavillon du navire importateur (3). (*Circ. du 15 février 1822, n° 709.*)

Durée de l'entrepôt.

421. La durée de l'entrepôt réel, tel qu'il est autorisé par l'article 25 de la loi du 8 floréal an 11 (4), sera de trois années. Si, à l'expiration des délais fixés, il n'est pas satisfait à l'obligation d'acquitter les droits ou de réexporter, les droits seront liquidés d'office; et si l'entrepositaire ne les a pas acquittés dans le mois de la sommation qui lui en sera faite à son domicile s'il est présent, ou à celui du maire s'il est absent, les marchandises seront

---

(1) *Voir*, pour les formalités de la visite, le livre II, chapitre VI.

(2) Un seul registre est affecté aux entrepôts réels qui réunissent toutes les conditions de sûreté exigées par la loi du 8 floréal an 11, c'est le *sommier* proprement dit. Trois registres sont consacrés aux entrepôts dont les magasins ne se trouvent pas réunis. Dans les ports où ces sortes d'entrepôts n'ont pas une grande importance, on se borne à tenir un *sommier avec soumission*; dans les autres ports, on tient un registre de *déclaration en détail avec soumission* et un *compte ouvert* par entrepositaire. Dans aucun cas, il n'y a lieu de tenir simultanément ces trois registres. (*Circ. n°s 672 et 709, et Déc. adm. du 16 mai 1839.*)

(3) Il mentionne aussi la valeur des marchandises, lorsqu'elle est nécessaire pour l'application du tarif. (*Circ. du 23 mai 1826, n° 987.*)

(4) Pour les entrepôts qui ne sont pas constitués selon le vœu de la loi, la durée de l'entrepôt n'est que d'une année, conformément à l'article 23 de la loi du 8 floréal an 11. (*Circ. du 23 mai 1826, n° 987.*)

vendues, et le produit de la vente, déduction faite de tous droits et frais de magasinage ou de toute autre nature, sera versé à la caisse des dépôts et consignations, pour être remis au propriétaire, s'il est réclamé dans l'année à partir du jour de la vente, ou, à défaut de réclamation dans ce délai, être définitivement acquis au Trésor (1). (*Loi du 17 mai 1826, art.* 14.)

422. Le délai d'entrepôt ne pourra être prolongé que par l'administration, à laquelle des demandes motivées devront être soumises assez à temps pour obtenir sa décision avant l'expiration du terme de l'entrepôt (2). (*Circ. du 15 décembre 1818, n⁰ 449.*)

Recensement.

423. Il sera procédé chaque année à un recensement général (3) des marchandises devant exister en entrepôt.

Les écritures inexactes qui auraient donné lieu à des différences entre les registres et la situation effective de l'entrepôt, ne pourront être rectifiées sans l'autorisation de l'administration. (*Circ. du 3 vendémiaire an* 12.)

Le simple droit d'entrée sera perçu sur les déficit reconnus par suite de recensement (4). (*Loi du 8 floréal an* 11 *, et Circ. du 21 janvier* 1819, *n⁰* 460.)

Échantillons.

424. Les droits d'entrée seront perçus sur les échantillons

---

(1) *Voir*, pour les sommations à faire et les formalités de la vente, le livre X, chapitre xix.

(2) Ces demandes, remises aux directeurs, font l'objet d'un état en double expédition que ces chefs adressent tous les mois à l'administration. Si son consentement ne parvient pas avant l'expiration du délai, la durée de l'entrepôt est provisoirement maintenue. Quand sa décision est négative, le délai ne cesse que depuis qu'elle est transmise au soumissionnaire. (*Circ. du* 15 *déc.* 1818, *n⁰* 449.)

(3) Ce recensement est indépendant des recensemens partiels qui peuvent avoir lieu dans le courant de l'année. Pour faciliter ces sortes d'opérations, il importe que les marchandises soient classées avec ordre dans les magasins, et que des étiquettes indiquent le numéro du sommier où elles sont reprises. (*Circ. du* 1er *mars* 1852, *n⁰* 1308.)

(4) La remise des droits peut être accordée par l'administration (n⁰ 429).

prélevés en entrepôt, et le compte de l'entrepositaire sera déchargé d'autant (1). (*Circ. du 24 août 1818, n° 422.*)

Transferts de propriété.

425. Les entrepositaires resteront, en vertu de leurs déclarations, obligés, soit de réexporter la marchandise ou d'en payer les droits, soit de répondre des déficit reconnus à l'époque des recensemens ou à la sortie d'entrepôt (2).

Leur responsabilité à cet égard subsistera lors même qu'ils auront cessé d'être propriétaires des objets entreposés, tant qu'ils n'auront pas déclaré et justifié la cession ou transfert de leur propriété à un tiers et fait intervenir ce tiers pour s'engager envers la douane (3). (*Circ. du 1er mars 1832, n° 1308.*)

---

(1) Cette décharge a lieu au moyen d'annotations qui établissent la réduction du poids de chacun des colis d'où les échantillons ont été extraits, de manière que le poids de ces échantillons ne puisse compter pour déficit.

Si c'est au moment de la vérification des marchandises et avant leur mise en entrepôt que les échantillons sont prélevés, on ne doit pas moins agir comme si la totalité de ce qui passe à la balance entrait réellement en magasin, et le contrôleur aux entrepôts se charge en recette du total de cette pesée, sauf à défalquer ensuite, par des annotations convenables, le montant des échantillons qui deviennent l'objet d'une perception, comme marchandise passant de l'entrepôt à la consommation.

Il serait à désirer que ce fût, pour chaque espèce de denrée, toujours la même quantité qu'on prélevât comme échantillons; cela donnerait une grande facilité pour apprécier comment le poids réuni de tous les échantillons que l'on pèse ensemble doit se répartir sur chacun des colis d'où on les a tirés. (*Circ. du 24 août* 1818, *n°* 422.)

(2) C'est une conséquence de l'article 23 de la loi du 8 floréal an 11 (n° 412), qui n'accorde l'entrepôt qu'à la charge de réexporter les marchandises ou d'en payer les droits. *Voir*, pour les déficit, le n° 429.

(5) Ce principe a été consacré, en matière d'entrepôt fictif, par plusieurs arrêts de la Cour de cassation, et particulièrement par ceux des 2 mai 1809 et 9 mars 1855 (n° 452).

L'acte de transfert, transcrit sur un registre particulier, est signé du cédant et du cessionnaire. (*Circ. du 25 août* 1821, *n°* 672.)

Cet acte est très-important; non-seulement il libère le vendeur et engage le nouveau propriétaire, mais il a pour objet, 1° de prévenir toute fraude ou simulation entre négocians après faillite ou avant faillite en temps suspect; 2° de décharger la douane de toute réclamation ultérieure de la part du cédant, et de l'autoriser à livrer les marchandises sur les déclarations des cessionnaires.

Lorsque des marchandises entreposées sont vendues et que l'acquéreur veut les retirer immédiatement de l'entrepôt, la douane, au lieu d'exiger l'accomplissement des formalités prescrites pour le transfert, se borne à mentionner

Manipulation des marchandises.

426. Dans l'intérieur des magasins, tout déballage de marchandises, tout mélange, bénéficiement ou simple transvasement, toute division ou réunion de colis, sont expressément interdits aux entrepositaires (1), s'ils n'ont préablement obtenu à cet effet la permission de l'agent supérieur de la douane (2). (*Circ. du* 1er *mars* 1832, n° 1308.)

---

la cession sur le registre des déclarations de sortie d'entrepôt, et à la faire signer à la fois par le cédant et le cessionnaire ; elle exige en outre la signature de la caution du premier, si les marchandises ont été entreposées sous le régime des soumissions cautionnées. A cet effet, l'enregistrement de la déclaration est terminé par une formule particulière conçue en ces termes :

« Lesquelles marchandises ont été cédées au déclarant par M....., qui recon-
« naît la validité de la cession ; il consent, ainsi que sa caution, M..., à main-
« tenir les engagemens qu'ils ont souscrits pour ces marchandises, jusqu'à ce
« que les droits du Trésor aient été payés ou garantis par le déclarant ; à l'effet
« de quoi ils ont signé avec lui la présente déclaration. »

Cette formule doit être modifiée selon qu'il s'agit ou non d'entrepôts réels ; et si le cédant ou sa caution refuse de la signer, le transfert a lieu dans la forme ordinaire. (*Circ. manusc. du* 7 *mai* 1841.)

On peut se dispenser de faire intervenir la caution du cédant, s'il s'agit de marchandises destinées à être expédiées par mutation d'entrepôt et par mer ; mais il faut que la soumission de l'acquit-à-caution ait été signée par la caution de l'expéditeur avant tout déplacement des marchandises, c'est-à-dire avant que la douane ait délivré le permis d'extraction d'entrepôt. (*Déc. adm. du* 12 *juillet* 1841.)

A l'égard des marchandises d'entrepôt fictif déclarées immédiatement pour la consommation, il suffit que le cédant atteste et signe la cession sur la déclaration *volante* du cessionnaire toutes les fois que l'autorisation de disposer des marchandises n'est délivrée à ce dernier qu'après qu'il a payé ou garanti les droits d'entrée entre les mains du receveur. (*Mém. Déc.*)

(1) Il y a exception en faveur de Bayonne. L'article 58 du décret du 20 juillet 1808 porte que la conversion des grosses balles, caisses ou futailles, en sacs et ballots de moindre volume, s'exécutera dans l'entrepôt même de la douane et sous les yeux des préposés. Mais à l'égard de certaines marchandises, et particulièrement des denrées coloniales, la division ne peut avoir lieu qu'en colis de 60 kilog. au moins. (*Déc. adm. du* 17 *avril* 1833.)

(2) Lorsque ces opérations sont autorisées, elles ne doivent avoir lieu qu'en présence des employés que le chef a délégués pour les constater immédiatement. Le résultat en est ensuite inscrit au sommier. En cas de transvasement, de division ou de réunion, les colis qu'on veut substituer aux colis primitifs doivent être pesés vides ainsi que ces derniers, et la différence entre le poids des uns et celui des autres est annotée au registre, pour qu'on puisse se rendre compte de la différence qui en résulte sur le poids brut de la marchandise.. (*Circ. du* 1er *mars* 1832, n° 1308.)

Déclaration. — Sortie d'entrepôts.

427. Lorsque les entrepositaires voudront obtenir la sortie d'entrepôt de leurs marchandises, ils en feront la déclaration au bureau de la douane (1). (*Circ. du* 1ᵉʳ *mars* 1832, *n*⁰ 1308.)

Visite.

428. A la sortie d'entrepôt, les vérificateurs procéderont de nouveau à la visite des marchandises, pour s'assurer qu'elles sont identiquement les mêmes et qu'on n'a rien ajouté ni soustrait (2). (*Circ. du* 1ᵉʳ *mars* 1832, *n*⁰ 1308.)

Déficit.

429. Les droits d'entrée seront immédiatement exigibles, même en cas de réexportation, sur les différences en moins que les visites à la sortie auront fait découvrir (3). (*Loi du* 8 *floréal an* 11, *et Circ. du* 1ᵉʳ *mars* 1832, *n*⁰ 1308.)

---

(1) Indépendamment des indications constatées à l'entrée, la déclaration mentionne la destination ultérieure des marchandises, et, s'il y a lieu, le nom et le pavillon du navire à bord duquel elles doivent être chargées, ainsi que le nom du capitaine. (*Circ. du* 1ᵉʳ *mars* 1832, *n*⁰ 1308.)

Pour les marchandises imposées à la valeur, qu'on retire d'entrepôt, le commerce est libre de modifier sa déclaration primitive, sauf à la douane à faire usage, s'il y a lieu, du droit de préemption. (*Déc. adm. du* 19 *février* 1830.)

(2) Ces visites sont régies par les règlemens généraux rapportés au livre II, chapitre vi.

Elles sont plus ou moins complètes, suivant la nature de l'opération ou des marchandises, lorsqu'il s'agit de mutation d'entrepôt, de réexportation ou de transit. Pour ce qui passe à la consommation, on se dispense en général de la visite, à moins que l'entrepositaire ne demande un nouveau pesage, afin de faire constater le déchet que la marchandise peut avoir éprouvé pendant son séjour en entrepôt. (*Circ. du* 1ᵉʳ *mars* 1832, *n*⁰ 1308.)

La visite est indispensable pour les marchandises imposées *ad valorem*, puisque le droit doit porter sur la valeur *actuelle* de l'objet. (*Circ. du* 25 *mai* 1826, *n*⁰ 987.)

(3) L'entrepôt est aux risques de qui l'obtient. Il n'est accordé que sous l'expresse condition qu'on payera les droits d'entrée sur ce qui est reconnu lors de la mise en magasin, ou que l'on réexportera identiquement et intégralement les mêmes choses, d'où résulte la règle établie ci-dessus; mais, dans la pratique, l'administration a reconnu qu'elle pourrait devenir trop rigoureuse en beaucoup de circonstances, et elle s'est réservé d'y renoncer toutes les fois que les marchandises ont été repesées en totalité, et qu'il est avéré que les déficit proviennent du déchet naturel que certaines marchandises éprouvent pendant

Mise en consommation.

450. Les marchandises retirées d'entrepôt pour la consommation (1) seront passibles des droits qui se trouveront en vigueur au moment où on les déclarera pour la consommation, sans égard au tarif qui pouvait exister lors de la mise en entrepôt (2). (*Circ. du 19 juillet 1825, n° 929.*)

Réexportation.

451. La formalité de l'acquit-à-caution ne sera plus exigée pour les marchandises qui seront réexportées par mer des entrepôts réels ou fictifs; mais pour y suppléer, les propriétaires ou consignataires se soumettront, par leur déclaration de sortie d'entrepôt, à rapporter, sur le permis qui leur sera délivré, les certificats des préposés des douanes qui auront été présens à l'embar-

---

la durée de leur séjour en entrepôt réel. L'examen spécial et l'espèce du jugement d'équité nécessaires en pareil cas sont dévolus à l'administration, qui statue elle-même sur toutes les demandes relatives aux déficit.

Ces demandes sont réunies, chaque mois, en un tableau que les directeurs lui soumettent avec leurs observations. (*Circ. du 24 août 1818, n° 422.*)

L'entrepositaire d'une marchandise volée dans l'entrepôt réel, constitué conformément à la loi du 8 floréal 11, ne peut pas être déclaré responsable du droit d'entrée dont elle était le gage, s'il produit la preuve authentique du vol, et établit ainsi que des circonstances indépendantes de sa volonté le mettent dans l'impossibilité de la représenter. (*A. de C. des 24 nivôse et 5 ventôse an 11, et Déc. adm. du 10 novembre 1835.*)

(1) Les droits doivent être payés ou garantis avant de permettre l'enlèvement de la marchandise. Cette disposition s'applique, malgré les soumissions dont elles sont l'objet, aux marchandises d'entrepôt fictif; autrement la douane serait exposée à perdre son recours contre la caution pour qui le permis *d'enlèvement* délivré par le receveur doit être la preuve que le principal obligé a satisfait aux obligations de l'entrepôt. (*Déc. adm. du 30 juillet 1834.*)

(2) Les marchandises n'étant placées à l'entrepôt, soit réel, soit fictif, que sous la réserve du droit de les renvoyer à l'étranger, elles sont toujours considérées comme étant encore hors de France.

Il ne s'établit entre elles et le tarif d'entrée de rapport qu'au moment où on les déclare pour la consommation; et dès lors le déclarant ne peut pas plus invoquer en sa faveur le tarif qui existait lors de la mise en entrepôt, si depuis il a été augmenté, que l'administration ne pourrait refuser d'appliquer un tarif réduit, sous prétexte qu'il en existait un plus fort à l'époque de l'arrivée des marchandises. (*A. de C. du 3 octobre 1810; Déc. adm. du 21 mai 1825.*)

Voir, pour les boissons extraites d'entrepôt, le livre X, n° 1106.

quement des marchandises et de ceux qui en auront constaté le départ pour l'étranger ; le tout, sous peine d'être contraints au payement de la valeur de ces marchandises (1) et de l'amende encourue pour leur introduction frauduleuse (2).

L'exécution de ces soumissions sera garantie par un cautionnement, si les propriétaires ou consignataires n'ont pas leur domicile dans le port d'expédition, ou ne sont pas reconnus solvables (3). (*Loi du 21 avril* 1818, *art.* 61.)

452. Les permis délivrés en vertu de l'article précédent dans les ports de Bayonne, Bordeaux, Nantes et Rouen, suivront les marchandises sur le cours des rivières affluentes à la mer, jus-

---

(1) Cette valeur doit être celle de la marchandise en France, c'est-à-dire le prix qu'en aurait retiré, sur le marché intérieur, le négociant qui serait parvenu à l'introduire en fraude. (*Circ. du 8 février* 1831, *nº* 1246.)

(2) Si la fraude est découverte lors de l'embarquement des marchandises ou pendant que le navire est encore dans le port, il y a lieu, d'après l'article 35 de la loi du 21 avril 1818, de réclamer, outre la valeur des marchandises, une amende de 100 ou de 500 fr., selon qu'il s'agit d'objets tarifés ou prohibés à l'entrée. (*Art.* 13, *tit.* 2, *et art.* 1ᵉʳ, *tit.* 5, *de la Loi du* 22 *août* 1791.)

Mais quand le port est situé en rivière, si la soustraction d'un objet prohibé ou imposé à l'entrée à 20 fr. ou plus par 100 kilog. était reconnue hors de l'enceinte du port, on devrait, aux termes de l'article 34 de la loi du 21 avril 1818, appliquer l'article 41 de la loi du 28 avril 1816, c'est-à-dire une amende de 500 fr. si la valeur de l'objet de contrebande n'excède pas cette somme, et, dans le cas contraire, une amende égale à la valeur de l'objet. (*Déc. adm. du* 22 *avril* 1837.)

L'amende ne serait que de 100 francs, comme dans le cas prévu par le pénultième paragraphe, si la marchandise était imposée à moins de 20 fr. par quintal.

Quand la découverte d'une fraude à l'extraction de l'entrepôt réel a mis, par son propre fait, un négociant dans l'impossibilité de rapporter, revêtu du certificat exigé, le permis de réexportation qui lui a été délivré, ce négociant devient passible de l'application de l'article 61 de la loi du 21 avril 1818. (*A. de C. du* 14 *avril* 1841.)

L'article 77 de la loi du 8 floréal an 11 porte que les dispositions de l'article 74 de la même loi (nº 380) seront applicables aux denrées coloniales réexportées d'entrepôt. La règle générale de l'article 61 de la loi du 21 avril 1818 supplée à cette disposition spéciale.

(3) L'article 61 de la loi du 21 avril 1818 s'applique aux marchandises qui sortent de l'entrepôt de Dunkerque pour être réexportées par Zuidcoote, soit sur des bateaux dits *Bélandres* dont on plombe les écoutilles, soit sur des voitures que l'on plombe par capacité lorsque le commerce ne réclame pas le plombage par colis ; ces marchandises sont escortées jusqu'à la frontière par deux préposés. (*Loi du* 2 *juillet* 1836, *art.* 9.)

qu'au point que l'administration des douanes désignera, suivant les localités, pour en faire constater le départ. (*Loi des 21 avril 1818, art. 62, et 9 février 1832, art. 21.*)

433. L'embarquement des marchandises déclarées en réexportation ou mutation d'entrepôt ne pourra être commencé qu'après que tous les objets compris en un permis d'embarquement auront été réunis sur le quai et comptés par les préposés des douanes chargés de constater la mise à bord. (*Loi du 27 juillet 1822, art 13.*)

434. Pourront être réexportées d'entrepôt par des navires de 40 tonneaux ou plus : 1º les marchandises prohibées à l'entrée ; 2º les marchandises dont la prohibition a été levée par la loi du 2 juillet 1836, ou qui cesseraient d'être prohibées à l'avenir ; 3º les marchandises désignées par l'article 22 de la loi du 28 avril 1816 ; 4º les marchandises dont le droit excède 10 pour 100 de la valeur (1). (*Loi du 5 juillet 1836, art. 7.*)

---

(1) Dans la Méditerranée, les marchandises comprises dans l'article 22 de la loi du 28 avril 1816, ainsi que celles dont le droit excède 10 pour 100 de la valeur, peuvent être réexportées par des navires de 30 tonneaux. On peut même se servir de navires de 20 tonneaux pour les marchandises non prohibées réexportées à destination des côtes d'Espagne dans la Méditerranée. (*Circ. du 14 avril 1838, nº 1679.*)

A Marseille, la réexportation des marchandises prohibées est permise sur des bâtimens de 30 tonneaux pour les côtes d'Espagne et d'Italie. (*Même Circ.*)

A Bayonne, on peut réexporter par des bâtimens de 20 tonneaux les marchandises non prohibées expédiées pour les ports d'Espagne en-deçà du cap Finistère. Les marchandises prohibées peuvent être réexportées du même port par des navires de 30 tonneaux ; on peut même, à défaut de navires de ce tonnage pour la destination déclarée, se servir de bâtimens de 20 tonneaux. (*Même Circ.*)

A Nantes, le directeur est autorisé à permettre l'emploi de navires espagnols de 30 tonneaux pour les marchandises de toute nature réexportées à destination de Bilbao, Espagne. (*Même Circ.*)

A Saint-Malo, le directeur peut également permettre que les réexportations s'effectuent par des navires de 26 tonneaux. (*Déc. adm. du 6 novembre 1841.*)

Le ministre des finances a décidé, le 4 août 1841, que le tonnage de rigueur serait réduit de deux cinquièmes en faveur des bateaux à vapeur. Dans les différens cas que prévoient la loi de 1836 et la circulaire nº 1679, il suffira donc que la contenance de ces bateaux soit de 24, 18 ou 12 tonneaux, au lieu de 40,

435. Les marchandises expédiées en réexportation (1) ou par mutation d'entrepôt par mer, ne seront assujetties à la formalité du plombage que dans les cas ci-après :

1o Si elles sont prohibées à l'entrée ;

2o Pour les marchandises tarifées au poids, si elles sont passibles d'un droit qui, avec le décime, s'élève à plus de 20 fr. par 100 kilog. ; et pour les autres, si le droit répond à plus du dixième de la valeur (2). (*Loi du 2 juillet* 1836, *art.* 20.)

436. Le droit de balance de commerce que l'article 21 de la loi du 8 floréal an 11 (3) obligeait de payer pour les denrées coloniales et autres marchandises étrangères, à leur entrée en entrepôt réel, ne sera plus acquitté qu'à la sortie, et seulement sur les quantités déclarées pour la réexportation par mer. (*Loi du 7 décembre*, 1815, *art.* 4.)

Mutations d'entrepôt.

437. Dans le cas de non-rapport en temps utile, et avec dé-

---

30 ou 20 tonneaux exigés pour les navires à voiles. (*Circ. du* 16 *août* 1841, no 1866.)

Les marchandises autres que celles désignées ci-dessus peuvent être réexportées par des bâtimens de tout tonnage.

(1) Les marchandises réexportées d'entrepôt ne sont soumises au plombage que dans les entrepôts éloignés des côtes, c'est-à-dire à Rouen, Nantes, Bordeaux et Bayonne, parce que la sortie de ces ports n'est pas définitive et doit être constatée par les bureaux placés au bas des rivières, lesquels devraient recommencer la visite, au grand détriment du commerce, si l'identité des marchandises portées dans les permis n'était pas garantie par le plombage, dont ils se bornent à reconnaître l'intégrité. Cette garantie est également nécessaire à Marseille pour prévenir les soustractions et substitutions qui, à la faveur du mouvement continuel des navires dans un port aussi considérable, peuvent se commettre depuis le moment où les marchandises sortent de l'entrepôt jusqu'à leur départ. (*Circ. des* 11 *août* 1817, no 310, *et* 14 *juin* 1822, no 731.)

(2) *Voir* le texte complet de cet article au no 385, et pour les marchandises assujetties au plombage, le tableau no 2 annexé au livre V.

Voir aussi le no 216 pour les règles générales relatives au plombage, et le no 460 pour les entrepôts de l'intérieur.

(3) Cet article ne parle que du droit de balance, sans en déterminer la quotité ; mais l'article 2 de la loi du 24 nivôse an 5, qui a créé ce droit, porte : « Pour assurer l'exactitude des tableaux d'importation et d'exportation, il sera « perçu 15 c. par 100 fr. de valeur, ou 25 c. par 5 myriagrammes, au choix « du redevable », c'est-à-dire 50 c. par 100 kilog., au lieu de 51 c., comme le porte la circulaire du 16 juin 1816, no 168.

Voir pour le manifeste de sortie le no 298.

charge valable des acquits-à-caution délivrés pour assurer le transport (1) de marchandises d'un entrepôt dans un autre, les soumissionnaires seront contraints à payer le double droit desdites marchandises, et 100 fr. d'amende, s'il s'agit d'objets tarifés; ou, s'il s'agit d'objets prohibés, la valeur desdites marchandises, avec amende de 500 fr. (2). (*Loi du 17 mai 1826, art.* 21.)

438. Les marchandises non prohibées, admissibles au transit, pourront être expédiées d'un entrepôt sur l'autre par la voie de terre, sous les conditions et garanties du transit, mais en franchise de tous droits. Les marchandises prohibées, également admissibles au transit, ne pourront être expédiées sous les mêmes conditions que d'un entrepôt spécial du prohibé sur l'autre (3). (*Loi du 9 février 1832, art.* 25.)

---

(1) Il s'agit ici d'un transport par mer qui peut s'effectuer par navire français de tout tonnage. (*Circ. du* 21 *octobre* 1818.)

Les navires espagnols sont assimilés aux navires nationaux pour ce genre de transport. (*Circ. du* 10 *janvier* 1827.)

(2) Les marchandises sortant d'un entrepôt par mutation ayant été visitées, et les déficit constatés soumis aux droits ou affranchis de ces droits, les comptes d'entrepôt sont entièrement apurés, et l'acquit-à-caution ne rappelle plus que le poids effectif des marchandises dirigées sur le nouvel entrepôt. (*Circ. du* 21 *janvier* 1819, *n*° 460.)

Lorsque les déclarations présentent le poids de chaque colis, la douane du port de départ peut procéder à des vérifications partielles, ainsi qu'on le fait en matière de transit, en vertu de la circulaire du 28 septembre 1839, n° 1776. (*Circ. du* 6 *mai* 1841, *n*° 1849.)

Voir le livre VII, *Transit.*

Les acquits-à-caution de mutations d'entrepôt rappellent la date de l'enregistrement des marchandises au sommier d'entrepôt. Ils indiquent de plus le mode d'importation, le pavillon du navire qui a importé les marchandises dans le premier port d'entrepôt, et le pays d'où ce navire venait en droiture.

S'il s'agit de marchandises provenant d'États avec lesquels la France a passé des traités particuliers, il faut encore que l'acquit-à-caution fasse connaître si elles ont été ou non reconnues admissibles aux bénéfices qui résultent de ces traités.

Enfin l'acquit-à-caution pour mutation d'entrepôt doit contenir tous les renseignemens nécessaires pour que les conditions qui se rapportent à chaque espèce de marchandises s'accomplissent dans le second port comme elles se seraient accomplies dans le premier.

Voir, pour l'embarquement et le plombage des marchandises, les n°s 433 et 435, et pour la garantie des certificats de décharge, le n° 207.

(3) *Voir* le livre VII, *Transit*, et la note précédente.

459. Avant de réintégrer les marchandises dans le nouvel entrepôt (1), on en constatera le poids effectif (2) ; l'acquit-à-caution sera déchargé pour la quantité reconnue (3), laquelle sera prise en charge sur les registres de cet entrepôt, sauf à la douane du port d'expédition à poursuivre, s'il y a lieu, l'application des peines édictées à l'égard des manquans (4) (*Circ. du 21 janvier 1819, no 460.*) (5).

Les mutations qui pourront être faites d'un entrepôt sur un autre ne donneront lieu à aucune prolongation du délai d'entrepôt (*Loi du 27 février 1832, art. 3.*) (6).

Si, au lieu d'être réintégrées en entrepôt, les marchandises sont déclarées pour la consommation immédiate, leur vérification, ainsi que la liquidation et la perception des droits, se feront

---

(1) Au port de destination , la simple remise de l'acquit-à-caution, visé pour valoir *permis de débarquer,* dispense le consignataire de formuler une déclaration de détail. Mais lorsqu'un acquit-à-caution comprend des marchandises adressées à plusieurs consignataires, et que chacun d'eux déclare, fait débarquer et présenter à la visite la partie des marchandises qui lui est consignée, la douane délivre autant de permis de débarquer qu'il y a de déclarations séparées, et procède comme si la formule de l'acquit-à-caution destinée à tenir lieu de ce permis n'existait pas. (*Circ. du 6 mai* 1841, *no* 1849.)

(2) Le poids de chaque colis étant indiqué dans un cadre ménagé à cet effet au verso de l'acquit-à-caution, la douane peut se borner à procéder à des vérifications partielles , ainsi qu'on le fait en matière de transit, en vertu de la circulaire du 28 septembre 1839, no 1776. (*Circ. du 6 mai* 1841, *no* 1849.) *Voir* le livre VII, *Transit.*

(3) En cas d'excédant dans le nombre des colis, et si les colis trouvés en plus ne sont pas plombés, ou que les cordes et plombs ne soient pas intacts, il y a lieu de les traiter comme formant l'objet d'une tentative d'importation frauduleuse. Si au contraire il y a plombage régulier, ou s'il s'agit d'excédant sur le poids ou sur le nombre des objets renfermés dans les colis, on se borne à faire remettre provisoirement à l'entrepôt tout ce qui est excédant, et à faire souscrire au consignataire une soumission de s'en rapporter à la décision de l'administration. (*Déc. adm. du* 3 *octobre* 1826.)

(4) L'administration , en renvoyant les acquits-à-caution au bureau de départ, statue, lorsqu'il y a lieu, sur les déficit. (*Circ. no* 460.)

(5) Pour les marchandises arrivant de Marseille, quel que soit l'entrepôt d'où elles aient été tirées, elles doivent être, au port de destination, rétablies dans l'entrepôt qui leur est propre, d'après la règle générale. (*Circ. du 23 septembre* 1817, *no* 527.)

(6) Cette disposition, insérée dans la loi relative aux entrepôts de l'intérieur et des frontières, est générale et s'applique aux entrepôts de toute nature. (*Circ. du* 19 *août* 1839, *no* 1763.)

comme s'il s'agissait d'une importation directe, et l'acte de décharge de l'acquit-à-caution mentionnera, au lieu de la réintégration en entrepôt, l'acquittement des droits et le numéro de
recette (*Circ. du 5 octobre*, 1832, *n° 1348.*) (1).

Avaries survenues dans le transport.

440. Les dispositions des articles 51 et suivans de la loi du
21 avril 1818 seront applicables aux marchandises qui éprouve-
ront des avaries dans leur transport par mer d'un entrepôt à un
autre (2) (*Circ. du 22 décembre* 1832, *n° 1364.*) (3).

Déchéance des négocians.

441. Tous négocians qui seront convaincus d'avoir, à la faveur des entrepôts, effectué des soustrations, substitutions ou
versemens dans l'intérieur, pourront être privés de la faculté de
l'entrepôt (*Loi du 8 floréal an* 11, *art.* 83.) (4).

---

(1) Quand des marchandises expédiées sous acquit-à-caution, par mutation
d'entrepôt, ne sont pas reconnues, au bureau de destination ou de passage,
être *identiquement* de l'espèce, de la qualité ou de la provenance de celles énoncées dans ledit acquit, il y a lieu de prononcer contre le déclarant la confiscation et l'amende, conformément aux articles 21, titre 2, et 9, titre 3, de la
loi du 22 août 1791. (*A. de C. du 10 mai* 1841, *Circ. n°* 1863.)

(2) *Voir*, pour les formalités à remplir, les n°s 243 et suivans, livre III.

(3) Cette disposition ne s'applique, ainsi que ses termes l'indiquent, qu'aux
marchandises avariées depuis leur dernier embarquement. Mais il arrive parfois que des marchandises déjà atteintes d'avaries sont expédiées par mutation
d'entrepôt. Dans ce cas, il faut que l'acquit-à-caution mentionne, sinon le
degré, du moins l'existence de l'avarie. A défaut de cette mention, la marchandise est réputée d'une qualité saine, et la douane du port de destination,
fondée à contester l'identité de la marchandise *avariée* qu'on lui présente
avec celle désignée par l'expédition, peut la saisir et poursuivre l'application de l'article 9 du titre 3 de la loi du 22 août 1791. L'expérience ayant prouvé
que les défauts d'identité constatés à l'arrivée provenaient ordinairement d'omission ou d'erreur faite au port de départ, il convient que la douane reçoive
conditionnellement les marchandises en entrepôt, sauf à suspendre la régula-
risation de l'acquit-à-caution jusqu'à ce que l'administration ait décidé s'il y a
lieu ou non de faire poursuivre l'application des peines encourues. (*Déc. adm.
du 8 juillet* 1841.)

(4) *Voir* le texte complet de cet article au n° 208.

CHAPITRE II.

ENTREPÔT DES MARCHANDISES PROHIBÉES.

Ports d'entrepôt.

442. L'entrepôt des marchandises prohibées, de toute espèce, sera autorisé dans les ports... (1), après que le commerce aura fait disposer, à la satisfaction du gouvernement, dans le bâtiment de l'entrepôt réel qui se trouve sous la garde permanente des préposés, et non ailleurs, des magasins spéciaux, absolument isolés de ceux où se trouvent les marchandises passibles de droits, et qui seront, comme l'entrée principale de l'entrepôt, fermés à deux clefs, dont l'une restera entre les mains du délégué du commerce, et l'autre entre les mains du receveur des douanes.

Le gouvernement pourra exiger successivement, dans les ports où l'entrepôt des objets prohibés acquerrait assez d'importance pour rendre nécessaire un service spécial, que ledit entrepôt soit établi dans un local séparé, n'ayant d'ouverture que sur les quais, et offrant toutes les dispositions de sûreté que les ordonnances du Roi détermineront. (*Loi du 9 février 1832, art. 17.*)

Manifeste et déclaration.

443. Le manifeste et la déclaration en détail des marchandises prohibées, destinées pour l'entrepôt, seront faits comme il est déterminé par l'article 4 de la loi du 9 février 1832 (2), aux mêmes conditions et sous les mêmes peines. (*Loi du 9 fév. 1832, art. 19.*)

Intégrité des colis-échantillons.

444. Les colis qui renferment des marchandises prohibées, reçues en entrepôt, ne pourront être divisés (3). (*Loi du 9 février 1832, art. 20.*)

L'entrepositaire qui voudra prélever, à titre d'échantillon, un

---

(1) *Voir* la nomenclature de ces ports au chapitre 1er du présent livre.

(2) *Voir*, pour le manifeste, les nos 221 et 232, et pour la déclaration en détail, le no 316, livre VII, *Transit.*

(3) Quand toutes les marchandises contenues dans un colis n'ont pas la même destination, on peut, mais *dans ce cas seulement*, en permettre la division.

fragment de tissu ayant de la valeur (1), en fera la déclaration, et la douane, après vérification, garantira la reconnaissance de l'objet par une estampille à la rouille, lorsque le tissu sera de nature à en conserver l'empreinte, et, dans le cas contraire, en y apposant un plomb (2). Ensuite, par un acte descriptif, lequel sera transcrit sur un registre spécial, l'entrepositaire se soumettra sous caution à effectuer, à moins de réintégration en entrepôt, la réexportation de cet échantillon au plus tard lorsque la partie de marchandise d'où il aura été prélevé y sera elle-même assujettie, sous peine d'être contraint, par application de l'article 6 de la loi du 9 février 1832 (n° 518), au payement de la quadruple valeur. (*Déc. minist. du 9 avril* 1834; *Circ. manuscrite du 16 du même mois.*)

Réexportation, durée et appurement de l'entrepôt.

445. La réexportation par mer des marchandises prohibées, admises dans l'entrepôt, ne sera plus assujettie qu'aux formalités prescrites par les art. 61 et 62 de la loi du 21 avril 1818 (3). (*Loi du 9 février* 1832, *art.* 21.)

446. La durée et l'apurement définitif de l'entrepôt du prohibé se régleront d'après l'art. 14 de la loi du 17 mai 1826 (n° 421). (*Loi du 9 février* 1832, *art.* 20.)

> Les règles générales rapportées au chapitre précédent sont applicables aux marchandises prohibées (4), en tout ce qui n'est pas contraire aux dispositions qui les concernent spécialement.

Le chef de la visite l'autorise toutes les fois que le consignataire en justifie la nécessité. (*Circ. du* 28 *septembre* 1839, *n°* 1776.)

Lorsqu'un colis renferme à la fois des marchandises prohibées et des marchandises tarifées, déclarées les unes et les autres sous leur véritable dénomination, la douane peut en permettre la séparation et les faire entreposer sous le régime applicable à chacune d'elles. (*Déc. adm. du 4 septembre* 1829.)

(1) Dans aucun cas, on ne peut prélever des pièces entières; et quant aux échantillons qui ne consistent qu'en fragmens sans aucune valeur, ou que l'on consent à rendre tels en les lacérant, la remise en est faite sans conditions. (*Circ. manusc. du* 16 *avril* 1834.)

(2) Le prix de l'estampillage est fixé à 5 c. (*Circ. manusc. du* 16 *avril* 1834.) Celui du plomb à 25 c., comme dans le cas de réexportation.

(3) *Voir* au chapitre précédent les n°s 431 et suivans.

(4) La douane serait donc fondée à réclamer le payement de la valeur à l'égard des déficit reconnus à la sortie d'entrepôts.

CHAPITRE III.

ENTREPÔT FICTIF.

Marchandises qui y sont reçues.

447. Toutes les denrées coloniales françaises jouissant d'une modération de droits (n° 695), qui seront importées régulièrement par navires français, jouiront de la faculté de l'entrepôt fictif, sous les conditions prescrites par les articles 14 et 15 de la loi du 8 floréal an 11, dans les ports ouverts au commerce des Colonies françaises (1); mais indépendamment de la soumission d'entrepôt, les liquides, tels que tafia, liqueurs, sirops et mélasses, devront être conservés par les consignataires dans un magasin fermé à deux clefs, dont une restera à la douane. (*Loi du 7 décembre* 1815, *art.* 2.)

448. Les objets dont l'état est annexé à la présente ordonnance (2), qui arriveront de l'étranger dans les ports d'entrepôt

---

(1) C'est-à-dire dans tous les ports d'entrepôt. *Voir* le tableau qui fait suite au n° 412.

(2) *ÉTAT des marchandises étrangères actuellement assujetties à l'entrepôt réel, qui pourront être mises en entrepôt fictif.*

Bois *communs pour la construction.* Indiquer la nature des bois, s'ils sont bruts, équarris ou sciés, la mesure de ceux qui payent les droits par stère, et les trois dimensions des planches ou madriers ayant l'épaisseur de 8 centimètres et au-dessous.

    Mâts, mâtereaux, espars et manches de gaffes, à distinguer d'après les dimensions que le tarif a fixées pour chaque espèce.

Bois *en perches, en échalas ou en éclisses.* Indiquer la nature des bois, le nombre et les différentes longueurs des pièces.

Bois *feuillards et* bois *merrains.* Indiquer la nature des bois et le nombre des pièces pour chaque dimension distinguée au tarif.

Osier *en bottes.* Distinguer s'il est brut, pelé ou fendu, propre aux ouvrages de vannerie ou à la tonnellerie. Indiquer le nombre de bottes et le poids.

Futailles *vides.* Distinguer si elles sont neuves ou vieilles, cerclées en fer ou en bois; à quel usage étaient celles qui ont déjà servi; si ce sont des *pipes, boucauts, barriques, tierçons, quarts ou barils.* Indiquer leur nombre et leur contenance totale pour chaque espèce.

Balais *communs.* Indiquer le nombre et l'espèce.

réel (n⁰ 412), pourront y être mis en entrepôt fictif, à charge
de les désigner et distinguer dans les soumissions d'entrepôt,
conformément à l'état, et de leur appliquer les dispositions des
articles 14 et 15 de la loi du 8 floréal an 11. (*Ord. du 9 janvier
1818, art. 3.*)

449. Le même mode d'entrepôt sera étendu aux cotons en
laine étrangers dans les ports d'entrepôt réel où, pour jouir de
cette facilité, les propriétaires et consignataires se soumettront
à l'application des articles 14 et 15 de la loi du 8 floréal an 11, et
aux conditions suivantes, (*Ord. du 9 janvier 1818, art. 4.*)

AVIRONS *et rames de bateaux.* Indiquer la nature du bois et le nombre des
pièces pour chaque espèce.

ARDOISES *pour toitures.* Indiquer le nombre et les dimensions différentes.

BRIQUES, *tuiles et carreaux de terre.* Indiquer l'espèce et le nombre.

MEULES *à moudre et à aiguiser.* Indiquer le nombre pour chaque dimension
distinguée au tarif.

MARBRES *bruts.* Indiquer l'espèce, la qualité et le nombre de blocs ; y faire
apposer des marques qui distingueront les blocs importés par navires français ou étrangers, et qui présenteront l'indication du poids. On fera en
outre placer séparément ceux qui seront sujets à la surtaxe, et l'on ne permettra d'en enlever aucun avant qu'ils aient été reconnus.

MARBRES *ouvrés non dénommés au tarif.* Mêmes précautions que pour les
marbres bruts, en ajoutant l'indication de l'espèce des ouvrages.

CHANVRE *tillé ou peigné, et étoupes de chanvre, par navire français.* Indiquer
l'espèce, le nombre de balles ou paquets, et le poids.

SPARTE *brut et autres joncs communs, par navire français.* Indiquer l'espèce
et le poids.

ÉCONCES *de tilleul.* Indiquer le poids.

CORDAGES *de tilleul, sparte, joncs et herbes, par navire français.* Indiquer
l'espèce, la grosseur moyenne et le poids.

GRAINES *de prairie, par navire français.* Indiquer l'espèce, le nombre de sacs
et le poids.

PEAUX *fraîches, grandes et petites, par navire français, et* PEAUX *sèches,
petites, par navire français.* Distinguer l'espèce par le nom de l'animal. Indiquer le nombre et le poids.

POTASSE *importée, par navire français, des pays hors d'Europe seulement.*
Constater l'espèce, le nombre de barriques et le poids.

SOUDE, *par navire français.* Indiquer le poids.

NATRONS, *par navire français.* Indiquer le poids.

SOUFRE *brut ou épuré, par navire français.* Indiquer l'espèce, le nombre de
tonneaux ou caisses, et le poids.

POIX, *galipot, goudron, brai sec, importés par navire français.* Indiquer
l'espèce, le nombre de barils ou autres colis, et le poids.

(*Ord. du 9 janvier 1818.*)

Le poids des cotons étrangers, destinés pour l'entrepôt fictif, sera constaté balle par balle, avec l'indication de leurs marques et numéros. Le vérificateur des douanes fera en outre apposer sur chaque balle l'empreinte d'une estampille distinctive de la qualité du coton, du lieu du chargement et du mode de transport. (*Ord. du 9 janvier* 1818, *art.* 5.)

Le propriétaire ou consignataire de ces cotons renoncera à la faculté de les déballer en entrepôt fictif, et d'avoir à sa disposition aucune presse ou instrument propre à les remettre en balle, sous peine d'être privé immédiatement de toute participation à l'entrepôt fictif des cotons étrangers. (*Même Ord.*, *art.* 6.)

Le propriétaire ou consignataire de ces cotons sera d'ailleurs tenu de donner ses soins à la conservation des marques et numéros des balles et de l'empreinte des estampilles de la douane; de placer séparément dans le magasin désigné pour l'entrepôt les cotons sujets à des droits différens, suivant leur qualité, leur origine et le mode d'importation; de séparer en outre, s'il en est requis, les cotons provenant de navires différens, et de fournir des magasins d'entrepôt séparés pour les cotons des Colonies françaises.

En cas de mélange d'une partie de coton avec une autre, ou de suppression ou changement de l'empreinte des estampilles, la douane pourra faire payer sur-le-champ les droits d'entrée des parties de coton qui auront été confondues, ou des balles sur lesquelles les marques et numéros du négociant ou l'empreinte de l'estampille auront été supprimés ou changés. (*Même Ord.*, *art.* 7.)

Tous les cotons étrangers retirés d'entrepôt fictif pour la consommation, la réexportation ou le transit, seront, en vertu des permis de sortie d'entrepôt, conduits à la douane ou au bureau de visite, à l'effet d'en faire reconnaître la qualité, le poids et les marques; immédiatement après cette vérification, l'empreinte de l'estampille sera effacée par deux traits en croix. (*Même Ord.*, *art.* 8.)

Ces dispositions seront applicables aux cotons expédiés d'un port à un autre par continuation d'entrepôt, si ce n'est que l'empreinte de l'estampille y sera conservée, pour éviter d'en apposer une nouvelle, à moins qu'elle ne devienne nécessaire. (*Même Ord.*, *art.* 9.)

Les frais d'apposition des estampilles, y compris l'achat de ces instrumens et de la couleur, seront remboursés par les propriétaires ou consignataires des cotons aux vérificateurs des douanes, à raison de 10 cent. par balle de coton ou par marque nouvelle qu'il serait nécessaire d'y apposer. Il ne sera rien payé pour le croisement des marques. (*Même Ord.*, art. 10.)

Seront exclus de l'entrepôt fictif, sauf la faculté de l'entrepôt réel, tous les cotons étrangers susceptibles d'une réduction de droits pour cause d'avarie, et ceux dont les balles auront été ouvertes ou rompues avant la mise en entrepôt. (*Même Ord.*, *art.* 11.)

450. Les houilles pourront aussi être entreposées fictivement dans tous les ports d'entrepôt réel ou fictif (1). (*Circ. du 24 juillet* 1836, nº 1555.)

Conditions de l'entrepôt.

451. Les marchandises admissibles en entrepôt fictif ne jouiront de cette faculté que sous la soumission cautionnée (2) de les réexporter ou de payer le droit d'entrée au moment où elles sortiront de l'entrepôt pour la consommation (3). La durée de l'entrepôt ne pourra excéder le terme d'une année (4). (*Loi du 8 floréal an* 11, *art.* 14.)

---

(1) *Voir*, au chapitre v de ce livre, les dispositions relatives à la houille que les bâtimens à vapeur peuvent extraire d'entrepôt.

(2) Indépendamment de la soumission, certaines marchandises, sujettes à coulage, doivent être placées sous la double clef de la douane et de l'entrepositaire (nº 447).

(3) La douane n'est pas autorisée à rechercher la qualité, la solvabilité de l'entrepositaire, ni à exiger qu'il soit pourvu d'une patente. Il lui suffit que l'on souscrive les obligations prescrites par la loi, et qu'une caution, reconnue solvable par le receveur, en garantisse l'exécution. (*Déc. adm. du* 23 *octobre* 1839.)

(4) Quand le local le permet, le commerce a la faculté de placer dans l'entrepôt réel des marchandises admissibles en entrepôt fictif. Mais si l'entrepositaire demande l'autorisation de les retirer de l'entrepôt réel pour les placer dans ses magasins, sous le régime de l'entrepôt fictif, le délai d'un an, accordé pour cet entrepôt, ne court que du jour de la déclaration de changement de régime, sauf à réduire ce délai si la marchandise a séjourné plus de deux ans dans l'entrepôt réel, et de manière à ce que la somme des deux

452. Les négocians et autres qui déclareront pour l'entrepôt les espèces de marchandises ci-dessus désignées, seront tenus de déclarer aux bureaux des douanes, avant la mise en entrepôt, les magasins où ils renfermeront leurs marchandises, et de faire leur soumission (1) de les représenter en même qualité et quantité toutes les fois qu'ils en seront requis (2), avec défense de les changer de magasin sans déclaration préalable et permis spécial de la douane, à peine de payer immédiatement les droits en cas de mutation non autorisée, et du double droit dans le cas de

---

délais n'excède jamais le maximum de trois années, fixé par la loi du 17 mai 1826. (*Déc. adm du 5 avril* 1841.)

Si, pour cause légitime, une prolongation de délai a été accordée par l'administration, on ne fait pas renouveler l'obligation de l'entrepositaire, parce qu'il demeure lié par sa soumission d'entrepôt, jusqu'à ce qu'il en ait rempli les conditions; mais il est indispensable que la caution, qui n'est engagée que pour le délai exprimé dans cette soumission, intervienne pour déclarer qu'elle continue à la garantir. Si le receveur des douanes juge que la caution ne présente plus la même solvabilité qu'au moment où elle a été reçue pour la première fois, il doit exiger un autre répondant à sa satisfaction, et, en cas de refus, réclamer sur-le-champ le payement des droits. (*Circ. du 14 mars* 1821, *n°* 644.)

(1) Cette soumission est transcrite sur un registre. Dans les ports où les entrepôts sont nombreux, on tient simultanément un registre de *déclarations avec soumissions* et un *compte ouvert* par entrepositaire. Dans les ports, au contraire, où les opérations d'entrepôt fictif n'offrent pas le même intérêt, il suffit de tenir un seul registre, *le sommier avec soumission.* (*Circ. n°s* 672 et 709, *et Déc. adm. du* 16 *mai* 1839.)

(2) Le principe établi par cet article, qui rend le soumissionnaire responsable de la totalité des droits, d'après l'espèce, la qualité et le poids reconnus à l'entrée en entrepôt, est absolu en matière d'*entrepôt fictif*, et n'admet, dans aucune circonstance et pour quelque cause que ce soit, aucune sorte de modification. Ainsi le droit sera toujours exigé sur les déficit reconnus. Mais quand ils porteront sur des sucres de nos Colonies entreposés d'après la *tare légale*, on défalquera de ces déficit la portion de la tare qui leur est applicable, à moins que les sucres n'aient été expédiés pour la réexportation, soit directement par mer, soit par la voie du transit, cas auquel le droit devrait porter sur l'intégralité du déficit. (*Déc. adm. des* 1er *février et* 17 *septembre* 1838.)

Les marchandises placées en entrepôt fictif doivent être représentées dans les colis et avec les marques mêmes désignées dans la soumission. (*A. de C. du* 29 *janvier* 1834; *Circ. n°* 1431.)

Les manipulations en entrepôt fictif sont permises toutes les fois que la conservation des marchandises les rend nécessaires; mais elles doivent toujours être précédées de la déclaration de l'entrepositaire et de l'autorisation de la douane. (*Déc. adm. du* 26 *mai* 1841.)

soustraction absolue, indépendamment d'une amende qui pourra s'élever au double de la valeur de la marchandise soustraite (1). (*Loi du 8 floréal an 11, art.* 15.)

453. Il ne peut être reçu en entrepôt fictif, ni par suite en être réexporté, que des marchandises parfaitement conservées et franches de toute avarie (2). (*Loi du 27 juillet* 1822, *art.* 12.)

454. Si la douane le juge nécessaire à cause des distinctions de qualité, elle pourra, lors de l'entrée en entrepôt fictif, prélever des échantillons qui seront conservés sous son cachet et celui de l'entrepositaire, afin de rendre plus certaine la reconnaissance d'identité qui devra avoir lieu à la sortie d'entrepôt. (*Circ. du 23 vendémiaire an 11.*)

Recensemens.

455. Les marchandises entreposées fictivement seront l'objet

---

(1) Les mutations de magasin, si les marchandises restent la propriété du soumissionnaire, ont leur effet sous la garantie du cautionnement déjà fourni, et, dans ce cas, l'on se borne à recevoir, sur un registre *ad hoc*, la déclaration de changement de magasin. Le soumissionnaire et sa caution doivent signer une reconnaissance portant qu'ils ont demandé et obtenu le permis de mutation. (*Circ. du 8 septembre* 1815, *n°* 67.)

Si la marchandise, transportée sans auctorisation d'un magasin dans un autre, y est représentée intégralement, il n'y a que simple déplacement, et, par conséquent, déchéance du bénéfice de l'entrepôt. Mais si la marchandise est transportée dans plusieurs magasins, le caractère constitutif de l'identité manque, et il y a soustraction absolue dans le sens de la loi. (*Déc. adm. du* 14 *avril* 1857.)

La loi impose au soumissionnaire l'obligation personnelle de représenter les marchandises à toutes réquisitions, en même qualité et quantité, à peine du double droit, et d'une amende en cas de soustraction. (*A. de C. du* 2 *mai* 1809.)

S'il y a soustraction, il faut poursuivre simultanément le soumissionnaire et sa caution. (*Circ. du* 4 *janvier* 1835, *n°* 1474.)

En cas de cession, le soumissionnaire n'est libéré de son engagement que lorsqu'il s'est fait substituer un autre obligé dont la douane a agréé la soumission, bien que d'ailleurs elle ait eu connaissance de la cession, et qu'elle ait assisté au transport des marchandises dans les magasins du cessionnaire. (*A. de C. du* 9 *mars* 1835; *Circ. n°* 1485.)

(2) Ainsi toute réduction de droits et la faculté de la réexportation doivent être refusés à des marchandises avariées sortant de l'entrepôt fictif. (*Circ. du* 28 *juillet* 1822, *n°* 740.)

de recensemens qu'on renouvellera au moins tous les trimestres (1). (*Circ. du 24 thermidor an 10.*)

Poursuites.

456. Si, à l'échéance du délai d'entrepôt, le soumissionnaire n'avait pas effectué la réexportation ou la mise en consommation de sa marchandise, des poursuites par voie de contrainte devraient être entamées sans retard contre le soumissionnaire (2) et sa caution (3). (*Circ. du 14 mars* 1821, *n*o 644.)

> Les règles générales du chapitre 1er du présent livre sont applicables aux entrepôts fictifs, en tout ce qui n'est pas contraire aux dispositions qui les concernent spécialement.

CHAPITRE IV.

ENTREPÔTS A L'INTÉRIEUR ET AUX FRONTIÈRES.

Avantages accordés.

457. Il pourra être établi, par ordonnance du Roi, des entrepôts réels de douanes dans toutes les villes qui le demanderont

---

(1) On fait aider les contrôleurs par les vérificateurs, s'ils ont besoin de leur secours pendant la durée des recensemens. (*Circ. du* 13 *mars* 1792.)

Toutes les opérations de recensement sont mentionnées en détail sur un carnet tenu par le contrôleur, et signé de lui et des employés qui l'ont accompagné.

Ce portatif, coté et paraphé par le directeur, doit être fréquemment examiné et visé par le sous-inspecteur et l'inspecteur. (*Circ. du* 29 *février* 1820, *n*o 551.)

(2) En cas de décès d'un soumissionnaire d'entrepôt, l'action de la douane s'exerce envers le co-propriétaire, s'il en existe, ou les héritiers, et envers la caution. (*A. de C. du* 23 *ventôse* an 13.)

L'entrepôt ne cesse qu'au moyen de l'accomplissement des formalités prescrites pour le faire cesser. (*A. de C. du* 3 *octobre* 1810.)

(3) Ces règles ne concernent nullement l'entrepôt réel proprement dit, c'est-à-dire celui qui a lieu sans soumission dans les ports où les magasins sont placés sous la main de la douane ; mais elles sont applicables à *l'entrepôt réel sous soumission* dans les ports où les magasins ne sont pas réunis. (*Circ. du* 23 *janvier* 1824, *n*o 847.)

et qui rempliront les conditions déterminées par la présente loi (1). (*Loi du 27 février* 1832, *art.* 1er.)

458. Les entrepôts qui seraient établis à l'intérieur pourront recevoir toutes les marchandises non prohibées, admissibles au transit, qui y seront expédiées, soit des villes d'entrepôt réel où elles auront été débarquées (2), soit des bureaux frontières ouverts au transit (3). (*Même Loi, art.* 2.)

Les marchandises prohibées à l'entrée et admissibles au transit, pourront, aux conditions déterminées par la loi du 27 février 1832, être également reçues dans les entrepôts de l'intérieur (4). (*Loi du 26 juin* 1835, *art.* 1er.)

Durée de l'entrepôt.

459. Le séjour des marchandises en entrepôt ne pourra excéder les trois années fixées par l'article 14 de la loi du 17 mai 1826 (no 421), lesquelles seront comptées du jour (5) de l'importa-

---

(1) *Voir* ci-après les nos 465 et 466.

(2) Tout transport de ces marchandises avec emprunt de la mer est formellement interdit. Ainsi, par exemple, une expédition de Nantes pour Paris, par la voie de la mer, ne pourrait pas être faite. Il y a là deux opérations distinctes, régies par des lois différentes : l'une, celle de Nantes au Havre, est une mutation d'entrepôt qui s'effectue sous les garanties de l'article 21 de la loi du 17 mai 1826 ; l'autre, du Havre à Paris, une opération de transit qui a lieu sous les formalités et conditions déterminées par les règlemens sur cette matière, et particulièrement par les lois des 17 décembre 1814 et 9 février 1832. Ces deux opérations ne doivent donc pas être confondues : la première se termine au Havre ; c'est là que l'expédition est régularisée, et que, de fait comme de droit, le soumissionnaire de l'acquit-à-caution levé au départ se trouve définitivement libéré ; la seconde opération commence au Havre ; de nouveaux engagemens y sont exigés en vertu d'autres lois, et assurent l'arrivée de la marchandise à l'entrepôt de Paris. (*Déc. adm. du* 19 *mars* 1834.)

(3) Les marchandises comprises dans l'article 22 de la loi du 28 avril 1816, qui sont dirigées des bureaux frontières sur les entrepôts de l'intérieur, ne peuvent sortir de ces entrepôts que pour être réexportées par terre. Il est défendu de les admettre pour la consommation, et de les diriger sur les ports de mer. C'est ce qui résulte de l'article 22 qu'on vient de citer, et de l'article 2 de la loi du 9 février 1832 (no 489).

(4) Cette disposition s'applique à plus forte raison aux marchandises frappées de prohibition relative, en vertu de certains traités de commerce. (*Circ. du* 30 *juin* 1855, *no* 1490.)

(5) Lorsque les marchandises reçoivent immédiatement la destination d'un entrepôt intérieur, ce jour est celui de la délivrance de l'acquit-à-caution levé

tion des marchandises par terre ou par mer. Les mutations qui peuvent être faites d'un entrepôt sur un autre ne donnent lieu à aucune prolongation de délai. (*Loi du 27 février* 1832, *art.* 3.)

Formalités.

460. Les marchandises que l'on dirigera sur les entrepôts créés en vertu de la présente loi, seront expédiées de la même manière, sous les mêmes conditions et sous les mêmes peines, en cas d'infraction, que celles qui sont déterminées par les lois relatives aux entrepôts réels et par celle du 17 décembre 1814 et autres relatives au transit et aux mutations d'entrepôt (1).

Toutes les lois relatives aux entrepôts maritimes, à l'entrée des marchandises entreposées, à leur sortie, à la police intérieure des magasins, seront applicables aux entrepôts créés en vertu de la présente loi (2). (*Loi du 27 février* 1832, *art.* 4.)

---

pour les y conduire, et, dans le cas contraire, celui de leur entrée dans l'entrepôt du port ou de la frontière. (*Circ. du* 1er *mars* 1832, *n*° 1308.)

(1) *Voir*, pour ces règles générales, le livre VII, *Transit,* et le chapitre 1er du présent livre.

Aux termes de l'article 21 de la loi du 2 juillet 1836 (n° 216), le prix de chaque plomb est réduit à 25 c. pour les marchandises expédiées sur les entrepôts créés en vertu de la loi du 27 février 1832, ou qui sont extraites de ces entrepôts, soit pour être réexportées, soit pour être dirigées sur d'autres entrepôts du royaume.

Des ordonnances du Roi, révocables en cas d'abus, peuvent dispenser de la formalité du plombage, dans tous les cas où elle est exigée, les marchandises dirigées sur un entrepôt intérieur, soit qu'elles soient expédiées d'un port ou d'un autre entrepôt maritime ou intérieur. (*Loi du* 2 *juillet* 1836, *art.* 20.)

Pour les règles générales du plombage, *voir* le livre II, chapitre x.

(2) Les expéditions pour les entrepôts intérieurs ne donnent ouverture à la perception d'aucun droit; mais on soumet au droit de transit les réexportations qui sont faites de ces entrepôts. (*Circ. du* 1er *mars* 1832, *n*° 1308.)

La plupart des marchandises dirigées sur les entrepôts de l'intérieur, étant transportées par eau, il a paru juste d'affranchir du payement des droits les *excédans* qui proviennent de l'humidité. A cet effet, les droits d'entrée, si la marchandise est déclarée pour la consommation immédiate, ou les comptes d'entrepôt, si elle doit être entreposée, sont établis d'après le poids mentionné dans les acquits-à-caution. Dans ce cas, le sous-inspecteur sédentaire n'accorde l'immunité qu'après s'être assuré personnellement de l'état des marchandises. Le vérificateur en tient note sur son portatif, afin de justifier le défaut de concordance qui existe entre le poids résultant de son opération et celui qui est porté sur les registres de la douane. Les négocians ont toujours la faculté de renoncer au bénéfice de cette concession, qu'on

461. La décharge des acquits-à-caution s'opérera immédiatement par l'entrée en entrepôt des marchandises qui en seront
l'objet et qui seront reprises au compte de l'entrepôt, après que
l'identité en quantités, poids, mesures, espèces et qualités aura
été reconnue. (*Loi du 27 février* 1832, *art.* 5.)

Extractions d'entrepôt.

462. Les marchandises reçues dans lesdits entrepôts pourront
en être retirées :

1° Pour la consommation, après avoir acquitté les droits en
vigueur ;

2° Pour être réexportées en transit, soit par mer, soit par les
frontières de terre, ou réexpédiées sur les autres entrepôts désignés par les règlemens (1). (*Lois des 27 février* 1832, *art.* 6, *et*
26 *juin* 1835, *art.* 1er.)

Abandon présumé.

463. Si les marchandises reçues en entrepôt ne sont pas acquittées ou réexportées avant l'expiration du délai déterminé par
l'article 3 de la présente loi, il en sera disposé ainsi qu'il est
voulu par l'article 14 de la loi du 17 mai 1826 (n° 421). (*Loi du*
27 *février* 1832, *art.* 7.)

Déchéances des négocians.

464. Ceux qui auront été condamnés pour des soustractions
ou autres délits qui seraient commis dans les entrepôts créés en
vertu de la présente loi, ou dans les expéditions qui s'y rapportent, seront passibles des interdictions déterminées par l'article 83 de la loi du 8 floréal an 11 (n° 208), ainsi que ceux qui
prêteraient leur nom pour soustraire les condamnés aux effets
de la présente disposition. (*Loi du 27 février* 1832, *art.* 8.)

---

n'applique pas toutes les fois qu'ils préfèrent s'en rapporter au poids *actuel*
et font leur déclaration en conséquence. (*Circ. manusc. du* 3 *mai* 1839.)

(1) Les réexportations et les mutations d'entrepôt ont lieu sous les formalités générales du transit. (*Circ. du* 1er *mars* 1832, *n°* 1308.) — *Voir* le livre VII.

Conditions imposées.

465. Pour obtenir l'établissement de l'entrepôt, les villes auxquelles la faculté en aura été accordée (1) devront préalablement
y avoir affecté un bâtiment spécial, isolé, et distribué intérieu-
rement de manière à ce qu'on puisse classer séparément, selon
qu'il pourra être prescrit par les ordonnances du Roi, les marchandises d'origines diverses.

Le même bâtiment devra offrir la distribution convenable pour
l'établissement des corps de garde des préposés des douanes,
ainsi que les logemens et bureaux réservés à l'agent du commerce et à celui des douanes, dépositaires chacun d'une clef de
l'entrepôt, le premier pour la conservation et la garde de la
marchandise, le second pour la garantie des droits du Trésor.

Ces édifices devront avoir été agréés par le gouvernement.
(*Loi du* 27 *février* 1832, *art.* 9.)

466. Les villes qui demanderont l'établissement d'un entrepôt
devront pourvoir à la dépense spéciale nécessitée par la création et le service desdits entrepôts, tant pour les bâtimens que
pour les salaires des employés chargés des écritures, de la garde,
de la surveillance et de la perception, et généralement à tous les
frais occasionnés par ces entrepôts (2).

Ces villes jouiront des droits de magasinage dans l'entrepôt,
conformément aux tarifs qui seront concertés avec les chambres
de commerce et approuvés par le gouvernement.

Elles pourront faire concession temporaire de ces droits, avec

---

(1) L'administration fait connaître, par des circulaires imprimées, les villes
qui sont admises à jouir de cette faculté. (*Circ. n*° 1308.)

Aujourd'hui des entrepôts existent à :

Orléans; (*Circ. du* 30 *décembre* 1832, *n*° 1366.)

Metz; (*Circ. du* 24 *janvier* 1833, *n*° 1370.)

Toulouse; (*Circ. du* 26 *décembre* 1833, *n*° 1417.)

Paris; (*Circ. du* 4 *mars* 1834, *n*° 1429.)

Mulhausen; (*Circ. des* 24 *décembre* 1835, *n*° 1519, *et* 29 *janvier* 1836,
n° 1524.)

Lyon. (*Circ. du* 23 *décembre* 1836, *n*° 1592.)

(2) La dépense relative au service de perception et de surveillance des entrepôts de douane créés en vertu de la loi du 27 février 1832, est mise
à la charge de l'État, à partir du 1er janvier 1840. (*Loi du* 10 *août* 1839,
art. 11.)

concurrence et publicité, à des adjudicataires qui se chargeraient de la dépense du local, de la construction et de l'entretien des bâtimens, ainsi que de toutes les autres charges de l'entrepôt.

, Le commerce, représenté par la chambre de commerce du lieu, pourra, sur le refus du conseil municipal, se charger de remplir les mêmes obligations au moyen d'une association d'actionnaires qui sera constituée en société anonyme. (*Loi du* 27 *février* 1832, *art.* 10.)

CHAPITRE V.

DISPOSITIONS SPÉCIALES A CERTAINES MARCHANDISES.

SECTION PREMIÈRE.

MARCHANDISES ADMISES TEMPORAIREMENT.

467. Des ordonnances royales pourront autoriser, sauf révocation en cas d'abus, l'importation temporaire de produits étrangers destinés à être fabriqués ou à recevoir en France un complément de main-d'œuvre, et que l'on s'engagera à réexporter ou à rétablir en entrepôt dans un délai qui ne pourra excéder six mois, et en remplissant les formalités et les conditions qui seront déterminées.

Dans le cas où la réexportation ou la mise en entrepôt ne sera pas effectuée dans le délai et sous les conditions déterminées, le soumissionnaire sera tenu au payement d'une amende égale au quadruple des droits des objets importés, ou au quadruple de la valeur, selon qu'ils seront ou non prohibés; et il ne sera plus admis à jouir du bénéfice du présent article. (*Loi du* 5 *juillet* 1836, *art.* 5.)

Foulards.

468. Les tissus de soie dits *foulards écrus*, destinés à l'impression pour l'étranger, pourront être importés en franchise de droits, à charge d'être réexportés ou mis en entrepôt dans un délai de trois mois. (*Ord. du* 13 *mai* 1837, *art.* 1er.)

Les pièces de foulards seront, sous les peines de droit, déclarées à la douane par nombre, mesure et poids net (1). Chaque déclaration comprendra le nombre des pièces qui devront faire l'objet d'une seule expédition et d'une même réexportation. (*Ord. du 13 mai 1837, art. 2.*)

La douane apposera une estampille à chaque bout de pièce (2), et délivrera un acquit-à-caution (3) pour assurer la réexportation des tissus, après que le soumissionnaire et sa caution se seront engagés solidairement, sous les peines édictées par l'article 5 de la loi du 5 juillet 1836, à faire ressortir les mêmes pièces, pesant ensemble le même poids et donnant la même mesure. (*Même Ord., art. 3.*)

Les tissus admis en vertu de la présente ordonnance ne pourront être importés que par les ports de Marseille, Bordeaux, Nantes, le Havre, Rouen, Boulogne, Calais et Dunkerque; et par les bureaux de Lille, Forbach, Strasbourg, Saint-Louis et Pont-de-Beauvoisin. Ils pourront aussi être retirés des entrepôts de Paris et de Lyon (4), où ils seraient arrivés par la voie du transit. Leur réexportation devra s'effectuer par les mêmes ports et bureaux (*Même Ord., art. 4; Déc. min. du 13 juin 1837; Circ. du 20, n° 1631.*) (5).

---

(1) Le poids *net* doit toujours être constaté par la soustraction matérielle des emballages. La douane de sortie s'assure aussi de l'exactitude de ce poids; c'est un moyen de reconnaissance d'autant plus certain qu'il paraît que ce que l'addition des couleurs peut ajouter au poids des étoffes est compensé par le décreusage qu'on leur fait subir avant l'impression. (*Circ. du 27 mai 1837, n° 1624.*)

(2) Les douanes désignées sont pourvues à cet effet de cachets portant ces mots : *Loi du 5 juillet 1836, art. 5, douane d*................, et de l'encre nécessaire. La fourniture de ces objets demeure à la charge de la douane, qui reçoit de l'expéditeur une indemnité de 10 c. par estampille; le montant en est porté en recette, et réparti dans la forme prescrite pour le produit des plombs. (*Circ. du 27 mai 1837, n° 1624.*)

(3) Cette expédition, dont un extrait doit être transmis à l'administration, indique le nombre et le poids des pièces, le bureau désigné pour en effectuer la réexportation ou l'entrepôt destiné à les recevoir; elle rappelle les engagemens souscrits solidairement par l'expéditeur et sa caution, ainsi que les amendes éventuellement exigibles. (*Même Circ.*)

(4) Ce n'est également que dans ces entrepôts, dans celui de Strasbourg, ou dans ceux des ports ci-dessus désignés, que les foulards non réexportés immédiatement peuvent être reçus. (*Circ. du 27 mai 1837, n° 1624.*)

(5) Le commerce a la faculté de déclarer pour la consommation, sans être

Fers destinés à être galvanisés.

469. Le fer laminé et les ouvrages en fer ou en tôle destinés à être *galvanisés* en France pour l'étranger, et dont le service des douanes pourra garantir l'identité, soit par le poinçonnage, soit par le plombage, l'estampillage ou le prélèvement d'échantillons, pourront être importés en franchise de droits, à charge d'être réexportés dans un délai de deux mois.

Sont exclues de cette faculté les armes dites de guerre et toutes celles dont le port ou la circulation sont interdits dans le royaume. (*Ord. du 23 août 1841, art.* 1er.)

Les objets qui seront admis en vertu de l'article 1er de la présente ordonnance devront être déclarés en douane dans la forme et sous les conditions déterminées par les lois relatives au transit des marchandises prohibées. Les produits compris dans chaque déclaration d'importation devront faire l'objet d'une seule et même réexportation.

L'importation et la réexportation de ces produits pourront s'effectuer par tous les ports et bureaux ouverts au transit des marchandises prohibées. A défaut de réexportation directe, ils seront admis dans les entrepôts maritimes ou de l'intérieur autorisés à recevoir lesdites marchandises.

La réexportation ou la réintégration en entrepôt seront en outre garanties par une soumission valablement cautionnée. (*Ord. du 23 août* 1841, *art.* 2.)

En cas de litige entre la douane et les importateurs sur l'identité des objets représentés à la sortie, il sera prononcé par les commissaires-experts institués par l'article 19 de la loi du 27 juillet 1822.

---

tenu de les représenter, les foulards admis temporairement, en vertu de l'ordonnance du 13 mai 1837; mais, dans aucun cas, les perceptions, quelle qu'en soit la quotité, ne peuvent donner ouverture au crédit ni à l'escompte : elles doivent toujours s'effectuer dans les trois mois accordés par cette ordonnance, toute prolongation de délai pour l'impression des foulards devant avoir pour effet de faire rentrer le soumissionnaire sous l'empire du droit commun, c'est-à-dire qu'il doit les représenter à la douane avant d'en payer les droits. (*Déc. adm. du 23 juin* 1841.)

Les infractions seront punies conformément à l'article 5 de la loi du 5 juillet 1836 (*Ord. du 23 août 1841, art. 3.*) (1).

Futailles vides.

470. Les futailles vides étrangères devant servir à l'exportation des vins ou eaux-de-vie de France, seront admises au bénéfice de l'importation temporaire sous les conditions suivantes :

1º. L'importateur sera tenu de remettre à la douane, à l'appui de sa déclaration, un inventaire détaillé des futailles qu'il voudra introduire, lequel inventaire en indiquera l'espèce et la contenance, et fera connaître si elles sont cerclées en bois ou en fer, et, pour ces dernières, le nombre de cercles qui les entourent.

2º. L'importateur souscrira en même temps l'engagement cautionné de réexporter ses futailles *pleines* par le bureau qui les aura admises, dans un délai qui ne devra pas excéder six mois, ou, à défaut, de payer à l'expiration de ce délai, pour les futailles non réexportées, le double du droit dont elles auraient été passibles à l'entrée : un compte séparé devra être ouvert à cet effet pour chaque importation de l'espèce.

3º. Lors de l'importation, il sera apposé sur chaque futaille, par les soins du service, au moyen d'une empreinte au feu, une marque propre à en faire reconnaître l'identité à la sortie (2). (*Déc. min. du 11 septembre 1841 ; Circ. du 29, nº 1879.*)

---

(1) Aucune disposition générale ne saurait être prescrite à l'avance pour l'application de cette ordonnance, attendu que les formalités à observer, les mesures de service à prendre, dépendent nécessairement de la nature des produits et de la situation des lieux où la *galvanisation* doit s'effectuer. Les directeurs doivent donc se borner à transmettre à l'administration, au fur et à mesure qu'elles se produisent, les demandes auxquelles elle peut donner lieu, en fournissant à l'appui leurs observations et leur avis. L'administration statue, par décision spéciale, à l'égard de chacune d'elles. (*Circ. du 16 septembre 1841, nº 1876.*)

(2) L'administration fera confectionner les instrumens nécessaires pour cette opération, au fur et à mesure des demandes qui lui en seront faites. Provisoirement on y suppléera par tout autre moyen : dans tous les cas, l'apposition des marques doit avoir lieu sans frais. (*Circ. du 29 septembre 1841, nº 1879.*)

SECTION II.

HOUILLES.

471. Les bâtimens à vapeur de la marine française militaire ou marchande, qui naviguent en mer ou sur les affluens jusqu'au dernier bureau de douanes, pourront se servir de houilles étrangères prises dans les entrepôts, en payant le simple droit de 15 c. par 100 fr. de valeur (1). (*Loi du 2 juillet 1836, art. 23.*)

SECTION III.

SUCRES DESTINÉS A LA RÉEXPORTATION.

472. Tout capitaine de navire français venu directement de nos Colonies dans un port du royaume avec des sucres destinés à être réexportés pour l'étranger, pourra, sans être tenu de les débarquer, reprendre immédiatement la mer, après toutefois qu'il aura satisfait aux formalités et obligations prescrites en pareil cas par les lois et règlemens, et que les agens des douanes se seront assurés, par une vérification faite à bord, de la nature et de l'importance de la cargaison, ainsi que de son identité avec les expéditions de la Colonie dont elle sera accompagnéee (2). (*Arrêté du min. des fin. du 13 juin 1836.*)

---

(1) La sortie d'entrepôt et le départ du combustible sont constatés conformément aux articles 61 et 62 de la loi du 21 avril 1818 (n°s 431 et 432), comme s'il s'agissait d'une réexportation. Si le navire se rend dans un autre port de France, la portion de houille qu'il n'a pas consommée dans la traversée est traitée dans ce port comme si elle arrivait directement de l'étranger. Ainsi elle doit être entreposée, ou, si la localité ne possède pas d'entrepôt, déposée en douane, ou soumise aux droits du tarif. Toutefois ces restans de provision peuvent rester à bord, si le bâtiment doit bientôt reprendre la mer. A l'égard des navires qui naviguent dans la partie des rivières affluentes à la mer qui reste soumise à l'action des douanes, le fait même de l'embarquement des houilles suffit pour justifier l'extraction légale de l'entrepôt et la libération de l'entrepositaire. Mais le navire qui remonte vers l'intérieur, en amont du dernier bureau de douanes situé sur ces rivières, ne peut disposer du combustible qui lui reste à bord qu'après en avoir payé les droits d'entrée fixés par le tarif. (*Circ. du 24 juillet 1836, n° 1555.*)

(2) Le capitaine, dans les vingt-quatre heures de son entrée dans le port,

473. Les sucres blancs de qualité supérieure, importés de nos Colonies, pourront être admis en entrepôt réel sous la dénomination de *sucre terré*, à condition toutefois que les déclarans renonceront à les livrer à la consommation intérieure du royaume (1). Ces sucres pourront en outre jouir des facilités accordées par l'arrêté du 13 juin 1836, dans le cas où leur réexportation devrait s'effectuer immédiatement. (*Déc. min. du* 14 *septembre* 1839.)

------

doit déposer son manifeste à la douane, où il est enregistré dans la forme ordinaire. Le consignataire ou l'armateur, dispensé de lever des permis de débarquer, indique la destination ultérieure de la cargaison, et remet, à titre de déclaration, les expéditions délivrées aux Colonies. Il en est fait enregistrement sur le registre des *déclarations*, ainsi qu'au *sommier d'entrepôt*, tant à l'*entrée* qu'à la *sortie*. Toutefois, avant d'admettre et de régulariser définitivement ces expéditions, la douane s'assure de l'existence à bord des sucres qu'elles mentionnent, et procède à cette vérification de manière à épargner au commerce tous les frais et retards qui peuvent être évités. La réexportation des sucres s'effectue conformément aux articles 61 et 62 de la loi du 21 avril 1818. Seulement, dans les ports où il est prescrit de plomber les colis, on supplée à cette formalité par une surveillance toute spéciale, ou par le plombage des écoutilles, lorsque les garanties du service rendent cette précaution nécessaire. Dans ce cas, les plombs sont enlevés au moment de la mise en haute mer du navire par les préposés chargés de reconnaître le chargement. La douane perçoit toujours le droit de réexportation. (*Circ. du* 21 *juin* 1836, n° 1548.)

(1) L'interdiction de mise en consommation ne subsiste qu'à l'égard des sucres que la douane reconnait avoir plutôt les caractères du *raffinage* que ceux du *terrage*; car s'il s'agissait réellement de sucre *terré*, exactement déclaré et reconnu tel par la visite, rien ne s'opposerait à ce qu'il fût admis aux conditions générales des lois et du tarif. Si, après avoir été entreposés à charge de réexportation, ces sucres sont expédiés en transit, l'opération peut avoir lieu sous les formalités relatives aux marchandises non prohibées; mais l'acquit-à-caution ainsi que l'extrait mentionnent que la denrée n'est pas admissible à la consommation intérieure. (*Circ. manusc. du* 20 *septembre* 1839.)

CHAPITRE VI.

ENTREPÔTS SPÉCIAUX (1).

SECTION PREMIÈRE.

ENTREPÔT DE STRASBOURG.

474. Les marchandises étrangères pourront être entreposées à Strasbourg. (*Loi du 8 floréal an* 11, *art.* 40.)

Seront reçues à l'entrepôt de Strasbourg :

1o Les marchandises non prohibées admissibles au transit (2);

2o Et, de plus (lorsqu'elles arriveront par le Rhin et la rivière d'Ill), les marchandises désignées au tableau *N*o 3, annexé à la loi du 9 février 1832, que ne comprend pas le paragraphe ci-dessus (3). (*Loi du 2 juillet* 1836, *art.* 14.)

---

(1) *Voir*, pour l'entrepôt de Marseille, ainsi que pour les entrepôts des grains et des tabacs, le livre X, chapitres III, x et XXVII.

(2) Toutefois les marchandises non prohibées exclues du transit peuvent, d'après l'article 40 de la loi du 8 floréal an 11, être également reçues à l'entrepôt de Strasbourg lorsqu'elles sont importées par le *pont du Rhin*. Mais celles de ces marchandises qui ne sont pas retenues pour la consommation doivent, aux termes de l'article 45 de la même loi, être réexportées par les bureaux du pont du Rhin ou de la Wantzenau. (*Déc. adm. du* 1er *juin* 1835.)

(3) TABLEAU No 3 *des marchandises admissibles à l'entrepôt de Strasbourg.* (Loi du 9 février 1832.)

Nota. Les marchandises marquées d'un astérisque sont celles que l'on doit assujettir au double plombage par colis, quand le plombage des écoutilles n'a pas lieu.

Celles marquées de deux astérisques doivent être présentées dans des caisses en bon état.

Liége en planches.	Muscades.
Bois de teinture en bûches.	Macis.
Bois d'ébénisterie.	Poivre et Piment.
Cire non ouvrée.	Thé.
Colle de poisson.	Riz, Sagou et Tapioca.
Crins bruts et frisés.	Coton en laine.
Sucre brut et terré.	Fromages.
Café.	Citrons, Oranges et leurs variétés.
Cacao.	Fruits secs.
Cannelle, Cassia lignea et Scavisson.	Houblon.
Girofle (clous, griffes et antofles de).	Laines en masse.

475. Les marchandises destinées pour ledit entrepôt ne seront point vérifiées à leur passage au bureau du pont du Rhin;

Dents d'éléphant.

Écailles de tortue.

Nacre de perle.

Cornes de bétail préparées et en feuillets.

Plomb brut.

Étain brut.

Smalt et azur.

Peaux brutes.

Fanons de baleines bruts.

Pelleteries non ouvrées.

Poils en masse.

Soufre.

Gomme d'acacia (arabique), caoutchouc, aloès, opium, camphre, cachou et tous les sucs végétaux d'Europe autres que liquides.

Cochenille, indigo, rocou; orseille et tous autres teintures et tannins autres que liquides.

Bitumes solides.

Bois odorans.

Bulbes et oignons.

Couleurs, celles liquides exceptées.

Graines d'amome.

Espèces médicinales.

Graisses non liquides.

Antimoine.

Arsenic métallique.

Mercure natif ou vif-argent.

Produits chimiques, ceux liquides exceptés.

Substances propres à la médecine et à la parfumerie.

Tabacs en feuilles.

Soies grèges et moulinées.

Os de bétail.

Dents de loup.

Colle forte.

Oreillons.

Graines oléagineuses.

Fruits à distiller.

Semences forestales.

Chicorée en racines.

Chardons cardières.

Bois communs.

Coques de coco.

Calebasses vides.

Grains durs à tailler.

Écorces de tilleul pour cordages.

Plants d'arbre.

Jus de réglisse.

Glu.

Plantes alcalines.

Marcs d'olives secs (grignon).

Plomb battu ou laminé.

Zinc autre qu'ouvré.

Manganèse.

Graphite.

Confitures sèches.

Gingembre.

Fer platiné ou laminé et fer-blanc.

Fer de tréfilerie.

Acier naturel et fondu.

Cuivre et laiton bruts, battus ou laminés.

Fil de cuivre.

Cuivre doré en lingots, battu et filé sur fil.

Cuivre argenté en masse, battu et filé sur fil.

Étain battu ou laminé.

Bismuth.

**Armes autres que celles de calibre.

**Bimbeloterie.

*Liége ouvré.

*Caractères d'imprimerie.

**Cire ouvrée.

**Cordages.

**Feutres.

*Chanvre et lin.

**Fournitures d'horlogerie.

**Horloges en bois.

*Instrumens aratoires, d'optique, de calcul, d'observation, de chimie, de chirurgie, de musique.

**Joncs.

*Limes et râpes.

*Machines et mécaniques.

*Mercerie.

*Meubles.

**Miroirs.

*Outils.

**Ouvrages en bois.

mais les conducteurs seront tenus de représenter des lettres de voiture, indicatives des espèces, poids, quantités et marques de chaque colis, aux préposés dudit bureau, qui les viseront, plomberont les voitures par capacité, et les expédieront sous la conduite d'un employé et sous la formalité d'un acquit-à-caution portant lesdites espèces, poids, quantités et marques, pour la douane de Strasbourg, où les déclarations en détail, fournies par les propriétaires ou consignataires, seront aussitôt transcrites.

Les objets déclarés, après vérification immédiatement faite

**Parapluies.
**Pierres ouvrées.
*Plumes.
*Scies.
**Peignes, et billes de billard.
**Vannerie à dénommer.
**Verres à lunettes.
**Vitrifications.
**Parfumerie.
**Épices préparées.
**Amidon.
**Bougies de blanc de baleine et de cachalot.
**Chandelles de suif.
**Fanons de baleine apprêtés.

*Poterie.. { de terre { grossière. / faïence. / de grès commun.

**Porcelaine.
**Verres et { grands miroirs étamés. cristaux.. { verres à cadran.
*Ouvrages de poil, autres que les tissus.
*Carton.
*Papier.
*Livres.
**Cartes géographiques.
**Gravures et lithographies.
**Musique gravée.
**Pelleteries ouvrées.
*Ouvrages en plomb.
**Corail taillé non monté.
*Bâts non garnis de cuir.
**Effets à usage.

**Objets de collection hors de commerce.
*Sucres raffinés.
**Acier ouvré.
**Cuivre allié de zinc, filé, poli (sauf celui pour les cordes d'instrumens et celui propre à la broderie).
**Cuivre doré filé sur soie.
**Cuivre doré filé ouvré.
**Cuivre argenté filé sur soie.
**Cuivre ouvré, autre que pur, allié, doré ou argenté.
**Étain ouvré.
**Zinc ouvré.
**Bismuth ouvré.
**Savon.
**Poterie de grès fin.
**Verrerie de toute sorte.
**Glaces.
**Shakos de feutre garnis de cuir.
**Peaux préparées et ouvrées.
**Plaqués.
**Coutellerie.
**Ouvrages d'horlogerie montés.
**Sellerie.
**Tabletterie.
Poissons secs, salés et fumés.

**Tabacs.. { en carotte. / haché. / en cigares.

Mélasse, avec indication du degré pris à l'aréomètre de Baumé.
Huile de foie de Bergen.

Nota. Le transit des poissons salés, de la mélasse et de l'huile de foie de Bergen sera soumis aux conditions déterminées par l'article 12 de la loi du 17 mai 1826. *Voir* cet article au tableau n° 1, annexé à la fin du livre VII.

par les visiteurs et autres préposés, seront portés sur un registre qui sera tenu par le receveur de l'entrepôt, et sur lequel chaque propriétaire ou consignataire signera pour les objets qui le concerneront. (*Loi du 8 floréal an 11, art. 40.*)

476. Les marchandises étrangères, arrivant à Strasbourg par le Rhin et la rivière d'Ill, seront dispensées de la visite au bureau de la Vantzenau; mais les bateliers seront tenus, avant l'abordage, d'en prévenir les préposés de l'administration des douanes, et de représenter des connaissemens ou manifestes qui indiqueront les espèces, poids et quantités des marchandises, ainsi que la marque de chaque colis. Ces connaissemens ou manifestes seront visés par les préposés de la Vantzenau, et les marchandises seront conduites par l'un d'eux, avec acquit-à-caution spécifiant les espèces, poids, quantités et marques, à la douane de Strasbourg, où les déclarations détaillées, vérifications et enregistrement se feront dans la forme indiquée par l'article précédent. (*Loi du 8 floréal an 11, art. 41.*)

477. Les dispositions des articles 27, 28, 29 et 30 de la loi du 28 avril 1816 modifieront, en ce qui y serait contraire, celles des articles 40 et 41 de la loi du 8 floréal an 11, dans leur application particulière aux importations faites par Strasbourg (1). (*Loi du 28 avril 1816, art. 31.*)

478. Les embarcations françaises pourront transporter directement de la Wantzenau à Huningue les marchandises admissibles à l'entrepôt de Strasbourg, pourvu, si elles proviennent des pays d'outre-mer ou des contrées riveraines du Rhin, au-dessous de Mayence, qu'elles aient été chargées dans ce dernier port ou en aval (2). (*Loi du 2 juillet 1836, art. 16.*)

479. Lesdites embarcations pourront, si elles ont des maga-

---

(1) *Voir* aux nᵒˢ 275 et suivans les articles 27 à 30 de la loi du 28 avril 1816. *Voir* aussi au nᵒ 279 l'article 42 de la loi du 8 floréal an 11, qui, établi spécialement pour Strasbourg, est aujourd'hui également applicable à tous les transports qui ont lieu, sur les frontières, d'un premier bureau à un second.

(2) D'après cet article, le transport direct de la Wantzenau à Huningue n'est permis qu'aux seules embarcations françaises. (*Déc. adm. du 3 octobre 1835.*)

sins à parois solides et entièrement séparés des chambres et autres endroits accessibles aux gens de l'équipage, n'être assujetties qu'au plombage des écoutilles, dont la douane d'ailleurs assurera la fermeture par tous les moyens qu'elle jugera nécessaires, y compris l'escorte des proposés qu'elle pourra mettre à bord (1).

Cette disposition sera commune à tous les bâtimens chargés qui entreront dans l'Ill par la Wantzenau pour arriver à l'entrepôt de Strasbourg, ou qui chargeront en réexportation à cet entrepôt. (*Même Loi, art.* 17.)

480. Les marchandises admises à l'entrepôt de Strasbourg pourront en être retirées :

Soit pour être expédiées en transit, conformément aux lois générales, sauf le sucre raffiné et le tabac fabriqué, qui devront toujours ressortir par le Rhin ou le canal aboutissant à Huningue;

Soit pour la consommation intérieure, si elles sont admissibles par les frontières de terre, ou si, étant comprises à l'article 22 de la loi du 28 avril 1816, elles sont arrivées d'un port français où elles auraient pu acquitter le droit d'entrée. (*Loi du 2 juillet* 1836, *art.* 15.)

481. Les articles 61 de la loi du 21 avril 1818, et 14 de la loi du 17 mai 1826, seront appliqués à l'entrepôt de Strasbourg (2). (*Loi du 9 février* 1832, *art.* 29.)

---

(1) L'article 8 du protocole annexé à la convention du 31 mars 1831, relative à la navigation du Rhin, porte que les bâtimens néerlandais sont assimilés aux français pour le transit des marchandises admises à l'entrepôt *depuis Strasbourg* jusqu'à Huningue, par le canal du Rhône au Rhin.

Ainsi, à l'exception des néerlandais, la navigation de ce canal doit, comme toute navigation intérieure, être exclusivement réservée aux nationaux. (*Déc. adm. du 3 octobre* 1835.)

(2) D'après cet article 61 de la loi de 1818 (n° 431), les propriétaires ou consignataires s'engagent à rapporter, sur le permis qui leur est délivré, les certificats, tant des préposés des douanes à Strasbourg qui sont présens soit à l'embarquement des marchandises sur la rivière d'Ill, soit à leur départ pour le pont du Rhin, que de ceux des bureaux et brigades de la Wantzenau et du pont du Rhin qui ont reconnu le nombre des colis ainsi que le bon état des cordes et plombs, et constaté le départ de ces marchandises pour l'étranger. (*Circ. du* 13 *février* 1832, *n°* 1304.)

Voir l'article 14 de la loi du 17 mai 1826, au n° 421.

SECTION II.

ENTREPÔT SPÉCIAL A CERTAINS PORTS DE LA MANCHE.

482. Il y aura un entrepôt spécial dans les ports de Dunkerque (1), Gravelines, Calais, Boulogne, Dieppe, Fécamp, Cherbourg, Saint-Malo, Morlaix et Roscoff, pour les marchandises ci-après :

Eau-de-vie de grains, dite genièvre......
Tafias des Colonies françaises...........
Raisins de Corinthe...................
} *Loi du 19 octobre 1791, art. 1er, 2 et 4.*

Thé................................ *Loi du 21 avril 1818, art. 29.*

Et dans les ports de Dunkerque, Gravelines, Boulogne, Calais et Cherbourg seulement, pour les tissus de soie des Indes ci-après :

Mouchoirs dits foulards...............
Croisés des Indes....................
Crêpes de la Chine..................
} *Déc. adm. des 16 avril, 13 octobre, 2 décembre 1818 et 6 juin 1821.*

Ces marchandises seront reçues dans cet entrepôt en franchise de tous droits, à la charge d'en être réexportées à l'étranger dans l'année de l'arrivée, en observant les formalités prescrites pour les entrepôts (2), et sous les peines déterminées par l'article 5 ci-après (n° 485). (*Loi du 19 octobre 1791, art. 1er.*)

483. Il pourra être établi dans lesdits ports, aux frais du commerce, dans les lieux qui seront convenus avec l'administration des douanes, des dépôts où les tafias des Colonies françaises, reçus en entrepôt, pourront être convertis en rhum, en exemption des droits, à la charge d'être également réexportés dans l'année à l'étranger. (*Loi du 19 octobre 1791, art 2.*)

Les cours et bâtimens destinés auxdites fabriques n'auront de communication extérieure que par une seule porte placée du côté du port, laquelle fermera à deux clefs différentes, dont l'une sera remise à un préposé de l'administration des douanes, et l'autre aux propriétaires. Lesdits tafias et rhum ne pourront être

---

(1) Le port de Dunkerque a été ajouté à ceux que désigne la loi du 19 octobre 1791, par l'article 29 de la loi du 21 avril 1816. (*Circ. du 23 avril 1818.*)

(2) *Voir* le chapitre 1er du présent livre.

extraits desdits bâtimens que pour être transportés dans les magasins de l'entrepôt, ou pour être embarqués à destination de l'étranger. (*Loi du 19 octobre* 1791 , *art.* 3.)

484. Les colis pourront être divisés en entrepôt pour la réexportation, savoir : ceux renfermant des raisins de Corinthe, en caissette ou ballotins de 10 kilogrammes au moins ; (*Déc. adm. du 6 décembre* 1817.)

Ceux renfermant des thés, en caissette de 3 kilogrammes au moins ; (*Déc. adm. du 9 janvier* 1818.)

Ceux renfermant des soieries, en caissettes ou ballotins de 6 kilogrammes au moins ; (*Déc. adm. du 16 avril* 1818.)

Ceux renfermant du tafia des Colonies françaises ou des eaux-de-vie de grains (genièvre) étrangères, en barils de 18 litres au moins. (*Déc. adm. du 9 octobre* 1818.)

Ces transvasemens et divisions de colis ne pourront se faire qu'en présence des préposés et dans l'enceinte même des magasins gardés par ceux-ci. (*Circ. du* 1er *brumaire an* 11 , *et Déc. adm. du 16 avril* 1818.)

Les colis ainsi divisés ne pourront être réexportés que par des bâtimens spécialement employés au smoglage proprement dit (1). (*Déc. adm. du 22 juillet* 1826.)

485. Toute soustraction et tout versement auxquels les entrepôts , transvasemens et conversions permis pourraient donner lieu, seront punis par la confiscation de la marchandise ou de sa valeur, et d'une amende de 300 fr. pour la première fois. En cas de récidive, l'amende sera double, et celui qui aura fait la fraude ou aura contribué à la faire sera déchu de la faculté d'entrepôt ou de fabrication. Les propriétaires des marchandises seront garans, à cet égard, des faits de leurs agens. (*Loi du 19 octobre* 1791 , *art.* 5.)

486. Celles des marchandises désignées ci-dessus, qui ne sont pas prohibées à l'entrée, pourront être expédiées par terre d'un

---

(1) Toutefois les caissettes de thé peuvent être réexportées par les paquebots, à charge de les embarquer en présence du capitaine ou de son second , et de les placer à bord de manière à pouvoir les représenter aux préposés au moment du départ. (*Déc. adm. du 15 novembre* 1826.)

entrepôt spécial sur un autre, aux conditions et en remplissant toutes les formalités relatives au transit (1). (*Déc. adm. du 13 octobre* 1818.)

Cette facilité pourra, aux mêmes conditions, être étendue aux marchandises prohibées, lorsque les moyens de transport par mer manqueront. (*Déc. adm. du 21 octobre* 1818.)

487. Les marchandises reçues en entrepôt spécial pourront être réexportées par des navires de tout tonnage (2), avec un permis de la douane indicatif de leur chargement, et sous la condition de s'éloigner des côtes de France au moment de leur sortie du port. (*Arrêté du 10 frimaire an* 11, *et Circ. des* 18 *du même mois et 8 août* 1814.)

---

(1) Les liquides en futailles, exclus du transit, ne peuvent donc être expédiés que par la voie de mer. (*Déc. adm. du 10 juin* 1841.)

(2) Cette latitude, spéciale aux navires smogleurs, résulte d'ailleurs de l'arrêté du 21 frimaire an 10, et de la décision ministérielle du 9 juin 1825, qui leur accorde une remise du droit de tonnage, lorsqu'ils viennent dans les ports de la Manche sur lest ou avec des marchandises imposées à moins de 20 fr. par 100 kilog., pour charger des productions françaises ou des marchandises dans l'entrepôt spécial.—*Voir navires smogleurs*, au tarif de navigation, livre VIII.

LIVRE VII.

CHAPITRE PREMIER.

TRANSIT DES MARCHANDISES NON PROHIBÉES.

Désignation des marchandises. — Bureaux.

488. Toutes les marchandises, matières ou objets fabriqués, passibles de droits à l'entrée du royaume, à l'exception de celles qui sont désignées par le tableau nᵒ 1 (1), pourront, aux conditions prescrites par la présente loi et par celles des 17 décembre 1814, 21 avril 1818, 27 juillet 1822 et 17 mai 1826, être expédiées en transit de tous les ports d'entrepôt réel (2), pour ressortir par les bureaux de la frontière indiqués au tableau nᵒ 2 (3). (*Loi du 9 février 1832, art. 1ᵉʳ.*)

489. Toutes les marchandises non prohibées, que n'exclut pas le tableau nᵒ 1, pourront être expédiées en transit, sous les mêmes conditions, de l'un à l'autre des bureaux de la frontière de terre indiqués par le tableau nᵒ 2 (4). Elles pourront également, mais à l'exclusion de celles que comprend l'article 22 de

---

(1) *Voir* ce tableau à la fin du présent livre.

Par application de l'article 4 du titre 5 de la loi du 22 août 1791, les marchandises auxquelles la loi refuse la faculté de transiter doivent, qu'elles soient ou non prohibées à la consommation, être renvoyées immédiatement à l'étranger, lorsque, présentées de bonne foi et sous leur véritable dénomination, elles sont déclarées pour le transit. (*Déc. adm. du 5 août 1852.*)

(2) *Voir* la nomenclature de ces ports au nᵒ 412.

(5) *Voir* ce tableau à la fin du présent livre.

(4) C'est le tableau nᵒ 2, cité par l'article précédent. Des ordonnances du Roi peuvent déterminer les bureaux qui seront ouverts au transit (nᵒ 96).

la loi du 28 avril 1816 (1), être expédiées en transit de ces bureaux sur les ports d'entrepôt réel (2). (*Même Loi, art. 2.*)

490. Les marchandises admissibles au transit pourront être expédiées d'un entrepôt sur l'autre par la voie de terre (3), sous les conditions et garanties du transit (4). (*Même Loi, art. 25.*)

Elles pourront, sous les mêmes conditions, être expédiées sur les entrepôts de l'intérieur (5). (*Loi du 27 février* 1832, *art. 2.*)

Déclarations.

491. Ceux qui voudront jouir du transit, soit à l'arrivée des marchandises (6), soit en les retirant des entrepôts réels (7),

---

(1) *Voir* cet article (n° 280).

(2) *Voir* le n° 509 pour les formalités à remplir au port d'embarquement.

(3) Cet article, reproduit textuellement au n° 438, permet en réalité le transit de *mer à mer.* Ainsi, au départ, soit que la marchandise sorte du navire ou de l'entrepôt considéré comme l'étranger, la douane reçoit une déclaration de *transit* et délivre un acquit-à-caution particulier, selon qu'il s'agit de marchandises permises ou prohibées; seulement elle s'abstient de percevoir le droit de transit, dont ces sortes d'opérations sont affranchies. De sorte que dans les ports de mer on ne fait plus usage des acquits-à-caution de *mutation d'entrepôt* que pour les marchandises qui, extraites d'entrepôt, sont dirigées sur un entrepôt de l'intérieur. Au port d'arrivée, le transit se consomme comme si la marchandise venait d'un bureau des frontières de terre (n° 509). (*Circ. du* 2 novembre 1836, n° 1576.)

(4) Les marchandises de transit doivent être conduites directement, *par l'intérieur,* au bureau désigné pour la sortie. L'emprunt de la mer doit leur être interdit d'une manière absolue. Si, nonobstant cette défense, des marchandises de transit étaient présentées dans un port de débarquement accompagnées d'une expédition de cabotage et avec le plomb particulier au service de transit, la douane les retiendrait jusqu'à ce qu'on lui présentât l'acquit-à-caution de transit, dont on doit en pareil cas supposer l'existence; elle procéderait ensuite à une vérification complète, et après avoir régularisé cet acquit-à-caution suivant qu'il y aurait lieu, elle en délivrerait un nouveau, comme si la marchandise arrivait directement de l'étranger. (*Déc. adm. des* 19 mars 1834 *et* 3 *septembre* 1841.)

(5) *Voir* au livre VI les n°s 457 et suivans.

(6) Dans les bureaux de terre, la mise en transit doit être immédiate. Cependant les déclarations relatives au transit étant régies par la loi générale, il s'ensuit que les marchandises qui seraient retenues dans certains cas conservent encore la faculté du transit pendant toute la durée du dépôt en douane. *Voir* au livre X, le chapitre XIX.

(7) Ou fictifs.

seront tenus d'en déclarer à la douane les quantités, espèces et qualités, et de les y faire vérifier, plomber et expédier par acquit-à-caution (1). (*Loi du 17 décembre 1814, art. 5.*)

492. Les fausses déclarations faites au bureau d'entrée pour obtenir irrégulièrement le transit, entraîneront, suivant leur espèce, l'application des peines portées par les articles 18, 20, 21 et 22, titre 2, du règlement général du 22 août 1791, comme si les marchandises faussement déclarées étaient destinées pour la consommation intérieure (2). (*Même Loi, art. 6.*)

Vérification.

493. Lorsque le nombre des colis d'une même espèce de marchandise, compris dans une déclaration ou dans un acquit-à-caution, sera de cinq et au-dessous, la vérification ne portera que sur un seul colis. Au-dessus de ce nombre, on ne vérifiera qu'un cinquième des colis, et même moins, quand le chef de la visite le jugera sans inconvénient (3). (*Déc. min. du 24 septembre 1839; Circ. du 28, n°1776.*)

---

(1) *Voir*, pour la déclaration et la visite des marchandises non susceptibles d'être plombées, le n° 502.

(2) *Voir*, pour les règles générales relatives aux déclarations, le livre II, chapitre II.

D'après ces règles, les marchandises imposées à la valeur, que l'on déclare pour le transit, sont sujettes à préemption. (*A. de C. du 30 août 1836; Circ. n° 1574.*)

(3) Il est bien entendu que cette disposition ne détruit ni n'altère en rien le droit qu'ont les employés de procéder à des visites complètes. C'est même un devoir pour eux d'agir ainsi toutes les fois qu'à l'*entrée* la visite des premiers colis fait ressortir des inexactitudes notables dans l'énoncé de la déclaration, ou fait craindre des tentatives d'abus, et qu'à la *sortie* les déficit reconnus sur le cinquième des caisses, balles ou ballots vérifiés excèdent ce que l'on peut raisonnablement attribuer à la dessiccation des marchandises en cours de transport, ou aux variations légères et en quelque sorte inévitables entre des résultats obtenus avec des instrumens différens.

Ce mode de vérification implique l'obligation de remettre des déclarations indiquant séparément, pour chaque colis, le poids, le contenu et les autres renseignemens exigés par la loi. (*Circ. du 28 septembre 1839, n° 1776.*)

La faculté de ne visiter qu'un cinquième des colis s'applique à toutes les opérations qui constituent la visite, c'est-à-dire à la *pesée* des colis comme à la reconnaissance de leur contenu. (*Déc. adm. du 28 novembre 1840.*)

Voir d'ailleurs, en ce qui concerne les visites, les règles générales rapportées au livre II, chapitre VI.

Si la visite fait découvrir un excédant de poids à la déclaration, et que cet

Les préposés du bureau d'entrée auront la faculté de faire constater le poids net effectif en même temps que le poids brut, pour prévenir les discussions au bureau de sortie sur la quantité réelle des marchandises et leur tare (1). (*Loi du 17 décembre 1814, art. 7.*)

Colis pressés.

494. Toutes les dispositions relatives au transit des marchandises prohibées, présentées et expédiées en colis *pressés*, pourront, à la demande des expéditeurs, être appliquées aux fils et tissus non prohibés (2). (*Loi du 2 juillet 1836, art. 11.*)

---

excédant soit de plus du vingtième pour les métaux et du dixième pour les autres marchandises, il est immédiatement soumis, à titre d'amende, au payement du simple droit; après quoi l'excédant ainsi que les quantités déclarées sont expédiés en transit sous les mêmes conditions. (*Loi du 22 août* 1791, *titre* 2, *art.* 18, *et Déc. adm. du* 28 *octobre* 1836.)

(1) Cette précaution doit être employée aussi fréquemment qu'on le peut sans exposer le commerce à de trop grands inconvéniens, et particulièrement lorsque l'on juge qu'il y a une grande disproportion entre la tare légale et la tare effective; dans ce cas, le poids net effectif reconnu est mentionné dans l'acquit-à-caution. (*Circ. du* 16 *mai* 1818, *no* 396.)
Mais le commerce est libre de ne déclarer que le poids brut; rien ne l'oblige à la déclaration du poids net, soit réel, soit légal, des marchandises non prohibées. (*Déc. adm. du* 31 *janvier* 1834.)

(2) L'expéditeur qui veut jouir de cette faculté doit l'énoncer dans sa déclaration et y mentionner la valeur des marchandises; alors la vérification, le plombage et l'expédition ont lieu sous les formalités et conditions que déterminent les articles 5, 6, 7 et 8 de la loi du 9 février 1832. Ainsi, bien qu'il s'agisse ici de marchandises non prohibées, ce ne sont pas les peines édictées par la loi du 17 décembre 1814 qui doivent être stipulées et poursuivies en cas d'abus, car elles supposent une vérification approfondie qui n'a pas lieu pour ces sortes d'expéditions. La valeur des marchandises est prise pour base des amendes; cette valeur peut toujours être appréciée par les employés, soit au vu de la marchandise, soit au moyen des factures dont la loi du 4 germinal an 2, titre 6, article 5, les autorise à réclamer l'exhibition; et, dans tous les cas, s'ils la jugent insuffisante, ils peuvent, d'après l'article 4 de la loi du 9 février 1832, en assigner d'office une plus exacte. (*Circ. du* 24 *juillet* 1836, *no* 1555.)
Pour les fils et tissus de lin expédiés en *colis pressés*, comme l'indication, ou du moins la constatation du nombre des fils pour les tissus, et, pour les fils, du nombre de mètres de développement au kilo., exigerait la rupture des liens qui contiennent et compriment la marchandise, il suffira que les *déclarations* expriment, indépendamment de la valeur et du poids, le nombre et la mesure des pièces de tissus, s'ils sont unis, croisés, ouvragés ou damassés, si les fils

Espèce et volume des colis.

495. Des ordonnances du Roi pourront arrêter et modifier successivement la liste des marchandises fabriquées qui ne devront être admises au transit que lorsqu'elles seront présentées dans des colis en bon état, dont elles désigneront l'espèce et le volume selon la nature des objets et les habitudes du commerce. (*Loi du 9 février* 1832, *art.* 11.)

Les fabrications dont le transit est permis devront, pour jouir de cette faculté, être mises dans les colis de l'espèce indiquée dans le tableau A, annexé à la présente ordonnance (1). Quant aux dimensions des colis, elles seront ultérieurement réglées, s'il y a lieu (2). (*Ord. du* 11 *février* 1832, *art.* 1er.)

Réparation des colis.

496. Les préposés du bureau d'entrée exigeront, avant l'expédition, la réparation des futailles, caisses et emballages défectueux ou qui seraient propres à favoriser des soustractions malgré le plombage. (*Loi du* 17 *décembre* 1814, *art.* 7.)

Échantillons.

497. Des ordonnances du Roi désigneront les marchandises de toute sorte (3) dont l'identité devra être plus spécialement garantie par le prélèvement d'échantillons (4), qui seront mis en

---

sont simples ou retors, si les uns et les autres sont écrus, blanchis ou teints. (*Déc. adm. du* 9 *juillet* 1841.)

(1) *Voir* ce tableau à la fin du présent livre.

(2) Elles ne l'ont pas encore été.

(3) *Voir* à la fin de ce livre la nomenclature des marchandises qui doivent être accompagnées d'échantillons.

(4) Les échantillons peuvent, avant l'emballage, être prélevés sur chaque pièce au domicile même des envoyeurs étrangers. Ceux-ci doivent les fixer, avec indication du numéro de la pièce à laquelle ils se rapportent, sur des cartons ou livrets, de manière qu'il ne reste aux employés qu'à s'assurer de la conformité de la pièce avec l'échantillon.

Ce prélèvement d'un échantillon pour chaque pièce est, pour le commerce comme pour la douane, préférable à tout autre mode; car plusieurs pièces d'un même tissu offrent rarement ensemble une similitude parfaite, et ce n'est qu'autant que l'échantillon a été détaché de la pièce même avec laquelle on le

des boîtes séparées (1) que l'on scellera des plombs de la douane,
et que le conducteur de la marchandise sera tenu de produire au
bureau de sortie (2). (*Loi du 9 février* 1832, *art.* 11.)

---

confronte, qu'on peut prévenir, aux bureaux de sortie, les difficultés résultant
de quelque dissemblance.

Cependant la douane n'exige, pour toutes les pièces qu'elle ne juge différer
entre elles ni quant à la qualité du tissu ni quant au dessin, qu'un seul échantillon, en regard duquel sont inscrits, sur les cartes, les numéros à lui comparer.

Mais lorsque, semblables en qualité, les pièces diffèrent quant aux dessins,
ou qu'ayant le même dessin, elles sont au contraire de qualités différentes, un
échantillon doit toujours être prélevé sur chacune d'elles.

Afin de ne pas endommager la marchandise, les échantillons peuvent être
restreints à la largeur de 6 à 7 centimètres, même quand il s'agit d'étoffes
brodées, et quelle que soit l'étendue du dessin. Si les broderies sont tellement
espacées que l'échantillon de cette dimension n'en puisse atteindre aucune
partie, on le prélève sur le fond de l'étoffe, en annotant l'existence des broderies avec indication de leurs caractères les plus distinctifs. (*Circ. du* 13 *février*
1832, *n*° 1304.)

Quand les échantillons auront moins de 6 à 7 centimètres, on pourra les
admettre, pourvu qu'ils suffisent à faire reconnaître l'identité des pièces auxquelles ils se rapportent. Dans tous les cas, le rapprochement n'a lieu qu'à
l'égard des colis soumis à la visite. (*Circ. du* 28 *septembre* 1839, *n*° 1776.)

Les tissus ne sont d'ailleurs assujettis à l'échantillon que s'ils sont en pièce,
ce qui ne doit s'entendre que de ceux sans division qui se vendent à l'aune, et
non des mouchoirs, cravates, etc. ; à l'égard de ces derniers, on supplée autant
que possible à l'échantillon par une description plus détaillée, et, quand il
s'agit d'étoffes précieuses dont l'introduction frauduleuse est le plus à craindre,
de cachemires de l'Inde, par exemple, il ne faut négliger aucune des indications propres à les faire reconnaître.

Ainsi, en pareil cas, l'acquit-à-caution doit exprimer, indépendamment des
dimensions en tous sens des châles ou écharpes, la couleur du fond, la disposition et la nature des ornemens, tels que bordures seules, fleurs, bouquets,
rosaces, palmes, ramages, etc., avec ou sans bordures. (*Circ. du* 13 *février*
1832, *n*° 1304.)

(1) Les boîtes destinées à contenir les échantillons seront toujours de forme
carrée, et chaque face en devra être d'un seul morceau. On y place les échantillons formant un paquet qu'on ferme avec soin et qu'on scelle du cachet de la
douane. On plombe ensuite la boîte, qui est percée de manière que la corde en
traverse les angles, c'est-à-dire les deux plans dont la rencontre forme les
arêtes de la boîte. (*Circ. du* 22 *mars* 1832, *n*° 1312.)

Les vérificateurs président à cette opération. (*Circ. n*° 1304.)

Les échantillons doivent être remis séparément au conducteur; il n'est pas
permis de les placer dans le même colis que la marchandise. (*Déc. adm. du*
28 *novembre* 1837.)

Les boîtes d'échantillons, quelle que soit la nature de la marchandise, ne
doivent être revêtues que d'un seul plomb. (*Déc. adm. du* 21 *mars* 1834.)

(2) Lorsque les colis et leur plombage sont en bon état, et que les marchan-

Séparation des marchandises.

498. Les marchandises destinées pour le transit ne pourront être présentées que séparément, par espèce et qualité, suivant les distinctions du tarif, de manière qu'une espèce forme seule le contenu d'un colis, à moins que dans l'intérieur des caisses il n'y ait des compartimens pour séparer les marchandises d'es-pèces ou de qualités différentes, ou que dans les autres colis chacune de ces marchandises n'ait un emballage particulier (1). (*Loi du 9 février* 1832, *art.* 13.)

---

dises présentent une parfaite identité avec l'énoncé de l'expédition, la perte de l'échantillon ne doit pas être un obstacle à la consommation du transit. On se borne à prélever de nouveaux échantillons (n° 209), et à garantir, par des soumissions valablement cautionnées, les condamnations exigibles en cas de substitution frauduleuse ultérieurement reconnue par les voies légales. A cet effet, les nouveaux échantillons, adressés à l'administration *francs de port*, sont soumis à l'examen des commissaires-experts du gouvernement. *De simples échantillons* mis sur cartes suffisent s'il s'agit de tissus *façonnés ;* mais à l'égard des *tissus unis, une pièce entière*, choisie par la douane, doit toujours être prélevée à titre d'échantillon. Après l'expertise, cette pièce est renvoyée au bureau de sortie, et les frais de ce transport, comme ceux de l'envoi à Paris, sont payés par le propriétaire ou consignataire de la marchandise. (*Circ. manusc. du* 18 *janvier* 1837.)

(1) Le ministre des finances a décidé, le 3 août 1839, que l'effet de l'ar-ticle 13 de la loi du 9 février 1832 serait temporairement suspendu, sauf à le remettre en vigueur si l'expérience venait à en démontrer la nécessité. Ainsi le commerce a la faculté de réunir dans un même colis des marchandises de diverses espèces et qualités, qu'elles soient ou non prohibées ou qu'elles appar-tiennent à la fois à l'une et à l'autre catégorie. Seulement, lorsqu'il y a dans un même colis réunion d'objets tarifés et d'objets prohibés, on applique à tous le régime propre à ces derniers, c'est-à-dire qu'ils sont expédiés sous les for-malités et conditions générales du transit du prohibé. Les acquits spécifient les différentes espèces ou qualités de marchandises dont l'expédition se compose, et indiquent exactement la quantité de chaque espèce de marchandises réunies dans un même colis. (*Circ. du* 10 *août* 1839, *n°* 1762, *et Déc. adm. du* 13 *juillet* 1841.)

En matière de transit *cumulé* d'objets tarifés et d'objets prohibés, les fausses déclarations au *bureau d'entrée* ne donnent lieu à l'application de l'ar-ticle 4 de la loi du 9 février 1832 (n° 516), que si les différences portent sur des marchandises *prohibées.* Au bureau de sortie, au contraire, les différences reconnues, quelle que soit l'espèce de marchandise, entraînent toujours les peines édictées par les lois relatives aux objets *prohibés*, parce que l'expédi-teur s'est engagé expressément à subir, *pour le tout*, les conditions de ces lois. (*Déc. adm. du* 19 *août* 1841.)

Plombage.

499. Les colis renfermant des fabrications prohibées ou autres (1) seront vérifiés et plombés, ainsi qu'il est voulu par l'article 31 de la loi du 21 avril 1818, sauf le cas prévu par l'article 5 de la présente loi (n° 517). (*Loi du 9 février* 1832, *art.* 14.)

500. Ces colis seront, après une exacte vérification, assujettis au double plombage : le premier sur le colis à nu, lequel devra être percé de manière à ce que la corde en traverse les angles (2); le second par-dessus l'emballage, à la manière accoutumée. (*Loi du 21 avril* 1818, *art.* 31.)

Les autres marchandises ne recevront qu'un seul plomb (3). (*Loi du 17 décembre* 1814, *art.* 5.)

501. Le commerce conservera la faculté de réunir en fardeaux deux sacs ou ballots de marchandises expédiées en transit. Réunis par une corde, les deux sacs ou ballots pourront ne faire l'objet que d'une seule pesée, et, au lieu d'être plombés

---

(1) Les fabrications soumises au mode de plombage prescrit par l'article ci-dessus sont celles que désigne le tableau A, annexé à l'ordonnance du 11 février 1832. (*Déc. adm. du 29 novembre* 1838.)

Voir ce tableau à la fin du présent livre.

Voir, pour les liquides et les fluides admissibles au transit, l'article 10 de la loi du 2 juillet 1836, rappelé au tableau n° 1, annexé au présent livre.

(2) Pour compléter les garanties de ce premier plombage, on appose des scellés en papier, revêtus du cachet de la douane, à tous les endroits où il y a possibilité d'un dérangement quelconque. On doit de plus envelopper le premier plomb d'un papier tenant au colis par un cachet. Ces précautions deviennent possibles au moyen de l'emballage qui doit recouvrir le tout. (*Circ. du 5 mai* 1818, *n°* 590.)

Emballer signifie *envelopper, couvrir de tous côtés.* Il faut donc que le premier comme le second emballage enveloppe, couvre entièrement la marchandise : de simples *bandes* de toile en croix ne sauraient être considérées comme un *emballage.* (*Déc. adm. du 5 mars* 1839.)

Il est expressément recommandé de pratiquer des trous aux angles des colis, et d'y faire passer la corde du plomb. L'importance du plombage est telle, que toutes les opérations en doivent être exécutées avec le plus grand soin et surveillées avec l'attention la plus rigoureuse. (*Circ. du 22 mars* 1832, *n°* 1312.)

(3) Pour le prix des plombs et les règles générales du plombage, *voir* le n° 216.

Et pour les marchandises non susceptibles d'être plombées, *voir* l'article 7 de la loi du 17 décembre 1814 (n° 502).

séparément, ils ne seront revêtus que d'un seul plomb ; le fardeau qu'ils formeront sera *dès lors considéré comme unité* (1). (*Circ. du 24 juillet* 1836, *n°* 1555.)

Soumissions et acquits-à-caution.

502. Ceux qui voudront jouir du transit fourniront au bureau d'entrée leur soumission cautionnée de faire sortir les marchandises du royaume, et d'en justifier en rapportant l'acquit-à-caution dûment revêtu du certificat de décharge et de sortie, sous les peines prononcées par l'article 54 de la loi du 8 floréal an 11 (n° 510).

Les acquits-à-caution et soumissions indiqueront le bureau de sortie, limiteront, suivant la distance, le délai dans lequel les marchandises devront y être conduites et exportées à l'étranger (2). On ajoutera à ce délai celui de vingt jours pour le rapport des acquits-à-caution déchargés (3). (*Loi du 17 décembre* 1814, *art.* 5.)

. Les marchandises non susceptibles d'être plombées, telles que les cuirs et peaux, plomb en saumons, les bois d'acajou et ceux de

---

(1) Ainsi un fardeau de marchandises que la loi soumet au double plombage ne reçoit jamais que deux plombs, au lieu de trois qu'on apposait généralement. (*Circ. n°* 1555.)

(2) Ce délai est fixé, suivant les distances, à raison d'un jour par deux myriamètres et demi, en l'augmentant de ce qui est reconnu nécessaire pour les stations forcées de la navigation intérieure et du roulage. (*Circ. du 20 décembre* 1814.)

Cependant, lorsque les causes du retard sont convenablement expliquées, le chef du bureau de sortie peut, nonobstant la péremption du délai de l'acquit-à-caution, permettre la consommation immédiate du transit, sauf à rendre compte à son directeur des motifs de sa détermination. (*Circ. du 24 juillet* 1836, *n°* 1555.)

(3) *Les acquits-à-caution* font connaître : 1° l'origine des marchandises ; 2° le pavillon importateur ; 3° si elles sont extraites d'un entrepôt, le premier bureau d'entrée, ainsi que la date de leur enregistrement au sommier ; 4° si, en raison du mode d'importation ou de la provenance, elles ont été admises ou non à une modération de droits ; 5° enfin si, d'après le traité avec l'Angleterre du 26 janvier 1826, elles sont prohibées pour la consommation. (*Circ. du 6 mars* 1824, *n°* 856.)

Indépendamment des dénominations du tarif que la déclaration reproduit, on doit insérer d'office dans les acquits-à-caution tous les détails descriptifs propres à faciliter la reconnaissance de la marchandise. (*Déc. adm. du 27 mars* 1852.)

teinture en bûches, seront déclarées, vérifiées et énoncées dans les acquits-à-caution par pièces, poids et valeur (1). On constatera en outre la dimension des pièces de bois d'acajou. (*Loi du 17 décembre 1814, art. 7.*)

Un extrait de l'acquit-à-caution sera adressé immédiatement au bureau de sortie, pour que les employés puissent le confronter avec l'expédition originale et s'assurer qu'elle n'a reçu aucune altération (2). (*Circ. du 28 décembre 1814.*)

Droit de transit.

503. Le droit de transit sera uniformément de 25 centimes par 100 kilog. bruts, mais sans addition du second emballage; ou de 15 centimes par 100 fr. de valeur, au choix du redevable. (*Loi du 9 février 1832, art. 15.*)

Risques du transit.

504. Le transit sera entièrement aux risques des soumissionnaires, sans qu'ils puissent être exemptés du payement des droits, en alléguant la perte totale ou partielle des marchandises; seulement, dans le cas de perte justifiée par un procès-verbal du juge ou d'un officier public, rédigé sur les lieux et rapporté en temps utile avec l'acquit-à-caution, la douane ne

---

(1) Le soufre brut peut être expédié en *vrac*, à charge de le faire accompagner d'un échantillon plombé. (*Déc. minist. du 10 juillet 1832; Circ. manusc. du 16 du même mois.*)

(2) L'envoi des extraits, en ce qui concerne les acquits-à-caution *d'une direction pour une autre*, a lieu par l'intermédiaire de l'administration. (*Circ. du 19 janvier 1829, n° 1139.*)

· Toutefois les receveurs les adressent directement au bureau de destination, lorsque la situation de ce bureau ou les circonstances du transport donnent lieu de craindre que les extraits n'arrivent trop tard en passant par Paris. Mais, dans ce cas, ils en envoient des duplicata à l'administration. (*Circ. du 21 mai 1832, n° 1322.*)

L'envoi de l'extrait doit avoir lieu le jour même de la délivrance de l'acquit-à-caution. (*Circ. du 28 décembre 1814.*)

Si l'extrait n'est pas parvenu au bureau de sortie lorsque l'expédition originale y est présentée, on ne doit pas mettre obstacle à la consommation du transit ou à l'admission de la marchandise en entrepôt; seulement l'acquit-à-caution n'est définitivement revêtu de l'acte de décharge qu'après avoir été plus tard confronté avec l'extrait. (*Déc. adm. du 10 septembre 1833.*)

Voir, pour la franchise de la correspondance, le livre X, chapitre XXIX.

pourra exiger que le payement du simple droit d'entrée (1). (*Loi du 17 décembre* 1814, *art.* 8.)

Marchandises avariées.

505. Les marchandises expédiées en transit seront réputées d'une qualité saine, si le propriétaire n'a pas fait constater qu'elles étaient avariées, et indiquer dans l'acquit-à-caution le degré de l'avarie (2). A défaut de cette formalité, les marchandises qui seront présentées au bureau de sortie avariées, perdront la faculté du transit (3). L'acquit-à-caution pourra néan-

---

(1) Le principe de la responsabilité des soumissionnaires a été consacré par un arrêt de la Cour de cassation du 17 mars 1835, lequel a établi d'ailleurs que c'était toujours par la douane de départ que les poursuites devaient être dirigées. (*Circ. du 25 mai* 1835, *n*° 1487.)

Les tribunaux ne peuvent, même en cas de *perte* dûment justifiée, affranchir les soumissionnaires du payement du simple droit d'entrée. (*A. de C. du 21 janvier* 1839; *Circ. n*° 1744.

Il résulte du premier paragraphe de l'article 4 de la loi du 9 février 1832 (n° 516) que l'article 8 de la loi du 17 décembre 1814, ci-dessus, est également applicable aux marchandises prohibées. Seulement, au lieu du droit exigible en cas de perte justifiée, c'est la simple valeur de l'objet perdu qui est réclamée par la douane. (*Déc. adm. du 11 mars* 1839.)

(2) Les marchandises ne sont réputées avariées que lorsque l'avarie a été réellement reconnue par les employés, et évaluée par une expertise dans les formes ordinaires, c'est-à-dire :

1° Que l'expertise doit être expressément demandée par l'expéditeur qui a intérêt à l'obtenir, lequel doit d'abord déclarer que l'avarie existe, et à tel degré;

2° Qu'elle doit être faite par deux experts nommés, l'un par la douane, l'autre par le déclarant, et départagés au besoin par un troisième expert que nommerait le tribunal de commerce déjà désigné par l'article 5 du titre 8 de la loi du 22 août 1791, pour un cas analogue;

3° Que le sous-inspecteur sédentaire et le vérificateur désignés doivent assister aux opérations des experts, sans avoir d'avis à donner, mais comme surveillans, et pour être en mesure de témoigner à l'administration de la régularité de ce qui se fait;

4° Que si l'avis des experts réduit notablement, c'est-à-dire de plus du dixième, le degré d'avarie annoncé par le déclarant, il en résulte qu'il y a eu tentative de fraude, et que l'on doit la constater à telle fin que de droit;

5° Enfin que le résultat de l'expertise doit être mentionné dans l'acquit-à-caution ainsi que dans l'extrait. (*Circ. du 18 juillet* 1828, *n*° 1111.)

(3) Lorsqu'une marchandise avariée est présentée au bureau de sortie sans que l'acquit-à-caution fasse mention de l'avarie, les employés doivent d'abord s'attacher à connaître les causes de cette avarie, et examiner ensuite avec le plus grand soin si elle a pu avoir lieu dans le trajet. Si, après cet examen, ils

moins être déchargé, en payant immédiatement à ce bureau le simple droit d'entrée sur lesdites marchandises ; ce qui laissera aux propriétaires la faculté d'en disposer dans l'intérieur. Sont exceptées de ces dispositions les avaries qui n'excèderont pas 2 pour 100 de la valeur (1). (*Loi du 17 décembre 1814, art. 9.*)

Visa de l'acquit-à-caution.

506. Le conducteur des marchandises expédiées en transit devra les présenter au bureau des douanes de seconde ligne (2) par lequel il entrera sur le territoire des deux myriamètres frontières, ou en sortira pour faire viser l'acquit-à-caution après que les employés auront reconnu que le chargement est intact, ainsi que les enveloppes des colis, les cordes et les plombs.

Dans le cas seulement où il y aurait déficit ou altération des colis, des cordes ou des plombs, les préposés des douanes pourront procéder à la visite complète, et constater les soustractions ou substitutions qui auraient eu lieu.

Si le conducteur ne satisfait pas à cette obligation, et s'il a dé-

_____

ont l'intime conviction que la marchandise est bien la même que celle qui a été expédiée du bureau de départ, alors ils se bornent à exiger le payement du simple droit d'entrée. Mais si les circonstances de l'expédition et les caractères de l'avarie les portent à croire qu'il y a eu substitution de marchandise, la fraude doit être constatée et poursuivie. (*Déc. adm. du 12 octobre* 1832.)

(1) L'article 9 de la loi du 17 décembre 1814 est applicable aux marchandises prohibées, en vertu de l'article 4 de la loi du 9 février 1832. Mais cette application n'a lieu, dans aucun cas, que d'après des instructions particulières de l'administration. (*Déc. adm. du 16 septembre* 1839.)

(2) L'acquit-à-caution ne doit pas désigner ce bureau ; il suffit que le conducteur se présente au bureau de deuxième ligne situé sur la route qu'il parcourt. (*Déc. adm. du 22 mai* 1839.)

L'administration ayant pu autoriser la sortie des marchandises par un autre point que celui qui est indiqué dans l'acquit-à-caution, le receveur du bureau de seconde ligne ne doit pas se refuser à reconnaître l'intégrité du chargement et à viser l'acquit-à-caution, quand le conducteur ne se trouve pas sur la route qui conduit au point de sortie désigné par l'expédition. (*Déc. adm. du 29 septembre* 1841.)

La péremption du délai de l'acquit-à-caution ne s'oppose pas non plus à la délivrance du *visa* prescrit par l'article 12 de la loi du 9 février 1832. (*Déc. adm. du 16 novembre* 1841.)

On doit présenter *à la fois* toutes les marchandises comprises dans un même acquit-à-caution. (*Déc. adm. du 1er septembre* 1841.)

passé le bureau sans avoir requis et obtenu le visa de la douane, il sera passible, solidairement avec le soumissionnaire de l'acquit-à-caution, d'une amende de 500 fr. (1). (*Loi du 9 février 1832, art. 12.*)

Mise en consommation.

507. Les marchandises expédiées en transit pourront rester dans le royaume en payant les droits d'entrée lorsque, après vérification au bureau désigné par l'acquit-à-caution, elles y seront déclarées pour la consommation, et qu'elles seront par leur nature admissibles *aux droits* par ce même bureau. (*Déc. du 22 septembre 1818.*)

Dans ce cas, le droit de transit sera remboursé (2). (*Loi du 17 mai 1826, art. 13.*)

---

(1) Lorsqu'un acquit-à-caution de transit n'a pas été visé au bureau de seconde ligne, on s'abstient de constater ce *non-visa* par un procès-verbal, et l'on n'exerce contre le conducteur aucune action directe. Seulement les employés insèrent dans le certificat de décharge la formule suivante : *Sous toutes réserves des droits et actions de l'administration résultant de l'absence du visa du présent acquit-à-caution au bureau de seconde ligne.* Cet acquit-à-caution est ensuite renvoyé, dans la forme ordinaire, au bureau de départ, où l'on décerne contrainte, en vertu de la soumission, contre l'expéditeur et sa caution, afin de payement de l'amende de 500 fr., sauf le recours de cet expéditeur contre le conducteur de la marchandise. (*Circ. des 25 mars et 9 août 1852, nos 1513 et 1338.*)

Lorsque les employés du bureau de sortie s'aperçoivent que l'acquit-à-caution n'a pas été visé, ils en font mention sur les lettres de voiture, afin que le consignataire, se trouvant ainsi dûment averti, puisse, avant de payer le prix du transport, exercer contre le voiturier tel recours que de droit. (*Circ. du 15 décembre 1832, no 1361.*)

Le visa des acquits-à-caution doit être toujours signé par deux personnes. Ainsi dans les bureaux où il n'y a pas d'autre employé que le receveur, il faut, outre sa signature, celle du brigadier, du sous-brigadier, ou d'un préposé de la brigade. (*Circ. manusc. du 20 avril 1832.*)

Indépendamment du visa prescrit par l'article 12 ci-dessus, les acquits-à-caution de transit, considérés comme tenant lieu de passavans pour la circulation dans le rayon, peuvent également être visés dans les autres bureaux de la route ; mais ce visa n'a rien d'obligatoire ; seulement les employés des douanes ont la faculté de le requérir. (*Circ. du 13 février 1832, no 1304.*)

(2) Le receveur de la douane où les marchandises sont déclarées pour la consommation porte intégralement en recette les droits d'entrée, et rembourse, par une opération distincte, le montant du droit de transit, dont il fait directement dépense au compte du Trésor, sans être tenu de solliciter une autorisation préalable de remboursement, ni de produire d'autre justifi-

Mise en entrepôt.

508. Les marchandises expédiées en transit des frontières de terre sur les ports où il existe un entrepôt réel, pourront y être admises comme si elles arrivaient par mer (1). (*Loi du* 17 *mai* 1826, *art.* 13.)

Vérification à la sortie.

509. Les préposés du bureau de sortie (2) n'accorderont les certificats de décharge des acquits-à-caution de transit qu'après une vérification exacte de l'état des plombs (3), de l'espèce, de la qualité, du nombre et du poids des marchandises (4). Ils exigent en outre, avant la décharge, que les marchandises soient conduites à l'étranger sous l'escorte des préposés (5).

Les actes de décharge ne seront valables qu'autant que les opérations successives de la visite, du transport sous escorte et de

---

cation que la quittance de ce droit dûment acquittée par le créancier. (*Circ. du* 17 *juin* 1834, *n°* 1444.)

(1) *Voir* le texte complet de cet article au n° 417.

(2) La douane de sortie est celle que désigne l'acquit-à-caution. Défense est faite aux employés de tout autre bureau, à peine de destitution, de délivrer les certificats de décharge, à moins que l'administration n'ait accordé une autorisation particulière pour changer le bureau de sortie ou de destination. (*Circ. des* 7 *mai* 1815, *n°* 21, *et* 13 *février* 1832, *n°* 1504.)

(3) Un accident peut rompre la corde du plomb extérieur; mais lorsque le plombage *intérieur* est également altéré, on doit craindre une substitution de marchandises. Si, dans ce cas, les employés conservent des doutes sur l'origine des objets présentés, le transit est suspendu, et un double échantillon est adressé à l'administration, pour être soumis aux experts du gouvernement. (*Déc. adm. du* 12 *juin* 1826.)

Toutefois on peut permettre la consommation du transit sous les conditions qui concernent particulièrement les échantillons perdus (n° 497).

(4) La vérification a lieu au vu de l'acquit-à-caution, et la réexportation se consomme en vertu des engagemens souscrits à la douane de départ. Seulement, dans les ports de mer, le consignataire est tenu de désigner le navire exportateur et la destination ultérieure de la marchandise. (*Circ. du* 11 *mars* 1836, *n°* 1534.)

Toutes les marchandises comprises dans un même acquit-à-caution doivent être présentées *à la fois* au bureau de sortie. (*Déc. adm. du* 1er *septembre* 1841.)

(5) Ce passage a lieu par la route directe et en plein jour. (*Circ. du* 20 *décembre* 1814.)

Toutes facilités relatives au commerce interlope sont absolument interdites pour les expéditions de transit. (*Circ. manusc. du* 19 *janvier* 1838.)

la sortie (1), auront été certifiées sur les acquits-à-caution par les vérificateurs et les préposés d'escorte, et que ces actes de décharge seront en outre signés du receveur et d'un autre employé (2). (*Loi du* 17 *décembre* 1814, *art.* 12.)

510. Si les *marchandises* (3) déclarées en transit ont été soustraites ou qu'il en ait été substitué d'autres, il 'y aura lieu au quadruple des droits de consommation, et à une amende de 500 fr. contre les contrevenans. (*Lois des* 8 *floréal an* 11, *art.* 54, *et* 17 *décembre* 1814, *art.* 5.)

Les objet substitués seront saisis, pour la confiscation en être prononcée avec amende de 100 ou 500 fr., selon qu'ils seront ou non prohibés à la sortie; dans le premier cas, en vertu de l'article 9 du titre 3 de la loi du 22 août 1791, et dans le second par application de l'article 3 du titre 5 de la même loi (4). (*Circ. du* 24 *janvier* 1828, *no* 1082.)

511. Les déficit reconnus à la sortie sur le poids des caisses,

---

(1) Dans les ports de mer, l'acquit-à-caution tient lieu de *permis d'embarquer*, et c'est sur cette expédition que les préposés, désignés à cet effet, constatent l'embarquement des marchandises, ainsi que leur passage définitif en haute mer. (*Circ. du* 11 *mars* 1836, *no* 1534.)

(2) *Voir*, pour la garantie des certificats de décharge, le no 207, et, pour le mode de vérification, le no 493. *Voir* aussi le no 216 pour le plombage dans les bureaux de sortie qui ne touchent pas immédiatement à l'étranger.

(3) S'il y a soustraction avec ou sans substitution, la fraude, si minime qu'elle soit, est constatée par un procès-verbal. Une copie de cet acte et l'acquit-à-caution sont adressés à l'administration sous le timbre du *transit.* C'est le bureau de départ qui poursuit les conséquences de la soumission. (*Circ. du* 10 *octobre* 1832, *no* 1531.)

Le remplacement de la marchandise soustraite par une autre de même nature, passible du même droit, constituerait une contravention comme toute autre substitution. (*Déc. adm. du* 17 *juin* 1829.)

Voir le no 505 pour les marchandises avariées.

Afin de fournir aux expéditeurs ou destinataires le moyen d'exercer leur recours contre les voituriers, les employés du bureau de sortie inscrivent et certifient sur les lettres de voiture, dont ils peuvent exiger la représentation, les résultats de leur vérification, toutes les fois qu'ils sont de nature à motiver des poursuites au bureau de départ. (*Circ. du* 25 *septembre* 1829, *no* 1181.)

(4) Aux termes de l'article 9 du titre 3 de la loi du 22 août 1791, et de l'article 54 de la loi du 8 floréal an 11, les marchandises présentées au bureau de sortie sont saisissables, si elles ne sont pas identiquement les mêmes que celles décrites dans l'acquit-à-caution. (*A. de C. du* 19 *novembre* 1834.)

ballots et futailles, et qui ne seront pas au-dessus du dixième du poids énoncé dans les acquits-à-caution, ne seront assujettis qu'au payement du simple droit (1). (*Loi du 17 déc.* 1814, *art.* 8.)

Les manquans trouvés à la sortie sur les huiles d'olive expédiées en transit, seront soumis aux droits d'entrée (2). (*Loi du 17 mai 1826, art. 12.*)

A l'égard des liquides ou fluides admissibles au transit, les manquans reconnus, à la sortie, ne provenir que du bris des vases intérieurs, donneront simplement lieu au payement des droits d'entrée, ou, si le liquide ou fluide est prohibé, au payement de la valeur (3). (*Loi du 2 juillet 1836, art. 10.*)

Il s'agissait, dans l'espèce, d'une expédition en transit de douze caisses de sucre terré. L'acquit-à-caution portait que le sucre était *blanc :* à l'arrivée, on reconnut que le sucre présenté était blond. La douane en déclara la saisie. Les premiers juges en donnèrent main-levée, par le motif que l'indication de sucre *blanc* était surabondante ; que l'espèce et la qualité seules suffisaient, aux termes mêmes du tarif, pour la validité de la déclaration, et qu'il avait *été* amplement satisfait aux exigences de la loi par la désignation de *sucre terré.* Mais la Cour a décidé que la soumission signée de l'expéditeur et l'acquit-à-caution qui lui est délivré en conséquence sont des actes corrélatifs qui forment envers l'administration un engagement légal auquel il n'est pas permis de se soustraire. (*Circ. du 21 déc.* 1834.)

(1) Ou de la simple valeur, s'il s'agit de marchandises prohibées. (*Déc. adm. du 11 mars* 1839.)

Le payement du droit ou de la valeur a lieu au bureau de départ, en vertu de la soumission qu'on y a souscrite. Mais l'administration se réserve d'en accorder la remise, lorsqu'il ne s'agit que de très-faibles déficit causés par la dessiccation naturelle qui a lieu durant le transport, et dans certaines saisons en particulier. (*Circ. du 10 mars* 1818, *n°* 573.)

La proportion de ces déficit se calcule sur le poids de chaque colis pris isolément. (*Même Circ.*)

Les déficit qui ne proviennent évidemment d'aucune manœuvre frauduleuse sont simplement mentionnés sur l'acquit-à-caution et dans l'acte de décharge. Mais s'il y avait soustraction, même au-dessous du dixième, elle devrait être constatée par un procès-verbal, et donner lieu à l'application des peines édictées par l'article 5 de la loi du 17 décembre 1814, ou par l'article 6 de la loi du 9 février 1832, selon qu'il s'agirait de marchandises tarifées ou prohibées. (*Circ. des 16 mai* 1818, *n°* 596, *et 10 octobre* 1832, *n°* 1351.)

(2) *Voir* au tableau n° 1, annexé au présent livre, d'autres dispositions relatives aux huiles. *Voir* aussi la note suivante.

(3) *Voir* au tableau n° 1 les liquides admissibles au transit.

Si les déficit reconnus sur les huiles et sur les autres liquides provenaient de soustractions illicites effectuées en cours de transport, les peines édictées par les lois générales deviendraient applicables. (*Circ. du 24 juill.* 1836, *n°* 1555.)

Transits locaux.

512. Les dispositions des lois générales seront applicables aux divers transits locaux ou spéciaux déjà autorisés par les règlemens des douanes, et à ceux qui pourront être permis à l'avenir (1). (*Loi du* 17 *décembre* 1814, *art.* 14.)

Déchéance des négocians.

513. Les négocians qui seront convaincus d'avoir, à la faveur du transit, effectué des soustractions, substitutions ou versemens dans l'intérieur, pourront être privés de la faculté du transit (*Loi du* 8 *floréal an* 11, *art.* 83.) (2).

---

(1) Le transit des ardoises est autorisé par les bureaux des rivières, Saint-Menges et Givet (Ardennes). (*Loi du* 2 *juillet* 1836, *art.* 10.)

Chacun de ces bureaux a la faculté d'expédier en transit sur l'un des deux autres les ardoises qui lui sont présentées. (*Déc. adm. du* 12 *novembre* 1835.)

Les ardoises n'étant pas susceptibles d'être plombées, on doit, d'après l'article 7 de la loi du 17 décembre 1814, exiger qu'elles soient déclarées, vérifiées et énoncées dans les acquits-à-caution par nombre, valeur, et selon les dimensions admises par le tarif à l'égard des ardoises importées par mer. (*Déc. adm. du* 26 *octobre* 1835.)

Bureau de Cordon. En vertu d'une décision du ministre des finances du 21 août 1839, le bureau de Cordon est ouvert au transit des marchandises ci-après :

Soies en cocons. — Soies écrues, gréges et moulinées, y compris les douppions. — Bourre de soie en masse, écrue, teinte et cardée. — Minerai de cuivre. — Cuivre pur de première fusion, laminé et battu. — Cuivre allié de zinc, de première fusion, laminé et battu. — Plomb. — Zinc, à l'exception du zinc ouvré. — Étain brut, battu ou laminé. — Minerai de fer. — Fontes de fer en masses (gueuses), sans exception de celles qui sont prohibées. — Fer étiré en barres. — Fer platiné ou laminé. — Fer de tréfilerie. — Fer carburé (acier) naturel et cémenté ou fondu. — Sucres bruts et terrés. — Café. — Cacao. — Indigo. — Poivre et piment. — Girofle. — Canelle. — Bois de teinture et d'ébénisterie. — Cotons en laine. — Gommes. — Résines. — Peaux brutes. — Laines en masse. — Cornes de bétail. — Fruits de table et fruits oléagineux. — Huile d'olive. — Chanvre et lin.

Le transit de ces marchandises a lieu sous les conditions et formalités générales. Seulement les marchandises *entrant* ou *sortant* par Cordon ne peuvent emprunter que la voie du Rhône, et leur transport sur la partie du fleuve qui se trouve comprise dans le rayon des douanes doit s'effectuer par bateaux à vapeur. (*Circ. manusc. du* 10 *octobre* 1839.)

Voir pour Strasbourg les nᵒˢ 474 et suivans, et le chapitre III du livre X pour Marseille.

(2) L'article 83 ci-dessus a été textuellement rapporté au nᵒ 208.

CHAPITRE II.

TRANSIT DES OBJETS PROHIBÉS.

Désignation des marchandises. — Bureaux.

514. Les marchandises prohibées à l'entrée, sauf celles que comprend le tableau n° 1, pourront transiter en entrant par l'un des ports ou bureaux marqués d'un ou de deux astérisques au tableau n° 2 (1), ou par l'un des ports d'entrepôt spécialement désignés par l'article 17 de la présente loi (n° 442), pour ressortir par l'un desdits ports ou bureaux, si elles arrivent par terre (2), et seulement par ceux de ces mêmes bureaux marqués d'un double astérisque, si elles arrivent par mer (3). (*Loi du 9 février* 1832, *art.* 3.)

---

(1) *Voir* les tableaux n°ˢ 1 et 2, à la fin du présent livre.

(2) Les marchandises prohibées qui, après avoir été introduites par terre, séjournent temporairement dans un entrepôt, conservent la faculté dont elles auraient joui si leur transit se fût directement effectué, c'est-à-dire qu'elles peuvent ressortir, soit par les ports d'entrepôt du *prohibé*, soit par les bureaux marqués d'un ou de deux astérisques au tableau ci-dessus cité ; seulement les acquits-à-caution dont elles sont accompagnées mentionnent, ainsi que leurs extraits, le bureau des frontières de terre par où elles ont été primitivement importées. (*Circ. du* 11 *avril* 1840, *n°* 1806.)

Les expéditions de marchandises prohibées ne peuvent avoir lieu des frontières sur les ports désignés qu'après que le commerce, dans lesdits ports, a satisfait aux conditions imposées par l'article 17 de la présente loi, sans que provisoirement l'entrepôt spécial puisse être remplacé, soit par l'entrepôt ordinaire, soit par des magasins particuliers sous la clef des douanes. (*Loi du 9 février* 1832, *art.* 9.)

(3) *Échantillons.* Lorsque des échantillons de marchandises prohibées sont présentés à un bureau ouvert au transit, la libre disposition en est permise, si la douane reconnaît qu'ils n'ont aucune valeur commerciale. Quant aux échantillons de prix, si l'on ne consent pas à les détériorer, la douane peut aussi en permettre l'entrée, sous la formalité du plombage et au moyen d'un acquit-à-caution portant obligation d'en effectuer, dans un délai déterminé, la réexportation par le bureau même de leur introduction, à peine d'en payer la quadruple valeur, comme pour les objets prohibés expédiés en transit. (*Circ. manusc. du* 3 *janvier* 1832.)

S'il s'agit d'objets de coutellerie, dont l'identité ne saurait être garantie par le plombage, l'acquit-à-caution indique la marque de fabrique, et donne d'ailleurs tous

515. Les marchandises prohibées, admissibles au transit, pourront être dirigées sur les entrepôts de l'intérieur. (*Loi du 26 juin 1835, art.* 1er.)

Conditions du transit.

516. Le transit des marchandises prohibées sera soumis aux conditions générales déterminées par la loi du 17 décembre 1814 , et de plus aux conditions suivantes :

Les marchandises devront être portées sous leur véritable dénomination, par *nature, espèce* et *qualité*, soit au manifeste, si elles arrivent par mer (1), soit en la déclaration sommaire prescrite par la loi du 4 germinal an 2 (titre 2, article 9), si elles arrivent par terre ; et de plus elles devront être déclarées en détail, et à la fois par espèce, qualité, nombre, mesure, poids brut et net, et valeur (2), aux termes de la loi du 4 germinal an 2 (titre 2, article 4).

Tous les colis portés aux manifestes ou déclarations devront

---

les détails propres à faciliter leur reconnaissance. (*Déc. adm. du 2 sept.* 1835.)

On ne peut, dans aucun cas, admettre plus d'un échantillon de chaque modèle ou qualité. (*Même Déc.*)

Ces échantillons peuvent également être retirés des entrepôts de l'intérieur. (*Même Déc.*)

(1) *Voir* le n° 232 , en note, pour les manifestes considérés comme réguliers quand ils ne désignent que la *nature* de la marchandise.

Voir aussi le n° 221, qui défend de présenter comme *unité* plusieurs colis réunis.

(2) Ainsi la vérification doit porter sur ces différentes indications.

La mesure comporte, pour les tissus, les dimensions de largeur et de longueur. Mais, à moins de circonstances particulières qui feraient concevoir des soupçons, les vérificateurs doivent se dispenser de mesurer les tissus, et s'en rapporter, sur ce point, aux énonciations des déclarations. Celles qui n'indiqueraient pas les dimensions des tissus, pourraient même être reçues, s'il s'agissait de pièces entières, et que le commissionnaire ou consignataire justifiât au chef de la visite qu'il s'est trouvé dans l'impossibilité d'y suppléer. (*Circ. du 28 septembre* 1839 , *n°* 1776.)

Lorsqu'ils jugent le mesurage indispensable, les vérificateurs doivent, autant que possible, l'effectuer sans déploiement des étoffes. Ainsi, par exemple, quand elles sont pliées à plis égaux, on peut, en multipliant la largeur d'un de ces plis par leur nombre, reconnaitre la longueur de la pièce entière.

L'expéditeur lui-même doit concourir à simplifier la vérification, en fournissant, pour chaque pièce, un relevé des dimensions.

Lorsque le nombre des pièces est trop considérable pour que le détail en soit inséré dans l'acquit-à-caution, l'indication des dimensions pièce par pièce

être présentés à la visite, et, en cas de déficit, le signataire du manifeste ou de la déclaration sera condamné à une amende de 1,000 fr. par colis manquant (1), pour sûreté de laquelle le bâtiment ou la voiture et l'attelage servant au transport seront retenus, à moins que le montant de l'amende ne soit immédiatement consigné ou qu'il ne soit fourni bonne et suffisante caution.

Si la vérification fait découvrir un ou plusieurs colis en excédant du nombre déclaré, ou si les marchandises ont été faussement déclarées, quant à l'espèce ou à la qualité, lesdits colis et marchandises seront confisqués, avec amende du triple de la valeur.

---

peut être faite en regard de leur numéro sur la carte d'échantillon ou sur une feuille que l'on joint à l'acquit-à-caution sous le cachet de la douane.

Dans l'un ou l'autre cas, ces pièces sont revêtues du visa de la douane, et rappelées par elle dans le libellé de l'expédition, où l'on se borne à indiquer, avec la largeur, la longueur totale des tissus. (*Circ. du* 13 *février* 1832, *n*° 1304.)

On procèdera de même lorsqu'il s'agira de mentionner la valeur particulière des diverses espèces de tissus comprises dans une seule expédition. (*Déc. adm. du* 7 *août* 1832.)

Quant aux poids nets, on les constate toujours par la soustraction matérielle des emballages, aucune approximation n'étant admissible. (*Circ. du* 13 *février* 8 3 2 , *n*° 1304.)

Toutefois on peut comprendre dans le poids net les papiers, cartons, planchettes et autres objets qui sont indispensables au pliage, à l'arrangement ou à la conservation de certaines étoffes, telles que mousselines, robes, collerettes, etc., que le moindre froissement altère, et qui n'ont en quelque sorte de prix qu'autant qu'elles conservent toute leur fraicheur. (*Circ. du* 9 *avril* 1833, *n*° 1378.)

Lorsque les consignataires n'ont pas reçu les documens nécessaires pour produire avec sécurité toutes les indications que la déclaration comporte, la douane est autorisée à permettre qu'ils fassent peser les colis, et qu'ils en reconnaissent le contenu sous la surveillance du service, qui s'abstient toutefois de prendre part à cette opération, d'après le principe qui interdit aux employés de procéder à la visite des marchandises avant la remise des déclarations complètes. Cette facilité doit être accompagnée de précautions telles qu'il n'en puisse résulter aucun abus. (*Circ. du* 13 *février* 1832, *n*° 1304, *et Déc. adm. du* 8 *janvier* 1833.)

(1) Pour les autres contraventions, il y a lieu de recourir aux lois générales. Si, par exemple, des marchandises prohibées ne sont pas comprises au manifeste, ou s'il y a différence entre le manifeste et les marchandises, les marchandises omises ou différentes doivent être saisies, ainsi que le navire servant au transport, et le capitaine est passible d'une amende de 500 fr., conformément à l'article 1er du titre 5 de la loi du 22 août 1791 (*n*° 512), et à l'article 10 du titre 2 de la loi du 4 germinal an 2. (*Déc. adm. des* 2 *septembre* 1831 *et* 4 *novembre* 1833.)

Si la différence porte sur le nombre, la mesure ou le poids, le signataire de la déclaration sera condamné à une amende du triple de la valeur réelle des quantités qui formeront excédant, ou de la valeur des quantités manquantes, établie sur celle des marchandises reconnues à la vérification. Toutefois l'amende sera réduite à la simple valeur, si l'excédant ou le déficit n'excède pas le vingtième du nombre, de la mesure ou du poids déclarés (1).

Si la douane juge que la valeur des marchandises n'a pas été déclarée à son véritable taux (2), elle pourra d'office en assigner une plus exacte, sauf, si l'expéditeur conteste, à recourir aux commissaires-experts institués par l'article 19 de la loi du 27 juillet 1822. (*Loi du 9 février 1832, art. 4.*)

Colis pressés.

517. Lorsque lesdites marchandises (et notamment les fils et tissus) seront présentées en *colis pressés* et fortement comprimés, la vérification s'en opérera de la manière suivante : *les objets seront retirés de leurs emballages et mis à nu sans être dégagés du lien servant à les réunir, et qui devra les laisser assez à découvert pour qu'on en puisse reconnaître l'espèce, la qualité et le nombre, sans déploiement ou aunage des fils et tissus* (3).

---

(1) On peut n'avoir aucun égard aux différences qui, en plus ou en moins, n'excèdent pas le vingtième du poids déclaré, lorsque le nombre des pièces et les autres détails de la déclaration sont trouvés conformes, et qu'il ne s'élève d'ailleurs aucun doute sur la régularité de l'opération. (*Circ. du* 28 *septembre* 1839, *n°* 1776.)

(2) La valeur est celle de la marchandise en France. (*Circ. du* 15 *juillet* 1834, *n°* 1450.)

Pour le tabac en feuilles et les côtes de tabac admis à transiter, la valeur doit être portée d'office à 4 fr. 50 c. le kilog., prix moyen de l'impôt produit par le monopole. (*Circ. manusc. des* 29 août 1834 *et* 27 *septembre* 1838.)

Cette valeur, uniquement destinée à établir la quotité des amendes éventuellement exigibles, ne sert point de base pour la perception du droit de transit proprement dit. Ce droit, indépendant de toute pénalité, ne porte que sur la valeur réelle intrinsèque du tabac. (*Déc adm. du* 7 *juin* 1835.)

(3) Les colis dans cet état, et reconnus avoir subi l'action de la presse de telle sorte que la compression des marchandises rende impossible, sans rupture des liens qui les retiennent, toute soustraction ou substitution, sont, après vérification exacte, soumis au plombage avec apposition de cachets des-

Ce colis intérieur, dont les dimensions en tout sens et le poids net, comprenant les planchettes, cartons, toiles ou papiers retenus sous la première ligature et la ligature elle-même, devront être énoncés dans la déclaration en même temps que les indications exigées par l'article précédent, sera, après vérification, décrit avec tous ses signes de reconnaissance dans l'acquit-à-caution.

Ledit colis, ainsi mis à nu, sera assujetti au plombage par la douane, qui pourra de plus y apposer son cachet. Il sera ensuite replacé dans les emballages, qui seront également ficelés et plombés.

Le mode de vérification à l'entrée, ci-dessus déterminé, sera suivi, pour la contre-visite, à la douane de sortie.

Toutefois, en cas d'indice de fraude, la douane pourra, tant à l'entrée qu'à la sortie, exiger la rupture des liens, et se livrer à une vérification approfondie(1). (*Loi du 9 février* 1832, *art.* 5.)

---

tinés à le garantir de toute altération, ou à rendre ostensibles celles qui pourraient avoir lieu; ils sont immédiatement replacés dans les emballages, puis ficelés, plombés et pesés au brut. (*Circ. du* 13 *février* 1832, *n*° 1304.)

On procède à ce plombage en entourant trois fois le colis avec la corde à plomb. Cette corde passe sur *toutes* les coutures des toiles, en embrassant ces coutures au moyen de demi-nœuds et de doubles demi-nœuds. A leur sortie du plomb, les deux extrémités de la corde sont *éméchées* et réunies sous le cachet de la douane, après toutefois qu'on a pris la précaution de les nouer plusieurs fois sur la corde elle-même pour que le plomb ne puisse pas vaciller, et par suite détacher le cachet. Lorsque le colis est présenté à nu, sans enveloppes en toiles sous les ligatures, les demi-nœuds et doubles demi-nœuds ne pouvant plus être pratiqués, la corde à plomb fait trois fois au moins le tour du colis, et l'on a soin de la fixer par un nœud toutes les fois qu'elle rencontre un tour déjà fait.

Le colis intérieur, ainsi plombé, est ensuite replacé dans l'emballage extérieur, qui doit être en bon état, et l'on veille à ce que les coutures de ce dernier emballage soient placées en sens contraire de celles de l'enveloppe intérieure. (*Circ. lith. du* 13 *février* 1832.)

(1) On voit, par la réserve de cette faculté, que la loi réclame des agens de l'administration une attention entière et soutenue sur tout ce qui pourrait déceler des manœuvres frauduleuses qu'on tenterait d'opérer à la faveur de ce mode exceptionnel de vérification.

Dans les douanes d'entrée, on peut, par exemple à l'égard des fils et tissus, chercher à découvrir, par des calculs fondés sur l'expérience du poids ordinaire de chaque qualité de marchandise, dans ses rapports avec les dimensions indiquées, si celle que l'on présente est réellement, à l'intérieur comme à l'extérieur des colis, telle qu'on la déclare.

Dans les douanes de sortie, on doit en outre procéder à une vérification

Non-décharge de l'acquit-à-caution.

518. Si l'acquit-à-caution n'est pas dûment déchargé en temps utile par le bureau désigné, le soumissionnaire sera contraint au payement, 1° de la valeur des marchandises telle qu'elle aura été indiquée dans l'acquit-à-caution ; 2° et en outre d'une amende égale au triple de la valeur. (*Loi du 9 février* 1832, *art.* 6.)

Soustractions ou substitutions.

519. Si le bureau de sortie reconnaît qu'il y a eu soustraction d'une partie des marchandises décrites en l'acquit-à-caution, il ne donnera décharge que pour ce qui aura été réellement réexporté, et le conducteur sera personnellement condamné à une amende égale à la valeur des moyens de transports, chevaux et voitures, lesquels seront retenus pour sûreté de ladite amende, si elle n'est immédiatement consignée ou s'il n'est fourni bonne et suffisante caution (1).

Si aux marchandises décrites il en est substitué d'autres, celles-ci seront confisquées, et le conducteur sera également passible de l'amende déterminée par le présent article.

L'amende à prononcer dans les deux cas ci-dessus sera indé-

---

très-exacte des signes de reconnaissance décrits en l'acquit-à-caution, et surtout s'assurer, par un examen très-attentif, de l'intégrité des cordes et des plombs, ainsi que des cachets. Le plombage, en effet, devient dans ce système la principale garantie du service contre les abus.

Les plombeurs et emballeurs chargés d'apposer les plombs et les cachets procèderont toujours sous la direction et la double surveillance du vérificateur et du sous-inspecteur. Aucun colis à nu ne sera replacé dans son emballage que ce chef ne se soit assuré, sous sa responsabilité, que l'opération a été faite avec tout le soin qu'elle réclame. Le même concours de surveillance aura lieu pour la reconnaissance de l'intégrité du plombage à la sortie.

Ainsi, à l'entrée comme à la sortie, ce sera toujours assisté du sous-inspecteur que le vérificateur procèdera à l'examen très-attentif de l'état des plombs et cachets, de celui des cordes dans toute leur longueur, et de l'emballage. Ils attesteront l'un et l'autre sur l'acquit-à-caution le résultat de cet examen. (*Circ. du* 13 *février* 1832, *n°* 1304.)

Voir le n° 494 pour les fils et tissus non prohibés.

(1) Il est des cas où l'on n'a ni *conducteur* à punir, ni *moyens de transport* à retenir, et où il est dès lors inutile de dresser un procès-verbal. (*Déc. adm. du* 8 *mars* 1832.) Toutefois la soustraction elle-même est constatée, conformément aux prescriptions de la circulaire du 10 octobre 1832 (n°s 510 et 511). (*Déc. adm. du* 18 *septembre* 1839.)

pendante des poursuites à exercer contre le soumissionnaire de l'acquit-à-caution, en vertu de l'article précédent, pour ce qui n'aura pas été réellement réexporté. (*Loi du 9 février 1832, art. 7.*)

Altération des plombs sur les colis pressés.

520. Les peines déterminées par les articles 6 et 7 ci-dessus seront appliquées, quelles que soient les marchandises présentées au bureau de sortie, et dans le cas même où elles ne différeraient pas de celles désignées dans l'acquit-à-caution, si, lorsque les marchandises auront été vérifiées, scellées et plombées d'après le mode autorisé par l'article 5 de la présente loi, les plombs et cachets apposés sur le colis intérieur sont reconnus avoir été levés ou altérés (1). *(Loi du 9 février 1832, art. 8.)*

> Les règles générales du chapitre précédent sont applicables aux marchandises prohibées, en tout ce qui n'est pas contraire aux dispositions qui leur sont spéciales.

---

(1) Dans ce cas, les marchandises sont confisquées et les poursuites de droit sont exercées contre le conducteur et le soumissionnaire. (*Circ. du 13 février 1832, n° 1304.*)

L'altération ou le dérangement des plombs ou des cachets apposés sur le colis intérieur doit être constaté par un procès-verbal. (*Déc. adm. du 15 mai 1832.*)

Tableau N° 1er.

Désignation des marchandises exclues du transit en tous sens.

(Loi du 9 février 1832.)

Animaux vivans.
Viandes (1).
Poissons.
Tabac fabriqué ou autrement préparé.
Drilles (2).

Matériaux non em-
ballés, notamment
{ engrais, marne et charrée.
plâtres, ardoises (3), briques, tuiles.
minerais de toutes sortes.
limaille.

Graisses, sauf le suif et autres graisses à l'état concret.
Huiles, sauf,

1° Les huiles de palme concrètes ;

2° Les huiles d'olive dont le transit est autorisé par l'article 12 de la loi du 17 mai 1826 (4) ;

3° Les huiles de colza, de navette, d'œillette, de pavot et de lin qui peuvent transiter sous les conditions déterminées par cette même loi (5).

---

(1) Les viandes *sèches*, mises en colis susceptibles d'être plombés, peuvent transiter aux conditions générales du transit. (*Déc. min. du 9 avril* 1838, *Circ. du* 13.)

(2) Cette exclusion ne s'étend pas au carton grossier ou pâte de papier mise en feuilles, assimilé dans certains cas aux drilles. (*Déc. adm. du 9 décembre* 1835.)

(3) *Voir*, pour les ardoises, le n° 512.

(4) Cet article est ainsi conçu :

« Le transit des huiles d'olive est autorisé, à la condition que les futailles « seront plombées et plâtrées par les deux bouts ; qu'un échantillon, levé au « lieu du départ et cacheté par la douane, accompagnera les futailles, et que « les manquans trouvés à la sortie seront soumis aux droits d'entrée. »

D'après cet article, les futailles devraient être plombées ; mais l'administration a dû renoncer à cette formalité évidemment illusoire pour les liquides en futailles. (*Circ. du* 13 *février* 1832, *n°* 1304.)

(5) Le transit de ces huiles, que la loi du 9 février 1832 avait restreint aux bureaux de Wissembourg, Lauterbourg, Strasbourg, Saint-Louis, Verrières de Jaux et les Rousses, a été autorisé d'une manière générale par le troisième paragraphe de l'article 10 de la loi du 2 juillet 1836, portant :

« Les huiles grasses admises au transit pourront entrer et ressortir par tous « les bureaux ouverts au transit. »

Toutes ces huiles sont soumises aux formalités prescrites par l'article 12 de la loi du 17 mai 1826. (*Loi du* 9 *février* 1832, *tabl. n°* 1, *et Circ. du* 24 *juillet* 1836, *n°* 1555.)

Une décision du 8 octobre 1841 permet, aux mêmes conditions, le transit des huiles de coco.

Fluides et liquides
de *toute sorte*, no-
tamment (1).....

- boissons.
- mélasses, sirops, sorbets, confitures.
- miel, sauf celui à l'état concret.
- beurre.
- médicamens.
- produits chimiques.
- couleurs, teintures, vernis.
- bitumes.

Fonte (2).

---

(1) **Les** liquides ou fluides en bouteilles ou cruchons, autres que les produits chimiques et médicamens, sont admis au transit en tous sens, sous les conditions générales du transit et sous l'obligation du double emballage et du double plombage. (*Loi du 2 juillet* 1836, art. 10.)

Voir le n° 511 pour les manquans reconnus à la sortie.

(2) Par décision ministérielle du 22 avril 1834, la fonte a été admise, à titre d'essai, à la faculté de transiter. Les fortes pièces de fonte (*gueuses ou autres objets*) doivent être percées d'un trou dans lequel passe la corde destinée à recevoir le plomb, et avoir au-dessus de ce trou une rainure assez profonde pour cacher la corde et la mettre à l'abri du frottement des autres pièces.

Les menues pièces et les ouvrages susceptibles d'être mis en colis sont, comme toutes les autres fabrications, assujetties aux formalités générales du transit, et particulièrement au double emballage et au double plombage. (*Circ. du* 19 *février* 1840, *n°* 1796.)

Il est suppléé au *trou à rainure* au moyen d'un anneau en fil de fer *noyé* dans la fonte au moment du coulage, et dans laquelle il se trouve fixé par des bouts terminés en crochets. La corde du plomb qui passe dans cet anneau est protégée contre les accidens de route par un creux ménagé à cet effet sur une des surfaces de la gueuse et par un tampon de paille dont il est bouché. (*Circ. du* 19 *février* 1840.)

En ce qui concerne les fontes en gueuses *admissibles à l'importation,* l'estampillage des pièces peut être substitué au *trou à rainure* ou à l'*anneau en fil de fer;* mais, outre ce poinçonnage, on prélève sur chaque espèce de gueuses un échantillon qui est poinçonné et renfermé dans une caisse plombée. Les poinçons étant fournis par l'administration, l'estampillage des fontes a lieu gratuitement pour le commerce. (*Circ. du* 19 *février* 1840.)

Les fontes qui ne sont pas assez douces pour recevoir l'empreinte du poinçon, et celles qui sont prohibées à l'entrée, continuent d'être soumises aux conditions et formalités prescrites par la décision ministérielle du 22 avril 1834. (*Même Circ.*)

La faculté de diriger des fontes brutes, non prohibées à l'entrée, sur les entrepôts de l'intérieur, peut être accordée aux conditions suivantes :

1° Elles ne pourront pas être réexportées; les déclarations de l'importateur et de l'entrepositaire au lieu de destination porteront l'engagement d'en payer les droits au plus tard dans le délai de trois ans, accordé par la loi du 27 février 1832 ;

2° Ces fontes seront expédiées sous les conditions générales du transit, en les affranchissant de la formalité de l'estampillage ou du plombage, puisqu'au

Fer étiré, sauf celui qui sera soumis à un estampillage et aux précautions que l'administration pourra déterminer (1).

Sucre raffiné et confiseries (2).

Voitures.

Armes de guerre, balles de calibre et poudre à tirer, sauf les autorisations spéciales que le gouvernement pourra accorder (3).

Sel marin, de saline ou sel gemme.

Chicorée moulue (4).

Contrefaçons en librairie (*Loi du 6 mai 1841, art. 8.*) (5).

---

lieu de transiter, elles doivent rester en France. (*Déc. adm. du* 19 *décembre* 1840.)

(1) Les fers en barres qu'on ne veut pas soumettre à l'estampillage peuvent être expédiés en fardeaux de 250 à 260 kilog. au plus. Ces fardeaux sont retenus par des liens en fer et plombés à nu; ils sont ensuite recouverts d'un emballage en toile sur lequel on appose un second plomb. (*Déc. adm. du* 1er *août* 1835.)

On énonce dans l'acquit-à-caution si les fers ont été étirés au laminoir ou au marteau, et l'on indique le nombre des barres, leurs dimensions, suivant les classifications du tarif, et le poids distinct par espèce. (*Circ. du* 13 *février* 1832, *n*° 1304.)

(2) Sauf le cas prévu par l'article 15 de la loi du 2 juillet 1836 (n° 480).

(3) La douane d'entrée doit exiger la représentation de l'autorisation originale que l'expéditeur a dû recevoir directement du ministre de la guerre. (*Déc. adm. du* 23 *mai* 1838.)

Les pistolets de poche, prohibés par l'ordonnance du 23 février 1837, peuvent transiter sans autorisation préalable; mais, comme mesure d'ordre et de police, les directeurs donnent immédiatement avis de ces sortes d'expéditions à M. le ministre de l'intérieur. Cet avis indique le nombre de pistolets, la date et le numéro de l'acquit-à-caution, le bureau qui l'a délivré, ainsi que le point de sortie ou l'entrepôt sur lequel les armes sont dirigées. (*Circ. du* 7 *août* 1838, *n*° 1704.)

Tout pistolet ayant moins de 30 centimètres (11 *pouces*) de longueur doit être considéré comme pistolet de poche, sans tenir compte de la forme et des autres dimensions de l'arme. (*Déc. du min. de la guerre des* 11 *mai* 1837 *et* 29 *juin* 1839.)

(4) La chicorée moulue est admise maintenant à la faculté du transit, sous les formalités et conditions générales du transit du prohibé; elle est soumise au double emballage et au double plombage. (*Déc. min. du* 22 *avril* 1834; *Circ. du* 28.)

(5) *Voir* le chapitre xxiii du livre *Régimes spéciaux*.

Tableau N° 2. *Bureaux des frontières de terre par lesquels peut s'effectuer le transit, tant à l'entrée qu'à la sortie, sauf celui des marchandises prohibées, qui est réservé aux seuls bureaux marqués d'un ou de deux astérisques, suivant les cas prévus en l'article 3 de la loi du 9 février 1832 (n° 514).*

* Dunkerque (1).
Lille (2) par Halluin ou Baisieux.
Valenciennes ou Blancmisseron.
** Blancmisseron.
Givet.
Sedan par Saint-Menges ou La Chapelle (3).
** Sierck.
** Forbach.

** Lauterbourg, ⎫ à charge par le commerce de fournir les magasins et
** Wissembourg, ⎬ hangars nécessaires aux opérations du transit, et qui
                    ⎭ devront être agréés par le gouvernement.

** Strasbourg.
** Saint-Louis.
Delle.
** Verrières de Joux.
** Les Rousses.
** Bellegarde.
** Pont-de-Beauvoisin.
Chapareillan.
Saint-Laurent-du-Var.
Bedous par Urdos.
* Béhobie.
Ainhoa.
Saint-Jean-Pied-de-Port par Arneguy.
* Perpignan par Perthus, seulement pour l'entrée ; et par Perthus, Bourg-Madame et Port-Vendres pour la sortie.

(*Loi du 9 février 1832.*)

---

(1) Le bureau de Dunkerque par Zuidcoote est ouvert à l'entrée des marchandises de toutes espèces, autres que celles désignées en l'article 22 de la loi du 28 avril 1816, tant pour l'importation et le transit que pour l'entrepôt réel et l'entrepôt spécial du prohibé. Les formalités et peines voulues par les articles 28, 29 et 30 de la même loi s'appliquent à toutes les expéditions faites par cette voie. (*Loi du 2 juillet* 1836, art. 9.)
Voir, au livre *Importations*, les articles ci-dessus de la loi de 1816.

(2) Quand des marchandises doivent être réexportées par cette partie de la frontière, et que l'expéditeur ne précise pas le point de sortie dans sa déclaration, il suffit que le bureau de départ désigne Lille dans l'acquit-à-caution : la douane de cette ville indique le bureau secondaire de réexportation. (*Déc. adm. du 23 juillet* 1841.)

(3) Le bureau de Givonne a été substitué à celui de La Chapelle.

**Longwy.
**Les Pargots.
**Huningue.
Entre-deux–Guiers.
        (*Loi du 2 juillet* 1836.)
**Sarreguemines par Frauenberg (1). (*Ord. du 20 janvier* 1839.)
Armentières.
Évranges (2).
**Jougne.
        (*Ord. du 7 juillet* 1839 , *art.* 2.)
Cordon (3).
Urdos. (*Ord. du 18 décembre* 1839.)

---

(1) Par les autres routes le bureau de Sarreguemines reste ouvert au transit des marchandises non prohibées, en vertu de la loi du 9 février 1832.

(2) Évranges a été substitué à Thionville, désigné par la loi du 9 février 1832.

(3) Ce bureau n'est ouvert qu'à certaines marchandises (n° 512, en note).

Tableau

Tableau A. *État indicatif de l'espèce des colis dans lesquels doit être expé-diée, pour le transit, chacune des marchandises fabriquées qui jouissent de cette faculté.*

DÉNOMINATION DES MARCHANDISES selon l'ordre du tarif.	ESPÈCE DES COLIS.
Liége ouvré................................	Caisses ou balles.
Agates ouvrées............................	Caisses ou futailles.
Marbre sculpté, moulé, poli ou en chiques........	*Idem.*
Albâtre sculpté, moulé ou poli.................	*Idem.*
Chiques en pierres.........................	*Idem.*
Or battu, tiré, laminé ou filé sur soie...........	Caisses.
Argent battu, tiré, laminé ou filé...............	*Idem.*
Tôle en fer, et fil de fer.....................	Caisses ou futailles.
Fer-blanc................................	Caisses.
Ouvrages en fer, tôle ou fer-blanc..............	Caisses ou futailles.
Acier en tôle ou filé........................	*Idem.*
Ouvrages en acier.........................	*Idem.*
Cuivre et laiton battu, laminé ou filé............	*Idem.*
Cuivre doré et argenté, battu, tiré ou laminé, filé ou ouvré................................	Caisses.
Ouvrages en cuivre........................	Caisses ou futailles.
Plomb en balles autres que de calibre............	*Idem.*
Plomb battu, laminé ou ouvré.................	*Idem.*
Étain battu ou laminé.......................	*Idem.*
Étain ouvré..............................	*Idem.*
Zinc laminé..............................	*Idem.*
Zinc ouvré...............................	Caisses.
Chromates de plomb et de potasse, et autres produits chimiques, non liquides, prohibés et non spéciale-ment rappelés au tarif officiel de 1822, pages 147 et 148..................................	*Idem.*
Savons parfumés de toute sorte.................	*Idem.*
Médicamens composés autres que liquides.........	*Idem.*
Savons blancs, rouges ou marbrés...............	*Idem.*
Cire blanche ouvrée........................	*Idem.*
Bougies de blanc de baleine ou de cachalot........	*Idem.*
Chocolat................................	*Idem.*
Poterie de grès fin.........................	Caisses ou futailles.
Porcelaines..............................	*Idem.*
Petits miroirs, verres à lunettes ou à cadran bruts, et verrerie de toute sorte (excepté les grands miroirs, les verres à lunettes ou à cadran taillés et polis)...	*Idem.*
Grands miroirs, verres à lunettes ou à cadran taillés et polis................................	Caisses.
Vitrifications.............................	Caisses ou futailles.
Fils de coton, de laine et autres prohibés..........	Caisses ou balles.
Autres fils de toute sorte.....................	Caiss., ball. ou futaill.
Toiles de lin ou de chanvre, y compris les mouchoirs.	Caisses ou balles.
Linge de table, de lin ou de chanvre.............	*Idem.*
Batiste et linon...........................	*Idem.*
Dentelles de lin...........................	*Idem.*
Tulle de lin..............................	*Idem.*

DÉNOMINATION DES MARCHANDISES selon l'ordre du tarif.	ESPÈCE DES COLIS.
Bonneterie, passementerie et rubans à jour, de lin ou de chanvre..	Caiss., ball. ou futaill.
Tissus de laine en pièces	Caisses ou balles.
Bonneterie, passementerie et rubanerie de laine.....	Caiss., ball. ou futaill.
Châles et étoffes de cachemire et autres tissus en poils.	Caisses ou balles.
Couvertures et tapis en poils........................	*Idem.*
Bonneterie en poils.................................	Caiss., ball. ou futaill.
Tissus de crin......................................	Caisses ou balles.
Tissus de soie, de bourre de soie et de fleuret.......	*Idem.*
Tissus de coton en pièces	*Idem.*
Bonneterie et passementerie de coton..............	Caiss., ball. ou futaill.
Tissus d'écorce.....................................	Caisses ou balles.
Chapeaux et shakos en feutre	Caisses.
Feutres à doublage et autres ouvrages en feutre......	Caisses ou balles.
Cartons, papiers, livres, cartes à jouer et cartes géographiques, gravures et lithographies, et musique gravée..	*Idem.*
Peaux préparées ou ouvrées........................	*Idem.*
Pelleteries ouvrées.................................	Caiss., ball. ou futaill.
Vannerie	*Idem.*
Cordages...	*Idem.*
Instrumens aratoires, limes, râpes, scies et outils...	Caisses ou futailles.
Orfévrerie et bijouterie.............................	Caisses.
Corail taillé non monté	*Idem.*
Monnaies	Caisses ou futailles.
Plaqués..	*Idem.*
Caractères d'imprimerie............................	*Idem.*
Machines et mécaniques............................	Caiss., ball. ou futaill.
Armes, autres que de guerre......................	Caisses.
Coutellerie	Caisses ou futailles.
Horlogerie	*Idem.*
Sellerie..	*Idem.*
Agrès, apparaux, voiles et ancres de navire.......	Caiss., ball. ou futaill.
Tabletterie...	*Idem.*
Bimbeloterie	*Idem.*
Mercerie...	*Idem.*
Ouvrages de modes.................................	Caisses.
Parapluies..	*Idem.*
Ouvrages en bois...................................	Caisses ou futailles.
Meubles	Caisses ou balles.
Instrumens d'optique, de calcul, d'observation, de chirurgie, de chimie et de musique	Caisses ou futailles.
Effets à usage......................................	Caiss., ball. ou futaill.
Objets de collection................................	*Idem.*

Tableau N° 3. *Marchandises de transit qui doivent être accompagnées d'échantillons.* (Loi du 9 février 1832, art. 11.)

Toutes marchandises atteintes d'avarie.
Laines.
Grains et farines.
Sucres bruts ou terrés.
Cacao.
Cafés d'une qualité très inférieure ou mélangés de grains noirs.
Vanille.
Cochenille.
Tabac en feuilles.
Huiles d'olive.
Fils de coton, de laine, et autres prohibés.
Tulle de lin, de coton ou de soie.
Tissus de laine ou mélangés de laine, *en pièces* (1).
Tissus de soie, de bourre de soie et de fleuret, *en pièces* (1).
Tissus de coton ou mélangés de coton, *en pièces* (1).
        (*Ord. du* 11 *février* 1832.)
Liquides et fluides.
        (*Ord du* 8 *juillet* 1834 , *art.* 13.)
Huile de colza.
—— de navette.
—— d'œillette.
—— de pavot.
—— de lin.
    (*Loi du* 17 *mai* 1826, *art.* 12, *tableau n°* 1er *annexé à la loi du* 9 *février* 1832. *Voir* ce tableau page 347.)
Cannelle.
Girofle.
Muscade.
Macis.
Poivre.
Piment.
Thé.
Safran.

Orseille.
Indigo.
Ipécacuanha.
Rhubarbe.
Salsepareille.
Jalap.
Écorces médicinales.
Feuilles et follicules de séné.
Sucs végétaux, à l'exception des gommes pures, résines indigènes, storax, manne, jus de réglisse et glu.
        (*Ord. du* 8 *juil.* 1834, *art.* 17.)
Bouchons de liége.
        (*Ord. du* 10 *oct.* 1835, *art.* 8.)
Acide phosphorique (à l'état solide).
—— tartrique.
—— oxalique,
—— benzoïque.
Sels ammoniacaux, bruts ou raffinés.
Sulfate de potasse.
—— de soude.
—— de magnésie.
—— d'alumine à ses différens états.
Oxalate acide de potasse.
Tartrate de potasse.
—— de soude et de potasse.
Acétates de potasse et de soude.
—— de plomb.
Arséniate de potasse.
Carbonate de magnésie.
Borax à ses différens états.
Chromates de plomb et de potasse.
Sulfure de mercure naturel ou artificiel, en pierre ou pulvérisé.
Oxyde de plomb jaune (massicot).
—— de plomb rouge (minium).
—— de plomb rouge divisé (mine-orange).
Carbonates de plomb, soit mélangés, soit purs ou très-purs.
        (*Ord. du* 3 *juillet* 1838.)

---

(1) Cette disposition n'est point applicable aux rubans. (*Circ. du* 6 *avril* 1836, n° 1538.)
    Les dentelles de toute sorte sont également affranchies du prélèvement d'échantillon. (*Circ. du* 19 *juin* 1837, n° 1630.)
    Voir, pour les mouchoirs, cravates, etc., la note du n° 497.

LIVRE VIII.

NAVIGATION.

CHAPITRE PREMIER.

DE LA CONDITION DES NAVIRES (1).

Navires étrangers prohibés.

521. L'importation des navires et autres bâtimens de construction étrangère, pour être vendus dans le royaume, sera prohibée (2). Lesdits navires et bâtimens ne pourront, en conséquence, jouir des avantages réservés à la navigation française (3). (*Loi du* 13 *mai* 1791, *art. unique.*)

Importations de marchandises.

522. Aucune denrée, production ou marchandise étrangère ne pourra être importée en France, dans les Colonies et possessions de France, que directement par des bâtimens français, ou appartenant aux habitans du pays, du crû, produit ou manufactures, ou des ports ordinaires de vente et première exportation, les officiers et les trois quarts de l'équipage étant du pays dont le bâtiment porte le pavillon ; le tout sous peine de confiscation des bâtimens et cargaisons, et de 3,000 fr. d'amende,

---

(1) Les navires et autres bâtimens de mer sont meubles ; néanmoins ils sont affectés aux dettes du vendeur, et spécialement à celles que la loi déclare privilégiées. (*Code de comm.*, art. 190.)

Voir, pour les priviléges sur les meubles, les articles 2100 et suivans du Code civil.

(2) Il y a exception, d'après la loi du 28 avril 1816, tableau n° 4, à l'égard des bateaux de rivière.

(3) *Voir* les exceptions établies aux numéros suivans.

solidairement et par corps, contre les propriétaires et agens des
bâtimens et cargaisons, capitaines et lieutenans (1). (*Loi du
21 septembre* 1793, *art.* 3.)

Cabotage.

523. Les bâtimens étrangers ne pourront transporter, d'un
port français à un autre port français (2), aucune denrée, production ou marchandise des crû, produit ou manufactures de
France, Colonies ou possessions de France, sous les peines portées par l'article 3 ci-dessus (3). (*Même Loi*, *art.* 4.)

Navires frétés par l'État.

524. En temps de paix ou de guerre, les bâtimens français ou
étrangers, frétés pour le compte du gouvernement, sont exceptés
de l'acte de navigation (4). (*Loi du 27 vendémiaire an* 2, *art.* 3.)

Emploi de navires en temps de guerre.

525. En temps de guerre, les bâtimens français ou neutres
peuvent importer indirectement d'un port neutre ou ennemi les
denrées ou marchandises de pays ennemi, s'il n'y a pas une pro-

---

(1) Cet article n'est plus appliqué aujourd'hui que pour ce qui concerne les
transports entre les Colonies et la métropole; on le rapporte ici textuellement, aucune loi ultérieure ne l'ayant explicitement abrogé, même à l'égard
de la navigation avec l'étranger.

(2) D'après les stipulations de 1761 et de 1768, les navires espagnols sont autorisés à faire le cabotage sur les côtes de France, comme les Français peuvent
le faire en Espagne, lorsque ces navires sont pourvus de titres qui ne laissent
aucun doute sur leur nationalité. (*Circ. du* 20 *septembre* 1817.) *Voir* le livre X, chapitre XII.

(3) Ces dispositions, qui comprennent nécessairement toutes marchandises
nationalisées par le payement des droits d'entrée, s'appliquent aussi aux marchandises expédiées par mer d'un entrepôt sur un autre. Il y a exception pour
les futailles vides destinées à être remplies dans un autre port français, cette
opération étant considérée comme un commencement de chargement pour l'é-
tranger. (*Déc. adm. du* 1er *ventôse an* 5.)

(4) C'est-à-dire de la loi du 21 septembre 1793 et de celle du 27 vendémiaire an 2.
On entend par bâtimens frétés pour le compte de l'État ceux dont l'équipage est nourri et soldé par le gouvernement. (*Déc. du* 17 *brumaire an* 5.)
Ceux frétés par le gouvernement à tant par tonneau, et dont les équipages
ne sont point à sa solde, sont seulement exempts de la partie de l'acte de navigation relative aux francisations et congés; ils sont assujettis aux droits de
navigation. (*Déc. du* 17 *germinal an* 5.)

hibition générale ou partielle des denrées ou marchandises du pays ennemi (1). (*Loi du 27 vendémiaire an 2* , art. 2.)

(1) Chaque guerre a son caractère propre et amène avec elle des circonstances fort diverses, en vue desquelles il est pris des mesures qui cessent ordinairement avec leurs causes; cependant on a cru devoir rappeler ici quelques-unes des principales dispositions qui ont été prises successivement, soit à l'égard des *neutres* , soit pour la *neutralisation* des navires français.

Neutres. L'ordonnance du 19 décembre 1673 portait que les neutres, c'est-à-dire les navires appartenant aux pays qui ne prennent point parti entre les puissances belligérantes, seraient libres, à condition qu'ils n'auraient à bord aucune marchandise appartenant à l'ennemi. L'article 7, titre des prises, de l'ordonnance de 1681, réputait de bonne prise les navires qui transportaient des marchandises *ennemies*. Cette disposition avait été maintenue par l'article 5 du règlement du 23 juillet 1704; mais l'ordonnance du 21 octobre 1744 se bornait à prononcer la saisie des marchandises, et ordonnait la restitution des navires. Le règlement général du 26 juillet 1778 défendait même d'arrêter les navires neutres qui sortaient des ports ennemis ou qui s'y rendaient, à l'exception toutefois de ceux qui portaient des secours à des places bloquées, ou qui étaient chargés d'objets de *contrebande* destinés à l'ennemi. Mais la propriété neutre de la cargaison et du navire devait être justifiée, en mer, par les passeports, connaissemens, factures et autres pièces de bord.

La loi du 9 mai 1793 prescrivait l'arrestation des navires neutres chargés, soit de comestibles appartenant à des neutres et destinés pour les ports ennemis, soit de marchandises appartenant à des ennemis; elle prononçait la confiscation de ces dernières marchandises, prescrivait de payer la valeur des comestibles appartenant aux neutres, et ordonnait, dans tous les cas, la restitution des navires. L'Angleterre s'étant arrogé le droit de visite et de préhension à l'égard des neutres, le Directoire exécutif rendit, le 14 messidor an 4, un arrêté portant que la France en userait envers les bâtimens neutres de la même manière que les puissances neutres souffriraient que les Anglais en usassent à leur égard. C'est en vertu de ce principe que furent pris les arrêtés des 28 messidor an 4 et 12 ventôse an 5, concernant les Américains. La loi du 29 nivôse an 6 déclarait de bonne prise toutes les marchandises provenant du pays ennemi. Cette loi fut bientôt abrogée par la loi du 23 frimaire an 8, et une autre loi du 29 du même mois remit en vigueur le règlement général du 26 juillet 1778. Mais, peu d'années après, les actes du gouvernement britannique motivèrent, à titre de représailles, les décrets de Milan des 23 novembre et 17 décembre 1807, prononçant la confiscation de tout navire, quelque fût son pavillon, qui aurait touché en Angleterre, ou qui aurait souffert la visite d'un vaisseau anglais.

Les rapports directs des neutres avec la France avaient été réglés par d'autres dispositions.

On a vu ci-dessus que l'article 2 de la loi du 27 vendémiaire an 2 leur permettait d'importer indirectement des marchandises du pays ennemi.

La loi du 5 pluviose an 3 portait, article 2 :

« Il sera accordé, pendant la présente guerre seulement, à tous négocians « français, la permission d'employer des navires neutres pour faire transpor-

Navires réputés français.

526. Aucun bâtiment ne sera réputé français, n'aura droit

« ter, d'un port de France à l'autre, les denrées, productions et marchan-
« dises des crû, produit ou manufactures de France. »

Une décision du ministre de la marine du 25 messidor an 11 était ainsi conçue :

« 1°. Les denrées coloniales, chargées par le commerce neutre, soit pour les
« ports de France, soit pour l'étranger, payeront, à la sortie de chaque Colo-
« nie, tous les droits, soit d'entrée, soit de consommation, que la loi du 8 flo-
« réal de cette année, a imposés sur celles introduites en France par le com-
« merce national.

« 2°. Il sera délivré, par les receveurs de chaque Colonie, aux bâtimens qui
« déclareront vouloir faire leur retour dans les ports de France, un certificat
« dûment légalisé, constatant l'acquittement des droits, et indiquant les es-
« pèces, poids et quantités des denrées qui y auront été soumises. Ce certi-
« ficat opérera l'exemption des mêmes droits dans les ports d'arrivée. Mais
« afin d'en prévenir l'abus, il devra être immédiatement adressé à l'adminis-
« tration des douanes, qui fera reconnaître la vérité des signatures au minis-
« tère de la marine. »

En 1823, lors de la guerre avec l'Espagne, les navires neutres furent autorisés, sur la demande des chambres de commerce, à faire le grand cabotage,
c'est-à-dire des transports de l'Océan à la Méditerranée, *et vice versâ.* Mais
l'exemption du droit de tonnage et des surtaxes de navigation fut refusée aux
navires neutres que des armateurs français affrétaient pour l'étranger. (*Déc.
du minist. de la marine du* 13 *mai* 1823.)

Neutralisation. Neutraliser un navire français, c'est lui permettre de naviguer sous pavillon neutre. Les neutralisations autorisées par la loi du 5 pluviôse an 3 et par l'arrêté du Directoire exécutif du 9 thermidor an 5, ont été
réglées par l'arrêté du 13 prairial an 11. Il porte :

Art. 1er. Les négocians français pourront faire naviguer leurs navires sous
pavillon neutre, pendant la durée de la guerre maritime, lorsqu'ils en auront
obtenu la permission spéciale du ministre de la Marine et des Colonies.

Art. 2. Les armateurs qui obtiendront la permission de neutraliser leurs
navires, seront tenus de fournir un cautionnement égal à la valeur du navire, laquelle sera fixée d'après l'estimation qui en sera faite dans les formes
usitées, et ils s'engageront à le faire réintégrer, à la paix, sous pavillon national. L'armateur et sa caution seront solidaires.

Art. 3. Les administrateurs de la marine, en transmettant au ministre la
demande formée par un armateur de neutraliser un bâtiment, devront vérifier si le navire est inscrit sur les registres du commissaire préposé à l'inscription maritime, si l'armateur et la caution sont solvables.

Art. 4. Les actes de cautionnement seront conformes aux modèles ci-après ;
ils seront enregistrés au bureau de l'inspection de la marine, et il en sera
remis une copie au directeur des douanes de l'arrondissement.

Art. 5. Il sera tenu au bureau de l'inspection, dans chaque chef-lieu de
préfecture maritime, un registre des navires français neutralisés. Ce registre,
dont il ne sera donné communication qu'aux propriétaires et cautions, ou à

aux priviléges des bâtimens français, s'il n'a pas été construit en

---

leurs fondés de pouvoirs, et seulement en ce qui les concerne, désignera le numéro de l'enregistrement actuel, le nom français du navire, le port auquel il appartient, le numéro de son acte de francisation, la date et le lieu de l'enregistrement dudit acte, le port en tonneaux du navire, l'espèce du bâtiment, le nom et la demeure du propriétaire, le nom et la demeure de sa caution, la valeur du navire, la date de l'acte de cautionnement, la date de la permission de neutraliser expédiée par le ministre, le pavillon neutre sous lequel l'armateur aura déclaré que le navire doit naviguer.

Art. 6. Dans le mois qui suivra la paix maritime, les armateurs seront tenus de déclarer au préfet maritime de l'arrondissement les lieux où seront les navires qu'ils auront obtenu la permission de faire neutraliser, le pavillon sous lequel ils naviguent, et l'époque probable de leur retour dans un port de France.

Art. 7. Les armateurs ne pourront obtenir la décharge du cautionnement, ni être dispensés de l'obligation de remettre, à la paix, leurs navires sous pavillon national, qu'en produisant des certificats authentiques, délivrés par des fonctionnaires publics, constatant l'impossibilité, par causes majeures, de ramener les navires dans un port de France, telles que capture, confiscation, naufrage, échouement avec perte de navire, et condamnation par vétusté ou avarie.

Art. 8. Les pièces produites par les armateurs pour obtenir la décharge de leur cautionnement seront communiquées, par le préfet maritime, au tribunal de commerce et au directeur des douanes, pour recevoir leur avis par écrit. Le conseil d'administration de la marine prononcera ensuite, sauf l'approbation du ministre de la marine, s'il y a lieu ou non à accorder la décharge du cautionnement.

Art. 9. Dans le cas où il y aurait lieu à poursuivre un armateur à défaut de réintégration de son navire, la délibération du conseil d'administration, et les pièces sur lesquelles elle sera motivée, seront remises au directeur des douanes, qui fera procéder aux poursuites nécessaires.

Art. 10. A l'époque de la paix, les armateurs ne pourront obtenir d'actes de francisation et de congés pour les navires qu'ils auront été autorisés à faire naviguer sous pavillon neutre, qu'en représentant un extrait certifié du registre tenu à l'inspection de marine, constatant la permission précédemment accordée pour la neutralisation. L'administration des douanes fera reconnaître en même temps l'identité du navire.

Art. 11. Les navires français, autorisés à naviguer sous pavillon neutre, continueront à ne payer, pendant la durée de la guerre maritime, les droits de navigation et de douanes que comme navires français, pourvu toutefois que les armateurs ou capitaines exhibent à l'administration des douanes les preuves nécessaires pour faire reconnaître l'identité du navire.

Formule de cautionnement.

Je soussigné (*prénoms, nom et domicile*), armateur et propriétaire du navire français le............................, compris sur les registres de l'inscription maritime à............................, dont l'acte de francisation, sous le nº......., a été enregistré à.............. le..............., du port de....... tonneaux, estimé........ francs, que je me propose de faire naviguer, sous pavillon neutre, pendant la durée de la guerre maritime, en con-

France ou dans les Colonies et autres posséssions de France (1),
ou déclaré de bonne prise faite sur l'ennemi (2), ou confisqué
pour contravention aux lois de France (3), s'il n'appartient pas
entièrement à des Français (4), et si les officiers et les trois

---

séquence de l'autorisation qui en a été donnée par le ministre de la Marine et
des Colonies, le.................. ; promets et m'engage à faire ramener
ledit navire, à l'époque de la paix, dans un port de France, et à le faire réintégrer sous pavillon national, à la charge par moi, si cette condition n'était
pas remplie ou si je ne prouvais pas, par des certificats authentiques, délivrés
par des fonctionnaires publics, qu'à raison et par causes majeures, telles que
naufrage, capture, confiscation, échouement, condamnation par vétusté ou
avarie, j'ai été dans l'impossibilité de le faire, de verser dans la caisse des
douanes le montant de l'estimation ci-dessous mentionnée, dont le payement
est garanti par le sieur............., qui, à cet effet, s'oblige solidairement
avec moi.

Je serai tenu de faire ce versement après l'expiration du délai qui aura été
fixé pour le retour de mon navire, en conséquence de la déclaration que j'aurai
faite au préfet du..... arrondissement maritime.

Pour sûreté de la présente obligation, j'engage tous mes biens présens et à
venir; me soumettant, en cas d'inexécution de ma part, à y être contraint par
corps.

Formule de cautionnement à souscrire par la caution.

Je soussigné (*nom, prénoms, profession, résidence de la caution*), déclare
que je me rends et porte caution de l'obligation ci-dessus souscrite par le
sieur................., armateur du navire le.........., sous les mêmes
clauses et conditions; me soumettant à être poursuivi et contraint solidairement pour les engagemens qu'il a contractés par ladite obligation comme
armateur du navire le..........

Je déclare en outre (*indiquer s'il a souscrit quelque autre cautionnement
de la même nature, et désigner dans ce cas le nom de l'armateur du bâtiment
et du port d'armement.*)

(1) Les paquebots servant au transport des voyageurs sont appelés à la francisation comme tous autres navires prenant la mer, qui jouissent des priviléges
de la nationalité. (*Déc. du 31 décembre* 1819.)

L'origine du navire se justifie par le certificat du constructeur énonçant les
dimensions et la contenance du bâtiment.

L'embarcation construite avec des bois tirés de l'étranger, et tellement préparés que l'opération du constructeur se réduirait à un simple assemblage, ne
serait pas admissible à la francisation. (*Déc. adm. du 17 nivôse an 11.*)

(2) Il faut que la prise ait été faite par un bâtiment français. (*Déc. adm.
du 31 mai* 1813.)

On doit produire le jugement qui a déclaré la prise valable et l'acte d'adjudication faite à un Français.

(3) Cette disposition s'applique nécessairement aux navires confisqués pour
contravention aux lois de douanes. (*Déc. adm. du 11 février* 1835.)

On exige, dans tous les cas, une expédition en forme du jugement de confiscation.

(4) Tout navire vendu à un étranger, cessant par le fait même de cette vente

quarts de l'équipage ne sont pas Français (1). (*Loi du* 21 *septembre* 1793 , *art.* 2.)

Bâtimens échoués.

527. Un bâtiment étranger (2), étant jeté sur les côtes de France ou possession française, et tellement endommagé que le propriétaire ou assureur ait préféré de le vendre (3), sera, en devenant entièrement propriété française, et après radoub ou réparation dont le montant sera quadruple du prix de vente

---

d'être propriété française, doit être considéré et traité commé étranger, et ne peut plus être réadmis au privilége national que dans les cas exceptionnels prévus par les lois des 21 septembre 1793 et 27 vendémiaire an 2, à l'égard des navires étrangers en général. (*Déc. adm. du* 1er *décembre* 1841.)

Sociétés anonymes et en commandites par actions.

Dans le système des sociétés par actions au porteur, rien ne s'oppose à ce que, contrairement aux prescriptions de ces lois, des étrangers soient ou deviennent propriétaires de tout ou partie des navires. Les avantages de la francisation pourraient donc leur être refusés. Toutefois l'administration per - met que les bâtimens appartenant à ces associations soient pourvus, *à titre provisoire,* d'un acte au moyen duquel ils jouissent de tous les priviléges réservés à la marine nationale. La délivrance de cet acte est subordonnée aux conditions suivantes :

1º. Le directeur de la compagnie est tenu de justifier de sa qualité.

2º. Il doit prouver que les bâtimens ont été construits en France et qu'ils appartiennent à la société qu'il dirige.

3º. Il souscrit, en sa qualité de directeur, les soumissions prescrites par la loi du 27 vendémiaire an 2.

Mais il est dispensé du serment exigé par l'article 13 de cette loi. (*Déc. adm. des* 15 *juin*, 14 *et* 27 *juillet* 1840, *et* 19 *juin* 1841.)

(1) Les officiers ne font pas partie de l'équipage. (*Déc. adm. du* 15 *juin* 1836.)

(2) Les pièces à produire sont : une expédition du procès-verbal constatant le naufrage et la vente, et les comptes justificatifs des réparations. Ces pièces sont transmises à l'administration, qui autorise, s'il y a lieu, la francisation du navire. (*Déc. adm. du* 7 *décembre* 1841.)

(3) Lorsqu'il s'agit de navires provenant d'épaves, c'est l'administration de la marine qui représente les propriétaires et fait procéder à la vente.

Les embarcations de 2 tonneaux et au-dessous, provenant d'épaves ou de naufrages, et qui sont vendues par les agens du département de la marine, peuvent être admises, qu'elles aient ou non besoin de réparations, sous la seule condition de payer le droit de 10 pour 100 du prix de vente dont sont passibles les agrès et apparaux. L'administration se réserve de statuer particulièrement à l'égard des canots ou autres petites embarcations d'un tonnage supérieur. (*Circ. manusc. du* 14 *mars* 1839.)

du bâtiment (1), et étant monté par des Français, réputé bâtiment français. (*Loi du 27 vendémiaire an 2, art. 7.*)

La valeur des réparations, dans le cas prévu par l'article 7 *ci-dessus*, sera constatée par trois experts nommés, l'un par la douane, l'autre par la marine, et le troisième d'office par le tribunal de commerce. L'estimation qui sera faite devant les officiers du port ne pourra comprendre la valeur des objets accessoires de mobilier et de gréement, comme ancres, voiles, cordages, canots, chaloupes, et en général ce qui, n'étant pas inhérent *au corps du navire*, a une valeur distincte et indépendante (2). (*Déc. des min. des fin. et de la marine du 29 thermidor an 10, et Circ. du 3 janvier 1818, n° 358.*)

On doit entendre par l'expression *le corps d'un navire*, la coque avec ses bas mâts, ses porte-haubans, ses chaînes ou lattes de porte-haubans (3). (*Avis du ministre de la marine du 8 juillet 1839; Circ. du 18, n° 1759.*)

---

(1) Si le bâtiment n'avait pas été jeté sur la côte, la circonstance que des réparations auraient excédé du quadruple le prix de la vente ne lui donnerait pas droit à être francisé. (*Déc. min. des 22 prairial an 6 et 30 septembre 1825 ; Déc. adm. du 15 novembre 1841.*)

Les pièces présentées pour prouver que les réparations ont atteint le quadruple de la valeur doivent toujours être visées par les agens de l'administration de la marine. (*Circ. du 25 fructidor an 10.*)

Dans tous les cas où les lois des 21 septembre 1793 et 27 vendémiaire an 2 accordent les avantages de la francisation à des navires étrangers, ces navires sont affranchis de tous droits d'*entrée*, et ne doivent être soumis qu'aux conditions déterminées par ces mêmes lois. (*Déc. adm. du 30 mai 1832.*)

(2) Par une conséquence de cette disposition, lorsque le navire naufragé se trouve pourvu de tout ou partie de ces objets, on ne doit point en comprendre la valeur dans la partie du prix de vente qui sert de base à l'appréciation du montant des réparations effectuées. Il faudrait donc que le corps du navire fût toujours vendu séparément. Quand, au contraire, le bâtiment et son mobilier font l'objet d'un seul lot, il devient indispensable de faire déterminer par les experts la valeur afférente au corps du navire. (*Circ. du 18 juillet 1839, n° 1759.*) .

(3) Les bas mâts ou les mâts majeurs d'un bâtiment sont : le grand mât, le mât de misaine, le mât d'artimon et le mât de beaupré, isolés de ceux guindés dessus. — On appelle porte-hauban des plates-formes ou galeries extérieures solidement établies sur la muraille du bâtiment, à la hauteur de la lisse du plat-bord, par le travers et en filant vers l'arrière des bas mâts verticaux. — Les chaînes de porte-hauban sont des pièces de fer travaillées en forme d'anneaux très-allongés ; elles sont boulonnées sur la muraille du bâtiment, dont elles s'écartent ensuite pour venir affleurer les porte-haubans, et elles y re-

Bâtimens sauvetés.

528. Les navires et embarcations de construction étrangère provenant d'épaves, dont le sauvetage en pleine mer donne aux inventeurs droit à la délivrance du tiers en nature ou en argent, conformément à l'article 27 du titre 9 du livre IV de l'ordonnance du mois d'août 1681, et que l'administration de la marine vend publiquement à défaut de réclamation immédiate (1), seront, en devenant entièrement propriétés françaises, et étant montés par des Français, réputés bâtimens français. (*Déc. min. du* 1er *juin* 1832.)

Français résidant en pays étranger.

529. Aucun Français résidant en pays étranger ne pourra être propriétaire, en totalité ou en partie, d'un bâtiment français, s'il n'est pas associé d'une maison de commerce française, faisant le commerce en France ou possession de France, et s'il n'est pas prouvé, par le certificat du consul de France dans le pays étranger où il réside, qu'il n'a point prêté serment de fidélité à cet État, et qu'il s'y est soumis à la juridiction consulaire de France. (*Loi du 27 vendémiaire an 2, art.* 12.)

Radoub en pays étranger.

530. Les bâtimens français ne pourront, sous peine d'être réputés bâtimens étrangers, être radoubés ou réparés en pays étranger, si les frais de radoub ou de réparation excèdent 6 fr. par tonneau, à moins que la nécessité de frais plus considérables ne soit constatée par le rapport signé et affirmé par le capitaine et autres officiers du bâtiment, vérifié et approuvé par le consul ou autre officier de France, ou deux négocians français résidant en pays étranger, et déposé au bureau du port français où le bâtiment reviendra (2). (*Même Loi, art.* 8.)

çoivent les caps de mouton de ridage de haubans. (*Circ. du* 18 *juillet* 1839, *n°* 1759.)

(1) Ces navires sont remis à la marine en exemption de tous droits. (*Déc. adm. du* 4 *septembre* 1824.)

(2) Le capitaine d'un navire étant tenu, par l'article 224 du Code de commerce, d'inscrire sur un registre coté et paraphé par l'un des juges du tribunal de commerce toutes les dépenses concernant le navire, on pourra consul-

Mobilier des navires.

531. La donane sera tenue de reconnaître, au départ de chaque navire, l'état de son mobilier, et de le constater au dos du congé, de telle sorte qu'elle puisse, au retour, s'assurer de l'identité des objets (1). (*Circ. du 18 mars 1825, n° 909.*)

Les câbles en fer pour la marine ne sont plus prohibés (*Loi du 2 juillet 1836.*) (2).

---

ter ce livre, afin de s'assurer si des réparations faites à l'étranger n'ont pas excédé la limite déterminée par la loi.

Les directeurs peuvent statuer définitivement sur l'application de cet article 8 toutes les fois qu'ils n'ont aucun motif de supposer qu'on a cherché à éluder les prescriptions de la loi. (*Circ. du 10 septembre 1841, n° 1872.*)

(1) Les capitaines doivent faire reconnaitre par la douane les objets de gréement ou d'ameublement qu'ils ont à bord, comme câbles, chaines, ancres, poterie de grès, vases en fonte, cheminées à l'anglaise, etc. ; si leur *lest* se compose de fonte, de ferraille ou de toute autre matière qui puisse être considérée comme marchandise, ils doivent également en faire la déclaration ; faute de quoi lesdits objets sont traités au retour comme étrangers. (*Circ. n° 909.*)

On doit saisir ou du moins faire entreposer les objets trouvés en excédant de l'inventaire, surtout quand il s'agit de câbles, ancres, cuisines, etc. (*Déc. adm. du 6 février* 1838.)

Si ces objets paraissent d'origine française, ou s'ils sont vieux, on peut les laisser à bord, sauf à faire souscrire par le capitaine, au dos du congé, l'engagement de justifier de leur nationalité au port d'attache. (*Déc. adm. du* 16 mai 1838.)

Les dispositions de l'article 8 de la loi du 27 vendémiaire an 2 permettant la réparation des navires français à l'étranger, en cas de force majeure, l'administration a, par analogie, décidé, le 26 mai 1825, qu'on affranchirait des droits d'entrée les objets de gréement, tels que câbles, ancres, etc., que les capitaines pourraient se trouver dans la *nécessité* d'acheter à l'étranger, en remplacement d'objets similaires perdus par suite d'événemens de mer, et *sans lesquels il leur serait impossible de ramener leur navire en France.* Mais cette immunité ne doit s'appliquer qu'aux objets parfaitement semblables à ceux qui ont été perdus. Si l'objet acheté à l'étranger excédait en poids celui qui était sorti de France, le droit serait perçu sur l'excédant de poids. Dans tous les cas, la perte des objets remplacés à l'étranger doit être justifiée par le livre de bord et par un rapport de mer confirmé et signé par les gens de l'équipage. (*Déc. adm. du* 11 *novembre* 1839.)

(2) En dérogeant, en faveur des chaines-câbles, à la prohibition dont les chaines de toute espèce sont frappées à l'entrée comme ouvrages en fer, on a eu en vue seulement les câbles propres à attacher les ancres, et il a été décidé qu'on n'admettrait au droit d'importation que les seules chaines qui satisferaient aux conditions ci-après :

« Ne serout considérées comme destinées au mouillage des bâtimens, que
« les chaines de 16 millimètres et au-dessus.

Marque des bâtimens.

532. Les navires, bateaux, barques, chaloupes, et généralement toutes embarcations de commerce employées à la navigation maritime, seront marquées à la poupe en lettres blanches d'un décimètre de hauteur, sur un fond noir, des noms du bâtiment et du port auquel il appartient, sous peine d'une amende de 500 fr., solidairement encourue par les propriétaire, agent ou capitaine, et pour sûreté de laquelle le bâtiment pourra être retenu. Défenses sont faites, sous la même peine, d'effacer, altérer, couvrir ou masquer lesdites marques. Les articles 4 et 19 de la loi du 27 vendémiaire an 2 sont abrogés (*Loi du 6 mai* 1841, *art.* 21.) (1).

« Elles seront composées de maillons armés d'entre-toises dites contre-forts « ou étais, à l'exception toutefois des chaînes d'un calibre inférieur à 20 mil- « limètres.

« Elles auront au moins 150 mètres de longueur.

« Elles seront divisées en bouts égaux en longueur entre eux, cette longueur « pouvant varier de 25 à 30 mètres.

« Tous les bouts de chaînes de 25 à 30 mètres seront garnis, à l'une de « leurs extrémités, d'une maille de jonction amovible ou non, l'autre extré- « mité étant disposée de manière à pouvoir se marier avec celle qui porte la « maille de jonction.

« Enfin, sur cinq bouts de 25 à 30 mètres de longueur, il s'en trouvera au « moins un garni d'un émerillon ou maille tournante. » (*Circ. du 16 juillet* 1836, *n°* 1550; *Déc. min. du* 3 *mars* 1837, *Circ. du* 17, *n°* 1607.)

(1) Cet article ne s'applique qu'aux embarcations de commerce qui vont en mer. Dès lors on doit affranchir des obligations qu'il impose, 1° les embarcations de toute espèce employées à la navigation intérieure des fleuves et rivières; 2° les canots, barques ou bateaux appartenant à des administrations publiques, telles que la marine, la douane ou les ponts-et-chaussées; 3° les embarcations de plaisance, qui ne sont jamais employées à la pêche maritime ni à des opérations de commerce. (*Déc. adm. du* 8 *juin* 1841.)

Si l'espace consacré à l'inscription est insuffisant, les lettres doivent nécessairement être réduites en proportion. Mais, à cette exception près, l'on doit tenir à l'exacte application de la loi, non-seulement pour la dimension et la couleur des lettres, mais encore pour le fond noir sur lequel elles doivent être tracées. Des avertissemens réitérés seront donnés à ce sujet aux capitaines et aux armateurs. Dans aucun cas, on ne suspendra ou arrêtera le départ d'un navire pour lui faire changer la couleur ou le fond de l'inscription, si d'ailleurs elle est parfaitement lisible. (*Déc. adm. du* 26 *août* 1841.)

Le navire appartient au port où ont été souscrites les soumissions de fran-

Noms des navires.

533. Les noms sous lesquels les navires du commerce se trouveront inscrits lors de la publication de la présente loi, ni ceux que les navires nouvellement francisés recevront à l'avenir, ne pourront plus être changés. (*Loi du 5 juillet* 1836, *art.* 8.)

Francisation.

534. Aucun bâtiment français ne pourra partir du port ou district auquel il appartiendra sans acte de francisation et congé (1). (*Loi du 27 vendémiaire an 2, art.* 22.)

Le capitaine sera tenu d'avoir à bord l'acte de francisation. (*Code de comm.,* art. 226.)

Prestation de serment.

535. Le serment à prêter par le propriétaire (2) avant la dé-

---

cisation prescrites par la loi du 27 vendémiaire an 2, et c'est le nom de ce port qui doit être inscrit sur la poupe. (*Déc. adm. du* 26 *août* 1841.)

(1) Ce n'est pas seulement en sortant du port auquel il appartient qu'un navire doit être pourvu de son acte de francisation, mais encore de tout autre port. (*Déc. adm. du* 14 *août* 1841.)

Ainsi tout bâtiment ou embarcation qui va en mer est assujetti, quel que soit son tonnage, à l'acte de francisation, sans exception des bateaux et chaloupes des pilotes lamaneurs. (*Circ. manusc. du* 26 *août* 1837.)

Toutefois on en exempte :

1° Les canots et chaloupes dépendant de navires français et dans l'acte desquels ces canots et chaloupes sont mentionnés; (*Circ. du* 31 *octobre* 1828, *n°* 1132.)

2° Les canots de 2 tonneaux et au-dessous appartenant à des habitans voisins de la côte, qui ne s'en servent que pour leur usage personnel, à l'exclusion de tout transport de marchandises; (*Même Circ.*)

3° Les embarcations dont le tonnage n'excède pas non plus 2 tonneaux, employées à la pêche du poisson que l'on consomme frais ou à la récolte du varech servant d'engrais; (*Déc. adm. du* 2 *juin* 1832.)

4° Les bâtimens de tout tonnage qui restent en rivière en-deçà du dernier port situé à l'embouchure. (*Déc. adm. du* 27 *frimaire an* 3.)

Dans ces différens cas, on délivre, comme moyen de police, un congé qui est renouvelé tous les ans moyennant le prix du timbre seulement. (*Circ. n°* 1168.) — *Voir* le n° 552.

Voir aussi le n° 538 pour les bâtimens qui ne se trouvent pas au port de francisation.

(2) Les titres de propriété, dûment enregistrés, doivent être remis au receveur de la douane du lieu où l'acte de francisation est délivré; il n'en donne

livrance des congés (1) et actes de francisation sera en cette forme (2) :

(*Nom, état et domicile*) jure et affirme que (*le nom du bâti-ment et le port auquel il appartient*) est un (*espèce, tonnage et description, suivant le certificat du mesureur-vérificateur*), a été construit à (*lieu de construction*) en (*année de construction*), (*s'il a été pris, ou confisqué, ou perdu sur la côte* (3), *exprimer le lieu et le temps des jugement et vente*); que je suis seul pro-priétaire dudit bâtiment, ou conjointement avec (*noms, état, domicile des intéressés*), et qu'aucune autre personne quelconque n'y a droit, titre, intérêt, portion ou propriété; que je suis sujet de France, soumis et fidèle aux lois du royaume, ainsi que les associés ci-dessus (*s'il y en a*); qu'aucun étranger n'est directe-

---

copie ou ne s'en dessaisit qu'en vertu, soit d'un jugement, soit d'un ordre spé-cial de l'administration. (*Déc. des* 18 *mai* 1812 *et* 31 *décembre* 1819.)

(1) *Voir*, pour les congés, le n° 552.

(2) D'après l'article 2 de la loi du 21 septembre 1793, le serment doit être prêté en présence du juge de paix; mais il peut être également reçu par les tribunaux de première instance et de commerce. (*Déc. adm. du* 31 *dé-cembre* 1819.)

Le tribunal qui le reçoit en délivre acte, et cet acte est remis par le pro-priétaire au receveur de la douane, qui le joint aux autres pièces nécessaires pour obtenir l'acte de francisation. (*Circ. du* 20 *brumaire an* 2.)

Il est renouvelé toutes les fois qu'un nouvel acte de francisation est délivré par application de l'article 20 de la loi du 27 vendémiaire an 2 (n° 543). Il est également exigé de celui qui devient propriétaire d'un bâtiment par acte sous signature privée. (*Déc. min. du* 10 *juin* 1813, *Circ. du* 12.) Mais il n'est pas exigible si la vente a lieu par acte public, ou si le brevet est renouvelé pour toute autre cause que la perte de celui qui avait été précédemment dé-livré. (*Circ. du* 30 *juin* 1128, *n°* 1108, *et Déc. adm. du* 5 *novembre* 1834.)

Si le propriétaire d'un bâtiment ne réside pas dans le port où se trouve ce bâtiment et où l'on demande qu'il soit francisé, il prête serment devant le juge de paix, le tribunal civil ou de commerce de son arrondissement, et en fait dresser acte pour le représenter au receveur du lieu de francisation. (*Déc. adm. des* 7 *floréal an* 10 *et* 31 *décembre* 1819.)

Le serment est une action personnelle qui ne saurait être déléguée; il doit être prêté par celui-là même qui jure et affirme en conscience l'existence de la chose, la réalité du fait pour lequel le serment est exigé. Le serment judiciaire ne peut être prêté par procureur. (*Recueil général des lois et arrêts*, par Sirey; note du même auteur sur l'article 121 du Code de procédure civile, et *Déc. adm. du* 27 *août* 1833.)

(3) Ou sauveté en mer (n° 528).

ment ni indirectement intéressé dans le susdit bâtiment. (*Loi du 27 vendémiaire an 2, art. 13.*)

Cautionnement.

556. Le propriétaire donnera une soumission et caution de 20 fr. par tonneau (1), si le bâtiment est au-dessous de 200 tonneaux, et de 30 fr. par tonneau, s'il est au-dessus de 200 tonneaux; de 40 fr. par tonneau, s'il est au-dessus de 400 tonneaux. (*Même Loi, art. 11.*)

Le propriétaire ou les propriétaires se soumettront, par le cautionnement qu'ils seront tenus de donner, sous peine de confiscation du montant des sommes énoncées audit cautionnement, outre les autres condamnations prononcées par la présente loi, à ne point vendre, donner, prêter ni autrement disposer des congé et acte de francisation; à n'en faire usage que pour le service du bâtiment pour lequel ils sont accordés, à rapporter l'acte de francisation au même bureau (2), si le bâtiment est pris par l'ennemi, brûlé ou perdu de quelque autre manière, vendu en totalité ou en partie à un étranger, et ce, dans un mois, si la perte ou vente de la totalité ou partie du bâtiment a lieu en France ou sur les côtes de France; et dans trois, six ou neuf mois, suivant la distance des autres lieux de perte ou vente. (*Même oi, art. 16.*)

Brevet de francisation.

557. L'acte de francisation sera délivré au bureau du port auquel appartient le bâtiment (3). (*Même Loi, art. 10.*)

---

(1) Le jaugeage des navires précède les actes relatifs à la francisation. *Voir*, à cet effet, la section 3 du chapitre II du présent livre.

(2) La perte d'un bâtiment étant certaine et l'acte de francisation égaré, il n'y a lieu à aucune poursuite : le propriétaire est seulement tenu d'affirmer la perte de son acte de francisation, d'après l'article 20 de la loi du 27 vendémiaire an 2. (*Déc. adm. du 20 prairial an 10.*)

(3) C'est l'acte même de francisation qui détermine qu'un bâtiment de commerce appartient à tel port, dit *port d'attache*.
L'acquéreur d'un navire qui veut le faire dépendre du port où il réside, en fait la déclaration au bureau de ce port; il y dépose son contrat d'achat, et y passe la soumission cautionnée voulue par la loi. Il en fait mention au dos du brevet et sur un certificat de la douane énonçant que ces formalités ont été

Bâtiment ne se trouvant pas au port de francisation.

558. Le préposé du port où sera le bâtiment transmettra, s'il en est requis, à celui du port auquel appartient le bâtiment, l'état de description, mesurage et tonnage du bâtiment par lui certifié (1). (*Loi du 27 vendémiaire an 2, art.* 24.)

Sur cet état ainsi certifié, qui sera déposé au bureau du port auquel appartient le bâtiment, le préposé de ce bureau recevra du propriétaire du bâtiment les cautionnement, déclaration, soumission, affirmation ordonnés par la présente loi, et délivrera un acte de francisation, sur l'exhibition duquel le préposé du bureau du port où sera le bâtiment lui donnera un congé (*Acte de francisation*). (*Même Loi, art.* 25.)

Acte de francisation.

559. Les actes de francisation seront extraits du registre où seront inscrites les déclarations de construction, mesurage, description et propriété ordonnées par la présente loi (2). (*Même Loi, art.* 39.)

---

remplies, les soumissions souscrites à l'ancien port d'attache sont annulées. (*Déc. adm. du* 10 *vendémiaire an* 11.)

(1) On a vu (n° 534) qu'aucun bâtiment ne peut prendre la mer sans être pourvu de l'acte de francisation. Toutefois, lorsque l'on voudra conduire un navire neuf, pour lequel les formalités de la francisation n'ont pas encore été remplies, du port où il a été construit dans un autre port du royaume, afin de l'y attacher, la douane en permettra le départ par application des dispositions transitoires de l'article 23 de la loi du 27 vendémiaire an 2 , ainsi conçu :

« Le préposé du bureau laissera partir, avec un ancien congé, les bâtimens « qui ne seront pas dans le port ou district auquel ils appartiennent, en exi- « geant une soumission et caution du quart de la valeur du bâtiment; que ces « actes (l'acte de francisation et le congé) seront pris au bureau où ils doivent « l'être, dans un délai qui sera fixé suivant la distance du lieu ou la longueur « du voyage proposé. »

La destination du navire sera assurée par un acquit-à-caution, qui, au lieu d'exiger, en cas d'exportation illicite, le payement du quart de la valeur, comme le porte cet article, garantira les peines édictées par l'article 2 du titre 3 de la loi du 22 août 1791, concernant les marchandises expédiées par cabotage, c'est-à-dire le double droit de sortie.

La douane peut permettre également que ce navire transporte, sous les formalités ordinaires, des marchandises nationales ou d'entrepôt. (*Déc. adm. du* 14 *août* 1841.)

(2) L'acte de francisation donne principalement toutes les indications

Délivrance de l'acte de francisation.

540. Les actes de francisation seront délivrés au nom du Roi et signés de la main du ministre des finances (1). (*Arrêté minist. du 30 juin 1829, art. 1er; Circ. du 15 juillet suivant, n° 1175.*)

A cet effet, lorsque les engagemens auront été souscrits, et que toutes les formalités auront été remplies, aux termes des lois des 21 septembre 1793 et 27 vendémiaire an 2, le bureau des douanes qui aura reçu lesdits engagemens, et vérifié tous les faits relatifs à la francisation, adressera au chef de l'administration un projet d'acte de francisation (2), qui sera transcrit sur un parchemin et soumis à la signature du ministre, pour être ensuite renvoyé au même bureau. (*Même Arrêté, art. 2, et même Circ.*)

En attendant le retour de cet acte, la douane délivrera, si le navire doit mettre à la voile, un acte provisoire, sous la foi des engagemens déjà souscrits. (*Arrêté minist. du 30 juin 1829, art. 3, et Circ. du 15 juillet suivant, n° 1175.*)

Cet acte provisoire, délivré sur *papier mort*, sera absolument semblable, pour la forme, à l'acte de francisation définitif, et sera annulé si, quatre mois après sa délivrance, il est présenté dans un port de France (3). (*Déc. min. du 5 mars 1834, et Circ. du 21, n° 1432.*)

---

voulues par l'article 9 de la même loi du 27 vendémiaire an 2, à l'égard du congé (n° 552).

· Il indique de plus si le navire a ou n'a pas de faux tillac, serrage, vaigrage, ou de double pont. (*Circ. du 29 décembre 1832, n° 1365.*) *Voir* le n° 567.

(1) Les actes de francisation ne peuvent être revêtus de notes que par les employés de l'administration des douanes; ils doivent effacer toutes celles qui sont écrites par des étrangers, soit courtiers ou autres. (*Circ. du 6 novembre 1824, n° 887.*)

(2) Ces projets d'actes doivent présenter, indépendamment des noms, prénoms et domiciles des divers intéressés, la quotité de leur part dans la propriété du navire. (*Déc. adm. du 28 septembre 1839.*)

(3) A l'expiration des quatre mois, les douanes de la métropole, auxquelles on présente un brevet provisoire, doivent le retenir et mettre par là le capitaine dans la nécessité de se pourvoir de l'acte original pour ressortir du port. Toutefois, si le bâtiment entrait par relâche forcée dans un port autre que celui de sa destination, et qu'au lieu d'y débarquer son chargement, le capitaine reprît la mer avant d'avoir pu recevoir le brevet définitif, on lui permettrait

Compte ouvert de la marine.

541. Un compte ouvert de l'effectif de la marine marchande sera tenu pour chaque port, tant au bureau de la douane de ce port qu'à l'administration centrale (1). (*Circ. du 30 janvier 1827, n⁰ 1030.*)

de continuer de faire usage de l'acte provisoire, dont l'effet se prolongerait, dans ce cas, malgré l'expiration des quatre mois. (*Circ. du 21 mars 1834, n⁰ 1432.*)

(1) Le compte ouvert est tenu au courant dans les bureaux des douanes par l'inscription journalière de toutes les nouvelles francisations accordées, des transferts, changemens de formes et des extinctions successives qui résultent, soit du payement des droits de sortie, soit des pertes ou démolitions régulièrement constatées. — A l'administration les mêmes comptes sont tenus au moyen des bulletins que chaque receveur lui adresse directement pour lui faire connaître les francisations, extinctions et changemens de port d'attache qu'ils ont inscrits le jour même sur leur propre registre. (*Circ. du 30 janvier 1840, n⁰ 1030.*)

Lorsqu'un navire n'a pas reparu au port d'*attache* ou n'a pas obtenu de congé depuis longtemps, depuis deux ans, par exemple, les receveurs doivent prendre des renseignemens auprès de l'armateur; et si le bâtiment est réellement perdu, ils en informent immédiatement l'administration. (*Circ. du 15 février 1837, n⁰ 1602.*

Indépendamment du compte ouvert, on tient, dans tous les ports et pour chaque navire, un *dossier* qui indique les changemens survenus au navire, et les noms des propriétaires auxquels il a successivement appartenu, rappelle aussi les principaux événemens qui lui sont survenus, et contient d'ailleurs toutes les pièces qui le concernent. S'il est tenu exactement, le *dossier* fournit tous les renseignemens nécessaires, et reproduit en quelque sorte l'historique du navire. Il le suit dans les divers ports auxquels il est successivement attaché, et c'est par l'intermédiaire de l'administration que les directeurs adressent au port de nouvelle attache les *dossiers* des bâtimens qui ont cessé d'appartenir à leur direction. (*Circ. du 19 février 1833, n⁰ 1374.*)

On indique sur chaque *dossier* le port où le navire a été attaché en dernier lieu. (*Circ. manusc. du 5 décembre 1837.*)

Pour rendre ces *dossiers* plus complets et faciliter la tenue du compte ouvert dont il a été parlé ci-dessus, on a prescrit les mesures suivantes :

1⁰. A l'expiration de chaque trimestre, les receveurs principaux réunissent tous les congés de navigation déposés depuis plus de trois mois dans les bureaux de leurs principalités. Ceux de ces congés qui se rapportent à des navires attachés à des ports de leur arrondissement, sont transmis directement par eux aux receveurs de ces ports; ils adressent les autres à leur directeur.

2⁰. Les directeurs envoient immédiatement aux bureaux situés dans leurs directions les congés qui les concernent. A l'égard des navires appartenant à d'autres directions, les directeurs s'expédient respectivement, *sous bandes*, les congés relatifs à ces navires.

3⁰. Parvenus au port d'attache, les congés sont réunis au *dossier* du na-

Changement dans la forme ou le tonnage.

542. Si, après la délivrance de l'acte de francisation, le bâtiment est changé dans sa forme, son tonnage, ou de toute autre manière, on en obtiendra un nouveau ; autrement, le bâtiment sera réputé bâtiment étranger (1). (*Loi du 27 vendémiaire an 2, art.* 21.)

Perte de l'acte de francisation.

543. Si l'acte de francisation est perdu, le propriétaire, en

---

vire, sauf à dégager ce *dossier* des actes les plus anciens, s'il devenait trop volumineux pour en rendre le maniement facile. (*Circ. du* 27 *janvier* 1835, *n°* 1477.)

(1) Les changemens de forme ou de tonnage nécessitent le renouvellement du brevet, mais ne donnent pas lieu à la perception du droit de francisation ; en d'autres termes, l'article 20 de la loi du 27 vendémiaire an 2 n'est pas applicable dans le cas prévu par l'article 21. La loi interdit, dans ce cas, les surcharges et les ratures ; elle commande de délivrer un parchemin neuf ; mais le renouvellement de l'acte n'occasionne d'autres frais que le prix du nouveau parchemin et du timbre. (*Circ. des* 30 *juin* 1828, *n°* 1108, *et* 23 *septembre* 1832, *n°* 1345.)

Mais il n'y a lieu d'agir ainsi que lorsque le changement de forme, de tonnage ou autres, a été opéré régulièrement, c'est-à-dire après déclaration à la douane qui procède à la reconnaissance de l'identité du navire, autorise les changemens qui s'exécutent sous sa surveillance, et constate ensuite qu'ils ont été effectués et que le navire est bien le même. A défaut de ces formalités, le bâtiment qui a subi des changemens doit être réputé étranger, aux termes de la loi, et en subir toutes les conséquences. (*Circ. du* 29 *décembre* 1832, *n°* 1365.)

Les capitaines représentant de droit, d'après le Code de commerce, les propriétaires des navires, sont admis à faire en douane les déclarations relatives aux changemens de forme, de construction ou de tonnage. (*Déc. adm. du* 12 *juillet* 1833.)

Le changement de mâture, lorsqu'il ne s'agit que de remplacer un ou plusieurs mâts hors de service, ne donne pas lieu au *renouvellement de l'acte de* francisation ; mais si, par suite de changemens faits dans la mâture, l'espèce du navire n'était plus la même, ces changemens, qui détruiraient la concordance du bâtiment avec l'acte de francisation, rentreraient évidemment dans le cas prévu par l'article 21 de la loi de vendémiaire, et entraîneraient conséquemment le renouvellement de l'acte. (*Circ. du* 23 *septembre* 1832, *n°* 1345.)

Lorsqu'il y a lieu de renouveler l'acte de francisation, l'ancien titre de nationalité est retenu et classé au *dossier* du navire par la douane du port d'attache, qui se borne à fournir à l'administration un *projet d'acte* indiquant le motif pour lequel on demande un nouveau brevet. (*Circ. manusc. du* 28 *avril* 1834.)

affirmant la sincérité de cette perte, en obtiendra un nouveau, en observant les mêmes formalités, et à la charge des mêmes cautionnement, soumission, déclaration et droits que pour l'obtention du premier (1). (*Loi du 27 vendémiaire an 2, art.* 20.)

Francisations frauduleuses.

544. Tous ceux qui prêteront leur nom à la francisation des bâtimens étrangers ; qui concourront comme officiers publics ou témoins aux ventes simulées ; tout préposé dans les bureaux, consignataire, agent des bâtimens et cargaisons, capitaine et lieutenant du bâtiment qui, connaissant la francisation frauduleuse, n'empêcheront pas la sortie du bâtiment, disposeront de la cargaison d'entrée, ou en fourniront une de sortie, auront commandé ou commandent le bâtiment, seront condamnés solidairement et par corps en 6,000 fr. d'amende, déclarés incapables d'aucun emploi et de commander aucun bâtiment français. Le jugement de condamnation sera publié et affiché (2). (*Même Loi, art.* 15.)

Vente des navires.

545. Les ventes de partie (3) du bâtiment seront inscrites au dos de l'acte de francisation, par le préposé du bureau qui en tiendra registre (4). (*Même Loi, art.* 17.)

---

(1) Un navire français qui, après avoir été capturé, revient en France au même propriétaire, peut, son acte étant perdu, en recevoir un nouveau, mais à charge de remplir les formalités voulues pour la francisation. (*Déc. adm.* des 28 *vendémiaire et* 12 *pluviôse an* 13, *et Circ. du* 25 *octobre* 1826, *n⁰* 1016.)

Si l'acte est renouvelé pour cause de vétusté, on perçoit seulement le prix du parchemin et du timbre. (*Circ. du* 25 *octobre* 1826, *n⁰* 1016.)

Il en est de même s'il est renouvelé comme n'offrant plus de place pour y inscrire les mutations de propriété. (*Déc. adm. du* 31 *décembre* 1819.)

(2) Les contraventions à l'acte de navigation sont du ressort des tribunaux civils. (*A. de C. du* 26 *février* 1806.)

(3) Cet article s'applique aussi aux ventes de navires entiers : c'est ce qui résulte non seulement de l'article 18 de la loi de l'an 2, mais encore de l'article 20 de la loi du 6 mai 1841, qui, en supprimant le droit d'enregistrement qu'avait établi l'article 17 ci-dessus, s'est exprimé en ces termes :

« Ne sera plus perçu le droit de 6 fr. établi par l'article 17 de la loi du « 27 vendémiaire an 2, pour l'inscription au dos de l'acte de francisation, « des ventes de *tout* ou partie des navires . »

(4) A cet effet, le nouveau propriétaire présente ses titres d'achat à la

Toute vente de bâtiment ou de partie de bâtiment contiendra la copie de l'acte de francisation, et sera faite pardevant un officier public (1). (*Loi du 27 vendémiaire an 2, art.* 18.)

La vente volontaire d'un navire devra être faite par écrit, et pourra avoir lieu par acte public ou par acte sous signature privée.

Elle pourra être faite pour le navire entier ou pour une portion du navire, le navire étant dans le port ou en voyage. (*Code de commerce, art.* 195.)

Lorsque la vente du navire aura lieu sous signature privée, le

---

douane, et en requiert la mention au dos de l'acte de francisation. Toutefois la douane ne procède à cette transcription qu'après avoir fait souscrire au nouveau propriétaire les soumissions cautionnées voulues par la loi ; elle libère ensuite le précédent propriétaire et sa caution. Quand le bâtiment appartient ou doit appartenir à un autre port, les employés auxquels on présente les titres d'acquisition n'inscrivent le transfert sur l'acte de francisation qu'au vu d'un certificat de la douane du port d'attache, attestant que les cautionnemens exigibles y ont été fournis par le nouvel acquéreur (n° 558).

Cependant si, nonobstant le refus de la douane et afin d'être libéré de ses engagemens, le vendeur persistait à réclamer la mention immédiate de la vente sur l'acte de francisation, la douane ne serait point fondée à rejeter cette demande. Mais alors, comme les soumissions primitives de francisation auraient perdu leur valeur par le fait de l'endossement, l'acquéreur ne serait admis à profiter des avantages de la nationalité qu'après en avoir souscrit de nouvelles. (*Circ. du 6 octobre* 1832, n° 1349.)

Si la vente ne comprend qu'une partie de la propriété d'un navire, on peut se borner à la relater sur la soumission primitive, sauf à faire souscrire au nouveau propriétaire les engagemens voulus par la loi ; il faut en outre que la première caution accède à cette mutation de propriété, ou que la caution présentée par le nouvel acquéreur étende son cautionnement aux autres propriétaires. (*Déc. adm. du* 50 *août* 1837.)

Les droits de chacun des propriétaires d'un navire doivent être inscrits au dos de l'acte de francisation, conformément à l'article 17 de la loi du 27 vendémiaire an 2. (*Cours de Droit commercial* par Pardessus, pag. 45, tom. III, 5° édition.)

(1) L'article 195 du Code de commerce permet de vendre un navire qui est en *voyage*. D'un autre côté, l'article 226 du même Code (n° 554) impose au capitaine l'obligation d'avoir l'acte de francisation à bord. Dès lors, cet acte ne pouvant être copié en tête de l'acte de vente du navire qui *voyage*, la douane doit rester étrangère aux mutations de propriété de cette nature, et ne les régulariser, en ce qui la concerne, que lorsque le retour du navire dans un port de France permet de remplir les formalités prescrites par les articles 17 et 18 de la loi spéciale du 27 vendémiaire an 2. Jusque-là les engagemens du vendeur, demeuré propriétaire légal aux yeux de la douane, conservent toute leur force. (*Déc. adm. du* 21 *octobre* 1841.)

receveur des douanes exigera la confirmation de cette vente par le serment de propriété que prescrit l'article 13 de la loi du 27 vendémiaire an 2.

Dans le même cas, le receveur exigera également que cet acte soit enregistré. (*Déc. min. du 10 juin 1813, Circ. du 12.*)

Droit d'enregistrement.

546. Les actes ou procès-verbaux constatant les ventes de navires, soit totales ou partielles, ne seront passibles à l'enregistrement que du droit fixe d'un franc (1). (*Loi du 21 avril 1818, art. 64.*)

Vente à l'étranger.

547. Lorsqu'un navire français sera vendu à l'étranger, l'acquit de payement pour sa sortie de France ne pourra être délivré qu'au préalable on n'ait obtenu l'annulation des engagemens souscrits pour la francisation, et rapporté à la douane les actes délivrés par elle, tels que brevets, congés et autres (2). (*Circ. du 23 avril 1818, n° 383.*)

Lorsqu'il y aura dans le port de vente un consul de la nation de l'acquéreur, ce dernier obtiendra du consul l'autorisation de naviguer sous le pavillon de cette nation. Dans le cas contraire, la douane délivrera un passeport provisoire, qui ne sera valable que pour aller du port français à celui de destination (3). (*Circ. du 23 décembre 1818, n° 451.*)

---

(1) Le droit fixe d'un franc est seul exigible pour l'enregistrement des ventes de navires, quels que soient la dénomination et le tonnage de ces navires. (*Déc. min. du 27 août 1825, Circ. du 4 septembre suivant, n° 816.*)

(2) Les navires marchands peuvent être exportés à toute destination, en payant le droit de 2 fr. par tonneau de mer. (*Loi du 21 avril 1818*). Ce droit comprend les agrès et apparaux qui font partie nécessaire du mobilier du navire, et qui ne sont sujets aux droits établis à leur égard que lorsqu'on les exporte séparément. (*Circ. du 25 avril 1818, n° 585.*)

Les machines qui font mouvoir les bateaux à vapeur vendus pour l'exportation, sont affranchies du droit de sortie de un quart pour 100. On se borne à percevoir la taxe de 2 fr. par tonneau, établie par la loi du 21 avril 1818. Cette taxe doit porter non-seulement sur le tonnage résultant du mode de jaugeage prescrit par l'ordonnance royale du 18 août 1839 (n° 570), mais encore sur l'espace occupé par les machines et le combustible destiné à les alimenter, c'est-à-dire sur la contenance effective du navire. (*Déc. adm. du 27 février 1841.*)

(3) La douane impose l'obligation de remettre ce passeport, aussitôt l'arri-

. 548. Les capitaines, soit propriétaires ou délégués, qui vendront leur bâtiment à l'étranger, seront tenus d'en faire la déclaration aux consuls français chargés d'en prévenir l'administration de la marine et celle des douanes. Par suite de cet avis, les receveurs des ports auxquels ces navires appartenaient recevront l'ordre de requérir le payement des droits de sortie, et le rapport des congés et actes de francisation, sous les peines portées par l'article 16 de la loi du 27 vendémiaire an 2. (*Circ. du 23 décembre* 1818, *no* 451.)

Perte des bâtimens.

549. L'impossibilité de ramener les navires français dans un port de France par suite de force majeure, telle que capture, confiscation, naufrage, échouement avec perte du bâtiment et condamnation à la suite d'avarie, devra être légalement justifiée pour obtenir la radiation pure et simple des soumissions souscrites lors de la francisation. (*Arrêté du* 13 *prairial an* 11, *art.* 7.)

Pièces à produire.

550. Les pièces que produisent les armateurs (1) pour obtenir la décharge de leur cautionnement seront communiquées à la marine, au tribunal de commerce et au direteur des douanes,

---

vée du navire à l'agent consulaire français, qui le renvoie à l'administration des douanes. (*Circ. no* 451.)

(1) Ces pièces sont :

Si le navire a fait naufrage, le rapport circonstancié que le capitaine ou, à son défaut, les gens de son équipage échappés au naufrage, ont dû faire. Ce rapport doit être fait, en France, au bureau de la douane; en pays étranger, devant le consul français, et, à défaut de consul, devant le magistrat des lieux; (*Déc. adm. des* 23 *messidor an* 11 *et* 18 *vendémiaire an* 12.)

S'il s'agit d'un navire perdu corps et biens, l'acte de notoriété publique attestant la perte, et si ce bâtiment était assuré, la police d'assurance biffée et les autres pièces qui sont de nature à attester l'événement. La notoriété publique s'établit après l'an et jour, par un acte authentique du tribunal de commerce; (*Déc. adm. des* 23 *messidor an* 11 *et* 29 *vendémiaire an* 12.)

Si le navire a été pris par l'ennemi et condamné, une expédition authentique du jugement de condamnation.

Dans le cas où un navire capturé reviendrait en France au même propriétaire, sans que la possession eût été autrement interrompue, il continuerait de jouir des priviléges attachés à sa qualité de français. (*Déc. min. du* 24 *vendémiaire an* 13, *et Déc. adm. du* 28.)

pour avoir leur avis par écrit ; et le conseil d'administration de la marine, à qui ces pièces seront soumises, prononcera ensuite, sauf l'approbation du ministre, s'il y a lieu ou non à accorder la décharge du cautionnement (1). (*Arrêté du* 13 *prairial an* 11, *art.* 8.)

L'intervention de la marine ne sera pas nécessaire toutes les fois que la douane croira pouvoir admettre, comme suffisantes, les preuves fournies du naufrage, de la prise ou du dépècement à l'étranger d'un navire français, et surtout quand la perte aura lieu en vue de la côte et au su de toute la population. Dans ces différentes circonstances, la libération immédiate des soumissions sera de droit (2). (*Déc. min. du* 9 *juin* 1828, *et Circ. du* 18 *du même mois, n*o 1105.)

Navires dépecés.

. 551. Lorsqu'un bâtiment français, par suite de son état de vétusté, devra être dépecé, le propriétaire déclarera à la douane son intention de faire procéder au dépècement (3). Un vérificateur (4) procèdera à la jauge, et s'assurera si les dimensions du navire sont celles énoncées en l'acte de francisation et dans le congé ; l'identité reconnue, le même vérificateur s'assurera de la démolition effective, et dressera un procès-verbal, dont il sera remis copie au propriétaire (5), afin qu'il puisse poursuivre la

---

(1) Une ampliation de la délibération qui intervient est adressée au directeur des douanes qui, après en avoir référé à l'administration, autorise l'annulation des soumissions, si la perte du bâtiment est constatée. (*Circ. du* 12 *pluviôse an* 10, *et Déc. adm. du* 26 *vendémiaire an* 11.)

(2) Toutes les demandes en décharge de cautionnement sont d'abord présentées à la douane, sauf à celle-ci à requérir elle-même, si elle trouve les pièces insuffisantes ou suspectes, le concours de la marine. Elle doit toujours le réclamer quand les preuves sont récusables, et surtout quand l'équipage a péri loin de nos côtes. Si au contraire la douane admet immédiatement les preuves d'extinction, elle annule les soumissions, et le jour même de la radiation elle la fait connaître à l'autorité maritime du port. (*Circ. du* 18 *juin* 1828, *n*o 1105.)

(3) Cette déclaration du propriétaire est faite sur un registre *ad hoc*.

(4) Lorsque la navire se trouve dans un lieu où il n'y a point de bureau, et qu'il n'est pas possible de le conduire au port le plus prochain, le vérificateur peut être suppléé par un chef du service actif, capitaine de brigades ou lieutenant.

(5) C'est le receveur qui délivre cette expédition, comme celle des rapports de mer.

radiation sur la matricule près l'administration de la marine, et faire annuler en douane les soumissions relatives au bâtiment dépecé (1). (*Déc. minist. du* 16 *février* 1809, *Circ. du* 24.)

CHAPITRE II.

SECTION PREMIÈRE.

POLICE DES MOUVEMENS.

Congés.

552. Aucun bâtiment français ne pourra partir du port auquel il appartiendra sans congé (2). (*Loi du* 27 *vendémiaire an* 2, *art.* 22.)

Ceux qui obtiendront les congés se soumettront à n'en faire usage que pour le service du bâtiment (3). (*Même Loi, art.* 16.)

---

(1) Lorsque le navire à dépecer appartient à l'un des ports de la direction où le dépècement a lieu, le directeur fait lui-même, après examen des pièces, annuler les soumissions. Si le navire appartient à une autre direction, le procès-verbal de dépècement, l'acte de francisation et le dernier congé sont adressés à l'administration pour obtenir une autorisation spéciale. (*Circ. du* 24 *février* 1809.)

(2) Le navire ne pouvant prendre la mer qu'en vertu d'un congé, cet acte doit nécessairement être délivré par la douane du port où se trouve le navire, soit que le navire appartienne ou non à ce port. (*Circ. des* 15 *pluviôse et* 14 *ventôse an* 11.)

Pour obtenir un congé, celui qui le requiert est tenu de produire l'acte de francisation. (*Circ. du* 11 *brumaire an* 2.)

La date des *sorties* successives du navire est inscrite sur le congé par l'employé du bureau chargé du service de la navigation. (*Déc. adm. du* 12 *mai* 1841.)

On délivre également des congés, mais seulement à titre de passavant et comme moyen de police pour la douane, aux bâtimens et autres embarcations affranchies de l'acte de francisation, quoique naviguant dans les eaux soumises à la surveillance des douanes. Dans ce cas, le congé, valable pour un an, ne donne pas ouverture à la perception du droit; on n'exige que le payement du timbre. (*Circ. du* 10 *juin* 1829, *n*° 1168, *et Déc. adm. du* 2 *juin* 1832.)

(3) La loi du 27 vendémiaire an 2 dit expressément que pour obtenir un congé on est tenu, comme pour l'acte de francisation, de prêter le serment en justice, de souscrire une soumission et de fournir un cautionnement. Toutefois l'on s'en tient à la simple soumission de l'armateur ou du propriétaire, ou même du capitaine, de qui seul elle peut être exigée dans les ports autres que

Libellé du congé.

553. Les bâtimens de 30 tonneaux et au-dessus auront un congé où seront la date et le numéro de l'acte de francisation, qui exprimera les noms, état, domicile du propriétaire, et son affirmation qu'il est seul propriétaire (ou conjointement avec des Français dont il indiquera les nom, état et domicile); le nom du bâtiment, du port auquel il appartient, le temps et le lieu où le bâtiment a été construit, ou condamné, ou adjugé; le nom du vérificateur, qui certifiera que le bâtiment est de construction...; qu'il a.... mâts, ... ponts; que sa longueur, de l'éperon à l'étambot, est de.....; que sa plus grande largeur est de.....; que sa hauteur entre les ponts est de..... (s'il n'y a qu'un pont); que la profondeur de la cale est de....; qu'il mesure.... tonneaux; qu'il est un brick, ou navire, ou bateau; qu'il a ou n'a pas de galerie en tête. (*Loi du 27 vendémiaire an 2, art. 9.*) .

Les noms des propriétaires et des ports seront insérés dans les congés concernant les bâtimens au-dessous de 30 tonneaux. (*Même Loi, art. 5.*)

Durée du congé.

554. Les bâtimens au-dessous de 30 tonneaux seront tenus de prendre chaque année un congé, sous peine de confiscation et de 100 fr. d'amende. (*Même Loi, art. 5.*)

La disposition de l'article 5 de la loi du 27 vendémiaire an 2, qui fixe à une année la durée du congé des navires de moins de 30 tonneaux, sera appliquée à tous les congés (*Loi du 6 mai 1841, art. 20.*) (1).

---

celui d'attache, attendu que le contrat primitif donne une garantie générale contre l'abus des actes de francisation et des *congés* qui en dérivent.

Mais le droit d'exiger le renouvellement du serment, de la soumission et du cautionnement, existe, et la douane peut y recourir toutes les fois qu'elle a sujet de croire que le navire *pour lequel* on demande un congé n'est plus dans les mêmes circonstances que lorsqu'il a été francisé, soit quant à sa forme, soit quant à la composition de son équipage, soit quant à la qualité des propriétaires ou à la solvabilité des cautions.

Voir les n°s 554 et suivans.

On doit s'assurer, à la sortie d'un navire, si le capitaine est porteur de son congé. (*Circ. du 14 novembre* 1812.)

(1) Le renouvellement de l'acte de francisation n'entraîne pas nécessaire-

Délivrance du congé.

555. Les congés continueront à être délivrés au nom du Roi et à porter le timbre du ministère des finances ; mais ils seront signés seulement par le receveur des douanes du port et contresignés par le commis principal à la navigation là où il existe, et par l'employé qui aura vérifié la jauge des navires, afin que la responsabilité mise à la charge de ce dernier par l'article 14 de la loi du 27 vendémiaire an 2 soit d'autant plus réelle. (*Arrêté du min. des fin. du 30 juin 1829, art. 4.*)

Congés provisoires.

556. Les consuls français pourront délivrer des congés pour les bâtimens pris par des corsaires français et conduits dans des ports étrangers, ou pour remplacer ceux que les bâtimens français auraient perdus. Ils devront spécifier sur ces congés leur objet, l'origine et la destination des navires, y inscrire leur signalement fait avec exactitude, et percevoir les droits imposés selon leur contenance. De nouveaux congés ne pourront être donnés à des navires français qu'après que leur nationalité aura été bien constatée. La perte du premier congé devra être prouvée. Dans tous les cas, ces congés ne seront que provisoires et valables seulement jusqu'à l'arrivée dans le premier port de France, où ils seront remplacés par de nouveaux congés délivrés par l'administration des douanes ; cette clause sera insérée sur les congés des consuls. (*Déc. minist. des 18 pluviôse et 13 messidor an 10.*)

Passeport.

557. Aucun navire étranger ne pourra sortir d'un port de

---

ment le renouvellement du congé ; celui-ci est toujours valable pour un an. (*Déc. adm. du 14 septembre 1835.*)

Le congé qui, au moment du départ du navire, a plus d'une année de date, doit être renouvelé. Le nouveau congé, daté du jour de la délivrance, est à son tour valable pour une année, ou jusqu'au retour du navire dans un port de France ; et le droit, quel que soit le laps de temps qui s'est écoulé depuis la date du précédent congé, n'est exigible que pour le congé que l'on délivre, sans qu'il y ait à effectuer aucune perception pour l'arriéré. (*Circ. du 14 mai 1841, n° 1851.*)

France sans être muni d'un passeport (1). (*Circul. du 9 brum. an 4.*)

Les passeports délivrés aux vaisseaux étrangers seront sur papier timbré. (*Circ. du 29 avril 1793.*)

SECTION II.

DROITS DE NAVIGATION (2).

Droit de francisation.

558. Il sera payé pour l'acte de francisation des bâtimens au-dessous de 100 tonneaux, 9 cent. par tonneau. (*Loi du 2 juillet 1836, art. 6.*)

Il sera payé pour l'acte de francisation des bâtimens de 100 tonneaux et au-dessous de 200, 18 fr.; de 200 tonneaux et au-dessous de 300, 24 fr., et en sus 6 fr. pour chaque 100 de tonneaux au-dessus de 300 (*Loi du 27 vendém. an 2, art. 26.*) (3).

Droit de tonnage (4). — Bâtimens étrangers.

559. Les bâtimens étrangers venant dans un port de France payeront 2 fr. 50 cent. par tonneau. (*Loi du 27 vendémiaire an 2, art. 33.*)

_____

(1) Ce passeport est un permis de mettre en mer, dont l'objet est de faire connaitre que le bâtiment étranger sort d'un port de France et y a satisfait aux obligations prescrites par les lois. L'obligation de prendre un passeport de sortie est absolue; elle ne comporte aucune exception, pas même lorsque le navire est entré dans le port par relâche forcée. (*Circ. du 9 brumaire an 4, et Déc. adm. du 4 février 1839.*)

(2) *Voir*, à la fin de ce livre, le tarif général des droits de navigation.

(3) Le droit de francisation est définitivement perçu d'après la contenance du navire au moment où il est francisé; les changemens de capacité qu'il éprouve par la suite ne sauraient donner lieu à une nouvelle liquidation. (*Déc. adm. du 31 juillet 1834.*)

Il se perçoit lorsqu'on délivre l'acte de francisation ou l'acte provisoire qui en tient lieu dans le cas prévu par l'arrêté du 30 juin 1829 (n° 540). (*Circ. du 5 août 1836, n° 1559.*)

(4) Le droit de tonnage est un droit d'abord; il est dû par le seul fait de l'entrée du navire dans un port, sa station ne fût-elle que de quelques heures. (*Circ. du 9 juillet 1832, n° 1333.*)

L'espace *gardé par un bureau de douane*, et consacré aux opérations commerciales, constitue *un port*. Ainsi les relâches dans les golfes, anses et baies où il n'y a pas de bureau, et qui ne font pas partie d'un *port gardé*, ne donnent pas ouverture au droit. (*Circ. n° 1333.*)

. Il sera perçu dans tous les ports de France une contribution dont le produit sera exclusivement affecté aux dépenses d'entretien et réparations des ports. (*Loi du* 14 *floréal an* 10, *art.* 6.)

Cette contribution sera égale à la moitié du droit de tonnage : elle sera perçue de la même manière que ce droit. (*Même Loi, art.* 7.)

Bâtimens français.

560. Le droit de tonnage sur les bâtimens français venant du royaume-uni de la Grande-Bretagne, ou de ses possessions en Europe, est fixé à 1 fr., non compris le décime (1). (*Loi du* 2 *juillet* 1836, *art.* 5.)

Les bâtimens français venant de la pêche, de la course ou d'un port étranger (2) ne payeront aucun droit. (*Loi du* 27 *vendémiaire an* 2, *art.* 32.)

L'exemption du droit de tonnage et d'expédition, accordée par la loi du 27 vendémiaire an 2 aux bâtimens français qui viennent de la pêche, de la course ou d'un port étranger, sera étendue : 1º à ceux qui font le cabotage d'un port à l'autre du royaume; 2º à ceux qui arrivent des possessions françaises d'outre-mer. (*Loi du* 6 *mai* 1841, *art.* 20.)

Disposition générale.

561. Le droit de tonnage sera payé dans les vingt jours de l'arrivée, et avant le départ du bâtiment (*Loi du* 4 *germinal an* 2, *tit.* 3, *art.* 12.) (3).

---

(1) La contribution additionnelle établie par l'article 7 de la loi du 14 floréal an 10 (demi-droit de tonnage) n'est point applicable dans ce cas.

(2) Autre que ceux des possessions anglaises en Europe.

(3) Le droit de tonnage étant exigible par le fait seul de l'entrée du navire dans un port, c'est le tarif en vigueur au moment où cette entrée a lieu qui est applicable. (*Déc. adm. du* 2 *décembre* 1840.)

Les capitaines étrangers ne sont point tenus de déclarer le tonnage de leurs navires. Le jaugeage, fait, selon la méthode légale, par les employés des douanes, est la seule base de la perception du droit de tonnage. Pour les capitaines français, les actes de francisation tiennent lieu de déclaration, et lorsqu'une vérification ultérieure fait découvrir un tonnage supérieur à celui qui est porté sur cet acte, on rectifie l'erreur, sans jamais exiger de doubles droits pour l'excédant. (*Circ. du* 15 *mars* 1823, *n*º 790.) — *Voir* la section suivante.

Les navires étrangers qui arrivent en droiture d'un autre port de France,

Il sera perceptible proportionnellement sur la fraction du tonneau incomplet. (*Circ. du 9 juillet* 1832, *n*° 1333.)

Droit d'expédition (1).

562. Les bâtimens étrangers payeront, pour frais d'expédition, d'entrée et de sortie, 18 fr. s'ils sont de 200 tonneaux ou au-dessous ; 36 fr. s'ils sont au-dessus. (*Loi du 27 vendémiaire an 2, art.* 35.)

Les bâtimens français de 30 à 150 tonneaux payeront 2 fr. ; de 150 à 300, 6 fr. ; au-dessus de 300, 15 fr. (*Même Loi, art.* 36.)

Droit de congé (2).

563. Les bâtimens de 30 tonneaux et au-dessus payeront 6 fr. pour chaque congé ; ceux de moins de 30 tonneaux payeront 3 fr. s'ils sont pontés, et 1 fr. s'ils n'ont point de pont (3). (*Même Loi, art.* 6 *et* 26.)

---

avec des expéditions énonçant le tonnage d'après lequel ils ont déjà payé des droits, ne sont pas, si leur identité est d'ailleurs reconnue, assujettis à une nouvelle opération de jauge, et les droits sont perçus d'après le tonnage constaté. (*Circ. du* 19 *août* 1828, *n*° 1117.)

Cependant si le premier chef de la localité ordonne de procéder à un nouveau jaugeage, et que la contenance reconnue excède de beaucoup celle constatée au port de prime-abord, la nouvelle perception doit s'établir d'après le résultat de la dernière opération. Il n'y a jamais lieu d'exercer de répétition pour la portion de droits afférente aux excédans ainsi constatés ; on se borne à les porter à la connaissance de l'administration. (*Circ. des* 19 *août* 1828, *n*° 1117, *et* 19 *octobre* 1841, *n*° 1883.)

Pour les navires américains, le droit se perçoit d'après le tonnage indiqué par le *registre de bord. Voir* la 2e section du chapitre des *Traités,* au livre X.

(1) Le droit d'expédition affecte exclusivement le corps du navire ; il est indivisible, nonobstant les termes de la loi, qui semblent supposer le double fait de l'*entrée* et de la *sortie ;* comme le droit de tonnage, il est dû par le seul fait de l'entrée dans un port ; il se perçoit également dans les vingt jours de l'arrivée et avant le départ du navire ; en un mot, il est inhérent au droit de tonnage ; il n'est dû que lorsqu'il y a lieu de percevoir celui-ci, et, en conséquence, toutes les fois qu'un navire est exempt du droit de tonnage, il l'est aussi du droit d'expédition. (*Déc. min. des* 23 *pluviôse et* 8 *ventôse an* 2 ; *Tarif gén. de navig. de* 1835.)

Lorsqu'il y a lieu de ne percevoir qu'une portion du droit de tonnage, le droit d'expédition, indivisible par sa nature, doit être payé d'après l'intégralité de la contenance du navire. (*Déc. adm. du* 6 *septembre* 1836.)

(2) Pour le renouvellement des congés, *voir* le n° 554.

(3) L'article 6 de la loi du 27 vendémiaire an 2 n'indique pas le tonnage des

Droit d'acquit, de permis et de certificats.

564. Tous acquits, permis et certificats relatifs aux cargaisons étrangères seront payés 1 fr.; ceux pour cargaisons françaises, 50 cent. (*Loi du 27 vendémiaire an 2, art. 37.*) (1).

Le droit de permis de 50 cent., établi par l'article 37 de la loi du 27 vendémiaire an 2, est supprimé à l'égard des cargaisons françaises autres que celles qui sont destinées pour l'étranger ou qui en arrivent. (*Loi du 6 mai 1841, art. 20.*)

Droit de passeport.

565. Les passeports dont les navires étrangers sont tenus de se munir à leur sortie d'un port de France, se payeront 1 fr., comme les *certificats*. (*Loi du 27 vendémiaire an 2, art. 37, et Déc. adm. du 5 pluviôse an 5.*)

SECTION III.

JAUGEAGE DES BATIMENS.

566. Le préposé du bureau se transportera à bord du bâti-

---

navires; mais on voit par les articles 4 et 26 de la même loi qu'il ne peut avoir pour objet que les bâtimens de moins de 30 tonneaux. *Voir* d'ailleurs le tarif de navigation.

(1) Le *droit d'acquit* n'est dû que lorsqu'un navire donne ouverture aux droits principaux de navigation. (*Déc. adm. du 21 germinal an 11.*) On ne doit considérer comme droits principaux de navigation que ceux de tonnage et d'expédition. (*Déc. adm. du 23 octobre 1833.*)

Le *droit de permis* se paye pour chaque embarquement ou débarquement de marchandises. (*Circ. du 21 floréal an 5.*) — Il est perceptible lors même que, pour quelque cause que ce soit, le bâtiment est affranchi du droit de tonnage. (*Circ. du 12 ventôse an 7.*) — Un seul permis suffit, quelle que soit la durée de l'embarquement ou du débarquement, lorsqu'il n'y a qu'un seul envoyeur ou destinataire, et que les marchandises sont comprises dans une seule et même déclaration. (*Déc. adm. du 16 ventôse an 4.*) — Toutefois le permis d'embarquement doit être restreint à la quantité de marchandises qu'il est possible de réunir dans le lieu désigné pour la visite. (*Tarif gén. de navig. de 1835.*) — *Voir* à ce sujet le livre *Cabotage*.

Le *droit de certificat* est exigible pour tous certificats relatifs à l'embarquement ou au débarquement, au départ ou à l'arrivée de tout ou partie d'une *cargaison*, qui sont délivrés, soit en vertu d'un jugement, soit sur la demande directe des intéressés. (*Circ. du 16 ventôse an 4.*)

Voir le *Tarif de navigation* pour les divers cas d'exemption.

ment pour en vérifier la description et le tonnage, et en sera responsable (1). (*Loi du 27 vendémiaire an 2, art.* 14.)

Les capitaines ne seront passibles d'aucune peine en cas d'inexactitude reconnue dans le jaugeage par eux déclaré.

L'administration, en pareil cas, conservera son recours contre les employés, aux termes de l'article 19, titre 13, de la loi du 22 août 1791, et l'on se bornera, dans les ports où la jauge aura été régulièrement constatée, à percevoir les droits d'après le dernier résultat (2). (*Circ. du 15 mars 1823*, no 790.)

---

(1) Les certificats de jauge rédigés par les employés des douanes pour constater le tonnage des navires ne sont pas sujets au timbre. (*Déc. min. du 17 octobre* 1829, *Circ. no* 1188.)

(2) Les différences que des vérifications ultérieures à la francisation font découvrir dans le tonnage des bâtimens peuvent provenir d'une erreur commise par les premiers jaugeurs, ou des changemens de forme ou de tonnage qu'on a fait subir au navire.

Dans le premier cas, la douane se borne à faire rectifier l'erreur, et exige, dans le second, le renouvellement de l'acte de francisation.

Lorsque la différence provient d'une erreur, la rectification a lieu immédiatement, tant sur l'acte de francisation que sur les registres, si le navire se trouve au port d'attache ; dans le cas contraire, le bureau qui constate la différence substitue sur le congé le tonnage reconnu à celui indiqué par le brevet, en ayant soin d'expliquer par une note la cause de la différence qui existe entre ces deux actes.

L'acte de francisation ne pouvant être rectifié qu'au port d'attache, la douane qui reconnaît la différence délivre à cet effet un certificat de jauge motivé. Au moyen de ce certificat, qui est transmis au port d'attache par le directeur, si ce port fait partie de sa direction, ou, dans le cas contraire, par l'intermédiaire de l'administration, l'armateur et sa caution sont appelés à souscrire la rectification de la souche, et à s'obliger en outre à représenter, dans le délai qui sera jugé nécessaire, l'acte de francisation pour être également rectifié.

S'ils contestaient l'exactitude de la dernière opération de jaugeage, quelque valide qu'elle soit en elle-même, comme ayant été faite contradictoirement avec l'agent de l'armateur, soit le capitaine, soit son courtier, le receveur accorderait un délai déterminé pour représenter le navire et le soumettre, en leur présence, à une nouvelle vérification.

Lorsqu'au lieu de provenir d'une erreur, la différence du tonnage est le résultat d'un changement que le navire a subi, on procède de la manière suivante :

Si le changement s'est effectué sans la participation de la douane, le bâtiment, quelles que soient d'ailleurs les preuves encore subsistantes de son identité, doit, aux termes de l'article 21 de la loi du 27 vendémiaire an 2, être réputé étranger et traité comme tel.

Dans le cas contraire, c'est-à-dire lorsque les changemens, préalablement

Mode de jaugeage.

567. Le tonnage des bâtimens sera calculé de la manière suivante :

« Ajouter la longueur du pont, prise de tête en tête, à celle de « l'étrave à l'étambot; déduire la moitié du produit; multiplier « le reste par la plus grande largeur du navire ou maître-bau; « multiplier encore le produit par la hauteur de la cale et de « l'entre-pont, et diviser par..... (1). Si le bâtiment n'a qu'un « pont, prendre la plus grande longueur du bâtiment; multiplier « par sa plus grande largeur ou maître-bau, et le produit par la « plus grande hauteur, puis diviser par.... » (*Loi du 12 nivôse an 2.*) (2).

---

déclarés, ont été reconnus et constatés par les agens de l'administration, la douane, si le navire est dans le port auquel il appartient, réclame immédiatement un nouveau brevet, et fournit, dans cet objet, un projet d'acte de francisation. Si le bâtiment se trouve dans un autre port, elle annote sur le brevet qui doit être annulé, ainsi que sur le congé, le tonnage qu'elle a reconnu, et délivre en même temps un certificat de jauge descriptif des changemens effectués, lequel, transmis au port d'attache dans la forme indiquée ci-dessus, sert à faire renouveler l'acte de francisation. (*Circ. du* 22 *juin* 1833, *n°* 1387.)

(1) Le diviseur établi par la loi de l'an 2 a été changé. — *Voir* le n° 568.

(2) Par ces mots de *tête en tête* et *plus grande longueur*, le législateur a voulu désigner une seule et même chose. Ainsi la première longueur des bâtimens à deux ponts et la longueur unique des navires à un pont doivent toujours être prises, sur le pont, de dedans en dedans de l'étrave à l'étambot; et c'est sur ces deux pièces que le vérificateur-jaugeur doit faire fixer les clous de jaugeage. (*Circ. du* 12 *mars* 1838, *n°* 1678.)

La deuxième longueur d'un navire à deux ponts, celle de *l'étrave* à *l'étambot*, doit être prise sur la quille. (*Déc. du* 19 *floréal an* 2.)

L'étrave ou établure d'un bâtiment est le nom de la pièce de bois courbe qui forme sa proue (partie d'avant).

L'étambot est le nom de la pièce qui sert à soutenir le château de poupe (la partie de derrière), et surtout le gouvernail.

La quille est la pièce de bois qui sert de fondement au bâtiment et va de la poupe à la proue.

Le bau, ou barrot, est le nom des solives qui se mettent d'un flanc à l'autre du bâtiment pour affermir les bordages et soutenir le tillac.

La largeur comme la longueur se prend de dedans en dedans; la hauteur ne doit point comprendre la sentine (*partie de la cale où les eaux se réunissent*); elle se prend des planches sous planches, sans avoir égard à la carlingue ni au barrot. (*Circ. du* 8 *thermidor an* 10, *et Déc. adm. du* 6 *novembre* 1841.)

La carlingue est la pièce de bois sur laquelle porte le mât.

Les retranchemens faits dans un navire doivent être défalqués des calculs.

Des ordonnances du Roi pourront modifier le mode d'établir
la jauge des navires du commerce, afin d'en rapprocher les ré-

---

On doit aussi défalquer la *coupée*, de la hauteur, quand le navire a cette
forme de construction. (*Déc. adm. du 5 décembre* 1807.)

La capacité des rouffes et des dunettes ne doit pas non plus être comprise
dans celle du navire.

On nomme *coupée* ou retranchement d'un navire une partie du pont, *soit
sur l'arrière, soit sur l'avant*, plus basse de 6 à 7 pouces, et quelquefois davan-
tage, que le reste du pont, ce qui donne plus de profondeur au navire dans son
milieu.

Le *rouffe* est une sorte de cage qui domine le pont du navire, et dans laquelle
sont ordinairement pratiquées des couchettes ; c'est un lieu de dépôt pour les
voiles de rechange, les câbles, etc. Parfois aussi on y abrite les marchandises
qu'on n'a pu placer dans l'intérieur de la cale.

La *dunette* comme le rouffe est un espace plus ou moins grand pris sur le
pont du navire ; seulement, au lieu d'être entièrement construite sur le pont,
la *dunette* pénètre en partie dans l'intérieur du bâtiment, et à son égard il y
a solution de continuité dans le pont ; elle est exclusivement consacrée au logement des officiers ou des passagers.

D'après la loi du 12 *nivôse* an 2, on ne doit avoir aucun égard, dans la jauge
des navires, aux ponts mobiles, et encore moins à des fractions de pont. Ainsi
les navires ayant un pont fixe et un pont mobile doivent être jaugés comme
n'ayant qu'un pont. (*Déc. min. du 25 octobre* 1822.)

Pour les navires qui sont pourvus d'un faux tillac, serrage ou vaigrage fixé à
demeure, on ne doit pas, pour atteindre toute la hauteur de la cale, exiger
l'enlèvement de cette construction, attendu qu'alors elle est considérée comme
faisant partie intégrante du navire ; il faut, au contraire, n'y avoir aucun
égard, si, au lieu d'être clouée ou chevillée, elle n'est que posée sur les mem-
brures ou placée sur du *lest* de manière à pouvoir être déplacée à volonté.

Cependant, comme des faux tillacs, serrages ou vaigrages, ou même des
doubles ponts, qui paraissaient placés à demeure, ont été enlevés après la
délivrance de l'acte de francisation, il faut que cet acte indique si le navire a
ou n'a pas de ces sortes de constructions. (*Circ. du 29 décembre* 1832, *n°* 1365.)

Les mots *faux tillac*, *serrage*, *vaigrage* et *payol* n'ont pas une signification
invariable ; la dernière expression surtout est presque uniquement en usage
dans la Méditerranée. Cependant les documens fournis à ce sujet au département de la marine conduisent à reconnaître :

1° Que par *faux tillac* il faut entendre un plancher ou pont établi à une
distance plus ou moins grande de la carlingue, dans le but, soit d'isoler la marchandise et de la préserver de l'humidité, soit d'adoucir les mouvemens lorsque le chargement se compose de matières fort pesantes, soit enfin de diminuer la jauge imposable ;

2° Que par *serrage* on doit entendre une cloison verticale le long du bord,
de manière à mettre la marchandise à l'abri des infiltrations. Cette cloison,
formée au moyen de cabrions de six centimètres carrés, vient araser les serre-
bouquières, ce qui lui a fait donner le nom de *serrage* ;

3° Que le *faux tillac* et le *payol* sont une seule et même chose. La première

sultats de ceux que produit la méthode adoptée par les autres pays de grande navigation. (*Loi du 5 juillet* 1836, *art.* 6.)

Navires à voiles.

568. Les trois dimensions principales servant à l'évaluation du tonnage continueront à être prises conformément à la loi du 12 nivôse an 2.

Ces trois dimensions seront exprimées en mètres et fractions décimales du mètre.

Leur produit, divisé par le nombre 3,80, exprimera le tonnage légal du bâtiment (1). (*Ord. du* 18 *novembre* 1837, *art.* 1er.)

---

expression est généralement employée dans les ports de commerce de l'Océan, et la seconde dans ceux de la Méditerranée.

Ainsi la capacité du navire destinée au chargement se trouve déterminée par l'espace compris entre le *faux tillac* ou *payol*, le pont et les deux cloisons qui constituent le serrage. Cette capacité se trouve donc réellement réduite; et c'est d'après cette réduction que, dans certaines circonstances, et surtout en cas d'affrètement, s'établit la jauge du bâtiment. (*Dépêche du départ. de la marine du* 11 *juillet* 1838.)

Mais ces constructions ne contribuent à réduire la contenance légale qu'autant qu'elles s'étendent sur toute la surface du fond de cale ou des flancs du navire; et s'il s'agit d'un plafond ou de toute autre construction pratiquée sous le pont, il faut également qu'elle embrasse toute son étendue. (*Déc. adm. du* 15 juillet 1840.)

(1) En prenant les dimensions du navire, on néglige les millimètres; les autres fractions du mètre sont exprimées en centimètres : ainsi, au lieu de 2 décimètres, on écrit 20 centimètres. On néglige également les millimètres dans le quotient de la division, et la fraction du tonneau est toujours exprimée en centièmes. L'exemple ci-après ne laisse aucune incertitude à ce sujet :

Jaugeage d'un navire à deux ponts.

	m c
Longueur du pont prise de tête en tête................	30,20
Longueur de l'étrave à l'étambot.....................	25,98
	56,18
La moitié est de.................................	28,09
A multiplier par la plus grande largeur..............	8,12
	5618
	2809
	22472
	228,0908
A multiplier par la hauteur de la cale et de l'entre-pont...	5,20
	45618160
	11404540
TOTAL..........	1186,072160 qui,

Marques de jauge.

569. Le nombre de tonneaux ainsi obtenu sera gravé au ciseau sur les faces, avant et arrière du maître-bau. Cette opéra-

---

divisé par 3,80 donne 312 tonneaux 12 centièmes. (*Circ. du 5 décembre 1837, n° 1665.*)

Les instrumens nécessaires pour le jaugeage des navires se composent :

1° D'un ruban-mesure ;

2° D'un double-mètre et d'un double-décimètre en bois ;

3° De clous de jaugeage à tête poinçonnée de la lettre D ;

4° De tarières destinées à préparer la cavité dans laquelle le clou de jaugeage sera fixé ;

5° D'un poinçon à tête et d'une masse en fer, qui doivent servir à enfoncer les clous.

Instruction sur l'emploi du ruban-mesure pour le jaugeage des navires.

Pour que le ruban-mesure puisse servir à déterminer la longueur, la hauteur et la largeur des navires, c'est-à-dire pour qu'il soit susceptible d'être employé, soit qu'il ait des points d'appui, soit qu'il n'en ait pas, il a dû être construit de telle sorte que, sur un espace de 10 mètres (que la plus grande hauteur et la plus grande largeur des navires n'excèdent pas), il présente, lorsqu'il n'est pas tendu, une différence en moins de 10 à 20 millimètres.

Ainsi, lorsque le ruban est fixé à plat, non tendu, mais sans *flottement* ni *ondulation*, sur un parcours de 10 mètres, il doit indiquer 10 mètres moins 10 à 20 millimètres ; donc, si on le tend de cette même quantité de 10 à 20 millimètres (1 ou 2 centimètres) pour 10 mètres, il doit tomber juste sur l'étalon.

Pour prendre la longueur d'un navire, on étend donc le ruban de 10 mètres, et on le tend de 10 à 20 millimètres.

La tension de 10 à 20 millimètres suffit aussi pour l'amener à la ligne horizontale, sans point d'appui jusqu'à la longueur de 10 mètres ; et c'est ce qui le rend propre à déterminer avec assez de précision la largeur des navires, par cela seul qu'il est amené à l'horizontalité.

On a observé, d'un autre côté, que cette tension de 10 à 20 millimètres, pour un espace de 10 mètres, équivalait à celle qui serait produite, dans la direction verticale, par la suspension d'un poids d'un kilogramme ; il suffit donc d'appendre au ruban un poids d'un kilogramme pour avoir l'indication de la hauteur.

On détermine la largeur des navires en tendant le ruban jusqu'à ce que la courbe qu'il décrit devienne à peu près insensible ; et, sur cet espace, il est facile de l'amener à l'horizontalité.

Pour connaître la hauteur du navire, il suffit, comme on l'a annoncé, d'adapter à l'anneau fixé à l'extrémité de la mesure un poids équivalant à un kilogramme, et d'ajouter à la longueur indiquée par le ruban celle de ce poids, à partir de sa base jusqu'au zéro du ruban.

Pour apprécier la longueur des navires, on étend le ruban à plat, sans flots ni ondulations, sur un espace de 10 mètres, et on le tend alors de 10 à 20 millimètres. Il est fourni, pour déterminer cette tension, un double

tion sera faite, soit lors de la mise à l'eau du bâtiment, soit lorsqu'après avoir subi des *réparations importantes*, ou pour toute
autre cause, le jaugeage devra être effectué de nouveau (1).

Afin de faciliter les vérifications de la douane, *des marques
fixes seront appliquées ou gravées*, par les soins de l'administra-
*tion, sur les points du bâtiment où auront été prises les dimen-
sions principales sur lesquelles le tonnage aura été calculé* (2).
(*Ord. du* 18 *novembre* 1837, *art.* 2.)

Bâtimens à vapeur.

570. Les bateaux à vapeur seront jaugés d'après le mode dé-

---

décimètre en bois, qui, rapproché de l'extrémité du ruban, rend cette opération très-facile.

Ou bien on tend le ruban, à l'horizontalité, sur une étendue de 10 mètres
environ.

On suit cette marche de 10 en 10 mètres, en marquant avec soin le point où
tombe chaque longueur.

On peut également se servir de la mesure pour apprécier une plus grande
longueur, en l'ayant toutefois vérifiée sur une longueur à peu près équivalente;
mais il faut alors avoir soin de lui ménager, de distance en distance, des points
d'appui, pour éviter la courbe que, dans ce cas, le poids du ruban lui fait
décrire.

Le ruban, ainsi soutenu, doit alors être amené à la tension indiquée de 10 à
20 millimètres par 10 mètres. (*Circ. du* 17 *février* 1838, n° 1673.)

(1) Avant de remettre l'acte de francisation à l'armateur ou à son fondé de
pouvoir, on s'assurera qu'il a été satisfait à cette disposition. (*Circ. du* 5 *décembre* 1837, n° 1665.)

(2) La marque dont il est ici question consiste en un clou en laiton dont la
tige est armée de quatre séries de dents qui s'opposent à ce qu'il puisse être
arraché, et dont la tête, de deux centimètres de diamètre, poinçonnée à l'a-
vance de la lettre de la douane, doit être entièrement noyée dans le bois. Le
trou destiné à le recevoir est percé au moyen d'une tarière, dont le diamètre
est proportionné à celui du clou. (*Circ. du* 17 *février* 1838, n° 1673.)

Le vérificateur-jaugeur doit appliquer ces marques ou les faire appliquer en
sa présence. Les points d'où les mesures ont été prises devant ainsi être marqués d'une manière fixe, il devient très-important de les déterminer avec la
plus grande précision, et de procéder à la première opération de jaugeage
avec une attention toute particulière; car, à moins de changement dans la
forme ou la construction du navire, les vérifications ultérieures n'auront généralement pour objet que d'en reconnaître l'identité. (*Circ. du* 5 *décembre* 1837,
n° 1665.)

L'article 2 de l'ordonnance du 18 novembre 1837 ne concerne que les bâtimens français. (*Circ. manusc. du* 5 *juin* 1839.)

terminé par l'ordonnance du 18 novembre 1837 (1), sauf les modifications suivantes :

1°. La plus grande largeur sera mesurée au-dessous du pont, dans la chambre des machines, sur le vaigrage, auprès de l'arbre des roues (2).

2°. Le produit des trois dimensions sera divisé par 3,80, et les soixante centièmes du quotient exprimeront le tonnage légal du bâtiment. (*Ord. du 18 août* 1839, *art.* 1er.)

Les dispositions de l'article 2 de l'ordonnance du 18 novembre 1837 seront communes aux bâtimens à vapeur. (*Même Ord.*, *art.* 3.)

Dispositions générales.

571. Le mode déterminé pour le jaugeage des bâtimens français de toute espèce, soit par l'ordonnance du 18 novembre 1837, soit par la présente ordonnance, s'appliquera également, pour percevoir les droits de navigation, aux navires des pays étrangers où le mode d'établir la jauge ne fait pas ressortir, pour les navires français, un plus fort tonnage que le mode prescrit par lesdites ordonnances (3). (*Même Ord.*, *art.* 2.)

---

(1) *Voir* les numéros précédens.

(2) Une opération de jauge ayant démontré qu'on pouvait trouver dans la chambre des machines une *largeur plus grande* que celle qu'on obtient aux points désignés, le ministre du commerce a fait connaître, le 3 octobre 1839, que l'ordonnance, en désignant avec précision les points où l'opération devait être faite, a voulu que la mesure fût prise sur le *vaigrage auprès de l'arbre des roues*, et non ailleurs.

(3) Le mode de jaugeage fixé par l'ordonnance du 18 novembre 1837 ayant été appliqué, pour la perception des droits de navigation, à tous les navires étrangers, il doit en être de même des dispositions de l'ordonnance du 18 août 1839. S'il y avait lieu d'en agir autrement à l'égard de quelque pavillon, des instructions particulières seraient adressées aux agens des douanes. (*Circ. du* 12 *septembre* 1839, *n°* 1769.)

Voir le n° 224 pour les registres d'entrée et de sortie des navires.

TARIF GÉNÉRAL DES DROITS DE NAVIGATION.

DÉSIGNATION DES DROITS.	TITRES de perception.	DROITS à percevoir par		
		tonneau	bâtim.	act
		fr. c.	fr. c.	fr.
Francisation (1). Bâtimens au-dessous de 100 tonneaux.....	Loi du 2 juillet 1836, art. 6.	0 09	»	»
Bâtimens de 100 tonneaux et au-dessous de 200............	27 vendém. an 2, art. 26.	»	18 00	»
Bâtimens de 200 tonneaux à 300 inclusivement............	Idem.	»	24 00	»
Pour chaque 100 tonneaux au-dessus de 300 (2)............	Idem.	»	6 00	»
Tonnage (3). Navires français, venant des possessions anglaises en Europe (4)	Loi du 2 juillet 1836, art. 5.	1 00	»	»
paquebots (5) servant exclusivement au transport des voyageurs et de leurs effets (6)....	Déc. min. du 13 mars 1832, Circ. n° 1311.	à raison de 1 tonn par passager.		
sans distinction de tonnage, venant des autres ports du royaume........	Loi du 6 mai 1841, art. 20.	Exempts (16)		
venant des possessions françaises d'outre-mer.	Idem.			
venant des ports étrangers autres que ceux des possessions britanniques européennes...	27 vendém. an 2, art. 32.			
venant de la course....	Idem.			
venant de la pêche....	Idem.			
de guerre...........				
de commerce frétés pour le compte de l'État ou requis pour le service militaire (7)........	Même Loi, art. 3, et Loi du 27 juin 1829, art. 2.			
employés comme parlementaires (8)........	Déc. adm. du 3 nivôse an 5.			
employés comme alléges (9)............	Déc. min. du 25 mars 1806.			

DÉSIGNATION DES DROITS.	TITRES de perception.	DROITS à percevoir par		
		tonneau fr. c.	bâtim. fr. c.	acte. fr. c.
Navires français, — sans distinction de tonnage, — échoués et abandonnés (10.)..........	Déc. adm. du 7 frimaire an 5.			
provenant d'épaves (11).	Circ. du 9 juill. 1832, n° 1333.			
venant *sur lest* (12) charger du sel pour l'étranger ou la pêche de Terre-Neuve......	Ord. des 31 juill. et 4 déc. 1816; Déc. min. des 17 juill. 1828 et 12 janv. 1832; Circ. n° 1299.			
revenant directement sur lest d'un port du royaume-uni en Europe où ils ont effectué le transport direct d'un chargement de sel (13).	Déc. min. du 19 janv. 1829; Circ. n° 1144.	Exempts (16).		
entrant à Marseille....	Ord. du 10 sept. 1817, art. 2.			
en relâche forcée (14), — venant des possessions britanniques européennes à destination, soit d'un autre port de France, soit d'un port étranger (15).......	Arr. du 26 vent. an 4; Circ. des 9 juillet 1832, n° 1333, et 30 décembre 1834, n° 1471.			
Navires étrangers — sans distinction de pavillon ni de tonnage, sauf les except. suiv.	27 vend. an 2 et 14 floréal an 10.	3 75	»	»
venant des possessions angl. en Europe (17).	Traité du 26 janvier 1826.	1 00	»	»
venant *sur lest* d'un port étranger autre que ceux désignés ci-dessus....	Même Traité et Circ. du 27 mars 1826, n° 979.			
anglais, — qui, allant des possessions anglaises européennes ailleurs qu'en France, relâchent forcément dans un port français (18)........	Même Traité et Circ. du 30 déc. 1834, n° 1471.	Exempts (16).		
bateaux pêcheurs forcés de chercher un refuge (18)..........	Même Traité, art. 5.			
smogleurs (19).......	Arr. du 21 frim. an 10; Déc. min. du 9 juin 1825; Circ. du 30, n° 922.	1 25	»	»

onnage (3). { Navires français,

onnage (3). { Navires étrangers

DÉSIGNATION DES DROITS.	TITRES de perception.	DROITS à percevoir par		
		tonneau	bâtim.	a
		fr. c.	fr. c.	fr
néerlandais, venant chargés des ports des Pays-Bas........ venant *sur lest* de tout port quelconque, sauf l'exception ci-après ..	Traité du 25 juil. 1840, art. 2, et Ord. du 26 juin 1841, art. 1er	1 05 (20)	»	
néerlandais, venant *sur lest* des possess. angl. en Europe..	Idem.	1 00	»	
néerlandais, venant *sur lest* de quelque lieu que ce soit, s'ils ressortent sur lest.... venant d'un autre port de France où ils ont déjà acquitté le droit. qui, entrés avec chargement dans un port, soit volontairement, soit en relâche forcée, en sortent sans avoir fait aucune opération de commerce........	Même Traité, art. 3.	Exempts (16)		
Navires étrangers américains (États-Unis) (21)....	Traité du 24 juin 1822.	5 00	»	
espagnols (22)................	Conv. du 15 août 1761, art. 24.			
brésiliens (23)................	Traité du 8 janv. 1826, art. 12.			
grenadins (Nouvelle-Grenade) (24).	Traité du 14 nov. 1832; Circ. du 18 déc. 1834, n° 1465.			
vénézuéliens (25).............	Traité du 11 mars 1833; Circul. n° 1465.	Exempts (16)		
mecklembourgeois (Mecklembourg-Schwerin) (26)........	Traité du 19 juil. 1836; Circ. du 30 sept. suiv., n° 1567.			
boliviens....................	Traité du 9 déc. 1834; Circ. du 29 août 1837.			
mexicains...................	Traité du 9 mars 1839; Circ. du 30 sept. suiv.			

Tonnage (3).

DÉSIGNATION DES DROITS.			TITRES de perception.	DROITS à percevoir par		
				tonneau	bâtim.	acte.
				fr. c.	fr. c.	fr. c.
Tonnage (5). Navires étrangers	Uruguay (républ. orientale de l').		Traité du 8 avril 1836; Circ. du 3 juin 1840.	Exempts (16).		
	texiens....................		Traité du 25 septembre 1839; Circ. n° 1820.			
	portugais, sardes, autrichiens,	dans tous les cas de relâche forcée (27).	Circ. du 10 juil. 1835. Circ. du 4 juillet 1838. Circ. du 24 juin 1841.			
	de tous pavillons	admis exceptionnellem. à faire le cabotage (28).	Arr. du 17 thermidor an 3.			
		paquebots servant exclusivement au transport des voyageurs et de leurs effets (6)....	Déc. min. du 13 mars 1832; Circ. n° 1311.	à raison de 1 tonneau par passager (29).		
		de 80 tonneaux et au-dessous qui viennent sur lest ou avec des marchandises taxées à moins de 20 fr. par 100 kilogr. charger des huitres dans les ports de la Manche (30)....	Déc. min. du 8 avril 1830.	1 25	»	»
		de guerre (7)........	Circ. du 9 juillet 1832, n° 1333.	Exempts (16).		
		employés comme parlementaires (8)........	Déc. adm. du 3 nivôse an 5.			
		de commerce frétés pour le compte de l'État ou requis pour le service militaire (7)........	Loi du 27 vendémiaire an 2, art. 3.			
		employés comme allèges (9)(31)........	Déc. min. du 25 mars 1806.			
		échoués et abandonnés (10)............	Déc. adm. du 7 frimaire an 3.			
		provenant d'épaves (11).	Circ. du 9 juillet 1832, n° 1333.			
		venant sur lest charger du sel pour l'étranger ou la pêche de Terre-Neuve (12)........	Ord. des 31 juil. et 4 déc. 1816; Déc. min. des 17 juillet 1828 et 12 janv. 1832.			

DÉSIGNATION DES DROITS.	TITRES de perception.	DROITS à percevoir par		
		tonneau	bâtim.	ac
		fr. c.	fr. c.	fr.

Ton-nage (3). { **Nav. étran-gers** { **de tous pavil-lons** { qui, après avoir acquitté le droit dans un port situé en rivière ou dans une rade, viennent termi-ner leur déchargement dans d'autres ports de la même ri-vière ou de la même rade (32)..	Déc. min. du 7 prairial an 4, et Déc. adm. du 12 nov. 1834.			
entrant à Marseille..........	Ord. du 10 sept. 1817, art. 2.			
venant d'un autre port de Fran-ce (33) pour faire ou compléter leur chargement (34)........	Déc. min. du 29 nov. 1831, et Circ. du 6 déc. suiv., n° 1289.		Exempts (16)	
provenant de prise (35).......	Déc. adm. des 9 vend. an 6 et 9 pluviôse an 8.			
allant de l'étranger à l'étranger (36). { chargés.	Déc. min. du 4 août 1828; Circ. n° 1116.	0 50	»	»
sur lest..	Idem.	0 25	»	»
venant de l'étranger à destination d'un autre port de France (37)..	Arrêté du gou-vernement du 26 vent. an 4.			
en relâche forcée (14). { qui, allant de l'étranger à l'étranger, sont con-traints, après qu'ils ont déjà été forcés de relâ-cher dans un port de la Méditerranée, à faire des relâches ultérieu-res dans un ou plu-sieurs ports de la même mer (58)..........	Ord. du 24 fév. 1815.			
venant d'un port de France (39)........	Déc. min. du 7 avril 1817; Circ. n° 272.		Exempts (16	
allant de l'étranger à l'étranger, et jugés in-navigables (40)......	Déc. min. du 7 frim. an 6; Circ. du 11.			
poursuivis par l'enne-mi (41.)............	Déc. adm. du 1er vent. an 12.			
faisant la pêche (42)...	Déc. min. du 8 avril 1816; Circ. n° 142.			

DÉSIGNATION DES DROITS.	TITRES de perception.	DROITS à percevoir par		
		tonneau	bâtim.	acte.
		fr. c.	fr. c.	fr. c.
Expédition (43). Navires français — sauf les except. ci-après : de 150 tonneaux et au-dessous...	27 vend. au 2, art. 36.	»	2 00	»
de plus de 150 tonneaux à 300 inclus...	Idem.	»	6 00	»
de plus de 300 tonneaux.	Idem.	»	15 00	»
de 5 tonneaux et au-dessous...	Déc. min. du 19 brum. an 10.	Exempts.		
exempts du droit de tonnage...	Déc. adm. du 23 pluv. an 2.			
Navires étrangers (44) — sauf les except. ci-après : de 200 tonneaux et au-dessous...	27 vend. an 2, art. 35.	»	18 00	»
de plus de 200 tonneaux.	Idem.	»	36 00	»
entrant à Marseille...	Ord. du 10 sept. 1817, art. 2.			
smogleurs anglais (19)...	Arr. du 21 frim. an 10.			
admis exceptionnellement à faire le cabotage (45)...	Arr. du 17 thermidor an 3.			
de 5 tonneaux et au-dessous...	Déc. du 19 brumaire an 10.	Exempts.		
de 80 tonneaux et au-dessous venant sur lest, ou avec des marchandises taxées à moins de 20 fr. par 100 kilogr., charger des huitres dans les ports de la Manche.	Déc. min. du 8 avril 1830.			
exempts du droit de tonnage...	Déc. adm. du 23 pluv. an 2.			
Congé des navires français (46) — de 30 tonneaux et au-dessus, sauf les exceptions ci-après...	Loi du 27 vend. an 2, art. 6 et 25.	»	»	6 00
faisant la pêche sur nos côtes... de 30 tonneaux et au-dessus...	Déc. min. du 27 nivôse an 8; Circ. du 5 pluv.	»	»	
au-dessous de 50 tonneaux...	Déc. min. du 16 oct. 1827; Circ. n° 1069.	»	»	3 00
au-dessous de 30 tonneaux... pontés...	27 vend. an 2, art. 6.			
non pontés...	Idem.	»	»	1 00

DÉSIGNATION DES DROITS.	TITRES de perception.	DROITS à produire par		
		tonneau fr. c.	bâtim. fr. c.	act fr.
Congé des navires français (46) — naviguant en rivière sans emprunt de la mer (47) (sans distinction de tonnage)...	Circ. du 10 juin 1829, n° 1168.	Exempts.		
de 2 tonneaux et au-dessous employés sur la côte pour l'usage personnel des propriétaires (47)...	Déc. adm. du 2 juin 1832.			
Passeport des navires étrangers (48), sans distinction de tonnage et de pavillon...	27 vend. an 2, et Déc. du 5 pluviôse an 5.	»	»	1
Acquit (49) — Navires français (50)...	27 vend. an 2, art. 37.	»	»	0
Navires étrangers (51) — sauf les exceptions ci-après...	Idem.	»	»	1
admis exceptionnellement à faire le cabotage (52)...	Arr. du 17 thermidor an 3.	»	»	0
entrant à Marseille...	Ord. du 10 sept. 1817, art. 2.	Exempts (62)		
sauf les exceptions ci-après...	27 vend. an 2, art. 37.	»	»	0
Permis (53). Navires français : produits de la pêche faite sur les côtes (54)...	Décr. du 10 mars 1809.	Exempts (62)		
cargaisons autres que celles venant de l'étranger ou y allant (55)...	Loi du 6 mai 1841, art. 20.			
provisions de bord (56)...	Déc. adm. du 14 therm. an 5.			
cargaisons provenant de prises (57).	Arr. du 2 prairial an 11.			
effets des marins et ustensiles de pêche (58)...	Déc. adm. du 16 nov. 1831.			
effets des voyageurs...	Circ. du 20 avril 1838, n° 1680.			
transbordemens (59)...	Déc. adm. du 18 prair. an 7.			
transports en rivière sans emprunt de la mer (60)...	Circ. du 10 juin 1829, n° 1168.			
débarquement d'un navire qui ne peut sortir du port (61)...	Tarif de navig. de 1835.			
entrant à Marseille ou en sortant..	Ord. du 10 sept. 1817, art. 2.			

DÉSIGNATION DES DROITS.	TITRES de perception.	DROITS à percevoir par		
		tonneau	bâtim.	acte.
		fr. c.	fr. c.	fr. c.
rmis (53) . { Navires étrangers (51) { / sauf les exceptions ci-après......	27 vend. an 2, art. 37.	»	»	1 00
admis à faire le cabotage (63).....	Arr. du 17 thermidor an 3.			
effets des marins morts en mer et que la marine renvoie à leur famille......................	Circ. man. du 24 juillet 1826.			
transbordemens (59)...........	Déc. adm. du 18 prair. an 7.	Exempts (62).		
débarquement d'un navire qui ne peut sortir du port (61)........	Tarif de navig. de 1835.			
effets des voyageurs............	Circ. du 20 avril 1838, n° 1680.			
entrant à Marseille ou en sortant..	Ord. du 10 sept. 1817, art. 2.			
tificat(64). { Navires français (65)...................	27 vend. an 2, art. 37.	»	»	0 50
Navires étrangers (51) { sauf les exceptions ci-après......	*Idem.*	»	»	1 00
admis exceptionnellement à faire le cabotage (66)..............	Arr. du 17 thermidor an 3.			
entrant à Marseille ou en sortant..	Ord. du 10 sept. 1817, art. 2.	Exempts (62).		

NOTES.

(1) *Voir*, pour les différens cas d'exemption, le n° 534, en note.

(2) Ce droit supplémentaire n'est dû que pour chaque 100 tonneaux *complets* au-dessus de 300. (*Tarif de navig. de* 1835.)

(3) *Voir*, pour les règles générales relatives au droit de tonnage, la 2ᵉ section du présent livre.

(4) Le droit n'est dû qu'au port de *prime abord;* si le navire se rend ensuite avec tout ou partie de sa cargaison dans d'autres ports, il y est affranchi du droit. La quittance délivrée au premier port doit être déposée à la douane du port secondaire; mais lorsque le capitaine le demande, on lui délivre sans frais, et en exemption du prix du timbre, un duplicata certifié de cette quittance, en ayant soin d'indiquer à la souche du registre de recette des droits de navigation, d'où il est détaché, le motif de l'enlèvement du *volant*. Ce duplicata tient lieu de l'expédition primitive, et met le capitaine à même de produire les justifications ultérieures dont il pourrait avoir besoin. (*Déc. adm. des* 18 *juillet* 1840 *et* 30 *octobre* 1841.)

Le droit n'est pas dû pour un navire qui a pris du poisson au large des côtes d'Angleterre. (*Déc. adm. du* 7 *septembre* 1839.)

Le navire français affrété dans le but unique d'aller chercher la cargaison d'un autre navire français qui, parti d'un port étranger à la Grande-Bretagne, a fait naufrage sur les côtes des possessions anglaises en Europe, est également affranchi du droit, pourvu qu'expédié sur lest d'un port de France, il se soit rendu directement au lieu du naufrage et qu'il n'en ait rapporté que les marchandises provenant de la cargaison du bâtiment naufragé. (*Déc. adm. du* 30 *juin* 1841.)

Voir plus loin (note 7) pour les paquebots de l'administration des postes.

(5) Les exemptions accordées aux autres bâtimens s'appliquent aussi aux paquebots, lorsqu'ils se trouvent dans les cas qu'elles prévoient.

(6) Les droits sont exigibles pour le tonnage entier : 1° si le nombre des passagers égale ou dépasse celui des tonneaux constatés par la jauge; 2° si ce nombre est reconnu excéder celui déclaré en douane, ou si on acquiert la preuve du débarquement d'un ou de plusieurs passagers non compris dans la déclaration; 3° si le paquebot, après n'avoir amené que des passagers, repart avec des marchandises en quantité quelconque. (*Déc. min. du* 13 *mars* 1832; *Circ. du* 21, *n°* 1311.)

Les enfans, quel que soit leur âge, sont comptés comme passagers. (*Déc. adm. du* 5 *juillet* 1832.)

Le nombre des passagers à l'arrivée sert seul de base à la perception des droits; ceux pris au départ ne sont pas comptés. (*Déc. min. du* 27 *juin* 1832; *Déc. adm. du* 30.)

Le paquebot qui vient sur lest chercher des voyageurs ne paye aucun droit. (*Même Déc.*)

Les paquebots chargés spécialement du transport des lettres et journaux doivent, qu'ils aient ou non des voyageurs, le droit intégral de tonnage. Mais le paquebot qui n'a à son bord que des dépêches *diplomatiques* conserve ses droits à l'immunité, et ne paye le droit qu'à raison d'un tonneau par passager. (*Déc. adm. du* 30 *juin* 1832.)

Les faibles quantités de provisions que les voyageurs ont avec eux ne doivent point faire obstacle à la perception du droit telle qu'elle est autorisée par la décision du 13 mars 1832. Cette règle s'étend aux effets, meubles et articles de modes ou de fantaisie qu'ils ont avec eux, pourvu que leur condition laisse supposer avec vraisemblance qu'ils sont à leur usage personnel. Ces objets seraient considérés comme *marchandises*, et donneraient ouverture à la perception intégrale du droit de tonnage, s'ils étaient destinés à des amis ou déclarés appartenir à des personnes non présentes sur le paquebot. (*Déc. adm. du* 31 *juillet* 1832.)

Le thé qu'on charge à titre de provision de bord doit avoir acquitté les droits; si l'on en tirait en franchise des entrepôts, le droit de tonnage serait dû sur la contenance du paquebot. (*Déc. min. du* 27 *juin* 1832.)

Les espèces monnayées et les matières d'or et d'argent en lingots n'étant point considérées comme *marchandises*, les paquebots qui en transportent conservent leur droit au bénéfice de la décision du 13 mars 1832. (*Circ. du* 30 *octobre* 1855, *n*° 1513.)

Le transport des voitures et chevaux ne les prive point du bénéfice de cette décision; seulement on perçoit le droit de tonnage à raison de deux tonneaux par chaque cheval, de trois tonneaux pour une voiture à deux roues, et de quatre tonneaux pour les voitures à plus de deux roues. (*Circ. du* 3 *mars* 1837, *n*° 1604.)

Les chiens qui suivent les voyageurs ne donnent lieu à aucune perception supplémentaire. Il n'en est pas de même des meutes, qui donnent ouverture à un droit de tonnage calculé à raison d'un quart de tonneau par chaque chien. (*Déc. adm. du* 21 *juin* 1841.)

Le paquebot qui n'embarque que la houille nécessaire à sa navigation conserve ses droits à l'immunité. (*Circ. man. du* 14 *mai* 1836.)

On conserve le bénéfice de la décision du 13 mars 1832 aux paquebots qui transportent quelques marchandises confondues avec les effets des voyageurs, pourvu que ces marchandises soient renvoyées immédiatement à l'étranger, et que rien dans le fait même de leur importation ne soit de nature à faire croire à une tentative de fraude. (*Circ. man. du* 30 *août* 1837.)

Lorsque, après le départ du paquebot, des marchandises sont trouvées parmi les bagages ou effets des passagers, la douane n'exerce aucune répétition envers le capitaine, si ces marchandises sont réexportées dans un court délai ou au plus tard lors du plus prochain voyage du paquebot. (*Déc. adm. du* 5 *déc.* 1837.)

(7) Les bâtimens frétés pour le compte de l'État, exempts du droit de tonnage, sont ceux dont l'équipage est nourri et soldé par le gouvernement. (*Déc. min. des* 17 *brumaire an* 5 *et* 6 *pluviôse an* 7.) — Le droit est dû, au contraire, si le bâtiment est frété à tant par tonneau; mais lorsque le capitaine ne peut faire l'avance de ce droit, le chef civil ou militaire qui expédie le bâtiment fournit pour le capitaine la soumission de l'acquitter à la fin du mois au bureau des douanes. (*Circ. du* 21 *prairial an* 4, *concertée entre les départemens de la guerre et des finances.*) — Les droits de navigation seraient dus, si les navires de l'État, ou frétés pour son compte, prenaient des objets de commerce. Ils n'ont d'ailleurs droit à la franchise qu'autant qu'ils ont à bord : 1° l'ordre spécial de service indiquant le lieu d'où ils partent et où ils prennent leur chargement; 2° une facture signée des administrateurs des ports, sur laquelle sont désignées la nature et la destination du chargement. Si à une cargaison ainsi légitimée on avait ajouté des marchandises de commerce, les droits de navigation deviendraient exigibles pour le tout. — En cas de contravention, on devrait, avant d'en rendre compte, prévenir le commissaire de marine, afin

qu'il employât son autorité pour contraindre les commandans des navires à remplir leurs obligations. (*Ordre du ministre de la marine, Circ. du* 22 *septembre* 1819 , *n°* 520.)

Les paquebots de l'administration des postes , faisant le service des dépêches de Calais à Douvres, ne payent aucun droit de tonnage. (*Déc. min. du* 27 *juin* 1826.)

Le transport des voyageurs avec leurs voitures , chevaux , bagages , etc. , ne les prive pas de cette immunité. (*Déc. min. du* 29 *juillet* 1826.)

(8) Un parlementaire perd son titre à l'immunité lorsqu'il a à bord des marchandises, ou s'il amène des passagers, à moins que ce ne soient des prisonniers (*Déc. min. du* 8 *vendémiaire an* 10) ou des passagers dont les frais de passage sont à la charge du gouvernement. (*Déc. adm. du* 14 *pluviôse an* 12.) Mais , aux termes d'une décision du 3 nivôse an 5, le navire parlementaire peut, sans cesser d'avoir droit à la franchise, prendre au retour des marchandises ou des passagers.

(9) Cette exemption ne s'applique qu'aux embarcations qui servent à transporter, dans un même port ou dans une même rivière , des marchandises prises à bord d'un navire qui a lui-même acquitté les droits de tonnage. (*Déc. min. du* 25 *mars* 1806, *Circ. du* 28.)

(10) Le sauvetage de la cargaison ne prive pas de l'immunité. (*Déc. adm. du* 7 *frimaire an* 3.)

Le navire qui, après avoir échoué sur la côte, reprend la mer sans entrer dans un port, ne doit pas le droit de tonnage, bien qu'il ne remporte pas la totalité de sa cargaison. (*Déc. adm. du* 22 *avril* 1839.)

(11) L'immunité est acquise, soit que le sauvetage ait lieu sur les côtes ou en pleine mer. (*Déc. adm. du* 1er *février* 1841.)

Le sauvetage de la cargaison ne prive pas le bâtiment de l'exemption du droit de tonnage. (*Circ. n°* 1333.)

(12) Les navires sont considérés comme étant sur lest, si les marchandises qu'ils ont à bord ne forment pas le vingtième de leur tonnage ; ces marchandises donnent ouverture à la perception du droit dans la proportion de la place qu'elles occupent. Les cargaisons de sel doivent être réputées complètes lorsqu'elles équivalent aux quatorze quinzièmes de la capacité du navire. Toutefois, si l'autre quinzième est en totalité ou en partie rempli par d'autres marchandises, le droit se perçoit au prorata de l'encombrement. Si les cargaisons de sel ne représentent pas les quatorze quinzièmes de la capacité des navires, le droit est exigible, sans défalcation du quinzième de tolérance, pour toute la partie du tonnage qui ne contient pas du sel, soit qu'elle reste vacante ou qu'on y place d'autres objets. (*Circ. du* 25 *janvier* 1852 , *n°* 1299.)

Pour les navires qui viennent charger du sel , le tonneau de mer est représenté par 1,000 kilogr. de cette denrée. (*Déc. adm. du* 31 *octobre* 1840.)

(13) On justifie de ce transport par les connaissemens et les quittances du droit de sortie des sels. (*Déc. adm. du* 16 *janvier* 1837.)

(14) *Voir*, au livre *Importations* (n° 259), les formalités prescrites en cas de relâche forcée.

(15) Si le navire se rend dans un autre port de France, on mentionne, sur le congé dont le capitaine est porteur, que la relâche n'ayant donné lieu à au-

cune opération de commerce, les droits de navigation n'ont pas été perçus. (*Circ. man. du* 14 *avril* 1835.)

L'immunité doit être refusée, si la relâche donne lieu à une opération commerciale quelconque. (*Circ. du* 9 *juillet* 1832 , *n°* 1333.)

Le navire qui est dépecé au port de relâche jouit de l'immunité quand sa cargaison entière est transportée au port de destination. (*Déc. adm. du* 25 *septembre* 1835.)

(16) Dans aucun des cas où il y a dispense des droits de tonnage, les réparations que subissent les navires (*français ou étrangers*) ne sont un obstacle à cette dispense. (*Déc. min. du* 12 *septembre* 1835 , *Circ. du* 23 , *n°* 943.)

(17) Ce droit est exigible dans chacun des ports où le navire anglais se rend pour décharger une partie de sa cargaison. (*Circ. man. du* 31 *mars* 1835.)

(18) Le droit est dû , si la relâche forcée n'est pas régulièrement constatée, ou si elle donne lieu à une opération commerciale quelconque. (*Traité du* 26 *janvier* 1826 , *art.* 5 , *et Circ. du* 30 *décembre* 1834 , *n°* 1471.)

(19) Les navires anglais de 30 tonneaux et au-dessous , qui viennent dans les ports de la Manche sur lest ou avec des marchandises taxées à moins de 20 fr. par 100 kilogr. , sont de droit réputés smogleurs , lors même qu'on ne les déclarerait pas tels , s'ils prennent des marchandises étrangères dans les entrepôts du smoglage. (*Circ. du* 30 *juin* 1825 , *n°* 922 , *et Déc. adm. des* 9 *septembre* 1834 *et* 27 *février* 1836.)

Les navires anglais de plus de 30 tonneaux , et tous les autres navires étrangers qui viennent prendre des marchandises dans ces mêmes entrepôts , doivent être soumis aux règles générales des réexportations et de la navigation. (*Déc. adm. du* 28 *novembre* 1835.)

(20) Ce droit se perçoit annuellement à la première entrée et à la première sortie. (*Voir*, pour les instructions données à ce sujet, le livre X , chapitre XII , section 12.)

(21) *Voir*, pour les navires américains, la 2e section du chapitre XII, livre X.

(22) *Voir*, pour les navires espagnols, la 1re section du chapitre XII des *Traités et Conventions* , livre X.

(23) La circulaire du 19 octobre 1826 portait que les navires brésiliens acquitteraient le droit de 3 fr. 75 c. , *comme la nation la plus favorisée ;* ce droit s'appliquant, au contraire, aux nations *non favorisées*, le département des affaires étrangères a fait connaître, le 20 mai 1840, que les brésiliens devaient en être affranchis.

(24) *Voir* la 5e section du chapitre des *Traités.*

(25) *Voir* la 6e section du chapitre des *Traités.*

(26) L'immunité n'est point applicable aux navires *chargés* venant d'ailleurs que du Mecklembourg, à moins qu'ils ne soient en relâche forcée. (*Traité du* 19 *juillet* 1836 , *art.* 1er *et* 6.) — *Voir*, pour les conditions de nationalité des navires, la 7e section du chapitre des *Traités.*

(27) Il faut, pour jouir de l'immunité, que la relâche forcée ne donne lieu à aucune opération de commerce. On ne considère point comme opération de commerce les déchargemens et rechargemens nécessités par la réparation du navire ; mais il en serait autrement si le navire ne prenait pas toutes les mar—

chandises mises à terre, ou s'il en recevait d'autres. (*Circ. des* 10 *juillet* 1835, 4 *juillet* 1838 *et* 21 *juin* 1841.)

L'exemption du droit de tonnage n'entraîne pas l'immunité du droit de passeport, exigible dans *tous les cas*. (*Déc. adm. du* 1er *juillet* 1841.)

(28) Le navire étranger qui, en vertu d'une autorisation spéciale, vient sur *lest* prendre un chargement pour un autre port de France, est, à son arrivée, *traité comme français, quel que soit son point de départ*; mais si, au lieu d'être sur *lest*, le navire arrive de l'étranger avec une cargaison quelconque, il est passible du droit afférent à son pavillon. (*Déc. min. du* 22 *pluv. an* 7, *Circ. du* 25.) Ce dernier droit est également dû tant par les navires sur *lest* que par les navires chargés, si l'autorisation de cabotage n'est donnée qu'après leur entrée dans le port.

(29) Le droit exigible est celui qui affecte le pavillon du paquebot.

(30) Cette disposition, toute de faveur, ne s'applique qu'aux navires qui se trouveraient placés dans une condition moins avantageuse par les règles générales qui les concernent. (*Déc. adm. du* 28 *novembre* 1835.)

(31) Les navires étrangers ne sont employés comme allèges qu'en cas d'urgence. (*Circ. du* 9 *juillet* 1832, *n*o 1535.)

(32) Le trajet d'un port situé en rivière à un autre port situé dans une autre rivière, en empruntant la mer, donne ouverture au droit. (*Déc. min. du* 11 *fructidor an* 5.)

(33) Pour jouir de l'immunité, il faut justifier du payement des droits au port de prime abord (*Circ. du* 5 *février* 1833, *n*o 1371), et, si ce port est celui de Marseille, prouver qu'on y a débarqué ou embarqué des marchandises d'un encombrement supérieur au dixième du tonnage du navire. Ce dixième peut être formé *cumulativement* de marchandises débarquées et de marchandises embarquées. Le droit serait dû nonobstant ces justifications, si l'on effectuait un déchargement quelconque dans les ports secondaires. (*Circ. du* 6 *déc.* 1831, *n*o 1289; *Déc. adm. du* 15 *mars* 1841.)

La quittance délivrée au port de prime abord doit être déposée à la douane du port secondaire; mais lorsque le capitaine le demande, on lui remet un duplicata certifié de cette quittance, délivré sans frais, et en exemption du prix du timbre, sur un imprimé détaché du registre de recette des droits de navigation, en ayant soin d'indiquer à la souche le motif de l'enlèvement du *volant*. Ce duplicata tient lieu de l'expédition primitive, et met le capitaine à même de produire les justifications ultérieures dont il peut avoir besoin. (*Déc. adm. du* 11 *février* 1835.)

Le navire qui débarque des futailles vides, et qui rembarque *toutes et les mêmes* futailles immédiatement après les avoir remplies, ne fait pas un déchargement proprement dit et conserve ses titres à l'immunité. (*Déc. adm. du* 15 *juillet* 1836.)

Le navire venant sur *lest* d'un autre port de France avec un passeport indiquant *l'étranger* pour destination, jouit de l'immunité, s'il résulte de ses autres papiers de bord et des circonstances de sa navigation qu'il a fait voile directement pour le port français où il se présente, et qu'il n'a pas touché à l'étranger. (*Déc. adm. du* 8 *juin* 1841.)

(34) L'exemption du droit leur est acquise, même lorsqu'ils ne trouvent rien à charger. (*Déc. min. du* 4 *mai* 1829, *Circ. du* 14, *n*o 1161.)

(35) L'immunité a lieu quand même le navire ne serait pas déclaré de bonne prise, pourvu qu'il n'y ait eu ni achat ni vente de marchandises. (*Circ. du 9 juillet* 1832, *n*° 1333.)

(36) Cette disposition n'a d'effet qu'à titre de réciprocité ; elle est applicable aujourd'hui aux navires napolitains, toscans, suédois, norwégiens et belges ; dans ce cas, ces derniers jouissent même de l'immunité absolue des droits de tonnage. (*Circ. des* 11 *décembre* 1828, 10 *avril*, 30 *mai et* 12 *octobre* 1829, *n*°ˢ 1134, 1156, 1166 *et* 1185, *et Déc. adm. du* 23 *novembre* 1838.)

L'intégralité du droit serait exigible, si la nécessité de la relâche n'était pas régulièrement constatée, ou si elle était suivie d'une opération quelconque de commerce. (*Tarif génér. de navig. de* 1835.)

(37) La destination pour un port français doit être assurée par un acquit-à-caution ; à défaut de caution, le droit serait exigible, et les employés certifieraient au dos de l'acquit de payement que le bâtiment n'a opéré ni chargement ni déchargement, et que la relâche n'a réellement eu lieu que par cas de force majeure (circonstances sans lesquelles le droit serait dû) ; en produisant cette quittance, le capitaine serait affranchi des droits au port de destination. En cas de relâches forcées dans d'autres ports, les employés se borneront à constater ces relâches, en visant l'acquit-à-caution ou l'acquit de payement des droits. (*Circ. des* 3 *floréal an* 4, 1ᵉʳ *frimaire an* 6 *et* 10 *messidor an* 10.)

(38) L'immunité n'est acquise qu'autant que l'on justifie du payement des droits au premier port de relâche, et qu'on n'effectue dans les ports secondaires ni chargement ni déchargement. (*Ord. du* 24 *février* 1815.)

(39) Le droit serait dû, si l'on ne justifiait pas du payement des droits de navigation au port français d'où l'on vient, ou si l'on faisait à celui de relâche un débarquement de marchandises. Si l'on vient de Marseille, il faut justifier qu'on y a embarqué ou débarqué des marchandises d'un encombrement supérieur au dixième du tonnage du navire (*Voir* la note 33). (*Circ. du* 13 *avril* 1817 ; *Déc. min. du* 20 *novembre* 1831, *et Circ. du* 6 *décembre*, *n*° 1289.)

(40) Il faut, pour jouir de l'immunité, que la cargaison soit réexportée en entier par d'autres navires. (*Circ. du* 11 *frimaire an* 6.) Le droit serait dû, si tout ou partie de la cargaison était mis en entrepôt. (*Tarif gén. de navig. de* 1835.)

(41) Il faut que le capitaine s'abstienne de toute opération commerciale et qu'il reprenne la mer aussitôt que le danger est passé. (*Déc. adm. du* 1ᵉʳ *ventôse an* 12.)

(42) Le navire doit repartir dès qu'il est possible de remettre à la voile, sans avoir fait ni chargement ni déchargement. (*Circ. du* 15 *avril* 1816, *n*° 142.)

(43) *Voir*, pour les règles d'application, la 2ᵉ section du présent livre.

(44) Sont assimilés au pavillon français, pour le payement du droit d'expédition, les navires ci-après :

1° Espagnols ; (*Traité du* 15 *août* 1761.)

2° Américains ; (*Traité du* 24 *juin* 1822.)

3° Anglais, venant avec chargement des ports du Royaume-Uni et sans chargement de tous les ports; (*Traité du* 26 *janvier* 1826.)

4° Brésiliens ; (*Traité du* 8 *janvier* 1826.)

5° Grenadins ; (*Traité du* 14 *novembre* 1832.)

6° Vénézuéliens; (*Traité du* 11 *mars* 1833.)

7° Mecklembourgeois, venant avec chargement des ports du Mecklembourg, et sur lest d'un port quelconque ; (*Traité du* 19 *juillet* 1836.)

8° Boliviens; (*Traité du* 9 *décembre* 1834.)

9° Mexicains; (*Traité du* 9 *mars* 1839.)

10° Uruguays; (*Traité du* 8 *avril* 1836.)

11° Texiens; (*Traité du* 25 *septembre* 1839.)

12° Néerlandais, venant avec chargement des ports des Pays-Bas et sans chargement de tous les ports. (*Traité du* 25 *juillet* 1840.)

(45) Dans les cas où, d'après la note 28, il y a lieu de percevoir le droit de tonnage afférent aux navires étrangers, on doit également exiger le droit d'expédition qui affecte ces mêmes navires.

(46) *Voir* la 2ᵉ section du présent livre pour les règles générales.

(47) Comme moyen de police pour la douane, on délivre à ces navires ou embarcations des congés annuels dont on ne fait payer que le timbre. (*Déc. adm. des* 18 *germinal an* 8 *et* 2 *juin* 1852.)

Cette exemption s'étend aux navires de tout tonnage qui naviguent dans l'intérieur d'une même rade (*Circ. manusc. du* 9 *juillet* 1829.); ainsi qu'aux chaloupes de pilotes lamaneurs. (*Circ. du* 6 *janvier* 1837.)

Il n'y a pas lieu de délivrer une quittance, ni par conséquent d'exiger le timbre dont elle est passible, lorsqu'on donne des congés de simple police affranchis du droit. (*Déc. adm. du* 5 *mai* 1841.)

(48) Les smogleurs n'en sont pas exempts. (*Déc. adm. du* 9 *pluviôse an* 10.) Quand, à défaut d'imprimés, on vise un ancien passeport, le droit est dû. (*Déc. adm. du* 31 *décembre* 1819.)

Le droit de passeport n'étant pas un droit de navigation proprement dit, les navires étrangers qui sortent de Marseille n'en sont pas exempts. (*Déc. adm. du* 24 *avril* 1839.)

(49) *Voir* la 2ᵉ section du présent livre pour les règles d'application.

(50) Ce droit n'est pas dû à Marseille. (*Ord. du* 10 *septembre* 1817, *art.* 2.)

(51) Sont assimilés aux bâtimens français pour les droits d'*acquit*, de *permis* et de *certificat*, les navires ci-après désignés :

1° Espagnols; (*Traité du* 15 *août* 1761.)

2° Américains; (*Traité du* 24 *juin* 1822.)

3° Anglais, venant des possessions anglaises en Europe ou y allant ; (*Traité du* 26 *janvier* 1836), (sauf les smogleurs qui sont en dehors du traité.)

4°. Brésiliens ; (*Traité du* 8 *janvier* 1826.)

5° Grenadins ; (*Traité du* 14 *novembre* 1852.)

6° Vénézuéliens ; (*Traité du* 11 *mars* 1833.)

7° Mecklembourgeois, venant des ports du Mecklembourg ou y allant; (*Traité du* 19 *juillet* 1836.)

8° Boliviens; (*Traité du* 9 *décembre* 1834.)

9° Mexicains; (*Traité du* 9 *mars* 1839.)

10° Uruguays; (*Traité du* 8 *avril* 1836.)

11° Texiens ; (*Traité du* 25 *septembre* 1839.)

12° Néerlandais, venant des ports des Pays-Bas ou y allant. (*Traité du* 25 *juillet* 1840.)

(52) Dans les cas où, d'après la note 28, il y a lieu de percevoir le droit de

tonnage afférent aux navires étrangers, on exige également le droit d'acquit qui affecte ces mêmes navires (1 fr.). (*Tarif de navigat. de* 1835.)

(53) *Voir,* pour les règles générales, la 2e section du présent livre.

(54) L'immunité est acquise aux produits de la *petite pêche*, soit qu'elle ait lieu en vue de nos côtes, soit qu'elle s'effectue sur les côtes étrangères voisines de la France. (*Déc. adm. du 26 février* 1839.)

(55) Cette exemption, qui avait déjà été accordée par l'ordonnance du 24 septembre 1840, s'applique aux cargaisons transportées d'un entrepôt à un autre du royaume, ainsi qu'aux cargaisons venant des possessions françaises d'outremer ou y allant, alors même qu'elles auraient été prises dans les entrepôts de la Colonie ou de la métropole. (*Déc. adm. du 16 octobre* 1840.)

L'immunité du droit de permis doit également être accordée pour les cargaisons de morue rapportées de la pêche de Terre-Neuve, ainsi que pour le sel embarqué à destination de cette pêche. (*Déc. adm. du 5 février* 1841.)

Les transports qui ont lieu entre les îles du littoral et le continent doivent, en ce qui concerne le permis, être considérés comme des opérations de cabotage, et entraîner à ce titre l'immunité du droit. (*Déc. adm. de 5 fév.* 1841.)

Les navires espagnols qui font le cabotage d'un port à un autre de France sont affranchis du droit de permis. (*Déc. adm. du 16 octobre* 1840.)

(56) Le permis reste entre les mains du capitaine; c'est le titre de nationalité des provisions de bord non consommées dans la traversée, et sans lequel ces restans, traités comme marchandises étrangères au port d'arrivée, seraient soumis au droit de permis. (*Déc. adm. du 14 thermidor an 5, et Circ. du 22 octobre* 1829, *no* 1185.)

(57) Le déchargement des marchandises provenant de prises étant réglé par l'arrêté du gouvernement du 2 prairial an 11, il n'y a pas lieu de délivrer de permis de débarquer. (*Tarif de navig. de* 1835.)

(58) Cette exemption s'étend aux effets des marins morts en mer, et que l'administration de la marine renvoie à leur famille. (*Circ. manusc. du 24 juillet* 1826.)

(59) Pour jouir de l'immunité, il faut, selon qu'il s'agit d'exportations ou d'importations, que les marchandises que l'on transborde aient déjà payé le droit de permis, ou qu'elles y soient ultérieurement assujetties. (*Déc. adm. des 18 prairial an 7 et 31 décembre* 1819.)

Le transbordement des marchandises destinées à être réexpédiées immédiatement suppose la double opération de débarquement et d'embarquement; on ne perçoit néanmoins qu'un seul droit pour le permis unique qui est délivré. (*Circ. no* 1846.) — *Voir Transbordemens.* (*nos* 125 et suivans).

(60) L'exemption s'étend aux transports qui ont lieu dans l'intérieur d'une même rade. (*Circ. manusc. du 9 juillet* 1829.)

(61) Cette exemption s'applique à des marchandises qui, après avoir été embarquées sous le payement du droit de permis, sont remises à terre quand le navire se trouve dans l'impossibilité de sortir du port. (*Tarif de navig. de* 1835.)

(62) Le permis est délivré, mais il l'est gratis. (*Même Tarif.*)

(63) Dans les cas où, d'après la note 28, il y a lieu de percevoir le droit

de tonnage afférent aux navires étrangers, on exige aussi le droit de permis de 1 fr. qui affecte ces mêmes navires. (*Tarif de navigation de* 1835.)

(64) Le droit de certificat n'affectant que les *cargaisons*, les certificats de jauge qui se rapportent aux navires n'en sont point passibles. (*Même Tarif.*) *Voir* d'ailleurs la 2ᵉ section du présent livre.

(65) Ce droit n'est pas dû à Marseille. (*Ord. du* 10 *septembre* 1817, *art.* 2.)

(66) Dans les cas où, d'après la note 28, il y a lieu de percevoir le droit de tonnage afférent aux navires étrangers, on exige également le droit de certificat de 1 fr. qui affecte ces mêmes navires. (*Tarif de navigation de* 1835.)

LIVRE IX.

SELS.

CHAPITRE PREMIER.

DES SELS DU CRU ÉTRANGER.

Prohibition.

572. L'entrée du sel étranger sera prohibée dans toute l'étendue du royaume, sous les peines prescrites relativement aux autres marchandises prohibées (1). (*Loi du 22 mai* 1790.)

Exceptions.

573. Les sels provenant des prises faites sur les ennemis de l'État seront admis à l'entrée (2). (*Loi du* 1er *pluviôse an* 13, *art.* 2.)

Les sels saisis à l'importation par les frontières de terre pour-

---

(1) Cette prohibition a été maintenue par la loi du 15 mars 1791.

Voir au livre III, *Importations*, les lois répressives de la fraude à l'entrée.

(2) Cette loi portait que le sel de prise payerait 50 c. par 5 myriagrammes ; mais la circulaire du 28 mai 1806 a fait connaître qu'il devait être soumis à la taxe de consommation imposée sur le sel de France.

Les sels de prise jouissent d'un entrepôt de trois mois. (*Loi du* 19 *février* 1793, art. 5.)

Après ce délai, ils doivent acquitter le droit de consommation, à moins que l'administration n'accorde une prolongation spéciale. (*Circ. du* 28 *novembre* 1807.)

Le déchet de 5 pour 100 (n° 606) ne doit, dans aucun cas, être alloué pour ces sels. Ils ne peuvent non plus être employés en franchise aux salaisons de poisson. (*Même Circ.*)

Les sels de prise ne jouissent que du crédit ordinaire autorisé pour les droits généraux de douanes ; le crédit de trois, six et neuf mois étant exclusivement réservé aux sels nationaux. (*Circ. du* 3 *avril* 1810.)

ront être vendus pour la consommation intérieure (1). (*Déc. min. du 23 février* 1815 , *Circ. du 9 mars suivant.*)

Le sel gemme ou fossile, quand il est encore en masses solides tel qu'on le tire de la mine et non réduit en grains , est admis à l'entrée en payant le droit fixé par le tarif. (*Loi du 17 décembre* 1814 , *tit.* 1er, *art.* 1er.)

Sel de Saint-Ubes.

574. Il pourra être introduit, chaque année, dans les ports qui font des armemens pour la pêche de la morue, la quantité de sel de Saint-Ubes qui sera jugée nécessaire d'après le nombre et la force de ces expéditions. Cette quantité sera déterminée pour chaque port par le ministre des finances. (*Ord. du 11 novembre* 1814 , *art.* 1er.)

Ces sels seront, à leur arrivée, mis, après vérification de poids (2), en entrepôt sous la clef des douanes (3), et ne pourront en sortir (4) que pour être conduits à bord des bâtimens auxquels ils seront destinés (5). (*Même Ord.*, *art.* 2.)

Ceux qui n'auront pas été consommés, et qui seront rapportés , devront être réintégrés en entrepôt, et seront pris en déduction des quantités qu'on pourrait se procurer pour l'année suivante (*Même Ord.*, *art* 3.) (6).

---

(1) Toutefois cette vente ne peut avoir lieu que lorsque le prix des enchères s'élève au-dessus du montant de la taxe de consommation cumulé avec les frais de toute nature. (*Circ. du 26 mai* 1828.) — *Voir* le chapitre vii.

(2) Lorsqu'un excédant de sel de Saint-Ubes est reconnu à l'importation , on procède par application des articles 4 et 19 de la loi du 9 février 1832 (n°s 516 et 445). (*Déc. adm. du 19 mars* 1838.)

(3) Les sels étrangers peuvent être reçus dans les entrepôts du prohibé aux conditions générales.

(4) Les déficit de sel de Saint-Ubes constatés dans les entrepôts réels et légalement constitués sont affranchis de toute peine, à moins qu'ils ne soient le résultat d'une soustraction frauduleuse. (*Circ. manusc. du 15 décembre* 1821.)
Le déchet légal de 5 pour 100 n'est point applicable aux sels de Saint-Ubes , et ne doit pas être réduit de la quantité entreposée. (*Circ. du 8 septembre* 1818.)

(5) La douane tiendra un compte ouvert des sels tirés de Saint-Ubes et des réexportations proportionnelles qui auront lieu.(*Circ. du 25 novembre* 1814.)
Ce sel peut être employé au repacquage de la morue, sous les conditions déterminées pour le sel de France. (*Déc. adm. du 4 novembre* 1830.) — *Voir* le n° 638.

(6) Les dispositions de l'ordonnance du 11 novembre 1814 ont été main-

SELS DE FRANCE.

CHAPITRE II.

PRODUCTION DU SEL.

SECTION PREMIÈRE.

SEL MARIN.

575. Il ne pourra être établi aucune fabrique, chaudière de sel, sans une déclaration préalable (1) de la part du fabricant, à peine de confiscation des ustensiles propres à la fabrication, et de 100 fr. d'amende. (*Loi du 24 avril* 1806 , *art.* 51.)

Les préposés s'opposeront à l'enlèvement des sels provenant de récoltes accidentelles, sur tous terrains qui ne seraient pas soumis à la garde spéciale et permanente des douanes. Ils devront en outre procéder à la destruction de ces sels à mesure de leur formation. (*Déc. min. du* 31 *janvier* 1813, *Circ. du* 3 *février suivant.*)

SECTION II.

MINES DE SEL, SOURCES ET PUITS D'EAU SALÉE.

576. Nulle exploitation de mines de sel, de sources ou de puits d'eau salée naturellement ou artificiellement, ne peut avoir lieu qu'en vertu d'une concession consentie par ordonnance

---

tenues dans toute leur intégrité par l'ordonnance du 30 octobre 1816, article 10.

Voir le n° 605 pour les infractions aux règlemens relatifs à l'emploi des sels étrangers dans la préparation des salaisons.

(1) Cette déclaration est également exigible en cas d'établissement de nouveaux marais salans. (*Avis du Conseil d'État du* 17 *janvier* 1815.)

Voir la section 4 du chapitre IV pour la surveillance à exercer dans les marais salans et en dehors de leur enceinte. *Voir* aussi le n° 601 pour les raffineries établies dans les marais salans.

royale, délibérée en Conseil d'Etat (*Loi du 17 juin 1840,
art.* 1er) (1).

577. Les lois et règlemens généraux sur les mines sont applicables aux exploitations de mines de sel. Un règlement d'administration publique déterminera, selon la nature de la conces-

---

(1)   *Des mines de sel.*

Il ne peut être fait de concession de mines de sel sans que l'existence du dépôt de sel ait été constatée par des puits, des galeries ou des trous de sonde.
(*Ord. du* 7 *mars* 1841, *art.* 1er.)

Des sources et des puits d'eau salée.

Les articles 10, 11 et 12 de la loi du 21 avril 1810 sont applicables aux recherches d'eau salée. (*Ord. du* 7 *mars* 1841, *art.* 4.)

Tout demandeur en concession d'une source ou d'un puits d'eau salée doit
justifier que la source ou le puits peut fournir des eaux salées en quantité suffisante pour une fabrication annuelle de 500,000 kilog. de sel au moins. (*Même
Ord., art.* 5.)

L'étendue de la concession est déterminée par ladite ordonnance ; elle doit
être limitée par des points fixes pris à la surface du sol. (*Même Ord., art.* 14.)

Lorsque, dans l'étendue du périmètre qui lui est accordé, le concessionnaire veut pratiquer, pour l'exploitation de l'eau salée, une ouverture autre
que celle désignée par l'acte de concession, il adresse au préfet, avec un plan
à l'appui, une demande qui doit être affichée pendant un mois dans chacune
des communes sur lesquelles s'étend la concession. S'il ne s'élève aucune réclamation contre la demande, l'autorisation est accordée par le préfet. (*Même
Ord., art.* 15.)

Aucune concession de source ou de puits d'eau salée ne peut être vendue par
lots, ou partagée sans une autorisation préalable du gouvernement, donnée
dans les mêmes formes que la concession. (*Même Ord., art.* 18.)

Dispositions communes aux mines de sel et aux sources et puits d'eau salée.

Aucune recherche de mine de sel ou d'eau salée ne peut être commencée
qu'un mois après la déclaration faite à la préfecture. Le préfet doit en donner
avis immédiatement au directeur des contributions indirectes, ou au directeur
des douanes, suivant le cas. (*Ord. du* 7 *mars* 1841, *art.* 19.)

Le directeur des contributions indirectes ou des douanes, selon le cas,
doit être consulté par le préfet sur toute demande en concession de mine de
sel, de source ou de puits d'eau salée. (*Même Ord., art.* 24.)

La disposition de l'article 24 ci-dessus doit être également observée à l'é-
gard des demandes relatives à l'établissement des usines pour la fabrication du
sel. (*Même Ord., art.* 27.)

Le directeur des douanes doit être consulté sur les demandes de concession
ou d'exploitation des établissemens situés dans les 15 kilom. des côtes et dans
les 20 kilom. des frontières de terre. (*Circ. du* 15 *juillet* 1841.)

Avant de répondre au préfet, le directeur doit en référer à l'administration,
en lui adressant un rapport motivé appuyé des plans et autres pièces justificatives. (*Déc. adm. du* 16 *juillet* 1841.)

sion, les conditions auxquelles l'exploitation sera soumise. Le même règlement déterminera aussi les formes des enquêtes qui devront précéder les concessions de sources ou de puits d'eau salée. Seront applicables à ces concessions les dispositions des titres 5 et 10 de la loi du 21 avril 1810. (*Loi du 17 juin 1840, art. 2.*)

578. Les concessionnaires de mines de sel, de sources ou de puits d'eau salée seront tenus,

1º De faire, avant toute exploitation, la déclaration prescrite par l'article 51 de la loi du 24 avril 1806 (nº 575);

2º D'extraire ou fabriquer au minimum et annuellement une quantité de 500,000 kilog. de sel, pour être livrés à la consommation intérieure et assujettis à l'impôt. Toutefois une ordonnance royale pourra, dans des circonstances particulières, autoriser la fabrication au-dessous du minimum. Cette autorisation pourra toujours être retirée.

Des règlemens d'administration publique détermineront, dans l'intérêt de l'impôt, les conditions auxquelles l'exploitation et la fabrication seront soumises, ainsi que le mode de surveillance à exercer, de manière à ce que le droit soit perçu sur les quantités de sel réellement fabriquées.

Les dispositions du présent article sont applicables aux exploitations ou fabriques actuellement existantes. (*Loi du 17 juin 1840, art. 5.*)

579. Tout concessionnaire ou fabricant qui voudra cesser d'exploiter ou de fabriquer, est tenu d'en faire la déclaration au moins un mois d'avance. Le droit de consommation sur les sels extraits ou fabriqués, qui seraient encore en la possession du concessionnaire ou du fabricant un mois après la cessation de l'exploitation ou de la fabrication, sera exigible immédiatement. L'exploitation ou la fabrication ne pourra être reprise qu'après un nouvel accomplissement des obligations mentionnées en l'article 5. (*Même Loi, art. 6.*)

580. Toute exploitation ou fabrication de sel, entreprise avant l'accomplissement des formalités prescrites par l'article 5, sera frappée d'interdiction par voie administrative; le tout sans préjudice, s'il y a lieu, des peines portées en l'article 10. Les arrêtés d'interdiction rendus par les préfets seront exécutoires par provision, nonobstant tout recours de droit. (*Même Loi, art. 7.*)

581. Tout exploitant ou fabricant de sel, dont les produits n'auront pas atteint le minimum déterminé par l'article 5, sera passible d'une amende égale au droit qui aurait été perçu sur les quantités de sel manquant pour atteindre le minimum. (*Loi du 17 juin* 1840, *art.* 8.)

582. L'enlèvement et le transport des eaux salées et des matières salifères sont interdits pour toute destination autre que celle d'une fabrique régulièrement autorisée, sauf l'exception portée par l'article 12 (nos 602, 603 et 605). Des règlemens d'administration publique détermineront les formalités à observer pour l'enlèvement et la circulation. (*Même Loi, art.* 9.)

583. Avant le 1er juillet 1841, une ordonnance royale réglera la remise accordée à titre de déchet, en raison des lieux de production, et après les expériences qui auront constaté la déperdition réelle des sels, sans que, dans aucun cas, cette remise puisse excéder 5 p. 100 (1).

Il n'est rien changé aux autres dispositions des lois et règlemens relatifs à l'exploitation des marais salans. (*Même loi, art.* 15.)

Obligations des fabricans de sel et des concessionnaires de mines de sel, de sources ou puits d'eau salée.

584. Un mois au moins avant toute exploitation ou fabrication, les concessionnaires de mines de sel, de sources ou de puits d'eau salée, autorisés en vertu de la loi du 17 juin 1840, devront faire une déclaration au plus prochain bureau des douanes, pour les mines, sources ou puits situés dans les 15 kilomètres des côtes et dans les 20 kilomètres des frontières de terre, et au bureau le plus prochain des contributions indirectes, pour les mines, sources ou puits situés dans l'intérieur du royaume.

La déclaration des fabricans ne sera admise qu'autant qu'ils justifieront que la construction de l'usine a été autorisée conformément à l'ordonnance réglementaire du 7 mars 1841, rendue pour l'exécution de l'article 2 de la loi du 17 juin 1840 (2).

---

(1) Jusqu'à ce que l'ordonnance royale annoncée par cet article ait été rendue, la remise reste fixée à 5 pour 100. (*Circ. du* 13 *juill.* 1841, *n°* 1860.)

(2) Les directeurs doivent se concerter avec les préfets, afin d'être informés directement des autorisations qui ont été accordées, soit qu'elles concernent

Sera faite au même bureau la déclaration à laquélle sont tenus, aux termes de l'article 6 de la loi précitée, les concessionnaires qui voudront cesser d'exploiter ou de fabriquer. (*Ord. du 26 juin 1841, art. 1er.*)

Tout fabricant exploitant des mines de sel ou des eaux salées devra entourer les puits, galeries, trous de sonde et les sources, ainsi que les bâtimens de son usine, d'une enceinte en bois ou en maçonnerie de trois mètres d'élévation, ayant à l'intérieur et à l'extérieur un chemin de ronde de deux mètres au moins de largeur, avec accès sur la voie publique par une seule porte ou entrée.

L'administration pourra exiger que l'enceinte en bois soit remplacée par une clôture en maçonnerie dans tout établissement, usine ou exploitation où il aura été commis une contravention aux dispositions de la loi du 17 juin 1840, ou à celles des ordonnances royales qui en régleront l'application (*Même Ord., art. 2.*)

Il y aura dans l'intérieur de chaque fabrique,

1o Un ou plusieurs magasins destinés au dépôt des sels fabriqués : ces magasins seront sous la double clef de l'exploitant et des agens de la perception (1) ;

2o Un local convenable, près de l'entrée de l'établissement, pour le logement et le bureau de deux employés au moins. Le loyer de ce logement sera supporté par l'administration et fixé de gré à gré, ou, à défaut de fixation amiable, réglé par le préfet du département ;

3o Des poids et balances pour la pesée des sels, ainsi que des mesures de capacité pour la vérification du volume des eaux salées (2). (*Même Ord., art. 3.*)

Si, à cause de l'éloignement, quelques puits ou galeries ser-

---

des établissemens nouveaux, soit qu'elles aient pour objet le maintien des usines qui existaient antérieurement à la loi du 17 juin 1840. (*Déc. adm. du 16 juillet 1841.*)

(1) La serrure ou le cadenas des agens de la perception est fourni et payé par l'administration. (*Même Déc.*)

(2) Ces instrumens de vérification sont fournis par les fabricans. Le directeur des douanes doit veiller à ce qu'ils soient étalonnés ou contrôlés par l'autorité compétente. (*Même Dec.*)

vant à l'exploitation du sel en roche ne peuvent pas être compris dans l'enceinte d'une usine, ils seront entourés d'une clôture
particulière établie comme il est dit à l'art. 2, et de manière à
enfermer les appareils d'extraction et les haldes.

Le sel devra être déposé dans un magasin exclusivement destiné à cet usage, et disposé conformément au premier paragraphe
de l'article précédent. (*Ord. du 26 juin* 1841, *art.* 4.)

Devront être entourés d'une semblable clôture, les trous de
sonde servant à l'exploitation par dissolution, ainsi que les sources ou puits d'eau salée qui ne pourront pas, à cause de l'éloignement, être compris dans l'enceinte d'une usine. (*Même Ord.,*
art. 5.)

Exercice des fabriques et surveillance des usines, sources ou puits.

585. Toute exploitation ou fabrique de sel sera tenue en
exercice par les employés des contributions indirectes ou des
douanes, suivant le lieu où elle sera située. (*Même Ord., art.* 6.)

Les exploitans et fabricans seront soumis aux visites et vérifications des employés, et tenus de leur ouvrir, à toute réquisition, leurs fabriques, ateliers, magasins, logement d'habitation,
caves et celliers, et tous autres bâtimens enclavés dans l'enceinte des fabriques, ainsi que de leur représenter les sels, eaux
salées et résidus qu'ils auront en leur possession.

Ces visites et vérifications pourront avoir lieu, même de nuit',
dans les ateliers et magasins, si le travail se prolonge après le
coucher du soleil. (*Même Ord., art.* 7.)

Les employés sont autorisés à faire toutes les recherches nécessaires pour s'assurer si les puits, les trous de sonde, les sources d'eau salée, et les galeries situées, soit dans l'intérieur, soit
à l'extérieur des fabriques, n'ont pas de conduits clandestins.
(*Même Ord., art.* 8.)

Les sels, après qu'ils seront parvenus à l'état solide ou concret,
ne pourront être retirés des poêles ou chaudières que pour être
déposés immédiatement, soit sur les bancs d'épuration, les égout-
toirs ou les séchoirs, soit dans des étuves, soit enfin dans des
vases quelconques désignés d'avance aux employés. Ils ne pourront recevoir aucune manipulation subséquente, ayant pour
objet d'en compléter la fabrication, que sous la surveillance des
employés, qui sont autorisés à prendre toutes les mesures

nécessaires pour qu'il ne puisse en être soustrait. (*Ord. du 26 juin* 1841, *art.* 9.)

Les eaux-mères, schlots, crasses de sel et autres déchets de fabrication; les cendres, curins et débris de fourneaux des fabriques de sel seront détruits, à moins que l'enlèvement et le transport n'en aient été préalablement autorisés, conformément à l'article 12 de la loi du 17 juin 1840 (1). (*Même Ord.*, *art.* 10.)

Les sels fabriqués seront pris en charge au fur et à mesure que la fabrication en sera complétement achevée. Ceux qui ne seront pas expédiés immédiatement, devront être placés dans les magasins désignés à l'article 3.

Il sera donné décharge des quantités enlevées, soit pour la consommation, soit pour l'exportation aux Colonies ou à l'étranger, soit en exécution de l'article 12 de la loi du 17 juin 1840, soit enfin pour les salaisons en mer (2).

Les sels qui auront été déclarés pour la consommation ne pourront séjourner dans l'enceinte de la fabrique et devront en sortir immédiatement. (*Même Ord.*, *art.* 11.)

Tous les trois mois il sera fait un inventaire des sels en magasin, et le fabricant sera tenu de payer sur-le-champ le droit sur

---

(1) Aussi longtemps que les ordonnances dont il est question dans l'article 12 de la loi du 17 juin n'auront point paru, les eaux-mères et autres déchets de fabrication doivent être détruits, à moins que les intéressés ne consentent à les placer sous doubles clefs, dans un local spécial agréé par le service. (*Déc. adm. du* 16 *juillet* 1841.)

(2) Le transport des sels expédiés pour les Colonies et l'étranger doit avoir lieu, conformément à l'article 18 de l'ordonnance du 26 juin 1841, en sacs plombés et sous la formalité de l'acquit-à-caution, garantissant les pénalités édictées par l'article 19. Les acquits-à-caution portent en outre obligation de la représentation d'un certificat de décharge constatant : 1° pour les exportations faites par les frontières de terre, le visa au premier bureau de 2e ligne, et le passage certifié par les employés du dernier bureau frontière, de la quantité intégrale de sel formant l'objet de l'acquit-à-caution; 2° pour les exportations faites par mer, l'embarquement des sels sur un bâtiment allant à l'étranger ou aux Colonies. Ces exportations ne peuvent avoir lieu que par les ports qui ont un entrepôt général, et par des navires de 50 tonneaux et au-dessus. (*Circ. du* 29 *octobre* 1818, *et Déc. adm. du* 16 *juillet* 1841.)

Les sels destinés pour la pêche maritime, pour les ateliers de salaison à terre, ou les fabriques de soude, doivent également être mis en sacs plombés et expédiés par acquit-à-caution. (*Déc. adm. du* 16 *juillet* 1841.)

L'exportation des sels par les frontières de terre ne peut avoir lieu que par les bureaux ouverts au transit. (*Même Déc.*)

les quantités manquantes en sus de la déduction accordée pour déchets de magasin.

Cette déduction est fixée à 8 pour 100 sur les quantités entrées en magasin après fabrication. (*Ord. du 26 juin 1841, art.* 12.)

Surveillance et formalités à l'enlèvement et à la circulation des sels, eaux salées et matières salifères.

586. La surveillance des préposés des douanes et des contributions indirectes s'exercera, pour la perception de la taxe sur les sels, dans un rayon de 15 kilomètres des mines, des puits et sources salées, et des usines qui en exploitent les produits. (*Même Ord., art.* 13.)

Les fabricans ne pourront laisser sortir les sels des fabriques ou des enceintes désignées à l'article 4, sans qu'il en ait été fait une déclaration préalable au bureau le plus prochain du lieu d'extraction, et sans qu'il ait été pris, soit un acquit-à-caution, un congé ou un passavant, soit un acquit de payement en tenant lieu. Les concessionnaires de puits ou de sources ne pourront non plus laisser enlever d'eau salée sans qu'il ait été pris un acquit-à-caution.

Les conducteurs de sels, d'eaux salées ou de matières salifères seront tenus d'exhiber, à toute réquisition des employés, dans le rayon de 15 kilomètres (1) des mines, puits et sources salées, et des usines qui en exploitent les produits, les expéditions dont ils doivent être porteurs (2). (*Même Ord., art.* 14.)

Les déclarations à faire pour obtenir les expéditions mentionnées en l'article précédent, contiendront le nom de l'expéditeur

---

(1) Les dépôts et débits de sel situés dans le même rayon doivent être soumis au compte ouvert et au libre exercice des préposés. (*Déc. adm. du 3 septembre* 1841.)

(2) Une expédition est nécessaire, quelle que soit la quantité de sel transportée. (*Déc. adm. du 3 septembre* 1841.) Si c'est dans un bureau que l'expédition est exhibée, elle doit être transcrite sur un registre de contrôle. Si elle est représentée aux employés du service actif, ceux-ci doivent prendre note sur leur carnet du numéro et de la date de cette expédition, du nom de l'expéditeur et de la quantité de sel transportée. Les chefs locaux se font ensuite représenter les registres de contrôle ou les carnets des employés, afin d'en pouvoir rapprocher les résultats des registres de perception tenus dans les usines où le sel se produit. (*Déc. adm. du 16 juillet* 1841.)

et celui du destinataire, la quantité de sel ou d'eau salée qui devra être enlevée, le degré de densité de l'eau, le nom du voiturier ou maître de l'embarcation qui effectuera le transport, le lieu de destination et la route à suivre. (*Même Ord.*, *art.* 15.)

Les sels, eaux salées ou matières salifères ne pourront circuler dans les 15 kilomètres soumis à la surveillance des préposés, sans être accompagnés d'un acquit-à-caution, d'un congé, d'un passavant ou d'un acquit de payement en tenant lieu.

Les transports de sels, d'eaux salées ou de matières salifères ne pourront avoir lieu avant le lever ou après le coucher du soleil, lors même qu'ils seraient accompagnés d'une expédition régulière, qu'autant que cette expédition mentionnera expressément la permission de les faire circuler pendant la nuit. (*Même Ord.*, *art.* 16.)

L'eau salée extraite des puits ou sources ne pourra être expédiée à destination d'une fabrique autorisée que lorsque le transport en aura lieu dans des vases qui pourront être jaugés.

L'extraction n'aura lieu que de jour, en présence des employés, lesquels vérifieront et mentionneront, dans l'acquit-à-caution, le degré que l'eau salée marquera au densimètre.

Les fabriques actuellement en exploitation, et à destination desquelles l'eau parvient par des conduits ou tuyaux, pourront être autorisées à jouir de cet avantage, sous les conditions qui seront déterminées par notre ministre secrétaire d'État des finances. (*Même Ord.*, *art.* 17.)

Les sels expédiés à des destinations qui dispensent du payement du droit au départ, seront renfermés dans des sacs d'un poids uniforme, ayant toutes les coutures à l'intérieur, et plombés par les employés aux frais du fabricant. Le prix du plomb et de la ficelle est fixé à 25 cent. La ficelle devra passer par les plis du col du sac.

L'arrivée des sels à destination sera garantie par un acquit-à-caution, dont le prix sera payé à l'administration des contributions indirectes ou à l'administration des douanes, conformément à la loi du 28 avril 1816. (*Même Ord.*, *art.* 18.)

Tout ce qui concerne les acquits-à-caution délivrés pour le transport des sels, eaux salées et matières salifères, sera régi par les dispositions de la loi du 22 août 1791. Néanmoins la pénalité sera réglée conformément à l'article 10 de la loi du 17 juin 1840.

En cas de déficit, soustraction ou substitution, la confiscation sera établie, et le droit sera calculé sur une quantité de sel égale à celle non représentée.

Si la différence porte sur le volume ou sur le degré de l'eau salée, la quantité de sel dissous dans l'eau sera évaluée, pour un hectolitre d'eau salée, à raison de 1,650 grammes de sel pour chaque degré du densimètre au-dessus de la densité de l'eau pure. (*Ord. du* 26 *juin* 1841, *art.* 19.)

Payement du droit.

587. La taxe sera perçue sur les sels enlevés pour la consommation intérieure, sous la seule déduction de l'allocation qui sera fixée pour déchet, en exécution de l'article 15 de la loi du 17 juin 1840.

Le payement en sera effectué, soit au comptant, sous l'escompte de 6 pour 100 pour les sommes de 300 fr. et au-dessus, soit en traites ou obligations dûment cautionnées, à trois, six et neuf mois, lorsque le droit s'élèvera à plus de 600 fr. (*Même Ord.,* *art.* 20.)

Dispositions générales.

588. Toute infraction aux dispositions de la présente ordonnance sera punie des peines portées par l'article 10 (ci-après) de la loi du 17 juin 1840. (*Même Ord., art.* 23.)

Toute contravention aux dispositions des articles 5, 6, 7 et 9 de la présente loi et des ordonnances qui en régleront l'application, sera punie de la confiscation des eaux salées, matières salifères, sels fabriqués, ustensiles de fabrication, moyens de transport, d'une amende de 500 fr. à 5,000 fr., et, dans tous les cas, du payement du double droit sur le sel pur, mélangé ou dissous dans l'eau, fabriqué, transporté ou soustrait à la surveillance. En cas de récidive, le maximum de l'amende sera prononcé. L'amende pourra même être portée jusqu'au double. (*Loi du* 17 *juin* 1840, *art.* 10.)

Les contraventions prévues par la présente loi seront poursuivies devant les tribunaux de police correctionnelle, à la requête de l'administration des douanes ou de celle des contributions indirectes. (*Même Loi, art.* 14.)

SECTION III.

PETITES SALINES DES CÔTES DE LA MANCHE.

589. Jusqu'au 1er janvier 1851, des ordonnances royales règleront l'exploitation des petites salines des côtes de la Manche. A cette époque, toutes les ordonnances rendues en vertu du présent article cesseront d'être exécutoires, et toutes les salines seront soumises aux prescriptions de la présente loi (1). (*Loi du 17 juin 1840, art. 16.*)

Lieux de fabrication.

590. Il n'y aura dans le département de la Manche que treize havres qui jouiront de la faculté de faire du sel, c'est-à-dire dont les grèves pourront être cultivées et le sable lessivé de façon à obtenir, par l'action du feu, le sel qu'on appelle *ignifère* (*Ord. du 19 juin 1816, art. 1er.*) (2).

Ces havres sont ceux de *Courtils, Ceaux* (3), *La Marcherie, Bouillet, Gisors, Saint-Léonard, Genest, Bricques, Créance, Saint-Germain-sur-Ay, Portbail, Rideauville, Quineville* et *Montmartin.* Le nombre des salines établies dans chacun de ces havres est maintenu. (*Même Ord., art. 2.*)

Jouiront du bénéfice des dispositions de la présente ordonnance, et seront soumises aux conditions et formalités qu'elle prescrit, 1° les douze fabriques de sel par l'action du feu existant dans les communes de Touques, département de la Seine-Inférieure; 2° celles existant dans les départemens des Côtes-du-

---

(1) En attendant les ordonnances dont il est parlé dans cet article 16, il n'est apporté aucun changement au régime spécial des petites salines des côtes de la Manche. (*Circ. du 13 juillet 1841.*)

(2) L'ordonnance du 19 juin 1816 a été rendue en vertu de l'article 28 de la loi du 17 décembre 1814, ainsi conçu :

« Un règlement d'administration publique déterminera le mode de surveil-
« lance auquel seront assujetties les salines où le sel se fait par l'action du feu,
« et les formalités à observer par les saliniers pour la fabrication des sels, et
« le règlement de leurs comptes avec l'administration des douanes. »

(3) On lit dans l'ordonnance *Ceaux en la Marcherie,* au lieu de *Ceaux et la Marcherie,* qui sont deux points distincts de la côte. Le nombre des havres se trouve ainsi fixé à quatorze. (*Déc. adm. du 3 juillet 1816.*)

Nord et d'Ille-et-Villaine, au nombre de trente-cinq, savoir :
trois sur les grèves de Ros-sur-Coesnon et Cherneix, vingt-neuf
sur celles de Langueux, une sur celles d'Effiniac et deux sur celles
d'Hillion. (*Ord. du 19 juin 1816, art. 26.*)

Établissement et transfert de salines.

591. Il est défendu de construire aucune nouvelle saline avant
d'en avoir obtenu la permission du ministre des finances, sur le
rapport du directeur général des douanes; il est pareillement
défendu de transférer aucune des salines existantes sans une autorisation préalable; le tout sous peine de saisie des sels et des
ustensiles ayant servi à la fabrication, et de l'amende de 100 fr.
(*Même Ord., art. 4.*) (1).

En cas de mutation de propriété d'une saline, il en sera fait
déclaration à la direction des douanes en même temps qu'au
greffe du tribunal de première instance de l'arrondissement, sous
les peines portées en l'article précédent. (*Même Ord., art. 5.*)

Chaque saline sera numérotée par les soins du directeur des
douanes, et la série des numéros sera inscrite au greffe du tribunal de première instance de l'arrondissement, où les vrais
propriétaires devront se faire connaître, sous peine d'interdiction de leur établissement. (*Même Ord., art. 3.*)

Fabrication.

592. Il ne pourra être fait du sel dans les salines que pendant
quatre-vingts jours de l'année, divisés par semestre, c'est-à-dire
quarante jours du 1er janvier au 30 juin, et quarante jours du
1er juillet au 31 décembre (2). (*Même Ord., art. 6.*)

Nul saunier ne pourra bouillir qu'après en avoir obtenu, sur
sa déclaration écrite, la permission du bureau des douanes dont

_____

(1) Ces règles ne pouvant avoir d'effet qu'à l'égard des salines établies antérieurement à la promulgation de la loi du 17 juin 1840, les constructions de
nouvelles salines devraient être soumises aux formalités générales prescrites
en vertu de cette loi. (*Déc. adm. du 10 juillet 1841.*)

(2) L'application aux salines en état de faire du sel, des jours de fabrication dont les autres salines n'auraient pu profiter, est autorisée, sans que cependant ces jours de fabrication puissent, dans aucun cas, être portés d'un semestre sur le semestre suivant. (*Déc. min. du 3 janvier 1817, Circ. du 4.*)

ressortit son établissement. Ce permis, donné sans frais et inscrit sur un registre à ce destiné, ne sera délivré qu'après reconnaissance, par le receveur, du numéro affecté à la saline, et qu'après également que ce même receveur se sera assuré que la saline est pourvue des poids et balances nécessaires, soit aux ventes, soit aux recensemens. Dans le cas où la saline serait possédée et exploitée par plusieurs copropriétaires par indivis, la déclaration ci-dessus ne pourra être faite que par l'un d'eux, qui seul sera reconnu en douane. (*Ord. du 19 juin* 1816, *art.* 7.)

Les permis ci-dessus seront représentés, à toute réquisition, aux préposés des douanes. Ils énonceront le jour et l'heure où commencera le *bouillage,* le nombre d'heures *consécutives* de sa durée, lequel ne pourra excéder soixante-douze heures. Tout saunier qui commencera ses opérations avant l'heure indiquée, ou les prolongera au delà de celle qui sera assignée pour terme audit permis, sera condamné à la confiscation des sels qui se trouveront dans les plombs, et à l'amende de 100 fr. (*Même Ord.,* *art.* 8.)

Les salines seront tenues en exercice de nuit comme de jour, et sans le concours d'un officier public, par les préposés des douanes : tout refus de la part des sauniers de se prêter à leurs recherches ou vérifications entraînera l'amende de 100 fr. (*Même Ord.*, *art.* 9.)

Registres et recensemens.

595. Conformément à l'article 19 du règlement du 11 juin 1806 (n° 601), il sera tenu, par les fabricans et par les préposés des douanes, des registres sur lesquels seront portées les quantités de sels fabriquées, à mesure de leur fabrication, et celles qui seront successivement vendues. Les sauniers devront représenter, chaque fois qu'ils en seront requis, leurs registres aux préposés, qui pourront les arrêter immédiatement. S'il était fait refus d'exhiber ces registres, ou si les enregistremens n'étaient pas au courant, les contrevenans seront condamnés à l'amende de 100 fr. (*Même Ord.*, *art.* 10.)

Le recensement des sels dans les magasins des salines pourra être fait chaque fois que les préposés le jugeront convenable : les sauniers seront tenus de leur fournir les poids et balances nécessaires à cet effet, sous les peines portées par l'article 9 de la présente ordonnance (1). (*Ord. du 19 juin 1816, art. 11.*)

Ces poids et balances devront être étalonnés, et s'ils sont reconnus faux par les préposés des douanes, chargés d'en faire souvent la vérification, les sauniers seront condamnés aux peines portées contre les marchands qui vendent à faux poids. (*Même Ord., art. 12.*)

Tout déficit au-dessus du dixième, constaté lors des recensemens des salines, emportera contre le saunier la peine du double droit sur les sels manquans. Le simple droit sera payé immédiatement, si le déficit est au-dessous du dixième. S'il y a excédant aux quantités enregistrées en charge, il sera saisi avec amende de 100 fr. Dans le cas cependant où cet excédant ne serait que du dixième de la quantité qui doit exister en magasin, on se bornera à en faire enregistrement au compte du saunier, pour le droit être acquitté lors de la sortie dudit magasin. (*Même Ord., art. 13.*)

Plombs, déclaration de fabrication et déchet.

594. Chaque saline ne pourra avoir que trois plombs en activité : pareil nombre sera tenu en réserve pour rechange. Chacun de ces plombs sera de la contenance exacte de vingt litres, et ils devront être rebattus après quarante-huit heures de bouillon, le tout à peine de 100 fr. d'amende (2). (*Même Ord., art. 14.*)

Dans la journée qui suivra l'expiration du permis de bouillir, chaque saunier sera tenu de remettre au bureau de la douane le plus voisin une déclaration écrite (3) énonçant les quantités de sel qu'il aura fabriquées pendant le temps accordé par ledit permis, à peine de confiscation de ce même sel et de 100 fr. d'amende. Ces déclarations seront le relevé des inscriptions journalières que le fabricant est tenu de faire à son registre, aux termes de l'article 10 de la présente ordonnance. Les préposés pourront en vérifier l'exactitude. (*Même Ord., art. 15.*)

---

(1) Les frais de recensement sont à la charge des sauniers. (*Déc. adm. du 8 décembre* 1824.)

(2) Les plombs peuvent néanmoins être changés dans cet intervalle. (*Déc. adm. du 10 juillet* 1816.)

(3) Cette déclaration doit être signée; si le saunier ne sait pas écrire, il en est fait mention dans la déclaration. (*Déc. adm. du 30 juillet* 1816.)

Des expériences rigoureuses et suivies ayant démontré que le déchet de 10 pour 100, accordé ci-devant, est insuffisant au succès de la fabrication du sel ignifère, il est porté dès ce moment à 20 pour 100 (1), sans y comprendre celui de 5 pour 100 accordé à l'acheteur. Ce déchet sera réglé d'après la déclaration prescrite en l'article précédent, c'est-à-dire sur le résultat de la fabrication à la sortie des plombs (2). (*Ord. du 19 juin* 1816, *art.* 16.)

Vente des sels.

595. Les particuliers qui voudront acheter des sels dans une saline, seront tenus de déclarer au bureau des douanes dont elle ressortit, les quantités qu'ils entendront enlever. Il leur sera, à cet effet, délivré un permis qu'ils devront rapporter au même bureau avec le sel qu'il mentionnera, à peine de 100 fr. d'amende. Ce permis, après vérification et acquittement des droits, sera échangé contre un acquit de payement, qui, outre la quantité soumise au droit, devra énoncer le montant du déchet de 5 pour 100 accordé à l'acheteur. Si le résultat de cette vérification fait connaître un excédant à la quantité déclarée, il sera procédé conformément aux règlemens généraux (3). (*Même Ord.*, *art.* 17.)

L'acquit de payement mentionnera l'an, le mois, le jour et l'heure du départ du bureau où il sera délivré. Il désignera les moyens de transport, la quantité de sel, y compris le déchet, le montant du droit acquitté, la route à tenir, enfin l'heure de la sortie du rayon des trois lieues; il portera en outre l'obligation, sous peine de 100 fr. d'amende, de représenter cet acquit, à toute réquisition, aux employés des douanes dans l'étendue dudit rayon. (*Même Ord.*, *art.* 18.)

---

(1) Ce déchet n'est point applicable aux autres sauniers qui emploient l'action du feu pour extraire le sel de l'eau des sources, fontaines ou puits salés. (*Ord. du 19 juin* 1816, *art.* 20.)

(2) Les mêmes règles qui concernent le déchet de 5 pour 100, alloué par l'article 12 du décret du 11 juin 1806 (n° 606), s'appliquent au déchet de 20 pour 100, accordé par l'article ci-dessus. (*Déc. adm. du 4 mars* 1817.)

(3) L'article 20 du décret du 11 juin 1806 (n° 601) serait applicable au saunier qui laisserait sortir du sel de ses magasins sans le permis de la douane.

Disposition générale.

596. Tout jugement de condamnation contre un fabricant de
sel prononcera en même temps la fermeture absolue de la saline,
dans le cas où le montant de ces condamnations ne serait pas
acquitté dans les trois mois après la signification dudit jugement.
En cas d'insolvabilité d'un locataire, le propriétaire sera responsable de ces mêmes condamnations, et pourra être poursuivi
par l'administration des douanes aux fins de leur recouvrement.
(*Ord. du* 19 *juin* 1816, *art.* 19.)

Eau, sablon et résidus de fabrication.

597. La défense faite aux sauniers de déplacer ou de vendre
l'eau propre à faire le sel est maintenue (1). Les contrevenans,
quels qu'ils soient, seront condamnés à l'amende de 100 fr.
(*Même Ord.*, *art.* 21.)

L'enlèvement des cendres de saline, des calcins, des débris
de fournaise et des curins, soit mélangés, soit séparés, est également interdit. Ceux qui seront saisis transportant ces matières,
et ceux qui seront convaincus de les leur avoir cédées ou vendues, seront solidairement condamnés à la même amende de
100 fr. (*Même Ord.*, *art.* 22.)

Tout enlèvement ou toute préparation préalable sur les grèves,
de sable de mer ou *sablon*, à l'exception de la *mouée* ou *coupe
à sel réunie en meules par les sauniers et exclusivement réservée
pour les besoins de leurs fabriques*, sont affranchis des formalités
établies par l'article 24 de l'ordonnance du 19 juin dernier (2),
et ne seront plus, à l'avenir, soumis qu'à la représentation d'un
certificat conforme au modèle ci-annexé (3), lequel sera délivré
par les maires aux individus qu'ils reconnaîtront avoir besoin de

---

(1) Le saunier qui exploite plusieurs fabriques peut faire porter de l'eau de
lun à l'autre établissement, pourvu que ce soit en présence et sous la conduite des employés. (*Déc. adm. du* 30 *juillet* 1816.)

(2) *Voir* cet article à la note 3, pag. suiv.

(3) Voici ce modèle :

l'engrais de mer, et sera valable pour une année (1). (*Ord. du 19 mars* 1817, *art.* 1er.)

Tout individu qui sera trouvé transportant du *sablon* ou sable de mer, sans qu'il ait préalablement obtenu du maire de la commune le certificat prescrit, sera traité comme coupable de contravention aux lois relatives à l'impôt du sel (2). (*Même Ord.*, *art.* 3.)

Continueront les formalités prescrites par l'article 24 de l'ordonnance du 19 juin dernier (3) d'être observées à l'égard de

---

DÉPARTEMENT

de

ARRONDISSEMENT

de

COMMUNE D

Extrait du rôle de la contribution foncière.

Année..

Pierre................ est imposé en principal et centimes additionnels, sous le n°........ du rôle, à la somme de....................

Le maire de la commune de............ certifie que *Pierre*............ propriétaire (*ou* Jacques......... *fermier* de Pierre) exploite............ verges ou hectares............ ares de terre en cette commune ; qu'il y paye les contributions ci-dessus (ou la moitié, le tiers, le quart, etc., s'il ne jouit que d'une portion de la terre imposée en totalité), et qu'il emploie, pour le transport des engrais de mer (désigner le nombre de chevaux, un tombereau, une ou plusieurs charrettes), et qu'il prend son engrais dans les (désigner le nom d'un ou deux havres ou grèves qu'il fréquente).

En foi de quoi le présent certificat, sur lequel a été apposé le cachet de la commune, lui a été délivré, conformément à l'article 1er de l'ordonnance du 19 mars 1817.

A la mairie, le

(1) Ces certificats doivent être **représentés** à toute réquisition des employés des douanes, sous peine de 10 fr. d'amende, laquelle sera doublée en cas de récidive. (*Ord. du* 19 *mars* 1817, *art.* 2.)

(2) En cas de contravention, on doit rédiger procès-verbal, et provoquer un jugement de condamnation. (*Déc. adm. du* 7 *février* 1818.)

(3) Cet article 24 est ainsi conçu :

« Le directeur des douanes pourra accorder aux propriétaires connus et
« bien famés, sur un certificat du sous-préfet de l'arrondissement, la permis-
« sion d'enlever les *sablons*, les *cendres de saline*, les *débris de fourneaux* et
« les *curins* nécessaires à l'amélioration de leurs terres, sous la condition que
« chaque enlèvement sera accompagné d'un permis de la douane, qui devra
« être rapporté revêtu du visa du maire de la commune attestant l'emploi de
« ces matières, à peine de 100 fr. d'amende. »

la *mouée* ou *coupe à sel*, des résidus de fabrication de sel, connus sous la dénomination de *cendres de salines*, *calcins*, *débris de fournaise* et *curins*, dont l'enlèvement a été interdit par l'article 22 de ladite ordonnance. Néanmoins les permis particuliers pour leur extraction seront délivrés par les receveurs des douanes, sur l'autorisation spéciale du directeur (1). (*Ord. du 19 mars 1817, art. 4.*)

Tous les *engrais de mer* ci-dessus désignés seront immédiatement conduits et versés sur les terres qu'ils sont destinés à fertiliser. A défaut, et s'ils restent provisoirement sans emploi, ils devront être, aussitôt leur arrivée, mêlés avec l'espèce de fumier qui doit les recevoir, et ne pourront être déposés, en attendant qu'il en soit fait l'usage indiqué, dans aucun autre bâtiment que les étables, écuries; bergeries et toits à porcs, le tout à peine d'une amende de 100 fr., qui sera prononcée contre les contrevenans. (*Même Ord., art. 5.*)

Fabrication clandestine.

598. La découverte de toute fabrication de sel ou de liqueur saline non autorisée, donnera lieu, contre le propriétaire, à la saisie ainsi qu'à la destruction des ustensiles servant à cette fabrication; et ledit propriétaire sera de plus condamné à une amende de 300 à 600 fr. (*Même Ord., art. 6.*)

Sont chargés de la recherche des fabriques clandestines et de rédiger procès-verbal de contravention, les employés des douanes, exclusivement à tous autres, dans les trois lieues des côtes; et hors de ce rayon, les mêmes préposés, sur les avis qu'ils auront reçus, les employés des contributions indirectes, la gendarmerie, les gardes champêtres et forestiers : ceux-ci seront rétribués, dans la répartition des amendes, d'après le mode actuellement suivi à l'égard des saisies opérées ou auxquelles coopèrent les agens étrangers au service des douanes. (*Ord. du 19 mars 1817, art. 7.*)

---

(1) C'est quand les directeurs ont donné l'autorisation de faire enlever les résidus de fabrication désignés par cet article que les receveurs délivrent le permis d'extraction. (*Déc. adm. du 26 mars 1817.*)

SECTION IV.

ÉTABLISSEMENS DE PRODUITS CHIMIQUES
DANS LESQUELS IL SE PRODUIT EN MÊME TEMPS DU SEL MARIN.

599. Les dispositions des articles 5, 6, 7, 9 et 10 (nos 578, 579, 580, 582 et 588) de la présente loi, *sauf l'obligation du minimum de fabrication*, sont applicables aux établissemens de produits chimiques dans lesquels il se produit en même temps du sel marin.

Dans les fabriques de salpêtre qui n'opèrent pas exclusivement sur les matériaux de démolition, et dans les fabriques de produits chimiques, la quantité de sel marin résultant des préparations sera constatée par les exercices des employés des contributions indirectes (1). (*Loi du 17 juin 1840, art. 11.*)

Les dispositions des articles 6, 7, 11, 12, 14, 15, 18, 19 et 20 (nos 585, 586 et 587) de la présente ordonnance sont applicables à toutes les fabriques de produits chimiques dans lesquelles il est obtenu du chlorure de sodium (sel marin), soit pur, soit mélangé d'autres sels. Les fabricans de ces produits seront en outre tenus, chaque fois que leurs préparations devront produire ce sel,

1o De déclarer par écrit, au bureau le plus voisin, au moins vingt-quatre heures d'avance, le jour et l'heure où commencera et finira le travail dans leurs ateliers ;

2o D'avoir, dans l'intérieur de leur fabrique, un magasin destiné au dépôt du sel ; ce magasin sera sous la double clef de l'exploitant et des agens de la perception. (*Ord. du 26 juin 1841, art. 21.*)

Les chlorures de sodium obtenus dans les fabriques de produits chimiques, soit purs, soit mélangés d'autres sels ou d'autres matières, ne pourront être admis dans la consommation, même sous le payement de la taxe, que sur la représentation

---

(1) Les agens des contributions indirectes sont chargés d'exercer toutes les salpêtreries, sans exception de celles qui se trouvent situées dans les quinze kilomètres des côtes et dans les vingt kilomètres des frontières de terre. (*Circ. du 15 juillet 1841, no 1860.*)

d'un certificat constatant que ces sels ne contiennent aucune substance nuisible à la santé publique. Le ministre secrétaire d'État au département de l'agriculture et du commerce déterminera le mode de délivrance des certificats dont il s'agit. (*Ord. du 26 juin* 1841 *, art.* 22.)

Toute infraction aux dispositions de la présente ordonnance sera punie des peines portées par l'article 10 (n° 588) de la loi du 17 juin 1840.(*Même Ord., art.* 23.)

SECTION V.

SALPÊTRES EXTRAITS DES MATÉRIAUX DE DÉMOLITION (1).

600. Les salpêtriers qui s'établiront seront tenus d'en faire la déclaration à la régie, conformément à l'article 51 de la loi du 24 avril 1806 (n°.575). (*Décret du* 16 *février* 1807 *, art.* 5.)

Les fabricans libres ou par licence, et les salpêtriers commissionnés, seront tenus, sous les peines de droit, d'acquitter l'impôt établi sur le sel marin, jusqu'à concurrence des quantités dudit sel contenues dans le salpêtre de leur fabrication, et de souffrir les exercices prescrits par les lois pour assurer la perception dudit impôt. Lesdites quantités seront déterminées par expertise ou par abonnement avec la régie des contributions indirectes; sans néanmoins que ladite régie puisse exiger au delà de 2 et demi pour 100 du salpêtre brut que les salpêtriers commissionnés livreront en cet état à la direction générale des poudres, ni de 15 pour 100 du salpêtre brut que fabriqueront les salpêtriers libres ou par licence, moyennant quoi lesdits fabricans pourront opérer le raffinage dudit salpêtre, sans être soumis à aucun nouveau droit. (*Loi du* 10 *mars* 1819 *, art.* 7.)

Les fabriques au compte de l'État acquitteront l'impôt du sel dans les proportions ci-dessus déterminées, et pourront s'en libérer moyennant remise à la régie des contributions indirectes, du sel marin provenant de leur fabrication, ou submersion dudit sel en présence des agens de la régie. (*Même Loi, art.* 8.)

---

(1) Il semblerait résulter de l'article 11 (n° 599) de la loi du 17 juin 1840 et de l'ordonnance du 26 juin 1841, ci-dessus rapportées, que les dispositions de cette section ne peuvent plus être invoquées qu'à l'égard des fabriques de salpêtre qui opèrent exclusivement sur des matériaux de démolition.

Toute contravention sera punie des peines prononcées par la loi du 24 avril 1806 et par le règlement du 11 juin suivant (*Décret du 16 février* 1807, *art.* 7.) (1).

SECTION VI.

RAFFINERIES DE SEL.

604. La déclaration prescrite par l'article 51 de là loi du 24 avril 1806 (n° 575) avant l'établissement d'aucune fabrique particulière de sel à la chaudière, sera faite au bureau le plus prochain des douanes pour celles qu'on voudra établir dans les trois lieues des côtes et dans les quatre lieues des frontières de . terre, et au bureau le plus prochain des droits réunis pour celles qui seront établies dans l'intérieur, sous les peines portées par ledit article (2). (*Décret du* 11 *juin* 1806, *art.* 15.)

Les raffineries de sel où l'on procèdera par le mélange du sel gris ayant acquitté l'impôt, avec une combinaison quelconque d'eau de mer, ne pourront être autorisées dans le rayon que sous la condition du payement des droits sur la totalité des sels provenant de cette fabrication (3) et d'un exercice conforme aux

---

(1) Les règles générales sont également applicables aux sels provenant des salpêtreries. Ils peuvent donc être employés en franchise aux salaisons des poissons, et recevoir toutes les destinations privilégiées; mais il n'en sera, dans aucun cas, alloué plus que les quantités légalement déterminées. Ces sels étant considérés comme directement extraits d'un lieu de fabrication, le déchet de 5 pour 100 doit aussi leur être accordé. (*Circ. du* 24 *août* 1818.)

(2) Quel que soit le procédé de fabrication employé dans les raffineries de sel, elles rentrent dans la classe des fabriques de sel à la chaudière, et les dispositions de cet article leur sont applicables. (*Déc. min. du* 5 *septembre* 1818.)

Les raffineries de sel établies dans les lieux où s'exerce la surveillance des douanes, sont soumises à la formalité du *compte ouvert*, et les employés des douanes sont autorisés à y faire des recensemens pour s'assurer de l'exactitude de ce compte ouvert. (*Même Déc.*)

Des usines ayant pour objet de raffiner le sel ou de l'obtenir par l'évaporation accélérée au moyen du feu, peuvent être établies dans l'enceinte des marais salans, sans être soumises à d'autre surveillance que celle qui s'exerce sur le marais. Dans ce cas, le droit sur les sels raffinés n'est perçu ou garanti qu'au moment de l'extraction et dans l'état où ils sont à la sortie du salin. (*Déc. adm. du* 7 *octobre* 1806.)

(3) Les sels raffinés ne peuvent, dans aucun cas, jouir d'une modération de droit. (*Déc. min. du* 30 *septembre* 1806.)

articles 18, 19 et 20 du règlement du 11 juin 1806 (1). (*Déc. min. des 30 septembre 1806 et 26 mai 1807.*)

SECTION VII.

EAU DE MER.

602. Les conditions de l'enlèvement, du transport et de l'emploi en franchise des eaux salées, seront déterminées par des règlemens d'administration publique (2). (*Loi du 17 juin 1840, art. 12.*)

SECTION VIII.

SOUDES DE VARECH.

603. Des règlemens d'administration publique détermineront les conditions de l'enlèvement, du transport et de l'emploi des soudes de varech (3). (*Même Loi, art. 12.*)

---

(1) Ces articles sont ainsi conçus :

« Art. 18. Toutes les fabrications de sels, par l'action du feu, seront tenues « en exercice par les préposés des douanes.

« Art. 19. Il sera tenu par les fabricans et préposés des registres en dou-« ble, sur lesquels seront portées les quantités de sels fabriquées, celles en « magasin et celles vendues.

« Art. 20. Ils ne pourront laisser sortir de leur magasin aucune quantité de « sel que sur la représentation du permis que l'acheteur aura levé au bu-« reau des douanes. Ceux qui contreviendront à la présente disposition seront « condamnés au paiement du double droit des sels qu'ils auront vendus. »

(2) En attendant que ces règlemens aient été publiés, l'administration autorise l'enlèvement en franchise de l'eau de mer ; lorsqu'elle doit être employée à l'amendement des terres d'une ferme-modèle ou de tout autre établissement où l'on s'occupe d'expériences spéculatives dans un but d'utilité publique. (*Déc. adm. du 7 juillet 1841.*)

Si des enlèvemens d'eau de mer étaient faits sans autorisation, il y aurait lieu de la saisir, ainsi que les moyens de transport, et d'en provoquer la confiscation avec amende de 100 fr., par application des articles 51 et 57 de la loi du 21 avril 1806 (nos 575 et 682), et 16 du décret du 11 juin suivant (no 682). Mais quand la quantité d'eau n'est pas considérable, les préposés doivent se borner à la faire répandre sous leurs yeux. (*Déc. adm. du 31 mai 1825.*)

(3) L'enlèvement et le transport des soudes de varech a provisoirement lieu sous les formalités d'un congé de circulation délivré par suite d'une déclaration indiquant le nom de l'expéditeur, la quantité (en kilog.) des soudes expédiées, le lieu de destination et le nom du destinataire. (*Circ. du 13 juillet 1841, no 1860.*)

CHAPITRE III.

IMPÔT.

Assiette de l'impôt.

604. Il est établi, au profit du Trésor public, un droit de deux décimes par kilog. de sel (1), sur tous les sels enlevés, soit des marais salans de l'Océan, soit de ceux de la Méditerranée, soit des salines de l'Est, soit de toute autre fabrique de sel. (*Loi du 24 avril 1806, art. 48.*)

Le droit établi sera dû par l'acheteur au moment de la déclaration d'enlèvement. (*Même Loi, art. 52.*)

Franchise ou modération du droit.

605. Des règlemens d'administration publique détermineront les conditions auxquelles pourront être autorisés l'enlèvement, le transport et l'emploi en franchise ou avec modération de droits, du sel de toute origine, des eaux salées ou matières salifères, à destination des exploitations agricoles ou manufacturières, et de la salaison, soit en mer, soit à terre, des poissons de toute sorte (*Loi du 17 juin 1840, art. 12.*) (2).

Toute infraction aux conditions sous lesquelles la franchise ou la modération de droits aura été accordée, en vertu de l'article précédent, sera punie de l'amende prononcée par l'article 10 (n° 588) de la présente loi, et en outre du payement du double droit sur toute quantité de sel pur ou contenu dans les eaux salées et les matières salifères, qui aura été détournée en fraude.

La disposition précédente est applicable aux quantités de sel que représenteront, d'après les allocations qui auront été dé-

---

(1) Ce droit est maintenant fixé à trois décimes. (*Lois des 17 décembre 1814, art. 25, et 28 avril 1816, art. 18.*)

La taxe du sel n'est pas passible du décime par franc. (*Circ. du 2 mai 1806.*)

(2) Toutes ces matières continuent provisoirement d'être soumises aux règlemens antérieurs à la loi du 17 juin 1840, sauf les points qui se trouvent déterminés par l'ordonnance du 26 juin 1841 (n°s 584 et suivans). (*Circ. du 13 juillet 1841, n° 1860.*)

terminées, les salaisons à l'égard desquelles il aura été contre-
venu aux règlemens.

Quant aux salaisons qui jouissent du droit d'employer le sel
étranger, le double droit à payer pour amende sera calculé à raison de 60 fr. pour 100 kilog., sans remise.

Les fabriques ou établissemens, ainsi que les salaisons en mer
ou à terre jouissant déjà de la franchise, seront également soumis aux dispositions du présent article. (*Loi du* 17 *juin* 1840,
art. 13.)

Boni.

606. Il sera accordé à tous ceux qui enlèveront des sels des
lieux de fabrication, soit qu'ils soient destinés pour les entrepôts ou pour la consommation, 5 pour 100 pour tout déchet; de manière que, déduction faite de cette seule quantité,
le droit sera dû sur la totalité des sels compris dans les déclarations des acquits-à-caution (1). (*Décret du* 11 *juin* 1806,
art. 12.)

---

(1) Le déchet n'est accordé qu'à celui qui paye les droits. (*Circ. du* 16 *oc-*
tobre 1806.)

Pour les sels expédiés par cabotage, le déchet est alloué au port de destination. (*Circ. du* 18 *juillet* 1806.)

Quand un chargement de sel est en partie livré à la consommation, et
en partie mis en entrepôt ou exporté pour l'étranger, le *boni* se divise dans
la proportion de ces deux parties, et la portion afférente à ce qui concerne le
sel destiné pour l'entrepôt ou l'étranger, suit également cette destination.
(*Circ. des* 14 *juin* 1809 *et* 1er *avril* 1819.)

Pour les sels entreposés, le *boni*, ou la portion du déchet trouvé à la vérification, s'entrepose avec les dix-neuf vingtièmes du montant de l'acquit-à-
caution, au lieu d'être immédiatement remis aux propriétaires, parce que,
dans le cas où la partie mise en entrepôt viendrait ensuite à être réexpédiée
soit pour *l'étranger*, soit pour la *pêche maritime* ou la *fabrication de la soude*,
le Trésor serait frustré des droits sur une quantité de sel réellement entrée en
consommation.

Le déchet, à la sortie d'entrepôt, ne peut s'accorder que sur les sels qui
entrent effectivement dans la consommation, et la portion du *boni* applicable
aux quantités expédiées pour la *pêche maritime*, pour *l'étranger* ou pour la
fabrication de la soude, devrait être soumise aux droits, si elle n'était elle-
même employée à l'une de ces destinations.

Ainsi, par exemple, si une quantité de 100,000 kilog. de sel, au poids net,
est entreposée avec 4,000 kilog. de *boni*, et qu'après la sortie de 50,000 kilog.
pour la consommation, et l'expédition d'une égale quantité pour une destination étrangère ou privilégiée, ce même *boni* se trouve réduit à 3,000 kilog.

607. L'administration pourra, lorsque la déclaration donnera

1,500 sont remis, quittes de tous droits, et les 1,500 autres kilog. sont soumis à l'impôt, sauf le cas d'expédition prévu au précédent paragraphe.

Ceci est également applicable aux sels qui, étant tirés directement des marais pour les ateliers de salaisons, jouissent du déchet de 5 pour 100, en ce sens que le *boni*, ou la portion du vingtième trouvée à la vérification, doit recevoir le même emploi que les dix-neuf vingtièmes avec lesquels il a été entreposé.

A l'égard des sels expédiés par suite d'entrepôt, s'ils se composent de quantités formant la *totalité* ou le *solde* d'un premier entrepôt, il convient que la portion de *boni* qui leur appartient suive la même destination; on en fait une mention expresse sur l'acquit-à-caution qui est délivré au bureau de départ, et, en cas d'avaries légalement constatées à l'arrivée, le *boni* accompagnant le sel provenant de la mutation sert à couvrir d'autant le déficit prouvé par le résultat de la vérification.

Mais s'il était question d'une sortie d'entrepôt, à la suite de laquelle il ne fût pas possible d'apprécier le *boni* encore existant sur celui entreposé, c'est-à-dire d'une sortie qui ne soldât pas un premier entrepôt, la portion de *boni* qui serait reconnue, lors de la dernière sortie, appartenir à la quantité expédiée par mutation, ne devrait être mise à la disposition du soumissionnaire que sur la preuve qu'il fournirait que cette quantité a été intégralement soumise au droit. A défaut, cette portion de *boni* devrait elle-même acquitter l'impôt, ou recevoir une destination privilégiée, au choix du propriétaire. (*Circ. du* 28 *août* 1816, *n*° 199.)

Les portions de *boni* afférentes aux quantités de sel extraites d'entrepôt pour une destination privilégiée, jouissent, lorsqu'elles sont déclarées pour la consommation, de la remise, proportionnellement à la quantité des 5 pour 100 qui a été reconnue exister lors de l'épuisement de la masse, et sous la condition que la mise en consommation aura lieu simultanément avec la sortie d'entrepôt de la dernière portion des dix-neuf vingtièmes de la masse entreposée. (*Circ. du* 3 *juillet* 1840, *n*° 1817.)

Le *boni* relatif à des sels placés en *entrepôt spécial*, à destination des salaisons, ne peut servir qu'à couvrir le déchet naturel de la denrée pendant son séjour dans l'entrepôt, soit depuis l'entrée primitive, soit après la réintégration, et ne peut jamais venir augmenter les économies faites par les saleurs sur les sels qui leur sont donnés en atelier. (*Circ. du* 1ᵉʳ *août* 1818.)

Le *boni* relatif à une quantité de sel destinée pour les salaisons doit pareillement suivre cette destination. S'il est livré à la consommation en fraude des droits, il y a lieu de verbaliser contre le saleur, par application du décret du 11 juin 1806. (*Circ. du* 14 *avril* 1807.)

Les sels rapportés par un bâtiment français revenant de la pêche, et qu'on livre ensuite à la consommation sous le paiement des droits, jouissent du déchet de 5 pour 100, savoir : sur leur poids réel, constaté au retour, s'ils ont été extraits directement des marais; et s'ils ont été tirés d'entrepôt, dans la proportion du *boni* qui leur était applicable. (*Circ. du* 30 *décembre* 1817.)

Les sels venus des marais salans dans un port d'armement, d'où ils ont été

ouverture à un droit de plus de 600 fr. (1), recevoir, en payement du droit, des obligations suffisamment cautionnées, payables à trois, six ou neuf mois (2). (*Loi du 24 avril 1806*, art. 53.)

Les receveurs qui se croiraient obligés de refuser à un rede-vable du droit sur les sels le crédit de trois, six et neuf mois, par suite d'inquiétude sur sa solvabilité éventuelle à une époque aussi éloignée, auront la faculté, au lieu de refuser absolument le cré-dit, d'admettre, pour le montant des droits, des obligations ou traites à trois mois pour la moitié, et à six mois pour l'autre moitié, en bonifiant audit redevable l'escompte à raison de 6 pour 100 par an, sur la portion du crédit qui aurait pu être por-tée jusqu'à neuf mois, et à laquelle ledit redevable aurait ainsi renoncé (3). (*Arrêté du min. des fin. du 9 décembre* 1822, art. 7.)

---

expédiés *sans visite* pour la pêche, en vertu de la circulaire nº 960 (nº 620), doivent, en cas de mise en consommation au retour, être soumis intégralement à l'impôt. (*Déc. adm. du* 16 *février* 1835.)

(1) Ce chiffre a été maintenu par le 2ᵉ paragraphe de l'article 11 de la loi du 25 avril 1833 (nº 608).

(2) On peut cumuler, pour former la somme qui donne droit au *crédit* ou à *l'escompte*, toutes les déclarations remises dans la même journée par un même redevable. (*Circ. du* 12 *octobre* 1839 , nº 1778.)

Peuvent aussi se cumuler plusieurs liquidations du même jour, bien que se rapportant à des sels déclarés à des dates différentes. (*Circ. du* 26 *janvier* 1840.)

La durée du crédit doit partir de la date de la liquidation des droits , et lors-qu'on admet la réunion de liquidation de dates différentes en une seule traite, c'est de la date de la première liquidation que part le délai du crédit. (*Circ. du* 8 *mars* 1838.)

Voir d'ailleurs au livre II , chapitre VIII , section 2, *Mode d'acquittement des droits* , les règles générales relatives au crédit et à l'escompte.

(3) Cet escompte doit être l'indemnité complète de l'intérêt de la somme dont le payement est devancé. Prenant pour exemple un crédit de 6,000 fr., payables en deux termes égaux de 3,000 fr. chaque, l'un à trois mois, l'autre à six,

Il y a sur le premier anticipation de 1,000 fr. pour six mois, dont l'escompte à 6 pour 100 est de.. 30 fr.

Et de 1,000 autres francs sur le second, pour trois mois seulement, ci... 15

Total................. 45 fr.,

égal à l'escompte , pour quatre mois et demi, de 2,000 fr. payés d'avance. Mais cet escompte ne doit être soldé qu'après l'acquittement des effets pour raison desquels il est dû. (*Circ. du* 31 *janvier* 1823 , nº 785.)

Ces dispositions ne laissant plus aux receveurs de raison pour s'exposer aux

Escompte.

608. L'escompte des droits sur le sel, accordé en vertu de l'article 53 de la loi du 24 avril 1806, sera alloué à l'avenir pour les perceptions s'élevant au moins à 300 fr. (1).

Néanmoins les obligations cautionnées continueront à ne pouvoir être admises que pour les perceptions excédant 600 fr. (*Loi du 23 avril 1833, art.* 11.)

CHAPITRE IV.

MOUVEMENT DES SELS.

SECTION PREMIÈRE.

EXPORTATION.

609. Il n'y aura pas lieu au payement du droit de *consommation* pour les sels destinés pour l'étranger (2). (*Loi du 24 avril 1806, art.* 54.)

Leur exportation ne pourra s'effectuer que par mer (3). (*Circ.*

---

chances de perte inséparables d'un crédit trop prolongé, tous ceux qui accorderaient à un redevable un délai de neuf mois, deviendraient responsables, à titre absolu, de la somme créditée pour les trois derniers mois, quelque précaution qu'ils eussent prise d'ailleurs pour en garantir le recouvrement. (*Circ. du* 16 *décembre* 1822, *n°* 771.)

En cas de faillite d'un redevable de droits, on doit faire profiter la caution qui paye de la bonification d'escompte accordée pour la portion de crédit qui aurait pu être portée jusqu'à neuf mois, bien qu'il ait été livré des traites et obligations à trois et six mois. (*Déc. adm. du* 14 *février* 1835.)

Voir, pour les sels étrangers provenant de prise, le 1ᵉʳ chapitre du présent livre.

(1) Cet escompte a été fixé à 6 pour 100 par an. (*Déc. min. des* 26 *août* 1806 *et* 9 *décembre* 1822, *art.* 7.)

Voir, pour le cumul des déclarations ou quittances, la note 2, n° 607.

(2) Le sel paye un droit de sortie d'un centime par 100 kilog. (*Loi du* 28 *avril* 1816, *art.* 9.)

(3) L'arrondissement de Gex, département de l'Ain, est autorisé à extraire annuellement, et pour les besoins de sa consommation, la quantité de 3,000 quintaux de sel de France, qui lui sont livrés par la compagnie des salines de l'Est. (*Ord. du* 27 *novembre* 1816.)

du 10 *juin* 1814), et par des navires de 30 tonneaux et au-dessus (1). (*Circ. du* 26 *octobre* 1818.)

Iles voisines du continent.

610. Le sel envoyé pour *la consommation* des habitans dans les îles françaises voisines de la côte, et non soumises au régime des douanes, ne sera assujetti, comme celui expédié pour l'étranger, qu'au seul droit de sortie d'un centime par quintal métrique, sous la condition que les quantités de sel dont chacune d'elles pourra faire l'enlèvement sur les marais seront fixées annuellement d'après les demandes des autorités locales adressées au ministre de l'intérieur (2), et que chaque expédition de sel sera accompagnée d'un acquit-à-caution qui sera déchargé par les maires (3). (*Déc. min. du* 12 *août* 1819.)

Les sels dont les pêcheurs insulaires auront besoin pour faire la pêche en mer, leur seront remis, sur la présentation d'un certificat des maires attestant leur profession, et ils devront en justifier l'emploi selon les formes ordinaires, ou par d'autres certificats des mêmes fonctionnaires, relatant les quantités de poisson salé qu'ils auront débarquées dans les îles. (*Même Déc.*)

D'autres exportations par la voie de terre peuvent encore être autorisées par l'administration des douanes. (*Avis du Conseil d'État du* 17 *février* 1815.)

(1) L'exportation des sels pris dans les entrepôts des villes situées en rivières, comme Nantes, Bordeaux, Rouen, etc., doit être assurée par des acquits-à-caution qui sont déchargés par les employés des bureaux placés à l'embouchure de ces rivières. (*Déc. min. du* 24 *janvier* 1816, *Circ. du* 30.)

(2) Les autorités locales sont dispensées de renouveler leurs demandes lorsque les quantités précédemment déterminées par le ministre ne doivent pas être dépassées. (*Déc. adm. du* 6 *février* 1841.)

(3) Ces expéditions ont lieu sur l'ordre du directeur général des douanes, d'après les instructions du ministre de l'intérieur. Les bureaux de sortie tiennent un compte ouvert des sels exportés, pour s'assurer que les quantités accordées ne sont pas dépassées. (*Circ. du* 16 *août* 1819.) .

Pour les sels expédiés à destination des Colonies, *voir* le n° 686.

SECTION II.

ENLÈVEMENT DU SEL.

Déclarations.

611. Nul enlèvement de sels dans les limites déterminées par l'article *précédent* (1), ne pourra être fait sans une déclaration préalable au bureau le plus prochain du lieu de l'extraction, et sans avoir pris un congé ou un acquit-à-caution, que les conducteurs seront tenus de représenter aux préposés, à toute réquisition, dans les trois lieues des côtes et frontières, ou des fabriques et salines de l'intérieur. (*Décret du 11 juin 1806, art. 2.*)

Les déclarations contiendront le nom du vendeur, celui de l'acheteur, la quantité de sel vendue, le nom du voiturier ou du maître du bateau ou barque qui devra faire le transport, le lieu de la destination et la route à tenir (2). (*Même Décret, art. 3.*)

Expéditions et enlèvemens.

612. Si les droits ont été payés au moment de la déclaration, il sera délivré un congé qui en fera mention (3). (*Même Décret, art. 4.*)

Il sera délivré un acquit-à-caution, lorsque la déclaration n'aura pas donné lieu à l'acquit des droits. (*Même Décret, art. 5.*)

---

(1) L'article 1er du décret de 1806 (n° 625).

(2) La douane délivre, en échange de cette déclaration, un *permis* qui en rappelle les indications et le numéro. Ce permis est exempt du timbre. (*Circ. du 21 juin 1816.*)

(3) Les acquits de payement délivrés dans les bureaux placés près des marais désignent les bureaux de contrôle où les sels doivent être représentés et où l'acquit de paiement doit être échangé contre un *brevet de contrôle*. Le porteur de ce brevet conserve pendant une année la faculté de se faire représenter l'acquit original. (*Loi du 22 août 1791, tit. 2, art. 25, et Déc. adm. du 18 mai 1807.*)

L'article 35 de la loi du 28 avril 1816, qui dispense de l'obligation d'échanger les acquits de payement contre des brevets de contrôle, n'a statué que pour les importations par terre. Les *brevets de contrôle* établis pour la police de circulation des sels doivent être maintenus. (*Circ. du 21 juin 1816.*)

Ces brevets se délivrent, sans frais, dans les bureaux placés en seconde ligne des marais. (*Circ. du 20 novembre 1816.*)

Ils ne sont point soumis au droit de timbre. (*Circ. du 21 juin 1816.*)

Aucun enlèvement de sels ne pourra être fait avant le lever du soleil ou après son coucher, et qu'en suivant la route indiquée par le congé ou acquit-à-caution. Ces expéditions indiqueront le délai après lequel elles ne seront plus valables. (*Décret du 11 juin 1806, art. 6.*)

Vérifications.

613. Pour faciliter la vérification des quantités de sels au moment de l'extraction et de l'embarquement, on pourra, à l'égard de celles excédant un quintal, employer le mesurage, après avoir constaté, pour chaque expédition, la quantité de kilogrammes de sel que contiendra la mesure employée (1). (*Même Décret, art. 17.*)

Il sera employé, pour mesure unique et seule admissible, le *demi-hectolitre* (2), de la forme d'un *cône tronqué*, traversé à son ouverture par une barre en fer (3) horizontale, et dont les dimensions seront :

Diamètre de la base. . . . . 51 centimètres.
—   de l'ouverture. 31
Hauteur perpendiculaire 37
—   des côtés. 39

(*Déc. min. du 4 mars 1816 ; Circ. du 8 août suivant.*)

Pour mesurer exactement les sels, on placera au-dessus de la mesure, et à une hauteur de dix-huit pouces, une trémie en bois (4),

---

(1) Il ne peut être procédé à aucune vérification de sels que par deux employés au moins. (*Circ. du 19 août 1816.*)
Dans les bureaux subordonnés, les capitaines et les lieutenans sont autorisés s'assurer que les préposés assistent réellement à la vérification des sels. (*Déc. adm. du 30 mai 1834.*)

(2) Ce récipient, dont la forme n'est pas celle prescrite par l'ordonnance du 16 juin 1839, est néanmoins maintenu sous la dénomination de *cône tronqué*, qui doit être tracée sur l'ustensile même, et précédée du mot *sel*, ainsi qu'il suit : *sel cône tronqué*. Cette mesure ne pouvant être ni poinçonnée, ni soumise à la vérification des agens des poids et mesures, il importe que les chefs de service veillent, avec une attention toute spéciale, à ce qu'elle ait exactement les dimensions prescrites. (*Circ. du 18 février 1840, n° 1795.*)
On ne doit jamais se servir, pour vérifier les sels, de mesures appartenant au commerce. (*Déc. adm. du 17 janvier 1834.*)

(3) Les chefs ne doivent pas tolérer l'emploi de *cônes tronqués* qui seraient dépourvus de cette barre. (*Circ. des 7 mars 1817 et 7 septembre 1839.*)

(4) L'usage de la *trémie* n'est pas général ; dans beaucoup de localités, c'est

dans laquelle sera versé le sel qui, au moyen d'une soupape, descendra dans cette mesure en passant sur la barre de fer qui en traverse l'ouverture. (*Circ. du 23 décembre* 1813.)

Le cône tronqué, une fois rempli, sera radé (1) avant que le sel en soit versé, et le poids commun ne sera établi que sur la mesure ainsi réduite (2). (*Circ. du 11 janvier* 1809.)

Compte et pesée des mesures.

614. Les employés chargés de la vérification seront munis chacun d'un appareil composé de cinquante plaques de fer-blanc marquées et numérotées par dixaines et passées dans un anneau de fer adapté à un manche de bois. A chaque mesure, l'employé fera passer une plaque dans la partie supérieure de l'appareil; quand il sera parvenu à la dernière, au moment où le radeur criera *taille ronde*, et pendant que celui-ci se retournera pour la marquer, l'employé l'inscrira sur son *carnet* ou sur son *livret* (3), puis il recommencera ainsi jusqu'à la fin du chargement ou du déchargement. (*Circ. du 19 août* 1816, *n°* 197.)

à la pelle qu'on emplit le *cône tronqué*; et malgré l'avantage du premier mode, les employés doivent s'abstenir de l'exiger; ils permettraient même le remplissage à la pelle dans les lieux où l'on se sert habituellement de la trémie, si le commerce en faisait la demande. (*Circ. du 7 septembre* 1839.)

(1) Rader, est passer une règle ou un autre instrument sur la surface d'une mesure pleine de grains, de sel, etc., pour rendre cette surface égale, et par ce moyen avoir la mesure juste. (*Diction. de l'Acad.*)

Mesureurs et peseurs de sel.

Ces agens sont commissionnés par les directeurs des douanes, qui peuvent les révoquer à volonté. (*Déc. min. du* 1er *septembre* 1807, *Circ. du* 8.)

Ils sont dispensés du serment. (*Déc. adm. des 28 août* 1829 *et 16 mai* 1837.)

Ils ne sont point sujets à la patente. (*Déc. min. du 15 avril* 1828.)

Ils ont une demi-part de saisissant dans toutes les saisies résultant de leurs opérations. (*Déc. min. du* 1er *septembre* 1807.)

(2) Dans quelques localités, le commerce trouve avantage à peser intégralement le sel L'article 17 du décret du 11 juin 1806 n'interdit point cette faculté, dont il peut être usé partout. (*Circ. du 7 septembre.*1839.)

Au lieu de briser les pains pour mesurer le sel raffiné, on peut peser la totalité des pains. (*Déc. adm. du 23 mars* 1829.)

(3) L'employé, quel que soit son grade, coté en chef à un mesurage de sel, doit être porteur d'un *carnet* sur lequel il inscrit les mesures de la manière suivante :

A chaque 50 mesures, il tire sur l'une des lignes horizontales existantes au

Le nombre des mesures à peser sera au moins de cinq sur cent, prises au gré de l'un ou de l'autre vérificateur (1). Le sel contenu dans la mesure sera pesé avec la mesure même, dont on aura soin de prendre la tare à chaque pesée, afin d'établir le poids exact qui doit être déduit, pour cet objet, du poids total brut de la cargaison (2). (*Circ. du* 19 *août* 1816, *n*º 197.)

carnet une petite ligne verticale, et quand il y en a cinq de tracées, il place les cinq autres dans la même direction verticale, mais en dessous de la ligne horizontale ; puis les cinq suivantes au-dessus , et ainsi de suite ; exemple :

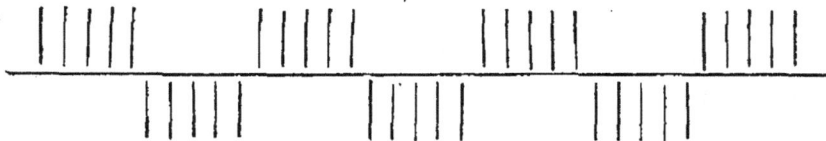

| | | | | | | | | | | | | | | | | | | |
―――
     | | | | | | | | | | | | | | |

Quand, à la fin du chargement ou du déchargement, il ne se trouve pas, après la dernière cinquantaine, un nombre de mesures suffisant pour en composer une autre, l'employé tire autant de petites lignes horizontales qu'il y a de dixaines, et au-dessous de ces dixaines de petites lignes verticales isolées, pour marquer les unités ; ainsi, après la dernière cinquantaine, s'il y a eu trente-trois *cônes tronqués*, l'employé les écrit ainsi :

═══════
―――――――
| | | ◦

Le *livret* est tenu par l'employé coté en second à la vérification. L'usage en est le même que celui du *carnet*, dont il ne diffère qu'en ce qu'il ne contient que les lignes destinées à marquer les mesures, et non les colonnes pour inscrire les pesées. Le préposé en second ne doit se servir, pour tracer les lignes et les marquer sur le livret, que d'un crayon. (*Circ. du* 19 *août* 1816, *n*º 197.)

Le préposé adjoint peut être pourvu d'un *carnet* semblable à celui du vérificateur, au lieu du livret, partout où cette substitution ne trouve pas d'obstacles réels dans la composition du personnel de la brigade. (*Déc. adm. du* 15 *mai* 1841.)

(1) La pesée des mesures doit toujours être faite au moyen des balances à plateaux. L'usage des romaines est interdit. (*Circ. du* 19 *août* 1816.)

(2) On peut simplifier cette double opération en pesant le sel dans le sac même où il est versé en sortant de la mesure, après avoir eu soin de placer sur le plateau opposé un sac du même poids que celui qu'on a rempli de sel. L'administration ne veut rien prescrire à cet égard qui soit contraire aux usages du commerce, mais elle donne l'autorisation de peser au sac.

Partout où l'on pèse le sel dans le *cône tronqué*, la tare du récipient doit se faire, soit après chaque pesée de la mesure pleine, soit, *si le commerce le ré-*

Les pesées étant terminées, le préposé en second remettra son *livret* à l'employé coté en chef, et celui-ci l'enverra, placé avec son *carnet* sous la même enveloppe cachetée, au bureau, où le carnet et le livret seront rapprochés et où s'établiront les totaux ainsi que la récapitulation. (*Même Circ.*)

SECTION III.

CABOTAGE.

Navires admis au cabotage.

615. Le transport et le cabotage des sels destinés à la consommation du royaume ne pourront être faits que par des vaisseaux et bâtimens français (1). (*Loi du 22 mai* 1790, *art.* 1er.)

Port de départ.

616. Les sels transportés par mer pourront être expédiés sous acquit-à-caution (2), et jouir de l'entrepôt dans les ports et dans

---

clame, deux fois seulement (au commencement et à la fin de chaque vacation); mais, sous aucun prétexte, on ne peut permettre que la tare soit établie par plus de deux expériences, quand elle n'a pas été faite à chaque pesée.

Les règles de la perception interdisent d'accorder aucun trait ou bon de poids; mais comme la parfaite exactitude du poids se produit rarement, il suffit de s'assurer que la tombée du plateau où le sel est placé ne dépasse pas 20 décagrammes. Toutefois cette latitude ne saurait être étendue à la pesée destinée à établir la tare du *cône tronqué* vide; ici une fraction, si minime qu'elle fût, ne pourrait être négligée sans fausser d'une manière sensible le résultat du calcul. (*Circ. du 7 septembre* 1859.)

On doit toujours indiquer dans le libellé, soit de l'acquit-à-caution, soit des certificats de visite, le mode de pesage qui a été employé, ainsi que le nombre de pesées du *cône tronqué* vide. (*Circ. du 18 janvier* 1839, *n°* 1727.)

(1) Cette disposition a été confirmée par la loi générale du 24 septembre 1793.

(2) Indépendamment des indications générales prescrites pour le cabotage des marchandises, ces acquits-à-caution doivent énoncer la couleur du sel, le tirant d'eau du navire, sa hauteur hors de l'eau et l'étendue des vides que présente la cargaison. (*Circ. des 7 novembre* 1818 *et* 22 *décembre* 1825, *n°* 960.)

Voir, pour d'autres indications non moins utiles, les notes du numéro précédent.

Les acquits-à-caution doivent énoncer la quantité intégrale des sels extraits directement des marais salans; la déduction du déchet légal de 5 pour 100 se fait au port de destination. (*Circ. du 18 juillet* 1806, *n°* 606).

Sel acquitté. Les sels acquittés expédiés par cabotage sont accompagnés d'ac-

les villes de l'intérieur qui seront désignés par le gouvernement (1). (*Loi du 24 avril* 1806, *art.* 56.)

Le droit sera perçu, au moment du débarquement, sur les
sels conduits dans les ports qui ne jouiront pas de l'entrepôt (2).
(*Décret du 11 juin* 1806, *art.* 9.)

617. La soumission relative à tout acquit-à-caution délivré
pour assurer le transport de sels n'ayant pas acquitté le droit
de consommation, portera l'obligation de payer le double de ce
droit, en cas de non représentation de la denrée au bureau de
destination (3). (*Circ. du* 18 *juillet* 1806, *et Déc. adm. du* 27 *mars*
1834.)

Relâches.

618. Toutes les fois que le capitaine d'un navire transportant
des sels par mer aura fait, au moment de son entrée par relâche
dans un port qui n'est pas celui de sa destination, une déclaration d'avaries, des préposés se transporteront à bord, pour
constater par procès-verbal l'état du bâtiment ainsi que de la
cargaison, et préciser par cet acte le degré de confiance dû à
la déclaration du capitaine (4). (*Circ. du* 2 *septembre* 1806.)

---

quits-à-caution qui donnent, outre les indications prescrites pour les sels *non
acquittés*, la valeur de la denrée augmentée de la taxe. (*Circ. du* 19 *avril* 1817.)

(1) *Voir*, pour les entrepôts, le chapitre v, ci-après.

(2) *Le cabotage des sels peut être fait indistinctement pour tous les ports.*
(*Circ. du* 6 *avril* 1816.)
Les chargemens à destination de plusieurs ports de France sont interdits, à
moins qu'il ne soit délivré autant d'acquits-à-caution qu'il y a de destinations
différentes et que les sels ne soient *embarqués de manière à ne pouvoir se confondre*, c'est-à-dire placés dans des sacs dont le poids comprend la remise des
5 pour 100. (*Déc. adm. du* 22 *septembre* 1817.)
Dans aucun cas, un navire ne peut charger à la fois des sels pour un port
de France et pour l'étranger. (*Circ. du* 26 *août* 1817.)

(3) Cette soumission sera souscrite au bureau de départ; mais si l'expéditeur des sels n'y trouvait pas de caution, il pourrait souscrire une soumission
cautionnée au bureau de destination. (*Circ. du* 18 *juillet* 1806.)

(4) Ce premier procès-verbal est une preuve justificative de la réalité des événemens dont les propriétaires s'appuyent au bureau de destination pour demander la réfaction des droits sur les déficit. (*Circ. du* 2 *septembre* 1806.)

Port d'arrivée.

· **619.** Tous navires arrivant dans un port, avec des chargemens de sels, ne pourront effectuer leur déchargement qu'à tour de rôle et suivant la date de leur déclaration (1), sauf les cas d'urgente nécessité, relatifs à la sûreté des navires; ils seront tenus d'effectuer leur déchargement aussitôt que leur tour sera arrivé dans l'ordre des déclarations, et ne pourront pas l'interrompre lorsqu'il sera commencé. Tous capitaines ou propriétaires qui se refuseraient à débarquer leurs sels dès le moment où ils en seront requis par les préposés des douanes, y seront contraints par les voies de droit (2). (*Déc. min. du 14 juill.* 1807.)

Dans le cas où la réquisition de la douane aura été insuffisante pour faire opérer, dans l'ordre des déclarations, le déchargement d'un navire de sel, le directeur fera procéder au déchargement et à la mise des sels en entrepôt, aux frais du capitaine ou des propriétaires, lesquels frais seront retenus sur le montant de la vente, avant la mise en consommation (3). (*Déc. min. du 5 avril* 1808.)

Vérification (4).

620. Si la vérification fait ressortir un déficit (5), et qu'il n'y

---

(1) Les acquits-à-caution, *certifiés véritables* par les capitaines ou consignataires, sont remis à l'appui de la déclaration. (*Circ. du* 1er *mars* 1826.)

Pour les expéditions de *sels acquittés*, ce certificat sera donné de la manière suivante :

« Je reconnais avoir remis le présent acquit-à-caution à la douane de....., « à l'appui de ma déclaration d'entrée par cabotage (sels) du......., n°.....» (*Circ. du* 12 *janvier* 1818.)

(2) Cette décision est fondée sur l'article 13 du titre 2 de la loi du 22 août 1791.

(3) La nécessité d'assurer l'exercice régulier de la police du port et des débarquemens, justifie suffisamment l'application de cette mesure. (*Déc. adm. du 7 avril* 1808.)

(4) Lors du déchargement du navire, il est procédé à la vérification des sels suivant les règles établies pour l'extraction. — *Voir* la section précédente.

Dans les ports où il n'existe qu'un ou deux employés de bureau, le capitaine de brigades, ou le lieutenant, est tenu d'assister aux vérifications et d'en rendre compte immédiatement à l'inspecteur ou au sous-inspecteur de la division. Il s'assure de l'exactitude de l'opération, en rapprochant le carnet du préposé coté au déchargement, de celui de l'employé de bureau. (*Circ. du* 19 *janvier* 1817, *n*° 241.)

(5) Si les sels viennent directement d'un lieu de fabrication, et qu'il y ait

ait pas eu de déclaration d'avaries, ou que l'avarie ne soit point admise par la douane, le droit sera dû sur ce déficit (1). (*Circ. du 7 octobre* 1806.)

Si la vérification donne lieu de reconnaître un excédant *au-dessus du vingtième* de la quantité énoncée dans l'acquit-à-caution, cet excédant sera saisi, conformément à l'article 76 de la loi du 8 floréal an 11 (2). Les excédans du *vingtième et au-dessous* ne donneront ouverture qu'au payement du droit sur les quantités excédantes (3), déduction faite du déchet de 5 pour 100 sur la cargaison tout entière (4). Le droit est perceptible, au bureau d'arrivée, sur l'excédant comme sur le reste de la cargaison, la soumission souscrite par l'expéditeur au bureau du départ ne l'obligeant pas en ce qui concerne ce même excédant (*Même Circ.*) (5).

A l'égard des chargemens destinés à la pêche de la morue,

---

lieu, par conséquent, à la déduction du déchet de 5 pour 100, on considère comme déficit ce qui manque à la cargaison, au delà de la déduction légale. (*Circ. du 7 octobre* 1806.)

Si le déficit porte sur le nombre des *sacs* désignés dans l'acquit-à-caution, on doit appliquer l'article 22 du titre 2 de la loi du 22 août 1791, qui prononce une amende de 500 fr. par colis manquant. (*Déc. adm. du* 12 *novembre* 1840.)

(1) Ce droit peut être payé au bureau d'arrivée, et, dans ce cas, mention en est faite à la suite du certificat de décharge; mais si l'on se refusait à l'y acquitter, ce serait le receveur du bureau de départ, dépositaire de la soumission, qui en poursuivrait le recouvrement.

Il pourrait même exiger le payement du double droit, si le déficit, au lieu d'être l'effet naturel du déchet ou de la perte du sel, provenait d'une soustraction frauduleuse régulièrement constatée. (*Circ. des* 18 *juillet et* 7 *octobre* 1806.)

(2) Dans le cas d'excédant de plus du vingtième, le bureau de destination rédige procès-verbal et conclut à l'amende de 500 fr. et à la confiscation, tant du sel trouvé en plus que du navire comme moyen de transport, par application des lois des 22 août 1791, titre 5, article 1er, 8 floréal an 11, article 76, et du décret du 11 juin 1806, article 16. (*A. de C. du* 27 *février* 1808, *et Circ. du* 1er *mars* 1826, no 973.)

(3) A moins qu'on ne les mette en entrepôt avec le restant de la cargaison.

(4) Les excédans *au-dessus* du vingtième devant être saisis, ils ne jouissent pas du déchet de 5 pour 100. Cette bonification n'est due que sur les quantités exactes soumissionnées à la douane de départ. (*Circ. du* 12 *juillet* 1819.)

(5) Les déficit ou les excédans constatés, qu'ils soient ou non au-dessous du vingtième, doivent toujours être mentionnés dans le certificat de décharge des acquits-à-caution. (*Circ. des* 7 *octobre* 1806 *et* 29 *juin* 1814.)

on ne procèdera à la vérification du sel par le mesurage et la pesée qu'autant qu'il y aurait suspicion de fraude (1). (*Circ. du 22 décembre* 1825 , *n*° 960.)

Renvoi des acquits-à-caution déchargés.

624. Les acquits-à-caution déchargés, concernant les sels expédiés par cabotage, par mutation d'entrepôt, ou pour les entrepôts de l'intérieur, seront renvoyés au bureau de départ par l'intermédiaire de l'administration (2). (*Circ. du* 1er *mars* 1826, *n*° 973.)

Avaries (3).

622. Les propriétaires pourront demander la vérification des chargemens au moment de l'arrivée des bâtimens qui auront fait le transport par mer, si ces bâtimens ont éprouvé des avaries légalement constatées, et le droit ne sera perçu que sur la quantité reconnue par le résultat de la vérification. (*Décret du* 11 *juin* 1806, *art.* 13.)

La demande de vérification du chargement devra être faite, par le propriétaire ou consignataire, dans les vingt-quatre heures de l'entrée du navire dans le port (4). (*Circ. lith. du* 14 *nov.* 1840.)

---

(1) Il s'agit ici d'un navire qui transporte les sels d'un marais salant au port d'armement, d'où il se rend ensuite à Terre-Neuve ou au Doggers-Bancks. Dans ce cas, on peut se borner à reconnaître l'intégrité du chargement par le tirant d'eau du navire, sa hauteur hors de l'eau et l'état de sa cargaison, décrits dans l'acquit-à-caution délivré par le bureau d'expédition. (*Circ. du* 22 *décembre* 1825 , *n*° 960.)

(2) Ces expéditions doivent lui être adressées tous les quinze jours. (*Circ. du* 1er *mars* 1826 , *n*° 973.)

(3) La déclaration d'avarie doit être faite, *par le capitaine*, dans les vingt-quatre heures de l'arrivée du bâtiment, et affirmée par les gens de l'équipage. (*Circ. du* 14 *août* 1819, *n*° 512.)

Elle est transcrite sur un registre spécial. (*Circ. du* 19 *janvier* 1817.)

Cette déclaration *d'avarie*, faite par le capitaine, est indépendante de la demande de *vérification* à fin de réfaction de droits que doit faire le propriétaire. (*Déc. adm. du* 10 *mai* 1841.)

(4) Toute demande faite *après* l'expiration des vingt-quatre heures ne saurait être admise, et, dans ce cas, la douane ne doit plus recevoir qu'une déclaration pure et simple de débarquement, selon la prescription de la loi commune. Si le déclarant faisait, à cet égard, assigner le receveur, celui-ci, en visant l'original de l'exploit, énoncerait les motifs de son refus, fondé sur les

623. Lorsque la déclaration aura été faite en temps utile, la vérification des préposés devra exclusivement porter sur l'existence matérielle des traces d'avaries alléguées par les intéressés. Ils constateront le dommage, et, à moins de circonstances graves et exceptionnelles de nature à permettre de discuter la mesure ou les effets de l'avarie, on liquidera le montant du droit éventuellement ou immédiatement exigible sur les quantités de sels *reconnus à la vérification* (1). Dans le cas où les traces d'avaries ne seraient pas évidentes, les préposés rédigeront un procès-verbal de leur vérification, et y déclareront qu'*ils n'ont pas reconnu l'existence de l'avarie* (2). Ce procès-verbal, rédigé sur papier timbré et enregistré, devra être certifié par les chefs qui auront dirigé les vérifications; il sera immédiatement signifié, en copie, tant au capitaine qu'au consignataire, avec déclaration que des poursuites seront dirigées dans les bureaux de départ

---

termes mêmes du décret du 11 juin 1806. Toutefois, si l'avarie était réelle, et qu'un simple défaut de forme s'opposât seul à son admission, il en serait immédiatement référé à l'administration. (*Circ. du* 14 *novembre* 1840.)

(1) La connaissance de toutes les réclamations relatives aux avaries de sels est réservée à l'administration. La décharge des acquits-à-caution sera différée jusqu'à ce que la réfaction des droits sur les déficit ait été légalement autorisée. (*Circ. du* 14 *août* 1819.)

Ces acquits-à-caution sont adressés à l'administration avec les autres pièces produites à l'appui de la demande en réfaction de droits. (*Circ. n°* 973.)

On ne peut considérer comme avaries donnant lieu à une réfaction de droits que celles dont le résultat offre un déficit supérieur au déchet accordé par le règlement. Les déficit au-dessous du vingtième du chargement sont regardés comme l'effet ordinaire du transport des sels, et couverts par le déchet légal de 5 pour 100. (*Circ. du* 27 *août* 1806.)

Si, par l'effet de l'avarie, il y a lieu d'accorder la remise des droits sur une quantité excédant le déchet alloué par le règlement, le droit sera perçu, sans déduction nouvelle, sur les quantités reconnues à la vérification. (*Circ. du* 19 *mars* 1807.)

Toute avarie postérieure à l'acquittement du droit ne peut donner lieu à la restitution de ce même droit. (*Déc. min. du* 6 *mars* 1813.)

(2) Ces procès-verbaux doivent relater avec la plus rigoureuse exactitude, à l'égard de la situation tant de la cargaison que du bâtiment, les faits et les circonstances qui, avant, pendant et après l'opération, n'ont pas permis de croire à l'existence des avaries annoncées. Les aveux et renseignemens qui auraient pu être obtenus de la part des gens de l'équipage sur les véritables causes du déficit, seront consignés dans les procès-verbaux. (*Circ. du* 14 *août* 1819.)

contre les expéditeurs pour le payement des droits sur le déficit (1). (*Circ. du 14 novembre* 1840.)

Les procès-verbaux d'avarie seront transcrits en entier sur un
registre tenu à cet effet dans chaque bureau maritime. (*Circ. du
19 janvier* 1817, *n*° 241.)

Sels avariés.

624. Les sels *avariés* par suite d'échouement ou de toute
autre cause doivent acquitter l'intégralité du droit ou être submergés en présence des préposés. (*Déc. adm. des* 12 *janvier* 1807
et 28 *mai* 1808.)

> Indépendamment des dispositions spéciales rapportées dans la pré-
> sente section, il y a lieu de se conformer, pour le cabotage des sels,
> aux règles générales du *cabotage des marchandises.*

SECTION IV.

POLICE DU RAYON.

Étendue du rayon.

625. La surveillance des préposés des douanes et des droits
réunis ne s'exercera, pour la perception de la taxe sur les sels,
que jusqu'à la distance de trois lieues des marais salans, fabriques ou salines situés sur les côtes et frontières, et dans les
trois lieues de rayon des fabriques et salines de l'intérieur. La
ligne de démarcation sera déterminée comme celles des douanes (2). (*Décret du* 11 *juin* 1806, *art.* 1er.)

La surveillance des douanes s'exercera sur la circulation intérieure des sels, jusqu'à la distance de trois lieues des côtes de
toute la France, soit qu'il y existe ou non des marais salans,

---

(1) Dans ce cas, les acquits-à-caution, déchargés pour les quantités de sel
trouvées à la vérification, sont remis aux consignataires avec la copie du procès-
verbal qui relate cette remise. Des copies certifiées de ces acquits à-caution,
revêtus des certificats de vérification et de décharge, et toutes les pièces relatives à l'avarie, sont adressées à l'administration. (*Circ. du* 14 *août* 1819.)

La rédaction du procès-verbal serait inutile si les parties acquittaient de
suite, et sans réserve, les droits sur les déficit reconnus (*Circ. du* 14 *novembre* 1840.) Ce payement serait constaté sur les acquits-à-caution. (*Circ. n*° 512.)

(2) *Voir* le livre IV, chapitre II.

salines et fabriques de sel. (*Décret du 25 janvier* 1807, *art.* 1er.)
La distance des trois lieues se mesurera du rivage de la mer
vers l'intérieur (*Décret du 6 juin* 1807.) (1).

Surveillance et transport.

626. Les préposés des douanes sont autorisés à se transporter, en tout temps, dans l'enceinte des marais salans, dans les
salines et lieux de dépôt, pour y exercer leur surveillance.
(*Décret du* 11 *juin* 1806, *art.* 8.)

627. Les sels transportés dans le rayon de trois lieues des
côtes, sans déclaration préalable au bureau le plus prochain du
lieu de l'enlèvement, et sans être accompagnés des congés ou
acquits-à-caution prescrits par les articles 2, 4, 5 (nos 611 et
612) et 7 (2) du décret du 11 juin 1806, seront saisis et confisqués, ainsi que les chevaux, ânes, mulets et voitures employés
au transport, et les conducteurs seront en outre condamnés
à une amende de 100 francs, conformément à l'article 57 de la
loi du 24 avril 1806 (3). (*Décret du 25 janvier* 1807, *art.* 2.)

---

(1) *Voir* le texte complet de ce décret au n° 629, concernant les rivières
affluentes à la mer.

(2) L'article 7 est ainsi conçu :

« Les sels transportés dans l'étendue des trois lieues soumises à la surveil-
« lance des préposés, sans être accompagnés d'un acquit-à-caution, seront
« saisis et confisqués. Les sels qui circuleraient dans la même étendue de ter-
« ritoire avant le lever ou après le coucher du soleil, seront soumis aux mêmes
« peines, si le congé ou acquit-à-caution ne porte une permission expresse de
« transport pendant la nuit. »

Il ne doit être délivré de permis pour le transport de nuit que lorsque la
nécessité en a été justifiée aux receveurs. (*Circ. du* 16 *avril* 1807.)

Voir les dispositions relatives aux expéditions et aux brevets de contrôle, à
la 2e section, *Enlèvement du sel*, du présent chapitre.

La législation qui régit la police des quatre lieues sur les frontières de terre
(livre IV), est applicable aux sels comme aux autres marchandises. (*Circ. du*
9 *juillet* 1807.) Aussi le passavant de circulation n'est-il obtenu qu'en justifiant
de l'existence légale du sel dans le rayon. (*Déc. adm. du* 24 *octobre* 1815.)

Voir le n° 342 pour les poissons qui circulent de nuit dans la distance d'un
myriamètre des côtes, et le n° 645 pour les sels sortant d'un atelier de salaison et circulant sans expédition.

(3) Tout transport de sel dans le rayon, sans expédition de douanes, donne
lieu, abstraction faite de l'intention du prévenu, et quand même il viendrait
de l'intérieur, aux peines déterminées par les lois et règlemens concernant

628. Les préposés des douanes pourront, conformément à l'article 8 du règlement du 11 juin 1806, rechercher les dépôts de sels formés dans le rayon où s'exerce leur surveillance; mais ces dépôts ne pourront être saisis qu'autant qu'il s'y trouvera une quantité de 50 kilog. de sel au moins, pour laquelle il ne sera point justifié du payement des droits. Ces recherches et visites ne pourront d'ailleurs être faites dans les maisons habitées qu'après le lever et avant le coucher du soleil, et avec l'assistance d'un officier municipal (1). Elles sont, dans tous les cas, interdites dans les communes au-dessus de 2,000 âmes (2). (*Loi du* 17 *décembre* 1814, *art.* 32.)

l'impôt du sel. (*Déc. adm. du* 27 *juin* 1833, *et A. de C. du* 20 *novembre* 1834; *Circ. n*° 1468.)

Dispense d'expéditions.

Sont dispensées de la formalité des expéditions, les petites quantités de sel de 4 kilog. et au-dessous, dont le transport n'a évidemment pour objet que les approvisionnemens de famille. Cette exception n'est applicable qu'aux sels déjà introduits dans le rayon; elle ne concerne pas les parties de sel, quelque faibles qu'elles soient, qui sont extraites des marais salans ou salines. (*Circ. du* 8 *février* 1816, *n*° 108.)

Compte-ouvert.

Les marchands de sel établis dans le rayon déposent au bureau des douanes le plus voisin les acquits de paiement en forme de congés qui leur ont été délivrés pour les sels arrivés dans leurs magasins. Ces acquits servent à établir entre eux et le receveur un *compte-ouvert,* au moyen duquel ce dernier délivre sur leurs billets, remis à l'acheteur, des congés pour les quantités de sel excédant 4 kilog., et ce jusqu'à concurrence de celles portées dans les acquits déposés. (*Circ. du* 8 *février* 1816.)

Lorsque les sels ont acquitté les droits au bureau de la résidence même du marchand; et qu'ils sont pris en compte, le dépôt de l'acquit de paiement ne devient plus nécessaire; il suffit qu'il soit visé par les préposés pour éviter qu'on n'en fasse un double emploi. (*Déc. adm. du* 8 *février* 1819.)

Dans les villes de plus de 2,000 âmes, on peut assujettir les débitans à la formalité du *compte ouvert,* mais sans *exercice,* et seulement pour mettre la douane en mesure de refuser des expéditions pour toute quantité de sel dont · la provenance ne serait pas justifiée. (*Déc. adm. du* 19 *juillet* 1833.)

(1) Les préposés des douanes ne sont pas tenus de faire connaître et de désigner *à l'avance* au maire, dont ils requièrent l'assistance, les maisons où les visites doivent avoir lieu. (*Déc. min. du* 7 *décembre* 1840.)

(2) Les quantités de sel au-dessus de 4 kilog., circulant sans expédition dans les rues d'une ville dont la population excède 2,000 âmes, doivent être saisies, la loi n'ayant interdit que les recherches à domicile. (*Déc. adm. du* 19 *juillet* 1833.)

Transport en rivières.

629. Si les sels entrent dans les rivières pour remonter dans l'intérieur, les droits seront perçus au bureau des douanes le plus avancé en rivière (1), à moins qu'ils ne soient destinés pour l'un des grands entrepôts de l'intérieur. (*Décret du 11 juin 1806, art. 11.*)

Les dispositions du décret du 25 janvier 1807, concernant la surveillance à exercer par les préposés des douanes sur la circulation des sels dans le rayon de trois lieues des côtes, sont applicables à chaque bord des rivières affluentes à la mer, en remontant ces mêmes rivières jusqu'au dernier bureau des douanes où se peuvent payer les droits d'importation ou d'exportation; et la distance des trois lieues dans le rayon desquelles les sels doivent être accompagnés de congés ou acquits-à-caution, sous les peines portées par ledit décret, se mesurera :

1º Du rivage à la mer, vers l'intérieur;

2º Pour les rivières affluentes à la mer, de chaque point du bord de ces mêmes rivières, en remontant vers l'intérieur des terres jusqu'au dernier bureau des douanes (2). (*Décret du 6 juin 1807.*)

CHAPITRE V.

ENTREPÔTS.

SECTION PREMIÈRE.

ENTREPÔT GÉNÉRAL (3).

630. Les sels provenant des marais salans ou salines jouiront

---

(1) Les capitaines des navires venant de la mer sont tenus de faire viser leurs expéditions dans le port situé à l'embouchure, et de prendre à bord deux préposés d'escorte jusqu'au bureau de destination. (*Circ. du 2 septembre 1806, et Déc. min. du 28 juin 1808.*)

(2) La limite voulue par la loi n'est point la perpendiculaire au cours de la rivière, à la hauteur du dernier bureau, mais bien, vers l'intérieur et au delà, la demi-circonférence décrite avec un rayon d'un myriamètre et demi, en prenant ce dernier bureau comme centre. (*Circ. du 17 novembre 1815.*)

(3) L'entrepôt général est celui d'où les sels peuvent être expédiés pour toute destination, la troque exceptée. (*Circ. du 20 novembre 1816.*)

de la faculté de l'entrepôt dans les villes de ...... (1). (*Décret du 11 juin* 1806, *art.* 21.)

L'entrepôt des sels sera réel, et soumis à toutes les conditions et formalités prescrites pour les entrepôts de douanes (2). (*Même Décret*, *art.* 22.)

Les sels entreposés sous une double clef, dont l'une restera entre les mains du receveur de la douane, n'acquitteront les droits que lorsqu'ils seront tirés de l'entrepôt pour la consommation (3). (*Même Décret*, *art.* 10.)

Les sels rapportés en nature par les navires revenant de la pêche de la morue, seront, après vérification, rétablis en entrepôt (4). (*Ord. du* 30 *octobre* 1816, *art.* 10, *n*o 638.)

---

(1) Dunkerque, Calais, Boulogne, Etaples, Saint-Valery-sur-Somme, Abbeville, Dieppe, le Havre, Rouen, Honfleur, Caen, Cherbourg, Granville, Marans, Saint-Malo, le Legué, Morlaix, Brest, Lorient, Quimper, Vannes, Redon, Nantes, La Rochelle, les Sables, Rochefort, Charente, Bordeaux, Libourne, Bayonne, Cette, Agde, Narbonne, Toulon, Marseille, Arles, (*Décret du* 11 *juin* 1806, *art.* 21.)

Paimbœuf, Fécamp, (*Loi du* 21 *avril* 1818, *art.* 28.)

Cannes, Saint-Valery en Caux, (*Loi du* 27 *juillet* 1822, *art.* 11.)

Tréport, (*Loi du* 6 *mai* 1841, *art.* 12.)

Gravelines. (*Déc. min. du* 1er *juillet* 1857.)

(2) La durée de l'entrepôt est de trois ans, si l'établissement est constitué selon le vœu de l'article 25 de la loi du 8 floréal an 11 ; elle n'est que de dix-huit mois, si l'entrepôt, quoique placé sous la double clef de la douane et du commerce, est établi dans des magasins particuliers ; dans ce dernier cas, la soumission du redevable doit être garantie par une caution solvable. (*Déc. min. du* 16 *août* 1808 ; *Loi du* 17 *mai* 1826, *art.* 14, *et Circ. du* 23 *du même mois.*)

Les règles rappelées au livre VI, pour la constitution des entrepôts, l'expiration des délais et les prolongations qui peuvent être accordées, sont de tous points applicables aux entrepôts des sels. (*Circ. du* 18 *mars* 1824, *n*o 858.)

Les employés qui procèdent au recensement des entrepôts des sels doivent être munis d'un portatif coté et paraphé par les directeurs, et où ils mentionnent, sous leur signature, le résultat de leurs opérations. (*Circ. du* 29 *février* 1829.)

(3) Les sels venant des marais sont entreposés pour les dix-neuf vingtièmes des quantités portées sur les acquits-à-caution ; le *boni* (n° 606) ou la portion du déchet trouvé à la vérification est placé séparément. (*Circ. du* 28 *août* 1816, *n*o 199.)

Toute soustraction de sels entreposés dans les magasins particuliers des négocians est assimilée aux soustractions commises en entrepôt fictif, et donne lieu à l'application des peines édictées par l'article 15 de la loi du 8 floréal an 11 (n° 452). (*Déc. adm. du* 5 *février* 1825.)

(4) Le sel de *coussin* peut être entreposé, sous toutes les conditions de *l'en-*

631. On affectera à la tenue des comptes de l'entrepôt général deux registres sommiers. Sur le premier on inscrira jour par jour, et sans intervalle, les quantités de sels entrées en entrepôt et celles qui en seront sorties, quelles que soient les soumissions auxquelles ces mêmes quantités seront relatives. Sur le second registre, on ouvrira un compte spécial pour chaque soumission. La charge ou le débit de ce compte individuel se composera de la quantité de sel soumissionnée, et il se déchargera ou créditera successivement par les quantités sorties (1). (*Circ. du 8 avril 1826, n*o *983.*)

632. Les sels entreposés dans les ports où l'entrepôt réel est autorisé, pourront être expédiés par mer à destination des autres ports de France, sous la formalité de l'acquit-à-caution.

---

trepôt réel, dans un local spécial et unique fourni par le commerce. Les soumissions d'entrepôt portent l'obligation de le réexpédier pour la pêche de la morue, ou de l'employer en atelier à réparer ou compléter la salaison de ce poisson, dans le délai d'un an. (*Circ. du 19 janvier* 1822.)

(1) Lorsque la balance du compte d'entrepôt fait ressortir une quantité de sel plus considérable que celle qui, d'après l'énoncé de l'acquit-à-caution délivré pour l'entrepôt, aurait été extraite des lieux de production, on établit les droits sur les dix-neuf-vingtièmes de la quantité réellement existante. Si la quantité reconnue est plus forte que la quantité entreposée, et n'excède cependant pas celle qui a été extraite du marais, le droit est maintenu sur les dix-neuf-vingtièmes établis à l'entrée en entrepôt, et l'excédant ou *boni* supérieur à celui primitivement déterminé est remis en franchise. (*Déc. adm. des* 13 *janvier* 1836, 21 *mars* 1837 *et* 12 *mai* 1838.)

Il est rendu compte de ces excédans à l'administration. (*Déc. adm. du* 14 *mars* 1828.)

Tout déficit reconnu lors de la liquidation du compte ou du recensement d'un entrepôt sur les dix-neuf-vingtièmes soumissionnés, donne lieu au payement de la taxe de consommation. (*Circ. du* 22 *juillet* 1817.)

Toutefois la remise du droit peut être accordée par le ministre des finances sur les déficit de sel reconnus dans un *entrepôt réel* régulièrement constitué, lorsque les sels y sont arrivés avec les trois cinquièmes au moins du *boni* de 5 pour 100, et qu'il ne s'élève aucun doute sur la cause naturelle du déficit.

Le bénéfice de cette immunité est étendu aux déficit de sels avariés en mer, et admis en entrepôt, sans être accompagnés d'aucune portion du *boni* de 5 pour 100, s'il résulte évidemment de toutes les circonstances de l'avarie et du séjour en entrepôt que ces déficit ont une cause à l'abri de tout soupçon de fraude.

Dans aucun cas, la remise des droits n'est accordée pour des déficit reconnus sur les sels placés dans les entrepôts non entièrement constitués selon le vœu de la loi. (*Déc. min. du* 16 *juin* 1829; *Circ. du* 27 *du même mois,* n*o* 1172.)

Si la destination est pour l'un des ports qui ont la faculté de l'entrepôt, lesdits sels pourront y être de nouveau entreposés (1); dans le cas contraire, ils payeront les droits au moment du débarquement (*Décret du 11 juin 1806, art. 23*) (2).

SECTION II.

ENTREPÔT SPÉCIAL.

655. Les sels destinés à la pêche maritime jouiront, dans tous les ports où il y aura un bureau de douanes, d'un entrepôt d'une année en quantités proportionnées au nombre et au tonnage des bâtimens employés à la pêche, sous toutes les conditions et formalités prescrites par les lois pour les marchandises admises en entrepôt réel (3). (*Même Décret, art. 27.*)

Les propriétaires des sels déclarés pour la pêche pourront les tirer de l'entrepôt pour la consommation, en payant les droits (4). (*Même Décret, art. 29.*)

---

(1) L'acquit-à-caution indique la date à laquelle l'entrepôt a commencé, pour que la douane de destination connaisse le délai dans lequel ces sels, s'ils sont admis dans le nouvel entrepôt, devront acquitter les droits.(*Circ. du 17 mai 1809.*)

Il indique aussi la portion de *boni* dont le sel peut être accompagné (*Circ. du 28 août 1816.*)

(2) Pour les sels exportés des entrepôts situés en rivière, *voir* le n° 609.

(3) L'*entrepôt spécial* ne peut recevoir que les sels destinés à la pêche maritime et à la préparation de ses produits en ateliers. Après le délai d'un an, les sels non employés doivent acquitter les droits. (*Circ. du 19 janvier 1817.*)

Les sels arrivant dans un port d'*entrepôt spécial* pour la consommation ne peuvent être mis en entrepôt; ils doivent être immédiatement soumis à l'impôt. (*Même Circ.*)

Le commerce est tenu de présenter un local pour l'entrepôt *spécial*. Cet entrepôt ne peut être établi dans les ports où il existe déjà un entrepôt général. (*Circ. du 30 septembre 1818.*)

Le transport des sels par mutation d'*entrepôt spécial* est interdit. (*Circ. du 24 décembre 1806.*)

Les sels placés dans les entrepôts spéciaux sont soumis aux mêmes règles que ceux qui jouissent de l'entrepôt général. (*Circ. du 16 mai 1818.*)

Dans aucun cas, les sels ne peuvent être fictivement entreposés chez les négocians. (*Circ. du 30 septembre 1818.*)

(4) Si cet article pouvait être interprété dans ce sens qu'on est autorisé à puiser dans l'entrepôt pour la consommation, il impliquerait contradiction avec l'article 27, qui limite l'emploi du sel à la petite pêche et aux salaisons en ateliers, ainsi qu'avec l'article 30, aux termes duquel les sels ne peuvent

Les sels seront réputés devoir entrer dans la consommation, et, comme tels, soumis au payement des droits, s'ils n'ont été employés à la première ou à la seconde pêche depuis leur mise en entrepôt. (*Décret du 11 juin 1806, art.* 30.)

654. Les quantités tirées d'entrepôt pour la pêche seront exactement vérifiées et portées sur un registre particulier qui servira de contrôle à celui de mise en entrepôt. (*Même Décret, art.* 28.)

Les sels expédiés pour les salaisons en mer, qui n'y auront point été employés, pourront, à leur retour, être rétablis dans l'entrepôt, après vérification exacte des quantités, et y rester jusqu'aux expéditions pour la pêche de l'année suivante. Les sels qui, à cette époque, ne seront pas réexpédiés pour la pêche, acquitteront les droits (1). (*Même Décret, art.* 31.)

SECTION III.

ENTREPÔTS DE L'INTÉRIEUR.

655. Il y aura un entrepôt réel des sels dans les villes de Paris, Lyon, Toulouse et Orléans : il sera soumis à toutes les formalités prescrites pour les entrepôts des douanes. (*Même Décret, art.* 24.)

Les sels destinés pour ces entrepôts seront expédiés par rivière (2), sous la formalité d'acquit-à-caution des douanes (3). (*Même Décret, art.* 25.)

---

entrer en consommation qu'à l'expiration de l'année. Les instructions rappelées dans la note précédente font donc une juste application du règlement en interdisant au commerce la faculté de prendre à volonté dans les *entrepôts spéciaux* les sels destinés à être consommés en nature. Cependant l'administration autorise ces sortes d'extractions par disposition spéciale toutes les fois qu'elles sont suffisamment justifiées par les circonstances, et qu'elles peuvent avoir lieu sans inconvéniens pour le service. (*Déc. adm. du 8 décembre* 1827.)

(1) *Voir* le n° 644 pour la réintégration en entrepôt des sels non employés aux salaisons en ateliers.

(2) Ils doivent être expédiés directement, soit des lieux de production, soit des *entrepôts généraux* où le défaut de moyens de navigation intérieure a pu forcer les propriétaires à les déposer provisoirement; une simple mutation d'entrepôt général sur un entrepôt intérieur ne pourrait s'effectuer qu'en vertu d'une autorisation spéciale de l'administration. (*Circ. du 20 novembre* 1816.)

(3) Les négocians qui veulent faire arriver des sels dans un entrepôt de

Il ne pourra être accordé de réfaction de droits sur les sels avariés ou submergés en cours de transport pour les entrepôts de l'intérieur (1). (*Déc. min. du 19 septembre* 1809.)

L'administration des douanes sera chargée de la surveillance desdits entrepôts, et de la perception du droit sur les sels qui y seront déposés, lorsqu'ils entreront dans la consommation (2). (*Décret du 11 juin* 1806, *art.* 26.)

---

l'intérieur, sont tenus de souscrire entre les mains du receveur de cet entrepôt une obligation de payer le double droit de consommation, en cas de déficit ou de non-rapport, en temps utile, des acquits-à-caution qui seront délivrés au départ. (*Déc. adm. des 15 mai* 1817 *et 27 mars* 1834.)

La douane du lieu d'extraction, prévenue par l'administration, établit un compte ouvert des quantités de sel que les négocians sont autorisés à diriger sur les entrepôts intérieurs, et délivre des acquits-à-caution jusqu'à due concurrence. (*Déc. adm. du 15 mai* 1817.)

Lorsque des sels ne sont pas représentés dans les délais prescrits par l'acquit-à-caution, le soumissionnaire et sa caution sont passibles du payement du double droit de consommation sur la quantité de sel portée dans cette expédition. (*Déc. min. du 2 août* 1808, *et Déc. adm. du 27 mars* 1834.)

Cependant, si des circonstances de force majeure, survenues en cours de transport et dûment justifiées, empêchent les sels d'arriver à leur destination, l'administration peut en autoriser la vente, après l'acquittement des droits au bureau de départ. (*Circ. du 6 août* 1808.)

Dans ce cas, le payement des droits est calculé à la date de la délivrance de l'acquit-à-caution, et l'intérêt, le crédit ou l'escompte établi à partir de cette époque. (*Déc. min. du 27 décembre* 1828.)

Quand le commerce demande à mettre en consommation au port d'expédition, où ils se trouvent encore, des sels déclarés pour un entrepôt intérieur, cette facilité peut être accordée par la douane; mais l'impôt est perçu à la date de la vérification première, et le crédit ou l'escompte est calculé en conséquence. Si l'acquit-à caution avait déjà été délivré, l'administration devrait alors être prévenue du changement de destination des sels. (*Déc. min. du 7 avril* 1840.)

(1) Quand des bâtimens chargés de sel sont sortis des limites du port où s'exerce la surveillance permanente de la douane, les préposés ne doivent, *sous aucun prétexte*, s'immiscer dans la vérification et la constatation des sinistres ou des avaries qu'ils pourraient éprouver. (*Circ. lith. du 4 avril* 1838.)

(2) Les sels ne peuvent sortir des entrepôts intérieurs que pour la consommation ou les fabriques de soude. Ils peuvent recevoir ces deux destinations immédiatement après leur arrivée et sans toucher à l'entrepôt, pourvu qu'ils aient été préalablement vérifiés. (*Circ. du 20 novembre* 1816.)

Voir la 1re section du présent chapitre pour les règles générales également applicables aux entrepôts de l'intérieur.

CHAPITRE VI.

IMMUNITÉS.

SECTION PREMIÈRE.

PÊCHE ET SALAISON.

Conditions de la pêche.

656. La pêche du hareng s'ouvrira le 1er septembre et se fermera le 15 janvier dans tous les ports du royaume (1); les autres pêches restent libres et non limitées. (*Ord. du* 14 *août* 1816, *art.* 2.)

Les harengs salés apportés dans les ports du royaume par les bateaux pêcheurs français, depuis le 15 janvier jusqu'au 1er août, seront réputés de pêche étrangère, et soumis au droit de 40 fr. par 100 kilog.

La disposition qui précède sera appliquée aux harengs frais, lorsque le navire pêcheur qui les apportera aura été absent d'un port du royaume pendant plus de trois jours.

Une ordonnance royale déterminera le nombre d'hommes d'équipage dont les bâtimens pêcheurs devront être montés, proportionnellement à leur tonnage, ainsi que les quantités d'avitaillement, la nature et le nombre des ustensiles de pêche dont ils devront être pourvus au départ, pour avoir droit à l'admission en franchise des harengs, tant frais que salés, par eux apportés.

Il est interdit à tout bâtiment pêcheur de relâcher dans un port étranger, à moins de force majeure, dont il devra être justifié dans la forme qui sera déterminée par une ordonnance royale.

---

(1) La restriction prononcée par cet article avait été rapportée par l'ordonnance du 4 janvier 1822, portant : « La pêche du hareng reste libre et non « limitée pour tous les ports du royaume, conformément à la loi du 15 ven- « démiaire an 2. » Mais l'article 9 de la loi du 6 mai 1841 a de nouveau établi des règles restrictives à l'égard de la pêche.

Toute infraction à cette défense entraînera la perte de l'immunité des droits (*Loi du 6 mai 1841, art. 9.*) (1).

Franchise du sel.

657. Il n'y aura pas lieu au payement du droit de consommation pour les sels destinés à la pêche maritime (2). (*Loi du 24 avril 1806, art. 55.*)

Grande pêche.

658. Il sera permis d'embarquer à bord des navires allant à la pêche de la morue telle quantité de sel que les armateurs jugeront convenable (3). Au retour, les capitaines seront tenus de déclarer, sous les peines portées par les lois et règlemens en vigueur, les quantités de sel qu'ils auront employées à la salaison du poisson qui se trouvera à leur bord, de même que celles qu'ils rapporteront en nature : celles-ci seront, après vérification, rétablies en entrepôt (4). Il pourra être accordé également, en exemption de droits, du sel neuf pour le repacquage de la morue, mais seulement sur l'exhibition d'un certificat de la police municipale, attestant qu'elle peut être livrée à la consommation sans danger pour la santé publique. L'emploi de ce sel neuf aura lieu en présence des préposés, qui le constateront (5). (*Ord. du 30 octobre 1816, art. 10.*)

---

(1) Les ordonnances annoncées par cet article n'ont pas encore été rendues.

(2) Les sels employés à la pêche jouissent également de l'immunité du droit de sortie. (*Circ. du 24 juillet 1806.*)

(3) Le départ a lieu au moyen d'un simple passavant sur lequel les préposés attestent la sortie effective des sels embarqués. (*Circ. du 20 décembre 1825, n° 839.*)

Ce passavant doit indiquer si les sels ont été extraits directement des marais salans, ou bien s'ils l'ont été d'un entrepôt, et, dans ce dernier cas, quelle est la portion de *boni* qui leur était afférente. (*Circ. du 28 décembre 1831, n° 1295.*)

Mais si, au lieu d'être exportés directement, les sels devaient être transportés dans un autre port pour y être ou entreposés temporairement ou transbordés sur d'autres navires, ce transport ne pourrait s'effectuer que par acquit-à-caution et sous les formalités du cabotage. (*Circ. du 20 décembre 1825, n° 839.*)

(4) *Voir*, pour l'entrepôt, le n° 650, et, pour les sels rapportés de la pêche qu'on met immédiatement en consommation, le n° 606.

(5) L'allocation en franchise du sel *de repacquage* n'est accordée que pour

Les armemens pour la pêche du saumon dans la baie de Saint-Georges, dépendante des pêcheries françaises de Saint-Pierre-Miquelon, jouiront des immunités accordées aux navires qui font la pêche de la morne, et les règlemens sur les sels que ceux-ci reçoivent sous le privilége, leur seront de tous points applicables. (*Déc. min. du* 7 *avril* 1817; *Circ. du* 14, *n*⁰ 273.)

Petite pêche.

659. L'administration des douanes est autorisée à délivrer en franchise les quantités de sel nécessaires aux salaisons des divers poissons provenant de pêche française, dans la proportion déterminée par le tableau suivant. (*Ord. du* 30 *octobre* 1816, *art.* 1ᵉʳ.)

---

les morues dont l'origine nationale a été justifiée. Les quantités de sel délivrées sont inscrites sur un *compte-ouvert;* elles sont fixées ainsi qu'il suit :

Pour un premier repacquage en saumure, 3o kilog. par tonne contenant net de 128 à 132 kilog. de morue ;

Pour le repacquage en sel sec d'une même tonne de morue déjà repacquée en saumure, mais dont toute la partie liquide a été submergée, 18 kilog.

Ces divers repacquages doivent être précédés de déclarations en douane, et opérés en présence des préposés.

Le compte du saleur n'est déchargé des quantités de sel allouées qu'autant qu'il est justifié, soit que la saumure précédente a été submergée, s'il s'agit d'un second repacquage en sel sec, soit que les morues repacquées sont sorties de la commune, s'il s'agit de poissons à expédier vers l'intérieur. (*Déc. min. du* 9 *août* 1838.)

Le sel de Saint-Ubes peut être employé au repacquage de la morue suivant le mode déterminé pour le sel de France. (*Déc. adm. du* 4 *novembre* 1830.)

Il est alloué pour la conservation de la morue *verte*, rapportée du banc de Terre-Neuve par des bâtimens pêcheurs français, 9 kilog. de sel de *coussins* par 100 kilog. de poisson. (*Déc. min. du* 7 *mai* 1829; *Circ. manuscr. du* 14 *du même mois.*)

Le sel de *coussin* doit être répandu sur le poisson au fur et à mesure du débarquement, et en présence des employés. Il n'en est pas alloué pour les morues *vertes* destinées à être dirigées sur des établissemens spéciaux dits sècheries, dans lesquels elles sont converties en morues *sèches.* (*Déc. min. du* 30 *décembre* 1835; *Circ. du* 17 *janvier suivant*, *n*° 1419.)

Voir le livre X, chapitre xxii, pour les autres encouragemens accordés à la pêche de la morue.

DÉSIGNATION DES ESPÈCES DE POISSON.	QUANTITÉ de sel allouée.	TITRES DES ALLOCATIONS.
	kilog.	
Pour 100 kilog. de harengs blancs....	27	Ord. du 30 octobre 1816.
Pour 100 kilog. nets de harengs blancs destinés pour les Colonies (1)........	40	*Idem.*
Pour 100 kil. de harengs *salés caqués* (2).	30	Déc. min. du 14 avril 1818.
Pour 12,240 harengs saurs...........	155	Ord. du 30 octobre 1816.
Pour 12,240 harengs bouffis ou craque- lotés.	75	*Idem.*
Pour 12,240 harengs *braillés* (3)......	180	Déc. min. du 14 avril 1818.
Pour 100 kilog. nets de harengs salés destinés à servir d'appât...........	20	Ord. du 30 octobre 1816.
Pour le pacquage de 100 kil. de harengs blancs destinés pour les Colonies....	15	*Idem.*
Pour 100 kilog. nets de maquereau salé à terre.........................	40	*Idem.*
Pour le pacquage de cette même quan- tité (4).........................	10	*Idem.*
Pour 100 kilog. nets de maquereau salé en mer.........................	48	*Idem.*
Pour le pacquage de cette même quantité.	15	*Idem.*
Pour 100 kil. nets de rogues de maquereau destinées à servir d'appât (5)........	40	*Idem.*
Pour 100 kil. nets de maquereau mariné dans les ports de la Méditerranée....	25	*Idem.*
Pour 100 kil. nets de sardines salées et pressées en barils, et de celles salées en mer dans les ports de l'Océan (6)..	75	*Idem.*

(1) Les barils de harengs, ainsi préparés, sont mis en entrepôt réel jusqu'à leur envoi dans les Colonies; si, avant l'expiration d'une année, le propriétaire désire les retirer, il est tenu d'acquitter les droits sur la portion de sel excédant la quantité allouée pour les harengs destinés à la consommation intérieure. (*Tableau annexé à l'Ord. du 30 octobre 1816.*)

(2) Cette allocation n'a lieu que pour les préparations effectuées en mer jusqu'au 15 novembre inclusivement; après cette époque, on ne doit allouer que 27 kilog. (*Circ. du 16 avril 1818.*)

(3) Ce n'est que pour les salaisons faites en mer jusqu'au 15 novembre qu'on alloue 180 kilog.; l'allocation, après le 15 novembre, n'est que de 155 kilog. (*Circ. du 16 avril 1818.*)

(4) Ce supplément de sel n'est pas accordé pour le maquereau expédié en panier. (*Tableau annexé à l'Ord. du 30 octobre 1816.*)

(5) Ces fixations pour le maquereau concernent uniquement les ports de l'Océan. (*Tableau annexé à l'Ord. du 30 octobre 1816.*)

(6) Il peut être alloué du sel en franchise pour les préparations de sardines, autres que celles mentionnées ci-dessus; mais l'emploi doit en être fait sous les yeux des préposés, qui constatent les quantités ainsi consommées. (*Tableau annexé à l'Ord. du 30 octobre 1816.*)

DÉSIGNATION DES ESPÈCES DE POISSON.	QUANTITÉ de sel allouée.	TITRES DES ALLOCATIONS.
	kilog.	
Pour 100 kil. nets des mêmes poissons, préparés de la même manière dans les ports de la Méditerranée..........	48	Ord. du 30 octobre 1816.
Pour 1,000 sardines...............	25	Circ. du 8 novembre 1818.
Pour 100 kil. nets de sprats salés, pour servir d'appât à la pêche de la sardine.	40	Ord. du 30 octobre 1816.
Pour 100 kil. de sprats destinés à la consommation, et d'anchois préparés comme la sardine dans les ports de l'Océan.......................	75	*Idem.*
Pour 100 kil. nets des mêmes poissons, préparés de même dans les ports de la Méditerranée..................	48	*Idem.*
Pour 100 kil. nets de raie salée à terre dans les ports de l'Océan..........	40	*Idem.*
Pour 100 kil. nets de gros poissons, tels que lieux, merluches, juliennes, congres, roussettes, chiens de mer, salés en sec dans les ports de l'Océan......	37	*Idem.*
Pour 100 kilog. nets des mêmes poissons, salés en vert et présentés en barils dans les ports de l'Océan (1)........	75	*Idem.*
Pour 100 kil. nets de thon salé en baril dans les ports de la Méditerranée....	36	*Idem.*
Pour 100 kil. nets de thon mariné dans les mêmes ports	25	*Idem.*
Pour 100 kil. nets d'anguilles salées, du 1er octobre au 30 avril, dans les ports de la Méditerranée (2)............	50	*Idem.*
Pour 100 kil. nets de même poisson salé, du 1er mai au 30 septembre, dans les mêmes ports	75	*Idem.*
Pour 100 kil. de sèches (poisson de la famille des mollusques)............	35	Déc. min. du 21 sept. 1836.
Pour 100 kil. de melettes dans les ports de Marseille et de Cette..........	17	Déc. adm. des 6 janv. et 16 juin 1817.

Salaisons en mer.

640. Tout propriétaire ou maître de chasse-marée ou chaloupe qui voudra faire salaison et commerce de sardines, mer-

---

(1) *Les chiens de mer* salés en vert ne jouissent de l'allocation de 75 pour 100 que s'ils ont été préparés *en mer;* on ne peut faire à terre et dans les ateliers que des salaisons *en sec,* pour lesquelles il est alloué 37 kilog. de sel par 100 kilog. de poisson. (*Jug. du trib. de Boulogne du* 12 *février* 1841.)

(2) Toutefois ces quantités ne sont allouées en compte aux saleurs d'anguilles qu'autant que l'emploi en est fait en présence des préposés. (*Tableau annexé à l'Ord. du* 3o *octobre* 1816.)

luches ou tout autre poisson qui se sale en mer et qui est destiné à être consommé en vert, devra se faire inscrire au bureau
des douanes le plus prochain. Le certificat de cette inscription
lui sera délivré à ses frais, qui seront ceux du timbre seulement.
(*Décret du 11 juin 1806 , art.* 47.)

Sur la représentation de ce certificat, par le maître, aux préposés des douanes établis près les marais salans ou entrepôts,
ils lui délivreront un permis pour lever le sel qu'il jugera lui
être nécessaire, et qui ne pourra excéder cependant la quantité
de 150 kilog. par tonneau de contenance de son embarcation (1),
soumission préalablement faite de justifier de l'emploi de ce sel
en salaison de poisson (2). (*Même Décret, art.* 48.)

641. Lorsqu'après avoir pris son chargement de poisson et
l'avoir salé, il abordera dans un port pour le vendre, il sera tenu,
avant de commencer son déchargement, de fournir à la douane
une déclaration de la quantité de poissons salés qu'il apporte,
du sel neuf qui lui reste, et de représenter l'acquit-à-caution

---

(1) La quantité de 150 kilog., réglée pour chaque tonneau de contenance,
peut être portée à 250 kilog. ; mais le sel enlevé par un même navire, quelle
que soit sa capacité, ne peut jamais excéder 6,250 kilog. (*Déc. min. du
2 septembre* 1806 ; *Circ. du* 5.)

Les futailles vides embarquées sur les bateaux de petite pêche, sont considérées comme ustensiles de pêche, et, comme telles, dispensées de l'acquit-à-
caution, et livrées sous la simple formalité du permis d'embarquer toutes les
fois que leur contenance totale n'excède pas 600 litres par tonneau de jauge
du bateau pêcheur. (*Circ. du 7 janvier* 1837, n° 1599.)

(2) L'acquit-à-caution délivré en vertu de cette soumission, donne lieu à
l'ouverture d'un compte-ouvert. Cet acquit reste entre les mains des maîtres
de barques jusqu'à l'épuisement du sel, ou jusqu'à la fin de la pêche, si, pendant sa durée, le sel embarqué n'a pu être employé. (*Circ. du 21 juin* 1817,
n° 289.)

Lorsqu'un maître de barque demande à ajouter du sel à la quantité qui lui
reste d'une pêche qu'il a le projet de continuer, on doit reporter celle-ci sur
le nouvel acquit-à-caution qui lui est délivré pour le sel de nouvelle extraction, et en faire mention expresse dans le certificat qui est inscrit sur l'acquit-
à-caution précédent, lequel se trouve avoir de la sorte entièrement rempli
son objet, sauf règlement au bureau de départ. La quantité totale de sel portée
dans la nouvelle expédition est réputée expédiée du port d'où celle-ci émane,
et c'est là que la justification définitive d'emploi en est exigée. Seulement il
convient, pour se ménager des moyens de contrôle, d'indiquer en marge de ce
nouvel acquit et de la soumission dont il a été détaché, la quantité de sel qui
restait à bord de la barque. (*Circ. du 8 novembre* 1818, n° 441.)

Voir le n° suivant, en note, pour le hareng et le maquereau.

qui lui aura été délivré à son départ pour la pêche (1). (*Décret du 11 juin 1806, art. 49.*)

Si, à son arrivée, il n'était pas porteur d'un acquit-à-caution pour justifier que le sel qui a été employé à des salaisons a été

---

(1) Dans les différens ports où du poisson salé est débarqué, on se borne à certifier au dos de l'acquit-à-caution les quantités mises à terre, ainsi que le poids net du sel restant en nature, sauf à vérifier dans le bureau où cette expédition a été délivrée, après l'emploi successif de la totalité du sel, si les proportions établies par les règlemens n'ont pas été enfreintes, et à régler, d'après le résultat ainsi obtenu, les comptes des maitres de barques. Ainsi ce n'est que dans les bureaux où les acquits-à-caution ont été levés que les déficit, s'il en est reconnu, donnent lieu à des poursuites contre les soumissionnaires et leurs cautions. L'administration se borne à exiger le simple droit, quand ces déficit sont peu importans, et que l'on est fondé à ne les point attribuer à quelque pratique de fraude. (*Circ. du 8 novembre* 1818.)

Les certificats qui sont délivrés dans les ports de débarquement doivent faire mention des espèces de poisson au poids ou au nombre, selon que les salaisons représentées jouissent du sel en franchise sur le poids ou sur le nombre. L'acquit-à-caution est toujours remis au maître de barque, aussitôt que le certificat de vérification des salaisons mises à terre et du sel resté en nature y a été inscrit. Ce certificat doit être signé de deux employés au moins, et visé par le receveur de la douane. Il est porté très-exactement sur un registre particulier, dont les receveurs transmettent tous les mois aux directeurs un relevé qui sert à former un état récapitulatif qu'on adresse à l'administration, et au moyen d'un extrait de cet état, transmis aux bureaux d'où les acquits-à-caution émanent, les receveurs s'assurent de l'exactitude des certificats apposés sur ces expéditions. (*Même Circ.*)

Le compte du sel délivré aux pêcheurs pour les salaisons en mer du hareng et du maquereau n'est arrêté qu'à la fin de chaque pêche, et seulement dans les ports d'armement. A cet effet, il est tenu un registre à souche d'où l'on détache un relevé de compte ouvert, dont chaque maître de barque doit être porteur. On inscrit sur ce relevé, d'un côté les quantités de sel qui ont été successivement levées pour les besoins de la pêche, et de l'autre celles de poisson représentées pendant le cours de cette pêche. Il est toujours appuyé des acquits-à-caution délivrés dans les douanes où il est remis du sel aux pêcheurs, et fournit ainsi aux ports d'armement les élémens nécessaires pour que les employés puissent, à la fin de la pêche, arrêter les comptes des maîtres de barques, et inscrire, au dos de chaque acquit-à-caution sur lequel il n'aura jusque là été porté aucun visa ou certificat, un extrait du relevé du compte courant qui justifie de l'emploi de la quantité de sel comprise dans l'acquit. Cette expédition, ainsi régularisée, est renvoyée au bureau d'extraction, où la soumission qui la concerne est annulée.

Si, par le résultat du compte général, un déficit était reconnu sur l'ensemble dans l'emploi du sel, on le ferait porter sur l'une des expéditions qui auraient été délivrées dans la douane même du port d'armement où le compte est arrêté et où les poursuites de droit seraient dirigées. (*Circ. manusc. du 16 octobre* 1821.)

levé aux marais salans de France, et que les droits en ont été préalablement assurés, les salaisons et le sel qui se trouveront à bord seront confisqués, avec amende de 100 fr. (*Même Décret, art.* 50.)

Il encourra les mêmes peines, s'il est rencontré en mer par une embarcation des douanes, sans être muni d'expédition qui justifie l'origine du sel, et que les droits ont été cautionnés. (*Même Décret, art.* 51.)

642. Lorsque la déclaration prescrite par l'article 49 aura été faite, il lui sera délivré un permis de déchargement en présence des préposés, qui vérifieront les quantités de poissons et de sels existantes. (*Même Décret, art.* 52.)

Si la quantité de poisson salé représentée n'était pas proportionnée à la quantité de sel consommée, il payera une amende de 100 fr., et en outre le triple du droit dont le sel non représenté aurait été susceptible. (*Même Décret, art.* 53.)

Il encourra la même peine, s'il se trouvait à bord du sel neuf dont il n'aurait pas fait la déclaration, et en outre la confiscation du sel seulement. Dans l'un et l'autre cas, son bâtiment pourra être retenu pour sûreté de l'amende. (*Même Décret, art.* 54.)

Si, ayant du sel à son bord, il déclare ne point vouloir continuer la pêche, il pourra vendre son sel pour la consommation, en acquittant les droits (1). (*Même Décret, art.* 55.)

Recherche et répression de la fraude.

643. Il est expressément défendu à tous pêcheurs et autres d'acheter en mer du hareng de pêche étrangère, à peine de 500 fr. d'amende, confiscation du hareng, des barques, bateaux et tous ustensiles de pêche (Arrêt du Conseil du 24 mars 1687) (2). (*Ord. du 14 août* 1816, *art.* 3.)

Les contraventions à l'article 3 de l'ordonnance royale du

---

(1) Il peut aussi le réintégrer en entrepôt. *Voir* le n° 634.

(2) Le recouvrement de l'amende a lieu à la requête de l'administration de l'enregistrement et des domaines. (*Circ. du* 21 *octobre* 1833, *n°* 1407.)

Mais si les préposés des douanes ont constaté la contravention, ils ont droit au tiers du produit net recouvré. (*Déc. min. du* 3 *mars* 1820; *Circ. n°* 557.)

14 août 1816, qui seront constatées à l'avenir par les officiers et employés des douanes, avec ou sans le concours des syndics de pêche, seront poursuivies par voie de police correctionnelle et déférées aux tribunaux de première instance, comme si elles avaient été constatées par les syndics de pêche.

En conséquence, les employés des douanes requerront dans leurs procès-verbaux l'application des condamnations portées en l'article 3 précité de l'ordonnance du 14 août 1816 (1). (*Ord. du 3 janvier* 1828.)

Les officiers et employés des douanes dans les ports sont particulièrement chargés de constater l'origine des harengs et autres poissons rapportés de la mer par des pêcheurs français et présentés pour être admis aux franchises et priviléges réservés aux seuls produits de la pêche nationale; à cet effet, lesdits officiers et employés auront, dans les cas douteux, à procéder, concurremment avec les syndics de pêche, et au besoin avec les officiers de l'administration de la marine, à l'interrogatoire des équipages, à l'examen des livres et papiers de bord, et à toutes autres vérifications et recherches tendantes à reconnaître si le poisson représenté a été pêché en mer par l'équipage du navire qui en est porteur, ou s'il a été acheté à des pêcheurs étrangers (2). (*Ord. du 27 septembre* 1826, *art.* 2.)

---

(1) Les préposés, après avoir constaté la contravention, déposent leur procès-verbal entre les mains du procureur du Roi, qui poursuit l'affaire devant le tribunal correctionnel de la même manière que toutes celles qui ont pour objet la répression d'un délit ordinaire. L'administration devant toujours demeurer étrangère aux poursuites, il en résulte que, dans aucun cas, les frais d'instance ne peuvent retomber à sa charge. (*Circ. du* 21 *octobre* 1833, n° 1407.)

Les frais de poursuite auxquels donnent lieu ces sortes d'affaires sont avancés par la régie de l'enregistrement pour le compte du département de la justice. (*Déc. min. du* 9 *décembre* 1834; *Circ.* n° 1476.)

(2). Aux termes de l'article 3 de cette même ordonnance, les contraventions dont il s'agit devaient être déférées aux tribunaux compétens en matière de douanes; mais, se fondant sur les règlemens généraux concernant la pêche, l'administration a prescrit, par sa circulaire du 21 octobre 1833, d'agir en vertu de l'ordonnance du 3 janvier 1828 toutes les fois que les préposés des douanes rédigent procès-verbal pour constater l'achat fait en mer de poisson provenant de pêche étrangère.

Voir le chapitre VII, *Contraventions et leurs suites.*

Salaisons en atelier.

644. Nul ne pourra se livrer à la profession de saleur, s'il n'est patenté comme tel, à peine de confiscation des salaisons et de 500 fr. d'amende, conformément à l'article 37 de la loi du 1er brumaire an 7 (1). (*Ord. du 14 août 1816, art. 17.*)

Aucun atelier de salaison ne pourra être établi ou conservé dans une commune où il n'existerait pas un bureau de douanes, et les sels destinés aux préparations qui y auront lieu, ne pourront être tirés que des dépôts spéciaux autorisés par l'article 27 du règlement du 11 juin 1806 (n° 633), dans chaque port où il existe aussi un bureau de douanes (2). Les saleurs seront tenus de représenter lesdits sels, soit en salaisons de poisson, soit en nature, et les sels non employés seront réintégrés dans le dépôt, ou soumis aux droits. Chaque atelier sera clos de telle manière qu'il n'ait qu'une seule issue, et tous les bâtimens compris dans ce même enclos seront sujets à la visite des préposés des douanes. (*Ord. du 30 octobre 1816, art. 5.*)

Aucun atelier de salaison de sardines et autres poissons qui se renferment et se pressent dans des barriques ou barils, ne pourra être établi sans une déclaration préalable au bureau des douanes le plus prochain. (*Décret du 11 juin 1806, art. 36.*)

Les propriétaires ou locataires d'ateliers seront tenus de les

---

(1) L'administration des douanes n'a pas qualité pour demander au saleur l'exhibition de sa patente avant de lui délivrer du sel, quand d'ailleurs il a rempli les formalités prescrites par les règlemens. (*Déc. adm. du 17 juillet 1819.*)

Voir le n° 213 pour les renseignemens que la douane est tenue de fournir à ce sujet aux agens des contributions directes.

(2) Le sels destinés aux salaisons en atelier devant être extraits des *entrepôts spéciaux*, l'entrepôt fictif autorisé par l'article 39 du décret du 11 juin 1806 est supprimé. (*Circ. du 30 septembre 1818.*)

Les saleurs dont les ateliers sont placés soit dans une ville où il y a un entrepôt général, soit sur les salins ou marais salans, conservent la faculté d'extraire du sel, dans le premier cas, de l'entrepôt général, et dans le second, directement de ces mêmes salins ou marais, mais seulement à mesure et dans la proportion de leurs besoins, et sauf à en justifier l'emploi. (*Circ. du 22 novembre 1816.*)

Tout saleur qui voudra enlever du sel pour des salaisons, sera tenu de fournir une soumission valablement cautionnée, et de justifier de l'emploi du sel en salaisons, dans les proportions déterminées par les règlemens, ou d'en payer le droit. (*Décret du 11 juin 1806, art. 39.*)

ouvrir, ainsi que leurs magasins de sels, à toute réquisition des préposés des douanes, afin qu'ils puissent reconnaître les quantités de salaisons faites et celles des sels non employés (*Décret du 11 juin 1806, art. 41.*) (1).

645. Les propriétaires d'ateliers de salaisons ne pourront avoir, dans l'enceinte où se trouvent lesdits ateliers, que les sels spécialement destinés à la préparation du poisson. Toute vente desdits sels est formellement interdite pendant la durée des salaisons, et même après, s'il n'était point suffisamment prouvé qu'ils ont acquitté les droits, sous les peines portées *contre les saleurs trouvés en contravention* (2). (*Ord. du 30 octobre 1816, art. 6.*)

Aucun magasin en gros, aucune vente en détail de sel ayant acquitté les droits, ne pourront être établis à moins de vingt-cinq mètres de distance d'un atelier de salaisons, sous les peines portées par l'article précédent. (*Même Ord., art. 7.*)

646. Tous ceux qui, sans déclaration préalable, emploieront

---

(1) Quand un saleur apporte des entraves matérielles ou oppose une force d'inertie au recensement de ses magasins et ateliers, *les préposés, après l'avoir mis en demeure,* dressent contre lui un procès-verbal pour opposition à l'exercice de leurs fonctions. Ils requièrent ensuite l'intervention d'un officier municipal, et procèdent d'office, avec l'assistance de ce fonctionnaire et aux frais et risques du saleur, à l'ouverture des portes et au recensement des sels et salaisons. (*Déc. adm. du 5 février 1841.*)

Voir, pour les saisies à domicile, le n° 1197.

(2) Ces peines sont celles édictées par l'article 45 du décret du 11 juin 1806, ainsi conçu :

« Ceux qui recevront dans leurs magasins ou ateliers des sels dont les droits
« n'auraient pas été acquittés ou soumissionnés, seront condamnés à payer une
« amende de 100 fr., et le triple des droits fraudés. En cas de récidive, ceux
« qui auront été pris en contravention, outre les peines ci-dessus portées, se-
« ront privés de la franchise accordée pour les salaisons. »

Dans le cas prévu par cet article 45, il n'y a pas lieu de conclure à la confiscation du sel. (*Déc. adm. du 3 mars 1812.*)

Les sels trouvés sur un seul ou plusieurs individus sortant d'un atelier de salaison seront saisis, lorsque aucune expédition ne pourra être représentée. Dans ce cas, le procès-verbal devra conclure *contre les porteurs du sel* à l'amende individuelle de 100 fr., conformément à l'article 2 du décret du 25 janvier 1807, et contre le saleur à une semblable amende, indépendamment du triple droit du sel, conformément à l'article 6 de l'ordonnance du 30 octobre 1816, et aux articles 45 et 46 du décret du 11 juin 1806. (*Circ. manusc. du 6 janvier 1814, et Déc. adm. du 21 novembre 1836.*)

du sel en salaison de poissons, ou qui en auront en dépôt dans les lieux où se font lesdites salaisons, devront justifier qu'ils ont acquitté ou soumissionné le droit ; et, à défaut de cette preuve, ils encourront la saisie et confiscation du sel et des salaisons trouvés chez eux, avec amende du double des droits fraudés. (*Décret du 11 juin 1806, art.* 40.)

647. Les comptes des saleurs devant être établis suivant la quantité au net des poissons salés représentés (1), lesdits saleurs sont tenus de marquer en chiffres, d'une manière évidente, sur les barils, tonneaux ou barriques qu'ils emploient, le poids de chacun de ces barils, tonneaux ou barriques vides, sauf aux employés des douanes à en vérifier l'exactitude (2). (*Ord. du 30 octobre* 1816, *art.* 8.)

648. Les peines portées en l'article 45 du présent décret (no 645) seront prononcées contre ceux qui, pour masquer la fraude, supposeront des salaisons qu'ils n'ont pas faites, ou substitueront dans les barriques ou barils, à des poissons pressés, toutes autres matières (3). (*Décret du* 11 *juin* 1806, *art.* 46.)

Tout saleur qui ferait de cette profession un moyen de fraude ou de spéculation illicite, outre les peines de droit, sera privé de la franchise accordée pour les salaisons, pour un espace de temps qui ne pourra être moindre de deux ans, ni supérieur à quatre ; en cas de récidive, il en sera privé pour toujours. (*Ord. du 30 octobre* 1816, *art.* 13.)

---

(1) Chaque saleur en atelier doit avoir à la douane de sa résidence un compte ouvert où l'on prend à sa charge le sel qu'il extrait de l'entrepôt, et à sa décharge le poisson salé qu'il représente.

(2) Le recensement des ateliers et la balance du compte des saleurs devront se faire au moins une fois chaque année. (*Déc. adm. du* 11 *mai* 1826.)

S'il résulte de la vérification que la quantité de poisson pressé n'est pas proportionnée à la quantité de sel prétendue consommée, le saleur est condamné à payer une amende de 100 fr., et en outre le double des droits fraudés. (*Décret du* 11 *juin* 1806, *art.* 45.)

(3) Le saleur qui présente des barils de chiens de mer dans lesquels on trouve une quantité distincte de sel neuf ou sec, est passible de la pénalité édictée par l'article 46 du décret du 11 juin 1806 contre ceux qui ont *substitué toute autre matière* au poisson déclaré. (*Jugem. du tribunal civil de Boulogne, du* 12 *février* 1841.)

Préparation du poisson.

649. Le hareng caqué et salé en *vrac* dans des barils, devra rester au moins huit jours dans la saumure avant d'être pacqué. (*Ord. du 14 août 1816, art.* 18.)

Le maquereau devant être salé, sera caqué et vidé de ses intestins, œufs et laitances, et restera en saumure au moins dix jours avant d'être pacqué (1). (*Même Ord., art.* 19.)

Les marchands saleurs et pêcheurs ne pourront caquer à terre ni en mer aucun hareng qui aura d'abord été braillé en grenier ou en baril, l'embariller ni le mêler avec les autres harengs caqués ou salés soit en mer, soit à terre, à peine de confiscation des marchandises qui se trouveront ainsi salées ou mélangées, et de 500 fr. d'amende. (*Même Ord., art.* 20.)

Il est défendu, à peine de confiscation et de 100 fr. d'amende, à tous maîtres de barques, pêcheurs ou matelots, et à tous marchands saleurs vendant dans les ports, de caquer, saler ou brailler pour saurer au roussable, et d'embariller d'autre hareng que celui d'une ou de deux nuits. (*Même Ord., art.* 21.)

Le hareng préparé à terre pourra prendre la saumure soit dans des cuves en bois, soit dans des cuves en maçonnerie ; il y restera au moins dix jours. (*Même Ord., art.* 22.)

Les salaisons, quelle que soit l'espèce du poisson qu'elles auront pour objet, devront être complétées dans le même port, et il ne sera point accordé de sel en franchise dans celui où l'on transporterait les salaisons commencées dans un autre (2). (*Ord. du 30 octobre 1816, art.* 4.)

Dispositions générales.

650. L'emploi du sel alloué en franchise sera surveillé par les agens des douanes. (*Même Ord., art.* 3.)

---

(1) Si l'on présentait, *comme pacqué*, du maquereau placé dans des barils avec des vieux sels, sans avoir préalablement été lavé et mis dans la saumure, les préposés refuseraient de l'admettre en compte. (*Circ. du 5 août* 1818.)

(2) Le maquereau qui a été salé dans un port peut être pacqué dans un autre avec du sel délivré en franchise, toutes les fois qu'il est prouvé qu'il n'a encore été alloué que 40 kilog. de sel pour 100 kilog. de poisson. (*Circ. du 20 août* 1818.)

On ne pourra employer, pour les salaisons faites en mer ou à terre, que la quantité de sel nécessaire à la conservation du poisson. (*Décret du 11 juin 1806, art. 33.*)

Les barils de poissons salés seront ouverts, et s'ils contiennent du sel superflu, il sera jeté comme immonde. (*Même Décret, art. 34.*)

Les mêmes vérifications auront lieu pour les poissons salés qui seront apportés de l'étranger. (*Même Décret, art. 35.*)

Pour assurer l'exécution des dispositions prescrites par l'ordonnance royale du 14 août 1816, il sera établi dans chaque port, baie ou crique, deux syndics, qui seront pris, l'un parmi les anciens armateurs, et l'autre parmi les anciens saleurs non exerçant (1). (*Ord. du 14 août 1816, art. 28.*)

La faculté attribuée au syndic de pêche de constater et de poursuivre les contraventions à l'ordonnance royale du 14 août 1816, est indépendante du droit qu'ont les préposés des douanes d'empêcher, par tous les moyens que les lois mettent à leur disposition, l'introduction et la salaison frauduleuse en France des poissons provenant de pêche étrangère (2). (*Ord. du 27 septembre 1826, art. 1er.*)

Sels immondes.

651. Les sels immondes, connus sous le nom de *ressels* et de *saumures*, provenant de la salaison des poissons, seront, immédiatement après la saison de la pêche, submergés par les soins et sous les yeux des préposés des douanes, sans que les sels et saumures, considérés comme déchet, soient pris en compte à décharge. Les saleurs qui s'y refuseraient, ou qui seraient convaincus d'avoir soustrait quelques parties de ressels ou de saumures, seront condamnés aux peines portées par l'article 45 du règlement du 11 juin 1806 (n° 645). En cas de récidive, ils seront privés de la franchise accordée pour les salaisons. Les sels

---

(1) Si, malgré l'avis donné par les syndics de la pêche, les employés croient reconnaître que des poissons sortant des ateliers n'ont pas tout le sel nécessaire à leur préparation, et qu'il y a danger pour la santé publique à les mettre ainsi dans la consommation, ils doivent en référer à l'autorité locale. (*Circ. du 25 février 1817.*)

(2) *Voir*, pour les poissons de pêche étrangère achetés en mer, le n° 643.

neufs, mélangés à des sels immondes, en quelque proportion que ce soit, et le résidu des salaisons de viandes, seront assujettis à la même règle (1). (*Ord. du 30 octobre* 1816, *art.* 12.)

Des barils et de leurs marques.

652. Afin de prévenir les doubles emplois qui pourraient être faits de barriques ou de barils de poisson pressé ou enchoité, ils seront marqués aux deux bouts et sur le bouge (2). (*Décret du 11 juin* 1806, *art.* 42.)

Le baril d'envoi dans lequel le hareng est pacqué ne sera pas considéré comme mesure de contenance, mais seulement comme enveloppe.

Ce baril ne sera réputé plein, loyal et marchand qu'autant qu'il pèsera de 144 à 147 kilog., y compris la tare du baril, qui, vide, ne pourra peser plus de 14 à 19 kilog. et demi, et dans lequel il ne pourra se trouver plus d'un kilog. et demi ou 2 kilog. de saumure. (*Ord. du* 14 *août* 1816, *art.* 23.)

Le demi-baril, le quart de baril et le huitième suivront le poids du baril proportionnellement, de manière toutefois que deux demi-barils, quatre quarts ou huit huitièmes pèsent au moins 142 kilog. (*Même Ord.*, *art.* 24.)

Pour distinguer le hareng d'une nuit de celui de deux nuits, tous les marchands saleurs seront tenus, chacun en droit soi, de faire apposer à feu et sur le fond de tous les barils, demi-barils, quarts et huitièmes provenant de leur pacquage et contenant du hareng d'une nuit seulement, une marque portant 1° le nom de la ville ou du port de leur résidence ; 2° leur propre nom. Il leur est défendu de mettre aucune marque ni impression à feu sur les barils contenant des harengs de deux nuits ou tous autres, à

---

(1) Toutes les dispositions de cet article sont obligatoires pour les tribunaux. (*Jugem. du* 4 *février* 1837 ; *Circ. du* 25 *mars suivant*, *n°* 1613.)

Pour les sels de *coussins* rapportés de la pêche de la morue, *voir* le n° 638.

(2) Cette marque, apposée par les préposés, doit l'être sans frais. (*Circ. du* 26 *août* 1807.)

Quand le nombre des barils est trop considérable, on peut, pour ne pas porter préjudice au commerce par une trop grande perte de temps, se borner à n'apposer la marque que sur un des bouts du baril. (*Déc. adm. du* 9 *janvier* 1807.)

Voir le n° 647, pour l'indication du poids à mettre sur les barils.

peine, contre les contrevenans aux articles précédens, de confiscation des marchandises au profit de l'hospice le plus voisin. La marque énoncera si le baril contient du hareng plein ou guai. Toute contravention au présent article sera punie conformément à l'article 423 du Code pénal. (*Ord. du 14 août 1816, art. 25.*)

Défenses sont faites, sous les peines portées dans les lois et règlemens, à tout marchand saleur de contrefaire la marque d'un autre marchand de la même ville ou toute autre. (*Même Ord.,* *art. 26.*)

Dans le cas même où un marchand saleur ferait pacquer en tout autre port que celui de sa résidence habituelle, il ne pourra se servir de sa marque ordinaire, et il devra en employer une indicative du lieu où le pacquage aura été fait. (*Même Ord.,* *art. 27.*)

Expédition des salaisons et décharge du compte.

653. Les salaisons de poisson ne devront rester dans les ateliers du saleur, quand elles ne seront pas destinées à être immédiatement expédiées pour l'intérieur ou pour un autre port de France (1), que jusqu'au moment où les préposés des douanes en feront la reconnaissance, à l'effet d'apposer sur les barils la marque prescrite par l'article 42 du décret du 11 juin 1806. Alors les salaisons seront déposées dans un magasin à deux clefs (celle de la douane et celle du saleur), et y demeureront jusqu'à ce qu'elles reçoivent l'une des destinations ci-dessus, ou que, conformément à l'article 5 du décret du 8 octobre 1810, on en dispose, après la saison de la pêche, pour la consommation locale. (*Circ.* *du 20 novembre 1816, n° 223.*)

Le compte ouvert du saleur sera déchargé des quantités de poisson retirées des ateliers ou des magasins à double clef, sur la production de certificats attestant leur embarquement (2) ou

---

(1) *Voir*, pour le poisson préparé à destination des Colonies, le n° 639, note.

(2) Les poissons salés expédiés par cabotage ne sont soumis qu'à la simple formalité du passavant. (*Loi du 2 juillet 1836, art. 19.*)

Un acquit-à-caution serait nécessaire si le navire à bord duquel on voudrait embarquer le poisson était armé pour la pêche. Dans le cas où le capitaine ou patron refuserait de lever un acquit-à-caution, la douane ne laisserait con-

la sortie par terre (1). (*Circ. du 20 novembre 1816, n° 223.*)

Les quantités de poisson salé qui se consomment dans l'intérieur des villes où se fait la salaison, pendant la durée de la pêche, ne seront pas prises en compte par les préposés des douanes pour le règlement du compte des saleurs relatif à l'emploi du sel en franchise. (*Décret du 8 octobre 1810, art. 5, et Ord. du 30 octobre 1816, art. 9.*)

SECTION II.

MARINE ROYALE.

654. Il n'y aura pas lieu au payement du droit de consommation pour les sels employés aux salaisons destinées aux approvisionnemens de la marine royale et des Colonies (2). (*Loi du 24 avril 1806, art. 55.*)

Les dispositions de l'article 55 de la loi du 24 avril 1806 restent applicables aux sels employés aux salaisons de la marine royale (3). (*Loi du 7 juin 1820, art. 9.*)

---

sommer l'expédition par simple passavant qu'après avoir exigé le débarquement préalable des produits de sa pêche ou du sel franc qu'il aurait à bord. (*Circ. du 11 octobre 1827, n° 1064.*)

Il ne peut jamais être accordé du sel en franchise pour le ressallage de poissons salés en atelier, et qui, dans un transport par cabotage, auraient éprouvé des avaries. (*Circ. du 15 janvier 1810.*)

(1) Pour les salaisons expédiées à destination de l'intérieur, la douane délivre un passavant énonçant la qualité et la quantité du poisson. Ce passavant doit être visé, après vérification du contenu des barils, par les préposés placés aux portes des villes, ou par ceux qui ont accompagné ces barils hors de la commune. (*Circ. du 28 octobre 1807.*)

Lorsque des salaisons sont expédiées par terre d'un port d'atelier pour un autre port de pêche, l'acquit-à-caution doit porter l'obligation de mettre le poisson sous la clef de la douane au lieu de destination, jusqu'à ce qu'il en soit réexpédié ou qu'il y entre légalement dans la consommation. (*Circ. du 9 octobre 1816.*)

Voir, pour les poissons salés qui circulent de nuit dans la distance d'un myriamètre des côtes, le livre IV, n° 342.

(2) Un système de prime ou de remboursement du droit des sels a été substitué, pour les expéditions à destination des Colonies, à la remise du sel en franchise.

(3) Cette immunité ne s'étend pas aux sels distribués aux marins avec la ration ordinaire. (*Circ. du 13 août 1806.*)

Les sels employés pour les salaisons destinées aux approvisionnemens des Colonies et de la marine seront déposés dans
des magasins fermés à deux clefs, dont l'une restera entre les
mains des préposés des douanes, qui enregistreront les quantités
entreposées et en surveilleront l'emploi (1). (*Décret du* 11 *juin*
1806, *art.* 32.)

———————————————————————————————————————

(1) Pour assurer l'exécution de cette disposition, les ministres des finances
et de la marine ont arrêté le règlement suivant :

1°. Les sels venant dans les ports à destination des salaisons de la marine,
sont entreposés dans un magasin fermant à deux clefs, dont l'une reste entre
les mains de l'agent des vivres de la marine, et l'autre est déposée à la douane.

2°. Lorsqu'on se propose de procéder à une préparation de viandes salées,
l'agent des vivres de la marine en fait la déclaration à la douane, qui lui délivre un permis pour la quantité de sel qu'il a déclaré vouloir retirer de l'entrepôt.

3°. La délivrance de la quantité de sel portée dans le permis est ensuite faite
à l'agent des vivres de la marine par les préposés commis à cet effet; ceux-ci
accompagnent les sels dans l'atelier, assistent à la mise en cuve et à tout emploi de sel qui est fait, soit à sec, soit en saumure, pour la préparation des
viandes. Ils constatent, au dos du permis et à mesure du travail, les quantités
de sel qui sont consommées pour les diverses opérations.

Toutes les fois qu'il y a lieu à l'interruption du travail, l'atelier est fermé
sous deux clefs, dont l'une reste entre les mains des préposés.

4°. Lorsque la préparation est complète, le permis est rapporté à la douane,
et le compte d'entrepôt de la marine est immédiatement déchargé de la quantité de sel dont l'emploi a été constaté au dos de cette expédition.

Les quantités qui n'auraient pas été employées sont de suite rétablies en entrepôt ; s'il se trouve un déficit sur les quantités délivrées, déduction faite de
celles dont l'emploi a été constaté, les droits sont perçus sur ce déficit.

5°. Les sels immondes, formant le résidu de chaque préparation, sont submergés en présence des préposés. Si cependant l'administration de la marine
juge préférable de les faire vendre, la vente peut avoir lieu, à charge par l'acquéreur de payer les droits, et de verser le surplus, s'il y a lieu, à la caisse de
la marine.

6°. S'il y a lieu d'ouiller les viandes salées après leur mise en barils, il est
délivré à l'agent des vivres de la marine, sur sa déclaration, la quantité de sel
nécessaire pour l'ouillage, lequel se fait en présence des préposés. Ceux-ci
constatent, sur le permis qui a été délivré à cet effet, la quantité de sel employé à l'ouillage, et le compte d'entrepôt de la marine est déchargé d'une
égale quantité, sur la représentation du permis.

7°. Il dera être donné connaissance à l'avance aux préposés des douanes des
heures auxquelles doivent s'exécuter les travaux de la marine auxquels ils
sont chargés d'assister, et ceux-ci ne pourront, sous aucun prétexte, les faire
retarder. (*Circ. du* 10 *août* 1809.)

SECTION III.

SOUDES FACTICES.

Établissement des fabriques.

655. Lorsqu'il s'agira de l'établissement d'une fabrique de soude, le directeur général des douanes sera consulté, quelle que soit la classe dans laquelle ces sortes de fabriques auront été rangées, soit par le décret du 15 octobre 1810, soit par l'ordonnance du 14 janvier 1815 (1).

Aucune permission ne pourra être accordée, si la fabrique n'est fermée par un mur d'enceinte, à hauteur suffisante, dans lequel il ne pourra être pratiqué d'autre communication avec l'extérieur que celle de la porte d'entrée. (*Ord. du 8 juin* 1822, *art.* 9.)

656. Il sera fourni, dans l'enceinte de la fabrique, un magasin convenable, fermé à trois clefs, dont l'une sera remise au fabricant, et les deux autres aux préposés aux exercices, pour servir au dépôt du sel.

Un pareil magasin sera exigé pour le dépôt des soudes.

Il sera exigé un troisième et semblable magasin pour le dépôt du sulfate dans les fabriques où il ne devrait pas être immédiatement converti en soude (2).

Ces magasins ne seront admis qu'autant qu'ils n'auront d'autre ouverture que la porte d'entrée en dedans de la fabrique, et qu'ils seront reconnus présenter toutes les garanties nécessaires contre les soustractions. (*Arrêté du min. des fin. du* 17 *juin* 1822, *art.* 3.)

Les fabricans fourniront, dans l'intérieur de la fabrique, un logement pour les deux préposés qui y seront attachés (3). (*Déc. min. du* 28 *novembre* 1809.)

---

(1) Le décret et l'ordonnance ci-dessus cités sont relatifs aux manufactures, établissemens et ateliers qui répandent une odeur insalubre ou incommode.

(2) Un quatrième magasin devrait être fourni, si le fabricant voulait faire du sulfate riche pour le commerce (n° 669).

(3) Ce logement doit être situé dans un lieu convenable et consister en deux chambres et une cuisine pour chaque commis marié, et en deux chambres et une cuisine pour deux commis non mariés. (*Déc. min. des* 30 *septembre* 1817 *et* 17 *juin* 1822.)

657. Il ne pourra être toléré, dans les fabriques, aucun atelier destiné à l'emploi des soudes, à l'extraction d'autres produits chimiques ou des sels de soude (1). (*Ord. du 8 juin 1822, art. 5, § 2.*)

Le sel de soude pourra, dans les fabriques *actuellement existantes*, être fabriqué dans le même établissement que les soudes, sous la condition qu'il sera affecté aux deux genres de fabrication des ateliers séparés par un mur à hauteur jugée suffisante par les préposés à l'exercice. (*Arrêté du minist. des fin. du 17 juin 1822, art. 22.*)

La soude destinée à être convertie en sel de soude sera transportée dans l'atelier où se fabriquera cette dernière substance, sous les yeux des préposés, qui exigeront que les pains de soude soient brisés en leur présence. (*Même Arrêté, art. 23.*)

Surveillance des fabriques.

658. L'administration des douanes est exclusivement chargée d'exercer, par ses agens, les fabriques de soude situées dans toute l'étendue du royaume, sauf les localités dans lesquelles le ministre des finances jugerait nécessaire de confier, par exception, la surveillance desdites fabriques à l'administration des contributions indirectes. (*Ord. du 8 juin 1822, art. 7.*)

Les fabriques de soude seront exercées par deux employés qui auront chacun une clef distincte des magasins, et qui seront tenus de résider dans l'enceinte même de la fabrique (2). (*Même Ord., art. 8.*)

Franchise, mélange et expédition du sel.

659. Les fabriques de soude ne seront pas assujetties à

---

(1) Cette défense ne s'étend pas à l'extraction de l'acide muriatique, substance qui s'obtient par la transmutation du sel à l'état de sulfate, et qui est une conséquence nécessaire de la fabrication de la soude. (*Circ. du 30 juillet 1822.*)

(2) Pour indemniser le gouvernement des frais de l'exercice, chaque fabricant est tenu de payer par année, entre les mains du receveur des douanes ou des droits réunis, suivant le lieu où la fabrique est située, une somme que l'article 11 du décret du 15 octobre 1809 avait fixée à 4,000 fr., mais qui a été réduite à 1,500 fr. par l'article 1er du décret du 18 juin 1810.

l'impôt du sel, pour celui qu'elles emploiront dans leur fabrication (1). (*Décret du 13 octobre* 1809, *art.* 1er.)

La quantité de sel accordée pour la fabrication d'un quintal métrique de soude ne pourra excéder 67 kilog. (*Décret du 18 juin* 1810.)

c **660.** Les sels destinés pour la fabrication de la soude dans les ateliers qui ne seront pas établis sur les lieux mêmes de la production du sel, ne pourront être expédiés en franchise pour cet usage, soit des marais salans, soit des entrepôts de l'intérieur, qu'après avoir été mélangés, sous la surveillance des agens des douanes, avec des matières qui en rendent l'usage impossible pour les besoins domestiques, et leur donnent une couleur propre à les faire distinguer et reconnaître à la vue (2). (*Ord. du 8 juin* 1822, *art.* 1er.)

Ce mélange aura lieu par l'addition, sur 85 kilog. de sel marin, d'un demi-centième de charbon de bois pulvérisé, d'un quart de centième de goudron, ou d'un demi-millième d'huile provenant de la distillation de matières animales (3), et de

---

(1) Tout fabricant qui veut jouir de l'exemption de la taxe du sel destiné à la fabrication de la soude, doit indiquer, dans une déclaration préalable, 1º la situation de sa fabrique, ainsi que le nombre des fourneaux à soude disposés pour ses travaux; 2º les marais salans, salines ou entrepôts d'où il se propose de tirer son approvisionnement de sel; 3º la quantité de soude qu'il se propose de fabriquer dans l'année. Cette déclaration est adressée au directeur général des douanes, qui y donne les suites convenables. (*Décret du 13 octobre* 1809, *art.* 2, *et Arrêté min. du* 17 *juin* 1822, *art.* 1er.)

Ladite déclaration n'est valable que pour une année, sauf la faculté de la renouveler. Elle n'est admise pour la première fois qu'en justifiant de l'autorisation qui a été obtenue pour l'établissement de la fabrique, suivant l'ordonnance du 8 juin 1822, article 9, et les règlemens de police relatifs aux ateliers qui répandent une odeur nuisible ou incommode, et après que l'administration des douanes, ou, dans le cas d'exception prévu par l'article 7 de ladite ordonnance, celle des contributions indirectes, a fait vérifier si la fabrique est en état d'être mise en activité, et si l'on a fait les dispositions nécessaires pour la conservation et la première manipulation du sel, le dépôt des soudes fabriquées et le logement des préposés qui doivent être chargés de l'exercice. (*Même Arrêté, art.* 2.)

(2) Le sel destiné aux fabriques de soude situées sur les lieux de production, doit également être soumis au mélange des substances destinées à l'altérer et à le rendre impropre aux usages domestiques. (*Ord. du* 18 *octobre* 1822, *art.* 3.)

(3) Le mélange des sels destinés aux fabriques de soude peut avoir lieu indis-

15 kilog. de sulfate à base de soude résultant de 80 kilog. d'à-
cide sulfurique et de 100 kilog. de sel, et devant 'pouvoir produire de la soude à 30 degrés au moins (1). Les agens chargés
de la livraison des sels vérifieront les matières destinées au mélange avant d'y procéder (2). (*Même Ord.*, *art.* 2.)

661. Les sels qui seront expédiés pour les fabriques de soude,
seront mis en sacs du poids uniforme de 100 kilog. nets, et expédiés sous plombs et acquits-à-caution, portant l'obligation de
les conduire directement aux fabriques pour lesquelles ils auront été déclarés. Les sacs devront avoir la couture en dedans.
(*Décret du 13 octobre* 1809, *art.* 3, *et Arrêté min. du 17 juin*
1822, *art.* 8.)

Le prix des plombs est fixé à 25 centimes. (*Ord. du 26 juin*
1841, *art.* 18; *Circ. du 13 juillet suivant*, *n°* 1860.)

Le plombage ne sera pas exigé, si le sel est tiré d'une saline
attenante à la fabrique qui doit l'employer. L'acquit-à-caution
sera suppléé, dans ce cas, par une reconnaissance du fabricant,
qui attestera la réception du sel 'à chaque vacation, où il sera

---

tinctement avec du goudron provenant, soit de la carbonisation des bois résineux, soit des fabriques d'acide pyroligneux, soit des usines de gaz hydro-
gène. (*Déc. min. transmise par la Circ. du 16 octobre* 1838, *n°* 1714.)

(1) Le mélange ne se fait, dans les entrepôts ou sur les marais salans, que
par le charbon pulvérisé et l'huile animale, ou le goudron seulement. Le sulfate de soude, dans la proportion de 15 kilog. sur 85 kilog. de sel, n'est ajouté
aux deux substances ci-dessus que dans les fabriques, au moment même où
les sels, déjà mêlés de charbon et d'huile animale ou goudron, y arrivent, et
avant qu'ils soient mis en magasin sous les yeux des préposés des douanes.
(*Ord. du 18 octobre* 1822, *art.* 2.)
Les sulfates provenant des nitrates de soude peuvent aussi être employés à
ce deuxième mélange, aux conditions suivantes :
1°. Les employés s'assurent du titre légal des sulfates.
2°. Ces sulfates sont renfermés dans un magasin spécial et distinct.
3°. Un registre est tenu par les contrôleurs pour constater les entrées dans
ce magasin et les sorties qui sont effectuées, soit pour le mélange, soit pour
toute autre destination hors de la fabrique. (*Déc. min. du 22 janvier* 1834;
Circ. du 13 février suivant.)
Voir, pour le titre légal des sulfates, le n° 669.

(2) Les matières qui doivent être mêlées au sel sont fournies par les fabricans, au moment de l'extraction des sels. Le mélange de ces matières avec le
sel se fait sur les marais salans ou dans les entrepôts. L'administration des
douanes détermine dans chaque localité le procédé qui est jugé le plus convenable pour l'opérer. (*Arrêté min. du 17 juin* 1822, *art.* 7.)

vérifié, transporté, et reçu en magasin; le tout sous la surveillance des préposés. (*Arrêté min. du* 17 *juin* 1822, *art.* 9.)

Les soumissionnaires des acquits-à-caution levés pour assurer le transport des sels aux fabriques de soude autres que celles spécifiées en l'article précédent, s'engageront à rapporter, dans un délai fixé, ces expéditions revêtues de certificats de décharge complets, délivrés par les préposés aux exercices dans la fabrique désignée, ou de payer le quadruple droit du sel manquant, conformément à l'article 4 du décret du 13 octobre 1809 (1). (*Même Arrêté, art.* 10.)

L'expédition du sel destiné pour les fabriques de soude, et à prendre sur les marais salans ou dans les entrepôts désignés par les fabricans dans leurs déclarations, aura lieu successivement, en vertu des autorisations que délivreront les directeurs des douanes. Ces autorisations limiteront les extractions partielles, de sorte que l'approvisionnement d'une fabrique ne puisse jamais excéder la quantité de sel *proportionnée à ses moyens de fabrication du sulfate et de la soude pendant trois mois.* (*Même Arrêté, art.* 6.)

Vérification à l'arrivée.

662. Les préposés aux exercices dans la fabrique pour laquelle un chargement de sel sera destiné, ne délivreront le certificat de décharge qu'après avoir reconnu l'identité du transport, vérifié le plombage, le nombre, le poids et le contenu des sacs, et fait déposer le sel, en leur présence, dans le magasin affecté à cet usage, suivant l'article 3 du présent règlement (2). (*Décret du* 13 *octobre* 1809, *art.* 5 *et* 6, *et même Arrêté, art.* 11.)

---

(1) A défaut du transport des sels dans la fabrique, ceux qui auront fait leur soumission pour la délivrance des acquits-à-caution seront tenus de payer le quadruple des droits imposés sur le sel manquant. (*Décret du* 13 *octobre* 1809, *art.* 4.)

(2) Les sels expédiés à destination des fabriques de soude ne jouissent pas du déchet de 5 pour 100 accordé par le décret du 11 juin 1806. (*Circ. du* 19 *décembre* 1809.)

Avant de faire déposer les sels dans le magasin qui leur est affecté, les préposés assistent au deuxième mélange prescrit par l'article 2 de l'ordonnance du 18 octobre 1822 (nº 660).

Délivrance et dénaturation du sel.

663. Le sel sera extrait du magasin sous les yeux des préposés, dans la mesure des besoins de la fabrication, de sorte qu'aucune quantité de sel non dénaturé ne puisse jamais rester à la disposition du fabricant. (*Arrêté min. du 17 juin* 1822, *art.* 12.)

Les préposés à l'exercice assisteront à la dénaturation du sel, qui aura lieu par l'acide sulfurique ; ils en vérifieront préalablement le degré, et feront verser, en leur présence, sur les sels, à l'instant même de leur livraison et au commencement de la fabrication par l'action du feu, la quantité de cet acide nécessaire pour obtenir les soudes au titre prescrit. (*Ord. du 8 juin* 1822, *art.* 3, § 2.)

Le mélange du sel avec l'acide sulfurique nécessaire pour le dénaturer, devra se faire dans les proportions qui sont déterminées par l'instruction jointe au présent règlement, selon le degré de l'acide employé (1). (*Arrêté min. du* 17 *juin* 1822, *art.* 13.)

---

(1) Pour décomposer 100 kilog. de sel mélangé et le convertir en sulfate propre à la fabrication de la soude à 20 degrés, il faut employer au moins :

	34	kilog.	d'acide concentré à 66 degrés,
ou	41	k. 292 g.	*id.* 60
	45	» 748	*id.* 55
	46	» 767	*id.* 54
	47	» 772	*id.* 53
	49	» 062	*id.* 52
	49	» 977	*id.* 51
	51	» 166	*id.* 50
	52	» 819	*id.* 49
	54	» 141	*id.* 48
	55	» 446	*id.* 47
	56	» 808	*id.* 46
	58	» 600	*id.* 45

On se sert, pour déterminer le degré de l'acide sulfurique, du pèse-liqueur ou aréomètre de Beaumé. Il suffit de plonger le pèse-liqueur dans l'acide et de lire sur l'échelle le chiffre qui se trouve au niveau de la liqueur. L'acide dont on veut prendre le degré doit être, autant que possible, ramené à la température de 15 degrés centigrades, qu'on obtient facilement en plongeant la bouteille contenant l'acide dans un sceau d'eau de puits, une demi-heure avant d'en déterminer le degré. (*Instruction jointe à l'Arrêté min du* 17 *juin* 1822.)

Le tableau ci-dessus ne s'applique qu'à la dénaturation du sel déjà altéré. Ainsi, pour dénaturer 100 kilog. de sel pur, il faut augmenter la quantité d'acide sulfurique à employer d'après ce tableau, dans la proportion résultante

Chaque fabrique de soude sera pourvue des ustensiles et instrumens nécessaires pour que le mélange du sel et de l'acide sulfurique destiné à le dénaturer puisse toujours se faire sous la surveillance des préposés. (*Arrêté du 17 juin 1822, art. 4.*)

Soude et sulfate ordinaire.

664. Le titre des soudes auxquelles s'appliquera l'immunité *des droits sur les sels employés à leur fabrication* sera fixé, au *minimum*, à 20 degrés, à l'épreuve ordinaire de l'alcalimètre, et sans déduction des sulfures (1). (*Ord. du 8 juin 1822, art.* 3, § 1er.)

---

de la différence de 85 à 100 kilog. ou de trois vingtièmes. (*Circ. du 30 juillet 1822.*) *Voir*, pour le sulfate *riche*, le n° 668.

(1) Les soudes ne peuvent être retirées des fabriques sans que le titre en ait été vérifié, soit par les préposés à l'exercice, soit par un expert chimiste à la nomination du directeur des douanes ou de celui des contributions indirectes, dans le cas d'exception prévu par l'article 7 de l'ordonnance du 8 juin 1822 (n° 658). (*Arrêté min. du 17 juin 1822, art. 24.*)

Pour vérifier le titre de la soude, on prend un bon échantillon moyen de la soude qu'on veut essayer; on pulvérise cet échantillon; on en prend 12 à 15 grammes que l'on broie dans un mortier de fonte ou de cuivre jusqu'à pulvérisation complète ou réduction en poudre très-fine; on pèse 10 grammes de cette poudre et on la met dans une bouteille, dans laquelle on a versé d'avance deux décilitres d'eau mesurés bien juste; on bouche la bouteille avec un bon bouchon, et on agite de suite avec force la bouteille pour bien délayer la soude et l'empêcher de se prendre en masse au fond de l'eau ; on continue à agiter la bouteille pendant une heure; on la pose sur une table, et on laisse le tout en repos jusqu'à ce que la liqueur soit bien éclaircie. On en prend alors un décilitre juste; on verse cette liqueur dans un verre à boire, dont on enduit les bords, comme ceux de l'orifice de l'alcalimètre, avec de la cire, de l'huile ou quelque autre corps gras; on y fait bien égoutter la mesure d'étain (le décilitre); d'un autre côté, on emplit le tube de l'alcalimètre jusqu'au zéro avec la liqueur d'épreuve (100 grammes d'acide sulfurique à 66 degrés, mêlés à 900 grammes d'eau de fontaine ou de rivière limpide) ; on verse peu à peu de cette liqueur dans la dissolution de soude qui est dans le verre, et on continue ce versement (que l'on suspend de temps en temps pour agiter la liqueur avec un tube de verre ou avec un brin de bois), jusqu'à ce qu'une goutte de cette liqueur, mise sur du papier coloré en bleu par le tournesol, y laisse une tache rouge permanente. Arrivé à ce point, on place le tube alcalimètre debout ou verticalement, et on examine combien on a employé de liqueur d'épreuve pour saturer le décilitre de dissolution de soude. Le nombre de divisions de liqueur d'épreuve employée est indiqué par le chiffre qui se trouve au niveau de la liqueur, et ce chiffre exprime le degré de la soude essayée. Si on a employé, par exemple, 36 divisions de liqueur d'épreuve pour saturer le décilitre de dissolution de soude, la soude essayée se trouve alors titrée à 36 degrés alcalimétriques. (*Instruction jointe à l'Arrêté min. du 17 juin 1822.*)

Les préposés à l'exercice surveilleront la fabrication jusqu'à l'entière fabrication des soudes.(1). En cas de doute sur leur titre, ils en rédigeront procès-verbal, et prélèveront de doubles échantillons, pour être transmis, s'il y a lieu, par le ministre de l'intérieur au comité consultatif des arts et manufactures (2). (*Même Ord., art. 4.*)

L'immunité des droits sur les sels expédiés à destination des fabriques étant exclusivement accordée pour la fabrication de la soude, tout fabricant qui ne pourra justifier que ceux qui lui ont été livrés ont été employés à la fabrication de la soude au titre de 20 degrés, sera passible des peines prononcées par l'article 10 du décret du 13 octobre 1809 (n° 667). (*Même Ord., art. 5.*)

Aucun produit des fabriques de soude ne pourra en sortir qu'en vertu d'une déclaration du fabricant et d'un permis délivré par les préposés aux exercices (3). (*Décret du 13 oct. 1809, art. 8, et Arrêté min. du 17 juin 1822, art. 28.*)

665. Les sels admis dans les fabriques, les soudes, et tous les produits intermédiaires de fabrication, seront emmagasinés sous la double clef de l'administration et sous celle du fabricant, et portés en compte sur les registres. Il est expressément dé-

---

(1) Les quantités de soudes fabriquées sont constatées chaque jour par les préposés aux exercices, qui les font retirer des ateliers et renfermer dans le magasin de dépôt, suivant le second paragraphe de l'article 5 du présent arrêté (n° 656). (*Arrêté min. du 17 juin 1822, art. 15.*)

(2) Le fabricant et les préposés apposent conjointement leurs cachets sur les deux échantillons qui sont adressés au directeur général des douanes. En attendant sa décision, les soudes suivent leur destination sous la simple soumission cautionnée de payer le droit du sel, s'il était dû. (*Même Arrêté, art. 25.*)

S'il résulte de la décision du comité que les soudes sont effectivement inférieures à 20 degrés, les droits sont perçus sur les sels livrés pour la fabrication des soudes sur lesquelles ces échantillons ont été prélevés. (*Même Arrêté, art. 26.*)

Les préposés aux exercices dans les fabriques peuvent en tout temps, dans le cas de soupçon de fraude, procéder ou faire procéder, sous les conditions prescrites par l'article précédent, aux épreuves chimiques propres à faire connaître le sel non dénaturé qui serait contenu dans la soude ou dans le sulfate existant en magasin. (*Même Arrêté, art. 27.*)

(3) Une fois la soude sortie légalement des fabriques, elle rentre dans la classe ordinaire des marchandises en ce qui concerne leur circulation dans le rayon ou leur transport par cabotage.

fendu d'extraire de la fabrique des sels, des sulfates (1) ou autres produits en état de fabrication, si ce n'est en vertu d'autorisations spéciales, et d'y importer des soudes déjà fabriquées,
sous les peines édictées par l'article 10 du décret du 13 octobre
1809 (n° 667). (*Ord. du 8 juin 1822, art. 6.*)

---

(1) Le sulfate qui n'est pas immédiatement converti en soude est déposé provisoirement dans un magasin spécial, où il ne peut toutefois, dans aucun cas,
séjourner plus de six mois. (*Arrêté min. du 17 juin 1822, art. 14 et 15.*)

Il sera permis aux fabricans de borner la fabrication au sulfate de soude,
lorsqu'ils en auront réservé la faculté par une déclaration spéciale, et qu'ils
fourniront dans l'enceinte de la fabrique un magasin particulier pour déposer
ce produit au fur et à mesure de la fabrication, ainsi qu'il est prescrit par l'article 3 du présent règlement (n° 656), mais à charge d'expédier, dans le délai
de six mois au plus, le sulfate, ou pour une fabrique de soude ne faisant point
de sulfate, ou pour l'étranger, si, pendant ce délai, il n'est pas converti en
soude dans la fabrique même. (*Même Arrêté, art. 16.*)

Le sulfate non destiné à être converti en soude dans la fabrique même qui l'a
produit, est pris en compte à raison de 93 kilog. de sel par 100 kilog. de
sulfate.

Pour constater la qualité du sulfate, les préposés peuvent, avant de permettre sa sortie de la fabrique, exiger qu'il en soit prélevé un échantillon, qui
est converti en soude immédiatement, et ils vérifient si la soude provenant
de cet essai est au minimum de 20 degrés, fixé par l'article 3 de l'ordonnance
du 8 juin 1822 (n° 664).

Si la soude est au-dessous de ce titre, toute expédition de sulfate est provisoirement interdite ; les préposés rédigent procès-verbal et procèdent conformément aux articles 4 et 5 de ladite ordonnance (n° 664). (*Même Arrêté,
art. 17.*)

Le sulfate ne peut être expédié d'une fabrique pour être converti en soude
dans une autre où l'on fabrique aussi du sulfate. (*Même Arrêté, art. 18.*)

Le sulfate peut être exporté à destination de l'étranger de toutes les fabriques de soude, à charge de l'expédier par acquit-à-caution, qui assure la sortie
par un bureau désigné. A défaut de rapport de l'acquit-à-caution dûment
déchargé, le soumissionnaire est poursuivi pour le paiement du quadruple
droit du sel employé à la fabrication du sulfate manquant, par application de
l'article 4 du décret du 13 octobre 1809 (n° 661). (*Même Arrêté, art. 19.*)

Ces exportations peuvent avoir lieu par toutes les douanes de terre et de
mer ouvertes à l'entrée des marchandises qui payent plus de 20 fr. par quintal.
Les soumissions qui les concernent ne doivent être annulées qu'en vertu d'autorisations spéciales de l'administration. (*Circ. du 18 janvier 1823, n° 781.*)

Le droit est acquis au Trésor sur le sel ayant servi à faire le sulfate qui reste
en magasin au-delà de six mois après sa fabrication, constatée successivement
par les préposés. (*Arrêté min. du 17 juin 1822, art. 20.*)

Voir le n° 668 pour le sulfate *riche* destiné au commerce.

Enregistrement des opérations et décompte.

666. Il sera tenu, par les préposés aux exercices dans chaque fabrique, un registre de compte-ouvert où ils inscriront successivement à chaque opération les quantités de sels reçues en magasin et celles qui auront été délivrées pour la fabrication de la soude, ainsi que les quantités de sulfate et de soude fabriquées et celles qui seront sorties des fabriques (1). (*Arrêté min. du 17 juin* 1822, *art.* 29.)

Chaque opération sera inscrite, sur le registre de compte ouvert, en un article distinct signé des préposés, et où les quantités de sel ou de produits fabriqués seront indiquées en toutes lettres et reportées en chiffres dans les colonnes du registre (2). (*Même Arrêté, art.* 31.)

Le registre de compte ouvert sera arrêté et balancé chaque mois par les préposés, qui y établiront immédiatement le décompte ci-après ordonné. (*Même Arrêté, art.* 33.)

Après avoir balancé sur le registre les quantités de sel reçues en magasin et les quantités qui auront été délivrées pour la fabrication, les préposés pourront, s'ils le jugent convenable, procéder au recensement du sel qui restera effectivement en magasin.

Ce recensement et le règlement définitif de compte de chaque fabrique auront lieu nécessairement à la fin de chaque année de son exercice. (*Même Arrêté, art.* 34.)

Aux mêmes époques, la quantité des soudes fabriquées et celle des sulfates, dans le cas prévu par l'article 16 (n° 665),

---

(1) Dans les établissemens autorisés, suivant l'article 16 du présent règlement (n° 665), à livrer au commerce des sulfates de soude, les préposés inscrivent également sur les registres de compte ouvert la fabrication journalière du sulfate ayant cette destination, et toutes les expéditions du même produit à la sortie de la fabrique. (*Arrêté min. du 17 juin* 1822, *art.* 30.)

(2) Les fabricans doivent être invités à assister ou à désigner un agent pour les représenter à chaque opération, à prendre communication des inscriptions au registre de compte ouvert, qui sont successivement faites par les préposés, à signer les arrêtés de ce registre avec les employés, ou à y faire consigner, dans le moment même, leurs déclarations; à défaut de quoi, celles qu'ils fourniraient ultérieurement ne pourraient être admises que pour la rectification des erreurs matérielles de calcul dans les additions et balance de compte. (*Même Arrêté, art.* 32.)

ayant également été balancées avec les quantités de soude et de
sulfate sorties de la fabrique, il sera fait un recensement des
magasins. Les soudes ou sulfates dont le déficit sera constaté,
seront déduits dans le compte comme s'ils n'avaient pas été fabriqués. (*Arrêté min. du 17 juin* 1822, *art.* 35.)

Le décompte sera établi sur la comparaison de la quantité
totale du sel délivré, et de la quantité que représentera la fabrication à raison de 67 kilog. de sel (1) pour 100 kilog. de soude,
ou de 93 kilog. de sel pour 100 kilog. de sulfate ; de sorte qu'en
résultat les préposés constatent, soit l'économie qui aura été
faite sur la proportion du sel accordé en exemption des droits,
soit la quantité de sel sujette au droit, comme ayant été employée
au delà de cette proportion, ou n'étant point représentée dans
la fabrication. (*Même Arrêté, art.* 36.)

Pénalités et autres dispositions générales.

667. Tout fabricant qui ne pourra justifier que le sel qui lui
aura été livré en exemption des droits a été employé à la fabrication de la soude, indépendamment du payement du droit auquel il sera assujetti, pourra être privé de l'exemption. (*Décret
du 13 octobre* 1809, *art.* 10.)

Conformément à l'article 10 du décret du 13 octobre 1809, la
franchise du sel destiné à la fabrication de la soude sera retirée
immédiatement, par une décision du ministre des finances, aux
fabricans qui, par eux-mêmes ou par le fait de leurs ouvriers ou
voituriers, auront vendu ou détourné du sel en fraude, soit dans
les fabriques, soit dans le transport des lieux d'extraction aux
fabriques de soude. (*Ord. du 8 juin* 1822, *art.* 10.)

Pour assurer l'exécution de l'article 5 de l'ordonnance du 8 du
courant (n° 664), les préposés aux exercices dans les fabriques
de soude, ainsi que les chefs et employés de leur administration,
ont le droit de surveiller tous les genres de travaux réunis dans
ces établissemens, et de rechercher dans tous les ateliers, magasins et dépôts qui en dépendent, le sel qui pourrait avoir été

---

(1) Dans le décompte des opérations de chaque mois à établir sur le compte
ouvert, on doit déduire du poids du sel qui a été livré aux fabricans, 1 pour
100, à raison du mélange qu'il a subi. (*Circ. du* 30 *juillet* 1822.)

détourné de la fabrication, ou les produits frauduleux. (*Arrêté min. du 17 juin 1822, art. 37.*)

Sulfate de soude destiné au commerce.

668. Le sulfate de soude produit dans les fabriques de soude factice exercées par les agens de l'administration, et employant le sel marin en franchise des droits, pourra, lorsqu'il aura été constaté qu'il contient plus de 91 kilog. de sulfate de soude sec et pur par quintal, être livré au commerce en exemption de tous droits. Des ordonnances du Roi détermineront les précautions à prendre pour constater que le sulfate est au degré d'alcali ci-dessus indiqué, et les formalités à observer, tant pour sa livraison que pour le règlement des comptes entre les fabricans et l'administration. (*Loi du 17 mai 1826, art. 23.*)

669. Tout fabricant de soude factice qui voudra faire du sulfate destiné à être livré au commerce, devra préalablement fournir, dans l'intérieur de sa fabrique, outre les trois magasins déjà exigés pour le sel, le sulfate ordinaire et la soude, un quatrième magasin spécial, fermant à trois clefs, dont l'une sera remise au fabricant, et les deux autres aux deux employés des douanes chargés de l'exercice de la fabrique. (*Ord. du 26 juillet 1826, art. 1er.*)

Le sulfate destiné à être employé en nature dans le royaume sera, immédiatement après sa fabrication et jusqu'à la sortie de la fabrique, placé sous les yeux des employés à l'exercice dans le magasin spécial indiqué par l'article précédent. (*Même Ord., art. 2.*)

Les préposés à l'exercice, tenus, aux termes de l'article 3 de l'ordonnance du 8 juin 1822 (n° 663), d'assister à la confection du sulfate, s'assureront, pour ce qui concerne le sulfate ayant la destination ci-dessus indiquée, que la dénaturation du sel ait lieu de la manière et selon les proportions fixées par la section 1re de l'instruction faisant suite à la présente ordonnance (1). Ils vérifieront, avant l'opération, le poids du sel à dénaturer,

---

(1) Pour fabriquer le sulfate dont il s'agit, le fabricant ne peut employer, par chaque 100 kilog. de sel marin, déjà mélangé et altéré comme il est prescrit par l'article 2 de l'ordonnance du 18 octobre 1822 (n° 660), des quan-

ainsi que le poids et le degré de l'acide sulfurique dont il devra être fait usage, et, après l'opération, le poids du sulfate fabriqué. (*Ord. du 26 juillet* 1826 , . *art.* 3.)

Aucune quantité de sulfate destiné au commerce ne pourra sortir de la fabrique qu'après la déclaration écrite du fabricant, et en vertu d'un permis des préposés à l'exercice, lesquels, avant de donner ledit permis, seront tenus de vérifier si le sulfate est au degré voulu par la loi, et d'en inscrire leur certificat sur le registre de compte ouvert tenu dans la fabrique. La vérification du titre des sulfates sera faite en suivant le procédé prescrit par le second paragraphe de l'instruction jointe à la présente ordonnance (1). (*Même Ord.*, *art.* 4.)

---

tités et quotités d'acide sulfurique moindres que celles déterminées par le tableau ci-dessous , savoir :

66	kilog.	d'acide sulfurique concentré à	66	degrés.
ou 82	kilog.	584 gram. *id.*	*id.*	60	*id.*
91 .	»	496 »	*id.*	*id.*	55	*id.*
93	»	535 »	*id.*	*id.*	54	*id.*
95	»	545 »	*id.*	*id.*	53	*id.*
98	»	124 »	*id.*	*id.*	52	*id.*
99	»	955 »	*id.*	*id.*	51	*id.*
102	»	352 »	*id.*	*id.*	50	*id.*
105	»	639 »	*id.*	*id.*	49	*id.*
108	»	285 »	*id.*	*id.*	48	*id.*
110	»	893 »	*id.*	*id.*	47	*id.*
113	»	617 »	*id.*	*id.*	46	*id.*
117	»	200 »	*id.*	*id.*	45	*id.*

(*Instruction jointe à l'Ordonnance du 26 juillet* 1826 , § 1er.)

(1) 1°. On prend çà et là, sur le tas de sulfate à essayer, divers échantillons, dont le poids total doit s'élever à 500 grammes au moins; on les pile ensemble dans un mortier, pour avoir une moyenne; l'on en fait dissoudre 25 grammes dans un litre d'eau, puis 100 autres grammes sont mis dans un flacon bien bouché et scellé pour répéter et vérifier les essais au besoin; après quoi, le reste peut être rejeté sur le tas.

2°. D'autre part, on prend du muriate de baryte qui a été fondu préalablement dans un creuset de terre; et, après en avoir fait une dissolution qui, pour chaque litre d'eau, contient 33 grammes de ce sel, on conserve cette dissolution dans un flacon particulier que l'on tient soigneusement bouché.

3°. Pour faire l'essai, il faut verser dans une éprouvette ou un verre à pied deux mesures égales (chaque mesure peut être de 5 centilitres), l'une de la dissolution de sulfate de soude, et l'autre de la dissolution de muriate de baryte, et agiter le mélange avec un tube de verre pendant une ou deux secondes.

Ce sulfate sera pris en compte par l'administration, à la décharge du fabricant, dans la proportion de 100 kilog. de sel marin pour 110 kilog. de sulfate. (*Ord. du 26 juillet* 1826, *art.* 5.)

670. Les dispositions des décrets des 13 octobre 1809, 18 juin 1810, de l'ordonnance du 8 juin 1822, ainsi que des autres règlemens existans sur la fabrication de la soude et du sulfate de soude, auxquels il n'est pas dérogé par la présente ordonnance, sont applicables à la fabrication du sulfate destiné au commerce du royaume, et les contraventions seront punies des mêmes peines. (*Même Ord.*, *art.* 6.)

SECTION IV.

TROQUE.

671. Jusqu'au 1er janvier 1851, des ordonnances royales règleront les allocations et franchises sur le sel dit de *troque*, dans les départemens du Morbihan et de la Loire-Inférieure. A cette époque, toutes les ordonnances rendues en vertu du présent article cesseront d'être exécutoires. (*Loi du 17 juin* 1840, *art.* 16) (1).

On ne reconnaîtra désormais pour commerce de la *troque*, que celui qui aura effectivement pour objet d'échanger du sel contre des grains qui seront rapportés et représentés en nature,

---

Il se produit tout à coup un précipité blanc qui ne tarde pas à se déposer, et la liqueur redevient sensiblement claire en quatre à cinq minutes.

On décante une petite portion de celle-ci avec une pipette ou un tube de verre creux et effilé, ou bien on la filtre. Si alors, en mettant quelques gouttes de solution de muriate de baryte dans la liqueur décantée ou filtrée, il s'y forme un nouveau précipité, c'est-à-dire si elle se trouble, le sulfate essayé est au titre convenable; mais, dans le cas contraire, il est au-dessous du titre, et par conséquent ne doit pas être livré au commerce. (*Instruction jointe à l'Ord. du* 26 *juillet* 1826, § 2.)

(1) Ces ordonnances n'ayant point encore été rendues, les dispositions actuellement en vigueur sont provisoirement maintenues. (*Circ. n°* 1860.)

Il résulte de l'article 14 du décret du 11 juin 1806, et du 35e § de la circulaire du 20 novembre 1816, n° 223, que les sels destinés pour la troque ne peuvent être extraits que des marais salans. Ils ne jouissent, sous quelque prétexte que ce soit, d'aucune remise pour déchet. (*Circ. du* 14 *mai* 1817.)

dans les communes dont les habitans se livrent à ce genre de trafic. (*Ord. du 30 avril 1817, art.* 1er.)

Aucune commune autre que celles de la côte des départemens de la Bretagne, dont les sauniers et paludiers se sont livrés de tout temps au commerce de la *troque*, en vertu des anciennes ordonnances, ne sera admise à profiter de cette immunité. (*Même Ord., art.* 21).

Quantité de sel alloué, conditions et formalités.

672. Les allocations totales de sel pour le commerce de la troque sont fixées annuellement à 757,500 kilog, pour le département de la Loire-Inférieure, et à 235,000 kilog. pour celui du Morbihan. (*Ord. du 20 juin* 1834, *art.* 1er.)

Dans aucun cas, ces quantités, qui sont déterminées comme maximum, ne pourront être dépassées. (*Même Ord., art.* 2.)

L'allocation pour la troque ne pourra être de plus de 100 kilog. de sel par tête de chaque famille de troqueur, de sorte que la quantité fixée par l'article 1er ci-dessus pour chaque département, sera diminuée d'autant, si le nombre de ces troqueurs n'en comporte pas l'emploi. Si, au contraire, le nombre des troqueurs est relativement plus élevé que la quantité totale de sel allouée, celle revenant à chacun sera proportionnellement réduite. (*Même Ord., art.* 3.)

673. Les individus composant les six classes ci-après seront seuls appelés à recevoir en franchise les sels de troque, savoir : 1o les sauniers; 2o les paludiers et aide-paludiers; 3o les porteurs et porteuses; 4o les veuves de sauniers et paludiers et leurs enfans; 5o les orphelins de sauniers et paludiers; 6o les sauniers et paludiers et leurs femmes devenus infirmes. (*Ord. du 17 juillet* 1837, *art.* 1er) (1).

Les individus qui réclameront leur admission dans l'une des six classes ci-dessus, ne l'obtiendront qu'en produisant les justifications suivantes :

---

(1) Le créancier d'un paludier admis au privilége de la troque ne peut saisir-arrêter, entre les mains de la douane, la portion de sel revenant à ce paludier, sans que l'administration ait le droit de répéter la taxe de consommation. (*Déc. adm. du* 25 *janvier* 1836.)

1º Saunier ;

Qu'il n'a d'autre profession que le trafic consistant à transporter le sel du marais à l'intérieur, au moyen de bêtes de somme à lui appartenant ;

2º Paludier et aide-paludier ;

Qu'il cultive vingt œillets de marais au moins au 10 février de chaque année où il fera sa déclaration, et qu'il ne se sert de porteurs étrangers pour cette exploitation qu'autant que sa famille, déduction faite de lui et de ses enfans au-dessous de douze ans, ne suffit pas à ce travail (1).

Tout paludier cultivant au delà de quarante œillets de marais, qui n'aura pas parmi ses fils un ou plusieurs aides, pourra prendre un aide-paludier par chaque quarante œillets en sus de sa culture, et cet aide aura droit à une part individuelle.

3º Porteurs et porteuses ;

Que chacun d'eux fait le travail résultant du transport du sel provenant de vingt œillets au moins, du marais au mulon. Leurs parts seront individuelles ;

4º Veuves et enfans de sauniers ou paludiers ;

Que leurs maris avaient droit à la troque et qu'elles n'ont pas convolé à de secondes noces.

Quant à leurs enfans, qu'ils n'ont pas plus de seize ans et qu'ils sont à leur charge ;

5º Orphelins ;

Qu'ils sont fils de sauniers ou de paludiers décédés ayant eu de leur vivant droit à la troque.

Leur droit n'existera que jusqu'à ce qu'ils aient atteint l'âge de seize ans. Néanmoins l'aîné des orphelins, quel que soit son âge, en jouira jusqu'à ce que le plus jeune d'entre eux soit parvenu à l'âge ci-dessus indiqué ;

6º Sauniers, paludiers devenus infirmes ;

Qu'ils ont rempli, chacun en ce qui le concerne, pendant leur temps de validité, les conditions donnant droit à l'allocation du sel de troque, ainsi qu'il a été dit ci-dessus, ou que leur âge ou

---

(1) On peut admettre à la distribution les individus cultivant quinze œillets, mais sous la condition expresse qu'il n'en résultera pas d'augmentation dans le chiffre des distributions, tel qu'il a été fixé par l'article 1er de l'ordonnance du 20 juin 1834 (nº 672). (*Déc. du min. des fin. du 26 janvier 1839)*

leurs infirmités les empêchent de continuer leurs travaux, ou de pourvoir autrement à leur existence.

Leurs parts seront personnelles, et, s'ils sont mariés, leurs femmes seules, à l'exclusion de tout autre membre de la famille, auront en outre droit à une part. (*Ord. du 17 juillet 1837, art. 2.*)

674. L'admission dans une des classes de paludiers, de veuves et d'orphelins de sauniers et paludiers, donnera droit, dans la distribution du sel de troque, à une part qui ne pourra s'élever à plus de 100 kil. par tête d'individus composant la famille. Sont considérés comme tels, la femme et les enfans, à l'exclusion des enfans au-dessus de seize ans, et de ceux au-dessous de cet âge, qui, présens ou absens, exerceraient une profession particulière, et déjà ne seraient plus à la charge de leurs parens, sans considérer comme tels ceux qui seraient hors de la commune pour faire leur apprentissage ou recevoir leur instruction.

La part individuelle des aides-paludiers, porteurs, porteuses, sauniers et paludiers, devenus infirmes, et des femmes de ces derniers, ne sera également que de 100 kilog. par tête. (*Même Ord. art. 3.*)

675. Il sera alloué en franchise à chaque saunier 10 pour 100 des quantités de sel qu'il aura transportées à l'intérieur, après en avoir acquitté le droit de consommation, sans toutefois que le total de cette allocation en franchise puisse excéder 100 kilog. par tête d'individus composant sa famille, et se trouvant dans les conditions prévues par l'article précédent. (*Même Ord., art. 4.*)

Le cumul des travaux de plusieurs classes ne donnera pas droit à une double distribution, soit pour l'individu, soit pour la famille. (*Même Ord., art. 5.*)

676. Les rôles de distribution de sel de troque seront établis, dans chaque commune, par une commission composée du maire, d'un membre du conseil municipal, désigné par ce conseil, de deux employés des douanes, et du contrôleur des contributions directes de la circonscription. Les rôles, ainsi proposés par les commissions, seront déposés à la mairie pendant quinze jours. (*Même Ord., art. 7.*)

Le sous-préfet de l'arrondissement, après avoir entendu les observations de l'inspecteur des douanes de la division, visera ces rôles, et les adressera aux préfets pour l'homologation. (*Ord. du 17 juillet* 1837, *art.* 8.)

Les rôles homologués par le préfet seront déposés à la mairie pendant un mois, à partir du jour où ils y seront parvenus : aucune réclamation ne sera reçue après ce délai. Les rôles devront être définitivement arrêtés et clos, au plus tard, le 30 juillet de chaque année. (*Même Ord., art.* 9.)

Époque de la troque.

677. La troque n'aura lieu, ainsi qu'elle se pratiquait anciennement, que du 1er novembre de chaque année au 1er février exclusivement de l'année suivante. (*Ord. du 30 avril* 1817, *art.* 5.)

Tout saunier ou paludier qui n'aurait point, pendant ce temps, expédié la totalité des quantités qu'il lui était permis d'extraire, ne pourra être admis à expédier la différence dans le cours de la saison suivante. (*Même Ord., art.* 6.)

Conseil de paroisse.

678. Un conseil de paroisse déterminera, avant l'ouverture de la *troque*, d'après les prix établis dans les contrées les plus habituellement fréquentées par les sauniers et paludiers, les quantités de chaque espèce de grains qui devront être rapportées en échange de 100 kilog. de sel. (*Même Ord., art.* 7.)

La délibération qui aura été prise à cet égard sera soumise au sous-préfet, et adressée par ce dernier au directeur des douanes, qui en fera suivre l'exécution. (*Même Ord., art.* 8.)

L'évaluation des grains à rapporter sera faite sur le prix courant du sel, augmenté du montant de l'impôt. (*Même Ord., art.* 9.)

Le conseil de paroisse sera composé du maire et de son adjoint, du curé et du receveur des douanes. (*Même Ord., art.* 10.)

679. Chaque chef de famille compris dans les rôles recevra chaque année, de la part de la douane, et moyennant le seul remboursement des frais qui seront fixés par le directeur, un livret sur lequel seront indiquées les quantités de sel qu'il lui sera permis de lever pendant la durée de la troque, avec application de l'immunité. (*Ord. du* 30 *avril* 1817, *art.* 3.)

Seront aussi inscrites sur le livret dont il est parlé en l'article 3 :

1º Les quantités de sel faisant l'objet de chaque transport, avec le numéro de l'expédition qui aura été délivrée pour l'accompagner ;

2º Sur le feuillet en regard de celui réservé pour cet enregistrement, les quantités et les espèces de grains rapportés. (*Même Ord.*, *art.* 11.)

Le receveur des douanes tiendra en outre un registre en forme de compte ouvert, sur lequel seront exactement portées toutes les indications des livrets. (*Même Ord.*, *art.* 12.)

Transports des sels et des grains.

680. Chaque transport de sel (1) destiné pour la troque sera accompagné d'un acquit-à-caution portant obligation de représenter, au retour, une quantité de grains proportionnée, sous peine de payer le double droit sur les quantités de sel dont le grain rapporté ne justifierait pas l'emploi au trafic de la troque. (*Même Ord.*, *art.* 14.)

Tout saunier ou paludier poursuivi pour le payement du double droit, ne pourra être admis à faire une nouvelle expédition avant de s'être libéré ou d'avoir obtenu, sur la demande motivée du conseil de paroisse, la remise de tout ou partie de ce double droit. (*Même Ord.*, *art.* 15.)

La troque est interdite dans toute l'étendue du rayon des douanes ; les acquits-à-caution indiqueront la route à suivre et le délai accordé pour sortir de ce rayon. (*Même Ord.*, *art.* 16.)

---

(1) Le transport des sels pour la troque doit s'effectuer à dos de mulet ou de chevaux, et non sur charrettes ou par eau. (*Décret du* 11 *juin* 1806, *art.* 14, *et Circ. du* 9 *janvier* 1815.)

Les sauniers et paludiers ne peuvent effectuer leurs expéditions par des bureaux différens ; ils doivent consommer celles qu'ils sont autorisés à faire par le bureau où leur livret a été délivré ; ils ne peuvent non plus, sous quelque prétexte que ce soit, effectuer leur retour, ni faire admettre en compte des grains rapportés dans un autre bureau. (*Ord. du* 30 *avril* 1817, *art.* 13.)

Est pareillement interdit ce genre de trafic dans les villes et bourgs de l'intérieur où il existe des marchés ou des magasins de sels. (*Même Ord.*, *art.* 17.)

Tout transport de sel fait par les sauniers ou paludiers, des marais au bureau de la douane, sans qu'il ait pu être préalablement délivré un permis, devra suivre, pour se rendre audit bureau, la route la plus directe, sous peine de confiscation et d'amende, conformément à la loi ; il en sera de même à l'égard du sel qui, ayant été transporté de cette manière, aurait été déposé dans une maison, sous un hangar, etc., etc., situés sur des routes obliques. (*Même Ord.*, *art.* 18.)

A cet effet, un arrêté du préfet, qui sera affiché dans toutes les communes où demeurent les sauniers et paludiers qui font la troque, indiquera les routes à suivre des différens points des marais salans pour arriver directement au bureau. (*Même Ord.*, *art.* 19.)

Au retour, les paludiers devront se présenter, à leur entrée dans le rayon des douanes, au plus prochain bureau de seconde ligne, ou, à défaut, à la brigade la plus voisine, pour faire connaître les quantités et les espèces de grains qu'ils apportent. Les préposés constateront ces quantités au dos de l'acquit-à-caution, et les paludiers devront suivre la même route qu'à leur départ pour arriver au bureau d'expédition où les grains seront très-exactement vérifiés et portés en compte, ainsi qu'il est dit dans les articles 11 et 12. (*Même Ord.*, *art.* 20.)

Dispositions générales.

681. Les sauniers et paludiers auxquels le commerce de la troque est permis, pourront aussi se livrer à la vente du sel, soit dans les trois lieues de la côte, soit hors du rayon, en acquittant immédiatement les droits, sous la seule déduction du déchet ordinaire de 5 pour 100. (*Même Ord.*, *art.* 22.)

Les individus qui auront fait de fausses déclarations pour obtenir leur insertion sur le rôle annuel de troque, en seront personnellement rayés et ne pourront y être rétablis sous aucun prétexte, sans préjudice d'ailleurs des peines judiciaires qui pourraient être encourues pour les mêmes faits. (*Ord. du* 17 *juillet* 1837, *art.* 6.)

Tout individu ayant été repris de fraude ne pourra, sous aucun prétexte, figurer sur la liste des troqueurs (*Ord. du* 20 *juin* 1834, *art.* 4.) (1).

Le mode de déclaration pour se faire inscrire sur les rôles, les justifications à faire, près de la commission, des conditions imposées pour cette insertion, la forme des rôles, le mode de présentation et de jugement des réclamations, et toutes les mesures d'administration municipale nécessaires pour l'exécution des règlemens relatifs à la troque, seront déterminés par le préfet du département de la Loire-Inférieure. Il se concertera avec le directeur des douanes pour celles de ces mesures relatives à la mise à exécution des rôles. (*Ord. du* 17 *juillet* 1837, *art.* 10.)

Toutes les dispositions concernant la troque, contraires aux règles ci-dessus, sont et demeurent abrogées. (*Ord. du* 30 *avril* 1817, *art.* 23.)

CHAPITRE VII.

CONTRAVENTIONS ET LEURS SUITES.

Pénalités.

682. Les procès-verbaux de fraude et contravention seront assujettis aux formalités prescrites par les lois aux employés de la régie des douanes et de celle des droits réunis : les condamnations seront poursuivies conformément aux dispositions des mêmes lois, et punies de la confiscation des objets saisis et de l'amende de 100 fr. (*Loi du* 24 *avril* 1806, *art.* 57.) (2).

---

(1) Quand les receveurs des douanes retirent le livret à un troqueur connu pour se livrer à la fraude, ils en donnent avis au maire de la commune qui, s'il a des motifs de réclamer contre la mesure, en rend compte au préfet par l'intermédiaire du sous-préfet. De son côté, le préfet, s'il partage l'opinion du maire, en réfère au ministre des finances. (*Déc. du min. des fin. du* 1er *décembre* 1828.)

(2) Cet article attribuait la connaissance de toutes les contraventions aux tribunaux de police correctionnelle, et prononçait d'une manière générale l'amende de 100 fr. Il a été modifié sous ce double rapport par la loi du 17 décembre 1814; des peines spéciales, rappelées, dans les chapitres précédens, sont d'ailleurs applicables aux contraventions qui concernent la production du sel, le cabotage, les salaisons, la soude, etc.

Cette amende est individuelle (1). (*Loi du 17 décembre 1814,* *art. 29.*).

Les juges de paix de l'arrondissement seront seuls compétens, sauf appel, s'il y a lieu, pour connaître des contraventions à la loi du 24 avril 1806, et à tous les règlemens relatifs à la perception de la taxe établie sur les sels, excepté dans les cas prévus par les articles suivans (*Même Loi, même article.*) (2).

Si la fraude (3) est commise par une réunion de trois individus et plus, il y aura lieu à l'arrestation des contrevenans et à leur traduction devant le tribunal correctionnel ; et indépendamment de la confiscation des sels et moyens de transport, et d'une amende individuelle, qui ne pourra être moindre de 200 fr. ni excéder 500 fr., ils seront condamnés en un emprisonnement de quinze jours au moins et de deux mois au plus (4). (*Même Loi,* *art. 30.*)

---

(1) Toutefois le fils mineur qui accompagne son père, la femme qui accompagne son mari, font exception à la règle ; dans ces cas, il n'est dû qu'une seule amende. (*Circ. du 28 octobre* 1809.)

L'amende prononcée pour contravention en matière de sels est passible du décime par franc. (*Déc. min. du 9 février* 1808 ; *Circ. du* 16.)

(2) Les juges de paix ne sont compétens que lorsqu'il s'agit d'infraction aux règlemens relatifs à l'application de la taxe établie sur les sels. Tout ce qui est en dehors de la perception du droit de consommation, et notamment les *importations*, sont régies par les lois générales des 28 avril 1816 et 21 avril 1818. (*Déc. adm. du 22 novembre* 1828.)

(3) L'article 29 de la loi du 17 décembre 1814 attribue aux juges de paix la connaissance des *contraventions* à la loi du 24 avril 1806, concernant le régime des sels ; mais il laisse aux tribunaux correctionnels le jugement des autres infractions au même régime. L'article 30 qualifiant de *fraude* ces dernières infractions, quelques tribunaux avaient supposé que ce mot se trouvait dans la loi en opposition avec celui de contravention, et ils en avaient faussement conclu qu'il leur était permis d'apprécier les circonstances indépendantes du fait matériel constaté par le procès-verbal, de juger l'intention des prévenus, et de ne prononcer que la seule confiscation du sel, quand cette intention ne leur paraissait pas *frauduleuse*, quel que fût d'ailleurs le nombre des coupables.

La Cour de cassation a fait justice de cette interprétation en déclarant, par son arrêt du 20 novembre 1834, que tout transport de sel dans le rayon, sans une expédition de douane, donne lieu, abstraction faite de l'intention des prévenus, aux peines déterminées, suivant la gravité des cas, par les lois et règlemens sur cette matière. (*Circ. du 22 décembre* 1834, n° 1468.)

(4) Il est alloué 50 c. par lieue, tant à l'aller qu'au retour, aux préposés

Les peines portées en l'article précédent seront prononcées contre tout individu qui, traduit devant le juge de paix en conformité de l'article 29, et reconnu, soit par le rapport dûment rédigé et non argué de faux, soit par l'instruction, être coupable de récidive (1), devra être renvoyé par ledit juge de paix devant le tribunal correctionnel. (*Loi du* 17 *décembre* 1814, *art.* 31.)

Toutes les saisies qui donneront lieu à la confiscation des sels, emporteront aussi celle des chevaux, ânes, mulets, voitures, bateaux et autres embarcations employées au transport(2).(*Décret du* 11 *juin* 1806, *art.* 16.)

---

qui conduisent dans des maisons d'arrêt les fraudeurs condamnés en matière de sels. (*Déc. min. du* 1er *août* 1806.)

Cette indemnité est individuelle pour chacun des préposés qui escortent le prévenu. (*Circ. manusc. du* 5 *octobre* 1809.)

L'indemnité est également due lorsqu'il s'agit de l'escorte d'un fraudeur renvoyé par le juge de paix par-devant le procureur du Roi. (*Déc. adm. du* 5 *août* 1819.)

(1) Il faut, pour établir le cas de récidive, que la première contravention ait été suivie d'un jugement (*A. de C. du* 8 *septembre* 1820; *Circ. du* 17), et qu'elle ait été constatée et jugée dans les douze mois qui précèdent la seconde. (*Code pénal, art.* 483; *Déc. adm. du* 20 *mars* 1822.)

Une transaction intervenue après jugement non signifié suffit pour établir le cas de récidive, pourvu qu'elle ait été enregistrée : il convient donc de remplir cette formalité dans les lieux et dans les circonstances où il importe de réprimer la fraude des sels. (*Circ. du* 12 *octobre* 1841, n° 1882.)

(2) En cas de saisie de chevaux, mulets et autres moyens de transport de sel en contravention à la loi, dont la remise sous caution a été offerte par le procès-verbal et refusée par la partie, il est procédé à la vente par enchère desdits objets, à la diligence de l'administration des douanes, en vertu de la permission du juge de paix le plus voisin. (*Décret du* 20 *novembre* 1806, *art.* 1er.)

L'ordonnance du juge de paix portant *permis de vendre* doit être signifiée, dans le jour, à la partie saisie, si elle a un domicile réel ou élu dans le lieu de l'établissement du bureau de la douane, et, à défaut de domicile connu, au maire de la commune, avec déclaration qu'il sera procédé immédiatement à la vente, tant en absence qu'en présence, attendu le péril de la demeure. (*Même Décret, art.* 2.)

Les *yoles* saisies comme moyen de transport de sels sont abandonnnées aux saisissans, à charge de destruction immédiate, lorsqu'elles n'ont pas atteint à la vente le minimum de 15 fr. (*Déc. min. du* 11 *mai* 1857.)

Dans les directions de La Rochelle, Nantes et Lorient, toutes les fois qu'une bête de somme, saisie comme moyen de transport de sels, ne peut être vendue au-dessus de 25 fr., elle est abattue, et il est alloué aux saisissans une somme de 10 fr., à titre de gratification. (*Déc. min. du* 6 *octobre* 1807; *Circ. du* 6 *octobre* 1814.)

Vente des sels.

685. Les sels saisis et confisqués seront vendus publiquement, conformément à l'article 8 de la loi du 14 fructidor an 3 (n° 1231). Les ventes de gré à gré sont interdites (1). (*Déc. adm. du 17 mai 1817.*)

On pourra, selon que les saisissans y trouveront avantage, permettre que les sels saisis à l'importation par les frontières de terre soient vendus, ou pour la réexportation comme marchandise prohibée, ou pour la consommation en payant la taxe (2). (*Déc. min. du 23 février 1815; Circ. du 9 mars suivant.*)

Le payement de cette gratification a lieu sur la production d'un état mensuel. (*Circ. du 27 octobre 1807.*)

Les maires désignent, d'après les exigences de la santé publique, les endroits où doivent être enfouis les chevaux détruits. (*Dép. du min. des fin. aux préfets, du 15 décembre 1807.*)

Les frais faits pour abattre et enfouir les bêtes de somme sont imputables sur le sixième réservé à la caisse des retraites dans les répartitions de saisie. (*Déc. min. transmise par la Circ. manusc. du 10 janvier 1808.*)

(1) Les sacs renfermant les sels saisis sont abandonnés aux saisissans pour être vendus à leur profit. (*Déc. min. transmise par la Circ. du 6 octobre 1814.*)

(2) Toute vente de sel provenant de saisie est notifiée au public par un avis ou une annonce exprimant formellement la condition que la vente sera nulle si le prix des enchères ne s'élève pas au-dessus du montant des droits cumulé avec les frais de toute nature. Dans ce cas, les sels sont submergés publiquement, et il est rédigé procès-verbal de la submersion. Celle-ci a lieu dans la même forme, et sans qu'il soit nécessaire de mettre préalablement les sels en vente, toutes les fois que l'on est fondé à douter que le montant de la vente doive couvrir au moins l'intégralité des droits dus au Trésor et les frais. (*Circ. du 26 mai 1828, n° 1103.*)

La submersion des sels saisis ne peut avoir lieu qu'en vertu d'un jugement de confiscation ou d'un acte d'abandon. (*Déc. adm. du 12 septembre 1834.*)

FIN DU PREMIER VOLUME.